江门年鉴

2022

江门市人民政府地方志办公室 编

华南理工大学出版社
·广州·

图书在版编目（CIP）数据

江门年鉴. 2022 / 江门市人民政府地方志办公室编. —广州：华南理工大学出版社，2022.12
　　ISBN 978-7-5623-7228-8
　　Ⅰ.①江… Ⅱ.①江… Ⅲ.①江门-2022-年鉴 Ⅳ.①Z526.53

中国版本图书馆 CIP 数据核字（2022）第 196293 号

Jiangmen Nianjian·2022

江门年鉴·2022
江门市人民政府地方志办公室　编

出 版 人：柯　宁
出版发行：华南理工大学出版社
　　　　　（广州五山华南理工大学17号楼，邮编510640）
　　　　　http://hg.cb.scut.edu.cn　E-mail: scutc13@scut.edu.cn
　　　　　营销部电话：020-87113487　87111048（传真）
责任编辑：黄冰莹
责任校对：陈小芳
印 刷 者：广州市新怡印务股份有限公司
开　　本：889mm×1194mm　1/16　插页：22　印张：23.5　字数：758千
版　　次：2022年12月第1版　2022年12月第1次印刷
定　　价：220.00元

版权所有　盗版必究　印装差错　负责调换

《江门年鉴》编纂委员会

主　任： 蔡德威
副主任： 漆建伟
委　员： 张剑虹　邝晓宁　刘　萍　曹　君

《江门年鉴》编辑部

主　任： 漆建伟
副主任： 邝晓宁
委　员： 李文迪　邱锡亮　周　羚　赵燕欢

江门年鉴（2021）撰（审）稿单位

市纪委监委	市交通运输局	市红十字会
市委办公室	市水利局	江门日报社
市人大常委会办公室	市农业农村局	江门市广播电视台
市政府办公室	市商务局	五邑大学
市政协办公室	市文化广电旅游体育局	江门职业技术学院
江门军分区	市卫生健康局	广东江门中医药职业学院
武警江门支队	市退役军人事务局	广东江门幼儿师范高等专科学校
市委组织部	市应急管理局	江门开放大学
市委宣传部	市审计局	广东南方职业学院
市委统战部	市国资委	市交通建设投资集团有限公司
市委政法委	市市场监管局	市企业资产经营有限公司
市委政研室	市统计局	江门公用水务环境股份有限公司
市委外办	市医保局	石油公司江门分公司
市委编办	市金融局	江门海关
市委台港澳办	市城市管理综合执法局	市税务局
市直机关工委	市信访局	人民银行江门市中心支行
市委老干部局	市政务服务数据管理局	江门银保监分局
市人才工作局	市供销社	江门供电局
市委党校	市社保局	江门边检站
市委党史研究室	市民革	市消防救援支队
市档案馆	市民盟	市气象局
市中级法院	市民建	江门海事局
市检察院	市民进	江门航道事务中心
市发展改革局	市农工党	市烟草专卖局
市教育局	市致公党	市邮政管理局
市科技局	市九三学社	中国移动江门分公司
市工业和信息化局	市总工会	中国联通江门分公司
市公安局	团市委	蓬江区人民政府地方志办公室
市民政局	市妇联	江海区人民政府地方志办公室
市司法局	市科协	新会区人民政府地方志办公室
市财政局	市社科联	台山市人民政府地方志办公室
市人力资源社会保障局	市工商联	开平市人民政府地方志办公室
市自然资源局	市文联	鹤山市人民政府地方志办公室
市生态环境局	市侨联	恩平市人民政府地方志办公室
市住房城乡建设局	市残联	

编辑说明

一、本年鉴以马克思列宁主义、毛泽东思想、邓小平理论、"三个代表"重要思想、科学发展观、习近平新时代中国特色社会主义思想为指导,坚持辩证唯物主义和历史唯物主义的立场、观点和方法,旨在全面、系统、准确地反映江门市自然、政治、经济、文化、社会等方面的基本情况,为读者了解和研究江门市提供基本资料。

二、本年度《江门年鉴》记述江门市的大事、要事和新事,时间界限为2021年1月1日至2021年12月31日。

三、《江门年鉴》采用分类编辑法。全书由卷首、百科、卷尾3个基本部分组成;框架结构分类目、分目、条目3个层次;在部分条目中,增加子目层次。卷首设总述、大事记、年度关注;卷尾设附录、索引。

四、本年鉴设9个类目、42个分目,下设子分目、条目;条目为内容的主要表现形式,标题统一用方头括号【 】。全书约80万字。

五、本年鉴采用的稿件均由江门市各市(区)、各部门、各单位专人撰写,并经单位审核。凡涉及国民经济和社会发展的统计数据,由地方志办公室与统计部门核对。对于统计口径、时限范围不一,条目中有些数字与统计部门的数据不一致,以江门市统计局出版的《江门统计年鉴》数据为准。

数字江门 2021

土地面积 9535.19 平方千米
年末常住人口 483.51 万人
年末户籍总人口 402.87 万人
地区生产总值 3601.28 亿元
第一产业增加值 294.89 亿元
第二产业增加值 1640.66 亿元
规模以上工业增加值 1280.68 亿元
第三产业增加值 1665.73 亿元
第一、第二、第三产业结构比重 8.2∶45.6∶46.2
人均地区生产总值 74 722 元
固定资产投资 2012.41 亿元
社会消费品零售总额 1278.10 亿元
进出口总额 1789.5 亿元
实际利用外资 22.98 亿元
地方一般公共预算收入 279.84 亿元
地方一般公共预算支出 460.70 亿元
税收总收入 510.32 亿元
居民消费价格指数 101.2%
全社会用电量 350.85 亿千瓦时
货运周转量 157.17 亿吨公里

客运周转量 9.88 亿人公里
港口货物吞吐量 10 510 万吨
邮电业务总量 81.39 亿元
移动电话用户 547.6 万户
固定电话用户 91.7 万户
（固定）互联网宽带用户 175.2 万户
金融机构本外币存款余额 5864.34 亿元
金融机构本外币贷款余额 4970.31 亿元
城镇居民人均可支配收入 43 622 元
城镇居民人均消费支出 27 912 元
农村居民人均可支配收入 23 376 元
农村居民人均消费支出 16 422 元
医疗卫生机构（含门诊）数 1737 个
医疗卫生机构床位数 24 789 张
城乡居民基本医疗保险参保 246.15 万人
城乡居民基本养老保险参保 151.33 万人
城市生活垃圾无害化处理率 100%
森林面积 42.90 万公顷
人均公园绿地面积 20.17 平方米
建成区绿化覆盖率 44.00%

江门市地图

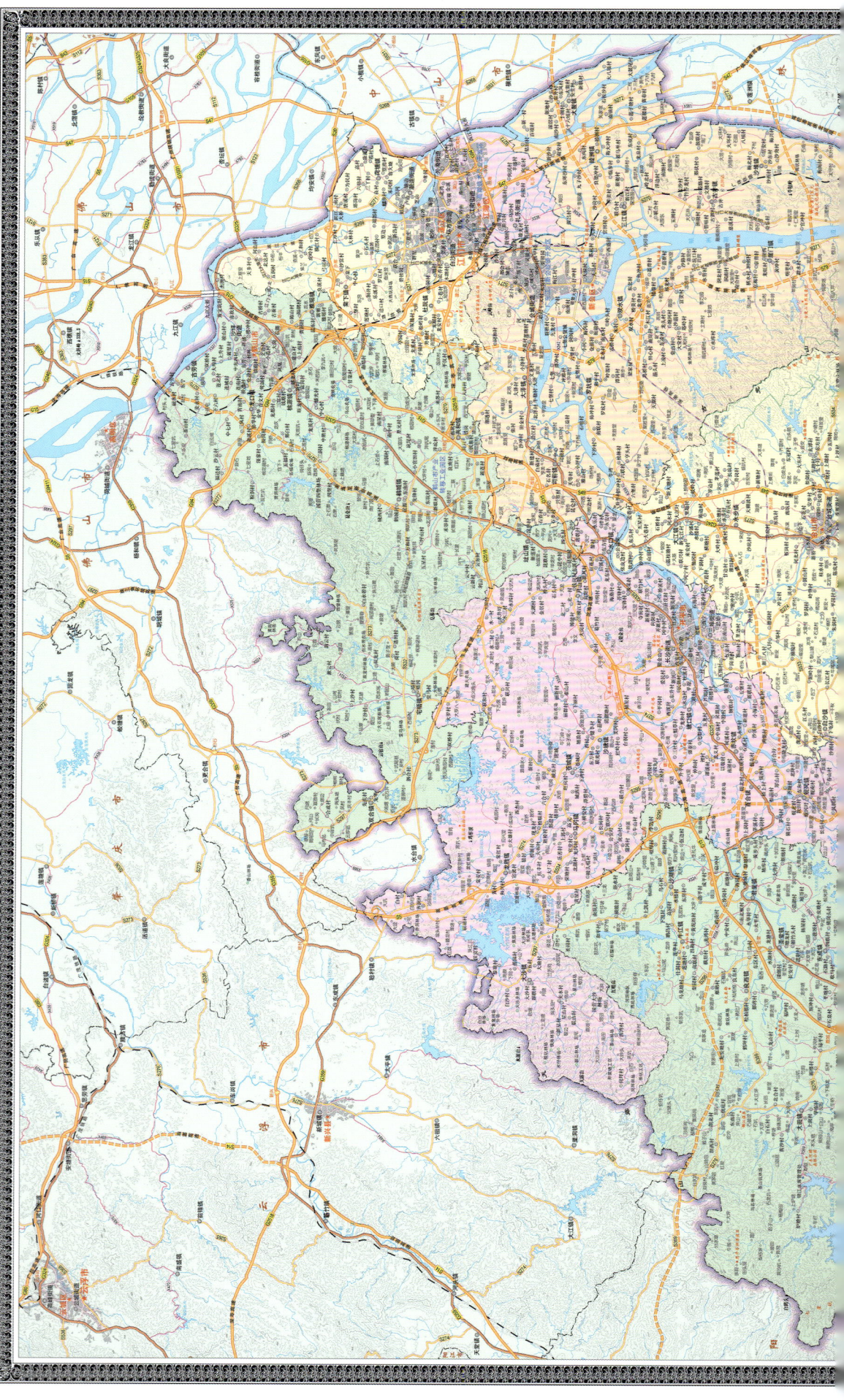

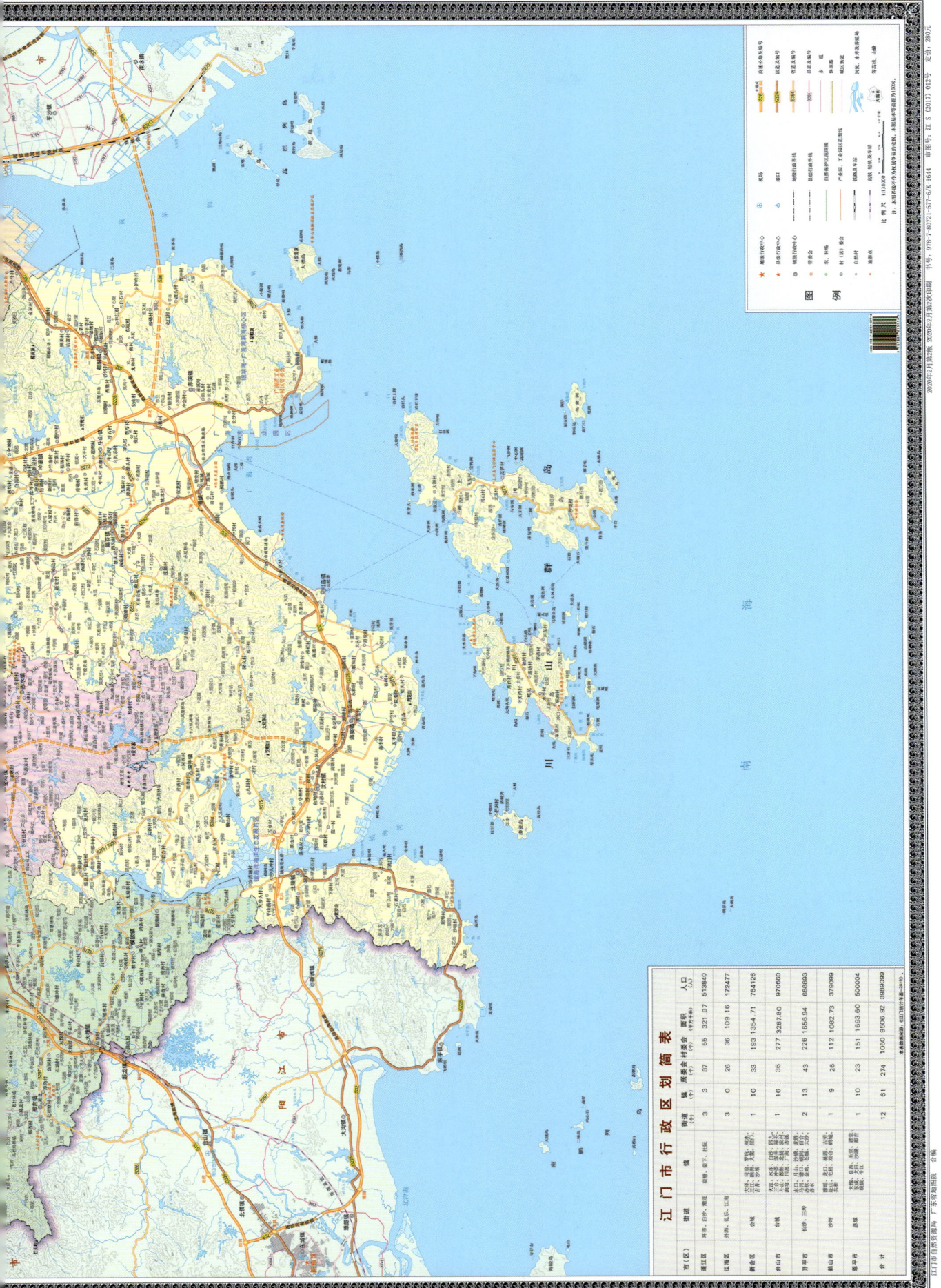

大事要闻

◀ 2021年1月3日,黄茅海大桥中塔主墩完成首根桩基混凝土灌注。

(市交通运输局 供)

▶ 2021年3月1日,江门市党史学习教育动员大会在江门市委市政府小会堂召开。

(市委宣传部 供)

◀ 2021年3月3日,中国人民政治协商会议第十三届江门市委员会第五次会议在江门市文化馆召开。

(市政协办 供)

大事要闻

◀ 2021年3月4日，江门市第十五届人民代表大会第七次会议在江门市委市政府大会堂召开。

（周华东 摄）

▶ 2021年4月9日，"家国情怀寄尺素——江门五邑银信（侨批）专题展"在北京中国华侨历史博物馆展出。

（市委宣传部 供）

◀ 2021年4月23日，华南地区最大的内河智慧港口——江门高新港投入运营。

（彭伟宗 摄）

大事要闻

▲ 2021年5月7日，为庆祝中国共产党成立100周年，艺术党课"党的女儿"在江门演艺中心侨都大剧院首演。

（团市委　供）

▲ 2021年5月20日，江门"520"人才节在江门人才岛举行。

（滨江新区　供）

▲ 2021年6月至10月，江门市举办第三届"乐业五邑"创业创新大赛。图为颁奖典礼合照。

（市人力资源社会保障局　供）

▲ 2021年6月16日，市政协"委员议事厅"2021年首期节目"如何让乡村更美，振兴路更宽"在鹤山市共和镇来苏村录制。

（市政协办　供）

▲2021年7月5日,"百年征程盛世歌——江门市庆祝建党100周年合唱比赛总决赛"在江门市五邑华侨广场举行。

(市委宣传部 供)

▲2021年9月,新会区被列为全国整县(市、区)屋顶分布式光伏开发试点地区,分类有序实施开展屋顶光伏建设。

(新会区地方志办 供)

大事要闻

◀ 2021年11月30日,江门甘蔗化工厂入选第五批国家工业遗产名单,成为江门市首个国家工业遗产。

(市文化广电旅游体育局 供)

▶ 2021年11月,江门市依托高新区内的高新创智城等平台载体,打造粤港澳大湾区安全应急产业"总部+研发"集聚区。

(江海区政府投资促进中心 供)

◀ 2021年11月,中科院(江门)中微子实验站基建工程基本完成。图为中科院(江门)中微子实验站(地下)施工现场。

(市科技局 供)

▲2021年11月18日,江门"两中心两基地一平台"——国家政法智能化技术创新中心江门市域社会治理孵化中心、江门市市域社会智慧治理技术创新中心、江门市市域社会智慧治理应用示范基地、江门市安全应急产业园、广东应急管理学院(筹)揭牌暨"粤平安"群众信访诉求矛盾纠纷化解综合服务应用江门市域启动仪式在江门高新创智城举行。

(周华东 摄)

▲2021年12月7日,江门市政府和香港科技大学(广州)发起共建的江门市"双碳"实验室揭牌暨项目签约仪式在江门中科创新广场举行。图为江门双碳实验室揭牌仪式现场。

(江门市科技局 供)

大事要闻

◀ 2021年12月10日，全省首宗地理标志质押融资签约仪式在江门举行，江门农商银行正式开通全省首批地理标志质押融资通道，并与新会陈皮企业签订全省首笔地理标志（新会陈皮）质押融资意向合同。

（江门农商银行 供）

▶ 2021年12月27日—28日，中国共产党江门市第十四次代表大会在江门市委市政府大会堂召开。

（杨乐兴 摄）

◀ 2021年底，五邑路扩建工程建成通车。

（市公路事务中心 供）

◀ 中国十大最美乡村——新会区崖门镇京梅村。
（市农业农村局　供）

▶ 中国美丽休闲乡村——新会区睦洲镇石板沙村。
（市农业农村局　供）

◀ 全国乡村旅游重点村——台山市水步镇草坪村。
（市农业农村局　供）

▲广东粤菜师傅名村——新会区古井镇霞路村。

（市农业农村局　供）

▲广东特色产业名村——台山市都斛镇莘村村。

（市农业农村局　供）

美丽乡村

◀ 广东乡风文明示范村——鹤山市共和镇来苏村。
（市农业农村局 供）

▶ 广东省文化和旅游特色村——蓬江区棠下镇良溪村。
（市农业农村局 供）

◀ 广东省文化和旅游特色村——开平市百合镇马降龙村。
（市农业农村局 供）

▲广东省文化和旅游特色村——鹤山市古劳镇上升村。

（鹤山市地方志办 供）

▲广东省文化和旅游特色村——恩平市牛江镇昌梅村。

（王健鹏 摄）

▲江门市十大"网红乡村"——江海区江南街道横坑村。

（江海区地方志办　供）

▲江门市十大"美丽侨村"——开平市塘口镇强亚村。

（开平市地方志办　供）

社会民生

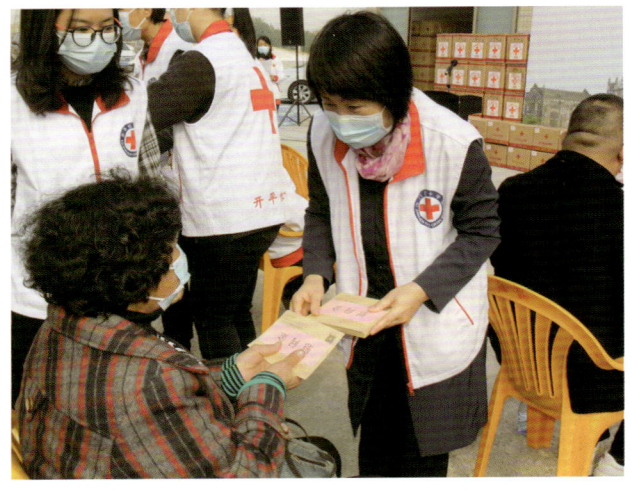

▲ 2021年1月15日，江门市红十字会在开平市赤水镇沙洲村举行"博爱送万家"活动。

（市红十字会　供）

▲ 2021年3月9日，"学启超家教 传优良家风——江门市'最美家庭'分享会"在江门市妇女儿童活动中心举行。

（市妇联　供）

▲ 2021年3月8日，江门市妇女儿童维权工作三大专家团在江门市妇女儿童活动中心成立。

（市妇联　供）

▲ 2021年3月22日 澳门新会同乡会访问团参观新会学宫。

（市委统战部　供）

社会民生

◀ 2021年4月20日，广东江门幼儿师范高等专科学校项目工程举行启动建设仪式。

（广东江门幼儿师范高等专科学校　供）

▶ 2021年4月24日，2021年"森林城市·绿美广东"主题宣传活动在江门市新会区小鸟天堂国家湿地公园举行。

（市自然资源局　供）

◀ 2021年5月18日，"童心向党"蓬江区少儿戏剧展演暨江门市喜戏儿童戏剧社成立仪式在江门市文化馆剧场举行。

（市文联　供）

▲2021年5月25日，第十四届全国运动会排球项目女子青少年组资格赛女子B组在江门体育中心举办。图为赛前升旗仪式。

（市文化广电旅游体育局　供）

▲2021年5月30日，恩平市人民法院开展"法暖夕阳"进百村活动。

（市中级法院　供）

▲ 2021年6月,江门首个智能微电网工程——江门台山端芬桂花围台区微网工程竣工投运。

(郑茵茵 摄)

▲ 2021年6月24日,江门市退役军人事务局举行"光荣在党50年"纪念章颁发仪式。

(市退役军人事务局 供)

▲ 2021年7月21日,革命话剧《赤胆忠心龚昌荣》在江门演艺中心首演。

(市文化广电旅游体育局 供)

▲ 2021年8月24日,学史力行 一"马"当先——江门快递小哥争当新时代"巡城马"启动仪式在江门市五邑华侨广场举行。

(市委宣传部 供)

▲ 2021年9月30日,"侨都百年——2021年江门市大型原创交响音乐会"在江门市文化馆举办。

(苏丹青 摄)

▲ 2021年10月12日,"邑美侨路塘口示范路"项目成功入选第二届全国美丽乡村路。

(市交通运输局 供)

▲2021年12月1日,恩平市县道X831线牛皮仔至良西那湾段,被评为广东省交通运输厅2021年度广东省"十大最美农村路"。

(恩平市交通运输局 供)

▲2021年12月3日,"'永远跟党走'2021年江门市残疾人朗诵合唱音乐会"在江门演艺中心水岸音乐厅举办。

(市残联 供)

▲2021年5月18日,蓬江区在江门市体育馆开设新冠疫苗大型临时接种点。

(蓬江区委宣传部 供)

▲2021年5月21日,"粤韵风华"——蓬江区第二届粤剧曲艺私伙局展演在启明里广场上演。

(余美婵 摄)

▲2021年7月1日,蓬江区天沙河碧道沙洲湾段建成并对外开放。

(吴小娜 摄)

▲2021年9月22日,蓬江区社区义工为长者提供咨询服务。

(蓬江区委宣传部 供)

县市掠影 - 蓬江

◀ 2021年9月24日，第三届江门市"乐业五邑"创业创新大赛残疾人公益赛决赛上，蓬江区选送的项目包揽团队组和企业组金奖。

（魏小敏 摄）

▶ 2021年9月24日，蓬江区"粤菜师傅"杜阮凉瓜烹饪技能竞赛在杜阮镇邑家人·山水四合院举行。

（朱紫璐 摄）

◀ 2021年12月13日，江门市2021年第四季度重大项目集中动工（投产）活动蓬江区会场启动仪式在蓬江产业园杜阮骑龙山园区举行。

（蓬江区地方志办 供）

◀ 2021年2月6日，江海区下沙公园对外开放。

（江海区委宣传部　供）

▶ 2021年2月6日，江海区都市农业生态公园及乡村绿廊正式启用。

（钟华悦　摄）

◀ 2021年5月4日，全国青少年体育技能大赛CBB滑步车联赛（广东赛区）在江海区举行。图为"童车赛"比赛现场

（梁云峰　摄）

▲ 2021年8月23日，江海四路人行天桥正式合龙。图为人行天桥夜景。

(江海区委宣传部 供)

▲ 2021年9月16日，江海区法治广场暨基层立法联系点活动中心建成启用。图为启用仪式现场。

(江海区委宣传部 供)

▲ 2021年10月21日,江海区第十三届中小学生田径运动会在五邑大学第一附属中学(外海中学)运动场召开。

(彭伟宗 摄)

▲ 2021年11月15日,江门西江外海段碧道正式对外开放。

(江海区委宣传部 供)

▲2021年1月15日,江门市不动产登记中心新会分中心启用广东省首辆不动产登记便民服务流动车。

(新会区自然资源局 供)

▲2021年6月3日,国道G240线新会区会城至牛湾段改建工程动工建设。

(新会侨报社 供)

▲ 2021年6月10日，新会区在北门体育场展示的新会区庆祝建党100周年百米国画长卷。

（新会区文联供　稿）

▲ 2021年8月4日，珠西综合交通枢纽江门站党群服务中心和新会区"人才驿站"启用，是广东省首个高铁站内党群服务中心和"人才驿站"。

（新会侨报社　供）

▲ 2021年8月31日和9月2日，新会籍运动员陈健新在东京残奥会上勇夺两枚金牌，是新会籍运动员首次在残奥会上"夺金"，实现历史性的突破。

（新会侨报社　供）

▲ 2021年12月，江门市新会区世贸碧海银湖文旅项目七层公寓式酒店完成建设。

（新会区地方志办　供）

▲ 2021年3月,台山市各单位、学生代表在台山新宁体育馆进行《唱支山歌给党听》千人快闪活动。

(台山市地方志办 供)

▲ 2021年7月8日,台山市档案馆、台山市委党史研究室、台山市地方志办联合举办的《档案见证台山百年——台山革命历史及建设成就展览》开幕。图为台山市新宁小学学生在参观学习。

(台山市地方志办公室 供)

▲2021年7月8日，2021年台山市戏曲进校园活动在东晖小学举行。图为台山市新凤鸣曲艺社表演折子戏《华山会母》。

（台山市地方志办公室 供）

▲2021年9月15日，斗山镇横江村"乡村复兴少年宫"举办"花好月圆庆中秋"活动，20多名浮石小学学生在志愿者带领下开展趣味手工制作。

（台山市地方志办公室 供）

▲2021年11月22日，台山市"三创"中心在工业新城揭牌成立。

（台山市工业新城管委会 供）

▲2021年，台山"四好"农村路示范路项目——村道都赤线至护岭投入使用。

（台山市交通运输局 供）

▲2021年3月26日,江门市2021年全域旅游工作现场会、开平大沙春茶开采节暨大沙茶雅集活动在开平市大沙镇举行。

(开平市融媒体中心 供)

▲2021年3月30日江门市首个全国侨联系统优秀"侨胞之家"在开平市水口镇沙冈侨联中心揭牌。

(关炳辉 摄)

▲2021年4月10日上午,"寻找碉楼红色故事,传承侨乡爱国精神"暨全国高校大学生走进开平微拍大赛在开平市潭江半岛酒店举行开机仪式。

(开平市融媒体中心 供)

▲2021年5月28日,开平市环城公路北环一期实现全线通车。

(开平市交通运输局 供)

▲ 2021年9月23日，江门市庆祝"中国农民丰收节"活动在开平市塘口镇举行。

（关炳辉 摄）

▲ 2021年7月13日，开平市在市人民会堂召开"守初心 担使命"全国优秀共产党员董淑猛同志先进事迹报告会。

（关炳辉 摄）

▲ 2021年9月27日,"碉楼下的党课"在开平南楼举行。

(余映意 摄)

▲ 2021年11月29日,开平市在大沙镇大塘面村举办以"稻香歌盛世,山水诵初心"为主题的稻田诗书音乐雅集活动。

(关炳辉 摄)

◀ 2021年5月20日,鹤山市举办"庆建党百年 展咏春雄风——2021年鹤山市中小学咏春拳进校园展示活动暨中华优秀传统文化成果展示活动"。

（鹤山市地方志办　供）

▶ 2021年9月25日,鹤山市在全国轻工业科技创新与产业发展大会获颁"轻工业产业集群管理先进单位"牌匾。

（鹤山市地方志办　供）

◀ 2021年10月21日,鹤山市向中国华侨历史博物馆赠送鹤山醒狮一对和咏春拳木人桩一副。

（鹤山市地方志办　供）

▲ 2021年11月13日—30日，鹤山香草小镇首届旅游欢乐季在鹤山市宅梧镇启动。图为鹤山香草小镇全景。

（鹤山市地方志办 供）

▲ 2021年，省道S270线鹤城至杜阮段扩建工程小官田互通立交建成通车。

（鹤山市地方志办 供）

县市掠影 - 恩平

◀ 2021年1月10日,恩平市公安局在冯如广场举办庆祝首个中国人民警察节暨警营开放日活动。

(恩平市公安局 供)

▶ 2021年2月8日,国道G325线塘洲至竹排段路面改造工程主体工程全线完工,恢复通车。

(恩平公路事务中心 供)

◀ 2021年3月11日,恩平市春耕生产现场会在市沙湖镇那梨村丰穗米业有限公司生产基地举办。图为现场展示先进的无人机施肥技术。

(恩平市地方志办 供)

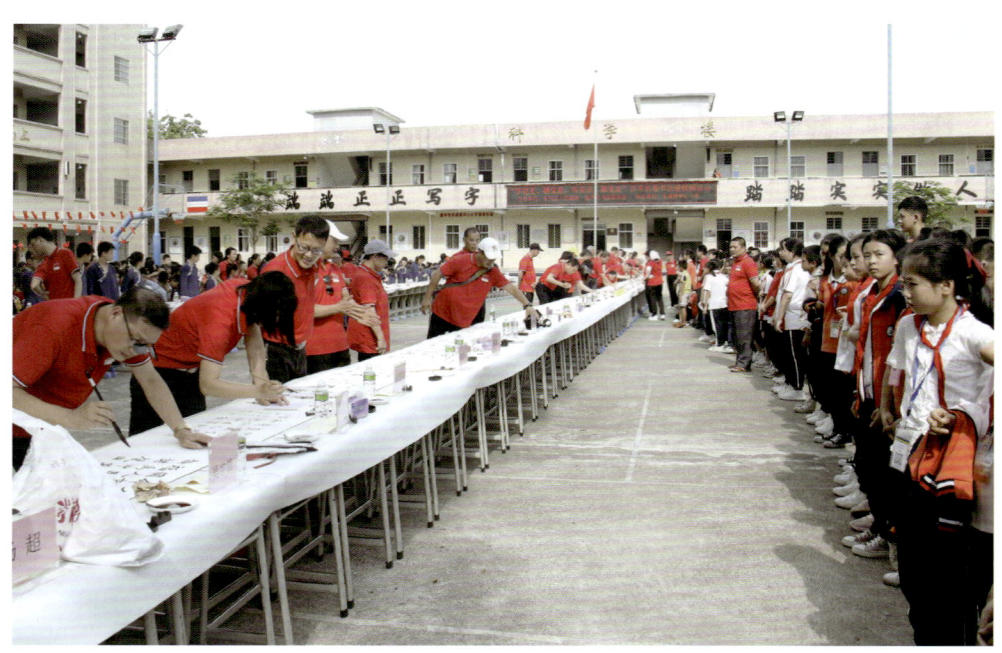

▲ 2021年5月7日,恩平市"大小拉小手"百米书法长卷挥毫活动在恩平市东成镇中心小学举办。

(恩平市文联　供)

▲ 2021年6月2日,"悠悠粽叶香 绵绵巾帼情"慈善包粽活动在恩平市妇女儿童活动中心举行。

(恩平市地方志办　供)

▲2021年10月30日,"创文明城市 绘美好家园——2021年恩平市科技绘画大赛作品展览"在恩平市青少宫举行。

（恩平市科协 供）

▲2021年11月18日,"冯如·腾飞"主题潮跑活动在恩平市泉林黄金小镇举行。

（恩平市地方志办 供）

▲ 2021年12月2日,恩平市教育系统举办"立德树人正师风,争做四有好老师"2021年恩平市"最美女教师"颁奖仪式暨事迹分享交流会。

(恩平市教育局 供)

▲ 2021年12月21日,中国电信恩平分公司在恩平市恩城街道办禄平村安装通讯设备,助推平安乡村建设。

(恩平市地方志办 供)

目录
MULU

大事记

1月	1
2月	2
3月	3
4月	5
5月	7
6月	8
7月	9
8月	11
9月	12
10月	14
11月	16
12月	18

总 述

基本市情 ... 21
地 理 ... 21
 地理位置 ... 21
 地形地貌 ... 21
 气候 ... 21
 水文 ... 22
建置沿革 ... 22
 历史沿革 ... 22
行政区划 ... 23
 政区管辖 ... 23
资 源 ... 23
 土地资源 ... 23
 水资源 ... 23
 矿产资源 ... 23
 森林资源 ... 23
 动物资源 ... 23
 海域资源 ... 23
人口·语言 ... 23
 人口 ... 23
 语言 ... 23
侨乡侨情 ... 23
 江门第一侨乡 ... 23
 海外侨情变化 ... 24

经济与社会建设 ... 24
 经济发展概况 ... 24
 实体经济 ... 24
 农村经济发展 ... 24
 重点项目建设 ... 25
 营商环境建设 ... 25
 社会事业发展 ... 25
 国民经济动员 ... 26

精神文明建设 ... 26
 概况 ... 26
 习近平新时代中国特色社会主义思想学习宣传贯彻 ... 26
 爱国主义教育广泛开展 ... 26
 社会道德风尚向上向善 ... 27
 文明城市"四级联创" ... 28
 乡风文明建设和文化振兴 ... 28
 精神文明建设制度化和法治化水平提升 ... 29

政 治

中国共产党江门市委员会 ... 30
综 述 ... 30

市委机构概况 30
　　中共江门地方组织概况及市委全会 30
　　市委常委会会议 31
　　组织概况 33
　　干部队伍建设 33
　　基层党组织建设 34
　　人才队伍建设 34
宣　传 34
　　习近平新时代中国特色社会主义思想学习研究
　　宣传 34
　　庆祝中国共产党成立100周年宣传活动 34
　　新闻宣传和舆论引导 35
　　精神文明建设 35
　　文艺精品创作生产 36
　　文化高地建设 36
　　粤港澳大湾区文化圈建设 36
　　网络宣传管理 36
　　宣传干部人才队伍建设 36
统一战线 37
　　概况 37
　　多党合作事业 37
　　非公有制经济领域统战 38
机构编制 38
　　机构编制工作概况 38
　　重点领域专项改革 39
　　机构编制资源优化配置 39
　　事业单位改革 39
　　机构编制管理 40
　　机构编制监督检查 40
　　事业单位登记管理 40
机关党建 40
　　机关党组织概况 40
　　机关党务管理 41
　　机关党建创新考核机制 41
　　机关党务干部教育培训 41
　　机关党建宣传 41
　　机关主题教育 41
　　机关群团工作 42
　　机关党员志愿服务 43
　　机关反腐倡廉 43
　　机关作风建设与管理创新 43
政策研究 43
　　概况 43
　　综合课题研究 44
　　重点课题研究 44
　　体制机制改革方案制定 44
　　决策咨询服务 44
党　校 44
　　干部培训 44
　　在线学习 45
　　教学布局 45
　　教学管理 45
　　合作培训 45
　　科研咨政 45
　　理论宣传 45
党史工作 46
　　概况 46
　　党史征编研究成果 46
　　党史资政工作 46
　　地方党史宣教维度拓展 46
　　党史教育基地和革命遗址保护利用 46
　　守牢党史意识形态主阵地 46
老干部工作 47
　　概述 47
　　老干部待遇落实 47
　　老干部思想政治建设 47
　　老干部党建工作 47
　　老干部活动 47
　　老干部大学 48

江门市人民代表大会 48
综　述 48
　　人大机构概况 48
　　市人民代表大会会议 48
　　市人大常委会会议 49
　　市人大其他重要会议 49
　　依法讨论重大事项 50
　　国家机关工作人员人事任免 50
立法工作 51
　　立法管理工作 51

人大监督 52
 人大监督工作 52
人大代表工作 52
 人大代表选举工作 52
 人大代表议案建议办理 52
 "微实事"代表建议工作 53
 区乡人大工作和建设 53

江门市人民政府 54
综 述 54
 政府机构概况 54
 市政府常务会议 54
 行政审批和政务服务 54
综合协调服务 55
 办文办会 55
 督查督办 55
 值班值守 55
 政府职能转变改革 55
 政务公开 55
信访工作 55
 概况 55
 市委书记调研鹤山市群众信访诉求综合服务中心 56
 市长接访群众 56
 江门在全省地级市中率先上线试运行"信访超市"应用系统 56
 群众信访诉求矛盾调解综合服务"信访超市"应用系统上线工作培训班 56
 启动"粤平安"群众信访诉求矛盾纠纷化解综合服务应用江门市域项目 56
 市领导包案解决信访突出问题 56
 信访矛盾化解攻坚 56

中国人民政治协商会议江门市委员会 56
综 述 56
 概况 56
 市政协十三届第五次会议 57
 市政协常委会会议 57
 市政协主席会议 58
政协事务 60

 委员约见市政府领导座谈会 60
 党史学习教育 61
 委员议事厅 61
 致隽学堂 61
 委员工作室 61
 调研视察 61
 协商议政 62
 民主监督 62
 政协提案 62
 社情民意 62
 政协文史 62
 文化公益 63
 扶困助学 63
 公益慈善 63
 统战联谊 63

纪检监察 63
综 述 63
 纪检监察组织概况 63
 市纪委十三届六次全会 63
 市纪委十三届七次全会 64
 市纪委十四届一次全会 64
 党章党规党纪教育培训班 64
 纪检监察责任担当 64
 纪检监察队伍自身建设 64
监督、倡廉 64
 政治巡视巡察 64
 正风肃纪 65
 反腐倡廉 65

民主党派和工商联 65
综 述 65
民主党派概况 65
中国国民党革命委员会江门市委员会 65
 组织概况 65
 组织建设 65
 思想建设 65
 参政议政 66
 祖统工作和社会服务 66
中国民主同盟江门市委员会 67

组织概况 67
　　思想建设 67
　　组织建设 67
　　参政议政 67
　　社会服务 68
中国民主建国会江门市委员会 68
　　组织概况 68
　　思想建设 68
　　组织建设 68
　　参政议政 68
　　社会服务 69
中国民主促进会江门市委员会 69
　　组织概况 69
　　思想建设 69
　　组织建设 69
　　参政议政 70
　　社会服务 70
中国农工民主党江门市委员会 70
　　组织概况 70
　　组织建设 70
　　参政议政 71
　　社会服务 71
中国致公党江门市委员会 71
　　组织概况 71
　　思想建设 71
　　组织建设 71
　　参政议政 71
　　社会服务 71
九三学社江门市委员会 72
　　组织概况 72
　　思想建设 72
　　组织建设 72
　　参政议政 72
　　社会服务 72
江门市工商联合会 73
　　概况 73
　　教育培训 73
　　服务经济建设 73
　　法律服务 74
　　参与乡村振兴 74
　　参政议政 74
　　商会建设 74

人民团体 75
江门市总工会 75
　　概况 75
　　职工思想政治引领 75
　　劳动领域政治安全 75
　　产业工人队伍建设改革 75
　　工会基层组织建设 76
　　困难职工帮扶 76
　　"互联网+"工会建设 76
　　"我为群众办实事"实践活动 76
　　工会改革创新 76
共青团江门市委员会 77
　　概况 77
　　青年思想引领 77
　　共青团自身建设 77
　　学校少先队工作 78
　　网上共青团建设 79
　　智慧团建 79
　　共青团参与基层社会治理 79
　　共青团助力禁毒 80
江门市妇女联合会 80
　　概况 80
　　基层组织建设 80
　　创业创新巾帼行动 80
　　乡村振兴巾帼行动 81
　　妇女儿童权益维护 81
　　家庭文明创建 81
　　宣传教育活动 82
江门市科学技术协会 82
　　概况 82
　　强基固本 82
　　学术论坛 82
　　科普行动 83
　　基层组织 83
江门市归国华侨联合会 84
　　概况 84
　　组织建设 84

侨界助力创文抗疫 ... 84
　　引资引智服务经济 ... 84
　　搭桥联谊 ... 85
　　维护侨益 ... 85
　　参政议政 ... 85
　　拓展传播平台，传承中华文化 ... 86
　　江门侨青会概况 ... 86
　　侨青会经贸助力 ... 86
　　侨界抗疫 ... 86
　　暖侨活动开展 ... 87
　　侨界参政议政意识增强 ... 87
　　侨界创业平台搭建 ... 87
　　江门市印尼归侨联谊会 ... 87
江门市残疾人联合会
　　残联组织概况 ... 87
　　残疾人康复工作 ... 88
　　残疾人特殊教育 ... 88
　　助残解困 ... 89
　　残疾人社区和居家服务 ... 89
　　残疾人就业及职业培训工作 ... 89
　　残疾人组联工作 ... 90
　　残疾人维权工作 ... 90
　　残疾人宣传文体工作 ... 91
江门市社会科学界联合会
　　社科联组织概况 ... 91
　　社科理论研讨交流 ... 92
　　社科课题研讨 ... 92
　　社科普及 ... 92
　　社科社团管理 ... 93
　　社科规划 ... 93
江门市文学艺术界联合会
　　概况 ... 93
　　主题文艺创作 ... 93
　　文艺品牌建设 ... 94
　　文艺队伍建设 ... 94
江门市红十字会
　　概述 ... 94
　　应急救护 ... 95
　　人道救助 ... 95
　　"三献"工作 ... 95
　　志愿服务 ... 95

外事·侨务·港澳台事务 ... 95
外　事 ... 95
　　外事接待 ... 95
　　友城友协 ... 96
　　对外交流与合作 ... 96
　　外国人管理 ... 96
侨　务 ... 97
　　概况 ... 97
　　政策修订 ... 97
　　涉侨政务 ... 97
　　基层侨务 ... 97
　　侨务服务 ... 97
　　侨务调研 ... 97
　　侨务外宣 ... 97
港澳事务 ... 98
　　概况 ... 98
　　涉港澳疫情防控 ... 98
　　江门与港澳合作发展 ... 98
　　江门市2021江澳"开新局·展新貌"对接会
　　活动 ... 99
　　因公赴港澳通行证办理 ... 99
　　文化交流 ... 99
　　江门与港澳青少年交流合作 ... 99
　　联谊交流 ... 99
涉台事务 ... 99
　　概况 ... 99
　　涉台疫情防控 ... 99
　　对台宣传与涉台教育 ... 99
　　江台经贸合作 ... 100
　　江台交流交往 ... 100
　　台商台胞台属合法权益维护 ... 100
　　"广东世界遗产探寻之旅"江门站活动 ... 100

法　治 ... 100
人大立法 ... 100
　　概况 ... 100
政法委与综治工作 ... 101
　　概况 ... 101

政法队伍教育整顿	101
扫黑除恶	101
社会治理	102
平安江门建设	102
法治监督	102
市法学会工作	102

法治政府建设 ... 103
依法治市 ... 103
依法行政考评 ... 103
法治资政 ... 103
地方立法 ... 104
规范性文件管理 ... 104
市政府行政复议及行政应诉案件办理 ... 104
行政执法监督、协调、指导 ... 104

公 安 ... 104
概况 ... 104
食品药品及环境领域犯罪打击 ... 105
社会治安管理 ... 105
道路交通管理 ... 105
经济犯罪侦查 ... 106
刑事犯罪侦查 ... 106
户政管理 ... 106
出入境管理 ... 106
公安监所管理 ... 106
网络安全管理 ... 106
警务督察 ... 107
禁毒工作 ... 107
智慧新警务建设 ... 107
社会治安防控体系建设 ... 107
公安法制建设 ... 107
打击走私工作 ... 107
扫黑除恶斗争 ... 108

检 察 ... 108
概况 ... 108
刑事检察 ... 108
刑事诉讼监督 ... 108
民事行政诉讼监督 ... 109
检察机关服务社会 ... 109
公益诉讼 ... 109
未成年人检察 ... 109

司法求助案 ... 110

法 院 ... 110
概况 ... 110
刑事审判 ... 110
民商事审判 ... 110
行政审判 ... 110
案件执行 ... 110
法院司法为民 ... 110
法院司法公开 ... 111
法院司法改革 ... 111

司法行政 ... 111
概况 ... 111
法治宣传 ... 111
律师管理 ... 111
公证管理 ... 112
人民调解 ... 112
安置帮教 ... 112
社区矫正 ... 112
司法鉴定 ... 112
国家统一法律职业资格考试 ... 112
强制隔离戒毒管理 ... 112
基层法律服务 ... 113
法律援助 ... 113
公共法律服务 ... 113
法规工作 ... 113

仲 裁 ... 113
经济仲裁 ... 113

军 事 ... 114
军民融合发展 ... 114
防空警报试鸣举行 ... 114
人民防空体系建设 ... 114

江门军分区 ... 114
应战应急准备 ... 114
兵员征集任务 ... 114
正规化建设与管理 ... 114
武装工作基础 ... 114
党管武装和双拥共建 ... 114

武警江门支队 ... 114
概况 ... 114

强化政治引领 115
　　聚焦练兵备战 115
　　注重综合保障 115
退役军人事务 115
　　概况 115
　　退役军人服务保障体系建设 115
　　军队转业干部安置 116
　　退役士兵（官）安置 116
　　退役士兵就业创业 116
　　军休服务 117
　　双拥工作 117
　　优抚保障 117
　　褒扬纪念 117
　　退役军人权益维护 117
　　江门市"最美退役军人"先进事迹宣传 117

经 济

经济监督管理 118
发展规划管理 118
　　概况 118
　　现代产业发展 118
　　合作开放扩大 118
　　重点领域改革深化 119
国有资产监督管理 119
　　概况 119
　　国有企业经营 119
　　国有资产监管 120
　　国有企业供给侧结构性改革 120
　　江门市交通建设投资集团有限公司 120
　　江门市企业资产经营有限公司 120
自然资源管理 121
　　概况 121
　　自然资源法规宣传教育 121
　　耕地保护 121
　　自然资源权益与利用 122
　　不动产登记 122
　　"房地一体"农村不动产登记发证 122
　　自然资源统一确权登记 122
　　自然资源执法监察 122

　　国土空间规划 122
　　城乡规划编制 123
　　城乡规划管理 123
　　矿产资源管理 123
　　地质与海洋防灾 123
　　测绘与地理信息管理 123
　　自然资源调查监测 124
　　海域海岛管理 124
　　中华白海豚保护 125
　　"世界海洋日暨全国海洋宣传日"主会场活动 125
审 计 125
　　概况 125
　　重大政策措施贯彻落实跟踪审计 126
　　财政审计 126
　　经济责任审计 126
　　固定资产投资审计 126
　　企业审计 126
　　民生审计 126
　　审计信息化建设 127
　　内部审计 127
　　审计项目和组织方式"两统筹"工作 127
统 计 127
　　名录库建设 127
　　统计法治建设 127
　　统计业务培训 128
　　第七次全国人口普查 128
物价管理 128
　　概况 128
　　价格监测 128
　　价格成本调查 128
　　价格改革 128
　　收费管理 129
市场监督管理 129
　　概述 129
　　市场监督"放管服"改革 129
　　信用风险监管 130
　　"双随机一公开"监督 130
　　食品安全监督 130
　　药品安全监督 131

产品安全监督 ………………………… 131
特种设备安全监督 …………………… 131
公平竞争审查和价格监督 …………… 131
反不正当竞争执法 …………………… 132
网络交易和广告监管 ………………… 132
消费者权益保护 ……………………… 132
市场行政执法 ………………………… 133
市场监管法治建设 …………………… 133
质量提升行动 ………………………… 133
标准体系建设 ………………………… 134
质量基础建设 ………………………… 134
江门市冷链食品新冠病毒核酸阳性事件应急
演练 …………………………………… 134

专利与知识产权 …………………… 135
概况 …………………………………… 135
知识产权保护 ………………………… 135

海 关 ……………………………… 137
江门海关筑牢国门安全防线 ………… 137
江门海关巩固压缩整体通关时间成效优化口岸
营商环境 ……………………………… 138
江门海关支持地方高水平开放新平台建设
………………………………………… 138
江门海关服务地方特色农产品出口 … 138
江门海关推进智慧海关建设 ………… 139
外海海关 ……………………………… 139
高沙海关 ……………………………… 139
新会海关 ……………………………… 139
台山海关 ……………………………… 139
开平海关 ……………………………… 139
鹤山海关 ……………………………… 139
恩平海关 ……………………………… 139

财政·税务 ………………………… 139

财 政 ……………………………… 139
概况 …………………………………… 139
财政运行 ……………………………… 140
巩固拓展脱贫攻坚成果同乡村振兴有效衔接
………………………………………… 140
财政保障重点项目建设 ……………… 140
财政支持实体经济转型升级 ………… 141
财政保障民生 ………………………… 141
财政支持加强党的领导和建设 ……… 141
财政管理改革 ………………………… 141
财政监督 ……………………………… 142

税 务 ……………………………… 142
概况 …………………………………… 142
组织税费收入 ………………………… 142
落实税收优惠政策 …………………… 142
服务经济社会发展 …………………… 143
深化税收征管改革 …………………… 143
优化营商环境 ………………………… 144

金 融 ……………………………… 144

综 述 ……………………………… 144
概况 …………………………………… 144
货币信贷管理 ………………………… 144
金融服务与创新 ……………………… 144
金融监管与稳定 ……………………… 145
金融消费者权益保护 ………………… 145
普惠金融 ……………………………… 146
金融支持实体经济发展 ……………… 146
金融业竞赛活动 ……………………… 146

地方金融服务 ……………………… 147
概况 …………………………………… 147
融资担保公司 ………………………… 147
江澳金融合作 ………………………… 147
金融助力乡村振兴 …………………… 147
江门金融支农联盟 …………………… 147

银行业 ……………………………… 147
概况 …………………………………… 147
银行存款 ……………………………… 147
银行贷款 ……………………………… 147
银行不良贷款 ………………………… 147
金融服务乡村振兴 …………………… 148
银行业服务实体经济 ………………… 148
银行监管 ……………………………… 148
中国农业发展银行江门市分行 ……… 148
中国工商银行江门分行 ……………… 149
中国农业银行江门分行 ……………… 149
中国银行江门分行 …………………… 150

中国建设银行江门市分行 150
　　广发银行江门分行 150
　　中国邮政储蓄银行江门市分行 151
　　江门农商银行 151
　　中国人民银行江门市中心支行 152
保险业 154
　　概况 154
　　保险产品创新 154
　　保险监管 154
　　人保财险江门分公司 155
　　平安财险江门中心支公司 155
　　太平洋财险江门中心支公司 155
　　中国人寿江门分公司 155
　　平安人寿江门中心支公司 155
　　太平人寿江门中心支公司 156

城乡建设 156
综　述 156
　　城镇老旧小区改造 156
　　城乡融合发展 156
城市建设 156
　　概况 156
　　城市道路桥梁建设 157
　　绿色社区创建 157
　　地下综合管廊建设 157
　　海绵城市建设 157
市容市政园林管理 157
　　市容环境卫生建设 157
　　市容市政行政执法 158
　　城市管理体制改革 158
　　市政建设与管理 158
　　园林绿化建设与管理 158
城乡供水 159
　　概况 159
　　供水建设 159
　　供水服务 159
　　城市排水 159
　　江门公用水务环境股份有限公司 159
城乡供电 160
　　概况 160

　　电网建设 160
　　供电服务 160
城乡供气 160
　　概况 160
　　管网建设 160
村镇建设 160
　　概况 160
　　农村危房改造 161
　　镇级生活污水管网建设 161
　　国家传统村落、省传统村落打造 161
　　美丽圩镇建设 161
招商引资 161
　　概况 161
　　实施"链长制" 161
　　引资激励制度 161
　　推进招商体制机制改革 162
开放型经济　对外贸易 162
　　概况 162
　　广交会 162
　　对外贸易扶持 162
　　外贸发展政策 162
　　利用外资 163
开发区建设 163
　　概况 163
　　北组团 163
　　东组团 163
　　南组团 163
　　"1+6"园区 163
　　江门国家高新区 163
　　江门滨江新城 164
　　新会银洲湖 164
　　台山工业新城 164
　　开平翠山湖科技产业园 164
　　鹤山工业城 164
　　恩平工业园 164
口　岸 164
　　概况 164
　　江门港 164
　　江门高新港 164
　　高沙货运口岸 165

新会口岸 ………………………………… 165
　　台山口岸 ………………………………… 165
　　开平口岸 ………………………………… 165
　　鹤山口岸 ………………………………… 165
　　恩平口岸 ………………………………… 166
　　出入境边防检查 ………………………… 166

民营经济 ………………………………………… 166
综　述 …………………………………………… 166
　　概况 ……………………………………… 166
　　中小企业发展 …………………………… 167
个体私营经济 …………………………………… 167
　　概况 ……………………………………… 167
　　个转企 …………………………………… 167

农业·水利 ……………………………………… 167
农业综述 ………………………………………… 167
　　概况 ……………………………………… 167
　　重要农产品有效供给 …………………… 167
　　农产品价值和安全水平提升 …………… 167
　　高标准农田建设 ………………………… 168
　　种质资源保护利用 ……………………… 168
　　现代农业与食品产业集群推进 ………… 168
　　新型经营主体培育 ……………………… 168
　　农业绿色发展 …………………………… 168
　　农业创新能力增强 ……………………… 168
　　农业社会化任务 ………………………… 168
　　农业保险 ………………………………… 168
　　农业产品质量管理 ……………………… 169
　　数字化农业 ……………………………… 169
　　农业机械化 ……………………………… 169
种植业 …………………………………………… 169
　　概况 ……………………………………… 169
　　粮食生产 ………………………………… 169
　　油料生产 ………………………………… 170
　　南药生产 ………………………………… 170
　　蔬菜产业 ………………………………… 170
　　花卉产业 ………………………………… 170
　　水果产业 ………………………………… 170
林　业 …………………………………………… 170
　　概况 ……………………………………… 170
　　造林绿化 ………………………………… 170
　　森林资源管理 …………………………… 170
　　林业有害生物检疫与防治 ……………… 171
　　林业种苗与科技 ………………………… 171
　　生态公益林建设与管理 ………………… 171
　　义务植树和群众性绿化活动 …………… 171
　　重点林业生态工程建设 ………………… 172
　　红树林湿地管护 ………………………… 172
　　国有林场改革 …………………………… 172
　　森林保险 ………………………………… 172
　　国家森林城市建设 ……………………… 172
畜牧业 …………………………………………… 173
　　概况 ……………………………………… 173
　　重大动物疫病防控 ……………………… 173
　　动物检疫监督 …………………………… 173
　　饲料生产管理 …………………………… 173
　　畜牧产业化发展 ………………………… 173
　　生猪屠宰管理 …………………………… 173
渔　业 …………………………………………… 174
　　概况 ……………………………………… 174
　　渔业生产 ………………………………… 174
　　水生动物防疫检疫 ……………………… 174
　　渔业安全生产监管 ……………………… 174
　　水产品质量安全监督 …………………… 174
　　渔业监督执法 …………………………… 174
　　渔业增殖放流 …………………………… 175
　　伏季休渔管理 …………………………… 175
　　水产养殖污染防治情况 ………………… 175
水　利 …………………………………………… 175
　　概况 ……………………………………… 175
　　水资源保护和管理 ……………………… 176
　　水资源配置工程建设 …………………… 176
　　水利安全生产 …………………………… 176
　　水利工作保障 …………………………… 176
　　节约用水 ………………………………… 176
　　河湖管理 ………………………………… 177
　　水旱灾害防御工作 ……………………… 177
　　非法采砂整治 …………………………… 178
　　农田水利工程建设 ……………………… 178

农村供水工程建设 178
水库移民后期扶持 178

工 业

综 述
概况 179
重点骨干工业企业 179
战略性支柱产业 179
工业企业技术改造 179
产业结构优化调整 179
循环经济发展 179
工业互联网 180

电子工业
电子信息制造业 180

化工产业
概况 180
化学原料及化学制品制造业 180
涂料工业 180
化学纤维制造业 180

建材产业
概况 180
玻璃制造业 180
水泥制造业 180

轻工业
食品制造业 181
造纸和印刷业 181
家具制造业 181

装备制造业
船舶与海洋工程装备业 181
汽车制造业 181

建筑业
概况 181
建筑工程质量 181
建筑施工安全 181
招投标和建筑市场管理 181
建设工程造价管理 182
绿色建设和装配式建筑发展 182

房地产业 182

概况 182
房地产市场监督 182
房地产管理信息系统 183
问题楼盘化解 183
房屋租赁管理 183
物业管理 183
住宅专项维修资金 183

交通运输业·邮政业 183

综 述
概况 183
交通市场监管 184
交通运输行业安全生产 184
交通规划编制 184
交通重点项目建设 185
民生交通工程建设 185
交通运输执法 185
道路运政执法 185
公路路政执法 186
水路运政执法 186
科技执法 186

道路运输
运输市场管理 187
公共交通管理 187

港口管理
概况 187
港口物流业 187
港口安全监管 187
水路运输 188

海事管理
概况 188
通航管理 188
船舶监督 188
海上防污染管理 188
船员管理 189
海上搜寻救助 189
海事服务重大项目建设 189
航海安全保障 189

公路建设 189
公路养护 189

公路新改建工程 ……………………… 189
　　危桥改造及加固 ……………………… 189
　　系统防范化解道路交通安全风险工作 …… 190
　　会港大道工程建设 …………………… 190
航道管理 ……………………………………… 190
　　概况 …………………………………… 190
　　航道建设 ……………………………… 190
　　航道养护 ……………………………… 191
　　涉航管理服务 ………………………… 191
铁路运输 ……………………………………… 191
　　城市轨道交通建设 …………………… 191
　　珠肇高铁江机段开工建设 …………… 192
　　南沙港铁路货运工程 ………………… 192
邮　政 ………………………………………… 192
　　概况 …………………………………… 192
　　邮政行业安全监督 …………………… 192
　　快递业安全生产监管 ………………… 192
　　快递市场执法检查 …………………… 192
　　邮政服务合法权益保护 ……………… 192
　　邮政普遍服务监督检查 ……………… 192
　　邮政普遍服务质量提升 ……………… 193
　　邮政投递网建设 ……………………… 193
　　邮政助力乡村振兴 …………………… 193
　　中国邮政集团公司江门分公司发展 …… 193

信息业 …………………………………… 194
综　述 ………………………………………… 194
　　概况 …………………………………… 194
　　信息基础设施建设 …………………… 194
　　5G 应用发展 …………………………… 194
　　信息产业发展 ………………………… 194
数字政府建设 ………………………………… 194
　　概况 …………………………………… 194
　　政务服务标准化建设 ………………… 195
　　政务服务"跨境通办" ………………… 195
　　政务服务适老化服务改造 …………… 196
　　政务服务"指尖办""掌上办" ……… 196
　　市域社会治理"一网统管" …………… 196
　　政务云平台建设 ……………………… 197
　　政务网络安全建设 …………………… 197
　　公共数据管理应用 …………………… 197
　　数字"抗疫" …………………………… 198
　　公共资源"阳光交易" ………………… 198
　　12345 政务服务便民热线 ……………… 199
通信业 ………………………………………… 199
　　概况 …………………………………… 199
　　中国移动江门分公司 ………………… 199
　　中国联通江门分公司 ………………… 200

商贸服务业 ……………………………… 200
零售业 ………………………………………… 200
　　概况 …………………………………… 200
　　肉菜流通追溯体系建设 ……………… 200
　　农贸市场升级改造 …………………… 200
　　江门市商业协会 ……………………… 200
　　2021 江门市首届茶饮节 ……………… 201
　　2021 江门市"精彩·夜侨都"消费节 …… 201
电子商务 ……………………………………… 201
　　概况 …………………………………… 201
　　电子商务发展措施 …………………… 201
　　跨境电子商务综合试验区建设 ……… 201
拍卖业 ………………………………………… 201
　　概况 …………………………………… 201
粮油业 ………………………………………… 201
　　概况 …………………………………… 201
　　粮油产业 ……………………………… 201
　　粮食产销合作 ………………………… 202
　　粮食安全监督 ………………………… 202
　　粮食应急管理体系建设 ……………… 202
　　粮食流通基础设施建设 ……………… 202
　　粮资储备管理 ………………………… 202
供销合作社业 ………………………………… 202
　　概况 …………………………………… 202
　　供销合作联社新型乡村助农服务示范体系建设
　　………………………………………… 203
　　供销合作联社经营发展 ……………… 203
　　供销合作联社综合改革 ……………… 203
　　供销合作联社助力精准扶贫和消费扶贫 …… 204
　　供销合作联社助推农业污染控制 …… 204
专项贸易 ……………………………………… 204

石油销售	204
烟草专卖	204

旅游业 ... 205
综 述 ... 205
概况 ... 205
旅游信息化建设 ... 205
旅游重点项目建设 ... 205
文化旅游体育融合发展 ... 205
旅游开发建设 ... 205
概况 ... 205
旅游规划编制与实施 ... 206
全域旅游开发 ... 206
文旅品牌打造 ... 206
旅游市场开拓 ... 206
概况 ... 206
旅游宣传营销 ... 206
创新推广方式 ... 207
旅游区域合作 ... 207
旅游行业管理 ... 207
概况 ... 207
旅游安全管理 ... 207
旅游质量监管 ... 207
旅游人才培训 ... 207
旅游标准化建设 ... 207

文 化

教 育 ... 208
综 述 ... 208
教育信息化 ... 208
扶困助学 ... 208
新疆高中、西藏幼师班开办 ... 209
基础教育 ... 209
学前教育 ... 209
义务教育 ... 209
普通高中教育 ... 209
特殊教育 ... 209
民办教育 ... 209
基础设施建设 ... 210

教师继续教育 ... 210
学生素质教育 ... 210
德育工作 ... 211
体卫艺教育 ... 211
校园安全教育 ... 211
江门一中 ... 211
职业教育 ... 212
概况 ... 212
中职招生 ... 212
职业技能竞赛 ... 212
职业教育交流合作 ... 213
江门市职业技术学院 ... 213
广东江门中医药职业学院 ... 214
广东南方职业学院 ... 217
广东江门幼儿师范高等专科学校 ... 218
高等教育 ... 220
五邑大学 ... 220
成人教育 ... 223
江门开放大学 ... 223

科学技术 ... 224
综 述 ... 224
概况 ... 224
科技企业融资环境 ... 224
科技创新创业环境 ... 224
科技项目申报与管理 ... 225
产学研结合 ... 225
技术转移体系建设 ... 225
孵化育成体系建设 ... 226
社会民生科技攻关 ... 226
科技创新平台建设 ... 226
科技服务乡村振兴战略 ... 227
科技培训 ... 227
科技成果与应用 ... 227
科技人才队伍建设 ... 227
气象事业 ... 228
概况 ... 228
气象特征 ... 228
主要气候事件 ... 228
气象服务 ... 229

气象重点项目建设 ………………………… 229

文化艺术 …………………………………………… 230
　　概况 ……………………………………………… 230
　　群众文化 ………………………………………… 230
　　公共文化 ………………………………………… 230
　　文化产业 ………………………………………… 231
　　文化市场管理 …………………………………… 231
　　艺术创作 ………………………………………… 231
　　文化艺术比赛 …………………………………… 232
　　对外文化交流 …………………………………… 232

文博事业 …………………………………………… 232
　　文物保护 ………………………………………… 232
　　非物质文化遗产 ………………………………… 232
　　文化遗产新增与保护 …………………………… 232
　　博物馆 …………………………………………… 232
　　公共图书馆 ……………………………………… 233
　　文化馆 …………………………………………… 233
　　美术馆 …………………………………………… 233

档案工作 …………………………………………… 233
　　概况 ……………………………………………… 233
　　档案执法监督检查 ……………………………… 233
　　档案业务指导 …………………………………… 233
　　档案培训 ………………………………………… 234
　　档案宣传 ………………………………………… 234
　　江门市档案新馆建设 …………………………… 234
　　档案安全建设 …………………………………… 234
　　档案接收 ………………………………………… 234
　　档案利用与服务 ………………………………… 234
　　档案资源建设 …………………………………… 235

地方志工作 ………………………………………… 235
　　概况 ……………………………………………… 235
　　方志馆库建设 …………………………………… 235
　　江门市方志展馆建设 …………………………… 235
　　地情宣传推介 …………………………………… 235
　　志鉴扩面提质 …………………………………… 235
　　《新会陈皮影像志》拍摄 ……………………… 236
　　地方志资源开发利用 …………………………… 236
　　地方志信息化建设 ……………………………… 236

新闻出版 …………………………………………… 236
　　出版·印刷 ……………………………………… 236
　　　期刊出版 ……………………………………… 236
　　　报纸出版 ……………………………………… 236
　　　出版物市场管理 ……………………………… 236
　　　印刷业 ………………………………………… 236
　　　江门日报社 …………………………………… 236
　　广播·电视 ……………………………………… 237
　　　广播节目创新 ………………………………… 237
　　　电视节目创新 ………………………………… 237
　　　全媒体建设 …………………………………… 238

体　育 ……………………………………………… 238
　　概况 ……………………………………………… 238
　　规划编制 ………………………………………… 239
　　群众体育 ………………………………………… 239
　　竞技体育 ………………………………………… 239
　　体育产业 ………………………………………… 239
　　全民健身日活动 ………………………………… 239
　　活动赛事 ………………………………………… 239

社会生活

妇女·儿童 ………………………………………… 240
　　帮扶困难妇女儿童 ……………………………… 240
　　妇女儿童发展规划实施 ………………………… 240

民族宗教事务 ……………………………………… 240
　　概况 ……………………………………………… 240
　　民族事务 ………………………………………… 241
　　宗教事务 ………………………………………… 241

卫生健康 …………………………………………… 242
综　述 ……………………………………………… 242
　　概况 ……………………………………………… 242
　　民营医院建设 …………………………………… 242
　　无偿献血 ………………………………………… 242
　　职业健康管理 …………………………………… 242
　　基层卫生健康 …………………………………… 242
　　妇幼健康服务 …………………………………… 243

目录

卫生信息化建设 ... 243
医药卫生体制改革 ... 243
江门市新三甲医院（江门市公共卫生临床中心）
项目开工建设 ... 243

公共卫生 ... 244
疾病预防控制 ... 244
卫生应急 ... 244
爱国卫生运动 ... 244
卫生健康综合监督 ... 245
卫生健康宣传 ... 245

医政管理 ... 246
概况 ... 246
医疗资源配置优化 ... 246
医疗服务质量 ... 247
医疗服务可及性 ... 247
医疗卫生对口支援 ... 247

中医药事业 ... 247
概况 ... 247
社会办医 ... 247
创建全国基层中医药工作先进单位 ... 247
中医药适宜技术培训 ... 247
实施名中医传承工程 ... 247
示范性中医馆建设 ... 248

计划生育和老龄服务 ... 248
计划生育概况 ... 248
计划生育奖扶 ... 248
老龄工作 ... 248

人力资源·劳动就业 ... 249

人事·人才 ... 249
人才引进 ... 249
人力资源管理 ... 249
公共就业和人才服务建设 ... 249
专业技术人员职称评定和继续教育管理 ... 249
事业单位人事管理 ... 249
专业技术人才管理 ... 250
"三支一扶"工作 ... 250
人事考试 ... 250
留学归国人员创新创业项目评审 ... 250
人才招聘 ... 250

劳动力技能培训教育 ... 250
职业技能鉴定 ... 251

就业促进 ... 251
概况 ... 251
实施"三项工程" ... 251
重大项目就业服务 ... 251
全民创业带动就业 ... 252
就业创业服务平台建设 ... 252
招聘就业 ... 252
困难群体就业 ... 252
创业孵化基地建设 ... 252

劳动关系 ... 252
劳动工资 ... 252
就业失业监测 ... 253
劳动关系协调 ... 253
劳动保障监察 ... 253
劳动人事争议仲裁 ... 253
职工工伤权益保障 ... 253

社会保障 ... 253

社会保险 ... 253
概况 ... 253
城镇职工基本养老保险 ... 253
城乡居民基本养老保险 ... 253
企业职工养老保险 ... 254
职工工伤保险 ... 254
失业保险 ... 254
粤港澳社会保障服务建设 ... 254

医疗保障 ... 254
概述 ... 254
疫情防控医疗保障 ... 255
医疗保障体系建设 ... 255
医药重点领域改革 ... 255
医保综合能力建设 ... 255
医保基金监管 ... 256

社会救助 ... 256
概况 ... 256
低保和特困人员供养标准提高 ... 256
农村低保专项治理 ... 256
收养登记 ... 256

城乡居民最低生活保障 ... 256
特困供养人员照料护理 ... 256
临时救助 ... 256
流浪乞讨人员救助 ... 256
寻亲服务机制 ... 257

社会福利 ... 257
概况 ... 257
儿童福利 ... 257
老年人福利 ... 257
残疾人福利 ... 258
福利彩票 ... 258

住房保障 ... 258
住房保障管理 ... 258
扩大住房保障范围 ... 258
公租房信息化管理 ... 258
青年安居公寓打造 ... 258
印发《江门市"十四五"住房保障规划》 ... 258
公房管理 ... 258

住房公积金 ... 259
概况 ... 259
住房公积金管理 ... 259
住房公积金管理系统更新改造 ... 259
住房公积金政策普惠 ... 259
住房公积金使用政策规范 ... 259
住房公积金服务效能提升 ... 259

慈善事业 ... 259
概况 ... 259
慈善活动 ... 259

婚姻登记 ... 260
概况 ... 260

殡 葬 ... 260
概况 ... 260
殡葬服务设施建设 ... 260
殡葬殡仪服务 ... 260
殡葬领域问题专项整治 ... 260

应急管理 ... 260
安全生产监督管理 ... 260
安全生产概况 ... 260

安全生产责任落实 ... 260
安全生产专项整治 ... 261
安全生产执法监察 ... 262
安全风险管理 ... 262

消防管理 ... 262
概况 ... 262
消防管理体制改革 ... 263
消防基础设施建设 ... 263
消防制度建设 ... 263
消防隐患整治 ... 263
消防宣传 ... 263
消防队伍建设 ... 264

自然灾害和减灾救灾 ... 264
概况 ... 264
防灾减灾救灾体系机制建设 ... 265
水旱灾害防御 ... 265
"三防"隐患排查治理 ... 265
森林防灭火 ... 266
防灾减灾救灾能力建设 ... 266
应急救援力量优化 ... 266
跨区域应急联动机制建立 ... 267
应急演练 ... 267
应急值班值守 ... 267
安全生产培训与宣传教育 ... 267

生态环境

环境质量 ... 268
大气环境质量 ... 268
水环境质量 ... 268
声环境质量 ... 268
辐射质量 ... 268

环境综合整治 ... 268
水环境综合整治 ... 268
大气环境综合整治 ... 269
土壤污染防治 ... 269
固体废物与危险废物安全监督 ... 270
农村生活污水治理 ... 270
声环境综合整治 ... 270
核与辐射环境管理 ... 270

环境执法监管 271
　　建设项目环境管理 271
　　环境法治建设 271
　　第二轮中央生态环境保护督察 271
　　生态环境执法 272
节能减排 272
　　概况 272
　　节能宣传 272
　　绿色低碳建设 272
　　环境宣传与教育 272

县（市、区）

蓬江区 274
　　概况 274
　　经济发展 274
　　社会事业 276
　　城乡建设 277
　　生态环境建设 278
江海区 278
　　概况 278
　　经济发展 278
　　社会事业 279
　　城乡建设 280
　　环境保护 281
　　下沙公园启用 281
　　江门高新港投入运营 281
　　"两中心两基地一平台"揭牌启动 281
新会区 281
　　概况 281
　　经济发展 282
　　工业园（区）建设 284
　　重点建设项目 284
　　社会事业 285
　　城乡建设 287
　　交通运输 287
　　生态环境保护 287
　　新会区居世界、亚洲、全国、全省、全市之最 288
　　广州华立学院（江门校区）开学典礼 288

　　"潮起湾区，扬帆新会"新会招商推介大会 288
　　江门"双碳"实验室揭牌 288
　　新会文化旅游嘉年华活动 288
台山市 288
　　概况 288
　　经济发展 289
　　社会事业 290
　　城乡建设 290
　　生态环境建设 291
　　台山市获评2017—2020年度"平安中国建设示范县" 291
　　中开高速公路台山白沙到新会罗坑段通车 ..291
　　全国首支侨批保护志愿服务队 291
　　全国首家归侨文化博物馆 291
开平市 291
　　概况 291
　　经济发展 292
　　社会事业 292
　　城乡建设 295
　　生态文明建设 295
　　侨胞善举 295
　　打好脱贫攻坚战 295
　　农业金融模式 295
　　农业保险 296
　　全国"平安农机"示范县 296
　　省级现代农业产业园 296
　　"四好农村路"示范建设 296
　　翠山湖工业园建设 296
　　江门中微子实验站 297
　　重大庆典活动 297
　　2021年开平省级以上获奖的成绩 297
鹤山市 297
　　概况 297
　　气候·河流 298
　　建置沿革 298
　　行政区划 298
　　人口·民族·语言 298
　　华侨华人·港澳台同胞 298
　　社会经济发展状况 298

工业	298
农业	299
财政	299
税务	299
金融	299
固定资产投资	300
市场主体	300
建筑业·房地产	300
商业	300
旅游	300
对外经济贸易	300
台港澳·侨务	300
交通	301
邮政·通讯	301
教育	301
科技	302
文化	302
卫生	302
体育	303
城乡建设	303
环境保护	303
人民生活	304
社会保障	304
园区建设	304
信息化	306
重点建设项目	306
庆典活动	306

恩平市 308
　概况 308
　经济发展 308
　社会事业 309
　城乡建设 310
　生态环境建设 310
　特色乡村 311
　工业园区 311
　歇马举人村被评为国家AAA级旅游景区 311
　创新特色旅游模式 311
　航空文化主题活动 311

附 录

领导机构党派团体负责人名单 312
中国共产党江门市委员会 312
江门市人民代表大会常务委员会 312
江门市人民政府 312
中国人民政治协商会议江门市委员会 313
中国共产党江门市纪律检查委员会、江门市监察委员会 313
江门市中级人民法院 313
江门市人民检察院 313
民主党派 313
社会团体 314
院校、新闻单位 314
中央、省垂直部门及驻江门有关单位 314
区（市）党政名单 314

文献专载 317
在江门市第十六届人民代表大会第一次会议上的报告 317

2021年江门市国民经济和社会发展统计公报 .. 329

江门市非遗项目一览表 338

主题索引 343

大事记
DASHIJI

1月

1日 "广东政府采购智慧云平台"在江门市启用运行，本级各预算单位、市、县两级全覆盖使用，实现政府采购全流程电子化和政府采购业务"一网通办"。

6日 江门市生态环境局和江门海事局隆重举行战略合作备忘录签署仪式。

7日 江门市检察院法警支队组织庆祝首个"中国人民警察节"。

8日 江门市中级人民法院与江门市司法局共同举行加强市域社会治理现代化诉调对接工作签约暨江门市诉调对接工作室揭牌仪式。

是日 召开江门市十五届人大常委会第三十七次会议。

10日 江门市气象局获评"广东省文明单位"。

是日 江门市检察院与市消费者权益保护委员会就《关于加强消费民事公益诉讼协作的意见》举行联签仪式。

是日 江门市成立江门市社区矫正委员会，标志着江门市社区矫正工作进入新发展阶段。

是日 江门市红十字会在开平市赤水镇沙洲村举行"博爱送万家"启动仪式，发动爱心单位献爱心，筹集款物约58万元。

是日 江门市蓬江区棠下镇良溪村、江海区礼乐街道英南村、新会区睦洲镇石板沙村、台山市端芬镇海口埠、开平市大沙镇大塘面村、鹤山市古劳镇上升村、恩平市牛江镇昌梅村入选广东省文化和旅游厅公布的第二批广东省文化和旅游特色村名单。

是日 由中共江门市委宣传部、江门市文化广电旅游体育局主办、江门市博物馆承办的"家国情怀寄尺素——江门五邑银信（侨批）专题展"在江门五邑华侨华人博物馆展出。5月14日，该展览入选广东省文物局公布的2021年广东省弘扬社会主义核心价值观主题展览名单。

是日 市编办同意在整合市安全生产应急救援指挥中心的基础上设立市应急救援和保障中心，作为市应急管理局所属正科级、公益一类事业单位，核定财政补助一类事业编18名，其中主任1名、副主任2名。

是日 江门市公安局在万达广场举办系列主题活动，热烈庆祝首个"中国人民警察节"。

11日 江门人力资源服务产业园获批省级人力资源服务产业园。

15日 江门市设立江门市应急救援和保障中心。

17日 市残联、市聋人协会携手江门联通举办"畅听世界·让爱生长"主题公益活动。

是日 市委书记、市人大常委会主任林应武主持召开江门市十五届人大常委会第三十八次会议，审议通过有关人事事项。会议决定任命吴晓晖为江门市人民政府副市长。会议决定接受刘毅辞去江门市人民政府市长职务的请求，并报江门市第十五届人民代表大会备案。经市人大常委会主任会议提请，会议决定吴晓晖为江门市人民政府代理市长。

18日 江门市金融投资控股有限公司与格罗斯产业链服务（深圳）有限公司合作组建的江门市金格数字科技有限公司挂牌成立，江门市产业数字化金融服务平台同步启动。

是日 江门市商业协会召开第一届第一次会员大会。会议听取江门市商业协会筹备工作委员会筹备工作报告，审议通过《江门市商业协会章程》、协会民主选举办法、内部管理制度及财务管理制度，选举产生第一届理事会成员。

是日 江门市开展以"就业帮扶、真情相助"为主题的2021年就业援助月专项活动，集中帮扶困难群众就业。

是日 市社科联在鹤山市参加2020年江门市"两新"组织党建工作述职评议会暨鹤山雅图仕党委党校揭牌仪式。

是日 省自然资源厅联合省林业局在台山召开国土调查与林业调查不一致图斑外业核查工作协调会。

20日 江门市司法鉴定协会举行揭牌仪式。

是日 江门市召开十五届人大常委会第三十九次会议。

21日 江门市在市委市政府大会堂召开中国共产党江门市第十三届委员会第十四次全体会议。

21日 广东省人力资源社会保障厅一行到江门市开展最低工资标准评估工作。

22日 2021年江门市"创新赋能·金融支撑"科技金融签约及对接交流会在江海区举行。会上，江门市科技局、市市场监管局与6家金融机构进行"邑科贷"合作签约，6家江门企业现场获得"邑科贷"授信3000万元。

是日 司法部下发《关于表彰全国模范人民调解委员会模范人民调解员的决定》，表彰一批"全国模范人民调解委员会"和"全国模范人民调解员"。其中，江门市1个人民调解委员会、2名人民调解员受到表彰。

是日 广东省法学会专职副会长兼秘书长、省委政法委二级巡视员姜滨带队到江门市调研指导法学会工作。

是日 江门市技师学院吴恩来入选2020年度享受政府特殊津贴专家名单。

25日 在江门市检察院举行江门地区的省、市"三八红旗工作室"揭（授）牌仪式。江门市检察院第六检察部作为广东省首批、全省检察系统和江门市首个省级"三八红旗"工作室。

是日 省交通工会副主席陈和平、省公路事务中心工会主席张占伟、副主席谢瑞珑一行到江门市台山公路局温泉养护中心开展春节慰问活动。

是日 江门市在推进政府采购支持国家脱贫攻坚工作中被评为先进地市。

是日 召开江门市十五届人大常委会第四十次会议。

27日 江门人行铁桥（E级）完成拆除工作。

28日 太保产险江门中心支公司推出全省首个青蟹气象指数保险，为台山青蟹个体养殖王剑述的8亩养殖田提供2.4万元风险保障。

是日 谢华宇副局长带队到省自然资源厅沟通重大项目的用地报批。

是日 社保费系统优化升级项目在江门市税务系统全面上线。

29日 广东省科学院党委书记、院长廖兵率队赴江门就加强产学研合作、市院合作平台载体建设、科技创新支撑地方产业发展、区域创新体系布局等与江门市委市政府相关负责人进行会谈。

是日 广东省科学院与五邑大学双方签署战略合作框架协议，将围绕粤港澳大湾区国际科技创新中心建设，科技创新、人才互动、项目合作和成果转化等全方位紧密合作。

30日 中国共产党江门市第十四届纪律检查委员会第二次全体会议在市委市政府大会堂召开。

是月 江门市水利局属下事业单位江门市水利工程质量管理中心重新认定继续列入参照公务员法管理范围的单位。

是月 江门幼儿师范高等专科学校在台山市六福幼儿园举行教科研合作基地授牌仪式。

是月 江门幼师被评为广东省中学生志愿者服务示范校。

是月 市国资委所持市企业资产经营有限公司10%的国有股权（国有资本）一次性划转给广东省财政厅，由广东省财政厅代广东省政府集中持有，并委托广东粤财投资控股有限公司对划转企业国有股权实施专户管理。

2月

2日 广东省推进粤港澳大湾区建设领导小组印发《江门华侨华人文化交流合作重要平台建设方案》，凝聚侨心、侨力、侨智，引导广大华侨华人共同参与粤港澳大湾区建设。

是日 完成X波段相控阵雷达北峰山吊装。

是日 江门市自然资源局2020年自然保护地

整合优化工作获得广东省林业局通报表扬。

7日 市委常委、宣传部长陈冀带领市社科联领导班子成员就如何充分发挥市社科联作用、更好服务经济社会发展大局，到省社科联交流协商工作。省社科联党组书记、主席张知干主持召开座谈交流会。

8日 江门市十五届人大常委会第四十一次会议。

9日 广东省供销社通报2020年度全省供销合作社系统综合业绩考核情况，江门市供销合作联社获评地级以上市优胜单位一等奖第1名；台山市社、新会区社、开平市社获县级优胜单位一等奖，分别名列第1名、第2名、第7名；鹤山市社、恩平市社获县级优胜单位三等奖。

19日 江门市人民政府印发《江门市贯彻落实广东省建设国家数字经济创新发展试验区工作方案若干措施》，加快推进"产业数字化"和"数字产业化"，推动江门市数字经济发展。

是日 江门市应急管理局被评为第一批江门市节约型单位。

20日 在江门海事局崖门海事监管基地举行广东海事局海船船检质量监督流动工作站揭牌仪式。

22日 江门市推进粤港澳大湾区建设领导小组第四次全体会议召开，审议印发《粤港澳大湾区（江门）高质量农业合作发展平台建设方案》《关于江门市落实〈关于金融支持粤港澳大湾区建设的意见〉的行动方案》《粤港澳大湾区（珠西）高端产业集聚发展区银湖湾启动区产业发展规划》。

23日 《江门市"双随机、一公开"监管流程管理制度》被列入江门市2021年度重大行政决策事项予以印发实施，从制度层面规范"双随机、一公开"监管，形成全市统一执行的制度。

是日 江门市印发《江门市稳投资若干工作措施（2020—2022年）》。

是日 原省渔政总队江门支队更名为市海洋综合执法支队，不再加挂中国海监广东省总队江门支队、中华人民共和国广东渔业船舶检验局江门分局牌子，作为市农业农村局管理的副处级行政执法机构。

23日至24日 澳门廉政公署专员陈子劲一行到江门市访问考察。

25日 江门市中级人民法院公开开庭审理中国银行广东省分行开平支行原行长许超凡贪污、挪用公款一案。

是日 江门市7个社区被评选为2020年度全国综合减灾示范社区。

是日 召开江门市十五届人大常委会第四十二次会议。

26日 台山工业新城小微企业创业创新示范基地成为第二批江门市返乡创业孵化基地。

3月

1日 交通运输部将江顺大桥列为全国11座桥梁结构健康监测系统试点工程之一，这是广东省唯一一座被列为试点的桥梁。

2日 亚太森博（广东）有限公司、信义集团（玻璃）有限公司和凯伦拜尔格（德国）饮料有限公司3家投资江门的外资企业在广州市越秀国际会议中心参加广东省与跨国企业合作发展座谈会暨战略合作框架协议签约活动，计划投资总额约331.7亿元。

3日 江门市十五届人大七次会议举行预备会议。

4日 江门市第十五届人民代表大会第七次会议在市委市政府大会堂开幕。

5日 江门市十五届人大七次会议闭幕。江门市2020年预算执行情况和2021年预算草案在十五届人大第七次会议上获得高票通过。经大会选举，吴晓晖当选为江门市人民政府市长；陈霞当选为江门市人大常委会副主任；卢国壮、杨健平、林沛华、容新荣、梁君明同志当选为江门市人大常委会委员。市委书记、大会主席团常务主席林应武向新当选人员颁发当选证。

是日 省反恐办派出由省反恐办副主任、二级警务专员朱永强带队的督导组到江门市督导检查全国"两会"安保反恐工作。

8日 江门市举行2021年第一季度重大项目集中动工（投产）活动。本次集中动工（投产）的项目共128个，总投资728.4亿元。同日，江门市人民政府办公室印发《关于调整江门市重大工程建设项目总指挥部组成人员的通知》，对江门市重大工程建设项目总指挥部架构进行调整，将专项指挥部由原来的12个增加为15个。

是日　江门市在政府门户网站发布《江门市"双随机、一公开"监管流程管理制度》。

是日　江门市召开跨国公司直通车机制企业政府事务代表座谈会暨政银企交流活动，倾听企业对江门营造一流营商环境的建议，面对面解决企业发展中遇到的问题，江门市27位跨国公司代表、6家银行，2名商协会代表受邀参会。

9日　江门市巾帼先进授牌仪式举办"江门市巾帼文明岗"市特殊儿童康复教育中心听障部获表彰授牌。

9至10日　国家林草局广州专员办王琴芳一行到开平市，对开平2020年度森林督查发现案件整改情况及国家林草局等8部门组织代号为"清风行动"的打击野生动物非法贸易联合行动的开展情况进行督察督办。

是日　省司法厅与江门市政府召开座谈会，就推进江门市全面依法治市和法治政府建设。

11日　江门市住建城管系统召开2021年度工作推进会。会议传达全省住房城乡建设领域重点工作部署暨住房城乡建设工作会议精神，总结"十三五"及2020年全市住建城管工作，推广好的经验做法，研究部署2021年重点工作。

是日　2021年江门市文化广电旅游体育工作会议在市政府会议室召开。

12日　国家标准化管理委员会印发《关于下达第七批社会管理和公共服务综合标准化试点项目的通知》，授予江门"双随机、一公开"行政监督管理标准化为第七批社会管理和公共服务综合标准化试点项目。

15日　江门市金融投资控股有限公司与深圳产学研合作促进会举行战略合作框架协议签订仪式。

是日　江门市双好茶韵农耕研学实践教育基地、鹤山香草小镇农业科技有限公司入选广东省农业农村厅、广东省文化和旅游厅公布2020年度省级休闲农业与乡村旅游示范镇示范点名单。

17日　江门市大健康研究院在站博士后魏育蕾博士参与的人工胚胎课题研究成果作为共同第一作者发表于国际性重要权威刊物《自然》杂志上，是江门市首位博士后以第一作者身份在国际权威杂志《自然》上发表论文。

17日至18日，省残联副理事长陈宏宇带队到江门开展7~17岁残疾儿童康复服务新增项目调研工作。

18日　江门市市长、潭江市级河长吴晓晖率队到新会区、台山市、开平市督导潭江河长制工作。

是日　开平市"山水茶乡生态旅游美丽乡村"精品线路和鹤山市古劳水乡自然人文风情线路入选"广东美丽乡村精品线路"，开平市月山镇钱岗村入选"广东粤菜师傅名村"，新会区崖门镇京梅村入选"广东文化旅游名村"，新会区会城街道茶坑村入选广东省文化和旅游厅等4部门公布第二届"广东十大美丽乡村"系列评选活动获奖名单。

22日　商务部、国家发改委、财政部、海关总署、税务总局、市场监管总局等六部门发文明确，在江门打造跨境电商零售进口试点。

23日　国家统计局贸易外经司一级调研员严先溥一行2人赴江门市开展农村消费市场情况专题调研。

是日　中国共产党江门市第十三届纪律检查委员会第六次全体会议在市委市政府大会堂召开。

25日　国家税务总局江门市税务局、江门市住房和城乡建设局、江门市自然资源局、江门市政务服务数据管理局在江海区又一居·作品一号楼盘现场，共同举办"交房即发证"服务试点工作启动仪式，标志着江门市"交房即发证"创新改革工作全面启动。

是日　市妇联、市残联领导共同为江门市三八红旗工作室——市残联阮美兰工作团队揭牌。

是日　江门市金融服务中心设立登记。

26日　水利部三峡工程管理司二级巡视员王伟、广东省水利厅三级调研员凌青坡一行到江门市台山、鹤山调研三峡移民村建设及管理情况。

是日　江门市人民政府办公室成立江门市推进综合保税区申报工作领导小组。

是日　江门市应急管理局被评为江门市公共机构节水型单位。

是日　江门市召开江门市十五届人大常委会召开第四十四次会议。

30日至31日　中国侨联党组成员、副主席程学源率队到江门市调研侨联联谊联络和基层建设工作，并为开平市沙冈文化中心"侨胞之家"成为全国侨联系统优秀"侨胞之家"挂牌。中国侨联调研组一行还前往开平水口镇沙冈文化中心、赤坎规划展示馆等地进行实地调研。

是日　江门市印发《江门市安全生产专项整治三年行动工作专班实施方案》，强化安全生产专项整治三年行动工作对接。

是日　江门市水利局获"广东省扫黑除恶专项斗争县处级以上先进单位"称号。

是日　广东省西江流域管理局、江门市水利局联合组成检查工作组，对江门市辖区内的"蚂蚁搬家"式河道非法采砂情况进行现场督导检查，严厉打击"蚂蚁搬家"式河道非法采砂行为。

是日　广东省水利厅副厅长蔡泽辉同志带队到江门市进行水利防汛安全工作检查，分别抽查恩平市大田镇朗西村、恩平市大田镇、蓬江区等地基层水利防汛备汛工作情况，实地检查锦江水库、江新联围（蓬江段）、蓬江区横江泵站等水利工程运行管理和防汛备汛工作措施落实情况，并召开座谈会，听取江门市今年水利防汛备汛工作情况汇报，反馈检查情况。

是日　省水利厅表扬江门市圆满完成各项年度水利投资计划执行目标，为全省首次获得国务院激励奖励做出贡献。

是日　江门幼儿师范高等专科学校获广东省高等教育学会常务理事单位。

4月

1日　江门市印发《关于推行工程建设项目审批事项无差别服务"市内通办"的通知》，自2021年4月1日起，将全面推行工程建设项目无差别服务"市内通办"工作。

是日　江门市印发《江门市获得测量管理体系认证企业资助办法》，2021年度江门市共有2家企业申请获得测量管理体系认证资助。

4日　江门市网络安全应急指挥中心设立登记。

7日　省侨联法顾委主任曾添贵一行到江门市中级人民法院就涉侨纠纷多元化解工作调研座谈。

8日　江门人才岛玫瑰园住宅项目4号楼项目召开装配式预评价技术评审会，7名省级装配式建筑专家对该项目进行评审，一致认定项目符合国家及广东省装配式建筑的评分标准，评价为广东省AA级装配式建筑，国家A级装配式建筑。

10日　国家林业和草原局派出专家核验组赴江门市开展珠三角国家森林城市群检验工作。

是日　广东省统计局党组书记、局长杨新洪在省统计局与来访的江门市市长吴晓晖座谈，双方就加强统计基础建设，切实把握统计规律更好反映经济运行，发挥统计在推动高质量发展作用等方面进行交流。

13日　广东省人力资源和社会保障厅和省农业农村厅联合调研组到江门市调研，指定江门市作为全省首个也是唯一一个乡村工匠专业人才职称评价试点，在全省率先开展乡村工匠职称评价试点工作。

16日至17日　国家林草局野生动物保护司副司长周志华同志一行前往新会区开展红木产业调研工作。

20日　为了开展"我为群众办实事"实践活动和落实好最高检"三号检察建议"，江门市检察院与江门银保监分局共同签署"检察监管清廉金融"共建合作备忘录。江门市检察院党组书记、检察长郭玉受邀出席活动并与江门银保监分局主要负责人共同参加共建合作备忘录签署仪式。

是日　江门高新区（江海区）知识产权宣传周启动仪式暨江海区人民检察院知识产权检察办公室揭牌仪式在江门高新区知识产权公共服务中心举行。

20日至22日　广东省林业局李智泉同志一行前往江门市开展新会小鸟天堂、开平孔雀湖国家湿地公园试点省级验收。

21日　举行2021江门市商业发展大会并启动江门贸易促进发展联盟仪式、2021江门市重大商业项目开业（动工）仪式、2021乐购江门夏季消费节活动启动仪式、江门市商业协会第一届理事会授牌仪式，发布90个2021江门市重大商业招商推介项目，成立江门市商业协会和"江门市商业协会茶饮专业委员会"。

是日　江门市召开十五届人大常委会第四十五次会议。

是日　江门市设立江门市医疗保障事业管理中心，为江门市医疗保障局所属事业单位。

是日　市委书记、市人大常委会主任林应武会见中国工程院外籍院士、澳大利亚科学院和工程院两院院士、澳大利亚蒙纳士大学副校长、苏州校区校长、江苏省产业技术研究院工业过程模拟与优化研究所所长余艾冰一行。

是日 财政部会计司副司长吴祥云、水利部财务司副司长牛志奇近日带领调研组，到江门市开展水利基础设施会计核算工作情况实地调研。

是日 国家林草局湿地管理司李琰副司长、广州专员办副专员贾培峰、省林业局郑永光总工、森林火灾预防处处长黄少峰一行到新会区开展森林防火包片蹲点工作指导。

是日 江门市院党组成员、副检察长林慕恒代表江门市检察院与市司法局、市律协联签《关于加强检律协作构建法律职业共同体的意见》。

23日 江门高新港投入运营。

是日 江门市公安局侦破"1·29"骗取出口退税案，捣毁犯罪窝点6处，抓获主要犯罪嫌疑人13名，涉案金额价税合计2.3亿元，获得省厅发来贺电。

25日 由中共江门市委宣传部、江门市文化广电旅游体育局等四部门主办的《侨心向党 同心圆梦——五邑华侨与中国共产党专题展》入选"中央宣传部 国家文物局联合推介庆祝中国共产党成立100周年精品展览名单"，是全省三个获批精品展览之一。5月19日，该展览入选"广东省弘扬社会主义核心价值观主题展览"。6月28日，该展览入选"广东省庆祝中国共产党成立100周年精品展览推介名单"。

是日 省禁毒委副主任、省禁毒办主任、省公安厅副厅长林伟雄，省禁毒办常务副主任、省公安厅禁毒局局长刘国强等领导到江门市调研禁毒工作。

26日 江门市人民检察院知识产权检察办公室揭牌成立。

是日 江门市文化广电旅游体育局会同中共江门市委宣传部、江门市人才工作局、江门市财政局、江门市自然资源局、江门市市场监管局、江门市政数局、江门市税务局联合印发《江门市促进文化企业发展的若干措施》。

26日至28日 广东省住房城乡建设厅村镇建设处二级调研员席让平带队赴江门市鹤山市、台山市、开平市实地调研村镇建设工作，围绕农房安全隐患排查整治、农村削坡建房风险点整治以及农房抗震改造试点和传统村落保护等重点工作，走村进户实地考察，并进行座谈交流。

27日 "江澳跨境通办政务服务专区"暨"人社自助服务跨境全省通办平台"启动仪式在澳门江门同乡会文体康乐中心举办，江门市代表出席并颁发"江澳跨境政务服务专区"办理的首张不动产登记证。

是日 "江门——澳门跨境通办政务服务专区"在澳门江门同乡会揭牌使用，标志着不动产登记实现税证离岸智能联办。

28日 广东省残联副理事长柯沫夫、省残疾人就业服务中心副主任陈柏杨到鹤山市调研残疾人就业工作。

是日 鹤山设立中共鹤山工业城工作委员会，为中共鹤山市委派出机构，正科级，与鹤山工业城管理委员会合署办公，实行"一个机构，两块牌子"，一体化运作。

是日 鹤山设立中共鹤山市珠西物流枢纽中心工作委员会，为中共鹤山市委派出机构，正科级，与鹤山市珠西物流枢纽中心管理委员会合署办公，实行"一个机构，两块牌子"一体化运作。

28日 在省公安厅的组织指挥下，江门市公安局牵头侦破湛江"9.01"黑社会性质组织案，刑拘犯罪嫌疑人63名，执行逮捕53人，查获现金人民币620万元，冻结涉案资金约1.7亿元，受到省委常委、政法委书记张虎、副省长、公安厅长王志忠同志的批示肯定。王志忠同志评价此案的侦破"打响了全省公安机关严打突出刑事犯罪专项行动的第一枪"。

28日至5月12日 江门市公安局侦破"4.28"组织他人偷越国（边）境案，成功抓获犯罪嫌疑人5人，排查出偷渡人员36人，涉及湖北、云南、四川、重庆、江西、广西等10个省市。

30日 江门市商务局和深圳前海数字贸易科技服务有限公司签订战略合作框架协议。

是月 江门市市场监管局开展"治理涉企收费减轻企业负担"专项行动。

是月 江门市242家企业参加线上举办的第129届广交会，获得642个展位，主要分布在家电电子、建材卫浴、摩托车、餐厨用具、家居用品、浴室用品等十多个展区。

是月 江门市举办"星闪粤湾"世界孤独症关注日系列活动。

5月

1日 江门市检察院工作网与江门市公安机关"邑警汇"系统对接,实现检警案件信息的实时互通,并在江门市公安局呈请市院逮捕的"205专案"中使用该系统传输信息,提高办案效率。

7日 在广东实验中学附属江门学校院士广场举办江门市红十字会纪念"5·8世界红十字日"暨广东实验中学附属江门学校红十字会成立仪式活动。广东实验中学附属江门学校向江门市红十字会捐赠1万元,用于支持红十字事业发展。市红十字会分别与AED配置单位代表签订《江门市红十字会自动体外除颤仪(AED)放置协议》。

是日 江门市10家企事业单位获准设立广东省博士工作站。

7日至8日 团省委副书记唐锐、团省委宣传部部长黄亦菲一行赴江门调研。

8日 广东江门中华白海豚省级自然保护区管理处联合台山市赤溪镇人民政府举办主题为"保护中华白海豚,维护海洋生物多样性"2021年中华白海豚保护宣传日活动。

10日至14日 全国供销合作总社在江门市举办全面深化供销合作社综合改革专题研究班。

12日 江门市检察院与中国农业银行江门分行举行司法救助金代理业务签约仪式,并在签约仪式上介绍国家司法救助工作制度。

是日 广东省自然资源厅领导(朱国鸣总工程师)到江门督导汛期地质灾害防治工作。

是日 市委副书记、市长吴晓晖代表江门市在省委全面依法治省工作会议上领牌。

13日 在广东新会中集特种运输设备有限公司建成全省首家移动工伤预防VR智慧基地,并举行江门市移动工伤预防VR智慧基地(研究基地)启动仪式。

14日 市残联举办第三十一次全国助残日"我为群众办实事"系列活动。活动现场进行江门市残疾人补充医疗商业保险蓬江区试点签约仪式、市委市政府民生微实事——"困中之困"残疾人关爱行动启动仪式和江华社区康园中心揭牌仪式。全市筹措资金近120万元,为蓬江、江海两区共12 927名持证残疾人购买补充医疗商业保险。

是日 红树林基金会(MCP)重建海上森林项目总监徐万苏同志一行前往江门市开展红树林保护修复考察调研工作,实地考察广东台山镇海湾红树林国家湿地公园。

是日 国家税务总局江门市税务局部分职能配置、机构设置变革:办公室更名为办公室(党委办公室)、人事教育科更名为组织人事科、系统党建科更名为党建工作科、税收风险管理局更名为第三税务分局(税收风险管理局)。

17日 广东省农村房屋安全隐患排查整治联系指导组第四组由省农业农村厅谢克新三级调研员赴江门市联系指导农村房屋安全隐患排查整治工作。

是日 广东省人力资源和社会保障厅公布2020年度广东省百名博士博士后创新人物入选名单,江门市江海区陈磊、江海森入选2020年度广东省百名博士博士后创新人物。

是日 由中共江门市委宣传部、江门市文化广电旅游体育局、江门市文学艺术界联合会、广东美术馆指导,江门市美术馆主办的"井喷的年代——中国侨都(江门)1869—2019华侨华人美术历史文献展"入选文化和旅游部《2021年全国美术馆馆藏精品展出季活动目录》。

是日 由市委宣传部、市社科联联合主办的"永远跟党走"红色文化侨乡行暨江门市第十七届社科普及周活动启动仪式在市级人文社科普及基地——广东江门中医药职业学院举行。

18日 江门市举行推进"5+N"产业集群发展大会。

19日 江门市住房和城乡建设局印发《关于江门市房建市政工程招标投标"评定分离"改革扩大试点工作的通知》,深入探索"评定分离"改革创新,稳步推进市"评定分离"改革试点工作。

是日 《江门市国民经济和社会发展第十四个五年规划和2035年远景目标纲要》(以下简称《规划纲要》)经市十五届人大七次会议审议批准后,由市人民政府印发。《规划纲要》是战略性、宏观性、政策性规划，是政府履行经济调节、市场监管、社会管理、公共服务和生态环境保护职能的重要依据，是未来五年江门市经济社会发展的宏伟蓝图和全市人民共同的行动纲领。

是日 中国侨联权益保障部副部长马鑫、最高人民法院立案庭登记一室主任郭敏一行到江门市中级人民法院调研涉侨纠纷多元化解工作。

20日 江门市首届"520"人才节在江门人才岛隆重开幕，历年来活动规格最高、形式最多样化、人才覆盖最广的人才盛会，也是江门以城市最高礼遇和最大诚意向人才致敬。会上，余艾冰院士团队与市科技局签署战略合作框架协议。

是日 2021年《岭南科学论坛》系列活动——中国核学会第十四届"核科技、核应用、核经济"（三核）论坛在江门市举行。

是日 国家人社部流动司副司长李祥伟到广东江门人力资源服务产业园调研。

23日 江门市在广东省河长制工作考核中获评优秀等次。

是日 在台山市海宴镇五丰村举办江门市红十字会关爱归侨侨眷慰问活动暨"兰梅之爱救在身边"台山市红十字生命守护项目启动仪式。现场向10家AED接收单位代表发放AED。

26日 江门市江海区礼乐街道发生江门市江海区较大中毒事故，造成4人死亡、2人受伤，直接经济损失723万元，8月9日事故结案。

27日 江门市恩平泉林黄金小镇休闲旅游区为国家4A级旅游景区。

28日 水利部水库移民司副处长殷海波、广东省水利厅水库移民处处长李奕雄一行到江门市调研水库移民工作。

是日 江门市水利局被评为国家全面推行河长制湖长制先进集体，两名河长被评为全国优秀河长。

是日 江门市科技局与省科学院江门产研院联合举办江门科技"双百工程"启动会。会上，市科技局与省科学院江门产研院签订"博聚五邑"省科学院博士特派员派驻协议，为首批"博聚五邑"省科学院博士特派员颁发聘书。

28日 江门召开江门市十五届人大常委会第四十六次会议。

31日 江门召开江门市西部餐厨垃圾处理项目运营新闻发布会。即日起，西部餐厨垃圾处理项目投入试运行，台山、开平、鹤山、恩平四市餐厨垃圾将统一收运处理，江门市餐厨垃圾收运处置实现市域全覆盖。

是月 江门市2020年度纳税信用评价结果"出炉"，A级纳税人增长逾五成。

6月

1日 财产税和行为税合并申报工作在江门市税务系统上线。

是日 市委政法委组织召开江门市"雪亮工程"建设项目启动会。

5日 2020年度广东省社会科学院江门分院课题结题。

6日 会港大道工程会乐大桥右幅主桥合龙。

7日 2020年度安全生产责任制及消防工作考核结果公布，江门市被评为"良好"等次。

是日 江门市在广东台山举办以"保护海洋生物多样性，人与自然和谐共生"为主题的2021年世界海洋日暨全国海洋宣传日广东主会场活动，省自然资源厅副厅长、省海洋局局长屈家树参加启动仪。

是日 江门市文化广电旅游体育局印发《江门市体育发展"十四五"规划》。

12日 由广东省文化和旅游厅与市人民政府联合主办，江门市文化广电旅游体育局、新会区人民政府、广东省非物质文化遗产保护中心、广东省非物质文化遗产促进会、广东省振兴传统工艺工作站承办的2021年"文化和自然遗产日"非遗宣传展示广东主会场（江门）暨新会陈皮文化周活动在江门启动。

19日 江门市住房公积金信息查询和退休提取业务在福建、广西、湖南、江西、云南、湖北、浙江、安徽等8个周边省份建设银行智慧柜员机上线，江门市成为全国首批通过建设银行智慧柜员机实现"跨省通办"的城市之一。

22日 江门市水利局被广东省委省政府授予广东省脱贫攻坚先进集体称号。

25日 江门市公安局举行"江门警史馆"开馆仪式。

25日至30日 广东省2021年第二季度重大项目集中开工江门分会场活动在江门市新会区珠西新材料集聚区举行，巴德富环保新材料项目等一批项目集中动工。江门市各分会场集中动工（投产）的项目107个，总投资744.76亿元，2021年计划投资109.77亿元。

28日 江门市印发《江门市"十四五"住房保障规划》，明确住房保障"十四五"发展目标和主要任务，指导各市有序加大住房保障供给，探索发展保障性租赁住房、人才住房，满足多层次的保障需求。

是日 江门市财政局联合市民政局、市残联印发《关于2021年进一步提高我市残疾人两项补贴标准的通知》，2021年7月起，提高残疾人两项补贴标准，其中困难残疾人生活补贴标准从现行的181元/月·人提高到200元/月·人；重度残疾人护理补贴从243元/月·人提高到250元/月·人。

29日 省统计局一级巡视员刘智华到市统计局调研。

是日 广发银行启动江门市社会保障卡一窗通办便民服务项目，试点设立"一窗通办便民服务点"，全省率先为市民提供社保卡申领、快速补换卡、各项待遇和扣费账号变更等一站式、一窗式服务。

是日 广东省副省长孙志洋率队到江门市调研。调研组深入江门市崖门环保产业园、中车广东轨道交通车辆有限公司、市政府行政服务中心调研危险废物处置管理、VOCs重点监管企业废气治理、数字政府建设等工作。

是日 江门市新会区在站博士后胡杨在全省"两优一先"表彰大会获"广东省优秀共产党员"称号。

30日 双龙大道（江门大道中—白石大道桥）改造工程全面完工。

是日 江门市人力资源和社会保障局机关党委获得中共广东省委授予"广东省先进基层党组织"称号。

是日 在西江水厂江门市国资委党委党校和市属国资系统党群服务中心揭牌仪式举行。

是日 国务院联防联控机制综合组到江门市开平市、新会区、蓬江区调研指导疫情防控工作，检查当前江门疫情防控重点工作措施落实情况，反馈存在问题，对下一步疫情防控工作提出建议和要求。

是月 江门市水利局机关党委荣获江门市"先进基层党组织"称号。

是月 江门幼儿师范高等专科学校在2021年"4.15"全民国家安全教育日广东高校密码法宣传素材设计大赛获得优秀组织奖。

是月 江门中心新会航标与测绘所党支部和台山航标与测绘所党支部分别被广东省航道事务中心评为先进基层党组织。

7月

1日 省水利厅副厅长孟帆率队到江门调研农村集中供水全覆盖攻坚行动工作。

是日 江门市人民政府行政复议服务中心投入使用。

是日 江门市将公租房管理信息系统全国试点工作列入"我为群众办实事"工作清单，在全省率先上线公租房APP，将审批时间由原来的30天大幅缩减至2天，惠及全市超过1万户住房保障对象。

5日 民进广东省委会批准王作青为民进江门市第八届委员会主任委员。

6日 江门市水利局、江门市发展和改革局、江门市财政局印发经修订的《江门市大中型水库移民生产经营扶持项目管理办法》，该办法于2021年8月1日起施行，有效期5年。

是日 江门雅图仕职业技术学校创建国家级残疾人职业培训基地，助力残疾人就业创业。

是日 仓东遗产教育基地获联合国教科文组织亚太遗产中心评选为全球世界遗产教育创新十个优秀推荐案例之一。

7日 江门市设立江门市轨道与航空规划建设事务中心，为市政府直属正科级、公益一类事业单位，由市发展改革局代管。

是日 设立江门市知识产权快速维权中心，为江门市市场监督管理局所属事业单位。

是日 设立江门市轨道与航空规划建设事务中心，为市政府直属事业单位，市发展改革局代管。

是日　设立江门市人民政府发展研究中心，为市政府直属事业单位，市政府办公室代管。

是日　江门市举行"无废城市"建设试点启动会，部署江门市"无废城市"建设试点工作。

8日　广东省人大代表到江门市调研城市快速路网规划建设情况。

是日　江门市在江门市外国人才驿站设立首个提供涉外基本公共法律服务的专门机构——"江门市涉外法律服务工作站"。

13日　江门市举办2021年首届江门市高价值专利培育布局大赛启动仪式。

13日至14日　团省委副书记梁均达一行前往江门调研港澳台青年创业和地方青联组织社团建设工作。

14日　江门市印发实施《江门市强化知识产权保护工作实施方案》，明确知识产权保护6大方面24项任务60项具体举措。8月5日，以联席会议办公室名义印发《贯彻落实〈关于强化知识产权保护的若干措施〉工作任务分工表》，细化8月至11月各部门工作任务分工和进展计划。

是日　江门成为全省"四好农村路"示范市，恩平县道X831线牛皮仔至良西那湾段获评广东省"十大最美农村路"，开平"最美侨路塘口示范路"入选"第二届全国美丽乡村路"。

15日　江门市庆祝中国共产党成立100周年座谈会召开。

16日　江门市住房和城乡建设局联合发改、公安、自然资源、市场监管、人民银行江门市中心支行、江门银保监分局等部门印发《2021年江门市房地产市场秩序专项整治工作方案》，明确工作目标、整治重点、责任分工、实施步骤和工作要求。

是日　江门启动第十届中国创新创业大赛（广东·江门赛区）暨2021年江门市"科技杯"创新创业大赛，是江门科技届规格最高、参赛规模最大的顶级赛事。

19日　迎宾西路（江鹤高速杜阮出入口—井根村）全面完工并试通车。

是日　江门将市扶贫开发办公室更名为市乡村振兴局，仍在市农业农村局加挂牌子，主要负责巩固拓展脱贫攻坚成果、统筹推进实施乡村振兴战略以及开展东西部协作等有关工作。

21日　国家湿地公园考察组在广东省林业局副局长王华接同志陪同下前往江门市召开广东新会小鸟天堂国家湿地公园试点验收评估工作会议。

是日　首届江门艺术季暨第九届中国侨都（江门）华侨华人嘉年华开幕。

22日　国家林业和草原局组织督导组前往圭峰山国家森林公园开展实地核查，重点调研江门市自然保护地整合优化已解决及尚未解决的矛盾冲突情况。

22日至24日　江门市侨联联合广东华商青企研习班、市留学生联谊会、江门侨界青年联合会举办"侨创南粤"新侨、海归创业交流活动，组织广东华商青企研习班的青年企业家和江门市部分侨青、海归企业代表参观南粤侨创基地——新会中科创新广场、华辉煌光电科技产业园和李锦记（新会）食品有限公司等双创园区和江门市部分重点侨资企业，并与江门市侨青、海归座谈交流。

23日　江门市气象局完成X波段相控阵雷达鸡罩山吊装。

25日　江门市推进房屋交易网签备案全流程线上办，在全省率先打造房屋交易"云链签"服务新模式，实现房屋交易网签备案"零接触、零跑动、零纸质"。

26日　江门关区9710模式首单从江门国际货柜码头装运出口美国。

27日至28日　广东省住房城乡建设厅党组成员、副厅长郭壮狮带队到江门市开展基层党建活动和房地产市场专题调研。

28日　国家税务总局江门市税务局《"蓝色梦想"助教助学志愿行动》项目获评2021年江门市志愿服务项目重点培育项目。

是日　江门市不动产登记中心通过广东非税收入管理一体化平台开具缴款通知书并现场指导缴费人线上完成缴款、获取电子票据，广东非税收入管理一体化平台在江门市上线运行。

是日　江门市"1.29"网络赌博专案组分别在福建、辽宁、广东等13个省市开展收网行动，一举抓获熊某兰团伙12人，张某雷团伙5人，赌博平台代理5人，跑分团伙8人，取现团伙10人，疑似金主4人，共刑事拘留43人，取保候审1人，捣毁工作室窝点2个，查获涉案银行卡427张，涉案手机电脑95台，涉案现金人民币250万余元，线上冻结涉案金额7945万余元。

28日至29日 生态环境部华南督察局到江门调研重点关注问题，广东省生态环境厅珠三角生态环境保护监察专员办公室前往江门市开展自然保护地生态保护、近岸海域用海用地以及围填海项目等情况的专项监察。

是日 江门市人民政府与暨南大学签署全面战略合作协议。双方将在决策咨询、产业发展、科研成果转化、教育事业、卫生健康、人才培养、吸引华侨华人投资等领域，构建新型"政产学研"协同创新机制。

30日 中开高速罗坑至双水段建成通车。

31日 江门市红十字会联合江门市电子商务行业协会在江门市热带雨林户外用品有限公司举行支援河南省抗洪救灾捐赠活动。市热带雨林户外用品有限公司通过江门市红十字会向河南省红十字会捐赠服装177箱，总价值150多万元，用于河南省灾区的灾后恢复工作。

是月 省水利厅二级巡视员曾建生带队到江门市督导台风"查帕卡"防御工作，先后到恩平市大田镇、塘洲水闸实地检查指导基层水旱灾害防御工作，并在市水利局召开了座谈会，听取江门市防御台风"查帕卡"工作情况汇报，详细了解江门市水旱灾害防御工作标准化和智慧水利建设情况。

是月 水利部珠江水利委员会副主任苏训带队到江门市开展水利工程安全隐患排查行动督导检查工作，期间抽查台山市桂南水库除险加固工程、台山市烽火角水闸以及台山市、开平市、恩平市山洪灾害防御点。

是月 新会区梅江农业生态园（一期）及枢纽新城体育公园建成并对外开放，新会书院完成二期修缮并重新对外开放，江海区下沙人行天桥成功合龙。

是月 江门市残疾人两项补贴以高于省的标准再次提标：困难残疾人生活补贴由原来的每人每月181元提高至200元，重度残疾人护理补贴由原来的每人每月243元提高至250元。全市为11 565名困难残疾人发放生活补贴，为43 717名重度及三、四级智力和精神残疾人发放护理补贴。

是月 农业农村部渔业渔政管理局局长刘新中率领督导组到江门市开展农业防灾减灾夺丰收工作督导。

8月

3日 江门召开江门市十五届人大常委会第四十八次会议。

3日至4日 民革广东省委会调研组到江门调研"农业特区"试点建设情况。

5日 江门召开江门市第十五届人民代表大会第八次会议在市委市政府大会堂。

6日 省残联党组书记、理事长张永安带队到鹤山市开展工作调研和新冠肺炎疫情防控工作督导，并为获得国务院残工委授予"全国残疾人工作先进单位"的鹤山市政府残工委和"全国残疾人工作先进个人"的江门市残联办公室主任李文辉，颁发荣誉牌匾和荣誉证书。

10日 江门市文化广电旅游体育局印发《江门华侨华人文化交流合作重要平台三年行动计划（2021—2023年）及工作清单》，组织全市各有关单位推进"国家平台"建设。

是日 省委常委、政法委书记张虎带队到江门市调研反偷渡反走私工作。

11日 江门军分区党委第一书记任职大会在军分区礼堂举行。广东省委常委、省军区少将政治委员王守信宣读中共广东省军区委员会关于陈岸明同志兼任江门军分区党委第一书记的决定并颁发《任职证书》。

11日至13日 广东省自然资源厅党组书记、厅长陈光荣同志一行前往江门市开展自然资源有关工作调研。

12日 江门市政府投资工程建设管理中心组织召开会议，总投资1.2亿元，建筑面积约2.8万平方米的江门市重点建设项目江门职业技术学院20号宿舍通过竣工验收，该宿舍按四人间标准建设，共840间宿舍，最高可容纳3360名学生。

是日 江门市公安局与五邑大学文学院举行共建产学研合作实践基地签约仪式。

18日 民革江门市委会企业发展促进会在江门

市丽宫国际酒店召开第二次全体会员大会，选举产生第二届理事会。

是日 江门市水资源开发利用中心调整为登记设立事业单位。

19日 开平市（开平民歌）入选2021—2023年度"广东省民间文化艺术之乡"。

20日 江门市公安局成功侦破"1·01"特大组织他人偷越国边境案，抓获11名主要犯罪嫌疑人，切断一条粤港海上偷渡线路。

24日 广东省生态环境厅厅长鲁修禄同志一行前往广东恩平地热国家地质公园开展现场调研。

25日 开平市院在翠山湖党群服务中心举行侨资企业服务站揭牌仪式。

是日 广东省自然资源厅副厅长屈家树同志一行前往广东恩平地热国家地质公园开展现场调研。

是日 志愿者行动指导中心（广东希望工程服务中心）主任庚月娥、团省委基层组织建设部二级调研员谭传恩一行到新会区开展县域共青团基层组织改革试点工作专题调研并召开座谈会。

是日 开平市人民检察院举办党建院史馆揭牌仪式。

27日 广东省土木建筑工程技术创新交流及成果展示会在广州越秀国际中心召开。广东省三堡至水口公路改扩建工程（佛开南改扩建工程）获第十三届广东省土木工程詹天佑故乡杯奖，成为首个获得詹天佑故乡杯奖的改扩建项目，树立全省高速公路改扩建工程的标杆。

27日 国家林草局驻广州专员办副专员贾培峰同志一行前往江门市开展自然保护地监督检查工作重点督察小水电清退整改、地质公园内非法采矿及违法违规建设、2017年以来"绿盾行动"和环保督察整改等工作情况。

28日至29日，副省长、省禁毒委主任、公安厅厅长王志忠，带队到江门恩平市实地调研禁毒工作。

30日 江门市人民政府与暨南大学签署全面战略合作协议。

31日 召开江门市十五届人大常委会第四十九次会议。

是月 鹤山市人民政府残疾人工作委员会获全国残疾人工作先进单位。

是月 江门市市场监管局印发《强化反不正当竞争执法工作方案》。

是月 江门市市场监管局印发《关于进一步加强疫情防控市场价格监管工作的通知》。

9月

1日 公布2021年江门市哲学社会科学规划立项课题。

2日 市委书记、市人大常委会主任陈岸明，市长吴晓晖会见中国科学院院士、高能物理研究所所长王贻芳，中科院生物物理研究所科技处处长孙哲一行，就推进江门市与中科院高能物理研究所、生物物理研究所深入合作开展座谈交流。江门市政府分别与中科院高能物理研究所、生物物理研究所签署战略合作框架协议。

是日 江门市园林科学研究院转制。

是日 江门籍运动员陈健新、熊桂艳在东京残奥会获2金1银1铜佳绩。

3日 江门市人民政府印发《江门市文化和旅游发展"十四五"规划》。

6日 江门市印发《江门市实施技术标准战略专项资金使用管理办法（2021版）》，经专家评审，2021年江门市实施标准化战略专项资金资助申请项目共计112项，实施资助项目106项，不予资助项目6项。其中，新增国家标准项目30项、行业标准项目21项，分别比2020年增长42.8%和200%。

7日 市委书记、市人大常委会主任陈岸明会见中国移动通信集团广东公司党委书记、总经理魏明一行。

7日至9日 江门市红十字会开展2021年"红十字99公益日总动员"活动，共动员社会各界爱心人士3.89万人次参与，掀起网络筹资新高潮。"99公益日"活动期间募捐总额达70.3万元，位居全省红会系统地级市第二名。

8日 广东省保健按摩协会到江门市开展盲人按摩店规范化建设观摩交流，并为广东省盲人按摩规范化建设店——蓬江区康体盲人按摩院揭牌。

是日 全市扫黑除恶专项斗争总结表彰大会暨平安江门建设工作会议召开，对江门市2018至

2020年度扫黑除恶专项斗争工作进行表彰，江门市财政局行政政法科被授予先进集体称号。

10日　住建部城市管理监督局调研江门市背街小巷专项整治工作，实地察看蓬江区竹排街、江华里、长安里、东观路、紫沙路等背街小巷市容环境升级改造情况。

13日　中国林业科学研究院和省林业局专家领导莅临我局开展林业信息化调研工作。

13日至17日，中央督察组第三小组下沉江门市开展督察。

15日　江门市税务局和江门市公安局、江门海关、人民银行江门支行联合召开会议，共同部署开展常态化打击涉税违法犯罪行为、净化税收营商环境集中治理行动。

15日至28日　江门籍运动员参加第十四届全运会获得2金、1银、2铜奖项。

16日　江门举行全省基层立法联系点工作交流会暨江海"法治广场"启用仪式。

是日　举办江门市首届船员发展论坛暨新会港"幸福船员小屋"揭牌仪式。

16日至18日　江门市92家企业参加在深圳国际会议中心举办的中国（深圳）跨境电商展览会。

17日　在大江镇举行中国华侨国际文化交流基地揭牌仪式。2020年，大江镇被确定为第八批"中国华侨国际文化交流基地"，拿下台山第一个国字号"侨"牌。

是日　江门启动2021江门市"精彩·夜侨都"消费节。消费节期间举行十大夜经济主题活动，发放消费券总额达1000万元。

22日　副市长郑晓毅带领市科技局、恩平产业转移工业园、恩平电声行业协会一行前往中国科学院声学研究所，围绕推动江门市与中科院声学所开展产学研交流合作进行洽谈。

是日　公布2021年江门市人文社会科学普及基地。

23日至24日，中央督察组组长李家祥一行对江门市进行现场督察。

23日至26日　民革江门市委会企业发展促进会赴山东开展商务考察暨文化交流活动。

24日　第三届江门市"乐业五邑"创业创新大赛残疾人公益赛决赛及颁奖仪式在江海碧桂园凤凰酒店隆重举行。

是日　工业和信息化部安全生产司司长金鑫率队来我市调研安全应急产业发展情况。

是日　广东省社科联验收通过广东江门中医药职业学院申报的"广东省人文社科普及基地"。

26日　广东江门中医药职业学院主编、参编的《药用植物学（第4版）》《药用化学基础（一）无机化学（第2版）》《中药学基础（第2版）》获首届全国教材建设二等奖。

26日至29日　江门市举行第三季度重大项目集中动工（投产）活动，市委书记、市人大常委会主任陈岸明、市委副书记、市长吴晓晖等市领导到有关县（市、区）出席集中动工（投产）活动。本次江门市集中动工（投产）的项目共有95个，总投资452.48亿元，其中，超5亿元工业项目15个。

27日　江门率先建立涵盖207项标准，包括14项通用标准和27个市场领域监管部门193个事项标准的"双随机、一公开"监管标准体系，基本涵盖"双随机"执法的各工作领域。

是日　江门航道事务中心代表队在广东省交通运输行业船舶机舱操作工技能竞赛中获得团体第二名、"优秀团体奖"；因赛事组织得力，获"突出贡献奖"。

是日　"江门——香港跨境通办政务服务专区"在江门广播电视台举行揭牌仪式。

是日　清华海峡研究院常务副院长郭樑率队到江门调研。

是日　江门召开纪念江门市关工委成立20周年大会。大会表扬89个"全市关心下一代工作先进集体"、169名"全市关心下一代工作先进工作者"、11名"全市关心下一代工作突出贡献奖"获得者。

是日　成立江门市对接支持服务横琴粤澳深度合作区和前海深港现代服务业合作区建设领导小组，深度对接横琴粤澳深度合作区和前海深港现代服务业合作区。

是日　国家市场监管总局执法稽查局执法信息处处长、一级调研员周志勇率总局调研组一行6人到江门调研执法信息化建设工作。

是日　在江门举办全省残疾人康复管理人员业务培训班，并将江门市残疾人康复工作经验向全省推广。

27日至28日 广东省红十字会党组书记、常务副会长史先东带领副会长李何荣和人事部部长王海华等一行四人到江门调研。

28日 江门召开江门市十五届人大常委会第五十次会议。

29日 江门市在2021年广东"众创杯"创业创新大赛残疾人公益赛决赛获得1金1银1铜，金、银、铜奖获奖项目总数与广州、深圳并列全省第一名，创历年最佳成绩。

是日 江门市新业态行业工会工作委员会成立仪式在市工人文化宫举行。

是日 团市委、市住建局、建设银行江门分行举办青年安居住房公开摇珠分配暨钥匙交接仪式。

是月 江门市新会公路事务中心养护党支部获"公路交通行业先进基层党组织"称号。

是月 江门市在广东省发展和改革委员会开展的"十三五"广东省各市节能目标责任评价考核结果中获"超额完成"等级。

是月 江门市蓬江区图书馆、广东省东仓里美术馆、台山市博物馆、开平市图书馆、江门开放大学（江门社区大学）、江门市陈白沙中学、紫茶小学、江门市委党校、广东江门中医药职业学院等9个基地被省社科联认定为广东省人文社会科学普及基地（标准基地）。

是月 江门市新会区乡镇以及社区老年大学相继挂牌招生。这是江门市首批挂牌的乡镇、社区老年学校。

是月 中共中央政法委办公厅授予江门市委政法委"2021年度宣传通联工作先进集体"荣誉称号。

10月

2日至3日 由市科协、市教育局和团市委联合主办，市青少年宫、蓬江区教育局、蓬江区科学技术协会承办的江门市青少年科学体验交流活动在市青少年宫启动。

8日 江门市社科智库服务平台建设项目通过验收。

是日 江门社科网上线。

11日 蓬江区院为帮教涉罪未成年人量身定制的"码上关爱"小程序上线，标志着该院的未成年人检察工作开启信息技术2.0时代。

是日 珠西综合交通枢纽江门站首次开行前往成都、昆明方向的始发长途跨线车，分别是：从江门站始发前往成都东站，途径广州南、佛山西、肇庆东、桂林西、贵阳东等车站；从江门站始发前往昆明南站，途经广州南、佛山西、肇庆东、云浮东、贵港、南宁、百色等车站。

12日 最高检第一检察厅副厅长罗庆东和中国侨联权益保障部部长张岩等组成联合调研组到江门调研检侨合作工作。调研组一行实地调研新会区院"检侨联络站"并召开座谈会。

是日 江门市举行2021年粤港澳生态环境青年论坛——"轨道上的大湾区"，开展"大湾区大未来"宣传活动。

是日 开平市邑美侨路塘口示范路获评第二届全国美丽乡村路，是广东省唯一入选的农村公路。

12日至13日 全国人大常委会委员、外事委员会副主任委员、民革中央副主席张伯军率领民革中央与民革广东省委会联合调研组到江门市调研广东省"农业特区"试点建设情况。

13日 由江门市政府主导，泰康养老主承保，中国人寿、人保财险共同承保的全国首个"医疗+养护"双重保障责任的城市普惠型保险——"邑康保"上线。

是日 江门市中级人民法院对中国银行开平支行原行长许超凡贪污、挪用公款案进行公开宣判。

是日 江门市印发《江门市人文社会科学普及基地考核评估方案》。

13日至15日 江门市自然资源局在鹤山举办一期约50人的村镇规划工作培训班。

14日 香港科技大学（广州）社会枢纽署理院长谢丹阳率队到江门调研。

15日至19日 江门市参加第130届广交会线上展的企业253家，共有展位626个；参加线下展的企业85家，共有展位284个。江门市首次在广交会现场搭建243平方米的"江门制造"推广专区，展示江门市国家级外贸转型升级基地、优势产业及多种优质的出口商品。

18日 国家政法智能化技术创新中心主任王宁带队到江门市调研市域社会治理工作。

是日　恩平市原创红色现代剧《恩州星火》在广东省粤剧艺术博物馆主剧场演出。

18日至19日　江门职业技术学院学子吕漪曼和温晓莹分别获第三届"迦陵杯·诗教中国"诗词讲解大赛全国总决赛大学生组一、二等奖，江门职业技术学院成为唯一获得该项目一等奖的高职院校。

19日　市委书记、市人大常委会主任陈岸明会见中国工程院外籍院士、澳大利亚科学院和工程院两院院士余艾冰一行。双方就共建院士科创园、流程工业智能化研究院进行交流协商。

是日　国家卫生健康委、全国老龄办发布《关于命名2021年全国示范性老年友好社区的通知》，我市江海区礼乐街道威东村、新会区会城街道北门社区、开平市赤坎镇护龙村等3个社区被评为全国示范性老年友好型社区。

21日　水利部宣传教育中心党委书记周文凤一行来江门市调研水文化建设工作，水利部宣传教育中心水情教育处干部窦亦然、省水利厅二级调研员邹锦华等参加调研。周文凤对江门市水情水文化建设工作给予充分肯定。

22日　第二届粤港澳大湾区（江门）名特优新农产品推介活动在广东珠西国际会展中心开幕。

是日　2021年度江门市人文社科普及基地名单在江门社科网公告。确定鹤山市文化馆、开平市博物馆、中共江门市新会区双水镇委党校、开平市气象科普园、龙溪湖阅读中心、蓬江区新时代文明实践中心、纪念周恩来总理视察新会图片展馆、江门市东湖公园管理所、台山市都斛镇林基路红色教育基地9个单位为2021年江门市人文社会科学普及基地。

24日　江门市委常委、副市长刘杰带队到鹤山、开平督导系统防范化解道路交通安全风险工作。

25日　江门市财政局会同中国人民银行江门市中心支行、江门市金融工作局印发《江门市财政局 中国人民银行江门市中心支行 江门市金融工作局关于进一步推进政府采购合同融资业务的通知》。

25日至27日　英国华人青年联会访问团一行到江门进行为期3天的访问交流。

26日　江门市设立江门市产业发展研究院，为市发展改革局所属正科级、公益一类事业单位；将市价格成本调查队（市价格监测中心）、市发展和改革局价格认定中心整合设置为市价格认定中心（市价格监测中心），仍为市发展改革局所属正科级、公益一类事业单位。

是日　江门市在政府门户网站发布地方标准（政府部门"双随机、一公开"监管工作）14个标准。

是日　江门市印发《江门市安全生产约谈制度》。

是日　将江门市教育研究院（江门市中小学教研室、江门市教育考试中心）、江门市教师发展中心整合设置为江门市教育研究院（江门市教师发展中心、江门市教育考试中心）。

是日　设立江门市产业发展研究院，为市发展改革局所属事业单位。

是日　将江门市价格成本调查队（江门市价格监测中心）、江门市发展和改革局价格认定中心整合设置为江门市价格认定中心（江门市价格监测中心）。

是日　江门市信息中心（江门市网络信息安全监测和防护中心）更名为江门市大数据管理中心（江门市政府网站运行中心、江门市网络信息安全监测和防护中心）。

是日　设立江门市人民政府投资促进中心，为市政府直属事业单位。

是日　江门市精神文明建设事务中心、江门市人民政府发展研究中心设立登记。

是日　江门海事局与广州海事法院联合建设的"水上交通安全法律服务中心"揭牌启用。

26日至27日　广东省林业局等部门领导同志在开平市召开广东潜龙湾森林公园总体规划专家评审会。

26日至28日　国家禁毒办副主任、公安部禁毒局副局长、一级巡视员熊德生率国家禁毒办检查组一行，到恩平市实地检查验收禁毒重点整治工作，并听取恩平市禁毒重点整治工作汇报。

26日至31日　江门市公安机关一举捣毁"全能神"邪教组织在蓬江区设立的11处窝点，抓获"教会带领"等25名骨干及活跃分子，取得近年来江门市反邪教工作的最大战果。

27日　由江门市人民政府国有资产监督管理委

员会出资，江门市园林科学研究所改制为国有独资有限责任公司，成立江门市园林科学技术研究有限公司。

是日 文化和旅游部公布，江门市入选第二批国家文化和旅游消费试点城市名单。

是日 在江门市新会区举行"福彩圆梦"——2021年度"广东福彩育苗计划"启动仪式。

是日 "江门市甘化厂制糖分厂及附属码头"入选广东省工业和信息化厅公布首批广东省工业遗产名单，成为江门市首个广东省工业遗产之一、首批5个广东省工业遗产之一。

28日 广东省卫生健康委公布第一批广东省医养结合示范机构名单（10家），江门市新会区养老中心（医办养）、台山市端芬镇卫生院（"两院一体"）获评为省级医养结合示范机构。

29日 鹤山市院在派驻鹤城检察室成立中欧合作区法律服务站，并举行揭牌仪式。

是日 江门市政协第十五批扶困助学金发放仪式在江门职业技术学院举行。

是日 民革广东省委会副主委、民革佛山市委会主委唐冬生带队前往江门开展作风建设年专题调研。

是日 "江门市台青之家"举行揭牌仪式。

是日 开平召开开平市建筑产业联盟成立大会。

是月 迎宾西路（贯溪市场）人行天桥及丽宫人行天桥加装电梯项目完成工程建设。

是月 江门市水利局河长制工作科、江新联围管理处荣获"模范机关创建先进单位"称号。

是月 江门市9名运动员代表广东省出征全国第十一届残运会暨第八届特奥会，获得3金6银3铜佳绩。

是月 国家政法智能化技术创新中心主任王宁带队到江门市调研市域社会治理工作。

11月

2日 江门海关首票跨境电商B2B出口海外仓业务（"9810"模式）在江门海关所属开平海关顺利申报放行，标志着打通跨境电商B2B出口海外仓通道。

2日至3日 广东省政协视察团到江门市开展"推动我省涉罪未成年人学校型观护基地建设"专题视察"回头看"。

4日 广东省司法厅党委委员、副厅长陈春生一行到江门市调研行政执法信息化和乡镇街道综合行政执法规范化建设情况。

是日 《发挥党建引领作用 促进党建工作与税收业务深度融合》征文在国家税务总局广东省税务局党建工作领导小组办公室关于"党对税收工作全面领导专题理论研究"主题征文评选活动中获得"优秀"等次。

是日 省委常委、统战部部长黄宁生率省调研组到江门调研。

5日 江门举办第二届江门直播节启动仪式在扬航电商科技产业园。

是日 召开江门市十五届人大常委会第五十一次会议。

7日 江门市人民政府办公室印发《江门市全力打造粤港澳大湾区一流营商环境若干措施》，促进江门市营商环境大改善大提升，加快构建更具竞争力的稳定公平透明可预期的市场化、法治化、国际化市场环境。

8日 江门市2020年度中央水库移民扶持基金的绩效复核结果为95.56分，排名全省第一。

是日 2021年度江门市"青年文明号"培训班开班。团省委青年发展部副部长吴嘉亮出席活动。

10日至11日 广东省红十字会监事会监事长刘力强一行5人到江门市红十字会调研。

11日 广东省科学技术厅副厅长吴世文率队到江门中微子实验站、江门"双碳"实验室进行调研。

是日 团省委书记池志雄率队前往江门市双好茶业有限公司及茶场、广东人民抗日解放军司令部旧址、鹤山青年学习社、鹤山市农商行进行调研。

12日 西江流域管理局党委委员、副局长罗挺率队，到江门市召开江门、云浮河长制工作联席会议。会议通过并签订《西江流域江门云浮跨界河湖合作治理协议》。

是日 由广东省水利厅组织的技术评估与验收组到江门市开展江海区节水型社会达标建设技术评估和验收。省评估与验收组先后深入广悦电化公司、安诺特炊具制造有限公司、天鹅湾小学等单位对节水载体建设情况进行现场核验，并召开江海区节水型社会达标建设技术评估与验收会议，听取江海区节水型社会达标建设情况汇报，最终江海区节水型社会达标建设通过省水利厅的现场验收。

15日 江门市人民政府办公室印发《江门市建筑业产业链高质量发展工作行动方案的通知》。

是日 成立江门市政府性资金绩效审核专责小组，专责小组下设办公室在江门市财政局。

15日至19日 江门市住房城乡建设局组织珠中江三市人防机动指挥所赴台山市三合镇开展为期5日的跨区域协同训练。

17日 广东省税务局党委书记、局长吴紫骊一行赴江门开展工作调研，走访企业问需问计，查看基层办税服务厅，并召开调研座谈会，要求江门市税务局用三至五年时间实现飞跃，走在全省税务系统前列。

是日 江门市市域社会智慧治理技术创新中心设立登记。

18日 市残联被评为"江门市社会心理服务体系建设示范基地"。

是日 江门市举行国家政法智能化技术创新中心江门市域社会治理孵化中心、江门市市域社会智慧治理技术创新中心、江门市市域社会智慧治理应用示范基地、江门市安全应急产业园、广东应急管理学院（筹）揭牌暨"粤平安"群众信访诉求矛盾纠纷化解综合服务应用江门市域启动仪式，市政府与国家政法智能化技术创新中心签署战略合作框架协议，首批12家企业16个项目签约落地，包括数字广东智慧社会应用技术开发中心项目、华为（江门）人工智能创新中心项目、海康威视（江门）AI视频赋能技术创新中心项目等。

是日 江门市文化馆（江门市非物质文化遗产保护中心、江门市艺术研究室）、蓬江区文化馆、江海区文化馆、新会区文化馆、台山市文化馆、开平市文化馆、鹤山市文化馆、恩平市文化馆入选《文化和旅游部公共服务司关于第五次全国文化馆评估定级拟命名一二三级文化馆名单的公示》名单。

是日 市委书记、市人大常委会主任陈岸明与航天工研院副总经理刘春利、国家政法智能化技术创新中心主任王宁一行进行座谈。

是日 市委书记、市人大常委会主任陈岸明，市委副书记、市长吴晓晖会见芯谋研究董事长顾文军、国微集团董事长黄学良、深圳华强集团董事长张恒春、广东先导集团总裁侯振富、珂玺资本创始人王珍一行。

19日 在水利部组织的第三届"守护美丽河湖——共建共享幸福河湖"全国短视频公益大赛中，江门市水利局（河长办）组织拍摄的微电影《河湖边上"最可爱的人"》荣获综合奖（机构奖）优秀奖，鹤山市民间河长赵德光组织拍摄的纪录片《守一个承诺 护一片水土》荣获综合奖（个人奖）一等奖。

22日 召开江门市十五届人大常委会第五十二次会议。

是日 江门市、珠海市、中山市三市在中山市三角镇举行突发环境事件应急联合合作框架协议签约仪式，三市生态环境局联合签订《珠中江三市突发环境事件应急联合合作框架协议》，广东省生态环境厅党组成员、副厅长罗世衍与执法监督处处长黄惠参加了协议签订仪式，江门市生态环境局党组成员、副局长唐良红代表江门市签订协议。

是日 江门市松田电工（台山）有限公司获得第十届中国创新创业大赛（广东赛区）新材料行业赛总决赛冠军。

是日 2021年度"无限创新"江门科学技术奖评奖活动，中科院院士、中科院近代物理研究所副所长夏佳文主持评选出特等奖2项、一等奖12项、二等奖34项，获奖项目涵盖八大战略性产业集群、传统特色产业、民生科技等领域。

25日 召开江门市经济学会第五届第一次会员大会。

26日 江门农商银行联同江门市政数局、社保局重磅发布全国首张"自然人参保缴费"数据资产凭证。

是日 广东工业大学校长邱学青率队到江门调研科技园区与高新技术企业，为江门经济社会发展把脉建言，共商合作大计。

29日至30日 广东省青年创业就业促进中心朱瑞峰主任率调研组赴江门就青年安居计划、青年就业创业服务等工作进行专题调研，走访了润泽园小区、珠西双创园二期、古德生态农场、茶坑印象青年之家、鱼菜共生循环农业植物工厂。

30日 在江门健威广场举办2021广东步行街（商圈）促消费活动启动仪式，环五邑华侨广场商圈被评为江门市首个省级示范特色步行街（商圈）。

是日 工信部公布第五批国家工业遗产名单，"江门甘蔗化工厂"入选，成为江门市首个国家工业遗产之一、广东省3个国家工业遗产之一。

是日 江门红十字水上安全教育进校园志愿服务项目被江门市精神文明建设委员会授予为江门市第二届"最佳志愿服务项目"称号。

31日 江门市食品检验所完成产品新冠核酸检测实验室建设，可以开展产品新冠核酸检测。

是月 江门市水资源开发利用中心调整为不纳入机构编制核定范围的登记设立事业单位。

是月 印发《江门市商业发展"十四五"规划》。

是月 江门市厅级老干部在台山市举办学习习近平总书记"七一"重要讲话精神读书班。

是月 市邮政管理局与市交通运输局联合印发《江门市快递业"两进一出"工程试点实施方案》。

12月

1日 《江门扬尘污染防治条例》获省十三届人大常委会第三十七次会议批准，成为江门市颁布实施的第十部地方性法规。

是日 省重大项目用地用海用林资源要素支撑联席会议办公室到江门市开展省重大项目用地报批分片区督导工作。

是日 由省社科联学术规划部助理研究员李静、二级主任科员吴军、办公室四级主任科员李新柱组成的调研组莅临江门市调研检查省级社科普及基地建设工作。

是日 江门市邮政业安全中心设立登记。

2日 市委书记、市人大常委会主任陈岸明会见英国皇家工程院院士、国际水利与环境工程学会主席、澳门科技大学校长李行伟，加拿大工程院院士、北京科技大学教授刘焕明，广东院士联合会秘书长卢育辉一行，就如何发挥江门"院士之乡"的优势，打好"院士牌"。

3日至4日 江门市自然资源局、江门不动产登记中心赴澳门参加"江门——澳门跨境通办政务服务专区"宣传推广活动，专题介绍"江门——澳门"不动产登记跨境通办服务，包括跨境服务情况、可跨境办理的登记业务类型、抵押和过户登记具体办理等内容。

7日 江门"双碳"实验室揭牌暨项目签约仪式举行，标志着江门"双碳"实验室启动成立，这是江门市科技发展史上的一件大事，更是江门市全面贯彻落实习近平新时代中国特色社会主义思想和习近平生态文明思想，建设国家"低碳"示范市的重大举措。在活动上，江门市政府与香港科技大学（广州）（筹）签订全面战略合作框架协议。13个"双碳"产业合作项目签约落户江门，涵盖绿色低碳城市（园区）合作、"双碳"产业创新服务平台、"双碳"技术应用和"双碳"技术产业化等领域。

是日 广东省副省长王曦到江门市调研生态环境保护及科技创新工作。

是日 在广东新会小鸟天堂国家湿地公园鹭鸟广场举行"2021中国侨都（江门）首届小鸟天堂观鸟生态节"和活动启动仪式。

8日 广东绿色低碳发展圆桌会在江门举行，"两院"院士、知名专家学者、产业链相关企业高管等齐聚一堂，共同探讨碳达峰碳中和背景下的广东低碳绿色发展之路，为广东省绿色低碳高质量发展及江门"双碳"实验室建设建言献策。

是日 江门市发展和改革局批复《2022年江门市有序用电方案》，提前应对2022年江门市可能出现的电力供应紧张、电网风险等情况。

是日 省气象局党组书记、局长庄旭东赴江门参加局市合作联席会议，与吴晓晖市长会谈，共同推动江门创建气象防灾减灾第一道防线先行示范市建设。

是日 广东省政府在江门召开省产业园高质量发展工作现场会。

是日 蓬江区被水利部确定为第二批深化小型水库管理体制改革样板县（市、区）。

是日 江门举办全省首宗地理标志质押融资签约暨江门市知识产权快速维权中心启动仪式。

是日 江顺大桥作为广东省唯一试点，率先在全国10省11座试点建设桥梁中实现桥梁结构健康监测系统交付验收，提前完成建设任务。

是日 农业银行江门分行、江门农商银行与新会陈皮企业代表签订全省首宗地理标志质押融资意向合同，开通全省首批地理标志质押融资通道。

10日 恩平市人民政府与北京京东世纪贸易有限公司签订战略合作框架协议。

12日 第十三届全国人大民族委员会主任委员、中国科学院院士白春礼实地考察调研江门中微子实验站项目建设情况。

13日至17日 广东省2021年第四季度重大项目集中开工活动（江门分会场）在新会举行，推动珠肇高铁江门至珠三角枢纽机场段项目、金属新材料科技产业园项目（首期）、芯联电集成电路材料制造及封测总部等91个项目集中动工投产，总投资558.92亿元。

14日 江门市镇海灌区被评为2021年度省级节水型灌区。

15日 江门市消费者权益保护委员会被中国消费者协会授予"2020—2021年度全国消协组织消费维权先进集体"。

16日 江门市发展改革局印发出台《江门市县域经济比学赶超勇争先工作实施方案》，建立"比学赶超勇争先"的赛马机制。

是日 江门市辖"四市三区"市个县（区）级全部建成县级海上搜救中心，标志着江门在全国率先成为县（区）级海上搜救中心全覆盖的地级市。

17日 珠肇高铁江机段全线开工建设，线路全长98.6千米，线位起自江门市（江门站）、途径佛山市引入规划中的珠三角枢纽机场，可研批复总投资约256亿元，共设江门、鹤山西、高明和珠三角机场4座车站，是"珠西地区"第一条时速350千米高铁项目，其建设实施将进一步推动江门、佛山、肇庆的互联互通，加速融入省"一核一带一区"区域发展格局。

22日 江门市保障粮食安全金岭粮食扩建工程项目设计、施工一体化工程招标项目开标，经专家评标、公示后，确定中国建筑第四工程局有限公司、郑州中粮科研设计院有限公司为中标单位，并于12月30日举办项目建设启动仪式。

是日 江门市科学技术协会在全国科普日活动获中国科协评"双优秀"。

23日 科普研学江门行路线发布会暨侨都旅游平台上线仪式在江门邑网通以直播形式举行。

是日 江门市人民政府印发江门市科技创新"十四五"规划。

24日 中共江门市委召开十三届十七次全会。全会决定，中国共产党江门市第十四次代表大会将于12月27日至28日召开。

是日 江门市财政局印发《江门市政府采购负面清单》，以"一张表"的形式将政府采购活动涉及的法律、行政法规、部门规章、规范性文件中的禁止行为进行梳理汇总，汇总45类禁止性事项，158条具体条款，有效规范政府采购领域采购行为和政府采购活动中的权利运行。

26日 中国共产党江门市第十四次代表大会在市委市政府大会堂举行预备会议。

是日 中国共产党江门市第十四次代表大会主席团举行第一次会议。

27日 中国共产党江门市第十四次代表大会开幕。

28日 中国共产党江门市第十四次代表大会闭幕。

是日 中国共产党江门市第十四届委员会第一次全体会议举行。

是日 江门市水利局分别与珠海市水务局、中山市水务局签订《珠海、江门市河道交界区域联合执法协议》《中山、江门市河道交界区域联合执法协议》。

是日 江门市人民政府印发出台《江门市能源发展"十四五"规划（2021—2025年）》，加快构建清洁低碳、安全高效的现代能源体系，推动能源高质量发展、实现碳达峰以及更好服务江门市改革发展大局。

29日 广东省市场监管局认证认可监管处二级调研员、省机动车虚假检验检测专项整治行动领导小组办公室卢卫军、执法监督处、计量处、省计量专家一行6人到江门市市场监督管理局调研指导检验检测、计量类行政处罚案件。

29日 台山市端芬医院、新会区养老中心、江门市社会福利院等3家医养结合机构入选全国346家医养结合机构作为第二批老龄健康医养结合远程协同服务试点机构。

30日 江门双碳实验室设立登记。

31日 江门市侨联举行江门市涉侨"一站式"政务服务平台上线启用仪式。

是日 南沙港铁路货运工程顺利建成通车，该项目于2016年10月全线开工，为国家Ⅰ级、双线电气化铁路，设计时速120千米，线路全长89.24千米。线路自广珠铁路雅瑶所引出，途经江门、佛山、中山、广州4市，终至南沙港区，桥隧比达90%。

是日 国家发展改革委印发《国家骨干冷链物流基地建设实施方案》，把江门纳入国家骨干冷链物流基地承载城市之一。下一阶段，江门将围绕冷链物流基地建设全面部署深入谋划，做好国家骨干冷链物流基地申报及布局建设，争取国家和省相关政策支持，提升冷链物流规模化、集约化、组织化、网络化运行水平，促进国内国际双循环。

31日 江门市财政局印发《江门市市级财政资金"双监控"管理暂行办法》，以财政资金管理全流程为主线，对预算执行进度和绩效目标实现程度实施"双监控"。

是月 省道S364线江门五邑路（外海大桥至江门大道段）扩建项目完成工程建设并开通全部辅道。

是月 江新联围管理处被评为"广东省水利系统第八批文明单位"。

是月 江门市发展和改革局价格认定中心在广东省发展和改革委员会开展的广东省2021年度价格认定工作质量分片评查活动中获评表扬单位。

是月 五邑路扩建工程建成通车。

是月 江门市举行第四季度重大项目集中动工（投产）仪式，共有项目91个，总投资558.92亿元。

是月 江门市高新技术企业数量拟超2150家，科技型中小企业达2108家，创历史新高，全市科技综合实力明显提高。

是月 广东省税务局税务执法分析模块在江门市局率先试点上线。

是月 2021年江门市计划生育协会被评为全省计划生育协会宣传报道"十佳"单位。

总述
ZONGSHU

基本市情

地 理

【地理位置】 江门市地处广东省中南部、西江下游，位于珠江三角洲西部。东邻佛山市顺德区、中山市、珠海市斗门区，西接阳江市阳东区、阳春市，北与云浮市新兴县、佛山市高明区、南海区为邻，南濒南海，毗邻港澳。全境位于北纬21°27′—22°51′、东经111°59′—113°15′。行政区域面积9535.19平方千米，辖蓬江、江海、新会、台山、开平、鹤山、恩平。大陆岸线长414.8千米，海岛352个（含赤鼻岛），其中有居民海岛6个（新会区1个、台山市5个），无居民海岛346个（新会区1个、台山市343个、恩平市2个）。

【地形地貌】 江门市地貌特征为西北高，以低山丘陵为主；西南部及东南部地势较低，以河谷冲积平原和少数丘陵为主，地面标高5~40米。全市山地丘陵面积达4400多平方千米，占土地总面积46.8%。境内海拔500米以上山地占总面积1.77%。800米以上山脉有9座，多为东北—西南走向。全市最高山脉为西北部的天露山，其南北长约100千米，东西宽约40千米；主峰海拔1250米。北部皂幕山脉的婆髻顶、东部的镬盖尖和南部的笠帽山、凉帽顶，均山势陡峻，岩石嶙峋，"V"形谷发育。东南沿海的古兜山主峰海拔986米，俯瞰南海，气势雄伟。全市河流冲积平原及三角洲平原面积4880多平方千米，占总面积51.90%，多为良田。境内地层有震旦纪、寒武纪、奥陶纪、石炭纪、二叠纪、三叠纪、侏罗纪、白垩纪、下第三纪及第四纪等地质年代的地层，第四纪地层分布最广。侵入岩形成期次有加里东期、加里东—海西期、印支期、燕山期，燕山期最为发育，规模最大。境内岩浆岩分布广，构造比较发育，构造单元属"东南低洼区"。地质构造以新华夏构造体系为主，大的断裂带有北东向的恩苍大断裂和金鹤大断裂。

【气候】 江门市地处低纬度，属亚热带海洋性季风气候。冬季盛行东北季风，夏季是西南季风，春秋为转换季节。冬短夏长，气候宜人，雨量丰沛，光照充足。无霜期在360天以上，常年无雪。区域气候分为山地温凉区、丘陵温暖区、沿海温热带三级。江门市有海洋季风的调节，气候温和多雨，冬夏分明。太阳辐射较强，有丰富的热力资源。每年3月上旬可以稳定通过日平均气温12℃。

气温年际变化不大。各地的年平均气温在22.5℃左右，上川岛略高。气温具有明显的季节性变化，最冷月（一月）与最热月（七月）相差14℃~15℃。每年3月底至4月初，有南方暖湿气流加强并向北推进，气温明显回升，7月达到最高值。11月开始，北方寒冷干燥的冷空气不断南侵，本地受冷高压脊控制，气温显著下降。主要灾害性天气有：暴雨（连续性暴雨和特大暴雨）、台风、干旱、冷害等。每年春夏季节时有小范围突发性强的雷雨大风、龙卷、冰雹等强对流天气发生，冬季的寒潮、早春的低温阴雨对农业生产和种养殖业亦有一定的影响。每年4~9月是汛期，全年80%以上的降水出现在这段时间里，前汛期雨量与后汛期雨量大致持平，年雨日最多的年份有200天。江门市所辖的恩平市由于地形等因素，是全国的暴雨中心，年降水量比东部多五成左右。7~9月是台风活动的频发期，影响江门的台风时空分布不均匀，常有暴雨到大暴雨甚至特大暴雨和12级大风，造成严重的气象灾害。

【水文】 江门市河流属珠三角水系和粤西沿海诸河两大水系，全市集水面积超过100平方千米的河流共有25条，主要河流有西江、潭江及其支流和沿海诸小河，如朗底水、莲塘水、蚬岗水、白沙水、镇海水、新昌水、公益河、新桥水、址山水、江门水道、天沙河、下沙河、沙坪河、大隆洞河、那扶河等。西江，位于江门市东北部的西江下游干流，属江门市的过境河流，在鹤山石岩头集水面积约35万平方千米，流经鹤山、江门、新会、佛山、中山、珠海等市。江门境内西江西海水道多年平均径流量约为1078亿立方米，其中部分流经银洲湖。潭江，是珠三角水系的一级支流，主流发源于阳江市牛围岭山，干流自西向东流经恩平、开平、台山、鹤山、新会等市（区），在新会区环城镇附近折向南流，从崖门口出海，沿途汇纳朗底水、莲塘水、蚬冈水、白沙水、镇海水、新昌水、公益水、新桥水、址山水、新会河、江门水道、天沙河、下沙河、虎坑水道及虎跳门水道等支流。潭江流域面积6026平方千米，在江门市境内流域面积5882平方千米，干流全长248千米，上游多高山峻岭，植被良好，雨量充沛，水资源丰富。潭江干流上游建有大（二）型锦江水库，并已建成水沥、江北、恩城、塘洲、东成、江洲、合山等梯级开发的水闸，兼顾发电；潭江流域水力资源理论蕴藏量29.86万千瓦。全市已建成大、中、小（二）型以上水库557宗[其中大（二）型水库4宗，中型水库30宗，小（一）型水库161宗，小（二）型水库362宗]，总库容25亿立方米，现已开发小水电230宗，装机容量14.28万千瓦，2021年总发电量为1.34亿千瓦时。

建置沿革

【历史沿革】 元末明初，在肆水（西江）出口江门海西岸地域，形成一个商贸墟集，称江门墟。明万历年间，属新会县龙溪乡归德都辖。清沿明制。清康熙年间，江门墟仍为新会县龙溪乡归德都十五图辖地。清光绪二十三年（1897年），据《中英西江通商条约》，辟为外国船只停泊及货物上落站点。清光绪二十八年（1902年），《中英续议通商行船条约》议定，江门为对外通商口岸，并设立海关。时称江门埠。

民国时期，建置易制。民国十四年（1925年），据广东省政府《民国十七年年刊》本省各市政调查材料载："民国十四年十一月廿六日，经广东省政府批准，江门为省辖市建置"，民国二十年（1931年2月），撤销省辖市建置，改为新会县第十二区辖镇。民国二十六年（1937年3月）改属新会县第二联乡辖。民国三十四年（1945年9月）至江门解放，为新会县第二区辖镇。1949年10月23日，江门解放，同年10月25日，中国人民解放军江会区军事管制委员会在江门成立，对江门、新会实施军事管制。翌年5月1日，设立江会区军事管制委员会江门办事处，为县级建制，负责江门行政管理事务。1951年1月12日，经中央人民政府政务院批准，江门改为省辖地级市，归粤中专署辖。同年4月1日，成立江门市人民政府，同时撤销江会区军事管制委员会江门办事处，结束军事管制。1952年5月改属粤西办事处领导，11月归粤中行署辖。1958年4月11日，江门市改为县级市，归佛山专区辖。1958年12月，归属江门专区。1961年4月2日，改属肇庆专区。1963年6月再改隶佛山专区辖。1966年初，复升为省辖地级市。1970年，江门降为县级市建置，归佛山地区领导。1975年11月，经国务院批准，江门市复改为省辖地级市，受广东省和佛山地区双重管辖。1979年11月24日，江门市革命委员会撤销，复设江门市人民政府。1983年6月1日，实行市领导县体制，江门市下辖新会、台山、开平、恩平、鹤山五县。同年9月1日增辖阳江、阳春两县。1984年7月，江门市区分设城区与郊区两个县级区。至1987年末，江门市辖7县2区。1988年1月，阳江县、阳春县从江门市划出。1992年4月至1994年2月，辖下的台山、新会、开平、鹤山、恩平五县先后撤县设市，为省辖县级市建制，省政府委托江门市代管。2000年末，江门市辖新会市、台山市、开平市、恩平市、鹤山市五个县级市及蓬江区、江海区两个市辖县级区。2002年6月22日，江门市辖下原新会市撤市设区。

行政区划

【政区管辖】 2021年末，江门市辖3个区，代管4个县级市。全市有61个镇、12个街道办事处、1056个村民委员会、265个社区居民委员会。2021年，完成江门市与阳江市、蓬江新会、新会江海的行政区划界线联合检查。

资 源

【土地资源】 2021年，江门市辖区耕地11.1万公顷，园地5.57万公顷，林地48.1万公顷，草地1.31万公顷，湿地1.77万公顷，城镇村及工矿用地9.23万公顷，交通运输用地1.71万公顷，水域及水利设施用地15.69万公顷。

【水资源】 江门市地表水资源、地下水资源和水资源总量均高于全省、全国平均值，多年平均降雨量2099毫米，为全省均值的118.53%、全国均值的322.95%；年均河川径流量120亿立方米，占全省的6.25%、全国的0.32%。地下水的补给主要来源于大气降水，全市地下水资源总量26亿立方米，占全省的5.87%、全国的0.33%。水资源总量的主体是河川径流量，江门水资源总量121亿立方米，占全省的6.62%、全国的0.44%。

【矿产资源】 江门矿产种类较多，探明的资源储量51种，发现矿产地270处。其中大、中型规模30处，以非金属矿为主。优势矿产有建筑用花岗岩、饰面用花岗岩、水泥用石灰岩、高岭土、页岩、地热和矿泉水等。

【森林资源】 2021年，江门市森林面积42.90万公顷，森林覆盖率为45.13%，森林蓄积量2526.52万立方米。

【动物资源】 2021年，江门市陆生野生动植物资源丰富，全市境内陆生野生动物有兽类30多种、鸟类300多种、爬行类50多种、昆虫类400多种。属国家重点保护的陆生野生动物共有50多种，其中国家一级重点保护动物有穿山甲、黑脸琵鹭、小灵猫、大灵猫、黄胸鹀等5种，国家二级重点保护动物有猕猴、鸳鸯、苍鹰、红隼、褐翅鸦鹃、画眉等40多种。维管植物有1100多种，其中国家重点保护植物有桫椤、紫荆木、华南五针松、格木、绣球茜、华南锥等。

【海域资源】 江门市海域（含内水、领海）面积4880.47平方千米（新会区海域面积94.87平方千米、台山市海域面积4778平方千米、恩平市海域面积7.6平方千米）。2021年，已确权海域面积102.66平方千米（新会区6.11平方千米、台山市95.69平方千米、恩平市0.86平方千米），较上一年增加4.99平方千米；未确权海域面积4777.81平方千米（新会区155.39平方千米、台山市4615.68平方千米、恩平市6.74平方千米）。

人口·语言

【人口】 2021年，江门市总户数1 219 438户，同比增加10 507户。户籍人口4 028 708人，同比增加12 842人，其中男性2 016 836人，女性2 011 872人；城镇人口2 200 018人，乡村人口1 828 690人。年内，全市办理出生登记入户34 331人、出生率0.85%，办理死亡注销29 319人、死亡率0.73%。全市迁入45 356人，其中省外迁入15 822人，省内迁入29 534人；迁出38 197人，其中迁往省外5 777人，迁往省内32 420人。

【语言】 江门各市（区）之间以及广播、电视等领域通用广州话，随着经济发展，人员交流增多，普通话成为较为通用的语言。各市（区）均使用方言，全市方言属于汉语粤方言中的四邑话，四邑话与广府（广州）话基本相通。台山、开平、鹤山、恩平、新会等各市区之间的语音、声调、词汇等方面有所差异。鹤山的共和、鹤城，新会的部分山区，台山的赤溪、斗山，开平东北部的水井等地，是客家人聚居地方，使用客家方言。

侨乡侨情

【江门第一侨乡】 江门市地处广东省中南部、珠江三角洲西部。东邻顺德、中山、珠海，西连阳江，北接新兴、高要，南临南海，毗邻港澳，是全国著名侨乡，有"中国第一侨乡"之美誉。全市旅居海外的华侨、华人和港澳台同胞近530万人，分布在世界五大洲145个国家和地区。改革开放以来，江门市侨务工作执行党和国家的侨务政策，发挥毗邻港澳和海外侨胞众多的独特优势，广泛结交侨谊，突出重点，为归侨侨眷、华侨华人、侨资企业服务，争取侨心，努力发挥侨力，为侨乡经济建设和社会各项事业发展服务，在让世界了解江门，让江门走向世界，促进中外交流，推进祖国统一大业等工作中发挥独特的作用，做出应有的贡献。

【海外侨情变化】五邑侨乡的孕育与形成，经历一个十分漫长而曲折的历史发展过程。五邑人出洋史可追溯到唐代，唐僖宗乾符六年（879年），已有新会人随阿拉伯商人前往印度尼西亚苏门答腊。自此之后，由于地理环境、政治、经济等种种原因，一批又一批的五邑人陆续飘洋过海到海外谋生。新时代下江门海外侨情出现许多新变化：华侨华人社团增多，国际化、网络化趋势增强，和谐侨社建设逐步成为共识并有效推进；华侨华人整体素质提高，特别是高科技人才和各方面专才人数增多，经济科技实力和政治影响力增强；华裔新生代专业素质和综合素质较高，参与华侨华人社团建设增多，融入主流社会加深，不少还在居住国参政议政，日益成为海外侨胞的重要力量；华侨华人重视华文教育和中华文化传播，开展华文教育和举办中华文化活动增多；祖（籍）国和家乡对华侨华人的凝聚力增强，华侨华人与祖（籍）国和家乡联系更广泛、来往更密切、合作交流更频繁；华侨华人的新需求、新诉求更加多样化，希望共享祖（籍）国和家乡改革发展成果，调整涉及其切身利益的法规政策。

经济与社会建设

【经济发展概况】2021年江门市全年地区生产总值突破3600亿元（3601.28亿元），比上年增长（下同）8.4%。规模以上工业增加值1280.68亿元，增长14.7%。固定资产投资额2012.41亿元，增长1.4%。社会消费品零售总额1278.10亿元，增长9.9%。地方一般公共预算收入279.84亿元，增长6.0%。外贸进出口总额1789.5亿元，增长25.2%。居民人均可支配收入实现与经济增长基本同步，居民消费价格指数（CPI）上涨1.2%。

【实体经济】2021年，江门市重点围绕14条制造业产业链、六大特色优势农业产业和建筑业，建立市领导定向联系负责产业链工作制度，出台政策助力稳链补链强链控链。产业规模不断壮大，工业增加值占GDP比重达38.5%、比上年提高2个百分点，高技术制造业和先进制造业分别比上年增长35%、18%，新能源电池、金属制品、新一代信息技术、船舶与海工装备等产业链产值增幅超30%；农林牧渔业总产值超550亿元，比上年增长13%，六大特色优势农业产业实现全链条总产值418亿元，比上年增长25.5%，新增1家国家级、15家省级重点农业龙头企业、3个省级现代农业产业园；建筑业总产值384亿元，比上年增长15%，6家本地建筑业企业获总承包一级资质，新增4家一级总承包企业和1家甲级设计院落户。产业创新能力提升，新增高新技术企业305家、省级科创平台26家，发明专利授权量达885件，比上年增长57%；培育23个省级工业互联网标杆示范项目，推动204家企业"上云上平台"；富华重工成为国家"单项冠军"企业，新增6家国家专精特新"小巨人"企业、28家省专精特新中小企业；成立总规模40亿元的新兴产业投资基金；奇德新材、芳源股份、绿岛风3家企业成功上市。

【农村经济发展】2021年，江门市实现农林牧渔业总产值540亿元，增长12.2%。粮食综合生产能力95万吨以上，超额完成预期目标。完成撂荒耕地复耕2800公顷，1公顷以上连片可复耕地全部实现复耕。新建高标准农田6646.67公顷，实现粮食播种面积、单产、总产"三增"，早稻良种基本实现全覆盖。稳定"菜篮子"生产供应，建设省级"菜篮子"基地25家、市级75家。乡村振兴工作连续三年在全省实绩考核中被评为"优秀"等次，并获粤西片区第一名。全省唯一地级市获全国农村承包地确权登记颁证工作典型地区表彰。实现100人以上自然村通硬化路和"村村通班车",成为首批"四好农村路"全国市域示范创建突出单位和全省首批"四好农村路"示范市。启动7条乡村振兴示范带建设,实现农村无害化卫生户厕普及率100%。推进绿化美化,新建成农村"四小园"生态小板块13 202个。新增创建省级"一村一品、一镇一业"专业镇3个、专业村27个。新会区成功申报全国农业全产业链典型县,新会区大鳌镇成功申报全国农业产业强镇,开平市马冈镇、新会区双水镇桥美村成功申报全国"一村一品"示范村镇,鹤山红茶获评全国乡村特色产品。

【重点项目建设】 2021年,江门市重点项目710项,项目总投资6990亿元,年度投资计划投资1015亿元,首次超一千亿元,创历年新高。全年完成投资1212.83亿元,较上年同期增加298.21亿元,比上年增长32.6%,投资完成率119.5%,超额完成年度投资计划任务。其中,基础设施工程项目完成投资390.71亿元,完成年度投资计划的104.5%。中开高速江门段沿线征地全部完成,双水互通至凤山互通建成通车;黄茅海跨海通道控制性工程黄茅海大桥主墩桩基全部完成;银洲湖高速、中江高速改扩建项目全面进入路基、桥梁等实体施工阶段;崖门出海航道二期工程开展围堰、疏浚工程施工;江鹤高速改扩建启动建设;双龙大道(江门大道中—白石大道桥)改造工程、迎宾西路(江鹤高速杜阮出入口—井根村)、五邑路等一批市政项目建成通车;江门大道南、国道G325线开平段、会港大道等项目加快推进。产业工程项目完成投资390.19亿元,完成年度投资计划的120.7%。美心食品、四方威凯涂料项目(一期)、江门粤玻实业有限公司增资扩产项目等23项实现投产;鹤山市合能商贸有限公司维龙(鹤山)珠西智慧物流产业园项目、海目星激光智能装备项目、中南高科·新会融智创美产业谷项目、迪浪大数据产业园项目等46项主体工程完成建设;江门得润汽车零部件及配件生产基地建设项目、江门广东富华工程装备制造有限公司生产高端装载机项目、广东富华重工制造有限公司年产200万套商用车底盘零部件智能制造项目、棠下稻兴智能科技产业园等115项加快推进。民生保障工程项目完成投资431.94亿元,完成年度投资计划的135.9%。广东实验中学附属江门学校、紫茶小学群福校区、江门市培英高级中学新校区建设项目、新会区市场升级改造项目、鹤山市人民医院新院区、江门市图书馆改扩建工程等43个项目完成建设投入使用;江门市赤坎古镇华侨文化展示旅游项目、鹤山市第三人民医院(精神专科医院)、开平立群医院有限公司新建医疗养老院大楼改造行政大楼等72个项目加快推进。

【营商环境建设】 2021年,江门市成立"书记市长双组长制"的市全面优化营商环境领导小组。出台《江门市全力打造粤港澳大湾区一流营商环境若干措施》,推动建立衔接粤港澳大湾区、国际高标准营商环境相适应的制度规则。推进企业全生命周期便利化改革。深化开办企业"一天办结",企业网办率、网上核准率分列全省第3和第1,经验被省府办刊发推广。全面推进"证照分离"全覆盖改革,办理时间压减65.16%、申请材料压减21.24%。深化产权保护改革。创新知识产权保护机制,推进国家知识产权示范城市创建工作。创新打造"巡回法庭+诉讼服务处"江门特色模式,着力解决辖区内企业知识产权异地维权诉讼成本高、效率低、企业维权意愿不高等问题。完善公安涉企服务机制。建设"邑·警企通"涉企服务平台,配套全域全员受理、清单化服务、全时受理、限时办结的管理模式,企业可随时随地在线申办业务。建立"2+2"线上线下受理渠道,构建涉企服务事项受理、交办、跟踪、督办、回访、反馈、考核、评价工作闭环,实现服务全时全域受理、全警首接。深入推进社会信用体系建设。开展江门市信用信息归集和治理,加强公共信用信息管理系统建设,强化联合奖惩功能应用,双公示数据质量由全省末位跃居全省前列。推进"信易贷"工作,缓解中小微企业融资难题。

【社会事业发展】 2021年,江门市退休人员基本养老金人均达2214元/月。企业职工养老保险单位缴费比例平稳过渡至14%。全市基本医疗保险参保人数达400.10万人。失业保险稳岗补贴实施"免申即享",全年发放失业补助金1423.57万元,惠及1.7万人,供应各类保障性住房26 951套(含租赁补贴)。分别新增公办、普惠性民办幼儿园学位7370个、2566个。完成江门市第一中学、江门市培英高级中学扩建工程项目建设,新增优质中小学学位1.5万个。4所中职学校被拟定为广东省高水平中职学校建设单位,江门市技师学院荷塘校区开始动工进行建设。文化体育事业蓬勃发展。建成17座"粤书吧",有21座基层综合性文化服务中心与旅游服务中心融合发展试点中心。江门市档案馆新馆启用。承办第十四届全国运动会花样游泳资格赛暨2021年全国花样游泳冠军赛等6项国家级、省级赛事。江门市中心医院入选省高水平医院重点建设单位,在全国公立医院绩效考核进入A级序列,新院区全面动工建设。市妇幼保健院成为江门市首家三甲妇幼保健院。全国首创医养结合"邑康保",全市养老机构医养结合覆盖率达100%。就业"基本盘"保持稳定。全年城镇新增就业人数4.7万人、城镇登记失业率2.15%。"三项工程"成效明显,开展"粤菜师傅"培训1557人次、"南粤家政"培训8952人次。社会救助水平提升。全市城乡低保、特困人员基本生活费、孤儿基本生活费、困难残疾人生活补贴、重度残疾人护理补贴标准提高。

【国民经济动员】 2021年,江门市开展经济动员工作,强化动员能力建设。2021年根据市国动委及省发展改革委经济动员办公室的工作部署,主要完成全市国民经济动员潜力统计调查工作,全市经济动员力量建设核查及市直国防动员专业保障队伍整组、民兵队伍整组等重点工作,同时根据市国动委要求加强经济动员中心建设,开展有关国防动员的研究,并向省国动委上报相关调研成果。

精神文明建设

【概况】 2021年,江门市坚持以习近平新时代中国特色社会主义思想为指导,深入学习贯彻党的十九大及各次全会精神,结合本地实际,发挥侨乡优势,以庆祝中国共产党成立100周年和党史学习教育为契机,以宣传供给侧结构性改革推动精神文明建设大提升,实现文明城市创建从案例到范例的蝶变,有力促进侨乡物质文明大发展。

【习近平新时代中国特色社会主义思想学习宣传贯彻】 江门市以庆祝建党100周年和党史学习教育为契机,五马齐驱确保学习宣传贯彻习近平新时代中国特色社会主义思想走深走实走心。深化拓展理论中心组学习。结合党史学习教育开设"党史邑事"微课堂,邀请周恩来侄孙女周晓瑾、林基路烈士战友李云扬之子李胜利、《东方风来满眼春》作者陈锡添等与江门有密切联系的"见证者"讲述革命故事。各级党组织开展理论中心组学习5万多场次,市四套班子领导和县处级领导干部讲授党课3300多场次。打造一批红色课堂品牌。打造"榕树下的课堂""红色公交""水上党课""红色朗读亭""党史主题公园"等红色党课品牌,覆盖群众超400万人次,其中近40万人次参与"诵读红色经典·共建文明江门"党史线上传诵接力。开展系列党史青(少)年学习活动。抓住青少年这一重点群体,组织"说""讲""诵""观""演""赛""誓""践"等八大活动,其中有3万多名青少年参与"党史青(少)年说"微演说,40多万名中小学生参与"强国有我"传诵青春誓词和"传承红色基因——向国旗敬礼"主题教育活动,60万人次参与"党史学霸"PK赛决赛。线上线下引导群众感悟精神伟力。梳理全市红色资源262处,建成红色现场教学点29个,打造7条沉浸式红色教育主题线路,组织100多万人次参与"粤学党史·粤爱党——打卡广东红"活动。策划打造大型舞剧《侨批·家国》和音乐诵读剧《侨批·中国》,推出系列融媒体产品《侨批中的党史》。媒体赋能、创新表达。在更高层次更广范围传播中国侨都、文明江门的声音,先后9次登上央视《新闻联播》,各类新闻报道被央视各频道采用44条次、《广东新闻联播》采用106条次、《南方日报》主报刊登238篇、中央和省级全媒体平台转发刊载江门稿件13 000余条;推出各类融媒体产品950多件。

【爱国主义教育广泛开展】 2021年,江门市强化校园宣教活动，全市各中小学校通过政治课、主题班会、每周一升旗仪式、演讲会、报告会、定期放映革命战争题材的影片等活动形式，加强对学生革命传统教育，树立建设强大祖国的思想。运用宣传栏、黑板报、读报栏营造爱国主义教育阵地氛围。举行公祭烈士活动，为培养公民的爱国主义、集体主义精神和社会主义道德风尚，激发实现中华民族伟大复兴中国梦的强大精神力量，江门市以9月30日烈士纪念日为契机，在英雄山烈士陵园隆重举行烈士纪念日公祭烈士活动，组织全市部分党员干部代表和武警战士向烈士敬献花篮，敬仰纪念碑后方石壁上铭刻着的革命烈士姓名和江门先烈英勇事迹。强化媒体宣传，做好"八一"建军节、"九一八"、烈士公祭日等重点节日宣传。协调各媒体及各通信运营商连续每天发布警报试鸣通告，通过报纸、广播、电视、手机客户端、微博微信、官方网站等多种途径、宣传手段加强国防教育宣传和舆论引导。打造江门市国防教育主题公园，以弘扬江门的红色革命历史、革命烈士精神为主线，配合军事模型、宣传长廊等元素，打造一个集爱国主义教育、国防宣传、休闲为一体的国防教育主题公园。

【社会道德风尚向上向善】 2021年，江门市以开展道德模范选树学活动、深化家庭文明和未成年人思想道德建设、推动志愿服务制度化建设等为抓手，开展公民思想道德建设，广泛培育文明社会风尚，不断提升市民文明素质和城市文明程度。

做好模范典型人物的选树与宣传 召开江门市精神文明建设表彰大会，表彰2019—2020年度江门市文明村镇15个、文明单位22个、文明家庭20户、文明校园7所，第八届江门市道德模范30名及提名奖10名。评选"江门好人"40名，17人获评"广东好人"。举行"江门市新时代文明实践志愿服务工作推进会暨纪念市义工联成立十五周年会议"，对评选出的20个最美志愿者、10支最佳志愿队伍、10个最佳志愿服务项目、5个最美志愿捐赠者等市第二届志愿服务"四个最美（佳）"予以授荣；分别涌现出39名金、银、铜奖志愿者和14 847名一至五星级志愿者。

以梁启超家风引领文明家庭创建 成立江门市梁启超家教家风家长学校，开展"颂党恩传家风"家风家教知识讲座20场，受惠群众5万多人次。聚焦梁启超家风家教、廉洁家风、红色故事等主题，依托村（社区）家长学校、妇女儿童之家等

▲ 2021年3月9日，梁启超家教家风家长学校成立。

（市妇联 供）

阵地开展家庭教育大讲堂、大家庭亲子日等线上线下结合的宣传活动2055场，惠及家长63.5万多人次。创建10个江门市家庭文明建设示范点，评选出10户"十大最美家庭"、20户优秀"最美家庭"，各级挖掘73户家庭参评省、市级文明家庭。

深化未成年人思想道德建设工作 常态化开展文明校园创建，有15所学校获评"创建广东省文明校园先进学校"称号。持续开展"扣好人生第一粒扣子"主题教育实践活动，发动各级中小学校近50万名学生参与"开笔礼"暨五邑优秀传统家训诵读、"向国旗敬礼"等活动。建立95所乡村（城市）学校少年宫，其中乡村学校少年宫88所，实现乡镇全覆盖；挂牌35个国家、省、市、县级乡村"复兴少年宫"；评出40名江门"新时代好少年"。

【**文明城市"四级联创"**】江门市全面开展城乡文明"四级联创"工作以来，全市各级坚持教育引导与实践养成并重、环境整治与乡风建设并重，因地制宜，推进文明创建"四级联创"，以城带乡、以点带面，解决城市之间、城乡之间、部门之间工作不平衡问题。在新时期文明城市创建中，运用战略思维、系统思维、为民思维、专业思维、创新思维、法治思维，推动城市"面子""里子"俱进、"颜值""素质"齐升。江门作为全省唯一地级市代表在中央文明办文明城市创建工作培训班上作创建经验交流，实现从案例到范例的蝶变。加强城乡统筹，在持续推进文明城市创建工作的同时，紧紧围绕乡村振兴战略，紧扣"美丽乡村"建设主线，深化农村精神文明建设，突出抓好农村乡风民风、人居环境、文化生活建设，坚持城乡一体，推进形成以市带县、以县带乡、以乡带村、市县联动的全域创建格局，指导台山、鹤山成为全国（县级）文明城市提名城市。对照《江门市文明村镇测评体系》，指导全市各镇（街）广泛开展精神文明系列活动，打造农村宜居环境，推动"厕所革命"、垃圾分类进农村、乡镇人居环境综合治理等专项行动。江门市新增全国文明村镇4个、省级文明村镇4个，评选表彰新一届江门市文明村镇15个。各级行政村按照文明村镇测评体系和农村精神文明建设"十个一"标准要求打造，以"一乡一品牌、一村一特色"

为创建目标，整合当地资源，全市县（区）级以上文明村达97%。发挥部门结对共建工作优势，集中力量解决创建工作中的短板和难点问题，结合"双报到、双服务"，全市20个省级以上文明单位同20个镇街、108个市级部门同94个城市社区结对共建，开展文明城市创建工作。

【**乡风文明 建设和文化振兴**】2021年，市委宣传部深入贯彻落实关于推进乡村振兴战略的工作部署，聚焦重点、合力攻坚，为助力乡村全面振兴提供坚强有力的精神文化支撑。

乡风文明建设 江门市拓展文明实践阵地，全市新时代文明实践所、站与全部73个镇（街）文化站和1321个行政村（社区）综合性文化服务中心实现共享图书阅览室、农家书屋、道德讲堂等公共文化设施；推动各类志愿服务资源从城市向农村（社区）延伸拓展，打造"五邑志愿服务银行"等项目。提质升级文明村镇创建，对照《江门市文明村镇测评体系》，组织各级分层分批调研检查20余次，指导各级加强农村精神文明建设；全市各镇（街）广泛开展精神文明系列活动，打造农村宜居环境，推动"厕所革命"、垃圾分类进农村、乡镇人居环境综合治理等专项行动。做好移风易俗工作，开展举办家庭教育大讲堂、"书香飘万家"亲子阅读、移风易俗等活动508场次，设置"移风易俗"宣传专栏1500余个；宣传推广村规民约，编印《江门市村规民约（居民公约）汇编（第一批）》，施行村规民约（居民公约）积分管理制度；培育绿色殡葬、祭祀新风尚，举办免费海葬活动、举办27场鲜花代祭公益活动，群众超10万人次参与。

乡村文化振兴 江门市铸牢文化振兴思想根基，利用"道德讲堂""榕树下的讲堂"等载体开展主题宣讲1.2万场，传播党的创新理论，讲好新时代农村故事，受众人数超20万人次。打造"侨乡红"宣讲品牌（"音乐党课"党史宣讲、文明顺风车、音乐微党课）、"党旗号"海上红色流动讲堂、"碉楼下的课堂""红船党课""强哥讲故事"等省内、国内叫响的宣讲品牌，讲深讲透百姓身边的中国特色社会主义制度故事，增强农村干部群众的制度自信。提升公共文化服务，实现市、县、镇（街道）及村（社区）四级公共文化服务网络全覆盖，全市有地级公共图书馆1间、公共文化馆1间、县级公共图书馆7间、公共文化馆7间，73个镇（街）全部建有综合文化站，1324个村（社区）全部建有综合性文化服务中心，63间自助图书馆覆盖城乡；依托特色乡村文化，举办江门圩日文化集市、塘口七夕等墟，以及崖门古兜水蟹节、古井镇乡村文化旅游节暨古井烧鹅美食节、恩平簕菜美食文化周、恩平温泉嘉年华等地方特色民俗文化活动，满足人民群众的精神文化需求。营造乡村振兴宣传氛围，《江门日报》开设"乡村振兴看变化之五大振兴·江门样本""乡村振兴进行时""乡村振兴·蓬江示范""巩固脱贫成果·助力乡村振兴""展现侨乡魅力·共建美丽侨村""庆丰收·感党恩——江门市庆祝2021年中国农民丰收节""粤美乡村·锦绣五邑""在希望的田野上——双11特别报道"等专题专栏，刊发相关新闻报道200多篇、专版50多个，获得良好的宣传效果。

【精神文明建设制度化和法治化水平提升】 2021年，江门市运用法治思维促进创建工作更加规范化、制度化、常态化，强化"文明是管出来"的理念，以法治"硬约束"促进文明"软实力"提升，筑牢文明创建根基。制定颁布《江门市城市市容和环境卫生管理条例》等6部地方性法规，提高城市文明程度和市民文明素养，巩固深化文明城市创建成果，其中《江门市文明行为促进条例》于2021年5月1日正式实施，将江门市精神文明建设工作全方位纳入法治化轨道。坚持将"当前改"和"长久治"结合起来，建立"路长制"等15项常态化创建工作制度，推动从根本上解决城市背街小巷脏乱差、农贸市场管理水平低、停车难、三线乱拉等创建"顽疾"；推行"五邑志愿服务银行"文明积分制度，破解社区居民参与文明创建积极性不高、公共意识不强、社区组织号召力不足等问题，切实推动基层文明创建常态长效。建立《文明创建督查通报约谈实施办法》，组建由纪检等5部门联合组成的督查组，紧盯不作为、乱作为、慢作为的人和事，对因失职失责影响创建工作的，依法依规，严肃追究直接责任人责任，同时严肃追究单位主要负责人和分管责任人的责任，以动真碰硬高压态势倒逼创建工作推进。

▲江门市蓬江区西江沿岸住宅区远景。

（市档案馆 供）

政治
ZHENGZHI

中国共产党江门市委员会

综述

【市委机构概况】2021年，中共江门市委设置纪检监察机关1个，计入机构限额的工作机关15个：办公室、组织部、宣传部、统一战线工作部、政法委员会、政策研究室、网络安全和信息化委员会办公室、外事工作委员会办公室、机构编制委员会办公室、台港澳工作办公室、直属机关工作委员会、巡察工作领导小组办公室、老干部局、机要和保密局、市人才工作局（副处级），其中，纪律检查委员会与监察委员会合署办公，实行一套工作机构、两个机关名称；办公室挂市档案局牌子；组织部挂市公务员局牌子；宣传部挂市精神文明建设委员会办公室、市新闻出版局（市版权局）牌子；统一战线工作部挂市民族宗教事务局、市侨务局牌子；网络安全和信息化委员会办公室挂市互联网信息办公室牌子；台港澳工作办公室挂市台港澳事务局牌子；机要和保密局挂市国家保密局、市密码管理局牌子。设在相关部门的市委议事协调机构的办事机构不计入机构限额的有：全面深化改革委员会办公室（设在政策研究室）、全面依法治市委员会办公室（设在市司法局）、国家安全委员会办公室（设在办公室）、财经委员会办公室（设在政策研究室）、审计委员会办公室（设在市审计局）、教育工作领导小组办公室（设在市教育局）、农村工作办公室（设在市农业农村局）、市推进粤港澳大湾区建设领导小组办公室（设在市发展和改革局）。

【中共江门地方组织概况及市委全会】江门市有乡以上中国共产党（含基层）地方委员会69个，其中市委员会1个，县（市、区）委员会7个，乡镇委员会61个。县以上党委工作部门72个，其中市委工作部门15个、县（市、区）委工作部门57个。

市委十三届十四次全会 1月21日，中国共产党江门市第十三届委员会第十四次全体会议在市委市政府大会堂召开。会议以习近平新时代中国特色社会主义思想为指导，深入学习贯彻党的十九大和十九届二中、三中、四中、五中全会及中央经济工作会议精神，认真落实省委十二届十一次、十二次、十三次全会精神，总结2020年工作，研究部署2021年工作，确保"十四五"规划开好局，以优异成绩庆祝建党100周年，奋力打造珠江西岸新增长极和沿海经济带上的江海门户，为广东在全面建设社会主义现代化国家新征程中走在全国前列、创造新的辉煌做出江门贡献。市委常委会主持会议。市委书记林应武代表市委常委会做报告，市委副书记、代理市长吴晓晖就经济工作做具体部署。市委委员、候补委员出席会议。不是市委委员、候补委员的市有关党员领导同志，市纪委副书记、常委、市监委委员，市委、市政府副秘书长，有关市（区）党政主要负责同志，市人大常委会专职委员、市政协专职常委，市委各部委办、市直各单位，中直、省直驻江门有关单位党员主要负责同志和市第十三次党代会代表中的部分基层代表列席会议。

市委十三届十五次全会 8月20日，中共江门市委召开十三届十五次全会，市委常委、组织部部长张元醒就《关于召开中国共产党江门市第四次代表大会的决议（草案）》向全会做说明。全会表决通过《关于召开中国共产党江门市第十四次代表大会的决议》，调整十三届市委委员，通报江门市2020年度选人用人工作"一报告两评议"结果及整改措施。全会决定，中国共产党江门市第十四次代表大会于今年12月召开。市委书记陈岸明发表讲话，市委副书记、市长吴晓晖出席会议。全会由市委常委会主持，市委常委张元醒、冯立坚、项天保、利为民、程大欣、刘杰、陈冀出席会议。市委委员、市委候补委员出席会议。

市委十三届十六次全会 11月2日，中国共产党江门市第十三届委员会第十六次全体会议在市委市政府大会堂召开。会议以习近平新时代中国特色社会主义思想为指导，深入学习贯彻习近平总书记"七一"重要讲话和对广东系列重要讲话、重要指示批示特别是关于横琴、前海开发开放的重要论述精神，认真贯彻落实党中央、国务院印发的《横琴粤澳深度合作区建设总体方案》《全面深化前海深港现代服务业合作区改革开放方案》，全面落实省委十二届十四次全会精神，就对接支持服务两个合作区建设、做好江门市当前和今后一个时期工作进行部署。市委书记陈岸明代表市委常委会向全会做报告，市委副书记、市长吴晓晖就经济工作做专题讲话。市委委员、候补委员出席会议。不是市委委员、候补委员的市有关党员领导同志，市纪委副书记、常委、市监委委员，有关市（区）党政主要负责同志，市委、市政府副秘书长，市人大常委会专职委员、市政协专职常委，市委各部委办、市直各单位，中直、省直驻江门有关单位党员主要负责同志和市第十三次党代会代表中的部分基层代表列席会议。

市委十三届十七次全会 12月24日，中共江门市委召开十三届十七次全会。全会决定，中国共产党江门市第十四次代表大会将于12月27日至28日召开。会议审议并通过十三届市委向市第十四次党代会的报告，审查市纪委向第十四次党代会的工作报告，审议并通过全会关于召开第十四次党代会的决议，审议并通过十四届市委员、候补委员和市纪委委员候选人预备人选建议名单。市委书记陈岸明进行讲话，市委副书记、市长吴晓晖出席会议。全会强调，要把市第十四次党代会开成一个统一思想、凝心聚力、团结奋进、开拓创新的大会，并动员鼓励全市广大党员干部实干担当、拼搏进取，奋力打造珠江西岸新增长极和沿海经济带上的江海门户，加快构建新时代侨都高质量发展新格局，以优异成绩迎接党的二十大召开。市委委员、市委候补委员出席会议。不是市委委员、候补委员的市有关领导同志，市中级法院院长、市检察院检察长，市纪委委员、监委委员，有关县（市、区）党政主要负责同志、纪委书记等列席会议。

【市委常委会会议】 2021年，中共江门市委常委会召开会议64次，坚决贯彻落实习近平总书记重要讲话和重要指示批示精神，围绕市委中心工作，学习政策理论，听取汇报和通报，审议工作议题。

学习贯彻会议精神 传达学习习近平总书记在中共中央政治局民主生活会和中央农村工作会议上的重要讲话、在中央全面深化改革委员会第十七次会议和全国政协新年茶话会上的重要讲话、在中央全面深化改革委员会第十八次会议、党史学习教育动员大会和全国脱贫攻坚总结表彰大会上的重要讲话、在庆祝中国共产党成立100周年大会上的重要讲话，以及对疫情防控工作、政法工作等做出的重要指示精神50次；传达贯彻1月7日中共中央政治局常务委员会会议、中国共产党广东省第十二届委员会第十三次全体会议、全国及省疫情防控工作电视电话会议、省十三届人大四次会议、省政协十二届四次会议、全省传达贯彻习近平总书记重要讲话精神暨全国两会精神干部大会等会议精神38次，以及传达贯彻省委常委、政法委书记张虎同志在江门调研时讲话精神；学习《中共广东省委关于印发〈中共广东省委实施《中国共产党农村工作条例》办法〉的通知》《中共广东省委关于印发〈中共广东省委实施《中国共产党农村工作条例》办法〉的通知》《中共广东省委、广东省人民政府印发〈关于建立国土空间规划体系并监督实施的若干措施〉的通知》等30份文件。

重点工作决策研究 听取各市（区）党委书记，以及市直机关工委书记、市国资委党委书记和市委"两新"工委书记、市教育局党组书记抓基层党建工作述职；听取市疫情防控指挥部工作情况汇报；听取村（社区）"两委"换届工作情况汇报；听取江门人才岛工作情况汇报；听取十三届市委第十轮巡察综合情况汇报；听取江门市2020年度法治政府建设情况报告；听取中央和省文明办到江门市暗访、调研全国文明城市创建工作情况汇报；通报江门市参与广东省国有企业重大项目投资合作协议项目落实情况和江门市重大项目第一季度推进情况；听取江门市违建别墅清查整治工作情况汇报；听取江门市教育工作情况汇报；听取江门市全国文明城市创建整改工作复查情况汇报；听取江门市打击治理电信网络诈骗犯罪和校园安全防范工作情况汇报；听取"5·26"安全生产事故情况汇报；听取江门市扫黑除恶专项斗争工作情况汇报；听取江门市"一把手"和领导班子监督工作情况汇报；听取江门市庆祝建党100周年维稳安保工作情况汇报；听取江门市港澳专项工作情况汇报；听取江门市产业集群工作情况汇报；听取江门市大型产业园区规划情况汇报；听取江海区、新会区、开平市、鹤山市、恩平市贯彻落实省委全会精神情况汇报（书面汇报）；听取江门市审计查出问题整改机制建立和运行情况汇报；听取江门市迎接中央依法治国办法治政府建设督察准备工作情况汇报；听取十三届市委第十一轮巡察综合情况汇报；听取江门市政法队伍教育整顿查纠整改环节阶段性工作情况汇报；听取江门市房地产工作情况汇报；听取江门市老旧小区改造工作情况汇报；听取江门市教育工作和未成年人思想道德建设工作情况汇报；听取江门市财政工作情况汇报；听取关于市委十三届十六次全会分组会议讨论情况的汇报；听取江门市信访维稳、疫情防控、安全生产工作情况汇报；听取江门市林长制工作情况汇报；听取江门市招投标"评定分离"改革工作情况汇报；听取江门市推进市级产业统筹机制改革工作情况汇报；听取江门市推进粤港澳大湾区建设专项审计调查项目整改工作情况汇报；听取江门市意识形态工作情况汇报；通报广州20名领导干部因疫情防控不力被问责情况；听取江门市开展"惩腐打伞"工作情况汇报；听取江门市人大工作情况汇报；听取推进"人才倍增"工程落实情况和下一步工作安排；听取推进"园区再造"工程落实情况汇报和下一步工作安排；听取江门市全国文明城市创建工作情况汇报；听取推进"科技引领"工程工作情况汇报、下一步工作安排和江门市科技创新"十四五"规划编制情况。听取推进"工业振兴"工程落实情况汇报和下一步工作安排（含产业链工作推进情况、江门市能源发展"十四五"规划编制情况）；听取江门市食品产业链推进工作情况和食品安全工作情况汇报；听取江门市生态环境保护"十四五"规划编制情况汇报；听取江门市"扫黄打非"工作情况汇报；听取市总工会、团市委、市妇联工作情况汇报；听取市第十四次党代会筹备工作情况汇报；听取各组关于讨论十三届市委报告（审议稿）和全会关于召开市第十四次党代会的决议（草案）情况的汇报。

研究审议议题 《江门市国民经济和社会发展第十四个五年规划和二〇三五年远景目标纲要（送审稿）》《政府工作报告（送审稿）》《江门市2020年国民经济和社会发展计划执行情况与2021年计划草案的报告（送审稿）》《江门市2020年预算执行情况和2021年预算草案的报告（送审稿）》《江门市本级2021年综合预算草案（送审稿）》《江门市2021年重点建设项目计划（送审稿）》《2021年市民生实事候选项目（送审稿）》《中共江门市委关于开展党史学习教育的实施方案（送审稿）》《市委常委会向全会作的工作报告（送审稿）》《市委十三届十四次全会决议（草案）》；吴晓晖同志在市委十三届十四次全会上的专题讲话；《市委常委会向全会报告2020年政治要件贯彻落实情况（送审稿）》《市委常委会2020年抓党建工作情况报告（送审稿）》；市四套领导班子2020年度工作总结；市（区）党委书记和市直有关单位党组织书记抓基层党建述职评议考核结果；《中共江门市委党史学习教育巡回指导工作方案（送审稿）》；"七一勋章"拟提名人选和全国"两优一先"拟推荐对象名单；2020年度各市（区）法治建设工作考评结果；《江门市生态环境保护责任清单（送审稿）》《中国共产党江门市第十三届纪律检查委员会第六次全体会议上的工作报告（送审稿）》《关于2020年对各市（区）平安江门建设考评情况的通报（送审稿）》《江门市人民政府2021年度重大行政决策事项目录（送审稿）》《江门市人民政府2021年度重大行政决策事项听证目录（送审稿）》《江门市政协2021

年协商计划（送审稿）》；2020年县域经济社会发展考核等次建议及市管干部2020年度考核等次建议；《中共江门市委常委会2021年工作要点（送审稿）》《中共江门市委2021年政党协商（会议协商）计划（送审稿）》《中共江门市委关于废止、宣布失效和修改部分党内规范性文件的决定（送审稿）》《江门市强化知识产权保护工作的实施方案（送审稿）》《关于进一步加快江门人才岛开发建设的若干措施（送审稿）》《江门市法治政府建设工作汇报材料（送审稿）》《市委十三届十五次全会日程（送审稿）》《关于召开中国共产党江门市第十四次代表大会的决议（草案）》；研究追授李权旺同志"江门市优秀共产党员"称号；《江门市关于开展法治政府建设督察工作的自查报告（送审稿）》《关于江门市2020年财政决算草案的报告（送审稿）》《江门市房地产市场平稳健康发展长效机制工作方案（送审稿）》《江门市"百名博士引进工程"实施方案（送审稿）》《关于引进省直单位优秀干部到江门任职的实施意见（送审稿）》；拟提请全会通过的决议（草案）：《关于常态化开展扫黑除恶斗争的实施意见（送审稿）》《江门市第十四次党代会筹备工作总体方案（送审稿）》《江门"双碳"实验室组建方案（送审稿）》《江门市贯彻落实第二轮中央生态环境保护督察报告整改方案（送审稿）》；审议市委十三届十七次全会、市第十四次党代会有关材料（市第十四次党代会筹备工作情况）《关于市第十四次党代会报告（送审稿）》《中共江门市委十三届十七次全体会议决议（草案）》；市第十四次党代会日程（草案）和中共江门市委十三届十七次全体会议议题、日程（草案）；《中共江门市纪律检查委员会向市第十四次党代表大会的工作报告（送审稿）》；审定对十三届市委报告（审议稿）和决议（草案）的修改意见。

【组织概况】2021年，市委组织部举办各级各类培训班超过1000期，覆盖超过20万人次。用好用活本土红色资源，连续3年举办市管干部党性教育培训班。强化各级党校（行政学院）培训的主阵地作用，发挥江门市农村基层党建学院、江门市干部培训网络学院等各类教育平台作用，推动基层党员干部学习培训全覆盖。

【干部队伍建设】2021年，市委组织部坚持将选人、用人工作放在市委工作大局中谋划推进，聚焦在吃劲岗位、大战大考中"赛马选马"，推动一大批"猛将""闯将""干将"走上领导岗位、走向市委"六大工程"一线。拓宽选人用人视野，从中央部委、省直部门、高校等引进一批优秀干部到江门市任职或挂职，从金融机构选派25名干

▲2021年1月18日，举行江门市委"两新"工委党校、鹤山雅图仕党委党校揭牌仪式，成为全省首个新型侨资企业党校。

（市委组织部 供）

部到镇街（产业园区）挂任副职。实施"百名博士引进工程"，靶向引进一批规划、装备、电子、生物等领域急需紧缺高层次人才。启动3家市属国企12名高管的市场化选聘工作。突出实战化专业训练，抓好县镇村三级换届后任职培训，提级开展全市村（社区）党组织书记轮训，组织全市业务骨干分批到苏州学习先进经验。深化年轻干部"青苗行动"，加强妇女干部队伍建设，江门市是省妇女发展规划2020年终期目标检查中唯一全部达标的地市。做深做实干部监督工作，执行任前事项报告、部门联审把关等制度，全覆盖推进干部人事档案专审。完善县域经济社会发展考核和市直机关单位绩效考核方案，发挥考核"指挥棒"作用。2021年全市招录公务员（含选调生、"四级联考"）676人，招录继续向基层倾斜；开设"公务员业务小课堂"；制定选调生精准培养16条举措；常态化推进职级并行；稳妥开展公务员分类改革。

【基层党组织建设】2021年，市委组织部出台抓党建促乡村振兴示范县镇村创建清单，全面推行村级重大事项决策"四议两公开"、村党组织书记小微权力清单和分级分档管理等制度。推动街道"大工委"、社区"大党委"实现全覆盖，出台社区专职工作者队伍建设意见，推出"双报到、双服务"信息化平台，成立一批小区物业党组织。实现两新党建"双同步"应建尽建、应纳尽纳，成立全省非公经济组织首个产业链党委——新会陈皮产业链党委。深化模范机关创建，机关党员4.2万人次投身创文复检、疫情防控等急难险重任务。成立市委教育工委，紫茶小学等5所中小学入选省第一批基础教育党建工作示范校，5门课程入选省中小学中职学校优质思政课。加强五邑先锋党员队伍建设，2021年发展党员6354名，探索党员分类管理新路径。擦亮"基层党建"江门品牌，深化全国农村社区治理实验区、全国城市基层党建示范点建设。"红色枣工"动漫、鹤山城市党建"三呼三应"工作新模式获第八届"粤治—治理现代化"优秀案例。开平茅冈村、台山大纲村入选中组部红色村组织振兴建设试点。

【人才队伍建设】2021年，江门市新增高层次人才2067人，同比增加32%；新增正高级职称156人，专业技术人才总量达到21.91万人；新增技能人才3.3万多人次，技能人才总量达50万人。聚焦加快建设战略性产业集群，出台大湾区人才高地建设"十八条"、制造业高质量发展人才支撑"八大计划"、企业高管骨干人才政策"九条"。做强做优人才平台，与香港科技大学（广州）共建江门"双碳"实验室，推进五邑大学新型高水平理工科大学建设，成功创建大湾区港澳青年创新创业基地，全省首家南粤家政产业园开园。与余艾冰、潘复生院士团队和中科院高能物理所、生物物理所、暨南大学等达成一系列合作协议，人才创新创业平台更加丰富。创新发展人才机制，与深圳人才集团合作，携手共建江门人才发展集团。作为全省首个试点地市开展乡村工匠专业人才职称评价改革，全市1041名乡村工匠率先取得职称。探索实施高层次人才举荐制，推动在108家重点用人单位、行业协会开展技能人才自主评价。高规格举办江门首届"520"人才节，建成江门市（国际）人才"一站式"服务专区，首发"人才绿卡"，近悦远来的人才发展环境让人才倍感暖心。

宣　传

【习近平新时代中国特色社会主义思想学习研究宣传】2021年，市委宣传部指导《江门日报》开设"学习贯彻习近平新时代中国特色社会主义思想"理论专版，开设栏目"学习贯彻习近平总书记'七一'重要讲话精神"，转发南方日报评论员、社科专家理论文章近50篇，江门新闻网、直播江门文章与《江门日报》同步更新。江门市广播电视台在广播电视新闻节目中共发布相关稿件252条，开设12期理论性电视节目《学习时间》，新媒体各平台转载、自编相关稿件共268条次。

【庆祝中国共产党成立100周年宣传活动】2021年6月26日晚开始，市委宣传部、市城管局部署城市灯光秀，营造"党的盛典、人民的节日"，团结奋进、开创新局的浓厚社会氛围，充分展示

▲ 2021年7月30日，江门市农村基层党建学院揭牌成立。

（市委组织部　供）

开放、现代、活力、时尚的城市形象。组织举办"侨心向党·同心圆梦——五邑华侨华人与中国共产党"主题展览，被纳入"中央宣传部·国家文物局联合推介庆祝中国共产党成立100周年精品展览名单"。7月1日，在《南方日报》《广州日报》《羊城晚报》《新快报》刊登4个"七一"内容专版，报道江门市持续深化改革开放，举全市之力投入粤港澳大湾区建设情况。策划社会各界人士、海外华人华侨观看中国共产党成立100周年庆祝大会的反响，受到央视新闻、国际在线等央媒关注。策划建党百年公交行业主题公益宣传，数十辆张贴着庆祝建党百年宣传画的公交车、出租车、网约车缓缓驶出公交站，带着致敬建党百年的美好祝愿驶向侨乡大地。

【新闻宣传和舆论引导】2021年，江门市新闻报道量质齐升。主流央媒省媒关于江门报道量质齐升，特别是在中央媒体平台报道上取得历史性进展。上年10月在央视《新闻联播》专题报道实现"零"的突破后，先后8次登上央视《新闻联播》。新华社客户端上超百万点击量的涉江门报道有25条，江门棚户区改造成网红公园、为偏远孤岛村民解决网络问题等一批有温度、有深度、有特色的江门稿件多次在《人民日报》《新华每日电讯》《南方日报》等中央、省级主流媒体报刊头版或整版报道。2021年1月至11月，江门稿件被央视各频道采用44条次、《广东新闻联播》采用106条次、《南方日报》刊登238篇，走在全省地级市前列，提升江门的知名度、美誉度。

【精神文明建设】2021年，江门市创新运用"六种思维"工作法，推动文明城市创建在思想、品质、力量、机制等方面发生重大转变，实现文明创建实现从案例到范例的大蝶变。

群众参与　组织唱文明——开展"文明之歌大家唱"传唱活动，192个机关企事业单位、学校、社会团体近10万人参与传唱《文明在哪里》歌曲，让文明理念深入人心。组织传文明——开展快递小哥传"递"文明活动，全市3000多名快递"小哥"化身为城市文明使者，线上线下传递"文明之花"300多万次，让快递"小哥"这个城市管理的难点变成文明创建的亮点。

群众性文明　创建召开江门市精神文明建设表彰大会，表彰2019—2020年度江门市文明村镇15个、文明单位22个、文明家庭20户、文明校园7所，第八届江门市道德模范30名及提名奖10名。评选"江门好人"40名，17人获评"广东好人"。举行"江门市新时代文明实践志愿服务工作推进会暨纪念市义工联成立十五周年会议"，授第二届江门市志愿服务"四个最美（佳）"。

宣传阵地拓展 创新在江门市机关大院设立兼具展示、学习、交流三大功能的新时代文明实践站点，探索形成深化拓展新时代文明实践工作"江门模式"。依托新时代文明实践所、站，组织开展"银发触网"幸福关爱志愿服务行动，帮助老年人"跨越数字鸿沟"、共享信息化发展成果；推行"五邑志愿服务银行"文明积分制度，破解社区居民参与文明创建积极性不高、公共意识不强、社区组织号召力不足等问题，切实推动基层文明创建常态长效。

未成年人思想道德建设 常态化开展文明校园创建，15所学校获评"创建广东省文明校园先进学校"称号。持续开展"扣好人生第一粒扣子"主题教育实践活动，发动各级中小学校近50万名学生参与"开笔礼"暨五邑优秀传统家训诵读、"向国旗敬礼"等活动。建立95所乡村（城市）学校少年宫，其中乡村学校少年宫88所，实现乡镇全覆盖；挂牌35个国家、省、市、县级乡村"复兴少年宫"；评出40名江门"新时代好少年"。

精神文明制度化和法治化建设 实施《江门市文明行为促进条例》，将江门市精神文明建设工作全方位纳入法治化轨道。坚持将"当前改"和"长久治"结合起来，建立"路长制"等15项常态化创建工作制度，推动从根本上解决城市背街小巷脏乱差、农贸市场管理水平低、停车难、三线乱拉等创建"顽疾"。建立《文明创建督查通报约谈实施办法》，组建由纪检等5部门联合组成的督查组，依法依规，严肃追责，以动真碰硬高压态势倒逼创建工作顺利推进。

【**文艺精品创作生产**】 2021年，中共江门市委党史学习教育领导小组、江门市委宣传部策划打造大型舞剧《侨批·家国》和沉浸式音乐诵读剧《侨批·中国》，并在广州、江门首演，成为讲好中国故事、党史故事、华侨故事的重要载体和江门城市文化建设的新标签。

【**文化高地建设**】 2021年，江门市探索创新举办江门网络春晚，集中展现侨都江门的"年味""侨味""中国味"，通过海内外80多个新媒体平台传播，点击量超过300万人次，获得广泛反响。擦亮侨批这一世界记忆遗产国家级名片，"家国情怀寄尺素——五邑银信（侨批）专题展"分别走进北京中国华侨历史博物馆、广东省博物馆，展览得到中央部委领导、省委领导充分肯定，各级媒体竞相报道，社会各界反响热烈。

【**粤港澳大湾区文化圈建设**】 2021年，江门市参与粤港澳大湾区文艺合作峰会，签署《粤港澳大湾区文艺合作峰会成员单位合作备忘录》，加强与大湾区各城市之间文化交流紧密联系。参加首届粤港澳大湾区文艺创新论坛（中山会场），探索以文艺评论助力区域文化建设的新经验，推动大湾区文艺创新发展。

【**网络宣传管理**】 2021年，江门市实施宣传供给侧结构性改革，成立新闻快报、阅评工作、新闻策划等5个工作小组，建立快报、阅评、发布、内参4项机制，极大提升宣传工作主动性和创造性。推动媒体融合发展，指导市直媒体设立专门负责外宣部门，江门日报社设立媒体智库与新闻研究中心，江门市广播电视台设立对外传播工作室、短视频工作室、网红工作室，并设立专项激励资金，激发市直媒体向央媒、省媒供稿的动力。设立"中国侨都国际传播精品奖"，鼓励全球新闻媒体机构和从业人员，把目光投向中国侨都江门，更多关注江门、宣传江门。

【**宣传干部人才队伍建设**】 2021年，江门市印发《2021年市委宣传部机关党委党建工作要点》，部领导带头讲党课6次，部中心组学习研讨会21次，举办"小宣故事"分享会4场，开设"江宣健康大讲堂"，开展"人人都是宣讲员"课堂、党史学习教育线上"微学堂"，推进"我为群众办实事""10+20"任务圆满完成。

狠抓干部人才队伍，优化江门市有高层次文化人才194人，其中文化艺术名家22人、文化产业经营人才7人、文化艺术人才120人、文化产业人才45人，宣传思想文化拔尖人才培养对象47名。市直12个文艺家协会，在册会员4775名，其中国家级会员182人，省级会员1071人，市级会员3522人。2021年，部机关交流调整6名科室负责同志工作岗位，推荐提拔1名科长前往县区担任常委、宣传部部长，提拔晋升职务职级12人，从市人力资源社会保障局转任具有中级会计师专业技术职称公务员1名，从市委办转任信息新闻室公务员1名；下属事业单位精神文明事务中心招聘新闻学、传播学等相关专业背景职员3名，部机关招聘汉语言文学专业雇员1名。

推进党风廉政建设印发《2021年市委宣传部机关纪委工作要点》，制定落实"七个一"活动方案，组织全体党员干部到广东省反腐倡廉基地开展"学党史悟思想，守纪律铸忠诚"廉政警示教育主题党日活动，观看《特权之腐》警示教育片，增强党员干部拒腐防变的意识。开展深调研活动，督查指导下属基层党组织加强党的建设，陈冀常委带头与下属单位主要负责同志开展谈心谈话，多次采取"四不两直"的方式前往宣传思想文化系统"飞行检查"。

统一战线

【概况】2021年，江门市委统战部推动全国、全省统战部部长会议精神落实在江门市落地落实，发挥统一战线独特优势，在抗击新冠肺炎疫情、创文、平安建设等方面工作取得成效，在政党、民族、宗教、阶层、海内外同胞关系等5方面构建江门统战工作格局。

【多党合作事业】2021年，江门市引导各民主党派市委会深入开展中共党史学习教育，庆祝中国共产党成立100周年活动。江门市举办"江门市统一战线庆祝中国共产党成立100周年座谈会"，组织各民主党派参加"学习贯彻习近平总书记'七一'重要讲话精神专题宣讲报告会"，开展"我为群众办实事"实践活动，助力江门市乡村振兴、疫情防控、创文志愿服务等。是年，民进中央青

▲2021年4月30日，市新阶联联合九三学社江门市委会、江海区委统战部合作举办"科技下乡普惠活动——江门市水产种业研讨及智慧渔业科技下乡服务展，助力江门县域水产产业的发展和振兴"开幕仪式。

（市委统战部　供）

年工作委员会在江门市举办2021年（第一届）粤港澳大湾区生态环境青年论坛——"轨道上的大湾区"，全国政协副主席、民进中央副主席刘新成出席活动；全国人大常委会委员、外事委员会副主任委员，民革中央副主席张伯军同志率调研组到江门市开展"广东'农业特区'试点建设"专题调研。是年，江门市支持各民主党派市委会按照换届政策和工作程序，于6月底前如期选举出新一届市委会委员128人，其中：领导班子成员34人，完成换届工作，成为全省第4个完成换届工作的地级市，完成政治交接；组织举办"2021年江门市民主党派新一届领导班子暨统战骨干培训班"，加强学习宣传落实《中国共产党统一战线工作条例》，提升履职能力水平；完善民主党派机关年度绩效考核机制，召开2021年度民主党派机关绩效考核暨工作经验交流会，各民主党派市委会机关年度考核结果均为良好以上等次。是年，市委落实政党协商计划，搭建平台支持民主党派参政议政，听取党外人士的意见建议，召开江门市党外人士座谈会、情况通报会、知情明政协商座谈会、协商反馈座谈会、民主协商座谈会等政党协商会议8场，其中：由市委书记主持召开2次。是年，各民主党派围绕市委、市政府的中心工作，履行参政议政职能，积极建言献策，向各级人大、政协提交的提案、建议、专题调研报告等共820篇，其中：人大建议类75篇、政协提案类518篇、社情民意类198篇、调研报告类29篇。

【**非公有制经济领域统战**】2021年，市委统战部会同市工业和信息化局、市人力资源和社会保障局、市市场监管局、市工商联等部门，经各级评选审定程序，推选广东盈通新材料有限公司董事长梁坤焕、广东芳源环保股份有限公司董事长罗爱平、江门市竞晖电器实业有限公司董事长黄志坚、鹤山市古劳镇吕源根养殖场场长吕源根等4位企业家参选2021年省优秀建设者评选；广东鸿美达科技有限公司、广明源光科技股份有限公司等2家企业参选2021年省光彩奖评选。

机构编制

【**机构编制工作概况**】2021年，市委编办调整市县两级乡村振兴、海洋综合执法等机构设置。为保障市委市政府协同运转，重点强化"两办一室"机构编制配置，整合设置市委市政府总值班室。完善部门机构职能配置，强化军民融合、森林防火、金融发展等工作机构。健全林长制、优化营商环境、开展"双碳"工作等方面相关领导机制。清理规范全市各级各类开发区管理机构，突出开发区管

▲ 2021年12月15—23日，市委编办到鹤山市工业城管委会开展优化园区管理架构调研。

（市委编办　供）

理机构在经济管理、投资服务方面的主体职责。构建"大应急"管理体系，将市安全生产委员会、市消防安全委员会等8个与应急管理相关的议事协调机构调整为市突发事件应急委员会框架下的专项工作协调机制。整合设置市教育研究院（市教师发展中心），统筹设置市、区两级医保经办机构，健全医疗保障服务体系。为市域社会智慧治理技术创新中心制发市级首张新登记设立的事业单位法人证书，为政府发展研究、产业发展研究、轨道航空建设规划、金融服务、知识产权保护、"数字政府"改革等重点工作提供有力保障。加快推进各县（市、区）镇街机构职能融合，理顺县级职能部门与镇街权责关系，持续巩固改革成果。高质量完成新会区派驻镇街机构属地管理改革试点，推动人财物下放属地镇街管理，解决基层权责不匹配、工作合力不强等问题。以市委编委会议、机构编制系统业务培训会议等形式，深入学习宣传党中央新颁布的《"三定"规定制定和实施办法》《机构编制监督检查工作办法》《机构编制管理评估办法》等法规制度，增强机构编制法治意识。开展机构编制"条条干预"问题监督检查，坚决制止部门通过考核、评比等方式干预地方机构编制设置。严管严控机构编制调整事项，实现机构编制"两个不突破"的刚性约束。落实机构编制执行情况年度报告制度，高质量完成省赋予江门市的机构编制执行情况和使用效益评估试点工作，深入推进中央部署的第二次机构编制核查工作，不断完善机构编制跟踪问效与评估机制。年内完成300余名中小学教职工编制跨区域调剂，推动全市中小学使用事业编制资源及时补充教师1060多名，中小学教职工编制区域不均衡问题有效改善。开辟市直事业单位引进高层次人才"编制周转池"和编制使用"绿色通道"，为江门市今年引进的40多名高层次人才提供支撑。按照"就近服务"原则，推动市直34家事业单位法人登记管理手续实现属地化办理。

【重点领域专项改革】2021年，江门市全面清理规范全市各级各类开发区管理机构设置，突出经济管理、投资服务等主责主业。重新明确江门高新区管委会、市滨江新区管委会机构编制设置，其中明确高新区管委会由不定级规范为正处级，管委会主任不再高配副厅级，赋予市滨江新区管委会关于人才岛开发建设管理职能。结合行政复议体制改革，通过多种渠道筹措编制资源，加强司法部门行政复议工作人员力量，并同步调整行政复议应诉专门机构设置，为集中行使行政复议权提供有力的机构编制保障。落实省海洋综合执法改革工作部署，及时调整海洋综合执法机构设置，印发《中共江门市委机构编制委员会办公室关于明确海洋综合执法机构设置等有关事项的通知》，使海洋综合执法机构可以明确行使辖区内涉海综合执法职责，合法维护渔船安全生产，保障渔民生命财产安全。牵头制订印发市行政管理体制改革专项小组2021年改革任务工作安排等系列文件，对改革任务进行梳理分解，明确节点计划、承办单位和完成时间，确保任务落实落细。巩固和深化镇街体制改革成果，深入镇街开展专题调研，了解掌握改革举措落实、机构运转、综合行政执法工作的开展等情况，推动解决存在问题。指导新会区开展派驻镇街机构属地管理改革试点工作，推动司法所、法律服务所、市场监管所、自然资源所的人财物下放属地镇街管理，促进提升基层治理能力和水平。

【机构编制资源优化配置】2021年，江门市重点强化市委办公室、市政府办公室和市委政策研究室机构编制配置，整合设置市委市政府总值班室，划归市政府办公室管理。结合新形势新要求，加强市委办公室、市直机关工委、市委机要保密局、市委老干部局、市信访局、市社会科学界联合会、市科学技术协会、市文学艺术界联合会、市残疾人联合会等部门领导班子职数配置，促使相关机构理顺关系、优化结构、提高效能。

【事业单位改革】2021年，江门市市委编办根据《关于进一步挖潜创新加强中小学教职工管理的实施意见》精神，树立中小学教职工编制"全市一盘棋"的意识，由市级按照国家统一的中小学教职工编制核定标准，在对各县（市、区）中小学教职工编制总额进行重新测算的基础上，通过市域统筹调剂316名中小学教职工编制，纳入全市中小学教职工编制周转池,并在此基础上按照"量入而补、动态调整"原则,保障蓬江区、江海区、鹤山市中小学教职工编制配备需求。

【**机构编制管理**】 2021年,江门市制定印发《江门市民政局职能配置、内设机构和人员编制规定》,完善民政部门机构编制设置统一调整市县两级扶贫工作机构,各级农业农村部门加挂乡村振兴局牌子,推进巩固拓展脱贫攻坚成果同乡村振兴有效衔接。整合优化"大应急"管理体系,将市安全生产委员会、市消防安全委员会等8个与应急管理相关的市级议事协调机构调整为市突发事件应急委员会框架下的专项工作协调机制,着力构建"大应急"工作体系。管好、用好议事协调机构,为推进林长制、优化营商环境、开展"双碳"工作等方面健全相关领导机制,积极发挥议事协调机构的最大效能。经市委编委研究并报省委编办同意,将江门市教育研究院(江门市中小学教研室、江门市教育考试中心)、江门市教师发展中心整合设置为江门市教育研究院(江门市教师发展中心、江门市教育考试中心)。经市委编委批准,同意设立江门市医疗保障事业管理中心、江门市知识产权快速维权中心、江门市轨道与航空规划建设事务中心、江门市人民政府发展研究中心、江门市产业发展研究院、江门市人民政府投资促进中心;同意在整合江门市安全生产应急救援指挥中心的基础上设立江门市应急救援和保障中心;同意江门市水资源开发利用中心调整为登记设立事业单位;同意江门市园林科学研究院转制;同意将江门市价格成本调查队(江门市价格监测中心)、江门市发展和改革局价格认定中心整合设置为江门市价格认定中心(江门市价格监测中心);同意将江门市信息中心(江门市网络信息安全监测和防护中心)更名为江门市大数据管理中心(江门市政府网站运行中心、江门市网络信息安全监测和防护中心)。

【**机构编制监督检查**】 2021年,市委编办开展机构编制法规制度精神宣贯,将《机构编制监督检查工作办法》和《机构编制管理评估办法(试行)》主要内容在市委编委会议上进行专题传达学习,并选派业务骨干到辖下县(市、区)开展宣讲。组织市工业和信息化局、市总工会、市气象局等市级试点部门及新会、开平等试点县(市、区)开展试点工作,深入研究编制评估指标,总结提炼经验做法,工作成效得到省委编办充分肯定;以市委编委名义印发江门市第二次机构编制核查工作实施方案,按照"四清两对应"工作要求有序组织开展对市直机关事业单位的机构编制核查工作,为加强和改进地方机构编制管理提供依据和保障。

【**事业单位登记管理**】 2021年,江门市办理事业单位法人设立登记10宗,变更登记108宗,注销登记33宗,并按照事业单位法人年度报告公开的要求,完成管辖范围内213家事业单位法人年度报告的公开工作。对全市215家市级事业单位法人年度报告公示、法人登记、业务活动等情况进行全覆盖检查,并通过广东事业单位登记管理网随机选取12家(按不低于5%的比例抽取)向社会公开。

机关党建

▲2021年10月,举行2021年江门市直机关党支部书记培训班。

(市直机关工委 供)

【**机关党组织概况**】 2021年,江门市直属市直机关工委管辖党组织共83个,其中党委13个、机关党委37个、党总支部11个、党支部22个,现有党员19 309人(在职党员15 221人,离退休党员3635人,学生党员453人)。按单位性质划分,驻江单位及垂直管理部门20个，市委市政府所属党政机关、政府部门或事业单位共63个。

【机关党务管理】 2021年，江门市市直机关工委优化基层党组织设置，将市委办党总支升格为机关党委。督促按期换届选举，指导56个基层党组织按期换届或补选党组织领导班子。严格党员教育管理，完成8名问题党员的身份认定，按规定办理党员组织关系转接2082人。选优配强专职党务干部，调整和任命6名机关党委专职副书记。加强基层党组织规范化标准化建设，指导各单位党组织开展党支部和党员"红色指数"评估，规范落实"三会一课"、组织生活会等党内组织生活制度。建立完善党内激励帮扶慰问机制，对220名困难党员进行慰问帮扶，并为712名老党员发放"光荣在党50年"纪念章。在建党100周年之际，开展各级"两优一先"推荐评选表彰工作，市直机关3人次获省"两优一先"表彰、40人次获市"两优一先"表彰。市直机关评选表彰优秀共产党员100名、优秀党务工作者50名、先进基层党组织46个。

压实机关党建工作责任制，开展市直机关党组织书记抓基层党建工作述职评议工作，13个党组织书记进行现场述职，70个单位党组织进行书面述职。聚焦机关党建品牌创建，下拨85万元党建经费对7个项目进行重点培育创建。精心组织第九届广东省市直机关"先锋杯"工作创新大赛江门赛区选拔赛，260个作品参赛，最终8个作品晋级省决赛，其中获1个二等奖、7个三等奖，取得江门市历届参赛的最好成绩。深化推进模范机关创建工作，建立完善市领导同志模范机关创建活动联系点制度，市领导同志分别深入18个联系点进行指导。召开全市机关党的建设工作暨深化模范机关创建工作推进会，全面总结三年来工作成效，制作模范机关创建专题宣传片，全方位展示创建成果，评选创建标兵单位10个和先进单位100个。

【机关党建创新考核机制】 2021年，江门市市直机关工委完善出台《2021年市直机关党建工作"插旗亮牌"目标化考评标准》，每半年组织开展一次机关党建工作"插旗亮牌"动态考核并公布结果，对考核成绩95分以上党组织插"红旗"予以激励，对成绩80分以下党组织亮"黄牌"予以提醒。全年对48个单位党组织插"红旗"激励，5个单位党组织亮"黄牌"，并抓好存在问题的整改落实。

【机关党务干部教育培训】 2021年，江门市市直机关工委举办市直机关党支部书记、机关党组织书记、专职副书记及党务干部等7期培训班，分级分层对1200多名党务干部进行机关党建业务知识、党史学习教育等专题辅导，提升市直机关党务干部的业务能力和理论水平。

【机关党建宣传】 2021年，"江门红星网"网站发布信息1666篇，微信公众号发布信息788篇。做好党建宣传工作，2021年各级媒体共宣传报道工委工作300多次，其中《人民日报》《南方日报》等主流媒体61次。组织推动"学习强国"学习平台的推广使用工作，市直机关1.44多万名党员注册使用该学习平台，实现在职党员全覆盖。聚焦破解民生热点难点问题，大力推动"我为群众办实事"实践活动，在《江门日报》开设"学党史·办实事·作表率"栏目33期，深入宣传机关单位和党员干部为民办实事的典型事迹。"七一"建党日前后，市直机关有239名个人和集体获省、市等"两优一先"表彰，工委在《江门日报》开设专栏对表彰对象先进事迹进行系列报道，编印1500本宣传册，用身边人身边事教育和激励党员干部。为深入推进"迎华侨华人大会 创全国文明城市"文明创建活动，联合市文明办向市直机关各单位党组织发出《关于在"文明停车我带头"行动中充分发挥党员先锋模范作用的通知》以及《"文明停车我带头"倡议书》，引导机关党员在"文明停车我带头"行动中发挥模范带头作用。

【机关主题教育】 2021年，市直机关工委成立工委党史学习教育领导小组及其办公室，召开6次领导小组会议、11次领导小组办公室会议、组织26次专题学习，领导班子成员讲授专题党课8次，搭建线上党史学习课堂推送文章1600篇次。每个工作日在工委粤政易工作群推送党史学习教育推文等，提醒全体党员干部加强自学。工委领导带队深入60多个市直单位开展党建实地调研和"我为群众办实事"实践活动专题调研。把党史学习教育纳入2021年市直机关党务干部各类培训班的必学课程,邀请党史专家专题授课。共举办7期培训班,对1250名党员干部及党员发展对象进行专题辅导。组织全体党员前往台山市都斛镇林基路红色教育基地、滨海松苑和中共鹤山支部旧址接受党性教育;前往龚昌荣故居和开平风采堂开展"学党史悟思想,守纪律铸忠诚"主题党日活动,并现场开展红色经典诵读活动。参观"侨心向党同心圆梦——五邑华侨华人与中国共产党专题展"和"百年恰是风华正茂"庆祝中国共产党成立100周年主题档案文献展,开展"清明祭英烈"活动,缅怀革命先烈,传承红色基因。通过党支部与结对的兴盛社区党委、党员与群众共建提升的方式,组织开展"三个一"实践:共同观看一次纪律教育专题片,共同开展一次党史学习教育知识有奖答题活动,共同组织一次红色故事会主题党日活动等。开展"我为群众办实事"实践活动。组织干部职工参与"爱心父母"(集体)牵手"困境儿童"志愿行动,捐款帮扶困境儿童。联合市委党史学习教育第三巡回指导组前往工委结对挂钩村——台山市斗山镇安南村和曹厚村开展"我为群众办实事、助力乡村振兴"走访调研。支持结对社区党史学习教育宣传工作的开展,指导并资助社区新建党史学习教育宣传栏。与兴盛社区党委签订"双向认领协议书",在社区开展《党建引领社区幸福家园建设》党建项目。针对当前市直机关干部职工工作任务多、责任重、压力大,容易产生心理健康问题的现状,以及市直机关党建信息员流动大、写作水平有待提高的问题,分别举办心理健康辅导专题讲座和公文应用写作能力提升专题讲座,共有40多个单位80多人参加。编印《市直机关党支部日常基础党务工作指引》,优化工作流程,规范机关党务工作。自选动作创新见效。结合"永远跟党走"群众性主题宣传教育,联合市委组织部在全市基层党组织开展以"百年荣光守初心,砥砺奋进新征程"为主题的"十个一"系列活动。市直机关1100多个基层党组织18 000多名党员通过参观红色教育基地、重温入党誓词、党员过"政治生日"等活动,强化党性意识。配合市委宣传部组织举办江门市庆祝建党100周年合唱比赛暨第十四届"百歌颂中华"歌咏活动,市直机关9支队伍晋级全市总决赛并获得13个奖项。举办江门市"党史青(少)年说"微演说比赛市直机关选拔赛,36个单位的41组选手参加比赛,引导机关青年"学党史、强信念、跟党走";在全市总决赛中,工委作为两个获奖单位之一获"最佳组织奖"。充分发挥《民生热线》平台作用,开设"学党史守初心 我为群众办实事"专题,接到市民反映的环境保护、城市管理、道路维修等民生问题150多个,工委认真督促整改,群众满意度达100%。

【机关群团工作】 2021年,市直机关团工委在市直机关工委和团市委的坚强领导下,团结带领市直机关团员青年奋发有为。团工委组织举办"党史青(少)年说"微演说市直机关选拔赛,决出6名参赛选手晋级全市复赛,最终,来自市委政研室的李乐乐和市委宣传部的聂继业获全市的二等奖和三等奖。由于团工委高标准、严要求地顺利举行该次比赛,市直机关工委也获大赛的最佳组织奖。市直机关团工委努力推动党史学习教育走深走实,其中市委组织部团总支总结提炼党史学习教育经验,并推荐给中央、省级媒体,先后被团中央主办的《中国共青团杂志》、团省委主办的《黄金时代·生力军》以及中国共青团网、中

▲2021年7月8日,江门市举办"党史青(少)年说"微演说比赛(市直机关赛区),来自市直机关36个单位的41组选手参加比赛。

(市直机关团工委 供)

国青年网采用发布,在团员青年中引起极大的反响和关注。组织市直机关团组织开展庆祝建党100周年系列活动,江门调查队团支部的合唱歌曲《我和我的祖国》在广东调查总队庆祝建党100周年网络歌咏比赛中获三等奖,以《我和我的祖国》《没有共产党就没有新中国》参加江门市庆祝建党100周年合唱比赛,获得银奖。市直机关团工委深化基层团组织架构和配强队伍建设。2021年,市直机关1名团干获评2020年度广东省优秀团干;另外,有3名团员、3名团干、4个团(总)支部以及1个基层团委分别获评江门市优秀团员、优秀团干、五四红旗团(总)支部和五四红旗团委等荣誉称号。

【机关党员志愿服务】2021年,市直机关工委围绕抓好疫情防控常态化开展服务。坚持走在前、作表率,深化党员承诺践诺、"双报到、双服务"等活动,组织开展"万名党员进社区、精准创文当先锋""文明停车我带头"等活动,为江门市高标准通过中央文明办复查验收,留住守好"全国文明城市"这块金字招牌贡献力量。在"文明停车我带头"活动中,市直机关各单位共发出倡议书2497份,签订承诺书9838份,开展志愿服务活动343次,参与志愿服务活动3075人次。2021年市直机关83个党组织共派出党员干部4.2万人次投身创文、疫情防控等急难险重工作。至2021年底,市直机关有志愿者16 140人,组织开展志愿服务活动4492场(次),志愿者参与服务时数超33万小时。

【机关反腐倡廉】2021年,市直机关工委按照市委关于构建良好政治生态的实施意见,明确职责分工,落实好党风廉政建设主体责任。强化政治理论学习,依托工委书记会(扩大)会议由纪监工委每月领学总书记在中纪委历次全会上的重要讲话,加强党风廉政建设,组织全体党员干部逐条学习六大纪律。开展现场教学,依托江门红色资源教育基地开展党史学习教育,加强党性教育,传承红色基因。为加强和改进市直各单位机关纪委建设,提升纪检干部监督执纪的能力和水平,2021年10月28日至29日举办市直机关纪检监察综合业务培训班,提高纪检干部监督执纪工作能力水平,为机关反腐倡廉打下坚实基础。落实派驻机构与驻在部门党组(党委)协调机制的指导意见,加强与纪检监察工委书记常态化沟通,全年组织9次机关工委书记会专题研究全面从严治党和党风廉政建设会。为履行监督职责,纪监工委制定《2021年市直机关纪检监察工委廉政谈话工作方案》,开展对新提拔人员任职廉政谈话。纪律教育学习月活动期间,开展"以案说纪"警示教育、谈党纪学习体会及观看《侥幸之祸》警示教育片等形式多样的纪律教育。每个工作日在粤政易移动办公平台推送廉政信息,营造浓厚的反腐倡廉宣传氛围。

【机关作风建设与管理创新】2021年,江门市直机关工委贯彻落实中央八项规定及其实施细则精神,坚持开展明查暗访,开展会风会纪监督检查;发挥"民生热线"平台作用,54个单位主要负责同志通过《民生热线》节目解答群众关心关注的热点难点问题,机关作风改善。开展满意度日常测评,继续委托第三方调查机构,对市直机关79个单位进行两轮测评,收集群众意见建议279条,及时将群众意见反馈至相关单位并督促落实整改。深化市直机关管理创新奖评选活动,2021年有59个单位63个项目申报管理创新奖评选,经过单位申报、专家组评价、评议团评分和领导审定等程序,最终评选出10个创新奖。

政策研究

【概况】2021年,市委政研室发挥"参谋部""智囊团""思想库"作用,统筹抓好政策文件、文稿起草、综合调研、深化改革、财经工作、决策咨询、机关建设等各项工作,高质量地服务市委市政府科学决策。市委政研室内设机构编制从6个增加至8个,分别是办公室、党建研究科、市委改革办协调科、市委财经办协调科、经济研究科、社会发展研究科、农业和生态研究科、侨务和台港澳研究科。行政编制从23名大幅增加至30名,抽调10多名优秀博硕士人才,提拔干部4名,干部队伍得到明显加强。

【综合课题研究】 2021年，市委政研室加强江门市宏观经济社会发展形势研判，上报市委《江门与常州经济发展模式的比较与借鉴研究》《江门建设空港经济区研究》《深中通道对江门发展的影响与对策》《城市经营视角下江门市政府投融资体制机制创新研究》《江门市对接RCEP研究报告》等调研报告，获得市委陈岸明书记等领导的批示肯定，相关对策建议对江门发展新思路提供重要借鉴。紧盯热点开展针对性对策性研究。上报市委《以"链长制"推动食品产业高质量发展，打造"舌尖上"的千亿产业集群》《江门市重大工业项目落地难落地虚原因和对策研究》《从与全省的对比看我市工业发展的努力方向》《关于我市建设"博物馆之城"的建议》《关于全域化视角下"中国侨都"品牌塑造的建议》等调研报告，得到吴晓晖市长等市领导的批示，相关对策建议被写入政策文件，转化为市委市政府工作举措。

【重点课题研究】 2021年，市委政研室深入基层一线调研，彰显求真务实作风，完成《江门市农业种质资源保护与利用情况调研报告》《破解老旧小区改造五大难题的对策建议》《关于三大侨乡的比较研究与对策建议》等一批调研论文，为推动相关领域民生工作提供借鉴。

【体制机制改革方案制定】 2021年，市委政研室牵头制定全市2021年改革工作安排，印发《江门市2021年重点改革项目任务分解表》，部署实施145项重点改革任务，研究确定年度重点推进改革项目20项。召开5次市委深改委会议，审议4份重要改革文件，听取6项改革专题汇报。深入推进便利华侨华人投资制度、发展新型农村集体经济两项省级综合改革试点工作，总结梳理有关改革成效。支持和推动江门市"多证合一""证照分离"改革获评全国法治政府建设示范项目，台山市"两院一体"医养结合模式列入省第二批基层改革创新经验清单并在全省复制推广，江门、新会区获评全国农村承包地确权登记颁证工作典型地区。报送省委改革办《江门市省级乡村振兴综合改革试点工作报告》《关于江门市推动县域经济高质量发展体制机制创新情况的报告》等重要改革情况报告，并在省委深改委会议上专题做《江门市土地承包经营权流转情况汇报》报告。上报市委《关于我市重点改革项目的情况报告》。配合省委改革办开展农村土地流转制度改革、学前教育改革任务落实情况第三方检查评估、乡村振兴综合改革总结评估和推动县域经济高质量发展、完善公平竞争制度、义务教育"双减"等改革专题调研。列账督办市委深改委交办事项和贯彻落实市领导批示33项。编发《江门改革工作简报》29期，向省报送重要改革信息4篇，《广东改革工作简报》刊发3篇，江门市改革亮点工作得到省肯定。在《江门日报》刊发"江门市全面深化改革系列报道"4期，并通过"江门政研"微信公众号、"江门智库"微博等载体，加大改革宣传力度，营造良好改革氛围。

【决策咨询服务】 2021年，市委政研室组织开展11项"十四五"专项规划、3项重大专项政策共14场专家咨询论证会，做好"专家论证"和"风险评估"工作，形成关于《江门市海洋经济发展"十四五"规划》《江门市城市发展基金、江门市产业发展基金组建方案》等决策咨询报告14篇，服务于市领导科学决策。深入问政问计于专家委员，向市委市政府上报《关于方便老年人及其他特殊困难人群用好"粤康码"的建议》《加大统筹土地资源力度·构建市本级土地储备新格局》《关于将广东轨道交通产业园打造成全国轨道交通产业集群高地的建议》等《决策参考》17期，获得市领导批示肯定10期，推动相关领域问题解决。联合专家学者开展关于三大侨乡的比较研究与对策建议、江门市基层形式主义问题的现状及对策研究、江门园区投融资模式创新研究等20多项课题调研，形成一批高质量研究成果。

党校

【干部培训】 2021年，江门市党校举办主体班26期，培训学员5529人次。举办处级干部进修班3期，参训学员116人；举办学制2个月、全封闭管理的中青年干部培训班2期，参训学员81人；举办处级干部、科级干部任职培训班以及公务员初任培训班共计 4 期，参训学员 349 人；举办镇（街）党政正职培训班 3 期，参训学员 133 人，实现全市 73 个镇（街）党政正职全覆盖；举办镇（街）党校师资、骨干师资培训班 2 期，培训市县镇三级师资队伍 122 人次，学员总体满意率达 99.3%。高规格承办专题研讨班 2 期，深入学习贯彻习近平总书记在党史学习教育动员大会上的重要讲话及党的十九届六中全会精神，全市 700 余名市厅级、县处级领导干部听取主题报告，市委书记陈岸明出席开班式做开班动员，市长吴晓晖结业式做总结发言，市领导全程参加研讨班学习讨论，带头交流发言，带头建言献策，充分发挥"关键少数"的示范带动作用。举办干部大讲堂 3 期，邀请专家学者围绕党史学习教育、党的十九届六中全会精神、横琴与前海两个合作区方案解读等最新形势要点作专题辅导，并通过"江门市党员干部远程教育平台"同步覆盖四市三区市（区）、镇（街）、村（居）三级，同步收看收听党员干部超万人次。

【在线学习】江门市干部培训网络学院建成以来，通过不断的测试改进升级，学员人数达到 37 113 人，访问学习次数达 101 157 人次，服务范围覆盖市、县、镇、村四级。请专家学者围绕党史学习教育、党的十九届六中全会精神、横琴与前海两个合作区方案解读等最新形势要点作专题辅导，并通过"江门市党员干部远程教育平台"同步覆盖四市三区市（区）、镇（街）、村（居）三级，同步收看收听党员干部超万人次。

【教学布局】2021 年，江门市党校新增习近平新时代中国特色社会主义思想系列专题课 28 门，完成 818 个教学课时，确保课程比重超过理论课总课时的 50%，把学好用好讲好习近平新时代中国特色社会主义思想作为干部教育培训的头等大事。结合今年党史学习教育的要求，开设《学习贯彻习近平总书记"七一"讲话精神》《从革命新路到中国道路——中国共产党的道路抉择》《世界社会主义五百年》等 10 余门"四史"专题课，组织学员广泛了解江门三区四市的地方党史，切实提升党史学习教育的时效性和系统性。

【教学管理】2021 年，江门市党校按照"三三制"原则，选聘政治素质过硬、理论水平较高、善于课堂讲授的党政领导干部、先进典型人物、知名专家学者担任党校客座教师，保证优质的培训供给。2021 年市领导上讲台次数达 10 次，部门领导上讲台超 50 次。是年，获评 2021 年度全省党校（行政学院）系统第二届教学管理优秀奖；一门课程获省委组织部的"百部党史教育精品课"，一位教师获省"百名党史优秀宣讲员"称号；新会陈皮国家现代农业产业园成为广东省委党校现场教学点，新会陈皮系列课程的开发实施，被省委党校誉为是"省、市、区、镇四级党校联动的成功范例"。

【合作培训】2021 年，江门市党校承办外培班次 31 期，培训学员 2348 人次；承接社会办班 45 期，培训学员 4689 人次。

【科研咨政】2021 年，江门市党校《国内实施"链长制"经验对江门建设制造业强市的启示与借鉴》等 5 篇咨政报告获市领导肯定性批示，《关于近年来党史题材文艺作品存在问题的对策建议》作为问题建议类信息，获省委办公厅《广东信息》综合采用。《党的政治建设的百年演进及经验启示》等 3 篇论文在全省党校系统党史理论研讨会获奖；申报各级课题 34 个，其中省党校课题 9 个、市规划课题 20 个。是年，深入调研并形成《关于我市干部队伍有关情况的调研报告》，指出问题不足并提出意见建议；完成市委党史学习教育有关课题；派出骨干参与市第十四次党代会工作报告的起草工作。

【理论宣传】2021 年，江门市党校组织教师到各单位宣讲达 120 多人次，并对红色教育基地 80 多名解说员、镇（街）党校 90 多名骨干教师进行党史教育专题培训，提升江门市各级党史教育师资水平。有 8 名教师入选党史学习教育市委宣讲团；12 名教师入选"习近平总书记在庆祝中国共产党成立 100 周年大会上的重要讲话精神"市委宣讲团；12 名教师入选"十九届六中全会"市委宣讲团。全年到各地各单位宣讲达 210 多场次。

党史工作

【概况】 2021年,市委党史研究室加大对地方党史的征编、宣传力度,编撰出版精品红色教材,打造经典红色线路,做好革命遗址保护开发利用工作,为全市开展党史学习教育提供党史滋养。在庆祝建党100周年之际,精心组织开展"五个一"活动:即出版一批地方党史普及读物、推出一批党史精品课程、组织一系列党史巡回讲演、打造一批中共党史教育基地、擦亮一批红色文化名片,切实做到"党有所需,史有所为"。市委常委会会议对"五个一"思路给予充分肯定,市委党史学习教育领导小组将"五个一"列入全市党史学习教育工作方案。是年,"五个一"活动取得显著成效,成为全省党史宣教工作表现突出的11个单位之一,受到省委党史研究室通报表扬。

【党史征编研究成果】 2021年,市委党史研究室编撰出版《镜像历史·珍爱和平——江门地方抗战图片集》《江门市红色旅游指南》等地方党史普及读物,编撰印刷《中国共产党广东省江门历史大事记(1949.10—1978.12)》《江门市抗击新冠肺炎疫情实录·2020》等地方党史资料,为全市党史学习教育提供权威乡土教料。

【党史资政工作】 2021年,市委党史研究室完成《中共广东省委执政纪事》(2020年卷)江门市稿件的供稿工作、《中共广东省委执政纪事》(2018年卷、2019年卷)的回校工作,以及《脱贫攻坚口述史》征编工作。协助有关部门开展全市革命老区全面振兴发展专题调研,形成调研报告。完成市委主要领导交办的工作任务,按照陈岸明书记指示,深入挖掘周恩来总理视察江门的红色资源,征集到历史照片、各视察点及江门整体发展现状照片400多张,70多份珍贵档案资料和历史知情人的采访音频资料;指导提升纪念周恩来总理视察新会图片展的展阵水平;撰写专题研究文章。

【地方党史宣教维度拓展】 2021年,市委党史研究室打造出《弘扬伟大建党精神·铸就江门百年辉煌》《信仰的力量》等6个党史精品课程,有1个党史课被评为江门市精品党课,室领导被评为江门市优秀党史宣讲员,受聘担任周文雍陈铁军烈士生平事迹及革命精神研究顾问、中共广东江门幼儿师范高等专科学校党校的专题党课讲师。是年,举办4场"江门市庆祝建党100周年党史巡回讲演"活动,邀请革命后代到大中小学校作专题宣讲,推动地方党史进思政课堂。借助媒体平台及艺术创作形式擦亮本土红色文化名片。在传统媒体、网络媒体平台推出6个地方党史学习专栏,联合有关部门举办"红色侨乡·百年百印""大V走侨乡感受江门红"等网络主题宣传活动、红色印记网上打卡活动,合计推出223期,其中,"感受侨乡江门红"话题网络点击量超过3200万次,打卡活动吸引16万多人次参加;联合市有关部门推出《赤胆忠心龚昌荣》等革命历史题材话剧。

【党史教育基地和革命遗址保护利用】 2021年,评定公布第四批江门市中共党史教育基地12个,牵头完成中央党史和文献研究院专项资金支持项目——龚昌荣烈士故居保护利用工作,将龚昌荣故居打造成为江门市中共党史教育基地、江门市党员教育基地、江门市文物保护单位、江门市国家安全教育基地。指导推进2021年7个党员(党史)教育基地重点项目的建设,拨款支持开平、鹤山打造红色教育基地,深度参与江海区革命遗址青青读书会的建设工作,为全市党员干部群众提供学习地方党史的重要阵地。

【守牢党史意识形态主阵地】 2021年,市委党史研究室主动将地方党史送进基层,室领导带队深入市县两级机关单位、学校、企业以及镇街、社区讲授地方党史课,到中共党史教育基地现场讲解等96场,引导党员干部群众树立正确党史观;在清明节期间开展网上致敬英烈活动;联合有关部门举办"侨心向党·同心圆梦——五邑华侨华人与中国共产党"专题展,该展览入选中宣部庆祝建党100周年精品展览;在新会双水党校举办一期"红色阵地讲解员培训班"。主动发出党史声音,联合有关部门举办"江门市社科理论界庆祝建党一百周年专家座谈会",参加学习贯彻党的十九届六中全会精神专家座谈会。在《江门日报》等媒体发表专题文章3篇，制作庆祝建党100周年特刊5期，在江门市广播电视台第755期"民生热线"节目、江门党史网介绍江门地方党史事件、党史人物。配合中央电视台、广东卫视完成《信仰的感召》《龚昌荣——隐蔽战线上的"老广东"》等专题片的制作。为各部门单位、新闻媒体严格审核涉党史题材的布展方案16个，文艺作品和宣传片18个，审核媒体稿件、专题文章、讲解词、演讲稿、书稿263份，提供党史素材50份，共计超过130万字。在舆情处理中提供党史支撑。室领导先后2次参加舆情处置工作会议，对舆情走势进行研判，及时提供相关证明材料，为宣传、网信、公安等部门迅速做好舆情应对提供精准意见。

老干部工作

【概述】 自2019年机构改革后，市委老干部局的机构定性调整为"中共江门市委老干部局为市委工作机关，为正处级，归口市委组织部管理"。其主要职责是贯彻执行中央、省委、市委关于老干部工作的方针政策；向市委、市政府报告全市老干部工作情况，提出意见建议；协助市委、市政府制定、完善本市老干部工作的政策、规定；指导各市（区）及市直各单位落实老干部工作方针、政策，对具体执行情况进行督促检查；调查研究落实老干部政治待遇和生活待遇工作中的问题，协调有关部门提出的解决办法；指导老干部党支部建设和老干部思想政治工作；宣传老干部的历史功绩、现实作用和先进事迹，宣传老干部工作的重要意义；引导老干部在新形势下发挥作用；总结老干部的工作经验；处理老干部来信来访；协助、支持市关心下一代工作委员会开展工作；指导、支持市老干部大学（活动中心）开展各项工作；加强老干部工作队伍的建设。

【老干部待遇落实】 2021年，江门市委老干部局为全市符合条件的32位抗战时期参加革命工作、280位解放战争时期参加革命工作的离休干部提高（享受副省（部）长及以上级医疗待遇），并做好离休干部提高生活补贴标准工作。根据疫情防控需要，联系医疗机构为离退休干部进行核酸检测和接种新冠疫苗提供方便和服务。做好离退休干部慰问制度修订工作，适当提高慰问金标准。全年全市共帮扶生活困难的离休干部240人，共发放帮扶资金12.83万元。做好走访慰问工作，在春节、"七一"建党日、中秋节和老人节（重阳节）前夕分别慰问离退休干部280人、23人、100人、15人，并协助数名老干部家属办理居住在国外或省外的老同志的抚恤事宜。

【老干部思想政治建设】 2021年，江门市委老干部局借庆祝中国共产党成立100周年为契机，举办江门市离退休干部党支部书记培训班为150名离退休干部党支部书记做专题辅导报告，市老干部大学邀请老党员为250多名临时党支部支委做专题报告，举办江门市厅级老同志学习贯彻习近平总书记在庆祝中国共产党成立100周年大会上的重要讲话精神读书班，并为离退休干部党组织订阅系列党史学习资料，通过加强离退休干部思想政治学习，凝聚老干部坚定初心使命，以感恩奋进、开创新局的精神状态，为江门社会经济献智出力。

【老干部党建工作】 2021年，江门市委老干部局开展市委离退休干部党工委工作，推进江门市老党员驿站建设，跟踪落实离退休干部党组织书记工作补贴发放，为老党员颁发"光荣在党50年"纪念章。

【老干部活动】 2021年，江门市委老干部局抓好"三个100"活动，经筛选、修改，12篇稿件被省委老干部局采用，216篇稿件由市委老干部局汇总编印离退休干部党史学习教育资料《树老根弥壮——江门老干部颂党故事集》。主办"百年强国梦·百姓笑颜开"江门市老干部庆祝建党100周年文艺汇演，歌颂党的丰功伟绩，表达广大老干部爱党爱国之情。组织发动广大离退休干部开展"我为江门发展献一策"活动，为江门市全力对接支持两个合作区建设、全面实施"六大工程"、加快江门经济社会发展建言献策，收集有效意见建议19条。

【老干部大学】2021年，江门市推进疫情防控常态化老年教育工作的开展，通过线上线下教学相结合，满足老同志学习需求。线上教学方面，组织所有学科任课教师根据教学内容和学员特点，通过微信语音、视频录制、手机App等多种线上软件平台相结合的教学方式，指导学员进行网上学习，取得良好的教学效果，得到各班学员的充分认可和欢迎；线下教学方面，在做好疫情防控工作的前提下，除撤销交谊舞、厨艺等班级和声乐、曲艺学科延迟开学外，2021学年有266个教学班（学员协会）7400多人次学员有序回校学习。推进老年教育资源想基层延伸，江门市老干部大学与江门海关共建全市第一家机关单位老干部大学分校——江门市老干部大学海关分校；新会区在会城街道、睦洲镇、双水镇相继开办老年大学，成为江门市首批挂牌的乡镇、社区老年学校，实现由市县镇村四级组成的多层次办学模式。积极推进江门市老干部大学扩容提质工作，已完成可行性研究报告，力争尽快完成财政事前绩效评估、立项申报等工作。

江门市人民代表大会

综 述

【人大机构概况】市人大常委会机关内设机构有：江门市人民代表大会常务委员会办公室（下设秘书科、内务科、人事科）、江门市人民代表大会常务委员会研究室（下设综合科、宣传科）、江门市人民代表大会常务委员会选举联络人事任免工作委员会（下设联络科、选举任免科）、江门市人民代表大会常务委员会法制工作委员会（下设办公室、法规科、备案审查科）、江门市人民代表大会常务委员会监察和司法工作委员会（下设办公室）、江门市人民代表大会常务委员会财政经济工作委员会（下设办公室）、江门市人民代表大会常务委员会教育科学文化卫生工作委员会（下设办公室）、江门市人民代表大会常务委员会农村农业工作委员会（下设办公室）、江门市人民代表大会常务委员会华侨外事工作委员会（下设办公室）、江门市人民代表大会常务委员会城建环保工作委员会（下设办公室）、江门市人大常委会机关党委、江门人大社会建设委员会办公室。

▲2021年8月5日，陈岸明同志当选为江门市十五届人大常委会主任，施适同志当选为江门市中级人民法院院长，谈达威、韩华同志当选为江门市十五届人大常委会委员。图为宪法宣誓现场。

（周华东 摄）

【市人民代表大会会议】2021年3月4—5日，召开江门市第十五届人民代表大会第七次会议。会议应到代表375人，实到代表342人。会议听取和审议《江门市人民政府工作报告》《江门市人民代表大会常务委员会工作报告》《江门市中级人民法院工作报告》《江门市人民检察院工作报告》，审查和批准江门市国民经济和社会发展第十四个五年规划和二〇三五年远景目标纲要、江门市2020年国民经济和社会发展计划执行情况与2021年计划草案的报告及2021年国民经济和社会发展计划草案，审查江门市2020年预算执行情况和2021年预算草案的报告及2021年预算草案，批准江门市2020年预算执行情况和2021年预算草案的报告及2021年市本级预算，选举吴晓晖为市人民政府市长、陈霞为市人大常委会副主任，选举卢国壮、杨健平、林沛华、容新荣、梁君明为市人大常委会委员，表决民生实事项目和财经委员会个别组成人员调整名单，表决通过各项工作报告的决议。

2021年8月5日，召开江门市第十五届人民代表大会第八次会议。会议应到代表375人，实到代表325人。会议选举陈岸明同志为市第十五届人大常委会主任，施适同志为市中级人民法院院长，谈达威、韩华同志为市第十五届人大常委会委员。

【市人大常委会会议】2021年，江门市第十五届人大常委会召开第三十七次至第五十二次会议，16次常委会会议。会议听取审议市人大常委会代表资格审查委员会关于代表资格的审查报告和市人大常委会法制工委关于备案审查工作情况报告；听取审议市政府关于2020年财政决算草案报告、2020年度市级预算执行和其他财政收支的审计工作报告、2019年度审计查出突出问题整改情况报告、2020年度财政专项资金使用进度及绩效情况的报告、2020年国有资产管理情况综合报告、市千亿国资平台建设工作专项报告、2020年环境质量状况和环境保护目标完成情况报告、2021年十件民生实事落实情况报告、关于江门市"七五"普法决议执行情况报告；听取审议"一府两院"关于市第十五届人大六次会议及闭会期间代表建议办理等情况报告；听取审议市监委关于开展反腐败国际追逃追赃工作情况的报告和市人民检察院关于全市检察机关认罪认罚从宽制度适用工作情况的报告。会议审议《江门市文明行为促进条例》《江门市扬尘污染防治管理条例》《江门市华侨华人文化交流合作促进条例（草案）》。会议审议市人大常委会工作报告，审议市政府关于2020年度法治政府建设情况报告、关于江门市2021年上半年国民经济和社会发展计划执行情况报告、关于江门市2021年上半年预算执行情况报告以及市中级人民法院关于一站式多元解纷和诉讼服务体系建设情况报告。会议做出关于召开市十五届人大第七次会议、关于调整市第十五届人大第七次会议、关于列席和邀请列席江门市第十五届人民代表大会第七次会议人员、关于召开江门市第十五届人民代表大会第八次会议、关于江门市第十六届人民代表大会代表名额分配和选举问题、关于召开江门市第十六届人民代表大会第一次会议、关于列席和邀请列席市第十六届人大第一次会议人员等的决定；做出关于批准2021年江门市本级财政预算第一次和第二次调整方案、2020年市本级财政决算的决议。会议决定接受林应武辞去江门市人大常委会主任职务、刘毅辞去江门市人民政府市长职务、项天保辞去江门市监察委员会主任职务、郭建红辞去江门市人大常委会副主任职务、赖燕芬辞去江门市人民政府副市长职务、陈明辉辞去江门市中级人民法院院长职务，决定接受冯玩钦、宋华、赵雪琴、梁钊俊、梅新潮、王义辞去江门市第十五届人大常委会委员职务，接受韩华辞去江门市第十五届人大常委会委员和江门市第十五届人大法制委员会副主任委员职务，决定任命吴晓晖、刘杰、曹阳、周佩珊为江门市人民政府副市长，任命邝元章为江门市监察委员会副主任、钟东晖为江门市人民检察院副检察长，决定吴晓晖为江门市人民政府代理市长、邝元章为江门市监察委员会代理主任、钟东晖为江门市人民检察院代理检察长，审议通过其他有关人事任免事项。

【市人大其他重要会议】2021年4月12—13日，召开江门市人大系统党的建设工作座谈会，会议以习近平新时代中国特色社会主义思想为指导，深入学习贯彻习近平总书记在党史学习教育动员大会上的重要讲话精神，回顾总结上年党建工作，研究部署当前和今后一个时期江门市人大系统党的建设工作，以党建为引领，推动人大工作再上新台阶。

4月14日，召开江门市2021年立法工作会议，深入学习贯彻习近平法治思想，总结回顾前期立法工作，部署今年立法工作。

6月21日，召开江门市推进县乡人大"巩固基础、强化履职"两年行动计划工作会议，会议贯彻落实全省县乡人大"巩固基础、强化履职"两年行动部署要求，深入推进江门市县乡人大工作和建设，交流总结县乡人大工作和建设经验成效，并研究部署下一步工作。

7月14日，召开全市人大"学党史·悟思想·践行习近平关于坚持和完善人民代表大会制度的重要思想"座谈会。会议深入学习贯彻习近平总书记关于坚持和完善人民代表大会制度的重要思想，认真学习领会习近平总书记在庆祝中国共产党成立100周年大会上的重要讲话精神，深入推进"我为群众办实事"实践活动，坚持学党史、悟思想、办实事、开新局，以昂扬姿态建功新时代、奋进新征程，全面提升全市人大工作水平。

7月28日，召开"一府两院"2020年上半年工作情况通报会，听取江门市上半年经济社会发展、重点项目进展和十件民生实事推进以及"两院"工作等情况报告。

7月30日，组织开展人大代表约见市长活动，以实际行动落实党史学习教育具体要求以及省、市疫情防控相关部署，深入开展"我为群众办实事"实践活动和"更好发挥人大代表作用"主题活动。

9月16日，全省基层立法联系点工作交流会暨江海"法治广场"启用仪式在江门举行。会议认真学习贯彻习近平法治思想和习近平总书记在庆祝中国共产党成立100周年大会上的重要讲话精神，贯彻落实总书记关于立法工作的重要论述以及基层立法联系点工作重要指示精神，总结交流近年来全省基层立法联系点建设工作成效和经验做法，提升基层立法联系点工作整体水平。

10月21日—22日，召开全市人大系统学习贯彻中央人大工作会议精神座谈会。会议深入学习贯彻习近平总书记在中央人大工作会议上的重要讲话精神以及中央人大工作会议精神，不断坚持和完善人民代表大会制度，加强和改进新时代人大工作，全面提升江门市人大工作质量和水平。

12月2日—3日，召开全市人大系统学习贯彻省委人大工作会议精神座谈会。会议深入学习贯彻习近平总书记重要讲话和中央、省委人大工作会议精神，不断丰富全过程人民民主的江门实践，推动江门市人大工作继续走在全省前列。

【依法讨论重大事项】2021年3月29日，市第十五届人大常委会第四十四次会议听取审议市政府关于江门市2020年环境质量状况和环境保护目标完成情况报告、关于江门市2019年度审计查出突出问题整改情况报告，审议市政府关于2020年度法治政府建设情况报告。4月21日，市第十五届人大常委会第四十五次会议听取审议市政府关于2021年江门市本级财政预算调整方案的报告，做出关于批准2021年江门市本级财政预算调整方案的决议。5月28日，市第十五届人大常委会第四十六次会议听取审议市检察院关于全市检察机关认罪认罚从宽制度适用工作情况的报告。8月3日，市第十五届人大常委会第四十八次会议听取审议市政府关于2021年江门市政府性债务管理情况报告，审议市中级法院关于一站式多元解纷和诉讼服务体系建设情况报告。8月31日，市第十五届人大常委会第四十九次会议听取审议市政府关于2020年财政决算草案的报告、2020年度市级预算执行和其他财政收支的审计工作报告、2020年度财政专项资金使用进度及绩效情况的报告、2021年江门市级财政预算第二次调整方案的报告，审议市政府关于2021年上半年国民经济和社会发展计划执行情况报告和2021年上半年预算执行情况报告，做出关于批准江门市2020年市级财政决算、2021年江门市级财政预算第二次调整方案的决议。11月5日，市第十五届人大常委会第五十一次会议听取审议市政府关于2020年国有资产管理情况综合报告和江门市千亿国资平台建设工作专项报告。11月22—23日，市第十五届人大常委会第五十二次会议听取审议市政府关于2021年江门市十件民生实事落实情况报告、江门市"七五"普法决议执行情况报告，做出关于开展第八个五年法治宣传教育的决议。

【国家机关工作人员人事任免】2021年，市人大常委会共任命地方国家机关工作人员62人次，其中任命市人大常委会机关工作人员14人次，先后分别是：任命杨健平为市人大常委会选联任工委主任，任命梁君明为市人大常委会农村农业工委主任，任命韩华为市十五届人大法制委员会专职副主任委员，任命谈达威为市人大常委会副秘书长，任命钟文明为市人大常委会监察和司法工委副主任，任命侯明飞为市人大常委会法制工委主任，任命罗锦达为市人大常委会监察和司法工委主任，任命朱运梅为市人大常委会华侨外事工委主任，任命侯明飞为市第十五届人大法制委员会副主任委员，任命唐加立为市人大常委会教科文卫工委主任，任命庞正华为市人大常委会选联任工委主任，任命胡亦邦为市人大常委会农村农业工委主任，任命杨小燕为市人大常委会研究室副主任，任命赵莉华为市人大常委会副秘书长。决定任命市政府组成人员13人次，先后分别是：决定任命吴晓晖为市人民政府副市长，决定其为市人民政府代理市长；决定任命谢少谋为市市场监督管理局局长，决定任命王作青为市水利局局长，决定任命赵崇景为市人民政府国有资产监督管理委员会主任，决定任命汤惠红为市人民政府秘书长，决定任命何渝为市金融工作局局长，决定任命刘杰为市人民政府副市长，决定任命曹阳为市人民政府副市长，决定任命周佩珊为市人民政府副市长，决定任命文丽为市人力资源和社会保障局局长，决定任命陈军凯为市信访局局长，决定任命周志东为市城市管理和综合执法局局长，决定任命冯一宁为市商务局局长。任命市监察委员会组成人员4人次；任命市中级人民法院审判人员16人次；任命市人民检察院检察人员15人次。

2021年，市人大常委会共免去地方国家机关工作人员66人次，其中免去市人大常委会机关工作人员职务11人次，先后分别是：免去王义的市人大常委会农村农业工委主任职务，免去韩华的市人大常委会监察和司法工委副主任职务，免去陈国纯的市人大常委会教科文卫工委副主任职务，免去曹利的市人大常委会法制工委主任职务，免去侯明飞的市人大常委会监察和司法工委主任职务，免去傅昭君的市人大常委会副秘书长职务，免去齐丁民的市人大常委会教科文卫工委主任职务，免去梁君明的市人大常委会农村农业工委主任职务，免去黄凤屏的市人大常委会华侨外事工委主任职务，免去杨健平的市人大常委会选联任工委主任职务，免去唐加立的市人大常委会研究室副主任职务。决定免去市政府组成人员13人次，先后分别为：决定免去梁君明的市水利局局长职务，决定免去林锡波的市人民政府国有资产监督管理委员会主任职务，决定免去郑劲龙的市市场监督管理局局长职务，决定免去温伟文的市人民政府秘书长职务，决定免去汤惠红的市金融工作局局长职务，决定免去余中华的市工业和信息化局局长职务，决定免去许春绵的市交通运输局局长职务，决定免去赖惠镇的市城市管理和综合执法局局长职务，决定免去张璐的市教育局局长职务，决定免去钱杰润的市人力资源和社会保障局局长职务，决定免去赵瑞思的市商务局局长职务，决定免去刘曙光的市信访局局长职务，决定免去冯一宁的市科学技术局局长职务。免去市监察委员会组成人员职务3人次；免去市中级人民法院审判人员职务21人次；免去市人民检察院检察人员职务18人次。

2021年，市人大常委会共接受地方国家机关工作人员辞职5名，分别是：接受郭建红辞去市十五届人大常委会副主任和市十五届人大财经委员会主任委员职务，接受刘毅辞去市人民政府市长职务，接受王义辞去市十五届人大常委会委员职务，接受梅新潮辞去市十五届人大常委会委员职务，接受梁钊俊辞去市十五届人大常委会委员职务。

2021年，市人大常委会批准任命下一级人民检察院检察长7名，分别为：批准任命苏劲光为江门市蓬江区人民检察院检察长，批准任命吴火亮为江门市江海区人民检察院检察长，批准任命王雪勇为江门市新会区人民检察院检察长，批准任命张维良为台山市人民检察院检察长，批准任命黎欢琼为开平市人民检察院检察长，批准任命陈智勇为鹤山市人民检察院检察长，批准任命杨发满为恩平市人民检察院检察长。

2021年，市人大常委会批准免去下一级人民检察院检察长7名，分别为：批准免去李权威的蓬江区人民检察院检察长职务，批准免去陈智勇的江海区人民检察院检察长职务，批准免去徐宏康的新会区人民检察院检察长职务，批准免去王雪勇的台山市人民检察院检察长职务，批准免去苏劲光的开平市人民检察院检察长职务，批准免去黄文的鹤山市人民检察院检察长职务，批准免去彭高宴的恩平市人民检察院检察长职务。

立法工作

【立法管理工作】 2021年，江门市坚持科学立法、民主立法、依法立法，先后颁发《江门市文明行为促进条例》《江门市扬尘污染防治条例》《江门市华侨华人文化交流合作促进条例》。2021年，新增新会区农业农村局为市人大常委会基层立法联系点，创设蓬江区白沙街石湾社区人大代表联络站等7个单位为市人大常委会基层立法联系点联络站。全年依法对"一府一委两院"及各县（市、区）人大常委会报送备案的10件规范性文件（含2件政府规章）进行主动审查并备案。

人大监督

【人大监督工作】 2021年，江门市围绕打赢防范化解重大风险攻坚战，建立政府向本级人大报告地方政府债务管理情况制度、审计查出突出问题整改情况向市人大常委会报告机制，连续三年听取审议地方政府债务管理、审计查出突出问题整改、财政专项资金使用绩效等情况报告，推动经济持续健康发展。围绕决战决胜脱贫攻坚战，听取审议精准脱贫、巩固脱贫成果长效机制等情况报告，开展专题询问，助力江门市如期高质量完成脱贫攻坚任务。围绕打好污染防治攻坚战，听取审议年度环境状况和环境保护目标完成情况、城乡生活垃圾分类工作情况报告，开展大气污染防治法和土壤污染防治法等执法检查，多次对产业园区环境整治情况明查暗访，有效推动工作落实。听取审议计划、预算执行情况、审计工作报告，年中、年底听取市政府重点项目建设情况报告，听取审议"十三五"规划纲要实施情况中期评估报告，督促政府全面落实规划。围绕"十四五"规划编制工作深入开展调研，分析江门市面临的机遇和挑战，为"十四五"谋篇布局贡献人大智慧。连续四年听取审议国有资产管理情况综合报告及专项报告，推动切实管好人民共同财富。开展造纸印刷和摩托车产业链发展情况、重大工业项目落地情况等专题调研，推动产业加快转型升级。邀请部分华侨、荣誉市民列席市人代会，授予27名华侨华人、港澳台同胞和国内外友人"江门市荣誉市民"称号，凝聚侨力、汇聚侨智，引导华侨华人参与文化交流合作重大平台建设。严格落实市委"双统筹"工作部署，第一时间发出抗疫倡议书，号召全市各级人大代表积极参与"双统筹"工作。及时向社会各界解读、宣传疫情防控相关法律法规，开展"应对疫情影响稳定就业"专题调研，提出对策建议，督促做好"六稳"工作、落实"六保"任务。针对重大疫情防控救治和应急物资保障体系等问题开展调研，助力提高应对突发重大公共卫生事件的能力和水平。

人大代表工作

【人大代表选举工作】 2021年，江门市开展换届选举各阶段的工作，2021年9月底选出新一届县（市、区）级人大代表1772名，其中蓬江区248名、江海区176名、新会区291名、台山市328名、开平市272名、鹤山市218名、恩平市239名；镇级人大代表4403名，其中蓬江区261名、新会区774名、台山市1229名、开平市891名、鹤山市580名、恩平市668名。全市县级人大代表选举有登记选民共3 336 852名，其中参加投票选举的选民有2 905 851名，参选率达87.08%；镇级人大代表选举共有登记选民2 054 898名，其中参加投票选举的选民有1 844 672名，参选率达89.77%，镇级人大代表选举中参选率达100%的选区数比上届有所提升。2021年11月，各选举单位选举产生江门市十六届人大代表383名，其中蓬江区65名、江海区30名、新会区68名、台山市78名、开平市57名、鹤山市38名、恩平市43名、解放军4名。全市选出市县镇三级人大代表6558名，比上次换届多选出506名。2022年1月13日，江门市十六届人大常委会一次会议选举产生江门市新一届国家机关领导人员44名，完成江门市三级人大换届选举工作任务。

【人大代表议案建议办理】 2021年，江门市制定下发《2021年闭会期间江门市人大代表活动安排意见》，要求各县（市、区）结合市委中心工作以及群众关注的热点难点问题，组织市代表开展调研视察活动。同时根据省人大的通知要求，采取召开座谈会、实地调研等方式围绕"城市快速路网规划建设情况""推进公立医院高质量发展情况"开展专题调研，组织省人大代表围绕加快推动江门大型产业集聚区开发建设情况、中开高速建设进展情况开展集中视察，广泛听取和收集人民群众的意见建议，为形成代表建议，参加大会审议打好基础。7月，组织召开"一府两院"2021年上半年工作情况通报会，市人大常委会组成人员、省和市代表小组长听取市政府关于江门市2021年上半年经济社会发展情况报告、重点项目建设进展情况和十件民生实事推进情况报告，并听取市中级人民法院、市人民检察院分别汇报2021年上半年工作的情况。7月底，以"全面推进健康江门建设"为主题开展约见市（局）长活动，通过组织代表与国家机关负责人面对面进行互动交流，促进解决群众关注的热点难点问题。7月，利用一个月时间开展代表主题活动月，围绕"全面推进健康广东建设"主题，通过组织开展驻联络站活动、代表小组活动、调研视察、执法检查、约见国家机关负责人、督办建议和民生实事项目、向选民述职、代表群众议事、党史学习课堂等多种形式的活动，倾听民声、了解民情、反映民意，密切代表与人民群众的联系，推动解决人民群众普遍关心的热点难点问题。主题活动月期间，开展活动888次，进联络站活动的代表人数4537人，接待群众2895人，收集群众意见建议791条。加强"双联系"工作，10月，开展人大常委会组成人员走访代表活动，通过召开座谈会、现场了解情况等多种形式听取收集市人大代表、代表小组长对市人大常委会以及"一府两院"工作的意见和建议53件，并及时做好意见转办工作。密切人大代表与人民群众之间的关系，发挥联络站平台作用，制定计划，组织代表接访群众，推动解决群众诉求。

市第十五届人大第七次会议期间收到代表建议191件，闭会期间收到代表建议17件民生"微实事"51件。208件代表建议的内容包括：城建环保方面的建议65件，占总数31.3%；教科文卫方面的建议43件，占总数20.7%；社会建设方面的建议30件，占总数14.4%；财经方面的建议26件，占总数12.5%；政法方面的建议24件，占总数11.5%；农村农业方面的建议18件，占总数8.6%；华侨外事方面的建议2件，占总数1.0%。

259件建议和民生"微实事"均按照规定全部交有关单位、组织办理，并已全部答复代表。市政府系统承办的建议245件，占建议总数的94.6%；市委有关单位承办的建议11件，占建议总数的4.2%；市中级人民法院承办的建议2件，占建议总数的0.8%；市人大常委会办公室承办的建议1件，占建议总数的0.4%。从办理答复情况看，建议所提问题已解决或基本解决的（A类）223件，占86.1%；列入计划解决的（B类）28件，占10.8%；所提问题因条件限制暂时无法解决的（C类）8件，占3.1%。代表对答复表示满意的246件，占96.4%；基本满意的13件，占4.6%；没有不满意的反馈。

继续做好重点建议工作，经人大常委会党组、主任会议研究审议，将《关于强化市级统筹，加快江门人才岛高质量、高标准、高水平建设的建议》《江门市升级建设学校食堂"互联网+智慧监管"阳光餐饮工程的建议》《关于加快江门市职业教育发展，打造粤港澳大湾区职业教育基地的建议》《关于有效解决城市停车难问题的建议》《加强历史文化街区及老商业圈的活化利用的建议》《关于推进公立小学生校内课后托管服务工作的建议》《关于精准扶持"三品一标"企业，助力侨乡农业龙头骨干，使侨乡江门成为大湾区的"农业特区"的建议》《关于兴建下沙——堤西人行天桥，促进一河三岸融合发展的建议》《关于进一步加强打击电信诈骗力度，保护人民群众财产安全的建议》《关于引入锦江水库作为江门市区饮用水源的建议》等10件建议作为2021年市人大常委会重点督办的建议，统一交市政府重点组织办理，取得明显成效。

【"微实事"代表建议工作】2021年，市人大常委会创新"微实事"建议交办。根据民生"微实事"建议自身"小、急、难"的特点，采取"短、平、快"的快速交办通道，要求主办单位必须在1个月内答复代表，符合开工条件的要迅速组织实施。市财政设立2000万元的专项资金，各县（市、区）财政先后再拨2000万元、4000万元专项资金，专项用于各级民生"微实事"项目，保障民生实事的资金需求。2021年，51项民生"微实事"项目已全部完工，市本级实际拨付资金1182.25万元，各县（市、区）投入1149.64万元，着力解决乡村振兴、城市品质提升、农村学校柴火灶改造等问题。

【区乡人大工作和建设】2021年，江门市落实省人大常委会关于《全省县乡人大"巩固基础、强化履职"两年行动计划（2021—2022年）》的工作要求以及李玉妹主任在全省县乡人大"巩固基础、强化履职"两年行动部署会上的讲话精神，出台《江门市人大常委会关于贯彻落实全省县乡人大"巩固基础、强化履职"两年行动计划的工作方案》，组织召开全市推进县乡人大"巩固基础、强化履职"两年行动计划专题工作会议。10月，对各市（区）推荐的14个镇（街）人大示范点进行现场核查和指导，并报市人大常委会党组研究同意后在全市进行通报表扬。按照"全覆盖、标准化、常活动、见实效"的要求，指导各县（市、区）完善人大代表联络站的建设和使用，全市设立代表联络站564个。

江门市人民政府

综 述

【政府机构概况】 2021年，江门市政府机构有30个，包括市政府办公室、市发展和改革局、市教育局、市科学技术局、市工业和信息化局、市公安局、市民政局、市司法局、市财政局、市人力资源和社会保障局、市自然资源局、市生态环境局、市住房和城乡建设局、市交通运输局、市水利局、市农业农村局、市商务局、市文化广电旅游局、市卫生健康局、市退役军人事务局、市应急管理局、市审计局、市政府国有资产监督管理委员会、市市场监督管理局、市统计局、市医疗保障局、市金融工作局、市城市管理和综合执法局、市信访局和市政务服务数据管理局。

【市政府常务会议】 2021年，召开江门市政府常务会议28次，坚决贯彻落实习近平总书记重要讲话和重要指示批示精神，传达有关会议精神13次、学习文件17份（批），研究审议事项104项，部署重点工作10次。

学习贯彻会议精神 传达学习全国安全生产电视电话会议及全省安全生产和消防工作暨第一季度防范重特大生产安全事故电视电话会议、2021年全省大气和水污染防治工作会议、全省系统防范化解道路交通安全风险工作动员会会议、全省贸易高质量发展大会等会议精神13次。

研究审议事项 对《江门市县道网规划（2020—2030年）》《江门市落实在〈关于金融支持粤港澳大湾区建设的意见〉的行动方案（送审稿）》《粤港澳大湾区（江门）高质量农业合作发展平台建设方案（送审稿）》《江门市博士和博士后工作管理办法（审议稿）》《2021年市民生实事候选项目（送审稿）》《江门市国民经济和社会发展第十四个五年规划和二〇三五年远景目标纲要（送审稿）》《江门市2020年国民经济和社会发展计划执行情况与2021年计划草案的报告（送审稿）》《江门市2021年重点建设项目计划草案（送审稿）》《江门市提升村级集体经济经营性收入行动方案（送审稿）》《江门市华侨华人文化交流合作促进条例（草案）》《江门市生活垃圾分类管理办法（修订草案）》等104个文件进行审议。

重点工作决策部署 听取有关重点工作的汇报10次，先后对房地产市场运行管理、市自然资源统筹管理、全市道路交通安全、江门市数字政府改革建设等工作做出部署。

【行政审批和政务服务】

推进"一次办成一件事"改革 从企业群众办事角度出发，聚焦涉企涉民重点领域，深入推动政府侧流程再造，整合有关联的多个单事项，推出66个"一件事"主题服务，支持企业群众"一次申请、一次办成"。自然人全生命周期"一件事"19个，包括出生、落户、就业、不动产登记、公积金贷款、社保就医、退休等；涉企"一件事"47个，涵盖企业开办、工程项目建设、生产经营、企业注销等。依托市政务服务一体化平台建设"一件事主题集成服务"系统，支持办事人一次提交、材料自动分发、部门并联审批、结果自动获取。上线政务服务网一件事主题集成服务专区，在市县两级行政服务中心设置"一件事"综合服务窗口，一件事实现"一窗通办、一网通办"。

推进政务服务"市内通办" 深入推进"我为群众办实事"，印发《江门市深入推进无差别"市内通办"工作方案》，通过统一通办事项目录、统一办事指南要素、统一规范受理标准、统一优化办事流程、统一系统支撑，实现608项政务服务事项全市"同标准受理、无差别办理"。建设政务服务一体化平台"市内通办"功能模块，支持市、县、镇三级市内通办窗口统一收件、申请材料全程在线流转、统一出件，全过程办件数据按标准汇聚，切实减少群众办事"来回跑"。

综合协调服务

【办文办会】2021年，江门市人民政府办公室落实中央八项规定精神及为基层减负有关要求，全年以市政府或市府办名义制发的文件总数、以市政府或市政府部门名义召开的会议数均实现下降。

【督查督办】2021年，江门市人民政府办公室紧紧围绕市政府主要领导批示意见及各项重点任务，推进督查督办重点任务"闭环管理"工作。全年跟踪督查落实省、市政府重点工作任务和十件民生实事416项；分解跟踪市政府主要领导同志在市委十三届第十四次、第十六次全会上讲话的工作任务303项，跟进市政府主要领导同志有关公务活动后续工作159项，落实市政府常务会议决定事项321项，全部纳入江门市重点工作和重点项目督查督办电子监察系统进行动态跟踪督办。持续推进全市做好"六稳"（稳就业、稳金融、稳外贸、稳外资、稳投资、稳预期工作）工作落实"六保"（保居民就业、保基本民生、保市场主体、保粮食能源安全、保产业链供应链稳定、保基层运转）任务情况督查通报机制，印发督查通报11期。坚持生命至上、人民至上，持续强化疫情防控督查工作，跟进汇总疫情防控"三个清单"共192项，每月按时报送省疫情防控指挥办，每周报送疫情防控工作情况共45期。办理国务院"互联网+督查"平台问题线索85条、省政府"互联网+督查"平台问题线索36条。开展疫情防控、重大项目、"信访超市+外送服务"等民生实事的专项或联合督查22次。印发市政府主要领导公务活动交办事项进展情况的通报7期。践行"我为群众办实事"解决群众"急难愁盼"事，把学习党史同总结经验、推动工作结合起来，同解决实际问题结合起来，制定《市政府办公室"我为群众办实事"工作清单》，100项实事和首批50项"民生微实事"工作均全部提前完成。

【值班值守】2021年，江门市政府值班室实行三级值班带班机制，全天24小时值班值守。全年市政府值班室收到突发事件书面信息报告1743份，其中自然灾害类68份、事故灾难类807份、公共卫生事件类177份、社会安全事件类627份，其他信息类64份；每日舆情信息670条；上报省信息114期；编辑《值班信息》（周刊）50期；编辑《江门值班信息》11期。

【政府职能转变改革】2021年，江门市出台打造湾区一流营商环境系列措施，推动审批、服务效率效能不断提升。商事登记由"市内通办""湾区通办"拓展至"全国通办"，全面推进"证照分离"全覆盖改革，办理时间压减65%。实施分阶段核发施工许可证，全省首推工程建设"验收即发证"，招投标"评定分离"改革全面铺开。市级和蓬江、台山行政服务中心分别获评省首届市县级政务服务标杆大厅。进口整体通关效率排名全国前列。成功举办全国首个地级市高价值专利培育布局大赛。新增市场主体14.7万户，增长42.6%。为企业减税降费超43亿元，缓缴税费近10亿元，有力帮助企业纾困解难。

【政务公开】2021年市政府门户网站发布各类政务信息18 596条，其中89个市直部门发布2021年财政预算、2020年财政决算和"三公"〔公出国（境）经费、公务车购置及运行费、公务招待费〕经费信息，转载国务院、省政府重要政务信息2138条；发布政策解读文件200份；发布"民生热线"节目预告、音频、文稿等内容50期。每周在江门市政府英文版网站发布翻译简讯3篇，累计发布145篇。开设《全力做好疫情防控工作》信息专栏，发布疫情防控常态化下的疫情信息。

信访工作

【概况】机构改革后，江门市信访局由在市委办挂牌调整为政府工作部门，于2019年1月9日正式挂牌，并成立局党组。内设机构为4个，分别是办公室、督查调研科、网信办信科、接访科。江门市信访局公务员编制数为17个，雇员员额4个，其中局党组成员编制3个（1正2副），正副科级职务编制6个。2021年，实有公务员17人，雇员实有4人。实有局党组成员3人（1正2副），局领导班子成员3人，正副科级职务干部为6人。

【市委书记调研鹤山市群众信访诉求综合服务中心】 2021年8月12日，市委书记、市人大常委会主任陈岸明到鹤山市群众信访诉求综合服务中心（信访超市）开展调研，肯定其多元化解决矛盾纠纷机制，强调要坚持人民至上、厚植为民情怀，充分发挥"信访超市"贴近群众、服务群众的作用，让群众反映信访诉求"最多跑一地"，依法及时就地解决群众合理合法诉求。

【市长接访群众】 2021年3月30日，市长吴晓晖到市人民来访接待厅，实地调研全市信访工作，现场接待来访群众。吴晓晖强调，各级信访部门要深入学习贯彻习近平总书记关于加强和改进人民信访工作的重要论述精神，结合党史学习教育"我为群众办实事"实践活动，扎实推动信访工作高质量发展。

【江门在全省地级市中率先上线试运行"信访超市"应用系统】 2021年9月，江门市在全省地级市中率先上线试运行群众信访诉求矛盾调解综合服务（信访超市）应用系统，并在全市范围举行工作培训班。与此同时，三区四市"信访超市"全部上线运行，探索信访"超市+外送"创新经验，主动为群众上门服务，把"信访超市"建设成为党和政府联系群众的纽带、暖心服务排忧解难的窗口、及时就地化解矛盾纠纷的站台。

【群众信访诉求矛盾调解综合服务"信访超市"应用系统上线工作培训班】 2021年9月27日，江门市在江门职业技术学院——华为ICT学院举办市群众信访诉求矛盾调解综合服务（信访超市）应用系统上线工作培训班。省信访局党组成员、副局长王清为培训班作开班动员，省应用系统需求组有关负责同志对操作业务进行讲解并指导全体参训人员进行上机操作。市直有关部门、市（县）两级信访部门、各镇（街）有关负责同志及具体业务经办人员参加培训。

【启动"粤平安"群众信访诉求矛盾纠纷化解综合服务应用江门市域项目】 2021年11月18日，江门市举行国家政法智能化技术创新中心江门市域社会治理孵化中心、江门市市域社会智慧治理技术创新中心、江门市市域社会智慧治理应用示范基地、江门市安全应急产业园、广东应急管理学院（筹）揭牌暨"粤平安"群众信访诉求矛盾纠纷化解综合服务应用江门市域启动仪式。省委常委、政法委书记张虎，航天工研院副总经理刘春利，国家政法智能化技术创新中心主任王宁，市委书记、市人大常委会主任陈岸明出席活动，市委副书记、市长吴晓晖主持仪式。

【市领导包案解决信访突出问题】 2021年，江门市信访局继续推进市、县两级党政领导干部包案处理信访问题工作，落实市、县（市、区）两级110名党政领导包案处理信访突出问题331件，化解287件，化解率达86.71%，其中15名市领导包案处理的46件涉民生信访事项已于2021年6月底前全部化解。

【信访矛盾化解攻坚】 2021年，江门市信访部门推进重复信访治理，中央集中交办江门市的第一批重复信访事项，审核化解率为97.92%，全省排名第3（由高至低）；督办（倒流）率为0.35%，全省排名第1（由低至高）。第二批交办的106件重复信访事项已上报办结60件，上报办结率为56.6%。市、县两级共处理群众信访事项总量为8366件，在属地得到依法调处，没有发生影响社会大局稳定的问题。

中国人民政治协商会议江门市委员会

综 述

【概况】 中国政治协商会议江门市第十三届委员会于2017年1月换届产生。政协第十三届江门市委员会共设31个界别。设有各级政协组织机构8个，其中市政协1个、县（市、区）政协7个，各级政协有委员1913人。其中，市政协委员365

人，县级政协委员1548人，另有住江门的省政协委员9人。市政协设常务委员会，由主席、副主席、秘书长和常务委员组成。设有办公室，以及提案委员会、农业和农村委员会、经济和人口资源环境委员会、教科卫体委员会、社会和法制委员会、港澳台侨联络和外事委员会、文化和文史资料委员会、联络工作委员会八个专委会。另按地域分香港、澳门、蓬江、江海、新会、台山、开平、鹤山、恩平等9个联络组。2021年有主席1人、副主席8人、党组成员6人、秘书长1人、市政协常务委员56名。

▲2021年3月3日，中国人民政治协商会议第十三届江门市委员会第五次会议开幕现场。

（市政协办公室　供）

【**市政协十三届第五次会议**】2021年3月3—5日，中国人民政治协商会议第十三届江门市委员会第五次会议在江门市文化馆开幕。来自全市各界的310多名政协委员参加会议。市政协党组书记周伟万代表政协第十三届江门市委员会常务委员会向大会报告工作。2020年，市政协常委会在以习近平同志为核心的党中央坚强领导和省委、市委的正确领导下，充分发挥专门协商机构作用，坚持建言资政和凝聚共识双向发力，广泛团结全体政协委员、政协组织和社会各界，众志成城、共克时艰，助力江门市做好"双统筹"、夺取"双胜利"。报告从五方面总结市政协去年的工作：一是把思想政治引领摆在首位，坚持党对政协事业的全面领导；二是把抗疫防疫作为头等大事，在疫情防控阻击战中展现政协担当；三是把发挥专门协商机构作用作为履职重点，在服务中心大局中实现更大作为；四是把广泛凝聚共识作为中心环节，努力画出最大同心圆；五是把履职创新作为内生动力，打造"一厅一院一室"履职平台。会议指出，2021年是中国共产党成立100周年，是"十四五"开局之年，也是全面建设社会主义现代化国家新征程开启之年。市政协常委会要以习近平新时代中国特色社会主义思想为指导，全面贯彻党的十九大和十九届二中、三中、四中、五中全会精神，深入贯彻落实习近平总书记对广东系列重要讲话和重要指示批示精神，落实省委"1+1+9"工作部署和市委"1+1+5"工作举措，在市委的正确领导和省政协的指导下，把加强思想政治引领、广泛凝聚共识作为中心环节，发挥好专门协商机构作用，为推动江门打造珠江西岸新增长极和沿海经济带上的江海门户贡献智慧和力量。对于2021年的工作，报告提出五点建议：一是强化党的创新理论武装，坚定携手共进信心决心；二是围绕高质量发展建言资政，服务"十四五"开局起步；三是拓展凝聚共识渠道，汇聚团结发展强大动能；四是丰富协商形式内容，提升工作效能；五是强化"两支队伍"建设，推进履职能力现代化。受政协第十三届江门市委员会常务委员会委托，任安良向大会做提案工作报告。一年来，市政协委员、政协各参加单位和各专门委员会紧紧围绕市委、市政府中心工作履职建言，立案交办提案216件。截至2020年底，所有提案均已办复，提案所提建议87.96%已经解决或采纳，为促进江门市经济社会发展发挥作用。会上，各民主党派市委会、市工商联、市政协香港和澳门联络组、侨联和农业界别代表分别做大会发言。

【**市政协常委会会议**】2021年，江门市政协召开第5次常委会会议。

十三届第十七次常委会会议　于3月4日下午召开，会议审议通过委员增补和有关人事任免安排等事项，审议个别常委会组成人员的请辞以及政协第十三届江门市委员会常务委员会组成人员候选人建议名单，政协第十三届江门市委员会第五次会议选举办法（草案），政协第十三届江门市委员会第五次会议选举大会总监票人、监票人名单（草案），政协第十三届江门市委员会第五次会议决议（草案）。审议通过委员增补和有关人事任免安排等事项，审议个别常委会组成人员的请辞以及政协第十三届江门市委员会常务委员会组成人员候选人建议名单，政协第十三届江门市委员会第五次会议选举办法（草案），政协第十三届江门市委员会第五次会议选举大会总监票人、监票人名单（草案），政协第十三届江门市委员会第五次会议决议（草案）。市委常委、统战部部长、市政协党组副书记利为民到会就增补委员、个别常委会组成人员的请辞以及选举市政协常委会组成人员的有关情况作说明，65名常委会组成人员出席会议。

十三届第十八次（扩大）常委会会议 于6月30日上午召开，会议专题学习《江门市国民经济和社会发展第十四个五年规划和2035年远景目标纲要》，审议通过有关委员增补调整和人事调整事项，60名常委会组成人员出席会议。

十三届第十九次常委会会议 于9月27日召开，会议围绕"推动巩固拓展脱贫攻坚成果同乡村振兴衔接"开展专题协商，审议通过有关委员增补调整和人事调整事项。51名常委会组成人员出席会议，市委常委、统战部部长，市政协党组副书记利为民同志到会说明有关委员增补调整事项。

十三届第二十次常委会会议 于12月21日下午召开，会议专题学习习近平生态文明思想，审议通过有关人事事项、市政协十四届一次会议有关文件、市政协有关履职制度，书面审议各专门委员会2021年工作情况报告。55名常委会组成人员出席会议。

十三届第二十一次常委会会议 于12月31日下午召开，会议听取《政府工作报告（征求意见稿）》的说明及政府部门办理市政协十三届五次会议以来的提案工作情况通报，听取2021年江门市纪检监察工作情况、江门市中级人民法院工作情况、江门市人民检察院工作情况通报，听取关于政协第十三届江门市委员会常务委员会工作报告、提案工作情况报告的说明以及市政协十四届一次会议有关安排调整的建议；审议通过市政协十四届一次会议的有关文件；协商决定政协第十四届江门市委员会委员。49名常委会组成人员出席会议。

▲2021年5月13日，市政协举行"以重点产业园建设为突破口，助推'工业立市'新征程"调研座谈会。

（市政协办公室　供）

【市政协主席会议】 2021年，江门市政协召开主席会议18次。

十三届第五十三次主席会议 于1月12日上午在市政协机关11楼综合会议室召开，9名主席会议成员参加会议。会议传达学习习近平总书记在中央政治局第二十六次集体学习时的重要讲话精神、中央经济工作会议精神；研究市政协十三届十六次常委会会议方案，优秀提案、优秀调研报告、优秀社情民意信息初评名单，市政协十三届第五次会议有关事项。

十三届第五十四次主席会议 于1月24日上午在市政协机关11楼综合会议室召开，5名主席会议成员参加会议。会议传达宣布市委、市政协主要负责同志关于调整市政协十三届第五次会议召开时间的有关意见。

十三届第五十五次主席会议 于1月25日下午在市政协机关11楼综合会议室召开，10名主席会议成员参加会议。会议传达学习1月7日中共中央政治局常务委员会会议精神，习近平总书记在省部级主要领导干部学习贯彻党的十九届五中全会精神专题研讨班开班式上的重要讲话、省政协十二届四次会议精神；听取市政协委员2020年度履职量化综合考评情况报告。

十三届第五十六次主席会议 于3月2日下午在市政协机关11楼综合会议室召开，10名主席会议成员参加会议。会议宣布省委、市委有关人事任免事项，研究有关委员调整事项和新增补市政协委员参加专委会和联络组活动安排方案。

十三届第五十七次主席会议 于3月12日下午在市政协机关11楼综合会议室召开，8名主席会议成员参加会议。会议传达学习习近平总书记在中央全面深化改革委员会第十八次会议、党史学习教育动员大会、全国脱贫攻坚总结表彰大会上的重要讲话精神；传达全省、全市党史学习教育动员大会、市委常委会会议精神；研究《江门市政协2021年民主监督计划》；听取市政协十三届五次会议大会秘书处关于市政协十三届第五次会议召开情况的报告。

十三届第五十八次主席会议 于3月24日下午在市政协机关11楼综合会议室召开，9名主席会议成员参加会议。会议传达学习习近平总书记在全国"两会"期间、在中央党校中青年干部培训班开班式上、在十九届中共中央政治局第二十八次集体学习时的重要讲话精神，在审阅中央政治局委员、书记处书记，全国人大常委会、国务院、全国政协党组成员和最高人民法院、最高人民检察院党组书记年度述职报告时提出的重要要求；传达学习全国两会精神、全国组织部长会议精神；学习贯彻全省传达贯彻习近平总书记重要讲话精神暨全国两会精神干部大会、全省政协传达贯彻习近平总书记重要讲话精神暨全国两会精神报告会、3月16日市委常委会（扩大）会议精神；研究研究市政协2021年度协商计划课题、2021年重点提案、报送市委的2021年重点调研课题、市政协"委员议事厅"2021年协商议题。

十三届第五十九次主席会议 于4月20日上午在市政协机关11楼综合会议室召开，8名主席会议成员参加会议。会议传达学习习近平总书记在2月26日、3月30日中共中央政治局会议上，在福建视察武警第二机动总队时的重要讲话精神；学习《中国共产党统一战线工作条例》，传达学习汪洋主席在《中国共产党统一战线工作条例》研讨班上的讲话精神；学习《中共广东省委、广东省人民政府印发〈关于建立国土空间规划体系并监督实施的若干措施〉的通知》精神；传达3月29日、4月6日、4月19日市委常委会会议精神；研究《江门市政协2021年工作台账》（送审稿）、《市政协领导督办2021年重点提案分工安排》（送审稿）、2021年市政协委员培训工作计划。

十三届第六十次主席会议 于5月19日上午在市政协机关11楼综合会议室召开，6名主席会议成员参加会议。会议围绕"科技创新驱动"开展专题研讨。

十三届第六十一次主席会议 于6月17日下午在市政协机关11楼综合会议室召开，8名主席会议成员参加会议。会议传达学习习近平总书记在中央全面深化改革委员会第十九次会议、在5月31日中共中央政治局会议、在两院院士大会中国科协第十次全国代表大会上，以及在中共中央政治局第三十次集体学习时的重要讲话精神；学习贯彻《中国人民政治协商会议全国委员会协商工作规则》《关于加强和促进人民政协凝聚共识工作的意见》；研究市政协十三届十八次常委会议方案；听取市政协机关信息化建设工作情况的汇报和筹备举办市政协系统"百年风华·同心筑梦"书画摄影作品展有关工作情况的通报；研究市政协委员调整事项。

十三届第六十二次主席会议 于7月6日下午在市政协机关11楼综合会议室召开，8名主席会议成员参加会议。会议传达学习习近平总书记在庆祝中国共产党成立100周年大会时的重要讲话精神、在参观"'不忘初心、牢记使命'中国共产党历史展览"时的重要指示精神，以及全省学习贯彻习近平总书记在庆祝中国共产党成立100周年大会上重要讲话精神；干部动员大会、市委常委会（扩大）会议暨全市学习贯彻习近平总书记在庆祝中国共产党成立100周年大会上重要讲话精神、干部大会精神；传达学习李希书记的有关讲话精神；研究新增补委员参加专委会和联络组活动安排。

十三届第六十三次主席会议 于7月15日下午在市政协机关11楼综合会议室召开，9名主席会议成员参加会议。会议专题听取办公室和各专门委员会2021年上半年工作情况和下半年工作设想的汇报。

十三届第六十四次主席会议 于8月12日下午在市政协机关11楼综合会议室召开，9名主席会议成员参加会议。会议传达学习习近平总书记在中共中央政治局会议、党外人士座谈会上的重要讲话精神；传达学习中央有关文件精神；传达贯彻省委第十二届第十四次全会精神；传达贯彻全省政协系统学习贯彻习近平总书记在庆祝中国共产党成立100周年大会上的重要讲话精神、座谈会精神；传达市委陈岸明书记走访市政协时指示精神；审议《江门市政协2021年下半年工作要点》。

十三届第六十五次主席会议 于9月22日下午在市政协机关11楼综合会议室召开，8名主席会议成员参加会议。会议传达学习习近平总书记在视察陕西时的重要讲话精神；传达学习中央关于贯彻新发展理念专项督查调研报告和省委有关文件精神；传达学习中共中央、国务院有关知识产权强国和国家标准化发展的文件精神；研究《江门市政协十三届第十九次常委会会议方案》。

十三届第六十六次主席会议 于9月27日下午在市政协机关11楼综合会议室召开，8名主席会议成员参加会议。会议研究有关人事事项。

十三届第六十七次主席会议 于10月27日上午在市政协机关11楼综合会议室召开，6名主席会议成员参加会议。会议围绕"一号提案"《关于促进我市先进制造业高质量发展的建议》开展集体督办。主席会议成员参加会议。

十三届第六十八次主席会议 于11月18日下午在市政协机关11楼综合会议室召开，6名主席会议成员参加会议。会议传达学习贯彻习近平总书记在党的十九届六中全会上的重要讲话精神，以及省、市有关会议精神；传达学习省、市贯彻习近平总书记重要指示精神的有关会议精神；传达学习《省政协党组关于加强中小学教师队伍建设促进全省基础教育高质量发展的建议》以及省、市有关领导批示精神；研究《江门市政协2021年度优秀提案、优秀调研报告和优秀社情民意信息评选方案》。

十三届第六十九次主席会议 于12月1日上午在市政协机关11楼综合会议室召开，7名主席会议成员参加会议。会议传达学习习近平总书记在第三次"一带一路"建设座谈会上的重要讲话精神；研究审议市政协十四届第一次会议提案参考选题。

十三届第七十次主席会议 于12月10日上午在市政协机关11楼综合会议室召开，8名主席会议成员参加会议。会议围绕市政协"一号提案"开展专题调研；研究市政协十四届一次会议有关事项。

十三届第七十一次主席会议 于12月20日下午在市政协机关11楼综合会议室召开，7名主席会议成员参加会议。会议审议江门市政协履职制度，研究市政协十三届第二十次常委会会议方案，审议市政协十四届第一次会议有关事项，听取市政协十四届第一次会议筹备工作进展情况的汇报，审议各专门委员会2021年工作报告（书面），审议有关人事事项。

十三届第七十二次主席会议 于12月30日下午在市政协机关11楼综合会议室召开，7名主席会议成员参加会议。会议传达学习习近平总书记在中国文联第十一次全国代表大会、中国作协第十次全国代表大会开幕式上的重要讲话精神，传达学习市第十四次党代会精神，审议市政协十四届第一次会议有关事项，研究市政协十三届第二十一次常委会会议方案，研究《市政协十四届第一次会议新冠肺炎疫情防控和医疗保障工作方案》，审议《江门市政协2021年度优秀提案、优秀调研报告和优秀社情民意》建议名单，审议《2021年市政协委员履职量化考评情况报告》，审议第十四届江门市政协委员名单。

政协事务

【委员约见市政府领导座谈会】 2021年，江门市政协召开委员约见市政府领导座谈会2次。

3月3日下午，召开的港澳委员座谈会上，出席市政协第十三届第五次会议的港澳委员以及列席会议的海外华侨华人代表等人围绕"推动华侨华人文化交流合作重要平台加快建设"主题，就如何丰富平台文化内涵、打造品牌活动、提升平台影响力等提出自己的建议。市委副书记、代市长吴晓晖对大家提出的问题进行回应。

7月20日上午，市政协以"促进我市科技企业孵化育成体系建设"为主题，召开市政协委员约见市政府领导座谈会。副市长郑晓毅、市政协副主席周津明参加座谈会。周津明代表市政协调研组做主题发言，肯定江门市孵化育成体系建设取得的成绩，指出其中存在的问题，建议江门市孵化育成体系建设应围绕产业链布局，补齐开放合作短板。郑晓毅回应表示，江门市将提高科技孵化育成体系的科技创新水平、孵化载体的专业化水平及服务质量、加强孵化载体专业人才和创业人才培育力度，在引进、培训、激励上加大政策支持。

【党史学习教育】2021年，江门市政协立足"学习精细化、工作清单化、实事实效化、宣传多样化"工作思路，举办庆祝建党100周年"七个一"系列党建活动，组织300多名政协委员重走7条侨乡红色教育路线，举办"百年风华·同心筑梦"书画摄影作品展。9篇工作简报、4篇工作专报得到省、市采用，有关做法成效获省委党史学习教育第三巡回指导组的充分肯定。

【委员议事厅】"委员议事厅"是市政协与新闻媒体合作创建，以视频节目形式打造政协委员、党政部门、各界群众"面对面"协商平台，聚焦涉及民生问题进行开放式协商议事。

2021年"委员议事厅"聚焦"美丽乡村建设""防范和治理电信网络诈骗""守护校园食品安全"等民生热点难点开展协商议政，共形成协商清单17条，有力推动乡村建设，防范、治理电信网络诈骗及校园食品安全工作开展，受到《人民政协报》、人民网、学习强国等国家级媒体的关注报道，全网播放量超300万人次。

【致隽学堂】2021年9月2日，建立市政协"致隽学堂"，旨在加强市政协机关干部队伍建设，全面提高干部职工政治把握能力、推动落实能力、公文写作和调查研究能力、统筹协调能力、工作创新能力，进而推动政协在新时代以高水平履职服务高质量发展。并于9月2—3日、9月17日分别组织全市政协系统、政协参加单位机关人员开展专题培训，邀请中山大学中文系博士生导师陈希、市委党校副校长熊薇、南方日报江门新闻部副主任潘晓晨分别主讲《公文写作规范与技巧》《公务礼仪与个人形象塑造》《时政新闻写作》。

【委员工作室】"委员工作室"是市政协履职创新重要品牌之一，引导委员围绕民生改善履职尽责。2021年，市政协整合市县两级政协资源，在镇街、社区、企业建立22家"委员工作室"和11家基层"议事室"，推动政协履职向基层延伸。在这一年里，委员们深入企业、镇街、社区为基层排忧解难，推动解决农村生活污水治理、文明城市创建等方面问题，将政协制度优势转化为基层治理效能。

【调研视察】2021年，江门市政协办公室及各专门委员会联合各民主党派、各相关单位，组织政协委员开展调研视察活动，形成12份专题调研报告和建议案，供中共江门市委、市政府和有关部门决策参考。建议案内容包括《关于推动我市高新技术企业高质量发展的的调研报告》《关于开展"推进巩固拓展脱贫攻坚成果同乡村振兴衔接"专题调研的报告》《关于开展"以重点产业园建设为突破口开启'工业立市'新征程"专题协商的报告》《关于开展"推动我市县级群众信访诉求综合服务中心（信访超市）标准化建设"专题协商的报告》《关于开展"加强公益诉讼检察·推动完善市域社会治理格局"专题协商的报告》《关于开展"加强基层中医药人才队伍建设"专题调研的报告》《关于开展"推动江门国家高新区创

▲2021年8月18日，市政协"委员议事厅"2021年第二期节目"一起反电诈·守护幸福家"录制现场。

（市政协办公室　供）

新发展"专题调研的报告》《关于开展"促进我市科技企业孵化育成体系建设"专题调研的报告》《关于开展"提升'中国侨都'形象，增强江门城市辨识度"专题调研的报告》《关于开展"关于优化老街区交通环境，促进墟顶街片区品质提升"专题调研的报告》《关于推动梁启超博览园建设的调研报告》《关于开展"加强我市自然保护地体系建设"对口协商的报告》。

【协商议政】 2021年江门市政协计划开展的协商活动11项，主要分专题协商、界别协商、提案办理协商和对口协商。其中，市政协常委会会议专题协商"推动脱贫攻坚与乡村振兴有效衔接"1项议题。主席会议专题协商"关于促进我市先进制造业高质量发展的建议""以重点产业园区建设为突破口，开启'工业立市'新征程"2项议题。界别协商"促进科技企业孵化育成体系建设""提升'中国侨都'形象，增强江门城市辨识度"2项议题。提案办理协商"关于推动潮连岛文创与人才双驱动建设·打造粤港澳大湾区特色'人才岛'的建议（提案号2021058）""关于培育壮大存量产业·增强发展内生动力的建议（提案号2021164）"2项议题。对口协商"加快推动高新技术企业树标提质""加强公益诉讼检察，推动完善市域社会治理格局""依托梁启超文化，打造高端文旅地标""加强江门市自然保护地体系建设"4项议题。

【民主监督】 2021年，江门市政协制定2021年年度民主监督计划，包括市委、市政府重点工作落实督办，提案督办，民生实事督办，往年协商计划、重点提案、"委员议事厅""回头看"课题督办四大类别共8项议题。分别是：市委、市政府重点工作落实督办2项，即"推动中小学教育高质量发展""推动华侨华人粤港澳大湾区文化交流平台建设"；提案督办1项，即"推动高质量完成碧道建设任务"；民生实事督办2项，即扎实推进"粤菜师傅""广东技工""南粤家政"三项工程，发展智慧停车引导系统，推动江门市数字化城市建设；往年协商计划、重点提案、"委员议事厅""回头看"课题督办3项，即"加快珠西物流中心建设""规划建设台山排球小镇""推动城市公园提质"。

【政协提案】 2021年，江门市政协全体政协委员、政协各参加单位，提出提案258件，立案241件。74个承办单位主动做好提案办理工作，很多建议得到采纳或落实，提案办理部门出台相关规范性文件促进提案的落实。2021年，立案提案已经100%办复，委员满意率、基本满意率100%。其中，由市政协提案委《关于促进我市先进制造业高质量发展的建议》被列为"一号提案"，由市委书记牵头督办，市委、市政府、市政协主要领导围绕推动制造业高质量发展，多次前往各县（市、区）调研，在重点园区、重点企业现场指导，协调解决有关问题。《关于以重点产业园区建设为突破口开启"工业立市"新征程的建议》提案，由吴晓晖市长、蔡德威副市长牵头，协调解决园区发展难题60多项，使园区发展逐步成为全市经济发展"主引擎"。向省政协报送的《关于重建恩平市蓝田水闸的建议》被列入省政协重点提案，推动省水利厅制定工作方案，启动重建蓝田水闸。

【社情民意】 2021年，江门市政协办公室编印《社情民意调查》9期，反映社情民意信息28条。内容涉及疫情防控、乡村振兴、教育医疗、城市建设管理等各方面。部分意见建议被省政协、市委市政府和相关部门采纳，《关于深化侨批档案保护研究和开发利用的建议》获《广东政协信息》采用，报广东省委办公厅；《关于规划建设景贤学校红楼广场的建议》获市政府采纳，推动景贤学校校门改造；《关于优化建设二路至三路道路设置的建议》获职能部门采纳。《关于改进我市开展大规模全员核酸检测工作的建议》等10条信息被评为市政协2021年度"优秀社情民意信息"。

【政协文史】 2021年，江门市政协学习和文史委员会编印《江门文史》第53辑，内容由"侨批中的党史""历史文化街区""老工厂的记忆"三部分组成。其中"侨批中的党史"15篇，结合党史学习教育，挖掘江门五邑侨批背后的党史故事；"历史文化街区"20篇，介绍江门市历史建筑集中成片、较完整和真实的传统格局和历史风貌，讲述具有一定建筑规模的区域，以及群众广泛认同的历史文化街区背后的故事；"老工厂的记忆"19篇，记述1990年及以前建立，且对江门经济发展做出重要贡献，在人们心目中留下记忆的老工厂的故事。全书约10万字，由中国文史出版社出版，规格为170毫米×240毫米，全彩色印刷，免费寄送到江门市有关单位以及全国各级政协进行交流，并向江门市政协全体政协委员赠阅。开展两期"口述史"录制，分别邀请老同志以亲身经历讲述江门工业、商贸发展的辉煌成就。

【文化公益】 9月26日，市政协系统"百年风华·同心筑梦"书画摄影作品展在市工人文化宫举行，该次展览于6月启动作品征集工作，得到全市两级政协委员和政协工作者、各民主党派和市工商联的成员以及侨乡书画摄影爱好者的响应和踊跃投稿，征集到各类作品500余幅，经专家组评审，展出"百人百米贺百年华诞"国画长卷和125件优秀书画摄影作品。其中，美术作品44件、书法作品41件、摄影作品40件。本次展出的作品主题鲜明、内容丰富，庆祝中国共产党成立100周年，回顾党的光辉历程，讴歌党的丰功伟绩，展示侨乡人民在党的领导下同心同德、砥砺奋进所取得的巨大成就。

【扶困助学】 10月29日，市政协第十五批扶困助学金发放仪式在江门职业技术学院举行，该校175名学子获得70万元资助。市政协扶困助学金自2007年设立以来，已连续发放15年，资助江门职业技术学院贫困学生超3400人，资助金额合计超920万元，多年来，大批受资助的学生已顺利完成学业并走向社会，成为侨乡发展建设的主力军。

【公益慈善】 6月21日，市政协机关举行2021年扶贫济困慈善公益捐款活动，以实际行动支持江门市慈善事业。市政协党组书记、主席蔡家华，副主席赵翠玲、蓝华、马跃敏、胡念芳、任安良、周津明、费伟东、伍培进，秘书长马克烈等市政协领导带头捐款，79名机关干部及职工踊跃参与，募集善款37 650元。市政协机关募捐的善款将直接捐赠至江门市慈善会，重点用于江门市巩固脱贫攻坚成果和乡村振兴衔接，以及新阶段东西部协作工作。

【统战联谊】 江门市政协定期联系各民主党派、工商联，召开市政协与各民主党派、工商联工作座谈会，组织各党派团体负责同志和界别委员召开"庆祝建党百年华诞"专题座谈，坚守合作初心。畅通党派团体建言渠道，各党派团体立案提案35件、提交社情民意102件，7件由大会发言转化为市政协年度重点提案。不断深化文化文史资政育人功能，录制江门改革发展历程"口述史"，开展"梁启超文化博览区建设""增创'中国侨都'新优势"等专题调研，展现侨都文化魅力，引导社会各界坚定文化自信、汇聚奋进力量。在国家和省、市级主流媒体刊发新闻报道300余篇，通过公众号、网站等推送资讯600多条，广泛传播党的好声音、政协好故事。

纪检监察

综 述

【纪检监察组织概况】 中共江门市纪律检查委员会（以下简称"市纪委"）由党的江门市代表大会选举产生，江门市监察委员会（以下简称"市监委"）由江门市人民代表大会产生。市纪委与市监委合署办公，实行一套工作机构、两个机关名称，履行党的纪律检查和国家监察两项职责，对市委和省纪委、省监委负责。市监委对江门市人民代表大会及其常务委员会负责，并接受其监督。市纪委监委机关有19个内设机构及机关党委，派驻市一级党和国家机关纪检监察组21个，派出机构1个。受市委委托，市纪委、市委组织部共同管理4个巡察组。市委巡察组作为市委工作机关。

【市纪委十三届六次全会】 2021年3月23日，中国共产党江门市第十三届纪律检查委员会第六次全体会议召开。会议坚持以习近平新时代中国特色社会主义思想为指导，认真学习贯彻习近平总书记在十九届中央纪委五次全会上的重要讲话精神，深入贯彻落实习近平总书记对广东系列重要讲话和重要指示批示精神，全面贯彻落实十二届省纪委六次全会精神，总结江门市2020年纪检监察工作，研究部署2021年工作任务。市委书记、市人大常委会主任林应武出席会议并讲话。市委副书记、市长吴晓晖，市政协主席、党组书记蔡家华，市人大常委会党组书记、副主任易中强出席会议，市委常委、市纪委书记、市监委主任项天保主持会议，并做题为《推动新时代纪检监察工作高质量发展 为江门"十四五"开好局起好步提供坚强保障》的工作报告。

【市纪委十三届七次全会】 2021年12月24日上午，中国共产党江门市第十三届纪律检查委员会第七次全体会议召开。市委常委、市纪委书记邝元章，市纪委委员、市监委委员以及不是市纪委委员的县（市、区）纪委书记参加会议。全会一致通过《中共江门市第十三届纪律检查委员会向市第十四次党代会的工作报告（审议稿）》和酝酿十四届市纪委委员候选人预备人选建议名单，同意提请市第十四次党代会审议。

【市纪委十四届一次全会】 中国共产党江门市第十四次代表大会于2021年12月26日至28日召开。会议审查、批准中共江门市第十三届纪律检查委员会向市第十四次党代会的工作报告，选举产生新一届市纪委委员。12月28日党代会闭幕当天下午，召开市纪委十四届一次全会，选举产生新一届市纪委常委和书记、副书记。大会肯定市第十三次党代会以来纪检监察工作成绩，并部署未来五年纪检监察工作主要任务。

【党章党规党纪教育培训班】 2021年9月15日，2021年江门市领导干部党章党规党纪教育培训班在市委市政府小会堂举行，市委书记出席开班式并做动员讲话，市纪委书记做专题辅导报告。培训班以电视电话会议形式开至各县（市、区），会上集中观看两部警示教育片。市四套班子领导同志及其厅级干部，市中级人民法院院长、市人民检察院检察长，市纪委监委领导班子成员，市直各单位党委（党组）主要负责同志在主会场参会。各市（区）党委、政府班子成员，人大常委会、政协主要负责同志和各镇（街）党委主要负责同志分别在分会场收听收看。

【纪检监察责任担当】 2021年，江门市纪检监察机关回复意见9734人次。深化政治巡察，实现十三届市委任期内巡察全覆盖，发现和移交问题线索163条，推动立案查处72人。持续推动构建良好政治生态。督促全市各级党组织贯彻市委关于构建良好政治生态的实施意见，协助市委制定主体责任清单，加强对"一把手"和领导班子的监督，推动主体责任与监督责任同向发力、一体落实。全市纪检监察机关共问责党员领导干部履职不力等问题案件28件，处理69人。

【纪检监察队伍自身建设】 2021年，江门市完成市、县、镇纪委换届，选优配强纪委领导班子。完善干部交流轮岗和考核评价机制，努力激发干部队伍干事创业的精气神。坚持机关党建与业务工作两手抓两促进，筑牢战斗堡垒。推进全员培训。组织开展16期党史专题视频和8期纪检监察业务的视频学习。统筹选派干部参加各级各类培训。强化自我监督，对5个市纪委监委派驻纪检监察组开展内部专项检查，督促被检查单位抓好、整改、落实。开展"讲党性、严纪律、作表率"警示教育。持续整治"灯下黑"，全市立案查处纪检监察干部7人、处分4人、调离1人。

监督、倡廉

【政治巡视巡察】 2021年，江门市督促指导市管企业、高校纪委配齐配强纪检监察专职人员，对3家领导班子纳入市委管理对象的三甲医院实行派驻管理。落实宪法和监察法规定，向人大常委会报告反腐败国际追逃追赃专项工作。建立健全信息通报、分片指导、交流研判、办案协作机制，推动纪律监督、监察监督、派驻监督、巡察监督统筹衔接，增强监督合力。严格落实"三个区分开来"，精准运用"四种形态"，全市纪检监察机关运用"四种形态"批评教育帮助和处理3978人次，"四种形态"

分别占比72.9%、21.8%、2.2%、3.1%。落实回访教育工作规定，全市纪检监察机关回访1086人次。坚决保障党员干部的合法权益，严肃查处诬告陷害行为，旗帜鲜明为干事创业者撑腰鼓劲。

【正风肃纪】2021年，江门市查处违反中央八项规定精神问题案件180件，处理271人，发出通报23期，曝光71起典型案例。筑牢拒腐防变思想防线。协助市委举办党章党规党纪教育培训班，精选本地典型案例编印警示教育素材，以案促改、以案促治，引导全市党员干部不断增强不想腐的思想自觉。

【反腐倡廉】2021年，全市纪检监察机关接收信访举报1872件次，其中检举控告类1122件次，立案1251件，处分1005人，移送检察机关61人，通过办案为国家和集体挽回经济损失2.21亿元。全市有39人向纪检监察机关主动投案。充分发挥市委反腐败协调小组的作用，追回外逃人员5名，得到中央纪委国家监委和省纪委监委肯定。

民主党派和工商联

综 述

【民主党派概况】2021年，江门市有民革、民盟、民建、民进、农工党、致公党、九三学社等7个民主党派地方组织，13个县级委员会，253个基层组织，成员总数4220人（其中：民革393人、民盟1084人、民建507人、民进576人、农工党937人、致公党446人、九三学社277人），全年发展新成员175人。

中国国民党革命委员会江门市委员会

【组织概况】中国国民党革命委员会江门市委员会（简称"民革江门市委会"）1983年4月成立，至今已召开九次全体党员（代表）会议，现下辖1个区委会，6个总支，2个市直属支部，29个基层组织。至2021年年末有党员393名。

【组织建设】2021年，民革江门市委会完成市委会和各基层组织的换届工作。6月25日召开民革江门市委会第九次代表大会，顺利产生第九届委员会，其中委员18名、主委1名、副主委4名。新一届市委会和领导班子的年龄结构、知识结构和界别分布均符合本党章程和省、市民主党派换届工作方案的要求，具有广泛的代表性，能适应新形势发展的需要。市直9个基层组织也在市委会换届之前悉数顺利完成换届工作。发展新党员22名，平均年龄38.1岁，具有本科以上学历者22名（其中硕士2名），占总数的100%。

【思想建设】2021年，民革江门市委会在各级民革组织和广大党员中开展中共党史、民革党史学习教育活动11场次、参与约280人次，组织开展《中国共产党统一战线工作条例》学习培训12次、400多人次。

2021年江门市各民主党派组织情况表

民主党派名称	基层组织数（个）	成员数（人）	年度发展新成员数（人）
民革江门市委员会	29	393	22
民盟江门市委员会	64	1084	33
民建江门市委员会	25	507	20
民进江门市委员会	43	576	24
农工党江门市委员会	44	937	36
致公党江门市委员会	29	446	20
九三学社江门市委员会	19	277	20

【参政议政】10月,民革江门市委会组织开展2021年参政议政培训,邀请近年在参政议政工作上成绩比较突出的明星党员介绍自己参政议政工作的经验和体会,提升党员干部参政议政水平,对参政议政工作的开展有明确的方向。2021年,组织开展中山纪念堂保护与利用、高企提质增效等多项调研。民革中央副主席张伯军率领民革中央与民革广东省委会联合调研组到江门市调研"农业特区"试点建设情况,市委会配合相关工作,得到领导的肯定。江门民革全年向省政协提交提案6份,向市人大、政协提交建议16份、提案34份,各县区基层组织向同级人大、政协提交建议3份、提案44份,向省委会、市政协、市统战部提交社情民意15篇次。向各级党委、政府提交调研报告5篇。任安良主委在省两会期间向省政协提交的《关于推进产业链"链长制"的提案》成为省政协围绕"探索实施'链长制',增强产业链供应链自主可控能力"系列提案之一,该系列提案作为2021年马兴瑞省长牵头督办重点提案。市政协大会发言《关于深化中心城区产城融合示范区建设的建议》以及《加快实施产业链链长制,助推产业高质量发展》被市政协列为重点提案。《优化提升城市功能平台·全力推动中心城区产城融合示范区的建设》被评为蓬江区一号提案、《关于高标准建设公共服务设施,打造魅力枢纽新城的建议》被评为新会区一号提案。梁汉文《关于加强对江门市历史文化街区和历史建筑保护和开发的建议》被市人大评为2020年优秀代表建议,《关于加快中国(江门)"侨梦苑"建设,打造粤港澳大湾区华侨华人创新产业聚集区的建议》等3份提案被评为市政协优秀提案、《关于扶持民办幼儿园渡过停学难关的建议》被市政协评为优秀社情民意,还有多份提案、调研报告被区(县)政协评为优秀提案、优秀调研报告。市委会被评为"民革广东省委会2020—2021年度参政议政工作先进集体二等奖""民革广东省委会2020年度反映社情民意信息工作先进集体二等奖"、林命彬同志获"民革广东省委会2020—2021年度参政议政工作先进个人二等奖"。

【祖统工作和社会服务】2021年,市民革坚持发扬关爱抗战老兵的优良传统,各基层组织一如既往地在重大节日和特殊日子定时上门慰问抗战老兵,与老兵促膝交谈,详细了解他们的身体状况和生活情况,送上民革的慰问与关怀。市委会以关爱抗战老兵为题材拍摄的短视频《关爱抗战老

▲2021年6月25日,民革江门市委会召开中国国民党革命委员会江门市第九次代表大会。

(民革江门市委会 供)

兵，共享美好生活》入选民革中央"记录身边美好生活——民革短视频大赛"。祖统工作委员会、综合总支今年连续几次联合台湾慈济慈善基金会开展慰问与调研活动。1月，到恩平市牛江镇开展"为寒冬送暖送关爱"扶贫慰问活动，走访慰问117户贫困户家庭，为他们送上大米、油、米粉等生活物资和口罩等防疫物资；7月和9月分别到市民政局、礼乐街道办开展捐赠慰问活动调研座谈，探讨开展慰问活动事宜；11月，到礼乐街道上门走访慰问100多户特殊困难家庭，使民革与台湾慈济慈善基金会慰问活动得到拓展。市委会参与乡村振兴与脱贫攻坚活动。2021年春节由于疫情影响，礼乐桃花销路不畅，民革江海总支响应号召，发动党员通过线上线下的方式购买桃花，助力花农。7月，派员去贵州纳雍参加广东民革结对帮扶建设新房乡乡村振兴示范村滥坝村帮扶调研活动。党员们也利用各自资源开展各种各样的社会服务活动，如李厚诚联合鹤山残联对鹤山所有福利院残疾儿童进行免费口腔检查与治疗12场次；张润沛为大泽中、小学添置教学器材捐助5万元；梁颖思为茶坑村举办"泼墨迎春·挥毫送福"情暖茶坑、中秋敬老等活动。市委会被省委会评为"广东民革脱贫攻坚先进集体"，林俐、林桂泉、梁汉文、黄德宗、黄荣富、张博山、郭宗霞、黄凯梅、容志光、刘兆祥被评为"广东民革脱贫攻坚工作先进个人"。

中国民主同盟江门市委员会

【组织概况】 中国民主同盟江门市委员会（简称"民盟江门市委会"）管辖民盟新会区委员会和民盟台山、开平、恩平3个县级市委员会。至2021年12月底，全市有基层组织64个，盟员1084人，中、高级职称占80.26%。

【思想建设】 2021年，民盟江门市委会开展"读党史、学理论、悟初心"专题读书活动。开展中共党史学习教育宣讲，领导班子成员分别到新会、台山、开平、恩平市（区）委会和蓬江总支、鹤山支部等基层组织开展现场宣讲活动。举办党史盟史知识竞赛活动、盟员书画作品展。开辟中共党史学习教育专题专栏，树立学习教育先进典型，及时报道学习教育活动成果。2021年，共编印4期《江门盟讯》，推送微信公众号信息81条。

【组织建设】 6月23日，中国民主同盟江门市第十四次代表大会在江门召开。会议听取并审议中国民主同盟江门市第十三届委员会工作报告，选举产生中国民主同盟江门市第十四届委员会，选举产生新一届市委委员21名，通过中国民主同盟江门市第十四次代表大会决议。在民盟江门市第十四届委员会第一次全体会议上，赖燕芬当选主任委员，林文宇、梁卫文、王良平、王连坤当选副主任委员。各市（区）委会、市直20个基层组织全部完成换届。加快市直联合支部、鹤山支部"盟员之家"建设工作。12月15—17日，民盟江门市委会在封开县大洲镇委党校举办2021年盟务骨干培训班，盟市委委员、市直各支部主任以及全市机关干部参加学习。2021年发展新盟员33人，净发展率为1.59%，平均年龄39岁。其中：女盟员17人，教育、文化、科技主界别占比70%。2021年全市盟员获得各级各类奖项305人次，其中，获得地市级以上196人次。民盟江门市委会被授予"民盟广东省组织工作先进集体"。

【参政议政】 2021年，民盟江门市委会领导班子成员多次参加中共江门市委召开的党外人士情况通报会、意见建议协商反馈座谈会、暑期调研座谈会，就全市经济社会发展及民主党派队伍建设等问题提出意见和建议，并汇报主要工作和重点调研课题。在政协江门市十三届五次会议上，民盟江门市委会做题为《关于以平台建设维系传承侨乡文化的建议》的大会发言，提案《关于进一步推进我市乡村文化建设助力乡村振兴战略实施的建议》和盟员政协委员唐兵仿的提案《关于抢抓机遇、以中坚工科人才为抓手推动大湾区先进制造业加速向江门转移的建议》获江门市政协2020年度优秀提案奖。2021年民盟江门市各级组织和盟员提交政协提案81份、人大建议6份，其中在江门市"两会"期间提交政协提案18份，人大建议2份。民盟江门市委会开展民盟广东省委"完善鼓励生育政策体系，提升育龄妇女生育意愿"以及"加强我市渔港建设，促进海洋渔业高质量发展""科学合理建设和管理使用农村生活污水处理设施""加快推进我市碳达峰碳中和重点工作"等课题调研，形成调研报告3份，报送民盟广东省委理论研究文章6篇。提交的《关于加强华侨文化保护，巩固海内外联系纽带》调研报告获盟中央采用为全国政协十三届四次会议集体提案的素材。2021年，向盟省委、市政协、市委统战部报送信息81篇。赖燕芬主委撰写的《关于加大江门市地方债券发放力度的建议》作为信息资料报送给省政协，并获采用。

【社会服务】 2021年，民盟江门市委会开展"农村教育烛光行动"，组织盟员教育专家赴恩平举办"助力幼儿园文化建设，提升幼儿教育内涵发展"幼教讲座，组织优秀盟员教师赴开平庆扬中学支教。实地走访结对的西湾村、蕉园村，协商企业结对挂钩帮扶工作，双方达成帮扶合作共识，已帮扶完善两村健身广场健身设施建设。民盟江门书画院盟员书画家参与送文化到基层活动，为当地群众送上字画、春联等书画作品。开展抗击新冠肺炎疫情行动，发动全市各级盟组织和全体盟员带头遵守关于疫情防控的各项规定，投身医疗救治、后勤保障、舆论宣传、志愿服务和捐赠款物等各项防控工作。民盟江门市委会、民盟开平市委会获"民盟广东省脱贫攻坚先进集体"荣誉称号。

中国民主建国会江门市委员会

【组织概况】 2021年底，中国民主建国会江门市委员会（简称"民建江门市委会"）有县级委员会2个（新会、开平），总支部2个（蓬江、江海），支部26个，会员507人，平均年龄55.2岁，其中江门市直、蓬江区、江海区311人，新会区100人，开平市96人，经济界会员362人。

【思想建设】 2021年，民建江门市委会制定《庆祝中国共产党成立100周年暨民建江门市委会成立65周年系列活动工作方案》，市委会及各基层组织开展主题征文、艺术作品展、专题学习、专题调研等活动，提升会的凝聚力。在省委会庆祝中国共产党成立100周年文艺演出中，江门市推荐的会员古筝演奏经选拔参与节目演出，省委会主委李心等领导现场观看表演。主委王建生深入基层组织，开展《民建与中国共产党风雨同舟》宣讲活动，50余名会员参加学习，引导广大会员坚定接受中国共产党领导、坚持走中国特色社会主义道路的决心和信心。全市各级组织开展党史学习教育活动40余次，促使会员们继承和弘扬老一辈的优良传统，打牢同中国共产党亲密合作的思想政治基础。市委会全年在"江门民建"微信公众号发布稿件130多篇，其中25篇在民建中央网站刊登，108篇在省委会网站刊登，宣传工作考评总分在全省地市级组织中排名第3位，取得历史最好成绩，市委会获省委会网站2021年度组稿先进集体二等奖等表彰，专干同时获评为年度优秀通讯员。2021年《江门民建》会刊改版为杂志形式，拓展主题、丰富内容，半年出版一期，发挥思想宣传主阵地的作用。

【组织建设】 2021年，民建江门市委会以政治交接为主线，完成市、区两级换届工作。召开民建江门市第十四次代表大会，选举产生第十四届委员会领导集体，19位同志当选为民建江门市第十四届委员会委员，顺利完成新旧班子的交接；开展监督委换届工作，选举产生新一届监督委员会组成人员；年内新会、开平、蓬江、江海及市直各支部也相继顺利换届。参政议政工作专家委员会，企业工作和社会服务委员会，学习宣传、理论研究和文体工作委员会，青年和妇女工作委员会等四个专委会和文化艺术院相应调整骨干成员，理顺组织架构。市委会推进新会员的发展工作，2021年新入会20人，全市会员总数达507人，平均年龄55.2岁，本科以上学历者占60.55%，中级以上职称248人，经济界别362人。换届后，会员中担任副区长1人、县（市、区）政协副主席3人，担任各级人大代表16人，政协委员55人。

【参政议政】 2021年，民建江门市委会负责人参与党外人士座谈会，与市主要领导面对面协商议政，围绕第十四次党代会报告征求意见稿、产业助力乡村振兴、培育战略性新兴产业、大型产业集聚区建设等提出建议，得到充分肯定。市委会认真贯彻市委统战部"助力乡村振兴同心大调研"部署要求，专题开展"产业助力乡村振兴"重点调研，赴省内外多地考察，与有关部门和企业召开多场座谈会深入探讨，形成《推动乡村产业发展，助力乡村振兴》的调研报告向市委报送；紧扣市委提出的"加快建设大型产业集聚区，深入推进'园区再造'工程"，开展"整合优化资源配置，大力推动江门市工业园区扩容提质增效"重点调研，赴宁波、苏州等先进地区学习借鉴先进经验，形成调研报告和市政协大会发言稿供市委市政府决策参考；联合市人大城建环保工委开展"推进农村生活污水治理"专题调研，走访了解恩平、台山、新会等地20个村居的农村生活污水处理设施建设和运行情况，相关建议通过会内省、市两级人大代表报送。在省委会今年的参政议政课题招标中，民建江门市委会提交的课题《乡村振兴视角下广东"就业帮扶车间"现状、问题与对策研究》中标立项，形成1份调研报告和2份议政材料报送省委会，并通过专家组验收，成为优秀调研成果。市委会一直以来坚持参政议政是履职能力建设的重中之重，在年初省"两会"上提出个人提案1件，代表建议2件；市"两会"上提出集体提案6件，个人提案28件，代表建议15件。大会发言《培育壮大存量产业，增强发展内生动力》获市领导重视和肯定，被评为政协重点提案，4件提案建议由市领导领衔督办。全年向民建省委会、市政协、市委统战部上报39份社情民意信息，《关于普及儿童安全座椅使用的建议》被省委会采用，《关于完善我市开展大规模全员核酸检测的几点建议》等4份信息被市政协采用，报送数量在市政协报送单位中排名首位，采用数量位居第二。

【社会服务】2021年，民建江门市委会响应省委会助力阳江乡村振兴工作，市委会领导班子成员带领各支部主委到当地参观对口帮扶点和援建项目，深入探讨实施产业帮扶的思路和举措；响应省委会开展消费帮扶的号召，发动广大会员订购韶关平甫奈李1640斤，消费1.93万元，总量排名全省地市组织第2位。参与江门市"三结对"帮扶发展村级集体经济经营性收入薄弱村工作，挖掘可发展资源及帮扶力量，参与农产品认种认购，促工作取得实效。认真落实江门——崇左党委政府关于新阶段粤桂协作的工作部署，市委会赴广西崇左开展交流调研，向4户脱贫监测户捐赠帮扶金1.2万元，与崇左市大新县、宁明县分别签订结对帮扶协议，探索党派参与粤桂协作的新机制，推动更高水平区域协作。机关干部投身社区、入境口岸一线，参加疫情防控和创文工作服务50多人次，有力彰显民建力量。以会员企业莊子文化教育集团为载体，市、区两级联合举办4期"启超家风代代传"教育公益活动，捐资3万元向300多个家庭赠送"启超家风袋"和家风故事等书籍，取得良好的社会效果。市委会获省委会2021年度社会服务工作先进集体二等奖表彰，10名会员获省委会2021年度社会服务优秀个人表彰。

中国民主促进会江门市委员会

【组织概况】2021年底，中国民主促进会江门市委员会（简称"民进江门市委会"）有会员576名，年内发展新会员24人，高中级职称占70%，其中主要界别——教育文化出版界会员占70%，保持主界别特色；下设新会区委会，3个基层委员会（蓬江、江海和台山）、1个总支部（职院总支部），支部38个，1个鹤山小组。

会员双岗建功，较突出的有陈子乐获"江门市归侨侨眷先进个人"、张瑞、梁丽容获"南粤优秀教师"称号，新会林宇成漆画作品在国家级大赛评选中获金奖等，会员获国家、省、市、区等各级奖励共200多项（次）。

【思想建设】2021年，民进江门市委会推动会史教育基地建设，雷洁琼祖居和同心苑完善展陈内容，先后接待民进中央、省委统战部、民进省委会等领导，以及省内外各兄弟市的地方民进组织和江门市相关部门组织的党史学习教育团队，受到社会各界肯定和好评。

【组织建设】2021年，民进江门市委会召开第八次代表大会，选举产生18名市委委员和新一届市委会班子。王作青任主委，王冬青年、陈子乐、林海顺、蔡柏滋四人任副主委、黄伟方任秘书长，新一届市委委员无论从年龄结构还是知识结构上都得到优化。全会坚持集体领导和个人分工相结合原则，明确领导班子成员岗位责任、议事规则。发扬民主作风，形成主委会议、市委委员会议、委员扩大会议和主委办公会议等为主要形式的议事决策体系。全会先后完善《机关会议制度》《机关保密制度》《机关公文处理规定》等一批制度性文件，推动会务工作制度化、规范化、程序化建设。全会围绕"强组织、增活力、有作为"这个目标，是年举办新会员培训班、社情民意信息工作培训班，监委会、企联合和开明书画院顺利换届。先后组织参政议政骨干、企业界和书画界会员到外地走访学习、相互交流。完成蓬江、江海两区"会员之家"建设工作。

【参政议政】 2021年，省政协委员、原市委会主委费伟东的《关于重建恩平市蓝田水闸的提案》获省政协副主席李心督办。在江门市两会上，市委会提交5件集体提案，10件个人提案，3件人大建议和2篇高质量的社情民意。新会区委会提交提案8件；蓬江区基层委员会提交提案5件，江海区基层委员会提交提案4件，台山市基层委员会提交提案5件。是年，全会围绕市"十四五"规划，在园区建设、人才战略、乡村振兴等方面向市委市政府提出意见和建议。在民主党派负责人暑期座谈会上，民进江门市委会主委王作青做《加强现代农民培育，推进乡村人才振兴》提案报告；与市政协农业农村委联合到咸阳市开展"巩固拓展脱贫攻坚成果同乡村振兴有效衔接"专题调研；向民进省委会提交《关于加强大中型灌区节水改造，助力乡村振兴的建议》，从多角度为乡村振兴事业建言献策。信息工作反映民意工作方面。是年，是民进反映社情民意信息工作主题年，市委会向民进省委会提交社情民意3篇；向市政协、统战部提交的社情民意30多篇，王作青提交的《关于在房屋建筑和市政基础设施工程领域积极推行招投标"评定分离"的建议》、赵伟权提交的《关于尽快全面启动江门市建设垃圾焚烧发电项目的建议》被市政协重点关注，此外还有多条社情民意在反映民声、解决民忧方面发挥应有作用。

【社会服务】 2021年，民进江门市委会坚持定点扶持，长期跟踪，打造扶贫复明工程、支教助学、送医进社区等多个社会服务品牌，新会义工服务队、企联会义工服务队的建立推动市委会社会服务工作。是年，市民进推进"同心·彩虹行动"，第二年对口智力帮扶贵州省金沙县禹谟中学组织该校10名教师到蓬江区紫茶中学进行跟岗学习；开展扶贫复明工程，钟景贤承担民进省委会在贵州安龙"白内障复明·圆梦新视觉"项目，为安龙县的贫困白内障患者捐赠白内障手术100例，捐赠眼镜300副；结对帮扶贫困村，开展精准脱贫攻坚，民进江门市委会主委王作青率队赴恩平市大田镇白石村实地调研脱贫攻坚工作；开展"微爱心"活动，组织骨干教师、医生结对送教、送医、扶困助学入学校、社区。企联会多方筹集慈善款项，台山培正小学捐赠标准课桌课椅50套。

中国农工民主党江门市委员会

【组织概况】 中国农工民主党广东省江门市委员会（简称"农工党江门市委会"）辖农工党新会区委员会、农工党台山市委员会、农工党恩平市委员会、农工党鹤山市总支部委员会等4个县级基层组织，17个江门市直属基层组织。2021年全市有农工党党员937人，其中界别特色574人，占61%；其他363人，占39%。

【组织建设】 2021年6月20日，农工党江门市第十四次代表大会召开，选举产生农工党江门市第十四届委员会，委员21人，主任委员周津明，副主任委员王丹、白云梅、吕嘉琪、张超，任命林伟玲为秘书长。10月12日，十四届二次全体委员会议审议通过农工党江门市监督委员会组成人员：主任张超，副主任贾翠霞，委员陆岚、谭金华、徐晓盈；审议通过免去白云梅副主委、江门市委委员等党内职务。组织新一届基层组织领导班子培训、新党员培训、骨干党员履职能力培训等各类培训班。完善党内监督，开展廉洁自律教育活动，严格按上级要求召开领导班子民主生活会、领导班子述职和民主评议会。全年发展农工党党员36人，其中医药卫生界27人、生态环境界2人，界别特色占81%；中高级职称22人，占61%，保持农工党以医药卫生界高中级知识分子为主的特色。

▲ 2021年9月26—27日，农工党江门市委会在邓演达纪念园举办新党员培训班。

（农工党江门市委会 供）

【参政议政】 农工党江门市委会向各级人大和政协"两会"提交提案、建议案86份，其中，在江门市政协会议上提交的集体和个人提案18份，重点围绕人民群众关注的"健康中国"和"美丽中国"主题展开。向农工党中央、农工党广东省委员会、中共江门市委统战部、江门市政协报送社情民意信息40多份。向中共江门市委党代会建言献策6份，向农工党广东省委会提交明年省"两会"建言线索4份。围绕基层中医药人才队伍建设主题，联合江门市政协教科卫体委员会到五邑地区和甘肃等地深入调研，撰写《关于加强基层中医药人才队伍建设的调研报告》。

【社会服务】 2021年，市农工党发动五邑地区农工党党员参与农工党广东省委员会发起的同心圆99公益日捐赠活动，为"村医培训公益项目"筹得善款14 112.63元。市直基层组织到五邑乡村慰问脱贫户，巩固脱贫攻坚成果。

中国致公党江门市委员会

【组织概况】 中国致公党江门市委员会（简称"致公党江门市委会"）成立于1985年5月。至2021年底，召开9次全体党员（代表）会议，辖开平市委员会、台山市委员会、新会区总支部、蓬江区总支部、江海区支部、鹤山市支部以及6个市直属支部。

【思想建设】 2021年，致公党江门市委会通过多种形式在全体党员中持续开展学习习近平总书记全国两会重要讲话精神，传达学习中共十九届六中全会精神，深刻领会习近平总书记"七一讲话"精神。编辑出版《参政议政集》（2020年卷），出版内部刊物《同舟报》2期，向致公党省委、中共江门市委统战部提供信息90篇。

【组织建设】 2021年，致公党江门市委会基层组织27个，党员446人（含是年新党员20名），其中市直属241人（含蓬江、江海、新会、鹤山），台山121人，开平84人；党员平均年龄56.6岁，本届别特色人士占84%。党员任全国人大代表1人、省人大代表1人、市人大代表8人，任市政协委员13人；任县级市（区）人大代表13人，任县级市（区）政协委员35人；有3人被聘为市级"特约人员"。

【参政议政】 2021年，致公党江门市委会向各级人大、政协提交的议案、提案、建议75件，《加强江门市公共卫生人才队伍建设的建议》在江门市政协大会发言；向市政协提供社情民意19件。开展"中欧（江门）中小企业国家合作区建设""社区养老服务综合体建设""五邑华侨华人名人档案数据库建设""加快发展农业产业，促进乡村振兴""食品安全监管执法工作""推动蓬江区企业登陆新三板"等专题调研。

【社会服务】 2021年，致公党江门市委会先后赴鹤山市宝瑶纪念小学、蓬江区特殊教育学校、台山市广海中学、汕尾市城区捷胜镇捷胜中学，捐赠学习文具和体育用品，开展现场教学示范活动。赴台山市白沙镇龚边村开展帮扶工作，筹措经费协助该村开展帮扶工作，提升薄弱村的经济收入。

九三学社江门市委员会

【组织概况】 九三学社江门市支社委员会于1989年8月成立，2021年，社市委有19个基层组织，下辖蓬江、江海、新会3个基层委员会，15个支社和1个小组，其中包括蓬江一、二、三支社，蓬江医卫一、二支社，江海综合、高新、农业科技、职业教育支社，新会一、二、三支社，五邑大学支社、江门职业学院支社、鹤山支社和台山开平直属小组。

【思想建设】 2021年，九三学社江门支社举办"共庆百年华诞、同创千秋伟业——庆祝中国共产党成立100周年书画摄影网络展"分两期展出，展览以丰富的艺术形式展现中国共产党成立以来艰苦奋斗的光辉历程。是年，九三学社江门市支社委员会"社员之家"分别在在新会水润果蔬合作社和翔诚会计税务师事务所。并依托《江门九三》刊物、微信公众号等平台，及时推送学习资讯和工作动态。全年编印《江门九三》4期，编印《庆祝九三学社江门市委员会成立20周年纪念册》，微信公众号发布信息119条。

【组织建设】 2021年，九三学社江门支社发展社员20人，其中具有高级职称10人，中级职称4人，占发展总数的70%；博士1人，硕士3人，本科以上学历的占社员发展总数的95%，党派界别特色比例达80%。是年，全市有社员277人，平均年龄47岁。6月27日，九三学社江门市第五次代表大会顺利召开，选举产生新一届委员会和领导班子，吴国杰连任主委，黄家河、何伟东、李芳（专职）任副主委。

【参政议政】 2021年，九三学社江门支社向市人大提交建议3条，向市政协提交集体提案4件，个人提案10件；向各市、区政协提交提案12件，人大建议7条。当中，社市委提案《关于加快推进江门市种业强市工作的建议》和《关于推动潮连岛文创与人才双驱动建设，打造粤港澳大湾区特色"人才岛"的建议》被列为市政协2021年重点提案；吕彩霞的《关于尽快解决乡镇学校问题的建议》被列为区人大"一号建议"。社市委集体提案《关于促进科技型民营企业高质量发展的建议》获表彰为市政协2021年优秀提案，陈瑞香、贺晓元和程养林获得2020年度江门市政协委员履职量化考评优秀等次；蓬江基层委的《关于进一步打造启明里特色文旅项目的建议》《推动良溪古村文商旅协调发展的建议》获蓬江区政协2021年优秀提案奖；江海基层委的《关于主动承接广深港澳科技创新资源，参与粤港澳大湾区国际科技创新中心建设的建业》，被评为江海区政协2021年优秀提案二等奖。

在省第十三届人民代表大会第四次会议上，九三学社江门支社3位省人大代表共提交4份书面建议，其中张旭辉提交《关于普及公共场所配备急救设施的建议》，梁姚顺提交《建立农产品追溯体系建议》，吕彩霞提交《关于进一步推进安全生产责任保险的建议》《关于妥善解决乡镇学校历史遗留问题的建议》，这些建议充分反映社员们在各行各业多视角的观察和对社会的人文关怀。年内，各基层组织和专委会提交20条调研课题，《构建高质量产业创新体系，打造具有江门特色的先进制造业集群》等8条课题被定为2021年重点调研课题；《关于江门市科技创新平台建设的调研》作为社省委关于科技创新平台深调研成果报送，《推进江门市现代种业创新发展调研》作为2021年民主党派暑期座谈会的重点调研报告；《关于江门市禽蛋产业高质量发展的建议》为市政协明年大会发言提案。此外，由李树源执笔的《推动广东省农村消费市场优化发展，助力乡村振兴》入围社省委课题招标项目。

【社会服务】 九三学社江门支社开展"金牛迎春来，九三送温暖"送文化下基层活动。4月，市九三学社、江海区委统战部和江门市新阶层联合会在江海区长廊生态园联合举办主题为"江门市水产种业研讨及智慧渔业科技下乡服务展"的农业科技下乡活动。活动吸引广东省农业科学院、江苏铭治生物科技有限公司等11个单位和企业展出，现场还设有摊位为群众提供法律咨询服务，约200名群众参与受惠。儿童节期间，发动全体社员和统战部机关干部，筹集资金7500元为鹤山的14名边缘困境儿童购买学习、生活所需要的学习机、电风扇、自行车、书包及文具等物品，助力边缘困境儿童实现"微心愿"。10月，社市委组织社的农业和金融方面的专家社员赴台山市白沙镇朗溪村和北陡镇沙咀村两条薄弱村进行走访调研，现场召开"三对接"会议，梳理出两村的优势劣势，初步规划帮扶方向。12月，组织医卫界社员13人赴新会区罗坑镇中心卫生院开展义诊活动和医疗专题讲座，来自市中心医院、市人民医院、市妇幼保健院等的专家社员现场为30余名患者进行诊治咨询，得到患者好评。义诊结束后，专家们会诊住院疑难病例并提供治疗方案建议，与罗坑卫生院的医护人员就康复治疗方面进行互相交流。

江门市工商联合会

【概况】2021年，江门市工商联坚决贯彻落实市委市政府工作部署，以创建省内首家侨资民企党校和省内首个新会陈皮产业链党委为抓手强化政治引领，以推动综合金融服务、开展精益生产、深化经贸交流合作等举措服务民营企业高质量发展，参与脱贫攻坚助力乡村振兴，促进非公有制经济健康发展和非公有制经济人士健康成长不断取得新成效，获省工商联A级工作评价和通报表扬，党建工作获"2021年度创新中国地级市工商联工作最佳案例"。

【教育培训】2021年，市工商联坚持不懈用习近平新时代中国特色社会主义思想武装头脑、指导实践、推动工作。全年召开党组理论中心组（扩大）学习4次、党组会28次，专题学习会8次，完成117个议题的学习讨论。突出党建引领，开辟非公党建新阵地，打造广东非公党建"两个第一"，第一家新型侨资民企党校——雅图仕党委党校，全省非公经济组织党委体系第一家产业链党委——中共新会陈皮产业链委员会，为侨乡民企强化党建教育、凝聚发展合力开新局。党史学习教育走深走实，落实"我为企业办实事"19个事项、办理13项"暖企微实事"解决企业"急难愁盼"，举办5场"百场党课进千家商会万家民企"理想信念教育专场活动，举办7场专题培训，组织商协会代表、企业家到汕头、东莞、台山、开平等红色革命基地开展现场党史学习，引导党员干部和民营经济人士学史明理、学史增信、学史崇德、学史力行。

【服务经济建设】2021年，市工商联组织开展"精

▲2021年9月15日，全省非公经济组织党委体系第一家产业链党委——中共新会陈皮产业链委员会揭牌成立。

（市工商联 供）

益领航"三年行动,建立100家企业"精益领航库",鼓励企业践行新发展理念。与银行、信用评估等机构推出"精益贷"专属金融产品,帮助入库企业增加融资金额1.32亿元;与市工信局、市金融局及相关金融机构协调解决39宗企业诉求,协助解决难题10多件,助企业应对疫情期间招工难、原材料价格上涨等不利因素。从民间商会层面深化江门——澳门工商企业在资金融通、商事协作、物流通关、文化交流等方面合作。落实《江门市工商业联合会(总商会)·澳门贸易投资促进局·澳门工商联会·战略合作框架协议》;与海关等部门共同探索运用"跨境一锁"模式,推广中欧班列通关政策;引导企业用好全口径便利化服务等大湾区金融优惠政策,助企业在港澳低息融资合计4500万元;组织超过200家澳门企业、60多家本土企业参加江、澳工商界交流对接会;举办江澳惠企政策宣讲会,为企业讲解澳门及葡语国家投资、融资、贸易政策,拓展区域合作空间。

【法律服务】2021年,市工商联加强普法宣传,引导企业守法诚信,在企业和商协会中开展"法治民企""法律三进"普法惠企活动,通过网络授课、现场宣讲和资料汇编等多种形式大力普法。构建民营经济领域纠纷多元化解机制。搭建社会力量参与社会治理渠道,与司法局共同推进商事调解中心建设,参与建立江门市涉案企业合规第三方监督评估机制。推进公共法律服务进商会,在16家团体会员成立商会人民调解委员会、公共法律驿站2个、法律服务工作站1个,开展法律咨询、普法宣传101场,为896家民营企业"法治体检",参与权益维护、纠纷调解255宗。3家商协会被市政府设为第二批立法基层联系点,5家商会被评为省工商联法律服务示范点,2021年市工商联获评"谁执法谁普法"履职评议优秀等次。

【参与乡村振兴】2021年,市工商联组织商协会、企业参与"百企扶百村""万企兴万村"等行动,通过产业振兴、就业振兴、基础设施振兴、助学振兴、慈善振兴等方式,开设"扶贫车间",建立"爱心超市",创立电商创业。组织企业家赴广西南宁、崇左市,开展新发展阶段结对协作交流对接活动,签订《"十四五"时期江门市——崇左市工商联推进"万企兴万村"行动协作框架协议》,落实帮扶计划,实现江门市和广西崇左实现脱贫攻坚到乡村振兴衔接。到目前为止,有340家企业和商协会参与316条贫困村的结对帮扶工作,建立帮扶"项目库"280个,通过产业帮扶等多种方式,投入资金29 600多万元,惠及贫困户9629户、贫困人口36 500多人。4家企业获评粤桂扶贫协作先进广东民营企业,市工商联被广东省农村工作扶贫领导小组评为"脱贫攻坚"先进集体。

【参政议政】2021年,市工商联政协集体提案《关于加大对江门市小微企业信用贷、首贷支持力度的建议》被列为重点提案并由市领导亲自督办,推进江门市金融体系帮扶中小微企业融资政策落实落地。注重发挥江门市非公经济人士参与政治生活和社会事务的作用,工商联界别企业家站在国家、省、市的层面提出有利江门、有利民营经济发展的建议,在市本级人大、政协提出20份建议、27份提案,其中5份成为年度优秀重点建议提案,为优化民营经济发展环境展现应有的责任担当。

【商会建设】2021年,市商会以专门工作委员会和联络工作组加强执委会建设,结合组别功能开展活动,赴江苏、河南、上海调研取经、扩大商会朋友圈,执委会成员超过300人次参与,增强工商联组织活力。以"四好"商会创建推进商会改革发展,7个商会获评全省"四好"商会,巩固提升基层商会服务民营经济健康发展能力。培育新生力量紧抓组织固本强基,启动第二期"师徒结对导师制"年轻企业家培育工作,为传承和建设高素质民营经济代表人士队伍培育后备力量。加强异地江门商会工作,以"邑商联盟"凝聚全国邑商力量,巩固乡谊、深化合作、共谋发展。拓展五邑异地商会全国覆盖面,年内成立上海、顺德2家异地五邑商会,筹建广州、南京、河南等地江门商会。是年,全市工商联会员总数26 373个,在全省排名第五位。

人民团体

江门市总工会

【概况】江门市总工会是在中共江门市委领导下的职工自愿结合的工人阶级群众组织，是党联系职工群众的桥梁和纽带，是国家政权的重要社会支柱，是会员和职工权益的代表，接受市委和省总工会的双重领导。市总工会内设七个部室，分别为：办公室、组织建设和宣传教育部（与网络工作部合署办公）、维权工作部、经济工作部、财务与资产管理部、经费审查委员会办公室、人事部。现有行政编制22名，雇员编制3名。现有在职干部职工24名。市总工会所属事业单位2个，分别是江门市困难职工帮扶中心、江门市工人文化宫。江门市困难职工帮扶中心属公益一类的正科级事业单位，主要任务是协助市政府做好困难职工帮扶的相关工作，事业编制5个，实际在编人员4人；江门市工人文化宫属公益二类的正科级事业单位，主要任务是组织开展各类职工教育培训和各种文娱活动，为职工文化活动提供场所，有事业编制15个，实际在编人员10人。

【职工思想政治引领】2021年，市总工会组织劳模进园区、进企业、进校园开展宣讲活动74场；市总新媒体团队运营10大网络宣传阵地，传递党的声音、讲好工会故事；微信公众号粉丝增长至28.3万人，单篇阅读量最高达11万，影响力长期在全省工会系统排名前列，获江门市十大最具影响力政务微信公众号，获评"十佳创新传播案例""十佳政务新媒体编辑"；新启用微信视频号，在全省工会"我和我的工会"视频大赛中，2个作品获得"十佳"奖项；"江小慧说法""江小慧科普系列""十四五规划局长谈"专题策划形成品牌传播效果。

【劳动领域政治安全】2021年，市总工会建立部门间情报共享、应急响应十项机制，组建由区域性网格管理员、企业网格员、企业工会主席等1100人组成的基层网格管理工作队伍，探索运用大数据开展维权服务网格化管理，有效防范敌对势力向劳动领域渗透。工资集体协商完成率100%，34名工会律师团律师担任77家规模以上非公企业工会法律顾问。建立重点隐患企业台账23个、劳动关系监测点25个。工会工作"三支队伍"（社会化工会工作者145人、劳动争议义务调解员812人、职工文体兴趣小组4415人）工作机制不断优化，增强全市基层工会组织活力和粘性。

【产业工人队伍建设改革】2021年，市总工会重点推动产训结合、校企合作，探索建立产业转型升级与蓝领人才培育深度融合模式。江门市做法

▲2021年12月31日，江门市总工会联合中油BP开展江门智慧工会积分兑换中油BP加油券合作启动仪式。图为启动仪式现场。

（市总工会　供）

▲ 2021年4月30日，江门市庆祝"五一"国际劳动节暨劳模代表座谈会在市委市政府小会堂召开。图为市领导与获奖代表合影。

（市总工会　供）

得到上级肯定，是全省"产改"试点城市之一。开展劳动竞赛250多场次，参与职工近6万人次；联合人社部门开展"广东技工"三大工程技能培训，2万名职工获益。投入资金50.7万元，推进农民工"劳动创造幸福——求学圆梦行动"，500名职工取得技能补贴，107人取得学历补贴。推评16名个人和11个集体受全总、省总表彰；累计创建劳模和工匠人才创新工作室177家。

【工会基层组织建设】2021年，市总工会新建基层工会460个、发展会员3万余人，其中100人以上企业建会82个、建会率达99.8%。成立市县两级新业态行业工会工作委员会，不断提升工会服务新业态职工能力，开展新业态劳动者建会入会集中行动，新增11 341名依托网络平台就业的新业态会员。

【困难职工帮扶】2021年，江门市各级工会走访324家企业、7380户困难家庭，开展医疗救助、金秋助学、中秋慰问、临时救助、就业帮扶、技能培训、公租房入住等帮扶措施；实施困难职工常态化帮扶，发放困难帮扶金716万元；发放医疗互助保障金1680多万元，帮助5151名患病职工缓解困难。

【"互联网+"工会建设】2021年，江门智慧工会网上综合服务及实名制信息平台在精准服务职工、加强思想政治引领方面发挥重要作用。在广东省率先开展智慧工会会员积分制试点，为创新会费支出监管手段、探索企业工会民主管理途径、防范化解风险等工作打下坚实基础，市县两级工会开展积分活动58次，120家企业工会组织295次积分活动，累计发放积分1023万元。

【"我为群众办实事"实践活动】2021年，市总工会全面完成15个纳入市级"民生微实事"的工会实事项目，开办"快乐暑期"职工子女托管班20个；联合住建部门协助首批4户困难职工家庭配租入住公租房；联合市司法局建立职工公共法律服务平台，组建智慧工会法律顾问团队，配备48名专业律师，120分钟内答复职工、服务职工455人次；配合市司法局建设公共法律服务中心，盘活工会物业资产1.5万平方米，落实保值增值责任；建立全国、省职工书屋示范点6个、省市级职工书屋35家；建立省户外劳动者工会爱心驿站21个、省职工服务示范点服务项目8个、各级职工心灵驿站（心理咨询室）175个；制定实施市工人文化宫文艺作品参展收藏管理制度，市工人文化宫坚持疫情防控和服务基层两手抓，接待群众70多场次，直接服务职工群众15 000多人次。

【工会改革创新】2021年，市总工会坚持"开门办会""工事公办",建立实施人财物等制度30余项;全面铺开工会主席网络述职、会员民主评议,开展评议活动2158场,实现100人以上非公企业全覆盖,参评会员21.3万人,提出意见建议1.08万条。主动服务法治政府建设,发动29万会员评议市县54个行政部门、74个镇(街),助力构建共建共治共享社会治理新格局;开展"我为侨乡'十四五'建言献策"活动,征集会员意见建议1059条;编制江门工会"十四五"规划,围绕"六大工程",提出在"十四五"时期要以工会系统党的政治建设为统领,开展职工思想引领、抓维权促和谐、工会普惠服务、职工建功立业、工会数字转型、工会改革创新行动,共推进实施38个项目、130项举措。

共青团江门市委员会

【概况】2021年,江门市共青团员17.9万人,县(市、区)级团委7个,基层团委286个,基层团总支147个,基层团支部8947个。全市建立少先队大队566个、中队8664个、少先队员约35.8万名,有注册义工(志愿者)约61.3万名。

【青年思想引领】2021年,共青团江门市委员会组织第二批"青年讲师团"52人,深入农村、学校和青年集聚地开展党团知识宣讲1009次;举行"灯塔工程"领航讲师团大宣讲等一系列宣讲工作,提高青少年的政治站位和理论武装。开展青少年传承红色基因志愿宣讲"云直播"2场,通过本地红领巾志愿讲解员面向全省青少年走读领讲,使"云游"党史变得可亲、可爱、可近。2场云直播全省超106万人次观看。承办全市"党史青(少)年说"微演说比赛活动,精准组建18个分赛区,开展选拔比赛50多场,吸引超6000名青少年参与比赛,青少年线上线下"围观"学习人数超40万人次。组织全市来自公安、税务、海关、供电、消防等26个系统、领域的团员青年、少先队员1000多人,在江门市近20个红色教育景点及文化传承景点进行"青年同心·永跟党走"红色歌曲传唱。创排艺术党课《党的女儿》,"让艺术走进党课,用艺术讲好政治",将党史学习教育与艺术创作相结合,首演当天吸引全市党员、团员、少先队员、社会群众代表等900多人观看,广东新闻联播、凤凰新闻、"南方+"等20家媒体现场采访或报道。

【共青团自身建设】2021年,江门市新建"两新"团组织275个,全市建立"两新"团组织811个,包括非公企业700家,新社会组织111家,其中高新区火炬大厦创新创业园、鹤山产业转移工业园被评为"省级非公团建示范园区",维达纸业(中国)、广东金辉华集团、鹤山雅图仕印刷等3家公司被评为"省级非公团建示范组织"。深化青年之家建设,打通凝聚团员青年的"最后一公里"。深入推进全市青年之家建设工作,实现镇(街)青年之家全覆盖,并在蓬江区启明里、江门市第

▲2021年10月9日,在市文化馆举行江门市"党史青(少)年说"微演说决赛。

(团市委 供)

▲2021年10月13日,团市委、市少工委在广东实验中学附属江门学校举办"请党放心,强国有我!"——江门市开展纪念少先队建队72周年主题队日活动。

（团市委 供）

二人民医院、启迪之星科技企业孵化器等多个青年人才集聚地创新打造青年之家示范点,为团组织常态化联系服务青年提供阵地保障。全市建立"青年之家"159家,开展活动297场,服务团员青年超过19 000人次。探索县域共青团基层组织改革试点,推进新会区作为团中央县域共青团基层组织改革试点相关工作,通过定期会商研究、梳理工作清单、实地调研等形式,指导新会区在干部来源多元化、组织方式多样化、引领动员网络化等方面进行有益探索,贡献可行经验。

【学校少先队工作】 "灯塔工程" 2021年,共青团江门市委员会实施"灯塔工程",联合市委宣传部、市教育局等部门在全市青少年学生中深入开展"学党史、强信念、跟党走"学习教育"十个一",即：聆听一堂党史课；开展一次党旗、团旗、队旗接力活动；讲好一个红色故事；追寻一次红色足迹；创编一批红色话剧；参加一期"青马工程"培训；推出一批党史为主题的团课、队课网上课程；参与一期"赓续红色精神血脉"大中专学生志愿者暑期文化科技卫生"三下乡"社会实践活动；举办一场鼓号展示；选树一批先进典型系列活动,带动广大青少年学好党史这门"必修课",做到学史明理、学史增信、学史崇德、学史力行。2021年,全市举办主题团日、队日主题活动9300余场,覆盖全市超35万少先队员。江门市少工委推出艺术党课《党的女儿》,首次公演吸引900余名观众现场观看。在全市范围内举办党史青（少）年说,开展专场比赛超30场,吸引超6000名青少年参加。在全市范围中小学中开展"书画庆百年",评选出优秀作品250余幅,并面向全市展览。在"百剧庆百年"红色剧目中,江门市选送的5部作品有3部在全省百余部参展微剧作品中脱颖而出,获优秀剧目奖。其中由江门市紫茶小学少先队员排演的红色儿童剧目《歌唱二小放牛郎》荣获微型剧目全省第一名,并在"六一"主题队会上向全省青少年进行公开展演。此外,在少先队校外实践教育基地桃荫别墅积极承办团省委"福彩育苗计划"启动仪式,邀请全国少先队巡讲团成员、退役维和士兵代表进行"灯塔工

▲2021年10月27日,"福彩圆梦"——2021年"广东福彩育苗计划"启动仪式在江门市新会区举行。

（团市委 供）

程"宣讲,培养听党话、感党恩、跟党走的时代新人。

示范榜样 2021年,江门市开展"红领巾心向党——争做新时代好队员"江门市少先队鼓号仪仗队花样操比赛,全市14支队伍参加比赛,经过视频拍摄、评委评审等环节,最终评选出特等奖7名,一等奖7名,充分展现各校少先队员的风采。选树70名优秀榜样参加团省委、省教育厅、省学联、省少工委举办的2020—2021年度"广东省少先队先进个人(集体)"和第六届寻找"最美南粤少年",52个少先队集体和个人获两项省级荣誉。联合市委宣传部在全市范围内评选出江门市新时代好少年40名,不断丰富榜样引领体系。选出思想向上,德智体美劳全面发展的新时代少先队员6520名,集体200个,不断浓厚少先队员争章氛围,发挥奖章激励作用。结合"10.13"建队日,在全市范围内开展"请党放心、强国有我"江门市纪念少先队建队72周年主题队日活动共370余场,覆盖全市超35万少先队员,增强少先队员光荣感和组织归属感。

组织建设 2021年,团市委在全市中小学规范建立少先队大、中、小队组织,实现符合建队条件的中学、民办学校实现少先队组织建设100%全覆盖。开展入队仪式、离队仪式等420余场,强化推优入团,为团组织推荐优秀少先队员4256名。在符合条件的中小学校实现100%建立学校少工委,明确要求学校少工委主任必须由学校党组织书记或政治面貌为党员的校长担任。全市各级少先队总辅导员及中小学大队辅导员实现100%配备到位。发动社会各界杰出青年、优秀家长、"五老"人士等,担任少先队校外辅导员,不断增强少先队员校外引领队伍建设。

少先队"走向社会" 2021年,团市委统筹全市建立73所覆盖各领域的少先队校外实践教育营地(基地),打造身边的"少先队员之家",相关工作被《中国共青团杂志》报道,并获团省委、省少工委肯定。发挥"江团资讯""青春江门"等新媒体50万粉丝的矩阵效应,发动全市少先队员开展网上红色打卡、"鼓号队""百剧庆百年"等各类展演,覆盖全市超30万少先队员。

少先队辅导员建设 2021年,江门市以"线上+线下"的形式,召开少先队辅导员培训256场,重视红领巾工作室、名师工作室等重要阵地建设,先后派出工作室领头人21人次参加省、全国各类培训交流。2021年,1名少先队总辅导员被评选为"全国红领巾宣讲团成员",4名中学共青团导师获评为"中级""初级"导师。

【**网上共青团建设**】 2021年,团市委江门市委员会推出"党史百年天天读"学习专栏,广泛开展"请党放心,强国有我"、"五四"青年节、十九届六中全会精神学习等网络话题活动。2021年通过各种贴近青少年生动活泼的方式,为党发声。团市委江门市委员会公众号青春江门推送信息378条,总阅读量超过316万次,稳居全市政务新媒体前五。江团咨询微信公众号实现粉丝增长超26%。

【**智慧团建**】 2021年,团市委掌握全市9200多个团组织、1.6万多名团干部以及近18万名团员的整体情况,强化日常管理,指导全市各级基层团组织做好团干团员管理、团费收缴、组织关系转接、团员教育评议等工作,推动基础团务常态化、规范化。发展新团员9729名,其中高校领域702名,中学领域8700名,社会领域327名,新发展团员系统报到率达100%。发动全市团员青年参加"青年大学习·一起学党史"网上主题团课,每周公布参学情况,营造出全市各团组织"比学赶超"的良好学习氛围。以党史学习教育情况录入工作为抓手,指导全市6800多个团支部做好6次学习专题会、3次主题团日、1次组织生活会的开展并100%录入系统,推动党史学习教育向基层延伸。

【**共青团参与基层社会治理**】 2021年,江门市培育孵化青少年服务社工机构8家,初步建立861人的青少年事务社工专业人才队伍,打造"阳光行动""晴朗天空"等6个品牌公益项目。2021年市县两级团委投入经费80万元,以"行为矫正＋技能学习＋社会融入"三步帮教模式开展个案辅导、思想教育、法治教育、心理辅导等工作,帮扶各类特殊青少年(重点青少年、社区矫正青少年、附条件不起诉未成年人、涉毒人员未成年人子女)

122名，开展个案辅导500多人次，开展小组团队活动24场。委托4家专业社工机构到学校针对学生、教师、家长开展专业的社工服务，投入资金38万元，覆盖学校23所，服务学生群体超过2万人次，开展个案服务235个；2021年，市县两级团委联合有关部门投入经费108万元，深入开展"四工"结合进校园项目，覆盖重点青少年群体数量4.5万多人。线上依托12355热线，在线接听咨询电话约3700多个，线下对接12355热线青少年综合服务台、未成年人心理辅导站、青年之家、青少年维权岗等服务阵地，为青少年提供免费心理面询525人次，对21名青少年进行心理危机干预。2021年度有586支志愿服务队伍、5.2万名志愿者参与疫苗接种、核酸检测、基层联防联控等防疫志愿服务工作，服务时长超77万小时。2021年以来全市开展文明创建志愿服务活动近1万场次，参与活动超19.7万人次，活动总时长达87.7万小时。

【共青团助力禁毒】2021年，各级团组织联合禁毒办、教育等部门在全市开展青少年禁毒宣教活动571场，直接向10万多名学生普及识毒、拒毒、防毒知识。联同帮扶小组成员单位到牛江镇深入到农村、学校当中开展禁毒宣传活动，向群众、学生派发宣传小册子和特色宣传物品。联合市禁毒办推动市县两级组建禁毒志愿者队伍，发动约8.1万人在江门志愿者网注册成为禁毒志愿者，定期深入学校、社区、农村、厂企宣传禁毒知识，是年，禁毒志愿服务63 663.5小时。

江门市妇女联合会

【概况】2021年，江门市妇女联合会作为全省唯一地级市妇联被评为全国妇联系统先进集体、广东省消费扶贫突出贡献单位、江门市关心下一代工作先进集体。市妇联党总支被评为市直机关先进基层党组织。市妇联权益部被评为全国维护妇女儿童权益先进单位。

【基层组织建设】2021年，江门市妇女联合会坚持党建带妇建，推进妇联组织"破难行动"。与市委组织部联合印发《关于做好2021年全市村（社区）妇联换届工作的通知》，推进"会改联"后首次与村（社区）"两委"同步换届，选举产生村（社区）妇联执委1.5万多名。出台《2021—2025年江门市妇联干部教育培训规划》，着力增强妇联干部队伍能力提升。召开全市妇联主席工作会议暨基层组织建设工作现场会，在汕头大学举办市妇联执委和妇联干部培训班。开展寻找"最美妇联执委"活动，各级妇联推选出25名江门"最美妇联执委"。157个"四新"领域妇联组织活跃在基层，上海江门商会妇联成为江门市首个在异地建立的妇女组织。对省、市级"妇女儿童之家"示范点开展中期督导检查，新建"妇女微家"10个。开展第六届妇女儿童微公益创投活动，"守护明天·一路童行"女童青春健康护航服务、儿童安全教育趣味闯关挑战赛、健康家居知识进社区、提升巾帼创业就业新技能、助残心灵驿站项目、夕阳追梦灿若霞6个项目获资助。市妇联在全省女性社会组织工作会议上做经验发言。

▲2021年8月19日，江门市科技创新巾帼行动启动仪式在粤湾云谷智慧产业园举行。现场为江门市蓬江区创新创意产业发展中心等10个首批江门市巾帼创新创业基地授牌。

（市妇联　供）

【创业创新巾帼行动】2021年，江门市启动"科技创新巾帼行动"，创建市级以上巾帼双创基地11个，举办创业分享会、电商培训、政策宣讲等200多场，为广大妇女搭平台链资源，引导妇女抢抓"互联网+"机遇。联合有关部门举办江门市"科技杯"创新创业大赛和"乐业五邑"创业创新大赛。发动近400个巾帼创新项目参加粤港澳大湾区女性科技创新大赛、省妇女手工创业创新大赛等女性双创大赛，28个项目获奖，市妇联在这两项大赛中获"优秀组织奖"。推荐《大湾区文创手工业高技能人才智库》项目参加2021年广东省妇女手工创业创新大赛和第二届中国妇女手工创新创业大赛，分别获得金奖和"助力贵州苗绣＋产业公益奖"。举办高层次人才等专场交友联谊活动8场，提升人才幸福感、归属感。

【乡村振兴巾帼行动】 2021年，江门市聚焦巩固拓展脱贫攻坚成果同乡村振兴衔接，全年向75名妇女和巾帼致富带头人发放创业小额担保贷款795.29万元，贴息42.89万元，辐射带动1000多名妇女群众增收致富。配合实施"粤菜师傅""广东技工""南粤家政"三项工程，举办巾帼家政职业技能大赛2场，依托江门市妇女儿童活动中心，大力推进政策宣传、供需对接和免费技能培训送进基层。开设培训班31期、公益培训课6场，开展家政等免费技能培训和就业推荐1440人次。与广西崇左市妇联共同签订东西部协作框架协议，选派江门市妇女儿童活动中心副主任梅鸣健同志作为驻村"第一书记"到恩平市东成镇横岗头村开展帮扶工作。

【妇女儿童权益维护】 2021年，江门市开展妇女法治宣传，以"建设法治江门·巾帼在行动"为主题，深入村（居）开展普法宣传2147场次，受惠妇女24万多人次。开展2场妇女儿童权益保障法律法规线上有奖知识竞答，吸引近15万名群众参与。推出10期妇女普法"维"课堂，浏览量近6万人次。普法"维"课堂被评为市"十佳创新传播案例"。深化平安家庭创建，实施"平安家园和谐侨乡服务项目"，打造3个基层平安家园服务示范点，印发《关于推动江门市婚姻家庭纠纷调解工作规范化建设的指引》，推动全市超90%的镇街建立婚调机构。做好妇女信访服务。成立妇女儿童维权普法讲师团和婚姻家庭纠纷调处专家团，全市8个妇女维权服务站全年处理妇女信访2100余宗，收到群众感谢锦旗10面。举办全市公安、妇联系统反家暴和涉未成年人案件办理工作线上培训班。推进社会心理服务体系建设。成立妇女儿童心理

健康服务专家团，新建3间省级"舒心驿站"，全市6间"舒心驿站"全年接待心理咨询来访347人次。举办2场妇女心理健康大讲堂吸引近4.7万人次参与。实施保护女童人身权益三年行动。联合11部门印发全省首份涉未成年人案（事）件服务专区工作指引和性侵害未成年人刑事案件取证救助工作指引。建立重点妇女儿童台账，开展"两类女童"一对一结对帮扶，全年探访慰问"两类女童"超1.5万次。

▲4月23日，颂百年风华 传红色基因——2021年江门市"少年儿童心向党"家庭亲子阅读红色经典活动在市妇女儿童活动中心举行。

（市妇联 供）

【家庭文明创建】 2021年，江门市实施《江门市传承弘扬好家教好家风行动实施方案（2020—2022年）》，举办"传承好家风好家训·共建文明和谐家庭"等主题宣传活动500多场，开展"颂党恩·传家风"——江门市"家和万事兴"全家福及家规家训征集展播活动，在全市10多处标志性建筑LED屏亮灯展播13个全国、省、市文明家庭、最美家庭、书香家庭的全家福及家规家训。层层挖掘"最美家庭"200多户，获评全国、省级"最美家庭"及优秀书香之家9户，创建10个市级家庭文明建设示范点。打造7个美丽家园示范点，评选出各级"最美庭院（阳台）"165户。江海区江南街道江翠社区"家文化＋"文明社区建设项目、新会区大鳌镇东风村"我家很美·只因有你"美丽庭院创建项目获评省"家越美·粤幸福"美丽家园建设项目。加强家庭教育指导服务，成立

江门市梁启超家教家风家长学校及讲师团，在江门电台《家有儿女》栏目开设31期家庭家教、家风节目，向基层发放100期家庭心理健康微视频，举办"学启超家教·传优良家风"等家庭教育大讲堂508场，发动12个家教家风志愿服务项目参评市志愿服务项目大赛。"传承好家训·弘扬好家风——江门市家庭文明宣传进基层系列宣传项目"获评广东省最佳志愿服务项目，市巾帼义工联谊会会长寸迎新获评广东省最美志愿者。新会区成立江门市首个县级家庭教育指导服务中心。

【宣传教育活动】2021年，市妇联打造"政治课堂""妇情课堂""云端课堂"，开展专题培训、"学党史·巾帼说"读书分享会、革命传统教育等集中学习培训40余次。在广大妇女中开展"四史"教育，开展"学党史、听党话、颂党恩、跟党走"巾帼传颂视频征集展播，"学史明理·与法同游"线上游学、"致敬侨乡巾帼英烈"展播宣传，制作《可爱的中国》诵读视频参与市党史传颂万人接力等活动，被评为优秀作品进行展播，活动吸引超过44万人次参与。开展百年党史知识巡展，举办"党的故事我来讲""唱支新歌给党听""党的故事我来画"等"少年儿童心向党"系列活动，获得省市级奖项169个。开展"我为群众办实事"实践活动，确定22项民生实事为重点项目强力推进并提前圆满完成。相关经验在党媒党刊省级简报上刊登近30篇。深入开展"巾帼心向党·奋斗新征程"庆祝中国共产党成立100周年群众性宣传教育活动，采取宣讲会、故事汇、主题展等多种形式开展"巾帼大宣讲"500多场，"江门女性"微信公众号获评市"十佳特色政务新媒体"。

江门市科学技术协会

【概况】江门市科学技术协会（简称"江门市科协"）是江门地区科学技术工作者的群众组织，是中共江门市委领导下的人民团体，是党和政府联系科技工作者的桥梁和纽带，是发展科技事业的重要力量，为科技工作者服务，为创新驱动发展服务，为提高全民科学素质服务，为党和政府科学决策服务。江门市科学技术协会成立于1961年，至2021年12月，先后召开11次代表大会，历任科协主席为：薛方、林煜、陈树昌、易祝成、赵树培、吴森。现为第十一届委员会，委员63人，常委33人。所属地方科协、市级学会、院校和厂企科协组织有49个，其中县级（市、区）科协7个，市级学会33个，院校科协4个，厂企科协5个。所属科普教育基地58个。全市73个乡镇（街道办事处）设立科协组织机构，形成全市科协组织工作的三级网络。编有刊物《江门科协通讯》。

【强基固本】2021年，江门市科学技术协会成立领导小组，制定方案，及时动员部署，推进领导班子、党支部和党员干部三个维度的学习教育。中心组专题研讨14次，党课10次，专题会议学习17次，革命传统教育7次，学习教育成果得到省委、市委巡回组充分肯定。深入开展"我为群众办实事"活动。深入基层科协办实事，建立学会党建联络员队伍；深入科技工作者办实事，建立"全国科技工作者日"长效机制；深入城乡居民办实事，广泛开展科技志愿服务系列行动；深入中小学校办实事，送科技讲座、科技活动进校园，培育科技后备人才。为民办实事44件，投入民生项目资金160万元。

【学术论坛】2021年，江门市科学技术协会组织开展自然科学优秀学术论文评选，有348篇论文参评，评选表彰了100篇优秀论文。联合江门日报评选出30名优秀科技工作者。组织各级科协组织围绕五大模块，通过媒体宣传、评先推优、座谈交流，营造节日氛围，充分展现建党百年科技工作者精神风貌。市委市政府发布《致全市科技工作者的一封信》，为全市科技工作者送去关怀和温暖。实施科技人才成长工程主动融入全市人才工作全局，开展青年科技人才托举计划，托举10位优秀青年科技人才。召开座谈会，20多位代表和导师专家畅谈助力青年科技人员成长成才。推进智库体系建设，结合海智、学会建立新的智库体系。印发《江门市科协决策咨询调研课题管理办法（试行）》搭建建言献策平台。推荐清沁绿农业科技有限公司申报广东省科技专家工作站；

推荐江门启迪之星和粤湾云谷成功申报广东省科协海智计划工作站。提升学会服务能力，打造高水平学术交流平台。全年各级科协组织开展各类重点学术活动近200项，参与科技工作者近2万人次。

【科普行动】 2021年，江门市科学技术协会在全国科普日行动中，协调各成员单位，动员科技工作者和社会力量，3个多月开展科普联合行动，形成江门科普矩阵。组织《全民科学素质纲要》《科普条例》宣讲会。由市府办印发《2021年江门市全国科普日活动方案》，市委、市政府专门发布《致全市广大科普工作者的一封信》，征集活动110项，发动科技志愿者2100余人，开展科普活动112项，参与群众达774.5万人次、青少年超175.8万人次。

校园科技活动 连续9年举办"大手拉小手——科普报告希望行"暨弘扬时代新风科普宣讲活动，2021年举办81场报告会，超过2万人参与。举办第二届"中国飞天梦——科普万里行"主题活动。投入8万元联合市教育局启动江门市科技教育及科学素养质量监测评价系统建设项目。

▲2021年4月19日，江门市科学技术协会举行2021年江门市"大手拉小手——科普报告希望行"活动。

（市科协　供）

组织开展青少年科技竞赛 2021年，江门市科学技术协会承办省36届青少年科技创新大赛，江门市选手斩获62个奖项，创历届之最，大赛组织工作受到肯定。举办青少年机器人竞赛暨人工智能编程交流活动，160多个队伍404名青少年参与，推荐项目获省2个一等奖、3个二等奖。举办《教师在科技活动中的作用》交流活动，超千人次参与。举办青少年科技实践能力挑战赛，开展"科普小达人"视频评选等，提高江门市青少年的科学素养。

科普宣传活动 组织开展"全国科技活动周、全省科技进步活动月"主场活动，80多块科普宣传展板巡回展出。4所社区科普大学已开课近70次，惠及社区万余居民。年内资助科普教育（示范）基地50万元，支持举办各类科普活动、种植培训，助力乡村振兴。

科普信息化建设 2021年，江门市科学技术协会动员各科普中国e站3.1万名信息员转发"科普中国""广东科普"等权威科普信息，传播量32.6万次。开展3场线上科普有奖竞答活动，组织第二届省全民科学素质大赛，超29.5万多人次参与。全媒体科普发布抗疫等科普资讯，利用户外广告播发200余万次，"邑起来科普""科普一分钟"向广大群众宣传科普。人民日报等7家媒体24个栏目关注并报道江门市科普活动。

【基层组织】 2021年，江门市推动基层科协组织能力的提升，制定《主管科技类社会组织管理办法》，强化学会组织管理监督。举办干部培训班，开展组织建设交流。江海区、新会区和开平市确定为全国科普示范县创建单位，开平市获得省科协65万元经费补贴。江海区科技馆获得中国科协财政补贴129.25万元。制定《江门市科协主管科技类社会组织党建工作联络员制度》，召开学会党建会议，组建24名党建工作联络员队伍，组织党建培训，坚持党建工作与业务融合，促进学会健康发展。修订《江门市科普教育基地管理办法》，新认定并命名市级科普教育基地51家。推荐5家省级科普教育基地申报国家级科普教育基地，新会圭峰山国家森林公园获得省科协推荐资格。出台《江门市科协先进集体和先进个人评选办法》《江门市科协科技社团工作评价办法》，召开科协工作会议，评选表扬先进集体10个、先进个人28个，引导各级科协组织规范化管理、打造服务品牌，良性发展。

江门市归国华侨联合会

【概况】江门市归国华侨联合会（以下简称"市侨联"）成立于1955年，是中共江门市委领导的由归侨、侨眷组成的人民团体，是党和政府联系广大归侨、侨眷和海外侨胞的桥梁和纽带。市侨联机关内设办公室（加挂基层建设部）、联谊联络部、经济科技部。直属团体有江门侨界青年联合会、市留学生联谊会、市印尼归侨联谊会、市越柬老归侨联谊会、市华侨历史学会、市侨联法律顾问委员会、市侨刊乡讯协会、市联海侨界媒体交流中心等8个团体组织。根据《中国侨联章程》，侨联的宗旨是为侨服务，有六大职能：服务经济发展、依法维护侨益、拓展海外联谊、参政议政、弘扬中华文化、参与社会建设。工作特性是：群众性、民间性、涉外性、统战性。市侨联于2013年12月被国家人社部、中国侨联评为"全国侨联系统先进集体"，2021年1月被中国侨联表彰授予"全国侨联系统抗击新冠肺炎疫情先进集体"。

【组织建设】2021年，江门市侨联组织有984个，"党建带侨建"建点437个、侨胞之家246个、院校侨联工作站4个，2021年开平市沙岗侨联获全国侨联系统优秀"侨胞之家"称号。市、县两级侨联（8个单位）独立设置（除蓬江区、江海区、鹤山市侨联分别与统战部门合署办公外），班子成员有主席、副主席（专、兼职）、秘书长齐全。其中江门市侨联机关事业编制12名，实际工作人员16人；县（市、区）侨联编制数量38人，实际工作人数42人；镇（街）侨联无编制，但有实际工作人数151人；村（居）侨联无编制，但有实际工作人数886人。全市配备专、兼职侨联工作人员1094人。

【侨界助力创文抗疫】2021年，市侨联引导侨界参与江门市全国文明城市创建，开展"文明之歌大家唱"行动，围绕"迎华侨华人大会·创全国文明城市"主题，发动海内外华侨华人同唱"我的中国心"主题歌曲。发挥党员先锋模范、党员领导干部表率作用，设立党员先锋岗1个，开展"创文"与支援核酸检测党员志愿服务时长累计288小时，志愿者服务次数多达66次。

【引资引智服务经济】2021年，市侨联把中国侨都华侨华人总部建设纳入《江门华侨华人文化交

▲2021年7月8日，市侨联召开江门市侨界学习贯彻习近平总书记"七一"重要讲话精神座谈会，以学习宣传贯彻习近平总书记重要讲话精神引领党史学习教育高质量深入开展。受邀在北京出席庆祝中国共产党成立100周年的海外侨胞代表、华侨华人代表、市侨联直属团体负责人、归侨侨眷代表参加。

（市侨联 供）

流合作重要平台建设方案》、江门市"十四五"规划和2035年远景目标纲要、市政府三年行动计划。支持市留学生联谊会发展壮大，建设3个"留学归家"活动中心，搭建新侨、海归在江门创业创新的对接窗口和服务平台，举办首届护航计划江门活动研学成果交流会、"市留联会新会员见面会暨新媒体技术分享活动"、澳门青年互助会江门交流行活动、"大湾区的机遇与挑战——利用大数据配合内地政府政策落户大湾区"网络讲座、"新会南粤侨创基地＆企业参访行"活动、江门市科技人才政策成果分享会、留学归国人员创业项目对接会、"爱你人才"沙龙等各类交流活动16场，参与活动的高层次人才、留学归国人员和港澳青年超过900人次，协助引进海创项目4个。依托南粤侨创基地，举办"侨创南粤"新侨、海归创业交流活动。推荐9名留学归国人员申报国家级人才奖励计划和申请40万高层次人才创业团队资助。联合市人社局共同承办粤港澳青年文化创意交流峰会暨"乐业五邑"文旅创业创新大赛颁奖典礼。以《区域全面经济伙伴关系协定》（简称RCEP）发布为契机，向江门本地企业家和RCEP区域范围内五邑籍侨商发出问卷调查100多份，收集整理有关情况报市委市政府，筹备举办RCEP启航合作发展系列活动。

【搭桥联谊】2021年，市侨联坚持"工作在国内，影响在海外"思路，主动做好海外联络对接服务工作，当好海外侨胞的贴心人。目前，江门市各级侨联与世界上100多个国家和地区500多个社团建立联系。拓展"一带一路"，拓展联系欧美国家、太平洋岛国等重点地区工作，利用侨资源推动双边经贸合作和人文交流。特别是重点做好所罗门群岛侨团对口联系工作，录制《跨越山海的祝福——2021年春节文化交流活动（江门——霍尼亚拉）》特别节目，与所罗门群岛华侨华人同贺新春，在所罗门群岛华人社会和当地人社区引发热烈反响。

【维护侨益】2021年，市侨联加强对归侨侨眷权益保护法及其实施办法、华侨权益保护条例等学习宣传，营造护侨、爱侨、暖侨氛围。承办广东省推进涉侨纠纷多元化解工作交流会暨民法典宣讲活动，提高依法护侨能力。结合"侨都赋能"工程，组织法律专家组在深圳、江门两地开展华侨华人公共法律服务国家平台建设调研，探索建立具有江门特色的港澳台侨权益保护协作机制；加强"法＋侨"联动，全市建立"涉侨纠纷诉调对接工作室"45个，在巴西等3个国家设立涉侨纠纷多元化解远程平台，实行涉侨纠纷跨境调解。加强"检＋侨"联动，与市检察院、市委统战部共同创建"检侨联络站"。组建8个侨联法律顾问委员会，建立护侨维权队伍，特邀调解员有57名。2021年，市侨联推动"我为群众办实事"12项清单全部办结，办结率100%，解决一批侨界群众"急难愁盼"问题；建立涉侨信访协调机制，设立侨联系统信访工作队伍，加强与有关部门对接，2021年以来江门市各级侨联处理来信来访180件（次）。做好困难归侨侨眷"送温暖·献爱心"工作，2021年春节前夕慰问3个华侨农场以及蓬江、江海和新会的散居贫困归侨191户（人）。2021年下拨华侨事业费和贫困归侨扶贫救助补助资金58万元，扶持300多名困难归侨、侨眷。做好社会帮扶工作，鼓励和支持侨青会开展公益活动，每季度开展"爱的抱抱"活动，资助一批患重病的归侨及其子弟渡过难关。各级侨联开展"侨爱心·光明行"白内障复明公益活动，帮助400多名困难归侨、侨眷眼疾患者免费进行手术治疗。

【参政议政】2021年，市侨联推荐3名市政协委员候选人；做好议案、提案办理工作，2021年市侨联办理市人大代表建议、政协委员提案15件，其中主办3件。依托参政议政平台发"侨声"服务侨胞，通过全国人大代表、归侨冯玉宝同志在全国"两会"期间提出建议，为侨胞子女就读国内大学提供多种选择，得到有关部门迅速反馈。引发海外侨胞热议全国"两会"，联系对接10多个国家的侨领代表接受媒体采访，讲好中国故事、传播中国声音；引导华侨华人参政议政，2021年3月，邀请美国、加拿大、英国、法国、塞浦路斯、巴西、智利、委内瑞拉、新西兰、卡塔尔、肯尼亚等11个国家和我国港澳地区的14名华侨华人列席江门市人大会议和市政协会议。支持留学归国人员参政议政，组织市留学生联谊会核心成员参加江门市党外人士通报会、座谈会，参与全省归国留学人员国情培训班，推荐3名留学归国人员为市政协委员，推荐多名留学归国人员为市侨联委员。

【拓展传播平台，传承中华文化】 2021年，市侨联结合江门对外工作重点，组织美国、多米尼加、库拉索、马来西亚等国家100多名华裔青少年举办线上"亲情中华·为你讲故事"夏（冬）令营活动。推动开平塘口镇成功申报"中国华侨国际文化交流基地"，支持华侨博物馆、五邑大学、恩平牛江镇、台山大江镇、开平塘口镇等5个中国华侨国际文化交流基地开展好对外文化交流工作。发动华侨华人代表和10多个侨界社团策划拍摄同唱"我的中国心"主题歌曲；举办"侨批文化与华侨精神研讨会""侨批中的党史"学术研讨会，支持市华侨历史学会召开2021年会员大会暨五邑侨史专题学术报告会等；设立江门市联海侨界媒体交流中心，加强与海外及港澳华文媒体合作，与12个国家（地区）侨界媒体建立联系，举办"追梦中国、情系侨都——2021侨界媒体五邑采风行"活动，组织海外15家侨界媒体走进江门，宣传推介"侨都赋能"工程，发稿量超过60篇。2021年市侨联在各级媒体发布信息近800多条，其中依托《中国侨都·江门》杂志编辑出版"侨联通讯"4期，指导《中国侨都》《炎黄天地》侨刊杂志各发行4期，发送微信公众号信息432条、网站发布信息388条，2篇综合工作交流稿被《中国侨联》杂志刊登。多篇稿件被市委办、江门日报、江门发布、电视台等采用；加强侨刊乡讯工作网络建设。加强主管主办的侨刊乡讯和网站、微信、视频号等全媒体的工作指导和监督。推动成立江门市侨刊乡讯协会，构建侨刊乡讯海外工作网络。新会区侨联设立"侨刊乡讯阅览中心"，成立侨刊乡讯义工志愿服务队。开平市举办多期侨刊信息员培训班和采风活动。恩平市侨联开展"传乡音，送家书"义务投递志愿服务，为恩平12个镇（街）侨联、"侨胞之家"及侨资企业免费赠阅《恩平公报》。

【江门侨青会概况】 江门侨界青年联合会自2017年第四次会员大会以来，依照《章程》开展工作，坚持为侨界青年服务宗旨，汇聚海内外侨界青年力量，同心战疫，扶贫助困，搭建平台，活跃会务，开展对外联谊、商务考察等活动。

【侨青会经贸助力】 2021年，江门侨界青年联合会分别与澳门缅华工商促进会、国际青年商会香港总会、广东省潮人海外联谊会青年委员会、广东网商时代产业园投资管理有限公司开展交流活动。关注会员动态，组织会员到华联工业有限公司、迪索家用五金制造有限公司、广东澳林板业有限公司、江门市利保名车俱乐部等会员企业进行拜访交流，解会员近况与诉求。搭建大湾区侨界青年创业项目投融资对接平台，协助华商企业更好地对接创业平台和投融资服务，7月22—24日，江门侨青会联合广东华商青企研习班举办"粤港澳大湾区侨界青年合作发展"考察交流活动。组织广东华商青企研习班的青年企业家和江门市部分侨界青年企业代表参观江门市华人华侨博物馆、珠西先进产业优秀人才创业创新园、启迪之星项目园区、江门市侨梦苑、江门市迪浪大数据产业园、江门市瑞荣泵业有限公司、江门市侨之汇跨境商品体验馆、李锦记（新会）食品有限公司和广东粤特变压器有限公司等双创园区和江门市部分重点侨资企业，并与江门市侨资企业家座谈交流。

【侨界抗疫】 2021年，江门侨青会会员企业在市侨联统一领导下，发起"爱心接力"行动，捐赠一批抗疫物资，支援江门市奋战在疫情防控前线的工作人员。江门侨青会理事、江门市本无广告策划有限公司经理黄立峰联合有关公司组织全体员工为蓬江区白沙公园核酸检测点、三角塘公园核酸检测点安装30多顶帐篷、10多台移动空调，制作现场秩序维护物料、安装指引标识等。江门侨青会副理事长、广东迪浪科技股份有限公司董事长姚秉浪率公司员工把大批抗疫爱心物资送抵各个核酸检测点。6月10日，市侨联党组书记、主席林春晖率江门侨青会到江门五邑中医院开展"抗疫慰问"活动，为医院的抗疫工作人员献上清凉物资和诚挚的问候。

【暖侨活动开展】 2021年2月，江门市侨联、恩平市侨联、江门侨青会联合开展"爱的抱抱·情暖侨心"2021年春节慰问活动，为13户困难归侨侨眷送上关爱和祝福。

【侨界参政议政意识增强】 2021年，市留联会通过组织核心会员参加江门市党外人士通报会、座谈会，参与市委统战部组织的民主党派暑期调研和省委统战部组织的全省归国留学人员国情培训班，鼓励留学归国人员参政议政、建言献策。近年来推荐多名留学归国人员列席江门市人大会议，推荐3名留学归国人员为市政协委员，推荐多名留学归国人员为市侨联委员。

【侨界创业平台搭建】 2021年，市留学生联谊会响应国家粤港澳大湾区战略，联合"联络五邑海外服务工作站（香港站）"、侨青创业创新商务（江门）有限公司开展海外和港澳青年人才项目引进，已达成合作意向项目5个，涵盖生物科技、环保制造、文化产业等领域。同时发动多名市留学生联谊会会员参加第三届"乐业五邑"创业创新大赛宣讲会，参观开平旅游文创新景点——赤坎侨小馆，深入解开平独特的侨文化底蕴。2021年8月，市留学生联谊会设立第二家"留学归家活动中心（万科）"，为广大留学归国人员提供联谊交流活动场所。9月，市留学生联谊会第2家"留学归家活动中心（华辉煌）"落户华辉煌科技产业园，这是继"留学归家活动中心（万科）"后迎来的第2个挂牌点。11月，协助举办"爱你人才"沙龙日——江门市留学归国华侨华人创业交流活动，为高层次人才提供在江门更好地创业、生活提供服务，活动中组织4名会员江门市东有科技有限公司总经理余恺为、圣祥高科集团总经理、中澳创新中心合伙人兼中国大区总经理蔡浚楠、广东雅风智能家具科技有限公司总经理王珺珑、广东华邑金巢投资有限公司财务总监邓君如作为本次活动分享嘉宾、留学归国人才分别分享各自的创业项目和在江门的创业经历，并与在场高层次人才进行互动交流。12月，举办"追新求变"赋能海归创业暨"现有土地变更改造增收益"交流研讨会活动，通过邀请台大不动产与城乡环境学系本科、都市及区域规划硕士宋雨儒向海归企业家介绍现有土地变更造增收益，解析土地政策，举例传统产业转型升级的相关案例，增进海归企业家们对土地政策、规划与行政手续的了解。市留学生联谊会主要负责人多次带队到海归企业进行拜访调研，解疫情期间留学生企业运营情况，聆听海归企业呼声，协助解决企业困难，助力海归企业发展。

【江门市印尼归侨联谊会】 2021年，江门市召开江门市印尼归侨联谊会会《江门市印尼归国华侨联谊会第六届第二次理事会会议》及监事会会议，郭汝红会长总结2020年的会务工作并对2021年做工作计划；开展庆祝中国共产党成立100周年系列活动并进行红色教育；会长郭汝红、常务副会长洪本达、副会长甄梅红一行前往老归侨陈海泉、潘惠芳夫妻家中慰问老归侨；7月20日，江门市委统战部副部长、江门市侨务局局长、江门市五邑海外联谊会常务副会长兼理事长陈耀华一行到江门市印尼归侨联谊会开展座谈交流；7月29日，江门市印尼归侨联谊会在会所举办"同庆建军佳节·共叙鱼水深情"退伍军人座谈会，多位会员及退伍军人吴友兴齐聚一堂，欢庆"八一"建军节；9月14日，江门市印尼归侨联谊会召开"贺中秋·迎国庆"归侨座谈会，为60岁以上印尼老归侨送上节日问候和慰问品；10月10日，江门市印尼归侨联谊会组织会员一起赴广州观看《侨批·家国》演出。

江门市残疾人联合会

【残联组织概况】 江门市残疾人联合会是全市各类残疾人的统一组织，是将残疾人自身代表组织、社会福利团体和事业管理机构融为一体的人民团体，为中国残联地方组织。服务宗旨是：弘扬人道主义思想，发展残疾人事业，促进残疾人平等、充分参与社会生活，共享社会物质文化成果。具有代表、服务、管理三种职能：代表残疾人共同利益，维护残疾人合法权益；团结教育残疾人，为残疾人服务；履行法律赋予的职责，承担政府委托的任务，管理和发展残疾人事业；开展残疾人康复、教育、劳动就业、扶贫、文化、体育、宣传、辅助器具供应、无障碍环境建设及残疾预防等工作，创造良好的环境和条件，帮助残疾人平等参与社会生活。

【残疾人康复工作】9月，全省残疾人康复管理人员业务培训班在江门举办。省残联副理事长柯沫夫对江门市不断完善康复救助政策，借助医疗、社工专业优势，链接各部门资源、发展社区康复等工作给予充分肯定，认为江门市残疾人康复工作为全省各市残联推进残疾人康复工作提供江门经验。深入实施残疾人精准康复服务。向肢体、智力、精神、听力和言语、视力等各类残疾人提供功能康复、社会适应能力训练、支持性康复服务、辅助器具适配等康复资助，开展精准康复服务9006人，服务率达100%。台山市残联发动香港台山商会、香港余氏宗亲会、香港台山慈善基金等社会团体筹款港币40万元，为200名贫困白内障患者开展"光明行动"白内障免费手术。推进残疾预防工作，联合市卫生健康局，依托现有的出生缺陷综合防控、儿童健康管理工作网络，把在江门市妇幼保健院试点开展的儿童残疾筛查工作延伸至江海区全区，探索建立"五个早"（早预防、早筛查、早转介、早治疗、早康复）工作机制。加强社会心理健康体系建设，指导各级残联建立6个心理服务阵地，为有需要的残疾人及其家属提供心理援助、情绪疏导和心理健康知识科普等服务，培训心理教练47人，开展残疾人及家长心理筛查、心理调适服务1191人次。市残联被评为"江门市社会心理服务体系建设示范基地"。市残联通过购买服务，委托江门市第三人民医院开展"精神健康服务计划"项目，委托江门市心理卫生协会开展"关爱自闭症家庭"项目，为精神残疾人及自闭症家庭提供知识宣教、心理服务约3500人次。

【残疾人特殊教育】2021年，江门市加强残疾儿童康复服务体系建设。培育、发展2家民办残疾儿童康复机构，全市有儿童定点康复机构49家，定点评估机构65家。委托第三方机构对全市16家定点康复机构和9家残疾儿童康复机构开展督导、评估及满意度调查，提升服务质量。市特殊儿童康复教育中心增设残疾儿童康复课室8个，提升服务残疾儿童的能力，本年度为222名残疾儿童提供抢救性免费康复服务，儿童康复率达100%，其中44名儿童顺利转介普幼、普小，听障儿童康复入普率达100%。中心《"1+N"工作模式，关注残疾儿童家庭成员心理健康》在全省地级市康复机构会议上介绍工作经验，并被江门市政法委纳入市级社会治理实践创新项目。同时中心大胆探索，参考"医联体"模式，把智障儿童康复教育教学工作下放至蓬江区特殊儿童康复教育中

▲2021年3月9日，"巾帼心向党·奋斗新征程"江门市巾帼先进授牌仪式上，"全国三八红旗手"市残联综合科科长阮美兰（左八）获表彰授牌。

（市残联　供）

心开展协作教学，通过资源整合、共享，形成"康复教育联盟"。在市县两级的协作下，蓬江区首家公办残疾儿童康复机构——蓬江区特殊儿童康复教育中心于9月开学，为约30名0~6岁孤独症、智力残疾儿童提供抢救性康复教育服务。

【助残解困】2021年，市残联完成84件"我为群众办实事"事项。各级残联深入解残疾人群体的困难与需求，坚持需求导向，在生活保障、医疗康复、生活照料、教育就业、出行、住房以及人文关怀、心理服务等方面为关爱对象提供长效服务。全市通过现有政策帮扶救助困中之困残疾人达到7458户13 036人次，走访慰问3272户。联合市委组织部、直属机关工委开展"党建引领·志愿助残"残疾人关爱活动，把党和政府的关怀送到"困中之困"残疾人中去，筑牢群众基础。全市482个机关、企事业单位、社会团体结对帮扶853户残疾人家庭，为扶残助残赋予新动能。开展"两微"（微心愿、微服务）助残帮困活动，市残联党组成员带头并发动党员干部自行筹款近5000元为26户结对困难残疾人家庭购置学习、生活用品，为残疾人家庭提供惠残政策宣传、红色故事宣讲、家居清洁等一系列微服务。鹤山市残联"党建领航·助残奋进"创新优质助残品牌服务项目参加第九届广东省市直机关"先锋杯"工作创新大赛，获江门赛区二等奖。筹措资金近120万元，为蓬江、江海两区12 927名持证残疾人购买补充医疗商业保险，加强残疾人民生兜底保障，减轻残疾人及其家庭的经济负担。江门市残疾人两项补贴均以高于省的标准两度提标。全市为11 565名困难残疾人发放生活补贴，为43 717名重度及三、四级智力和精神残疾人发放护理补贴。

【残疾人社区和居家服务】2021年，市残联不断完善和深化残疾人服务标准化体系建设，实施与经费配套挂钩的星级评估机制，以集中培训、示范机构实训、考察学习等多形式开展能力提升培训，激励提升服务水平。委托专业机构对《江门市残疾人日间托养服务标准》进行修订。全市96家残疾人社区康园中心，有65家获评星级，为1900名智力、精神和重度残疾人提供日间照护、职业康复等服务。新会区抓社区康园中心规范化和星级管理工作卓有成效，全区15家社区康园中心全部获评星级。江海区实施"点餐式"居家托养服务项目，以全区低保、一户多残家庭、生活不能自理的智力、精神和重度残疾人家庭及处于教育阶段的特殊儿童为服务对象，由社工组织提供九大类38个小项的服务菜单。

▲2021年8—10月，江门市残疾人运动员在东京残奥会、全国第十一届残运会暨第八届特奥会获得佳绩，为祖国赢得荣誉，为侨乡江门增添光彩。

（市残联　供）

【残疾人就业及职业培训工作】2021年，江门市推动残疾人多形式多渠道就业。全市18家集中性就业企业，安置1815名残疾人集中就业；2451家分散按比例安排残疾人就业用人单位安置6530名残疾人就业；建立15个残疾人集中就业的扶贫基地和职业培训基地。江门市雅图仕职业技术学院被确定为第四批国家级残疾人职业培训基地。是年，重新修订《江门市用人单位超比例安排残疾人就业实行社会保险费资助办法》、着手制定《江门市视力残疾人就业创业扶持办法》《江门市残疾人辅助性就业服务机构管理规范》等，增强就业扶持力度，提高残疾人就业质量。开展直播培训、3D打印、盲人按摩等各类培训，培训987人，新增就业751人，提前超额完成上级年度任务指标。联合市总工会开展"学党史·办实事"系列主题活动，对符合工会建档立卡的困难职工残疾人家庭开展上门走访慰问活动，为残疾人提供支持性就业服务、就业推介等一条龙就业服务。开展高校残障毕业生"一对一"帮扶服务，举办江门市第五届残疾人职业技能竞赛（计算机项目），提高残疾人就业增收能力。举办第三届江门市"乐业五邑"创业创新大赛残疾人公益赛，江门市8个入围项目2021年广东"众创杯"创业创新大赛残疾人公益赛复赛，3个项目脱颖而出晋级决赛，获得1金1银1铜，金银铜奖获奖项目总数与广州、深圳并列全省第一，创历年最佳成绩。扶持残疾人家庭发展生产和自主创业，开展入户筛查、项目确定、收集资料等工作，对符合条件的提供创业资金帮扶。两级残联投入106万元，扶持221户残疾人发展生产和自主创业。全市已建成规范化辅助性就业机构56家，解决450多名精神、智力以及重度肢体残疾人就业困难。恩平市残联争取市委办、市民政局、恩城街道等的支持，发动筹集5万多元，帮助残疾人辅助性就业机构——恩晴坊餐厅进行设备升级改造，促成其中标承接西门社区长者饭堂服务。2021年，江门市残联及蓬江区、江海区、新会区、鹤山市残联与广西崇左市及下辖的天等、大新、宁明、龙州四县签订协作协议，开展领导互动、干部技术人员交流2次；全市投入资金54.56万元，通过慰问帮扶、就业转移等形式，服务当地残疾人104人次；举办残疾人转移就业招聘会1场，发动3家企业提供150个岗位，帮助崇左46名残疾人在江就业。

【残疾人组联工作】 2021年市残联深入推进市委"六大工程"，落实江门市残联改革方案，争取市委、市政府领导及市委编办支持，开展市残联新三定方案编制工作，着力解决市残联机构职能、内设机构和人员编制不适应新时代残疾人事业高质量发展的问题。落实"广东兜底民生服务社会工作双百工程"要求，沟通民政部门，指导县（市、区）抓好残疾人专职委员队伍转型升级，夯实基层残疾人工作根基，提高基层残联组织服务能力。开展全市残联系统党章党规党纪知识竞赛、"学党史讲故事·传承红色基因"活动、"颂党恩·跟党走"歌曲传唱活动，举办"党建引领·助残奋进"第三十一次"全国助残日"系列活动，组织残疾人各专门协会开展"喜迎建党百周年·共享美好新生活""博物馆里学党史"系列主题活动，通过专题党课宣讲、红歌传唱、走进红色教育基地等形式多样的学习活动，让广大残联干部和残疾人群众、助残社会组织更加紧密地团结在党的周围，学党史、感党恩、听党话、跟党走，更加坚定"共建共享·奋进新时代"的意志和决心。推动并实现跨省通办残疾人证便民服务。居住在本市的外市、外省残疾人均可在居住地残联申请新办残疾人证等业务，提高残疾人证办证率，全市新办理4883名残疾人的各项残疾人证业务，12月底持证残疾人总数为71449人。开平市残联开展下乡评残活动，前往全市15个镇（街）为约400名残疾人提供义诊、康复筛查、集中评残和上门评残服务。落实疫情防控，守护残疾人健康安全。市残联成立疫情防控工作领导小组，加强对疫情防控工作的领导，并下设五个小组，整合力量、全员上岗、履职尽责，将防控工作落实在行动中、岗位上。印发《关于进一步加强全市残联系统新冠肺炎疫情防控工作的通知》，要求各地树牢底线思维，加强组织领导，完善工作措施，做好残疾人服务机构常态化疫情防控工作，实行"零报告""日报告"及"周报告"制度。党员领导干部带队到残疾人康复机构、康园中心、盲人按摩机构、辅助性就业机构等开展突击检查，印发疫情防控工作提醒函，督促残疾人服务机构针对疫情防控存在问题进行整改；协调各方就近就便为残疾人开展核酸检测和接种新冠疫苗；发动有关慈善机构向残疾人服务机构捐赠5万多个口罩。

【残疾人维权工作】 2021年，江门市组织《江门市残疾人保障和发展"十四五"规划》编制工作，开展线上建言献策活动，召集市政府残工委成员单位、基层残联、残疾人及社会组织分三个专场进行座谈，并赴东西部片区进行五次深入调研，凝聚各方共识，广泛听取意见，回应残疾人群众对美好生活的期盼，描绘好"十四五"残疾人事业高质量发展蓝图。开展残疾人无障碍改造及整治工作，完成317户残疾人居家无障碍改造工作。配合城管部门全面开展中小学校、综合性医院、城市广场及综合性公园周边道路慢行系统无障碍设施完善整治行动。市残联抓好创建全国文明城市完善无障碍设施工作任务的督办落实，将实地考察点位建设任务分解到三区和市直相关单位，明晰属地责任及行业管理职能，建立各单位内部自查自纠整改机制，同时成立市政府残工委无障碍设施巡查队伍，定期巡查，发现问题督办通报，凝聚工作合力，圆满完成阶段性工作任务。争取资金，及时将设置在江门电视台的手语电视播报系统升级为最新人工智能版，用科技手段保障其无障碍获取社会资讯的权利。同时，做好残疾人信访维稳工作，借助"12345"政府服务热线和"12385"残疾人服务热线，对接残疾人，为残疾人排忧解困。

【**残疾人宣传文体工作**】2021年，江门市利用报刊、电视台、户外LED屏、网站和微信等媒体媒介加强残疾人文化体育事业宣传工作。结合党史学习教育，宣传残联系统"我为群众办实事"的鲜活案例和特有经验做法。以江门籍运动员在东京残奥会摘金夺银为契机，开展党领导下残疾人事业发展和残疾人自强模范专题宣传，营造社会广泛关心、理解、支持、帮助残疾人良好氛围。借助第三十一次"全国助残日"，开展"巩固残疾人脱贫成果·提高残疾人生活质量"主题宣传活动，县（市、区）结合本地实际，开展红色教育、走访慰问、庆祝《中华人民共和国残疾人保障法》实施30周年等系列助残活动。市残联组织拍摄的《凝心聚爱，护"碍"成长》短视频进入广东省未成年人保护百集普法短剧征集大赛百强。开展灵活多样的残疾人文化活动，满足残疾人参与文化生活需求。委托社会组织开展朗诵班、声乐班、读书活动等文化活动，结合庆祝建党100周年，以"知党恩、感党恩、听党话、跟党走"为主题开展排练合唱、朗诵作品，开展"五个一"活动（一场爱国主义教育活动、一场家教家风教育活动、一场生命教育活动、一场传统文化教育活动、一场文明风尚教育活动）。联合有关团体、中国联通江门分公司开展"南粤助残·艺海友爱"志愿服务，为残疾人搭建书法、绘画、朗诵、棋类等才艺展示和竞赛舞台。开展残疾人体育服务。建立起残疾人运动员选拔、集训、推荐和后备人才储备及搭建残疾人体育发展平台等一整套促进残疾人体育事业良性发展的工作机制。有序地组织残疾人开展乒乓球、羽毛球、自行车、篮球等体育训练，全力备战参加全省聋人篮球锦标赛、跳绳锦标赛等一系列赛事。江门籍残疾人运动员在东京残奥会喜获2金1银1铜佳绩，参加全国第十一届残运会暨第八届特奥会获得3金6银3铜佳绩，参加第十八届广东省肢残人坐式排球暨飞镖赛获季军，江门市运动员在国际和国家赛事上摘金夺银。市残联综合科副科长伍奕锋同志被省残联和省体育局授予参加第16届残奥会"个人突出贡献奖"。发挥全市28个全民助残健身示范点作用，提供专业指导人员及设施，开展彩虹微跑、坐式排球、趣味运动会、聋人篮球赛等健身活动，满足残疾人多元化的体育康复需求，让更多残疾人在家门口就可以参加体育活动，增强体质。是年，江门市残联运用"党建引领，继往开来三十年"残疾人事业发展教育宣传长廊，开展"学百年党史、看残联发展、聚奋进力量"活动以及"赓续红色血脉、筑梦新的征程"主题解说词征文活动，引导残联系统广大党员干部和残疾人工作者通过学习党的光辉历史和残联奋斗发展史，强化"全心全意为残疾人谋幸福"的责任担当。依托残联网站、微信等开辟党史学习教育专栏。编发《党史学习教育简报》26期，向党史学习教育办和指导组报送学习教育专报24篇，其中7篇分别被省委巡回指导组、市党史办及市委巡回指导组采用。市残联和市文化馆共同创作歌曲《一样的你我》，获20多家中央、省、市级新闻媒介关注以及广大市民的转发、点赞，营造党建引领、扶残助残的良好社会氛围，激发残疾人朋友永远跟党走的坚定信心和自强奋进正能量。举办"永远跟党走"残疾人云上朗诵合唱音乐会，获得近130万点击阅读量，把带领残疾人"感党恩、听党话、跟党走"活动推向高潮。

江门市社会科学界联合会

【**社科联组织概况**】2021年，江门市社科联内设办公室、社科普及部（与学术规划部合署办公）2个部室。是年，新增市级社科普及基地9个，累计市级社科普及基地66个，其中，省级示范基地1个，省级标准基地15个。至年底，在市民政局登记注册、市社科联指导联系的市级社科类社会团体28个。

【社科理论研讨交流】 2021年，江门市社会科学界联合会推进对习近平新时代中国特色社会主义思想的深入研究和阐释，组织召开系列理论研讨会。

联合市委宣传部，围绕"庆祝建党一百周年""学习宣传贯彻习近平总书记在庆祝中国共产党成立100周年大会上的重要讲话精神"主题，分别召开市社科理论界专家座谈会，发动专家学者，结合本土红色资源，开展研究阐释，形成《学习百年党史·感悟"党的生命"的力量》《学史明理·学史增信·学史崇德·学史力行》《用延安精神滋养初心、淬炼灵魂》等18篇理论成果，在《江门日报》开辟专栏刊登，掀起全市党史学习教育热潮，营造学习浓厚氛围。

联合市委宣传部、市文明办、市教育局、团市委结合市第十一届加强未成年人思想道德建设理论研讨会，围绕"加强未成年人党史国史教育"专题，面向全市共征集442篇理论文章，由专家组评出21篇优质成果编印成册，供教育工作者参考，推动党史学习教育深入校园。

联合市委宣传部，围绕"学习贯彻党的十九届六中全会精神，推动大广海湾海洋经济高质量发展"主题，组织召开2021年江门社科学术年会，推动全市社科界把学习贯彻十九届六中全会精神与落实"六大工程"决策部署相结合，推动江门海洋产业集聚集群发展，加快涉海重大项目建设，构建陆海一体海洋开发新格局。邀请广东省海洋发展规划研究中心等省专家学者到会做专题报告，并结合江门海洋经济产业实际，形成23篇咨政报告汇编成册，供决策参考。

联动市工信局、市民政局、市农业农村局等多个职能部门和五邑大学、江门职业技术学院有关专家学者，就提高《江门市乡村振兴综合改革的实践与探索》《如何打造千亿级资产规模的AAA级市本级平台公司》《推动资本市场发展，打造上市企业"江门板块"》等8项重点经济社会类课题的的针对性、实操性和转化率，组织专题调研，开展理论研讨，有效帮助课题组掌握信息、找准定位、明确重点，提高专家学者建言献策能力，利于后续推出更多有深度、有厚度、有辨识度的研究成果。

【社科课题研讨】 2021年，江门市社会科学界联合会组织专家学者开展《江门市乡村振兴综合改革的实践与探索》《关于江门市建设综合保税区可行性研究报告》《关于加快推动江门市制造业数字化转型升级研究》《粤港澳大湾区社会救助联动服务机制研究》《江门市投资营商环境与周边先进地市对比分析》《如何打造千亿级资产规模的AAA级市本级平台公司》《知识产权金融创新的探索》《推动资本市场发展，打造上市企业"江门板块"》《五邑银信中的华侨精神》《新媒体环境下梁启超家风传播策略探析》《用梁启超精神品格助推侨乡社会主义核心价值观养成研究》等11个重点课题研究。是年，《新时代江门红色文化传承与发展的对策研究》《关于大型产业园建设的建议》《老旧小区基础设施整治和长效维护问题何以解决》等25篇咨政报告获市委市政府主要领导肯定批示4篇，获有关市领导批示23次。另外《房地产税立法和改革须以资源公平合理配置为主要目标》《关于将广东轨道交通产业园打造成全国轨道交通产业集群高地的建议》2篇报告获省社科联《南方智库专报》录用，分呈中办和省四套班子领导。

【社科普及】 2021年5月17日，市委宣传部、市社科联联合主办的"永远跟党走"红色文化侨乡行暨江门市第十七届社科普及周活动启动仪式在市级人文社科普及基地——广东江门中医药职业学院举行。市委常委、宣传部部长陈冀，市委宣传部副部长杨林贵，市社科联党组书记、主席陆黛云，市社科联党组成员、副主席吕华海出席活动，各市（区）委常委、宣传部部长，市级人文社科普及基地的代表参加活动。启动仪式结束后，出席活动的领导、嘉宾在讲解员的引领下，参观中医药文化展览。广东江门中医药职业学院师生聆听由市委党校廖显辉教授主讲的《从革命新路到中国道路——百年大党的道路抉择》讲座，拉开"永远跟党走"红色文化侨乡行党史学习教育宣传活动的序幕。

江门市各社科基地坚持学史明理、学史增信、学史崇德、学史力行，充分发挥侨乡红色文化优势，注重深入挖掘和利用红色遗迹、红色故事、红色人物等红色资源,加强理论阐释,通过举办图片展览、专家授课、现场咨询、文艺表演、派发宣传资料等群众喜闻乐见的形式集中宣传党史知识,延伸党史知识宣传触角,推动学习教育走进群众生活、走进群众心坎里,把党史知识宣传覆盖面扩大到侨乡大地的每个角落。江门市66个市级社科普及基地开展活动252场次,参加人数157 404人次。同时,在江门日报、江门电视台、江门宣传、江门红星网、江门社科网等媒体对红色文化侨乡行活动进行广泛宣传,为活动的开展营造良好的社会舆论氛围。为鼓励社科基地开展活动的积极性,市社科联向市委宣传部申请文化强市专项资金,并对34个开展活动的社科基地资助经费6.8万元。

是年,创建鹤山市文化馆、开平市博物馆、中共江门市新会区双水镇委党校、开平市气象科普园、龙溪湖阅读中心、蓬江区新时代文明实践中心、纪念周恩来总理视察新会图片展馆、江门市东湖公园管理所、台山市都斛镇林基路红色教育基地9个市级人文社会科学普及基地。累计市级社科普及基地66个,其中,省级示范基地1个,省级标准基地15个。2021年9月,蓬江区图书馆、广东省东仓里美术馆、台山市博物馆、开平市图书馆、江门开放大学(江门社区大学)、江门市陈白沙中学、紫茶小学、江门市委党校、广东江门中医药职业学院等9个基地被省社科联认定为广东省人文社会科学普及基地(标准基地)。

【社科社团管理】 2021年,江门市社会科学界联合会做好所属的社科团体业务指导工作。落实意识形态工作责任制,加强对市社科联业务主管的社科团体举办的论坛、讲坛、讲座、年会、报告会、研讨会活动的引导把关,拟定《关于定期报送社科团体活动举办情况的通知》,要求相关社团做好活动举办情况的报送工作。协助市社科联业务主管的8个社科团体做好年审工作。参加市税务学会、市职业技术教育学会、市老年学学会等社科团体的年会、换届会议等。划拨财政专项经费支持市梁启超研究会召开"梁启超教育思想研究"座谈会、编印论文集,以及五邑炎黄文化研究会编印《炎黄天地》刊物和开展学会相关活动。到市新会陈皮收藏研究协会、市古琴研究会、市收藏研究会等社科团体开展调研工作。

【社科规划】 2021年,江门市社会科学界联合会完成市社科规划2020年课题立项及评审工作。对"'侨批中党史'的文献挖掘、学术研究与多元传播——党史学习教育活动中江门市的创新实践及其时代意义""运用党史学习促进小学生核心素养形成的实践研究""大湾区背景下佛江肇地市科技创新比较研究""推动江门市先进制造业高质量发展研究"等101项课题进行立项;对"江门市失独家庭的社会工作研究""融入侨乡文化的高职人才共育模式探索与实践"已超出预期完成时间仍未办理结题手续的市社科规划课题进行清理;对2019年至2020年度"关于加快推进我市新型基础设施建设的研究"等84项课题结项。"粤港澳大湾区背景下旅游屏蔽区突围研究——以江门市为例""梁启超、梁思庄父女图书馆学思想研究""五邑侨乡传统图案数字化传承研究"等46项社会科学成果公开发表在《当代旅游》《传媒论坛》《工业设计》等省级以上报刊。

江门市文学艺术界联合会

【概况】 2021年,市文联坚持以习近平新时代中国特色社会主义思想为指导,结合庆祝建党100周年开展文艺创作活动,推进舞蹈、摄影、曲艺等艺术品牌建设。

【主题文艺创作】 2021年,市文联开展庆祝建党100周年文艺活动。以文艺的形式,开展"七个一"红色文艺活动。已完成艺术党课《党的女儿》展演,江门市庆祝中国共产党成立100周年合唱比赛、原创歌曲征集活动、专题摄影展、书法作品展和美术作品大展。《江门红色地图》将在近期出版。创作本地题材文艺作品,由尹继红、殷雄原创的歌曲《我的爱唱给你听》制作为快闪MV,展现侨乡人民团结一心、创造美好生活的精神风貌。开平市出版由全国著名散文作家围绕赤坎古镇建设创作的《流逝与永恒》散文集。新会区组织65名美协会员完成长108米,宽1米的"百年谱新篇,翰墨写江山"——

▲2021年3月28日,我们的中国梦·文化进万家"我为群众办实事"江门市文联百场文艺志愿服务进基层在开平市大沙镇举行启动仪式。

(市文联 供)

新会区庆祝建党100周年百米国画长卷。恩平市重点打造反映本土农耕文化、生态文化的大型舞蹈《簕菜青青小康情》。开平文联推出大型话剧话剧《碉楼·寒燕归巢》,恩平市原创红色现代剧《恩州星火》在广东省粤剧艺术博物馆主剧场成功演出。《故乡情——张巨山粤曲选集》成功出版,精选了粤曲、粤曲小调,粤剧小戏、小品共64件作品。李宇静的长篇小说《沉睡的方程式》《精灵与冒险》分别在西安出版社、哈尔滨出版社出版。市书协史志伟多幅作品入展国家和省级以上展览会。三是着力推进华人华侨文艺的创作。江门原创侨批舞剧《侨批·家国》在广州成功首演,再现侨批背后浓浓的家国情怀。市舞协、台山市文联共同推出的群舞《银信》在省获得铜奖。参与粤港澳大湾区文艺合作峰会,签署《粤港澳大湾区文艺合作峰会成员单位合作备忘录》。

【文艺品牌建设】2021年,市文联推进"中国舞蹈之城"建设,舞协主办"5·15一起舞"群众舞蹈网络展演活动,录制《活力侨乡·舞动江门》《村里变化大》《留在江门过大年》《同唱祖国好》和《致青春》5个舞蹈作品。其中,舞蹈《活力侨乡·舞动江门》登上"学习强国"平台。市文联多次拜访省文联、省美协、广州美院等机构领导,就推进江门打造写生之城、美术之城,促进江门美术的发展进行探讨。举办了以"致敬铁夫"为主题的第三届粤港澳写生摄影文化节,开展铁夫艺术研讨会、采风、写生、摄影、讲座、展览、高峰论坛等系列精彩活动,省美协、省摄协分别给蓬江区、鹤山市江门艺术基地群授予了相关牌子。开展"世界的开平"——第三届沙飞摄影周,提升江门写生摄影品牌的知名度和美誉度。三是持续擦亮"中国曲艺之乡"品牌。台山市深入开展"六艺六进"活动;新会区推送粤曲《总理足迹遍葵乡》参加第三届中国东部优秀曲艺节目展演;开平市以"走出去,请进来"方式,通过比赛、展演等多种措施和渠道,培育曲艺新人,取得显著的成效。

【文艺队伍建设】2021年,市文联规范文艺家协会及会员管理。完成各文艺家协会会员、理事会名录的收集整理工作,对协会管理制度进行修订。健全文艺档案管理,建立健全江门市文联及各文艺家协会的历史档案管理,着手进行《春华秋实》资料的收集。

江门市红十字会

【概述】2021年,江门市红十字会开展党史学习教育,党支部获"江门市直机关先进基层党组织",党支部副书记邓燕群获"江门市直机关优秀共产党员"荣誉称号。贯彻落实《关于全省红十字系统贯彻落实省领导批示精神的指导意见》起草《江门市红十字会"三定"方案》并报送市委编办拟提交市编委会讨论。首次参与腾讯"99公益日"筹款,在腾讯公益发起"红十字救在身边"项目,开展网络筹资。动员超过3.89万人次社会各界爱心人士参与,筹集捐赠资金70.3万元,位居全省红会系统地级市第二名。

【应急救护】2021年,江门市制定《2021年"红十字+救在身边"应急救护培训实施方案》并推进实施,举办2021年应急救护培训师资班,42人取得师资证,线上线下普及应急救护知识总人数49.95万人次,普及水上救生知识3.3万人次,培训初级救护员(发证)7473人。红十字守护计划(AED项目)",全市铺设AED100台。与教育系统联合开展"生命之舟,伴你远航——江门市青少年水上安全教育十百千万行动进校园活动",全市中小学校园开展水上应急救护知识培训50场,受益人数超2万人次。

▲2021年5月7日,江门市红十字会在广东实验中学附属江门学校院士广场举办江门市红十字会纪念"5·8世界红十字日"暨广东实验中学附属江门学校红十字会成立仪式活动。

(市红十字会 供)

【人道救助】2021年,江门市红十字会和江门市人民医院成立天使救治基金,搭建捐资平台,给予该院收治的贫困急危重症患者的医疗帮扶资助等。是年,筹集资金21万元。"博爱送万家"活动筹集款物约58万元,为1000多户家庭送去温暖。"一元爱心"救助品牌,市本级募集捐款26.56万元,救助1名贫困先天心患者。

【"三献"工作】2021年,江门市红十字会做好捐献造血干细胞工作宣传、服务工作。是年,开展第七个"世界骨髓捐献者日"主题宣传暨慰问活动,推动造血干细胞捐献志愿者采集总数156人份。捐献3例,做好人体器官捐献服务工作,捐献遗体2例。

【志愿服务】2021年,江门市参与服务的红十字志愿者已达6700人次,总时长20 772小时。12月3日,在市文化馆多功能厅隆重召开第三届志愿者工作委员会换届大会。会议表彰12名优秀红十字志愿者、10名优秀红十字抗疫志愿者、5名优秀红十字志愿服务队伍管理者和5支优秀红十字志愿服务队。红十字水上安全教育进校园志愿服务项目被市文明委授予"最佳志愿服务项目"称号。

外事·侨务·港澳台事务

外 事

▲2021年5月24日,江门市与美国奥格登市举行国际合作视频会议,共同纪念美国太平洋铁路建成152周年。双方共同签署《发展友好交流与合作关系备忘录》。

(市委外办 供)

【外事接待】2021年1月13—14日,乌干达驻广州总领事索罗曼·鲁提嘉率团访问江门,市委常委、统战部部长利为民会见访问团一行。3月16日，比利时驻华大使高洋一行访问江门，市委常委、统战部部长利为民会见访问团一行。是日，委内瑞拉驻广州总领事车丽·汉·哈布尔·塔诺斯一行到访江门市。4月1日，委内瑞拉驻广州总领事车丽·汉·哈布尔·塔诺斯一行到访恩平市。4月8日，乌干达驻广州总领事馆副总领事史蒂芬一行到访江门市。5月11日，委内瑞拉驻广州总领事车丽·汉·哈布尔·塔诺斯、古巴驻广州总领事丹尼思一行到访江门市。7月28日，以色列驻广州总领事馆副总领事凯美尔一行到访江门市。9月13—14日，葡萄牙驻广州总领事馆副总领事马里奥·费雷拉一行到访江门市。10月20日，古巴驻广州总领事丹尼思一行到访江门市。11月2日，委内瑞拉驻广州总领事车丽·汉·哈布尔·塔诺斯一行到访江门市。11月17日，法国驻广州总领事馆副领事白锦麟一行到访江门市。

【友城友协】 2021年4月28日，江门市与劳托卡市正式签署《中华人民共和国广东省江门市与斐济共和国劳托卡市建立友好城市关系协议书》。5月24日，江门市与美国奥格登市举行国际合作视频会议，共同纪念美国太平洋铁路建成152周年。江门市市长吴晓晖与奥格登市市长迈克·考德威尔共同签署《发展友好交流与合作关系备忘录》。10月22日，以色列驻广州总领事劳需乐一行应邀前来江门市参加第二届粤港澳大湾区（江门）名特优新农产品推介活动，市委书记、市人大常委会主任陈岸明会见来访客人一行。10月22日，斯里兰卡驻广州总领事佩扬吉卡·达玛森娜一行应邀前来江门市参加2021首届中国（江门）食品产业博览会开幕式，副市长曹阳会见来访客人一行。

【对外交流与合作】 2021年2月23日，市委外办相关负责同志线上参加日本驻广州总领事馆举办的日本国庆日招待活动。3月，所罗门群岛霍尼亚拉市马迈市长发来贺信，祝贺吴晓晖同志当选江门市市长。3月5日，市委外办相关负责同志参加委内瑞拉驻广州总领事馆举办的"纪念统帅乌戈·查韦斯·弗里亚斯逝世八周年活动"。4月，吴晓晖市长发贺信祝贺艾迪·夏普当选为所罗门群岛霍尼亚拉市市长。4月15日，由江门市委外办、江门市商务局、乌干达驻广州总领事馆联合举办乌干达投资贸易推介活动，副市长蔡德威、乌干达共和国驻广州总领事索罗曼·鲁提嘉等参加现场活动。活动还连线乌干达当地政府官员及企业家共寻合作商机。6月，霍尼亚拉市艾迪·夏普市长给吴晓晖市长发来贺信，庆祝中国共产党建党100周年，并表示继续加强两市的友好城市关系。7月30日，市委外办相关负责同志线上参加泰国驻广州总领事馆举办的"粤港澳大湾区与泰国东部经济走廊：数字经济及工业4.0更紧密伙伴关系线上研讨会"。

9月3日，江门市捐赠霍尼亚拉市3辆压缩式清洁车在所罗门群岛首都霍尼亚拉市举行交接仪式，中国驻所罗门群岛大使馆李明大使、霍尼亚拉市艾迪·夏普市长及其他市政府官员参加交接仪式。9月17日，市委外办联合中国驻墨西哥大使馆举办旅墨中国公民新冠肺炎疫情防控专题视频座谈会。

10月4日，霍尼亚拉市艾迪·夏普市长给吴晓晖市长发来贺信，祝贺中华人民共和国成立72周年。11月10日，市委外办相关负责同志参加韩国驻广州总领事馆举办的韩国国庆日招待活动。12月9日，市委外办参加广东省委外办与太平洋岛国驻华使节交流机制首次会议。12月15日，市委外办相关负责同志参加卡塔尔驻广州总领事馆举办的卡塔尔国庆招待活动。

【外国人管理】 2021年，市委外办多次赴江门各县（市、区）开展疫情防控涉外工作深调研，聚焦集中隔离酒店外事保障服务情况、外籍人士接种新冠疫苗开展情况、外国人来华邀请企业疫情防控情况等，毫不松懈抓稳疫情防控"涉外实事"。在市行政服务中心和市公安出入境等一线部门放置《中国领事保护和协助指南》，宣传外交部全球领事保护热线12308，提升赴境外市民自我防护意识，开通24小时外事服务专线，全天候为海内外江门市公民提供帮助。是年，江门市办理外国人来华邀请函210份，涉及57家企、1所学校、17个国家218人。

侨 务

【概况】江门侨情可用"四多一大一厚"来概括，五邑籍港澳台同胞和海外侨胞多，人数近530万，是"中国第一侨乡"；境外和海外社团多，五邑籍乡亲组建的社团共有1025个；五邑籍知名港澳台同胞和海外侨胞多，代表人士2151名；侨刊乡讯多，有88家，占全国三分之一。江门侨文化底蕴深厚，是全国少有、广东唯一2021年度捐赠668项，金额合计近1.65亿元的拥有两处世界文化遗产城市。

【政策修订】2021年，《广东省人民政府侨务办公室·广东省教育厅关于华侨学生在广东省接受高中阶段教育的实施办法》有所修订，明确实施办法的适应范围，规范申请人需提交的申请资料，申请人可通过提供国内法定性证照的有关信息由受理单位对证照信息进行内部核查、验证。

【涉侨政务】2021年，江门市办理华侨回国定居申请343份、归侨身份证明17份、侨眷身份证明83份；办理71份"三侨生"证明（归侨学生22人、华侨在国内的子女13人、归侨子女36人）；办理41宗涉侨信访。

【基层侨务】2021年，江门市创建"全国社区侨务工作示范单位"3个（其中全国明星社区侨务工作单位1个）、国家级"侨法宣传角"2个、省级"侨爱新村"7个，建设基层"侨胞之家"245个，在全国率先创建市级暖侨义工服务队1个、县级3个。在全市3个华侨农场以及新会菱东社区建立4个"侨之家"综合服务平台，为侨胞提供涉侨政策法律服务、涉侨事务服务、侨界民生服务和事业发展服务。

【侨务服务】2021年1月和9月，江门市委统战部联合市侨商总会、暖侨义工服务队，筹集资金、慰问品合计人民币近22万元，上门走访慰问贫困归侨家庭及重点工作对象122户。3月25日市侨务局在恩平举办江门市国际学生来华留学政策咨询会，市人大、市委外办、市教育局、市公安局、市侨联等有关单位，全国人大代表冯玉宝、来自委内瑞拉、秘鲁、伯利兹等国家和地区的10多名侨领受邀参加此次政策咨询会，就国籍、国际学生来华留学、外国人永久居留身份证办理政策法规进行讲解，解答国际学生来华留学等有关问题。6月1日江门市、恩平市两级统侨部门，联合恩平市教育局、外事局和暨南大学经济学院，召开线上交流会，介绍外籍学生（高三级）报读国际教育本硕双学位培训项目，帮助恩平50多名不符合条件参加高考的外籍高三学生解决高中毕业之后继续教育问题。

【侨务调研】2021年7—8月，江门市委统战部与五邑大学广东侨乡文化研究院深入合作，组成专项课题调查组，围绕近10年来恩平地区的侨情、侨务中反映涌现出来的新情况、新问题，开展调研，完成《新时代拉丁美洲恩平籍华侨华人"回流"与"再移民"状况的调研报告》。10月27日，市委统战部会同江门五邑大学华侨文化研究院（侨智库）及有关部门，完成《乘势而上，立足高远，争创江门"中国侨都"新优势——"侨都赋能"专题调研报告》。

【侨务外宣】2021年，市委统战部指导美国、委内瑞拉、泰国、葡萄牙、中国香港、澳门地区的江门籍社团在当地举行庆祝活动，共贺中国共产党百年华诞，激发海外侨胞、港澳同胞爱国热情，增强他们的民族自豪感和认同感，强化对重点侨团和代表人士的政治引领。通过世青会微信公众号、旅外同乡社团微信群等媒介平台，以乡音、乡情的方式向海外乡亲推送"粤菜师傅"、侨批、美丽侨村等侨乡文化资讯以及江门市创新创业政策、投资环境等方面的相关宣传报道及链接。联合友好城市、重点侨团通过线上合作方式举办新春祝福联谊活动，对外讲好中国故事、侨乡故事。在2021年春节，江门市指导美国三藩市江门五邑青年联合会与美西星岛新闻集团联合制作《2021湾区江门情》贺岁特别节目，2月12日，在美国《星岛中文电台》与《星电视》进行直播。国务院侨办主任潘岳、中国驻旧金山总领事馆总领事王东华、江门市市长吴晓晖、加州州长纽森在节

▲ 2021年3月22日澳门新会同乡会访问团参观新会学宫。

（市委统战部　供）

目中分别致新春祝福。市委统战部组织拍摄《闯金山》《他乡五邑人》等专题片，对外推送和传播。联合江门市电视台制作拍摄10集《五邑侨香——"粤菜师傅·四海同享"》系列宣传片，在江门电视台公共频道、抖音平台、微信公众号、App、微信群以及知名网站等多渠道宣传报道，已超130多万人次收看。其中"新会陈皮篇"还被新华网置于首页显著位置广为宣传。

港澳事务

【概况】2021年，中共江门市委台港澳工作办公室推进《粤港澳大湾区发展规划纲要》，落实江门市第十四次党代会精神，全力推进"港澳融合"工程。承办在澳门举办的2021江门"开新局·展新貌"对接会，推动江门与港澳青少年交流合作，广泛发动港澳青年参加江门市"科技杯"创新创业大赛、"乐业五邑"创业创新大赛在院校学生赛道新设的港澳赛区。全年接待港澳青年到江门考察交流100余人次。

【涉港澳疫情防控】2021年，中共江门市委台港澳工作办公室牵头统筹广州白云机场入境人员的分流接转工作，严格落实闭环工作机制，及时处置突发情况。派车600班次1258车次，接转入境旅客10 615人，集中隔离10 615人，真正做到信息"零疏漏"，转运"零失误"。做好与港澳特区政府的沟通协调工作，落实联防联控各项出入境管理措施。

【江门与港澳合作发展】2021年，江门市加强与港澳特区政府的沟通交流。落实澳门特区政府行政长官贺一诚访问江门，以及江门市领导赴澳拜访全国政协副主席何厚铧、回访特首贺一诚的有关安排，推动江门与澳门全方位多领域合作，得到澳门特区政府的肯定和省港澳办的书面表扬。协助香港特区政府驻粤经贸办事处开展在江港资企业调研，配合收集香港青年大湾区创业地图信息。是年，搭建多元化交流平台，承办在澳门举办的2021江门"开新局·展新貌"对接会，期间银湖湾澳门国际健康港、鹤山双合茶文化体验产业基地等6个经济类项目和"江门——澳门跨境通办政务服务专区"项目等2个社会类项目集中签约。与澳门大学就在教育、科技、产业等领域深化产学研合作，建设科创合作平台，加快科研成果转化落地达成共识。推动跨境要素流通，先后促成江门——澳门、江门——香港跨境通办政务服务专区，"江门市人力资源和社会保障香港、澳门服务点"，分别在澳门、香港落地启用，助力港澳企业和群众实现"零出关"即可办理江门市乃至全省不动产、商事登记、社保、税务等400余项政务服务事项，为超过4536名港澳居民在江门参加社会保险提供便利，是全国首个地级市政府设在境外的综合性政务服务专区。

【江门市2021江澳"开新局·展新貌"对接会活动】4月27—28日，2021江澳"开新局·展新貌"对接会在澳门举行。澳门经济财政司司长李伟农、澳门中联办协调部副部长夏涛、外交部驻澳门特派员公署参赞郑新友、澳门政策研究和区域发展局局长张作文、澳门旅游局局长文绮华，以及全国人大代表、澳门创世企业集团有限公司董事长、中国侨联副主席刘艺良，全国政协委员、嘉华集团副主席吕耀东等领导和澳门政商界嘉宾出席活动。活动安排银湖湾澳门国际健康港等一批经济类和社会类项目签约落地。全方位、多领域深化两地交流合作，携手加快推动粤港澳大湾区建设。

【因公赴港澳通行证办理】2021年，中共江门市委台港澳工作办公室规范因公赴台港澳审批办证的监督管理，提高因公赴台港澳审批办证管理服务工作水平和质量。是年，全市办理因公临时赴港澳455批次。同时，优化因公派驻港澳工作人员的管理，优化办证流程，为因公派驻人员提供更优质的办证服务。

【文化交流】2021年，市委统战部组织30多名江门籍的港澳同胞开展"粤菜师傅"在台山、开平研学活动，此次活动港澳同胞们不仅学习台山黄鳝饭、咸鸡笼等侨乡特色美食的烹饪方法，还前往侨乡特色景点塘口镇开展研学交流、参观侨乡民俗文化展示区"天下粮仓"、制作江门市非物质文化遗产开平镇濠"泥鸡"，加深华侨华人及港澳同胞对侨乡文化的了解与认同。

【江门与港澳青少年交流合作】2021年5—10月，中共江门市委台港澳工作办公室发动港澳青年参加2021年江门市"科技杯"创新创业大赛，2021年"乐业五邑"创业创新大赛在院校学生赛道新设的港澳赛区，做大做强港澳青年"双创"品牌。开展港澳台青年来江门实习计划，协助近30名港澳台大学生到江门广播电视台、中心医院和李锦记等单位和企业开展实习体验。推动青少年国情教育，成为全省首批5个与暨南大学签订《共建粤港澳青年国情教育基地》协议的地级市之一。

促进三地青少年交流与交融，全年接待100余人次港澳青年到江门考察交流。

2021年，"少年中国说"先后举办"少年中国说·我的声音上太空"航天科普活动、舞动全城江澳青少年街舞交流赛、海外华裔青少年文化交流品牌活动——"红色侨乡·百年印记"阅读公益行、"说吧少年"演讲大赛暨大湾区演讲家大赛，近10万名粤港澳台暨海外青少年通过线上和线下方式参与活动。

【联谊交流】3月18日，澳门新会同乡会一行在姚健池会长的带领下，回乡开展新春拜访活动，听取市委统战部领导介绍家乡建设情况。4月21日，澳门中联办组织澳门中小型企业联合总商会到访江门市，市政协有关同志和市有关部门与澳门企业家进行交流、市湾区办和市农业局分别向访问团推介江门市融入粤港澳大湾区的发展情况。

涉台事务

【概况】2021年，中共江门市委台港澳工作办公室持续加强江门与台湾地区交流合作，统筹推进疫情防控和地方经济社会发展。全市各级台港澳部门开展台资企业走访调研200余次，继续深化"惠台暖企"行动。承办国台办2021年度重点对台交流项目"第八届台湾青年岭南行"江门站活动，开展"江门市台胞台属迎春座谈会""江门市台胞台属中秋茶话会"。

【涉台疫情防控】2021年，江门市委台港澳工作办公室跟进在江台商台胞疫情防控，做好防疫宣传和沟通协调工作。会同卫健等部门通过走访宣传、协调医院、完善流程、全程跟进推动台湾同胞疫苗接种工作，确保中央惠及台胞的政策落到实处，成为全国首批60岁以上台胞接种的地级市之一。

【对台宣传与涉台教育】2021年，中共江门市委台港澳工作办公室坚持把加强涉台宣传教育作为一项基础性工作来抓，开展习近平总书记在庆祝中国共产党成立100周年大会上的重要讲话精神、在纪念辛亥革命110周年大会上的重要讲话精神，以及习近平总书记关于对台工作重要讲话精神的宣传，以"江门台港澳之窗"微信公众号、《江门日报》、江门广播电视台等网络和媒体为平台，通过印制手册、召开台商台胞台属座谈会等形式，开展涉台方针政策宣传。

【江台经贸合作】2021年，江门市各级台港澳部门延伸对接"广、深、莞"周边产能外溢产业，按照江门市产业布局规划，向岛内外台商推介江门投资环境，寻求合作商机。是年，全市引进台资企业21家，投资总额1925.36万美元；台资企业增资扩产2家，新增台资153.57万美元。接待一批台商到江门市考察经贸文化和投资环境，展示江门优质的营商环境和历史文化资源，努力为深化江台合作牵线搭桥。加强与相关职能部门的联系协调，推动"农林22条措施""粤台农林34条措施"落地落实，拨付专款支持全省休闲农业与乡村旅游示范点——鹤山香草小镇开展品牌宣传和产业拓展，助力台农发展。持续开展"惠台暖企"行动，全市各级台港澳工作部门走访调研台资企业200余次。

【江台交流交往】2021年，中共市委台港澳办公室会同民革江门市委员会赴广州考察"广州台青之家""广州民革台青之家"，建立健全沟通联系机制，在互学互动中推动两地台湾青年工作发展。10月，联合民革江门市委员会揭牌成立"江门台青之家"，打造凝聚和服务台青，集信息咨询服务、全方位交流交往、处理投诉求助等功能于一体的综合平台。

【台商台胞台属合法权益维护】2021年，中共市委台港澳办公室协助解决台胞台商涉及劳资纠纷、经济纠纷、子女入学等投诉求助23件，重点协助开平市解决历时超12年、国台办督办的"开平翠山湖土地纠纷"案件，切实维护台胞台商合法权益。开展"江门市台胞台属迎春座谈会""江门市台胞台属中秋茶话会"等台胞台属大型联谊及节日走访慰问活动，为定居江门台胞发放省、市两级困难补助金等，为台胞台属排忧解难，增进乡亲情谊。

【"广东世界遗产探寻之旅"江门站活动】2021年10月，中共江门市委台港澳工作办公室承办国台办2021年度重点对台交流项目"第八届台湾青年岭南行"之"广东世界遗产和非遗文化探寻之旅"江门站活动，组织50多名台湾青年开展世界遗产和非遗文化探寻活动，实地探寻梁启超故居、陈皮村、"侨梦苑"、双创园等。通过参访交流、拓展体验等形式，探寻岭南文化，传承弘扬中华优秀文化，增强两岸青年对中华民族和中华文化的认同，促进同胞亲情。

法治

人大立法

▲2021年9月16日，举行全省基层立法联系点工作交流会暨江海"法治广场"启用仪式。

（杨小燕 摄）

【概况】2021年，江门市人大常委会坚持科学立法、民主立法、依法立法，着力推动地方立法高质量发展。《江门市文明行为促进条例》经2月8日市十五届人大常委会第四十一次会议通过，3月18日省十三届人大常委会第三十次会议批准，自5月1日起施行。《江门市扬尘污染防治条例》经11月5日市第十五届人大常委会第五十一次会议通过，12月1日省第十三届人大常委会第三十七次会议批准，自2022年1月1日起施行。《江门市华侨华人文化交流合作促进条例》经12月22日市第十五届人大常委会第五十二次会议第一次审议。4月14日，江门市2021年立法工作会议召开。

8月2日，经市第十五届人大常委会第八十三次主任会议同意，新增新会区农业农村局为市人大常委会基层立法联系点，创设蓬江区白沙街石湾社区人大代表联络站等7个单位为市人大常委会基层立法联系点联络站。继续支持推动江海区人大常委会高标准建设全国人大常委会法工委基层立法联系点，截止2021年底，共完成36部法律法规草案意见征集工作，上报意见建议425条。9月16日，全省基层立法联系点工作交流会暨江海"法治广场"启用仪式在江门市举行，全国人大常委会法工委副主任武增在交流会上指出，江海区基层立法联系点具有鲜明的广东特色、侨乡特色、粤港澳大湾区特色。坚持"有件必备、有备必审、有错必纠"，依法对"一府一委两院"及各县（市、区）人大常委会报送备案的10件规范性文件（含2件政府规章）进行了主动审查并备案。3月29日，市十五届人大常委会第四十四会议通过《江门市人民代表大会常务委员会法制工作委员会关于2020年规范性文件备案审查工作情况的报告》。

政法委与综治工作

【概况】 2021年，江门市扫黑除恶专项斗争领导小组及其办公室获得全省扫黑除恶专项斗争先进单位一等奖。全市政法队伍教育整顿工作"三个环节"均获评"优秀"等次。台山市获授牌命名"平安中国建设示范县"。恩平市委政法委张文超同志入选全国政法系统"双百政法英模"。

【政法队伍教育整顿】 2021年，江门市委政法委以中央督导组下沉督导为强大动力，在省驻江门指导组的精准指导下，高站位部署、高标准推进全市政法队伍教育整顿，全面落实"四项任务""三个环节"，干警思想受到深刻洗礼、害群之马得到有力清除、顽瘴痼疾得到有效整治、人民群众满意度不断提升，政法队伍革命化、正规化、专业化、职业化水平提高，学习教育、查纠整改、总结提升三个环节获评优秀等次，整体工作取得预期效果，得到中央第十一督导组广东小组和省驻江门指导组的肯定。履行好组织者与参与者双重身份职责，创新"双衔接""双牵头""双督导"机制。多形式多载体开展政治教育、警示教育、英模教育，持续夯实"两个维护"思想根基，选树张文超等20名"政法模范"，政法干警张海疆、李权旺获评全国"平安英雄"。深入细致做好思想发动和政策宣讲，首创"三谈工作法"，市、县两级谈心谈话和创新纪委监委派驻模式经验做法获省委教育整顿办推广，"红通人员"蓬江区委原副书记、政法委书记冼国良迫于法律震慑回国投案。坚持真查严纠实改，开展违规违法办理"减、假、暂"案件专项排查整治，对政法系统排查清理出的顽瘴痼疾问题实行项目化管理、靶向治疗，全部清仓见底。聚焦正风肃纪、执法司法制约监督、素质能力提升和政法干部交流轮岗问题，出台完善长效机制308项。深化为民服务，持续巩固成果，全市推出72项活动，为民办实事1356件。

【扫黑除恶】 2021年，江门市加强系统治理、依法治理、综合治理、源头治理，打好常态化扫黑除恶组合拳，重点抓好十件事。江门市委召开全市扫黑除恶专项斗争总结表彰大会暨平安江门建设工作会议，市委书记陈岸明亲自部署常态化开展扫黑除恶和平安江门建设工作，市委副书记、市长吴晓晖将建立健全扫黑除恶常态化机制纳入市政府工作清单抓实抓细。参照原有市扫黑除恶专项斗争领导小组组成和分工，成立市扫黑除恶斗争领导小组及其办公室。出台《关于常态化开展扫黑除恶斗争的实施意见》《江门市扫黑除恶斗争领导小组成员单位职责任务》等规范性制度，建立健全扫黑除恶"六大常态化机制"。推动政法队伍教育整顿与常态化扫黑除恶有机衔接、同频共振，全国、省扫黑办交办线索全部依时办结。集中精锐力量攻坚"4.20""6.15""9.17"专案，加快审判结案，依法从快从严审判涉黑涉恶案件，落实案件办理与"打财断血"同步推进。组织开展"铁网"追逃、打击网络裸聊敲诈等专项行动，目标逃犯全部到案，到案率100%。开展信息网络、交通运输、工程建设、自然资源、金融放贷五大重点行业领域整治，落实扫黑除恶专项督导，压实行业主管部门工作责任。结合常态化整顿软弱涣散村（社区）党组织，着力整治"村霸"等黑恶势力干扰侵蚀问题，开展"双培"工程，净化、优化村干部队伍。是年，全市打掉涉黑组织1个、涉恶犯罪集团4个、涉恶犯罪团伙8个。

【社会治理】2021年，江门市委政法委加快全国市域社会治理现代化试点城市建设纳入市"十四五"规划、市委市政府督查项目及平安建设考核体系，完成广东省第1期全国市域社会治理现代化试点中期评估工作。国家政法智能化技术创新中心江门市域社会治理孵化中心、江门市市域社会智慧治理技术创新中心、江门市市域社会智慧治理应用示范基地（简称"两中心一基地"）揭牌运营，助力"科技引领""侨都赋能"工程，构建社会治理智慧平台。统筹推进线上"粤平安"社会治理云平台建设，高标准建设7个县级"信访超市"，构建起"信访超市+外送服务"工作模式，2021年9月份平台上线以来，群众反映诉求每日办结率保持在98%以上。推出第二批29个市域社会治理现代化示范项目，高质量打造全省首个国家级基层立法联系点、全国社会心理服务体系建设试点市等治理品牌，共建共治氛围日益浓厚。县（市、区）、镇（街）、村（社区）三级"粤心安"社会心理服务站（室）建成率达100%。73个镇（街）新设事业编综合治理服务中心，加挂全科网格服务中心、执法服务中心两块牌子，上线运行"江门市社会治理综合指挥中心"系统，划分一级网格1328个，二级网格3898个，构建"网格统市域、一屏知全城"治理模式。自2021年5月份试运行以来，全市录入网格事件超过89万件，办结超86万件，办结率96.88%。

【平安江门建设】2021年，江门市委政法委把平安建设考评纳入县域经济社会发展考核和市直机关年度绩效考核体系，压实各地各部门平安建设主体责任，提升平安建设层次和水平。紧扣建党100周年维稳安保主题主线，扎实开展维护政治安全专项行动、社会矛盾问题专项治理和基层矛盾纠纷排查化解专项行动，加大重点个案化解力度，持续推进依法防疫抗疫，统筹做实"三人小组"工作，全市社会大局保持稳定。推动反偷渡、反走私、"三无"船舶查处工作，指导被重点治理和重点整治县（市、区）开展工作，江海区社会治安重点治理地区顺利"摘牌"，恩平市禁毒重点整治关注地区"摘帽"。深入推进"雪亮工程"建设，建成可容纳5万路视频的市级视频共享平台，接入市委政法委、市教育局、市公安局、市自然资源局等12个单位视频资源1.2万余路，实现全市一类、二类公共安全视频监控资源汇聚调用。结合平安乡村建设工作，通过对接运营商平安乡村平台，接入2万余路平安乡村视频资源。江门市2020年度平安广东建设考评得分为955.87分，排全省第9，获评良好等次。江门台山市被评为"2017—2020年度平安中国建设示范县"，台山市委政法委被评为"2018—2019年度全省平安建设先进集体"，江门市委政法委综治工作科科长伍强被评为"2018—2019年度全省平安建设先进工作者"。

【法治监督】2021年，江门市委政法委牵头抓总，建立全市政法系统执法监督工作联席会议制度，推动党委政法委执法监督工作落实落地。深入推进政法领域全面深化改革，深化司法体制综合配套改革，年度改革任务按要求落实到位，执法司法制约监督体系不断完善，政法公共服务更加惠民。深入组织和落实涉法涉诉信访积案工作，推动和规范律师参与政法机关涉法涉诉信访案件化解工作，全市登记涉法、涉诉信访积案3000余件，推动化解省交办的涉法涉诉信访积案，化解率达100%，有效化解信访难题。发挥牵头抓总作用，印发民主与法治领域改革专项小组改革任务分工实施方案，切实推动各项改革任务落地见效。组织开展全市党委政法委系统学习习近平法治思想专题讲座，政法干部法治素养和业务能力不断增强。

【市法学会工作】2021年，江门市法学会成立江门市法学法律人才专家库，挑选21名法学专家作为江门市江海区全国人大常委会法工委基层立法联系点顾问，协助开展有关立法工作。开展专题征文及优秀论文评选，定期向市委市政府有关部门推荐优秀论文参阅，年内出版期刊《江门法学》2期、1期《市域社会治理专刊》。办好江门中立法律服务社（站），开展法律咨询、法律指引和法律宣传工作，2021年共免费解答群众法律咨询案件6539件6727人次。结合疫情下企业经营发展、《民法典》颁布实施等热点，举办14期"以法兴企"文化沙龙活动，1300多名企业家代表参加，营造依法护企、依法治企、依法兴企氛围。精心组织青年普法志愿者法治文化基层行活动1280场，普法受众50多万人次。开展覆盖三区四市的"民法典宣讲乡村行"专项活动210场，受众达7190人次。以"百名法学家百场报告会"活动为抓手，推动法治专题报告会进入市委理论学习中心组，实现领导干部学法常态化、制度化。加强对各县（市、区）法学会工作考核，不断提高基层法学会工作水平。

法治政府建设

【依法治市】2021年，江门市在法治广东建设考评中实现2018年、2019年、2020年连续三年获评优秀。高规格召开市委全面依法治市工作会议，市委全面依法治市委员会第五、第六、第七次会议，研究出台《江门市2021年全面依法治市工作要点》《江门市行政复议体制改革实施方案》等重要法治文件。将法治建设专章纳入市第十四次党代会报告和《江门市国民经济和社会发展第十四个五年规划和2035年远景目标纲要》，与经济社会发展同部署、同推进、同督促、同考核。

组织开展党政主要负责人履行推进法治建设第一责任人年终述法工作，向省委依法治省办抄报党政主要负责人及其他领导班子成员年终述职工作内容15人次、收集市县两级党政领导干部年度述法履职书面报告350余份。深入开展法治调研工作，形成《江门市基层法治建设工作情况报告》《关于推进法治江门建设工作经验成效的情况报告》等调研材料。推进法治政府建设示范创建活动，完满完成第一批广东省法治政府建设示范创建工作和第二批全国法治政府建设示范创建申报工作，江门恩平市牛江镇获评广东省法治政府建设示范项目。

【依法行政考评】2021年，市依法行政工作领导小组办公室组织对市直26个以外部行政管理为主要职责的市政府部门法治政府建设工作开展情况进行全面考评。本次考评设置依法行政制度体系完善、重大行政决策科学民主合法、行政执法严格规范公正文明、全面推进政务公开、社会矛盾纠纷依法化解、行政权力制约监督科学有效、政府工作人员法治思维和依法行政能力全面提高、法治政府建设组织领导落实到位等八大方面35项重点考评指标。是年，全市239个行政执法主体应用行政执法"两平台"办理行政处罚、行政强制、行政检查案件49 125宗，产生执法文书134 195份，办理的案件数、产生文书数均位列全省前列。73个镇（街）通过平台办理的17 638宗案件中，仅有7宗被申请行政复议，没有案件被提起行政诉讼。

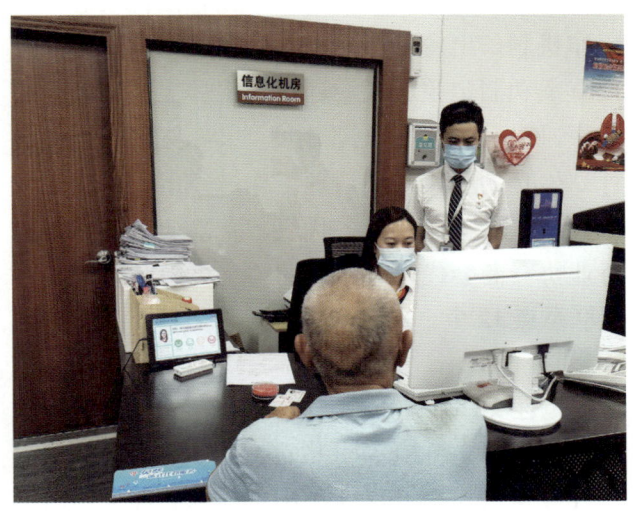

▲2021年7月21日，江门市在全省首推"公证·公积金"政银区块链查询，实现推动公积金继承公证提供"一窗口"办理"一站式办结"

（市司法局　供）

【法治资政】2021年，江门市坚持将做好政府法律顾问工作作为推进法治政府建设的重要抓手，在规范工作流程、加强统筹力度、完善队伍建设上发力，在全市范围内组织传达学习中法委发的1号文件和市领导批示精神，处理市政府法律顾问事务，统筹指导市政府各部门和下级政府的法律工作，发挥政府法律顾问的守门人和智囊团作用，为江门市"十四五"开好局起好步，实现经济社会高质量发展，提供法律服务和有力法治保障。是年，全市各级政府及其部门有法律顾问1492名，其中外聘法律顾问558名，内部法律顾问934名。

2021年，全市法律顾问办理法律事务26 641件，涉及标的总额3363.58亿元，其中：市本级政府及其部门办理5023件，县（市、区）政府及其部门办理17 095件，镇政府办理4523件。

【地方立法】 2021年，江门市司法局完成审核并提请市政府审议《江门市扬尘污染防治条例（草案）》《江门市华侨华人文化交流合作促进条例（草案）》等法规草案2部，审核并提请市政府出台《江门市消防水源管理办法》《江门市生活垃圾分类管理办法》《江门市人民政府拟定地方性法规草案和制定政府规章程序规定》等政府规章3部；向国务院、省大人常委会、省人民政府和市人大常委会报送规章备案3件。健全和完善政府立法工作机制，出台《江门市人民政府拟定地方性法规草案和制定政府规章程序规定》规范政府立法程序，健全立项专家论证制度。开展涉及行政处罚、计划生育的政府专项清理工作。经市人民政府同意，设立涵盖行政机关代表、企事业单位代表、行业协会商会代表等领域的第二批市政府立法基层联系点12个。

【规范性文件管理】 2021年，江门市司法局审核行政规范性文件81件，拟订并组织实施《江门市2021年度政府规范性文件制定计划》和《江门市本级行政规范性文件制定主体清单（2021版）》。完成审核《进一步激励高管、骨干人才引领5+N产业集群做大做强若干措施》《江门市职工和城乡居民基本医疗保险分类保障实施方案》等政府规范性文件15件，审核部门规范性文件66件，审查各市（区）人民政府报送的规范性文件46件。向省政府和市人大报送备案规范性文件10件，启用"江门市行政规范性文件审核管理平台"，组织实施涉及行政处罚、计划生育的规范性文件专项清理工作，市、县两级梳理出与《中华人民共和国行政处罚法》等现行法律、法规不一致的规范性文件14件，印发2020年度行政规范性文件合法性审核情况的通报。

【市政府行政复议及行政应诉案件办理】 2021年，江门市各级行政机关新收到行政复议申请1168宗，市本级和各县（市、区）政府收到行政复议申请752宗，占案件总数的64.38%。全市各级行政复议机关审结行政复议案件963宗，当期审结率为82.45%。其中，驳回63宗，占比6.54%；维持511宗，占53.06%；确认违法34宗，占3.53%；撤销36宗，占3.74%；变更8宗，占比0.83%；终止311宗（包括调解35宗、其他276宗），占32.30%。2021年6月1日，江门市启动行政复议体制改革，制定并印发《江门市行政复议体制改革实施方案》。全市复议机构由原来的41个压缩至8个（不含垂直管理部门），市、县（区、市）两级政府只保留一个复议机构，在全市所有镇街司法所全部设立两级政府行政复议受理点。2021年7月，扩容改建后的江门市行政复议服务中心投入使用。

2021年，全市法院行政诉讼案件1615件，其中一审案件为1126件。2021年全市行政机关负责人出庭应诉达1150人，出庭应诉率达98%，行政机关负责人出庭应诉人数和应诉率均取得新突破，再创历年新高。12月24日，郑晓毅副市长在江海区人民法院审理的（2021）粤0704行初971号罚款及行政复议案中作为市政府机关负责人出庭应诉。

【行政执法监督、协调、指导】 2021年8月，江门市被省司法厅列为全省推进乡镇街道综合行政执法规范化建设示范市。10月15日，被司法部列为开展省市县乡四级行政执法协调监督工作体系建设试点，是全省4个试点之一。11月19日，在省委深入学习贯彻习近平法治思想座谈会上就基层执法规范化建设作交流发言。12月17日，省司法厅专门印发通知，把江门市乡镇街道综合行政执法规范化建设经验向全省进行推广。是年，全市73个乡镇街道完成规范化建设的数量是16个，计划到2022年底前完成全覆盖目标任务。

公 安

【概况】 2021年，江门市公安机关坚持系统观念、法治思维、强基导向，全力开展"八大专项行动"，开展党史学习教育和队伍教育整顿，推进市域社会治理现代化试点工作和"我为群众办实事"实

江门市2021交通事故统计表

项目	次数			死亡人数			受伤人数			财产损失		
	数量	比上年同期增减	增减百分比	数量	比上年同期增减	增减百分比	数量	比上年同期增减	增减百分比	数量	比上年同期增减	增减百分比
合计	1890	−468	−19.85%	316	−63	−16.62%	1796	−551	−23.48%	4 885 216	438 755	9.87%
蓬江大队	398	−150	−27.37%	34	−7	−17.07%	301	−198	−39.68%	811 300	−371 200	−31.39%
江海大队	51	−22	−30.14%	22	−6	−21.43%	38	−57	−60.00%	1 388 800	849 699	157.61%
新会大队	457	−135	−22.80%	46	−6	−11.54%	483	−141	−22.60%	122 506	−42 904	−25.94%
台山大队	272	−43	−13.65%	55	−12	−17.91%	267	−65	−19.58%	300 500	−35 050	−10.45%
开平大队	269	−53	−16.46%	53	−14	−20.90%	288	−21	−6.80%	681 300	−62 900	−8.45%
鹤山大队	292	−6	−2.01%	45	−6	−11.76%	301	6	2.03%	122 710	−65 040	−34.64%
恩平大队	103	−71	−40.80%	38	−14	−26.92%	78	−78	−50.00%	34 600	−21 850	−38.71%
高速一大队	10	2	25.00%	5	−6	−54.55%	7	2	40.00%	248 000	71 000	40.11%
高速二大队	9	6	200.00%	1	1	100%	14	9	180.00%	202 000	139 000	220.63%
高速三大队	14	5	55.56%	12	4	50.00%	10	0	0.00%	840 000	−25 000	−2.89%
江门大道大队	15	−1	−6.25%	5	3	150.00%	9	−8	−47.06%	133 500	3 000	2.30%

统计时间：2022年1月10日

践活动，完成建党100周年安保维稳任务。全市刑事治安警情同比下降18.19%，实现刑事破案数、刑事拘留数、逮捕直诉数、群众警务评议满意率同比上升，刑事治安警情数、刑事发案数、不构成犯罪不捕率、道路交通"四项指数"同比下降的"四升四降"工作目标，全市没有发生政治安全事件、群体性事件、暴恐案事件、影响恶劣的刑事治安案件和较大道路交通事故。年内，全市公安系统123个集体、411名个人立功受奖。

【食品药品及环境领域犯罪打击】 2021年，江门市公安机关侦破涉食品药品、环境类案件301宗（含省厅飓风号专案11宗），刑拘435人，逮捕286人，移送起诉157人，与行政单位开展联合行动30余次，核查全国、全省食药环协查案件线索30余条，连续四年"飓风"食药环专项考核满分。

【社会治安管理】 2021年，江门市公安机关全面加强社会治安管理工作，建立打击涉黄赌违法犯罪"异地用警"机制，组织开展异地用警打击行动4次，破获涉黄赌案件271宗，刑事拘留1271人；查处涉黄赌行政案件2946宗，行政拘留1642人。

侦破国家、公安部督办的大要案件3宗，获公安部嘉奖令1次、省厅贺电4次。积极推进缉枪治爆专项行动，起诉涉枪爆犯罪嫌疑人15人，收缴非法枪支1115支、子弹3.36万发。加强特种行业场所治安管理，强化旅馆业实名制登记制度，从严打击整治娱乐服务场所突出治安问题。强化枪支弹药、危爆物品安全管理，开展危爆物品安全隐患排查专项行动12次，检查从业单位1625家次，发现并整改安全隐患152处。加强重点行业单位安全防范，做好寄递物流管控、行政审核审批和消防安全检查工作。推进"护校安园"，在全市中小学幼儿园建成校园最小应急单元1432个，开展5轮校园安全隐患排查整治，排查校区1561个，发现并整改安全隐患2570处。

【道路交通管理】 2021年，江门市公安机关以道路交通事故预防"减量控大"专项行动为总抓手，深入开展部门协同共治联动攻坚、交通安全隐患排查整治、城市交通安全综合治理攻坚、公路交通安全风险防控攻坚、农村交通安全固本强基攻坚、交通安全宣传重点提升攻坚等六大攻坚行动，创新建立系统防范化解道路交通安全风险"5+N"

联合调查整改工作机制，不断提升道路交通现代化治理能力水平。年内，全市发生道路交通事故1890宗，死亡316人，受伤1796人，同比分别下降了19.85%、16.62%、23.48%。

【经济犯罪侦查】2021年，江门市公安机关以护航金融"利剑2021"等专项行动为抓手，严厉打击各类突出经济犯罪，破获经济犯罪案件246宗，抓获犯罪嫌疑人493名，刑事拘留370人，逮捕169人，移送起诉312人，总涉案金额约人民币62.7亿元。先后从美国、马来西亚、中国澳门等地劝返包括中国银行开平支行案主犯许国俊在内的8名外逃人员投案，侦破蒋某某等人涉嫌组织领导传销活动案（飓风115号）、石某某非法经营地下钱庄案（飓风227号）、邹某某被盗刷银行卡案（飓风439号）等8个"飓风"号大要案件。

【刑事犯罪侦查】2021年，江门市公安机关重拳打击电信网络犯罪和突出刑事犯罪，先后破获"1.29"特大跨境网络赌博团伙案、"4.28"海上特大组织他人偷越国（边）境案、"5.21"特大虚开增值税专用发票案等中央和公安部、省厅督办案件33起，牵头侦破湛江"9.01"黑社会性质组织案，打响全省公安机关严打突出刑事犯罪专项行动的第一枪。年内，全市刑事破案数同比上升16.31%、刑事拘留数同比上升25.85%、逮捕直诉数同比上升29.76%，刑事治安警情数同比下降18.19%、刑事发案数同比下降2.07%，"飓风2021"专项行动总体成效被评为全省优秀等次。

【户政管理】2021年，江门市公安机关规范有序推进江门市户籍制度改革工作，取消缴纳社保和购买房屋等两类流动人口申领居住证时间限制，实施两类人员居住证即来即办政策。做好流动人口居住登记和居住证申办工作，年内，全市在广东省实有人口管理平台中登记流动人口信息约50.62万人，办理流动人口居住证51 989人次，受理港澳台居民居住证7581人次。落实省内跨地市和跨省居民身份证异地受理、挂失申报和丢失招领"三项制度"，全市共受理异地换领补领身份证37 799人次，受理因疫情无法回国（境）人员委托办理换领身份证1923人次。开展"四合一"（出租屋排查、"三非"外国人排查、反诈宣传和防诈APP安装、管制刀具排查）排查整治专项行动，累计排查出租屋216 419间，流动人口378 339人，查处违法案件322起，抓获违法犯罪嫌疑人641人。主动承担全省"粤居码"推广应用试点任务，2021年，江门市"粤居码"房屋申报54 322间，申报率位居全省6个试点单位之首。

【出入境管理】2021年，江门市公安机关强化涉外政策宣传，主动推送疫情期间出入境政策调控措施，将外国人纳入实有人口管理，通过定期走访摸排，动态掌握辖区内实有境外人员情况，严格落实旅馆业、公寓、民宿和出租屋主外国人住宿登记的申报主体责任，加强散居社会面的外国人住宿登记，全力做好打击妨害国（边）境管理违法犯罪工作。年内，签发外国人签证证件12 802件次，查获"三非"外国人433人，遣送"三非"外国人出境23批282人，为中国公民签发各类证件、签注及签证137 710件次。

【公安监所管理】2021年，江门市公安机关强力推进监所基础设施和智慧监管建设，全面规范监所疫情防控和安全管理工作，年内全市监所新收21 361人（看守所8264人、拘留所12 547人、强制隔离戒毒所550人），有效保持疫情"零感染"、安全"零事故"。实行等级化规范管理，在2021年全省公安监所等级评定中，5个看守所被评为三级看守所；1个拘留所被评为二级拘留所，5个拘留所被评为三级拘留所；1个强制隔离戒毒所被评为二级强制隔离戒毒所，5个强制隔离戒毒所被评为三级强制隔离戒毒所，评定达标率94%。

【网络安全管理】2021年，江门市公安机关全力开展"净网2021"专项行动，打击网络违法犯罪活动，坚决打掉网络黑灰产业链，侦破案件83宗，抓获454人。江门"2.01"侵犯公民个人信息案、江门张铭洁等人组织考试作弊案等2宗案件被评为部级网络精品案件，台山"3.24"非法利用信息网络案等10宗案件被评为全省网络精品案件。

【警务督察】2021年,江门市公安机关紧贴公安中心工作和队伍建设,建立督察专员工作机制,深入开展各项督察行动,累计派出督察组1260余个次、出动警力3900余人次,开展网上督察1800余小时,检查公安机关内部单位2600余个次,检查社会单位和场所730个次,查纠整改问题2300余个次,提出督察建议1900余条,查处侵犯公安机关民警执法权威案件48宗,依法处理侵害民警执法权益嫌疑人62名,为受侵害的74名民(辅)警维权。

【禁毒工作】2021年,江门市公安机关以禁毒执法打击百日专项行动为抓手,完善禁毒督导暗访工作机制、通报点评工作机制、三级破案打击机制、滴灌帮扶基层规范执法机制,提升全市禁毒执法效能。先后破获"省目标2021—161""2021—213贩卖毒品案""5.06运输、贩卖毒品案""8.23涉越南籍'三非人员'贩卖毒品案"等重特大毒品案件。年内,全市共破毒品刑事案件179宗,其中涉毒团伙案件24宗、省目标案件10宗、市目标案件33宗。查处吸毒人员2655人,处置强戒1298人。全市社区戒毒康复人员执行率达到99.88%,未发生吸毒人员肇事肇祸案(事)件。充分发挥百万禁毒志愿服务联盟的作用,全市开展禁毒宣传"六进"活动3.1万场次,组织学生参加全国"青骄第二课堂"平台学习,学生注册率和课时完成率达100%,线上禁毒知识竞赛学生参与率达100%,综合得分排名全省第二。恩平市成功摘除禁毒重点关注地区帽子。

【智慧新警务建设】2021年,江门市公安机关坚持改革强警,推进公安大数据智能化建设,建成江门市反恐指挥中心(市公安局大数据中心),研发"邑警行"综合服务平台,全面汇聚网上网下轨迹信息,核查线索16.3万次,协破案件460宗。加快推进江门本地大数据中心建设,实现省市两级数据联查、联动,为各警种提供本地数据服务共4.1亿次,调用省公安厅数据资源服务5.2亿次。推进视频云建设和全市图像数据专项治理工作,完成"平安江门"市直三期改造项目建设,建设视频监控点100个、治安卡口24套,视频网云平台共接入各类视频点16 129个,治安卡口1313套、人脸1041套,每天产生人脸数据约1100余万条,卡口过车数据约2100余万条。

【社会治安防控体系建设】2021年,江门市公安机关牢固树立大抓基层、大抓基础意识,夯实基层基础建设,提升治安管理防控整体效能。完善应急处突机制,科学划分64个"1、3、5分钟"动中备勤防护圈,建立街面警务站等19个,全市组建8支防暴应急处突分队,全面落实圈层防控。深化基层基础建设,在全市17个公安派出所开展"一室两队"改革,推动警力下沉,全市派出所警力占县级公安机关总警力40%,派出所社区警力占派出所警力49.7%。深入推进"枫桥式公安派出所"创建活动,新会睦洲派出所、台山广海派出所、蓬江荷塘派出所圩镇警务室、江海外海派出所金溪警务室、开平长沙派出所人民公园警务室、恩平桥峰派出所西门社区警务室等获评为"广东省枫桥式公安派出所""岭南标杆警务室";其中新会睦洲派出所获评"全国枫桥式公安派出所"。

【公安法制建设】2021年,江门市公安机关出台打击涉疫违法犯罪、涉未成年人违法犯罪、侦办走私冻品犯罪案件等15项法律指引,并将法制部门案审范围从原来的7个环节扩充到21个,全市公安机关建立各项规范执法规章制度38个,其中《江门市公安机关出具立功查证材料工作规范(试行)》被评为2021年度全省公安机关优秀执法制度。研发江门市侦查监督与协作配合平台,实现从警情分流处置到案件办结的全流程智能化监督管理。系统全面启用以来,全市公安机关警情分流超时、"降格处理"同比下降99%、59.7%;监测发现违规案件53宗,环比减少73.2%,遏制违规案件效果明显。加快推进市、县公安机关智能执法办案管理中心建设,开展执法办案场所提档升级工作,完成3个办案中心建设、26个所队办案区提档升级,其中有7个办案场所被确定为省厅智能执法办案场所示范点。

【打击走私工作】2021年,江门市公安机关深入开展"海啸""清湾"专项行动,打击走私违法犯罪,侦破各类涉走私案件125宗,其中省厅"飓风号"案件6宗,查扣"大飞"等非法船舶155艘、走私物品2980吨,刑拘犯罪嫌疑人480人,逮捕138人,涉案价值约1.3亿元,打击走私"海啸2021"专项全省排名并列第1。着力强化反走私综合治理,结合水域特点和走私形势,将辖区水域划分为4个片区,每个片区配备相应应急单元,每个应急单元配备5名警力,并逐步推动在外海、大鳌、广海和崖门、赤溪、铜鼓成立打私工作站,实行24小时勤务响应,做到一旦有警情,快速响应。推动建成荷塘、广海、礼乐等7个基层反走私综合治理示范点。

【扫黑除恶斗争】2021年,江门市公安机关打掉涉黑恶犯罪团伙153个,其中黑社会性质组织1个、恶势力犯罪集团战果4个,遏制涉黑恶违法犯罪的势头,聚众斗殴、寻衅滋事、敲诈勒索等典型涉黑恶违法犯罪警情明显减少。4月28日,侦破湛江"901"黄某存等人组织、领导、参加黑社会性质组织案,人民日报等中央及省级媒体均做宣传报道。

检 察

【概况】2021年,江门市检察机关在江门市委和上级检察机关的坚强领导下,履职尽责,锐意创新,推动"十四五"江门检察工作起好步、开好局,努力为江门打造珠江西岸新增长极和沿海经济带上的江海门户贡献检察力量。全市检察机关有18宗案件入选省级以上典型案例,获得40项省级以上荣誉。

【刑事检察】2021年,江门市办理审查逮捕刑事案件2705件4197人,审查起诉刑事案件5629件7540人。推进扫黑除恶常态化,出台涉黑涉恶案件专业化办案制度,依法办理"9·17""4·20""6·15""5·21"等专案,获评"广东省扫黑除恶专项斗争先进集体",1宗案件获评广东省检察机关扫黑除恶专项斗争优秀案例。在开展司法工作人员职务犯罪侦查百日攻坚专项行动中起诉职务犯罪47人,立案侦查司法工作人员5人。在常态化疫情防控下严厉打击组织偷越国边境、走私冻品等刑事犯罪,江门市人民检察院依法办理走私冻品刑事附带民事公益诉讼案件,起诉1起海关总署缉私局一级督办的野生动物驯养公司特大走私新冠疫苗实验猴案件。助推网络空间治理法治化建设,江海区人民检察院办理全国首例"代刷人脸破解青少年沉迷系统"刑事案件。

▲2021年4月20日,江门市人民检察院江门银保监分局举办的"扬清廉正气,固合规根基"主题活动启动大会,以"检察+金融"模式,推动江门银行业保险业合规经营、廉洁发展,为防范化解金融犯罪风险奠定合作框架。

(市检察院 供)

【刑事诉讼监督】2021年,江门市监督立案78件,监督撤案164件,纠正漏捕114人,纠正漏诉318人,提出刑事抗诉42件,建议行政执法机关移送涉嫌犯罪案件130件。健全案件繁简分流,规范办案流程,优化刑事办案质效"案——件比","案——件比"降至1:1.07。江门市人民检察院制定《关于规范适用认罪认罚从宽制度的指引(试行)》,全面推行认罪认罚控辩协商同步录音录像,认罪认罚适用率达87.95%。贯彻少捕慎诉慎押刑事司法政策,在广东省率先出台强化未决刑事案件适用非羁押措施意见,并联合江门市公安局研究制定工作意见,推进审前羁押率降低至49.35%。常态化推行"派驻+巡回"监督模式,促进监管执法规范化。对20世纪90年代以来江门市57 147件减刑、假释、暂予监外执行案件开展专项排查整治，纠防违法"减假暂"。开展未收押收监集中清理专项工作，已清理纠正121人，纠正率为87%。

【民事行政诉讼监督】2021年，江门市办理民事裁判监督案件190件，民事执行监督案件537件，民事审判程序监督案件272件。强化虚假诉讼监督，江门市人民检察院、蓬江区人民检察院依法对一起涉案金额5400万元的虚假诉讼案提出抗诉，抗诉意见获法院采纳，捍卫法律尊严，营造诚实守信诉讼环境。发挥行政检察"一手托两家"作用，办理行政检察监督案件721件，其中发出行政审判程序、行政裁判执行监督、行政非诉执行监督检察建议296件。结合"学史力行，深入推进行政争议实质性化解"专项活动，采取公开听证、促进和解、监督纠正等方式，促成行政争议实质性化解56件，实现案结事政和。新会区人民检察院依法督促对一起长达10年的行政争议案件恢复执行，与新会区人民法院形成合力促成争议实质性化解，该案入选广东省十大行政非诉执行监督典型案例。

▲2021年12月9日，江门市检察院在开平碉楼现场召开"侨乡碉楼保护"检察听证会。

（市检察院　供）

【检察机关服务社会】2021年，江门市加强归侨侨眷、海外侨胞和港澳同胞权益司法保护，办理涉侨港澳案件56件。江门市人民检察院与广东省人民检察院联合召开"侨乡碉楼保护"检察听证会，与江门市10家单位联合发表《五邑侨乡碉楼保护共同宣言》，增强侨乡文物和文化遗产保护合力。江门市人民检察院出台保障产业集群发展"21条措施"，为江门制造业高质量发展提供坚实检察支撑。推动企业合规改革试点工作，江门市人民检察院起草相关文件，推动建立江门市企业合规第三方监督评估机制。督促公安机关对滞留于刑事诉讼环节的涉民营企业"挂案"开展专项清理56件，助力民营企业"松绑减负"。在江门市范围内开展耕地资源保护公益诉讼"回头看"工作，督促行政机关依法拆除违章建筑17处，复垦基本农田约1.47公顷，助力巩固拓展脱贫攻坚成果同乡村振兴有效衔接。配合做好中央环保督察和固体废物环境问题专项督查，督促市县两级21个行政机关，合力推动江门市43处农村环境得到整治，通过公益诉讼追偿生态环境损害赔偿金、治理修复费用3138万元。强化个人信息司法保护，办理个人信息安全领域各类案件28件。加强特殊群体权益司法保障，办理无障碍环境建设公益诉讼57件。

【公益诉讼】2021年，江门市办理公益诉讼案件643件，其中发出诉前检察建议362件，提起公益诉讼62件。妥善办好特殊群体保护、文物和文化遗产保护等新领域案件126件。江门市人民检察院与江门市消费委员会建立消费民事公益诉讼协作机制，支持广东省消费委员会提起广东省首例个人信息保护领域民事公益诉讼案件。台山市人民检察院联合军事检察院办理督促保护鸡罩山散葬烈士墓行政公益诉讼案，推动该墓地得到系统修缮，助力当地将其打造成爱国主义红色教育基地，入选全国红色资源保护公益诉讼典型案例。

【未成年人检察】2021年，江门市办理涉未成年人案件445件，其中1宗案件被评为广东省检察机关十大刑事抗诉精品案例。出台加强未检业务统一集中办理工作内部衔接的若干措施，与江门市公安局联合印发加强未成年人司法保护座谈会会议纪要。落实"一号检察建议",常态化落实"法治进校园"巡讲活动。发挥"护苗"帮教基金救助功能,救助因案致困未成年人27人。针对校园安全和未成年人合法权益保护问题制发的广东省首份跨省社会治理检察建议,入选全国检察机关社会治理类优秀检察建议。"苗苗工作室"获命名全省检察系统首个"广东省三八红旗工作室",江门市人民检察院未成年人检察部门获评"全国维护妇女儿童权益先进集体"。

【司法求助案】 2021年,江门市创立司法救助金分期发放托管机制,对137名救助对象发放救助金约207万元,2宗司法救助案件分别获评省精品案件、优质案件。

法　院

【概况】 2021年,江门全市法院受理各类案件138 683件,比上年增长19.11%,办结案件128 645件,比上年增长14.45%,法官人均办案数429件。全市法院有10个集体、20人次受到市级以上表彰奖励。

▲2021年5月30日,恩平市人民法院开展"法暖夕阳"进百村活动。

（市中级法院　供）

【刑事审判】 2021年,江门市开展常态化扫黑除恶斗争,依法审结刑事案件5373件,从重从快打击电信诈骗与毒品犯罪,审结电信、网络诈骗案件151件,涉案金额3亿元,毒品犯罪案件177件判决罪犯221人。从严惩治腐败犯罪,审理职务犯罪案件48件,依法稳妥审理"红通人员"原中国银行开平支行行长许超凡贪污、挪用公款案等重大敏感案件。

【民商事审判】 2021年,江门市中级人民法院加强知识产权保护,完善"三合一"审判机制,建立行业服务站9个,有力保障创新发展。深入推进"巡回法庭+诉讼服务处"知识产权司法保护"江门模式",为企业维权提供司法便利,获中央政法委"长安评论"微信号推介。加强民生权益保障,适用民法典审结各类民事案件42 635件,"支持女方离婚家务劳动补偿权"案件入选全省法院贯彻实施民法典典型案例。审结银行借款合同纠纷和民间借贷纠纷案件7157件,涉案标的189亿元。

【行政审判】 2021年,江门市中级人民法院协同推进法治政府建设,联合出台《关于依法推进我市行政争议实质性化解的实施意见》,形成"外嫁女"权益纠纷专题调研报告,得到市委市政府高度重视。组织领导干部旁听庭审,行政机关负责人出庭应诉率上升至98.2%,提升依法行政意识。

【案件执行】 2021年,江门市中级人民法院常态化运行破产处置协调联动机制,推动49户企业依法退出市场,处置资产2.75亿元。开展涉农合机构案件专项执行行动,执行到位金额4912.8万元,有力维护地方金融市场稳定。加强司法人文关怀,缓减免诉讼费103.1万元,发放司法救助款28.2万元。执行工作整体成效位居全省前列,加强失信惩戒助力诚信体系建设,纳入失信被执行人70 069人次,限制高消费28 474人次。开展农民工欠薪专项执行行动,执行到位金额952.74万元。举办执行案款集中发放日活动,现场发放执行款3439.3万元,"真金白银"兑现胜诉人合法权益。

【法院司法为民】 2021年,江门市中级人民法院深度参与构建"信访超市+外送服务"网络化工作体系,选派精干审判力量入驻并配备相应法庭,为群众提供诉讼引导、多元解纷、巡回审判等服务,解决群众合理合法诉求。坚持把非诉纠纷解决机制挺在前面,建立"中院+基层法院+人民法庭"

三级联动矛盾纠纷化解机制。根据案件需要搭建涉知识产权、民营经济、医疗纠纷等8个解纷平台，聘请852名特邀调解员，化解各类纠纷7249件，调解成功率达49.12%。发挥"法+侨"作用，完善涉侨纠纷多元化解机制，成功调解涉侨纠纷案件349件，解决查明事实案件902件。在委内瑞拉、智利、巴西3个国家设立海外涉侨纠纷化解工作室，邀请侨领、侨资企业法律顾问等52人担任涉侨特邀调解员，为侨胞侨眷参与诉讼、快速化解纠纷提供便利。打造"厅网线巡"一体化诉讼服务中心，深化"当场立、自助立、网上立、就近立"改革，加强线上诉讼服务，受理网上立案申请88 309件，跨境立案76件，远程开庭3242件，实现疫情防控常态化下"零距离""不打烊"和"指尖办"，全市法院"一站式"建设总体成效明显，质效评估平均得分全省第一。

【法院司法公开】 2021年，江门市中级人民法院全面深化司法公开，网上公开裁判文书68 949份，庭审直播案件48 291件，获评为"优秀直播法院"。开展"民法典百场宣讲"活动，举办普法活动16场，公众开放活动110次。市中级法院在"谁执法谁普法"履职评议中获评"优秀"等次，获2021年度司法宣传和通联工作先进单位，恩平法院"法暖夕阳"进百村获评全省优秀普法项目。

【法院司法改革】 2021年，江门市中级人民法院深入推进民事诉讼繁简分流改革，民事一审速裁快审占比82.5%，为全省最高。建立执法办案权责清单，细化不同类别人员的职权和责任。完善审判委员会、专业法官会议规则，着力统一裁判标准，健全司法制约监督体系。用好"立审执衔接系统"加强对外服务和对内监管，实现民事审判、执行无缝衔接。系统运行以来，主动转入执行30 801件案件，让3万余名当事人少跑法院次数，一、二审衔接平均流转周期缩短约15天。打造"智慧法院+智慧金融"便民服务，智能发放执行案款1146万元。

司法行政

【概况】 2021年，江门司法局纵深推进司法行政工作取得扎实成效；"多证合一""证照分离"改革获首批全国法治政府建设示范项目；法治广东建设考评连续三年获评优秀等次，2020年度全省排名第4；成为全国首批开展省市县乡四级行政执法协调监督工作体系建设试点、全省推进乡镇街道综合行政执法规范化建设示范市。

【法治宣传】 2021年，江门司法局开展"为民办实事·法治惠万家"法治宣传教育"七进"活动500多场次，参与群众400多万人次。举办全市法治副校长培训班，90多名中小学法治副校长代表现场参加，全市400多名法治副校长在线参加。利用"全民国家安全教育日""世界禁毒日""世界知识产权日"等时间节点，累计开展线上线下活动10余场次，受益群众100多万人次。开展"谁执法谁普法"履职报告评议活动，对5家单位进行普法开展情况实地考察和网上投票。全市10个全国民主法治示范村（社区）全部通过省复核，21个村（社区）被确认为省级民主法治示范村（社区）创建单位。2个青少年法治教育实践基地、8个法治文化建设示范企业通过省级评定，培育第九批全国民主法治示范村3个。

【律师管理】 2021年，江门市律师执业机构127家，其中普通合伙律师事务所63家，分所14家，个人律师事务所19家，公职律师事务所8家，法律援助处8家，公司机构15家；全市有律师1352名，其中专职律师827名，兼职律师11名，公职律师430名，法律援助律师55名，港澳居民律师7名，公司律师22名。广东良匠律师事务所党支部、广东凌志律师事务所党支部、江门市直律师事务所联合党支部、广东法匠律师事务所党支部、广东法制盛邦（江门）律师事务所党支部等5个律师事务所党支部获评"2020年度全省党建工作示范化律师事务所党组织"；蓬江区律师行业党委获评"江门市先进基层党组织"；李静染、李艳娜2名党员律师被评为"江门市优秀共产党员"；左缅章律师被评为"江门市优秀党务工作者"；广东五邑律师事务所、广东风采新纪元律师事务所被评为"2017—2021年度全省优秀律师事务所"；张国成、高慧嫦、曾宇彬、熊国琼等4名律师被评为"2017—2021年度全省优秀律师"。

【公证管理】 2021年，江门市公证机构8家，公证员42名，全市办理公证103 948件。改进公证服务方式方法，推出江门公证"为群众办实事"八项举措；加大公证处参与司法辅助事务试点工作，全市有3家公证处4家法院参与试点工作，试点单位数量和工作均走在全省前列；在全市推广公证摇号软件系统，完善公证事项办理材料清单，优化办证流程，不断扩大"最多跑一次"公证事项范围。推动"政银区块链+公证"不断深入应用，在全省首推"公证+不动产"政银区块链核验，实现与不动产登记系统对接实时查询，初步实现公证书电子证照在银行、不动产等部门的成功调用，全省率先推出退役军人信息链上核验应用；在全省首推"公证+公积金"政银区块链查询，推动公积金继承公证提供"一窗口"办理"一站式办结"；"政银区块链+公证"服务已为群众完成核验服务8385次，实现办证少提供1份证明，少跑1次，少等1天，真正实现"减证便民"。

【人民调解】 2021年，江门市司法行政系统开展矛盾纠纷排查18 348次，排查发现矛盾纠纷3031件，调解案件总数9884件，调解协议涉及金额36 844.3万元。出台《司法所创建"一司法一品牌"工作方案》以及市依法行政领导小组出台《关于全面加强新时期司法所建设·切实提升基层法治水平的意见》，促进司法所的法治化、规范化、标准化建设。建立涉侨纠纷调解室，江门市设立63个涉侨调解室，处理矛盾纠纷件79件，主要涉及中国香港、澳门地区和美国、加拿大等国家，涉及金额1342.47万元。

【安置帮教】 2021年，江门市司法局做好全国安置帮教工作信息管理新系统的试运行工作；做好刑满释放人员衔接、安置救助、跟踪帮扶工作；开展安置帮教对象疫情防控宣传教育工作。

【社区矫正】 2021年，江门市在册监管社区矫正对象2197人，入矫2332人，解矫1625人，全市社区矫正工作确保安全稳定，未发生影响社会稳定的重大案（事）件。1月，成立江门市社区矫正委员会，年底实现市、县、镇（街）三级社区矫正委员会全覆盖。扎实开展"减、假、暂"案件专项排查整治，全面排查2006年社区矫正工作试点以来818宗"减、假、暂"案件。5月组织开展全省重点案件交叉评查工作。7月开展未收押收监集中清理专项活动。8月17日至18日，省人大监察司法委主任委员陈少波同志带队赴江门检查《中华人民共和国社区矫正法》贯彻实施情况。

【司法鉴定】 2021年，江门市8家司法鉴定机构有85名司法鉴定人，办理司法鉴定案件9790件，全年鉴定业务收费1235.4万元。2021年，办理司法鉴定机构和司法鉴定人的各项行政许可48件，依托江门市普法考试平台上线司法鉴定人考试题库，采用"线上考试+线下面试实操"方式，对申请司法鉴定人执业登记和执业延续考核人员进行考核。联合肇庆云浮开展司法鉴定人线上考试，首次向江门地区外的市区提供服务。深入开展"我为群众办实事"活动，全市8家司法鉴定机构开展"我为群众办实事"2897件，减免费用10.32万元。

【国家统一法律职业资格考试】 江门市2021年国家统一法律职业资格考试有1430名考生报名参考，江门考区客观题考试和主观题考试分别在五邑大学和江门市第一职业高级中学考点举行，考试期间考场纪律正常，考场秩序良好，考场环境平静，考前没有出现行程筛查或核酸检测结果异常考生，考试期间没有出现体温异常情况考生，考试计算机硬件及考试系统运作正常，没有出现补时情况，没有启用备用考场，没有出现断电、断网等突发情况，连续多年实现考试安全、人员安全、考场安全和考务工作零失误的目标。

【强制隔离戒毒管理】 2021年，江门市强制隔离戒毒所坚以清单化推动各项重点工作任务落实。场所连续19年实现安全"六无"目标，受到司法部戒毒局通报表扬。坚持以"严于当前，高于社会"的标准抓好常态化疫情防控工作，先后4次执行全封闭执勤备勤模式，确保场所"三防一安全"。树牢安全稳定底线意识，确保场所戒治安全。坚持突出重点，全力推进统一模式建设，法治场所建设，智慧戒毒建设，着力提升戒毒业务规范化水平，推动戒毒工作高质量发展。开展政法队伍教育整顿、党史学习教育、"我为群众办实事"实践活动等专项活动，激励广大民警担当作为。

【基层法律服务】 2021年，江门司法局基层法律服务所通过解答法律咨询、代写法律文书、担任法律顾问、办理法律见证、协办公证、组织开展法制宣传和协助司法所指导开展人民调解工作，参与民事和经济代理，为当地民营经济体和群众提供法律服务和法律保障。全市基层法律服务所办理各类法律事务3187件，其中参与公益法律服务619件。

【法律援助】 2021年，江门司法局受理法律援助案件4521件，涉及4564人次，受理案件数比去年同期的4096件上升约10.3%；其中刑事案件3581宗占比79%，民事案件（含劳动仲裁、执行）923宗占比20%，行政案件17宗，占比不到1%。安排值班律师提供法律帮助285次，为军人军属提供法律援助5次，为来访、来电群众解答法律咨询10 590人次，安排律师办理认罪认罚1860宗，为犯罪嫌疑人或被告提供法律帮助525次。法律援助案件指派率100%，群众满意率100%，为群众解决涉法涉诉的实际难题，得到各级党委、政府的好评。2021年，江门市司法局成为全省第一个在全市范围内实行运用大数据审核法律援助申请和实行法律援助申请市域通办的机构。2021年5月，成立江门市第一个海军涉军维权法律援助工作站，与中国人民解放军某部队签订《法律援助合作协议书》，拉开法律援助走进海军军营的序幕。

【公共法律服务】 2021年，江门市加快建设覆盖城乡、便捷高效、均等普惠的现代公共法律服务体系，制定《江门市关于加快推进公共法律服务体系建设的若干措施》和建立《江门市公共法律服务体系建设局际联席会议制度》。全市建成市、县（市、区）、镇（街）、村（社区）四级公共法律服务实体平台1402个。在原有的74个乡镇（街道）公共法律服务工作站以及1320个村（社区）公共法律服务工作室的基础上，因地制宜、结合实际打造特色产业公共法律服务工作站（室），建成10个工业园区公共法律服务工作站（室）。全市各类公共法律服务实体平台累计为群众提供法律咨询13.5万多人次，办理公共法律服务事项12万余件。

市本级公共法律服务中心建设完成并投入试运营，自11月1日试运营以来，办理法律咨询170余宗、法律援助案件131件；公证业务接受咨询126人次，办理各类公证事项733件。优化升级"江门法治地图"，打造最全服务项目地级市法治地图，涵盖15个类别、4304个法律服务机构及个人，突破司法行政原有业务范围，延伸至法院、检察院以及红色教育基地等10余个业务板块，解决公共法律服务资源分散，不便于群众查询、筛选等问题，服务范围辐射全市。

【法规工作】 2021年，江门司法局对《江门市行政规范性文件管理规定（修订稿）》《江门市人民政府拟定地方性法规草案和制定政府规章程序规定》《江门市重大行政决策程序规定（送审稿）》等重要文件，严把法律以及公平竞争审查关，共完成重大事项会商、合同审查、行政处罚案件法制审核等事项79件，为江门市司法行政工作运行提供法律保障。

仲 裁

【经济仲裁】 2021年，江门仲裁委员会受理各类民商事纠纷案件136宗，争议标的额为27 041.7万元。其中商品房买卖合同纠纷28件，占比20.6%；买卖合同纠纷28件，占比20.6%；建设工程合同纠纷21件，占比15%；借款合同纠纷20件，占比14.7%；租赁、物业服务、股权转让、买卖等合同纠纷39件。2021年受理的案件中，结案案件数量83件，结案率为61%；调解和解的案件数量52件，和解调解率为63%，案件质量提高，没有被法院撤销或不予执行的案件，收到良好的法律效果和社会效果。2021年5月，江门市委副书记、市长吴晓晖带队调研拜访深圳国际仲裁院（华南国际经济贸易仲裁委员会），大力推动江深两地仲裁合作。11月16日，副市长郑晓毅带队再拜访深圳国际仲裁院，共同探讨深江仲裁合作事宜。2021年12月，形成《关于共建华南国际经济仲裁委员会江门国际仲裁中心（江门仲裁委员会）的方案》和《江门人民市政府华南国际经济贸易仲裁委员会战略合作框架协议》。

军 事

军民融合发展

【**防空警报试鸣举行**】2021年9月18日，广东省珠三角9个城市举行"珠三角天盾——2021"城市人民防空协同演习暨江门市人民防空警报试鸣演练，这是广东省第二次防空警报试鸣与全民国防教育日同步举行活动。

【**人民防空体系建设**】2021年，根据《珠海、中山、江门三市人防区域协作框架协议》，第二、四季度，由珠海、江门分别牵头在梅州梅县区、江门台山市组织"珠中江"三市人防机动指挥所跨区域协同训练。是年，开展市区早期人防工程普查，完成部分早期坑道的安全评估和价值评估工作。完成《江门市中心城区人防工程规划（2020—2035）》编制工作。开展全市人防工程防护（化）设备第三方检测和防护（化）设备企业从业资质、能力核查等工作。

江门军分区

【**应战应急准备**】2021年，江门军分区组织国防动员系统军事训练转型发展集中攻关，加强船舶维修动员中心运行模式研究。抓实国防动员潜力核查，开展重点潜力专项攻关，检验国防动员指挥员队伍。编实建强基干民兵队伍，开展多个波次培训帮带、督导检查和军地联合考评，圆满完成编组任务，编兵质量提升，年度考评成绩名列全省第四位。牵头组织粤西协作区民兵专项集训、基干民兵轮训、拉动检验，提升民兵应战应急能力。

【**兵员征集任务**】2021年，江门军分区针对2021年"一年两征"调整改革正式实施带来的新情况新问题，坚持早筹划早部署，征兵宣传发动，拍摄"征兵宣传主题微电影"，全面推开事业单位定向招录退役大学生士兵优惠政策，激发高素质青年参军热情，从严把好体检、政考关口，抓细抓实役前教育训练、跟踪回访教育等关键环节，圆满完成年度兵员征集任务，大学生、大学毕业生征集率均超出指导比例，"五率"量化考评连续4年位居全省前列。

【**正规化建设与管理**】2021年，江门军分区按照统一标准，更新营区营院、办公场所等各类标识标牌，配齐配套设施，规范软件资料，完善保密委员会等议事协调机构，落实条令条例、军事训练、安全管理等制度，开展安全大检查、保密工作专项清理整治、"百日安全"活动。督导所有人员防护，组织全区人员完成新冠疫苗接种，构筑免疫屏障，守住了"零感染"底线。

【**武装工作基础**】2021年，江门军分区落实基层武装部规范化达标建设任务，对全市镇（街道）基层武装部现地调研，摸清现状底数，结合推进基层武装部与退役军人服务站整合融合。着眼解决"专武不专、专武不精"问题，军地联合出台《关于进一步加强专职人民武装干部队伍建设的意见》，规范兼职范围，减少兼职数量，调整专武干部96名。

【**党管武装和双拥共建**】2021年，江门军分区针对江门市县两级班子集中换届、领导调整面大的实际，及时召开第一书记宣布命令大会，调整各级党管武装组织成员，将武装工作全面纳入地方绩效考评体系，协调召开市委议军会、第一书记述职会。组织全市新生军训，会同市退役军人事务局组织"最美退役军人""最美军嫂""最美军人家庭"评选活动，营造"尊崇军人、参军光荣"的良好风尚。

武警江门支队

【**概况**】2021年，支队党委以习近平新时代中国特色社会主义思想为指导，深入贯彻习近平强军思想，坚决贯彻武警部队、总队党委决策部署，精心抓落实，扎实打基础，年度工作有力推进，各项任务完成圆满，全面建设稳中有进，官兵精神面貌为之一新。

▲2021年，武警江门支队组织开展"传承红色基因，担当强军重任"主题教育。

（江门军分区　供）

【强化政治引领】2021年，坚持用习近平新时代中国特色社会主义思想武装头脑、建队育人，围绕学懂弄通做实要求，抓好《习近平谈治国理政》《习近平新时代中国特色社会主义思想学习纲要》《习近平强军思想纲要》的学习运用，用好党委中心组带机关理论学习、理论导读、学习先锋队理论宣讲和军事职业教育等载体；扎实开展"传承红色基因、担当强军重任"主题教育，不断增强"四个意识"、坚定"四个自信"、做到"两个维护"，贯彻军委主席负责制。

【聚焦练兵备战】2021年，着眼担负任务需要，扎实开展执勤法规学习教育，狠抓查勤管勤制度落实，大力推进"智慧磐石"工程建设和目标执勤隐患治理，实现固定目标安全无事故。着力加强实战化训练，组织首长机关集中训练、魔鬼周极限训练和教练员集训，大力开展群众性练兵比武，部队实战能力得到提升，圆满完成中国共产党成立100周年庆祝安保活动社会面武装巡逻防控等任务。

【注重综合保障】2021年，完善应急保障方案和战备物资储备，组织专业岗位培训和比武竞赛，开展后勤训练演练，应急保障能力得到增强。坚持落实党委机关为基层办实事机制，开展医疗巡诊、心理咨询、装备检修、健康体检等服务基层活动，规范物资采购，严格经费结算，后勤保障依规运行、顺畅高效。扎实抓好伙食管理，倾心解决官兵学习成才、困难救济、子女入学、医疗保障等实际问题，赢得广大官兵点赞。

▲2021年，江门军分区组织开展实战化军事训练。

（江门军分区　供）

退役军人事务

【概况】2021年，江门市退役军人和其他优抚对象92 768人。江门市退役军人事务局坚持改革创新，以"让退役军人的获得感成色更足"为主线，以"情暖老兵·紧跟党走"为主题，以开展退役军人"扶弱行动""赋能行动""就业行动"为抓手，《退役军人保障法》深入宣传贯彻，全市军地合力工作开展，"侨都星火"志愿服务、"手拉手·帮战友"退役军人党员结对帮扶、就业创业、法律援助等品牌打响，推动全市退役军人工作高质量发展。

【退役军人服务保障体系建设】2021年，江门市已建成1406个服务中心（含服务站），包括1个市级服务中心、3个高校服务中心、7个县级服务中心、73个镇级服务站和1322个村级服务站。各级服务中心和服务站坚持党建引领，以服务退役

▲2021年9月13日，珠西综合交通枢纽江门站退役军人服务站式在江门站党群服务中心举行揭牌仪式。
（市退役军人事务局　供）

军人为中心工作，主要开展帮扶援助、走访接访、就业创业和志愿服务工作。2021年全市镇、村两级服务站参加国家示范型退役军人服务中心（站）创建和镇级服务站参加省星级示范创建评比工作，成绩喜人。18个镇级、33个300人以上村（社区）退役军人服务站经过省退役军人事务厅、退役军人事务部验收，被评为全国示范型退役军人服务站，江门市全国示范型退役军人服务中心（站）实现县、镇两级以及300人以上村（社区）退役军人服务中心（站）100%全覆盖；7个镇级退役军人服务站被评为省星级退役军人服务站，至此，江门市"省星级退役军人服务中心（站）"实现县、镇两级退役军人服务中心（站）100%全覆盖。全市上下倾尽全力，让广大退役军人在"家门口"就能享受到"一站式服务"。

【军队转业干部安置】2021年，江门市接收安置计划分配军转干部17名。全面落实"阳光安置"制度，按照"积分选岗、考试考核选岗"要求，同时创新工作方式，结合"人岗相适"原则，在确定安置去向和选定安置单位上加强与计划分配军转干部的互动，提前了解军转干部专业、特长和意愿，为个人选择提供参考依据。突出政策性照顾对象优先选岗，提高军转干部选岗满意率，100%安置在机关单位或参公单位。为帮助军转干部掌握党基本理论、路线和方针政策，了解江门市社会经济发展情况，提高适应地方工作的能力，尽快实现部队干部到地方干部的转变，举办2021年军转干部适应性培训班。

【退役士兵（官）安置】2021年，江门市接收符合政府安排工作退役士兵42人，自主就业退役士兵1004名，其中复员干部1名，参加符合政府安排工作退役士兵适应性培训42人，全员适应性培训自主就业退役士兵641人。

【退役士兵就业创业】2021年，江门市举办退役军人就业推荐会、招聘会等各类招聘活动，参加人数3296人次，参加企业1202家，提供就业岗位12 063个，达成就业意向约599人。提供工业机器人、叉车、电工、焊工、安保员、电商、粤菜师傅、广东技工等各类实用技能培训班，培训1159人次。大力宣传退役军人就业创业政策，经汇总人社、税务部门相关数据，2021年发放一次创业资助补贴和创业租金补贴378.02万元、创业担保贷款548万元。前三季度，全市共有338户（次）享受退役士兵创业就业税收优惠政策，减免税额为88.74万元。推荐蔡保生、林胜周报读"广东省初创企业经营者培训示范班"，推荐何乐声、梁小汕、袁厚培参加"广东省乡村振兴双新双创培训示范班"，其中何乐声、袁厚培被评选为优秀学员。推荐荐梁小汕、黄海华报名参展第十九届中国国际农产品交易会暨第十二届广东现代农业博览会。会同人社、邮储银行等部门在"乐业五邑"创业大赛中开设退役军人赛区，共推荐13个退役军人项目参赛，获奖项目推荐参加省级赛事，其中退役军人杨新球在省"众创杯"大赛中获得银奖，退役军人何乐声在"建行杯"广东省首届农村创业创新大赛中斩获二等奖并成为广东省进入全国退役军人创新创业大赛决赛的三个项目之一。

【军休服务】2021年，江门市开展军休服务管理机构星级创建评定工作，推进军休所制度化、标准化、规范化建设，服务管理工作有创新、有亮点。开展基础建设，根据军休干部实际需求和机构发展情况，军休大院小区进行全面修缮改造，营造和谐舒适、美观大方的休养环境。宣传党的历次全会精神，加强军休干部党员管理，归纳总结军休工作的新做法、新经验和军休干部"老有所为"先进典型人物，发挥军休干部典型榜样作用，及时做好宣传报道工作。加强与党建结对单位、社区等资源联动，组织军休志愿服务队开展多元化的志愿服务，发挥军休干部余热，为社会多做贡献。按照省厅下达的年度安置计划，做好移交军休干部的交接手续，完成接收安置任务。

【双拥工作】7月21日，江门市退役军人事务系统与19家社会化教育拥军优抚战略合作单位探索达成全省首个综合性拥军优抚战略合作框架协议，在文化、艺术、体育、眼健康、教育配套、综合保障服务"六大板块"推出超2000万元优惠券，支持全市现役、退役军人子女以及双拥成员单位、拥军优抚战略合作单位工作人员子女教育和参与支持退役军人系统工作。

【优抚保障】2021年，江门市各类定恤定补标准较上年有较大幅度的提高，保障优抚对象的生活，其中，烈属抚恤金月平均标准3657元、因公牺牲军人遗属抚恤金月平均标准3198元、病故军人遗属抚恤金月平均标准2923元、在乡复员军人生活补助月平均标准2252元、带病回乡退伍军人生活补助月平均标准1091元、部分参战参试退役人员生活补助月平均标准1045元、"五老人员"平均每人每月832元。

【褒扬纪念】2021年，江门市做好烈士纪念设施保护管理工作，投入经费161.8万元完成12座烈士纪念设施提质改造。开展烈士纪念设施校核工作，建立全市烈士纪念设施电子档案。高规格举办清明网上祭英烈、"9.30"烈士纪念日公祭、英烈事迹展、主题党日等活动，努力营造尊崇英烈的浓厚氛围。

【退役军人权益维护】2021年，江门市成立退役军人法律援助站80个，配置工作人员54名，驻点值班律师26名，累计服务349人次，受理法援案件0宗，胜诉0宗；成立退役军人司法救助服务站（检察院）4个，配置工作人员5名，驻点值班律师1名，服务21人次，受理司法援助案件3宗，发放救助金29.6万元。

【江门市"最美退役军人"先进事迹宣传】2021年中共江门市委宣传部、江门市退役军人事务局、江门军分区政治工作处联合在全市开展江门市"最美退役军人·最美军人家庭"先进事迹宣传活动，向全市党员群众宣传江门市60名最美退役军人、13名最美军嫂、16个最美军人家庭先进事迹。市本级于8月19日在江门市政府9号楼2楼视频会议室举行江门市2021年"最美退役军人·最美军人家庭"发布会，江门市政府副秘书长莫劲锋，江门市退役军人事务局党组书记、局长李广义，市委宣传部三级调研员谢元春，江门军分区动员处上校处长刘桂强，江门市退役军人事务局党组成员、副局长黄玉华出席活动并为10名"最美退役军人"和5个"最美军人家庭"授予奖牌和荣誉证书。

经 济
JINGJI

经济监督管理

发展规划管理

【概况】2021年，江门市抓好"十四五"规划编制工作，完成《江门市国民经济和社会发展第十四个五年规划和2035年远景目标纲要》（以下简称《规划纲要》）编制。推动《规划纲要》获市十五届人大七次会议高票通过。开展《规划纲要》的宣贯。制作"一图读懂"十四五"江门怎么干?《规划纲要》抢鲜看！""一图读懂：江门市"十四五"总规划和2035年远景目标纲要"在江门市人民政府门户网站发布。编制印发《规划纲要》分工方案，将重点任务分解至各部门。开展四场专题宣讲，将《规划纲要》编印成册并发送至各部门参阅。统筹做好专项规划与《规划纲要》的衔接，并推动编制三年行动计划，25个重点专项规划均已报送至市政府审批。

【现代产业发展】2021年，江门市推动工业立市制造强市，加快构建现代产业体系。规模以上工业总产值突破5000亿元，工业投资超3500亿元，高技术制造业、先进制造业增加值占规模以上工业增加值比重分别提升至12.5%、41%。深入实施"链长制"，加快打造战略性产业集群。全力融入"双区"和支持横琴、前海两个合作区建设。强化规划引领，制定实施"十四五"规划纲要和先进制造业、科技、交通、能源等"十四五"重点专项规划。加快平台打造，江门大型产业集聚区规划建设方案编制完成，谋划打造北、东、南三大组团，是全省新一轮布局面积最大、可连片大规模开发的产业集聚区。促进科技合作，主动融入大湾区国际科技创新中心建设，中科院（江门）中微子实验站、华南生物医药大动物模型研究院（江门）基建工程基本完成，与香港科技大学共建江门"双碳"实验室，与澳门科学技术发展基金合作设立江澳科技创新联合资助项目。

【合作开放扩大】2021年，江门市推进中国（江门）跨境电商综合试验区建设，建设跨境电商信用服务体系。支持外贸综合服务企业发展，推动适销对路的出口商品转内销。深化商事制度改革，推出开办企业"一网通办＋一窗通办"服务。加强与"一带一路"沿线国家和地区的经贸合作，对欧洲多领域合作不断深化，中欧（江门）中小企业合作区加快建设，纳入市大型产业集聚区北组团，核心区建设不断提速，成功创建省级高新区，已有17个欧洲国家的企业在江门投资共131个项目，投资总额超151亿美元，其中世界500强公司投资的项目有7个，包括法国电力集团、德国巴斯夫、英国石油（BP）、荷兰喜威、瑞士ABB、法国威立雅环境集团、瑞典爱生雅集团等。中欧国际服务中心与超过50家欧洲国家驻穗领事馆、促进中欧交流投资的商（协）会建立关系，涉及超过10个重点欧洲国家，并与中国法国工商会、德国中小企业联合会、独联体科技产业合作联盟等17个重点商（协）会建立合作关系，发挥华侨优势，以活动为载体扩大对外交流。支持推动海外侨胞成立青年会并发展壮大。开展省级便利华侨华人投资制度专项改革试点，于2021年11月由广东省委全面深化改革委员会经济体制改革专项小组印发《江门市便利华侨华人投资制度专项改革试点方案》。紧抓区域全面经济伙伴关系协定（RCEP）签署实施的机遇，江门市人民政府与中国——东盟商务理事会共同举办RCEP启航合作发展系列活动，发出《华商对接RCEP经贸合作江门峰会倡议》。

【重点领域改革深化】2021年，江门市推进便利华侨华人投资制度专项改革省级试点。围绕跨境金融、文化创意、旅游休闲、教育培训等产业，在贸易投资、跨境资金流动、人员出入境等方面给予华侨更多便利。出台《江门市便利华侨华人投资制度专项改革试点方案》《江门华侨华人文化交流合作重要平台三年行动计划（2021—2023年）》及工作清单等系列政策文件。《江门市便利华侨华人投资制度专项改革试点方案》受到省领导两次表扬。试点工作获第九届广东省市直机关"先锋杯"工作创新大赛（江门赛区）选拔赛二等奖。推进中心城区产城融合示范区城乡融合省级试点。中心城区产城融合示范区省级城乡融合试点方案成功获省批复，行动计划、监测评估机制等正加快制定完善，试点工作将全面推开。推动粤港澳大湾区规则衔接、机制对接。主动对接深圳综合改革试点首批40项授权事项清单，制定和印发《江门市对接深圳综合改革试点40项授权事项改革举措清单》，从要素市场配置、营商环境、科技创新体制等方面提出51项对接改革举措，各项改革举措推进落实。

国有资产监督管理

【概况】2021年，江门市国有企业资产总额达2163.04亿元；负债总额为1159亿元；营业收入71.08亿元；利润总额14.95亿元；净利润13.10亿元。其中市属国有企业资产总额590.55亿元；负债总额278.06亿元；营业收入34.68亿元；利润总额6.96亿元；净利润5.84亿元。

【国有企业经营】2021年，江门市文旅交通投资集团有限公司营业收入57 800万元，比上年增长8.2%。江门公用水务环境股份有限公司资产总额为224 543万元，比上年增长2.6%，负债总额为111 321万元，比上年增长1.2%，营业收入为31 632万元，比上年增长3.6%，净利润为3966万元，比上年增长8.8%。江门市交通建设投资集团有限公司实现资金回收4.79亿元人民币（含本金2亿元人民币），收益率为139%。市广悦电化有限公司营业收入达到44 194万元，比上年增长19%，实现净利润5399万元，比上年增长179.2%。

▲2021年10月19日，江门市国资委与银湖湾滨海新区管委会签署战略合作框架协议。

（市国资委　供）

【国有资产监管】 2021年,市国资委组织开展国有企业2020年度预算执行、财务决算和经营业绩考核专项审计,公交专项资金审计,电子口岸公司负责人任期经济责任审计、集体企业城镇联社财务收支审计和绩效审计等,共出具审计报告25个,报告如实反映各企业预算指标、经营业绩考核指标等的完成情况,反映相关专项资金的使用及绩效情况,披露企业国有资产保值增值情况和经营管理中存在的问题,对未严格执行会计准则的相关规定等发现问题提出整改意见和建议。通过审计,促进企业严格落实企业负责人激励和约束机制,促进企业规范有序发展。

【国有企业供给侧结构性改革】 2021年,江门市印发《江门市属国有资本布局优化改革实施方案》《江门市国企改革行动方案》等改革文件,完成江门市国企改革行动改革任务举措数量32项,完成进度为94%。打造城市发展、交通建设和公用事业三大平台,通过重组压缩管理层级,实行扁平化管理,提升市属国企运作效能。全面完成43户江门市国有企业公司制改革工作,提前完成省国资委下达的任务。做大做强人力资源产业,与业内龙头深圳人才集团组建江门人才发展集团;推进混合所有制改革,与江门供电局就江门市江顺电力有限责任公司股权多元化改革增资扩股达成合作意向;市区两级国资联动,做好人才岛投控公司、银湖湾滨海开发公司在重点园区建设运营。产业带动方面,参与道氏技术集团定向增发项目,半年内引导9亿元投资规模的新能源电池材料项目落户江门市,实现资金回收4.79亿元人民币(含本金2亿元人民币),收益率为139%。推动企业发展方面,解决企业系列"卡脖子"问题,帮助其实现跨越性发展,其中推动奇德新材、芳源环保等企业成功IPO。推进优质资源接收工作。2022年3月31日,市农控集团在市国资委、市土地储备中心见证下,与江门监狱签订土地移交协议,无偿接收江门监狱1137公顷土地和土地上的所有物,为市属国企注入大量优质资源,为打造优质农业龙头奠定殷实的基础。

【江门市交通建设投资集团有限公司】 江门市交通建设投资集团有限公司是江门市属国有独资的大型资产运营实体,于2017年12月28日由原江门市建设集团有限公司更名并挂牌成立。

生产管理 江门市交通建设投资集团有限公司承担着江门市铁路、轨道交通、高速公路、桥梁、码头等交通设施及配套项目的投资、融资、建设和运营重任,致力提升交通基础设施投资、建设能力,并拓展工程代建、金融股权投资、交通运输、土地资产盘活开发等业务,是目前江门地区唯一一家在中国银行间交易商协会成功发行过中期票据(含永续中票)的市属国有企业,资信评级为AA,评级展望为稳定。目前公司经营四大业务板块为:交通工程建设业务板块、交通运输业务板块、资产管理和土地开发业务板块、金融(股权)投资业务板块。

经营及经济效益 企业经济指标完成情况(企业经营业绩考核范围)2021年实现收入48 870.8万元,对比上年同期增加1 570.24万元,增幅3.32%,实现净利润21 610.96万元,对比上年同期增加15 195.04万元,增幅236.83%,完成考核任务19 077.38万元的113.28%。

【江门市企业资产经营有限公司】 2021年,江门市企业资产经营有限公司被纳入市属国有资产系统考核的9户企业合计实现营业收入4719万元、净利润464万元,实现资产盘活收入4050万元,其中资产处置收益144万元,资产招租收入3906万元。向地方财政上缴资产收益872万元。年度偿还贷款本息1918万元。

盘活存量资产 2021年,江门市企业资产经营有限公司克服新冠疫情影响,通过深挖租赁市场潜在资源,拓展市场化发展思路,推进闲置地块处置、物业地块更新改造以及闲置物业招租经营,全年盘活闲置物业面积超过3.1万平方米。原翡翠玻璃厂迎宾大道中3号地块成功实施"三旧"改造,于9月成功整体出让。配合政府地方升级改造规划,完成拆除市化肥总厂地上建筑物,对地块完成土壤检测。

国有企业经营 江门市广悦电化有限公司经营效益增长显著。通过做好市场调研,及时调整产品结构,克服电网限电、原材料价格攀升、液氯停产等不利因素影响，完成并投入单极槽改复极槽项目，推动经济效益最大化。全年实现工业总产值超4.44亿元，与2020年比上年增长23.13%，营业收入达4.41亿元，比上年增长18.96%。江门市东林物业管理有限公司拓展经营业务，通过扩大规模、增加服务资质、积累服务资历逐步提升公司的综合实力。通过广东政府采购智慧云平台和江门市公共资源交易网及协议商定等渠道，参与招标和政府采购共57次，新增市科技局、蓬江区消防局、江沙示范园等8个服务项目，保持原有蓬江区府、市应急局、审计局等项目，成功签订合同总额超1000万元。江门市物资股份有限公司通过优化、整合五邑地区报废车辆拆解业务，带动业务高速增长，全年实现营业收入达1000万元以上，较上年增长90.75%。

国资布局调整 贯彻落实国务院关于划转部分国有资本充实社保基金实施方案，将市国资委所持公司股权的10%一次性划转省财政厅，由省财政厅代省政府集中持有。配合推动市属国有资本改革发展，以市建业投资经营有限公司为实体组建市资产托管集团，承担市属机关事业单位、市属国企改革剥离的资产和关停企业的托管。根据市编制办对市外经贸幼儿园和市财贸幼儿园的机构编制调整意见，将两个幼儿园移交市教育局管理。根据市国资委部署，将江门电子口岸管理有限公司移交市金融投资控股有限公司，接收市公用设施有限公司股权，接收管理市教育局属下市教育服务实业公司、市教育仪器厂2户企业。

自然资源管理

【概况】2021年，江门市自然资源局加强自然资源法规的宣传教育，做好耕地保护、国土空间生态修复、国土空间用途管制、土地供应保障和开发利用、自然资源权益与利用、不动产登记、"房地一体"农村不动产登记发证、自然资源统一确权登记、自然资源执法监察、矿产资源管理、地质与海洋防灾、自然资源调查监测、国土测绘和地理信息管理等工作。2021年，江门市获2019年度全省耕地保护目标责任考核一等奖，市自然资源局和新会区自然局获得省垦造水田突出集体表彰；江门市国土资源历史存量数据2000国家大地坐标转换与基础测绘数据整理项目获得2021年广东省优秀测绘地理信息工程奖二等奖；全国首创实现港澳居民在香港、澳门本地申请办理江门市不动产交易登记税证通办服务事项；实施新建商品房"交房即发证"新模式。推行工程建设项目"验收即拿证"和不动产登记"全省通办"，完成市本级增量及存量不动产登记数据上"区块链"的试点工作任务。

▲ 2021年11月9日，江门市自然资源局首次举办全市应急测绘保障演练。

（市自然资源局 供）

【自然资源法规宣传教育】2021年，江门市自然资源局充分利用门户网站、微信、微博、LED屏，以微视频、漫画、图文等群众喜闻乐见的形式加强自然资源普法宣传，营造良好的社会法治氛围。重点宣传《宪法》《民法典》《土地管理法》《森林法》等法律法规。并利用"3·12"植树节、"4·22"地球日、海洋日、"保护野生动物宣传月""宪法宣传周"等重要时间节点，举办11次系列主题法治宣传活动。针对当前既有住宅增设电梯规划许可纠纷多发的情况，组织制作《民法典》公益普法微视频"加装电梯，全体受惠"，以案说法，以法论事，增强群众的法治观念。

【耕地保护】2021年，江门市获2019年度在全省耕地保护目标责任考核一等奖，市自然资源局和新会区自然局获得省垦造水田突出集体表彰；完成对各县（市、区）2020年度耕地保护责任目标考核，连续21年实现耕地占补平衡，占补平衡中落实一般耕地指标约280公顷，水田指标约

166.67公顷。垦造水田新增完工约606.67公顷，验收约266.67公顷，新增报备约700公顷。全市约480公顷通过自然资源部指标解锁。江门市落实2020年度基本农田保护补贴资金1146.51万元发放工作。恩平市与中山市签订1份有偿转让补充耕地储备指标合同，转让水田指标16.93公顷。

【自然资源权益与利用】 2021年，江门纳入全市名录制管理的土地储备机构8家，其中县（市、区）级土地储备机构7家。组织开展土地储备专项自查及整改工作，重点核查以储备土地融资等问题，防范化解重大金融风险。是年，江门市在库储备土地2292.32公顷，较年初增加149.64公顷。全年实施储备项目167个，总面积754.7公顷，实际入库787.82公顷，出库604.37公顷。2020年土地储备实际总支出43.92亿元，其中来源地方财政拨付资金（不含债券）16亿元，自有资金27.92亿元，调控江门市土地市场，促进土地资源的合理利用。全面开展江门市全民所有自然资源资产清查试点工作，编制完成《江门国有土地资源和储备土地资产清查工作成果》，经专家评审后已修改完善并报省厅；配合省厅开展江门市其他五类（海洋、矿产、森林、草原、湿地）全民所有自然资源资产清查以及价格体系建设多轮数据采集工作，完成清查成果确认及意见反馈。精心编制2020年度江门市国有自然资源资产管理情况报告，全面反映江门市土地、森林、矿产、海洋、水、湿地等自然资源管理情况，接受人大对政府管理工作的监督。

【不动产登记】 2021年，江门市深化不动产登记改革，创新实施不动产登记新模式。全国首创实施不动产交易登记跨境智能通办，通过在江门市政务办事大厅、澳门江门同乡会、香港五邑总会设立跨境通办政务服务专区，全国首创实现港澳居民在香港、澳门本地申请办理江门市不动产交易登记税证通办服务事项。创新实施新建商品房"交房即发证"新模式，压缩各环节办理时间，实现购房群众一手领钥匙一手领房本。是年，全市18个楼盘、4300户购房业主在收房时同时领到不动产权证。推行工程建设项目"验收即拿证"，通过全流程在线审批、一网通办工程建设项目联合验收和不动产登记等事项，实现工程建设项目联合验收完成后，同步发放不动产权证。推行不动产登记"全省通办"，通过推行网上办，实现高频不动产登记业务"全省通办"；已实现一、二手商品房转移登记"线上+自助"税证联办。工业厂房分割登记政策完善，联合有关部门修订印发《江门市工业厂房开发经营和分割销售管理的指导意见》及《江门市工业物业产权分割（分割转让）及不动产登记工作流程》；市本级（含蓬江区、江海区、新会区）办理5个项目工业厂房分割登记业务，分割不动产单元1663个。

【"房地一体"农村不动产登记发证】 2021年，江门市全面开展"房地一体"农村不动产登记发证工作，以"总登记"方式对符合登记发证的宅基地使用权及其地上房屋所有权和集体建设用地使用权及其地上建筑物、构筑物所有权进行统一确权登记并颁发不动产权证书。是年，全市已完成权属调查和房屋测量约164.62万宗，已完成调查及测量比例为99.87%，已基本完成"房地一体"农村不动产权籍调查工作。

【自然资源统一确权登记】 2021年，江门市推进重点区域自然资源确权登记工作，做好调研、预算经费申报及工作方案制定等前期工作。是年，已制定市级重点区域自然资源确权登记工作计划，完成市本级工作经费预算（100万元）申报，草拟市总体工作方案。

【自然资源执法监察】 2021年，江门市在卫片执法中查处违法用地2328宗，面积386.31公顷，占用耕地91.07公顷，立案查处违法用地案件206件，拆除违法用地地上建筑物面积9.9万平方米，复耕复绿141.6公顷，恢复土地原状2.27公顷，完善用地手续32.67公顷，收缴罚没款321万元。

【国土空间规划】 2021年，江门市完成《江门市国土空间总体规划（2020—2035年）》初步成果，并开展技术审查，配合完成生态保护红线划定工作，成果已经省自然资源厅上报自然资源部；配合完成"三区三线"第二轮试划工作，成果已上报省自然资源厅。

【城乡规划编制】2021年，江门市加强对主城区规划控制，完成《江门市蓬江区席帽山东侧地段（PJ04-D-02、03）控制性详细规划》《江门新会经济开发区中心区（XH02-O控规单元）控制性详细规划（西片区）》等编制。2021年，中心城区范围内已编制并获得政府批复101个地段控规，总面积约210平方千米。

【城乡规划管理】2021年，江门市开展重大项目选址研究，完成市新三甲医院（公共卫生临床中心）、市疾病预防控制中心、市中心医院新院区等医疗项目规划审查以及市委党校新校区、江门海警局、市反恐维稳训练中心等重要项目的规划选址研究。

深化审批制度改革，制定《江门市市区城乡规划管理制度（试行）》，明确市、县（区）两级政府规划管理事权分工，有效调动区政府参与规划的性；贯彻落实建设工程项目建设工程规划许可豁免制度，复制推广审批制度改革先进经验；推进老旧小区住宅加装电梯，2021年受理加建电梯业务数量共809宗，办理建设工程规划许可420宗。

强化对市县（区）规划实施管理工作的指导，定期召开城乡规划技术协调会，解决各区在实施具体的规划管理过程中涉及的突出问题。是年，组织召开市城乡规划委员会会议2次，审议事项5项；详细规划专业委员会会议5次，审议事项17项；城市设计专业委员会会议5次，审议事项26项；技术协调会议2次，审议事项37项。

2021年江门市办理规划业务案件10 205宗；核发规划条件809项，核发建设用地规划许可证690项，建设工程规划许可证4489项，规划条件核实2355项。

【矿产资源管理】2021年，江门市出让矿业权5宗，出让价款9.62亿元；探矿权3宗，出让价款230万元。江门市完成23个省级、5个国家级绿色矿山建设，2021年加快推进绿色矿山建设，全年江门市投入约3000万元，新建成绿色矿山5个。

江门市自然资源系统狠抓非煤矿山安全生产工作，做好江门市非煤矿山安全生产领域安全隐患摸底排查和风险防治工作，开展非煤矿山运输源头超限超载整治宣传工作，坚决防范和遏制较大以上事故发生。全年检查矿山企业65次，检查人数达262人次。

【地质与海洋防灾】

地质灾害防治工作 2021年，江门市在册的地质灾害隐患点45处。省2021年下达江门市地质灾害综合治理任务为37处（含搬迁避让1处、专业监测17处、工程治理19处）。全年投入地质灾害综合治理资金约4657万元，按时完成省下达江门市的任务。2020年江门市完成的19处地质灾害隐患工程治理，2020—2021年完成56处隐患点的综合治理，提前一年完成省下达江门市地质灾害防治三年行动工作综合治理的任务，实现三年任务二年完成的目标。年内新增隐患点2处，江门在册地质灾害隐患点还有27处。汛期期间，江门市全面落实好地质灾害防御各项工作，发布市级地质灾害气象风险3级预警42次、4级预警34次、无预警101次，地质灾害3级预警区域涵盖三区四市，发布预警短信8795条。是年，出动地质灾害巡查6722人次，对在册地质灾害隐患点进行全面巡查，转移群众129人，全市没有发生造成人员伤亡报告的地质灾害。

海洋防灾工作 江门市推进海洋灾害防治工作，通过网站、微信公众号，《江门日报》，江门电视台《侨乡气象》节目等媒体，多渠道发布海洋预报信息，保障社会企业生产安全和市民群众出行安全。全年发布风暴潮预警信息0条，海浪预警信息17条。

【测绘与地理信息管理】2021年，"江门市国土资源历史存量数据2000国家大地坐标转换与基础测绘数据整理项目"获"2021年广东省优秀测绘地理信息工程奖"二等奖。按照《测绘资质管理办法》《测绘资质分类分级标准》要求完成全市22家乙级测绘资质单位复审换证，其中2家取得甲级测绘资质。加强测绘地理信息市场监管，完成江门市辖区内10家测绘资质单位与2家在江门开展测绘活动的外地测绘资质单位的测绘产品质量监督检查和安全生产专项检查；完成对7家测绘成果管理、使用单位的地理信息安全保密检查；对江门市图书馆、博物馆、展览馆、重点企业和书店等地图销售、展示场所开展地图巡查，和对政府、新闻媒体及重点企业网站实施互联网地图监管，巡查146处线下场所，556张互联网地图图片，其中发现13款问题地图产品、76张互联网问题地图图片并完成整改；对海关查获的地球仪、地图册等地图产品进行技术鉴定3批次。完成《江门市基础测绘"十四五"规划》初稿编制。开展测绘法与国家版图意识宣传系列活动，通过悬挂宣传条幅、摆放展板、发放宣传品、专题咨询等方式普及测绘地理信息法律知识，强化人民群众的国家版图意识。在蓬江区兰石公园举办江门市首次应急测绘保障演练，通过模拟地质灾害、森林火灾场景下进行应急测绘，锻炼应急测绘队伍，提升应急测绘保障服务水平。

【自然资源调查监测】

台山自然资源调查监测工作 2020年4月，广东省自然资源厅选取基础扎实、工作成效较好的台山和南沙作为全省自然资源统一调查监测试点。试点工作在广东省自然资源厅的领导下，省、市、县三级共同推进落实，制订全国第一套完整统一的自然资源分类标准体系，完成基础调查和耕地、森林、水、湿地、海洋、地表基质、矿产等专项调查，开展常规监测、地理国情监测、镇海湾红树林湿地公园监测。试点工作解决过去各类调查成果分散、标准不统一、内容相矛盾等问题，查清各类自然资源的类型、数量、质量、范围等，建成地上地下和陆海一体的自然资源三维立体时空数据库，形成统一的自然资源"一张图"，形成符合广东实际的、可推广的、能复制的自然源调查监测工作思路、组织模式、分类体系、技术方法。2021年9月，试点工作通过广东省自然资源厅的验收。

国土变更调查工作 2020年度国土变更调查工作是在第三次全国国土调查成果基础上，更新2020年度国土利用变化情况，重点查清年度建设用地、耕地、园地、林地、草地、湿地等重要地类的变化情况。2020年12月江门市开展此项工作，按照三调的工作方式，以全年工作日模式，上下一条心，克服疫情和天气异常影响，科学安排内外业和建库工作，较好保证调查工作的质量和进度，完成调查变化图斑2.8万个。2021年8月，经过全市共同努力，江门市数据库成果一次性通过国家核查，高质量完成2020年度国土变更调查工作。

【海域海岛管理】 2021年，江门市推进海域海岛海岸线资源的高水平保护和高效率利用，努力将江门市海洋资源优势转化为高质量发展优势。

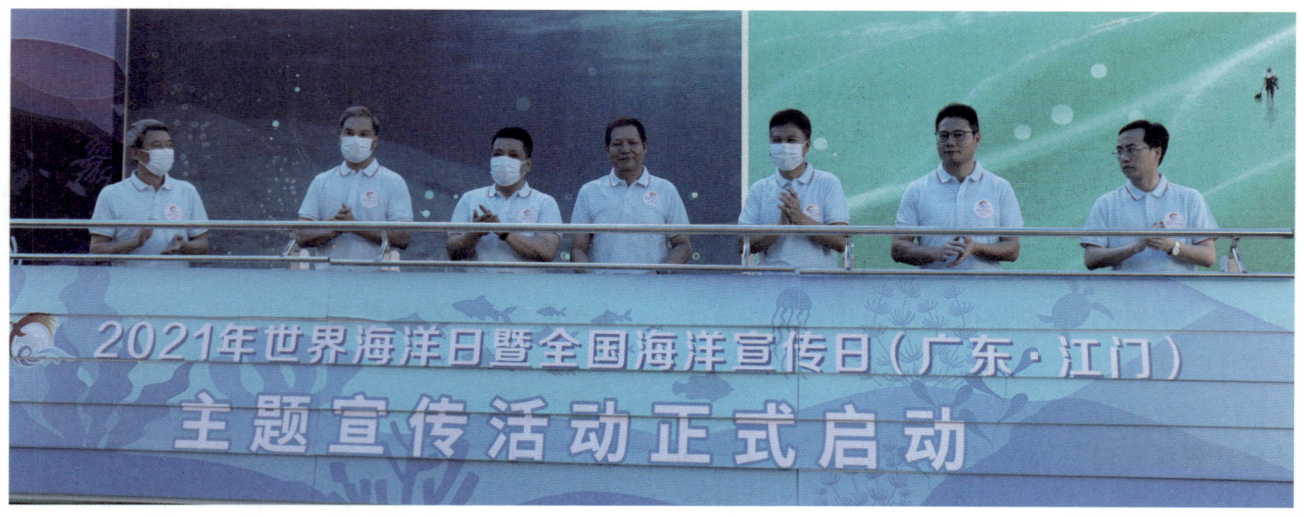

▲2021年6月8日，江门市在广东台山举办以"保护海洋生物多样性，人与自然和谐共生"为主题的2021年世界海洋日暨全国海洋宣传日广东主会场活动。

（市自然资源局 供）

做好海洋专项督察迎检工作，督察前开展自查自纠，督察期间按时提交调阅资料26批56项并做好下沉督察安排，督察后认真核实初步反馈问题并做好解释说明。做好项目用海服务工作，2021年全市新增确权用海项目13宗（省管项目1宗、县管项目12宗；渔业用海7宗、交通运输用海5宗、其他用海1宗），用海总面积658.04公顷。是年，全市存量确权用海项目437宗，用海总面积10 265.85公顷。探索用海试点改革工作，开展全省海域使用权立体分层设权试点工作，重点探索养殖用海与光伏发电项目用海分层设权管理，完成3个光伏发电项目海域使用论证工作，其中1个光伏发电项目完成用海审核并上报市政府审批。以台山市为试点探索养殖用海海域使用权市场化出让，完成试点项目选址、海域使用论证、海域价值评估等工作，正在编制出让方案。加快处置围填海历史遗留问题，已批准的7个图斑中，3个经省政府同意已重启围填海工程，3个终止围填，1个待定；未批准的20个图斑，已分6个区域编制上报生态评估报告、生态修复方案和处理方案，其中2个区域的处理方案已通过自然资源部的备案审查。5个区域已开展生态修复工作，投入资金1048.17万元，拆除填海成陆面积0.58公顷，修复海岸线1.89千米，种植红树林4.31公顷，修复滨海湿地0.65公顷，增殖放流鱼虾苗762万尾。完善海域海岛监管长效机制，印发《江门市自然资源局与江门海警局执法协作工作机制》，健全海域海岛行政管理、动态监测、执法核查、立案处罚相协调机制。利用省下达的海洋综合管理专项资金，建立海洋协管员制度，加强海域海岛监视监测能力建设。2021年组织开展海域海岛监视监测行动80多次，监测用海项目50多个次，无居民海岛250多个次，岸线（含严格保护岸段）70多段次，发现并向海洋执法部门通报海域使用疑点疑区21处，核查自然资源部下发的海域使用疑点疑区16处，对违法用海行为做到早发现、早制止、早处理。开展"共享沙滩"专项清理行动，排查公共沙滩66个，需清理整治的有7个，其中3个已拆除进出沙滩的围蔽遮挡物实现还滩于民，3个计划补办用海手续，1个交由海洋综合执法部门依法处理。

【中华白海豚保护】2021年，广东江门中华白海豚省级自然保护区管理处扎实推进各项中华白海豚保护工作，江门中华白海豚省级自然保护区被认定为江门市科普教育基地、江门台山市少先队校外实践教育营地（基地），加强制度建设，科学谋划自然保护区各项工作；开展多样化科普宣教活动，编印《探秘中华白海豚》科普教材并在周边小学开展授课，举办"中华白海豚保护宣传日"和水生野生动物保护宣传月等主题日活动，分别在江门市第一中学和新会葵城中学举办中华白海豚科普讲座，开展"净滩护海，鲸变未来"志愿者活动和"保护中华白海豚·守护海岸线行动"研学之旅，提升公众生态保护意识；加强巡航管护，实现巡护常态化和巡护面积全覆盖；加强科研合作，联合各相关科研院所开展中华白海豚种群及其栖息地、海洋生态环境、声学研究等科考调查，夯实基础数据。

【"世界海洋日暨全国海洋宣传日"主会场活动】江门市举办2021年"世界海洋日暨全国海洋宣传日"主会场活动。制作《蓝色江门·扬帆湾区》宣传片，举办"江门·发现海洋之美"全国摄影大赛，出版《红树林与生物多样性保护文集》，在《中国自然资源报》《南方日报》上开展江门海洋经济专版宣传，并先后被广东省人民政府网站、人民资讯、澎湃新闻等多家媒体转载，广东新闻联播、中国新闻社、南方日报等12家媒体对主会场活动报道。摄影大赛作品在人民日报、学习强国、信息时报等15家媒体平台刊载。

审 计

【概况】2021年，江门市审计机关完成审计（调查）项目206个，查出问题金额130亿元，其中违规金额47 993万元、损失浪费金额12 144万元、管理不规范金额124.05亿元；审计发现非金额计量问题1539个；损益（收支）不实金额12.38亿元；审计发现侵害人民群众利益3838万元；出具审计报告和专项审计调查报告265篇，被批示、采用25篇次。审计处理处罚金额36.19亿元，其中应上交财政40 925万元。移送司法机关、纪检

▲ 2021年4月13日，江门市召开全市审计工作会议。

（市审计局　供）

监察机关和有关部门处理事项95件，移送处理金额1.59亿元。审计提出建议801条，被采纳772条；促进被审计单位建立、健全规章制度56项；提交审计信息122篇。向社会公告审计结果18篇。

【重大政策措施贯彻落实跟踪审计】 2021年，江门市审计局围绕省委"1+1+9"工作部署和市委"1+6+3"工作安排，聚焦双区和两个合作区建设，重点对"放管服"改革、新增财政直达资金、乡村振兴、优化营商环境等重大政策措施落实情况进行跟踪审计，着力监督检查各部门的具体部署、执行力度、实际效果等情况，每季度的审计报告均得到市领导批示。促进优化营商环境专项审计成果引起市政府高度重视，市府办发出《提醒函》要求对全市117个赋权事项进行全面排查，堵塞工作漏洞。

【财政审计】 2021年，江门市审计局组织开展预算执行和其他财政收支情况审计，扩大重点专项资金监督覆盖面，促进增收节支1.55亿元、拨付到位资金0.34亿元，推动财政资金合理配置和高效运用。重点组织实施江门市2020年度市级财政预算执行及决算草案、市级部门预算执行和县（市、区）、镇（街）财政管理等情况审计。首次以市、县两级联动审计的方式对江海区2020年度财政管理和收支情况进行审计。

【经济责任审计】 2021年，江门市审计局完成47名部门、镇街主要领导干部任期经济责任审计，向市委组织部反馈领导干部监督信息1000余人次，向巡视巡察提供审计信息21份，向纪委监委、税务、住建等相关主管部门发出审计移送处理书17份，涉及事项33项。

【固定资产投资审计】 2021年，江门市审计局对会港大道快速路工程项目、西区工业桥及环市一路改扩建工程项目等市政工程进行审计，促进市政工程提质增效，督促建设单位加强建设管理，执行和完善相关制度。对江门市2020年度市级水利工程建设补助专项资金管理和使用情况、2020年江门市重大城市垃圾处理设施建设和运营绩效情况等民生工程进行审计，促进被审计单位提升工程规划的前瞻性，加强工程建设质量的监督管理，提高资金使用效益等。

【企业审计】 2021年，江门市审计局对江门市2020年度本级国有资本经营预算执行情况和江门市滨江建设投资有限公司主要企业领导任期履行经济责任情况进行审计。助力国有企业管理体制改革，完成江门金羚集团有限公司股权审计调查和江门市洗衣机厂专项调查，解决历史遗留问题。发挥审计专员办日常对派驻市属国企的监督作用，完善国有企业审计监督体系。

【民生审计】 2021年，江门市审计局对乡村振兴、促进就业优先、技工培养、社会保险基金管理、医药卫生体制综合改革等进行审计；跟踪疫苗流通和预防接种安全政策落实情况，推动规范疫情防控物资管理，防范化解社会风险，促进保障和改善民生。

【审计信息化建设】2021年，江门市审计局推进审计信息化建设，加快"金审工程"三期建设和应用，完善电子数据采集、应用机制和定期报送机制，推进财政数据标准化采集，组建数据分析团队。在财政审计、社会保障资金审计、自然资源资产审计等项目中，广泛应用大数据进行分析，采取"数据分析+现场核查"模式，将现场审计与非现场审计有效结合，提升审计工作精度、准度和效率。

【内部审计】2021年，江门市审计局对依法属于市、各县（市、区）审计机关审计监督对象的单位进行2次内部审计统计工作。推动内部审计制度，对市直单位和事业单位内部审计机构进行业务指导，监督内部审计职责履行情况。在实施审计项目过程中，向领导干部和单位财会人员宣传普及内部审计知识和相关法律法规，为今后开展内部审计监督指导工作打下基础。

【审计项目和组织方式"两统筹"工作】2021年，江门市审计局统筹政策落实、经济责任、财政、民生和公共投资审计等8个业务板块，对掌握资金分配权、行政审批权的部分重点部门，同步实施一级预算单位部门预算执行审计和筛选一至两项重点专项资金、重点工程审计。优化人力资源配置，统筹协调市、县两级审计机关选派人员81人/次参加审计署、省厅及市统一组织的审计项目。

统 计

【名录库建设】2021年，江门市统计局协助市政府出台《江门市"四上"企业入库退库工作管理办法》，是全省首个地级市政府关于入库工作的规范性文件，制定《江门市"企业一套表"调查单位增减变动审批管理办法》，2021年江门市"四上"企业总数突破5000家。完善统计专员制度，经市政府同意，出台《江门市联网直报单位统计专员管理办法》，将"四上"企业和投资项目单位纳入管理范围。推进"智慧统计"开发和使用，通过信息化手段实现数据快速提取、数据监测核查等功能的智能化。推进"扫码读数"工作，全年共扫码调查单位超万家，推动扫码挖掘的新达规"四上"企业月度纳统，新入库企业911家，创历史新高。

▲2021年4月12日，江门市政府主要负责人带队到省统计局座谈，双方就加强统计基础建设，切实把握统计规律更好反映经济运行，发挥统计在推动高质量发展作用等方面进行交流。

（市统计局　供）

【统计法治建设】2021年，江门市统计局构建大统计工作格局，完善"两防"工作机制。及时向市领导汇报国家统计局督察广东反馈意见整改工作，迅速形成全市34条整改措施，以市委、市政府名义印发至各地各部门实施。制定并执行《江门市统计局约谈镇（街）实施办法（试行）》，对3个镇（街）和15名相关人员进行约谈，督促镇（街）重视和加强统计工作。强化检查监督，用好"两防"各项措施手段。组织开展数据质量专项提升行动和"双随机"抽查，全市全年检查企业430家，强基培训重点企业1600多家，达到良好效果。强化法治宣传教育，铸牢"两防"思想根基。及时向市政府报告中央《关于更加有效发挥统计监督职能作用的意见》（以下简称《监督意见》）主要精神，为抓好江门市落实工作做好准备。向全市近 7000 家统计调查对象发送《统计法律事务告知书》，编印并通过各类普法执法场合派发统计普法资料 1 万多份。

【统计业务培训】2021 年，江门市多层次开展统计业务培训。年内江门市统计局班子成员共到市委党校主体班授课 6 场次，到各县（市、区）、各部门授课 11 场次，抓住"关键少数"，推动各级深入学习贯彻中央《关于深化统计管理体制改革提高统计数据真实性的意见》《统计违纪违法责任人处分处理建议办法》《防范和惩治统计造假、弄虚作假督察工作规定》精神。是年市局主办涉及县镇两级统计培训 37 场次，参训人员达 2300 多人次。组织各县（市、区）对全市"四上"企业统计专员开展全覆盖培训，全市参训人员达到 4000 多人次。加强对各市（区）统计工作的指导和帮助，局班子成员带头深入县镇社区和企业（项目）调研 72 人次，指导基层解决实际工作问题。推进统计诚信示范企业认定工作，首批受理 73 家企业的认定申报并组织资格审核，企业依法统计自觉性得到提升。

【第七次全国人口普查】2021 年，江门市发布《江门市第七次全国人口普查公报》，对主要数据进行解读。2020 年 11 月 1 日零时江门市常住人口 4 798 090 人，与第六次全国人口普查 4 448 871 人相比，十年增加 349 219 人，增长 7.85%。全市获"七人普"国家先进集体 1 个、先进个人 3 人。

物价管理

【概况】2021 年，江门市全年居民消费价格比上年上涨 1.2%，市场重要商品和服务价格波动幅度总体处于合理区间范围，较好地实现年初制定居民消费价格涨幅 3% 左右的调控目标。

【价格监测】2021 年，江门市优化完善价格监测品种和网络体系，提升价格监测覆盖面及工作质量。发挥价格监测在价格管理工作中的参谋助手作用，做好市场重要商品和服务价格的监测和分析预警工作。全市共设立价格监测定点单位 111 个，监测品种涵括与人民群众生活和生产密切相关的八大类 326 种商品和服务价格。全年向上级（含国家、省、市）报送各类价格监测数据约 36 万多条，分析性稿件约 200 篇（其中采用 29 篇）。为相关职能部门的宏观决策和调整制度价格调控政策提供数据支撑和参考。在省每季度的价格监测质量考核通报中，全年四个季度保持满分的成绩。加强疫情防控期间重要商品应急监测及市场巡查，提升市场价格监测分析预警能力。根据重要商品和服务价格变动情况，先后有针对性地组织开展蔬菜、生猪、饲料、住房和砂石混凝土价格等专项调查，并形成相关分析材料。在重大节假日、疫情防控和台风恶劣天气期间，有针对性地组织开展群众生活必需品和与节日消费密切相关商品和服务价格的现场巡查工作，及时掌握市场供应和价格变动情况，引导市场经营者守法经营。强化信息公开，正确引导市场预期。每天通过江门电视台公共频道、政务网站、微信公众号等媒体平台，定时推送发布"菜篮子"价格信息及动态分析，正确引导和稳定市场生产、流通和消费预期。

【价格成本调查】2021 年，江门市开展农产品价格成本调查，助力农村经济发展。先后组织开展农户购买农资、农户存售粮、早籼稻成本与收益、生猪价格等专项调查。通过深入基层农户，以实地走访、面谈的方式，收集成本数据资料和成本收益情况，听取相关问题和建议，并撰写相关专题调查报告。为各级政府对农户种养殖成本的研究分析、走势预测以及制定出台相关支农、惠农、强农政策提供数据支撑和依据。认真开展调定价成本监审，提升价格决策科学性。对列入《定价目录》《成本监审目录》的调定价项目，在成本数据审核过程中，继续通过引入第三方会计师事务所和专业人员参与并协助开展成本数据审核工作，推动成本监审工作提质增效。是年，开展 3 个民办学校的收费定价成本监审以及 20 家校外培训机构的培训服务成本调查工作，核减监审对象不合理定价成本约近 500 万元，为合理制定和调整价格提供有力的成本参考依据。

【价格改革】2021 年，江门市推进农业水价改革，下达江门市2021年度农业水价综合改革实施计划任务，明确改革目标、改革任务、保障措施及工作要求，完善农业水价形成机制，推进供水计量设施的配套完善，统筹推进农业用水精准补贴和节水奖励机制，推动江门市农业水价综合改革。落实电价改革政策，取消工商业目录销售电价，落实"一户多人口"电价优惠政策。

【收费管理】2021年，江门市发展改革局清理规范涉企收费行为，落实各项降费政策。牵头制定《江门市清理规范城镇供水供电供气行业收费促进行业高质量发展实施方案》，2021年，减轻企业和个人用气负担约110万元，减轻企业和个人用水负担约1254万元共清退不合理电价收费328.8万元。加强教育收费管理。建立健全校外培训收费政策，牵头制定印发《江门市义务教育阶段线下学科类校外培训收费标准》，规范义务教育阶段校外培训收费行为。

市场监督管理

【概述】2021年，江门全市市场监管系统深化商事制度改革，创新市场监管机制，大力实施食品安全、质量强市、知识产权战略，完成好市场监管领域应对新冠疫情各项任务，多项工作走在全国、全省前列。江门市获批全国市场监管所标准化规范化试点；全国率先实现商事登记银政渠道"31省通办"，全省率先上线特种设备智慧管理系统；成功创建省食品安全示范城市并获批国家食品安全示范创建推荐城市；食品安全和质量工作2020年度全省考核双双获评A级；举办全国首个地级市高价值专利培育布局大赛，推动全国首宗超5亿元地理标志质押融资项目落地签约；"一监到底"网络直播执法和特种设备智慧管理两个项目双双入选第四届全国市场监管领域社会共治优秀案例；市消委会连续八年获评全国消协组织消费维权先进集体。

【市场监督"放管服"改革】2021年，江门市在全国率先推出商事登记银政渠道"31省通办"，实现营业执照办理跨省不用跑、一次就办好；深化开办企业"一天办结"服务改革，实现"一网通办、一表填报、一窗通办、一窗通取"；推出新办企业免费刻章服务，开办企业实现"零成本"；深化"证照分离"全覆盖改革，办理时间压减65.16%、申请材料压减21.24%。是年，全市市场主体总量64.66万户，新增市场主体14.66万户，主体总量和总量增速均全省排名第6。是年，启动"双随机、一公开"监管标准化体系建设，发布地方标准14项，其中信用修复、失信约束和联合惩戒等标准为全国首创，获批全国社会管理和公共服务综合标准化试点项目；全省率先上线特种

▲2021年6月21日，江门市特种设备智慧管理系统在鹤山市上线启动，标志着江门在全省率先实现特种设备全周期监管数据化、标准化、智能化。

（市市场监管局　供）

设备智慧管理系统；举办"一监到底"网络直播执法活动突破100场，获评市直机关管理创新表扬项目、入选市"十佳创新传播案例"。举办全国首个地级市高价值专利培育布局大赛，完善落实知识产权质押融资风险补偿机制，实现融资超10亿元，激发社会创新创造活力。联合市农业农村局开展江深农产品质量安全标准比对，完成首批5类10个江深食用农产品标准制修订，实现与深圳市供深食品市场的无缝对接，提高农产品附加值。以水暖卫浴产业集群为试点建设重点产业集群质量基础设施"一站式"服务平台，推动重点产业集群高质量发展。

【信用风险监管】2021年，江门市应公示企业89 205户，已公示年报企业85 061户，年报率为95.35%，比2019年度（92.62%）年报率超出2.73个百分点，是企业年报公示制度实施以来的最好成绩。2021年，全市206个部门推送、归集的涉企信息25万条。落实经营异常名录及严重违法失信企业名单管理制度，通过公示系统对外公示，同时引导违法主体修复信用。2021年，全市有6.16万户次企业被列入经营异常名录，有1.66万户次企业改正违法行为后申请移出异常名录；有7149户次企业被列入严重违法失信企业名单。

【"双随机一公开"监督】2021年，江门市市场监督管理局创新建立"双随机、一公开"监管江门市地方标准体系，发布实施江门市（政府部门"双随机、一公开"监管工作）14个地方标准。为统一制度规范，将《江门市"双随机、一公开"监管流程管理制度》列入江门市政府2021年度重大行政决策事项印发实施。是年，全市下达抽查任务845次，抽查9773家市场主体；152个部门牵头开展跨部门联合抽查，下达389次联合抽查任务，抽查1297家市场主体，占总抽查次数的46%。超出省"跨部门联合抽查次数达到年度总抽查次数10%以上"的目标要求36个百分点。

【食品安全监督】2021年，江门全市食品安全形势稳定向好，未发生等级以上食品安全事故。2017年以来江门市连续在省食品安全工作评议考核获评A级，2021年3月获评"广东省食品安全示范城市"，2021年11月被国务院食品安全办确定为第四批国家食品安全示范创建推荐城市。2021年，制定印发《江门市食品安全"十四五"规划》和《江门市食品安全"十四五"规划三年行动计划（2021—2023年）》，是全省唯一制定印发食品安全"十四五"规划的地市。市市场监管局创新推出的"一监到底"网络直播执法活动获评江门市十佳创新传播案例，并受到陈良贤副省长的表扬肯定。2021年，全市完成食品监督抽检30 674批次，合格率97.48%；完成食用农产品监督快检61.32万批次，合格率

▲2021年12月10日，江门市举办全省首宗地理标志质押融资签约暨江门市知识产权快速维权中心启动仪式。

（市市场监管局　供）

99.14%，督促经营者下架和销毁不合格食用农产品13.02吨。2021年，全市市场监管部门深入开展"湿粉统一查""食品小作坊提质行动""学校食品安全守护行动""餐饮业质量安全提升工程"等专项行动，办结食品案件1377宗（含简易程序办结案件），移送司法机关109宗。开展"食品安全进校园"活动，组织16.85万名学生参加食品安全网上知识竞赛，逾38万名学生收听、收看食品安全网上大讲堂，举办"食安与我"绘画比赛，吸引全市逾千名学子参与，收到1100多幅作品。

【**药品安全监督**】 2021年，江门市药品类生产企业41家、药品批发企业42家、零售药店1850家，年销售额约100亿元；医疗器械生产企业73家、三类医疗器械经营企业486家、二类医疗器械经营企业2722家，年产值约22亿元；化妆品生产企业25家，其中规模以上企业7家，年产值约40亿元。全市市场监管部门加强"两品一械"的生产经营企业质量安全监管，全市药品安全态势稳中向好，药品安全风险显著降低。药械化安全监管有亮点，多项工作获得省级认可。2021年度广东·江门处置一般药品（医疗器械）安全事件应急演练进入全省药监系统应急能力培训课程；三个创新项目（"一监到底"网络直播药械化执法活动、江门市医疗器械联动执法行动方案、医疗器械智慧监管小程序）获省药监局药品监管综合改革创新立项；"放管服"政策先行落地，全省率先实施乙类非处方药经营许可承诺制，审批流程由原来5个程序压减为2个程序，实行先证后核，当场即可发证；牵头开展生物医药产业园建设项目调研，以建设国家级园区为目标，提出"一园多点"和广海湾集聚化两套产业布局方案，形成专题报告上报市委、市政府供决策参考。

【**产品安全监督**】 2021年，江门市印发《2021年江门市重点产品质量监管目录和监督抽查计划》，强化产品质量监督抽查，全年对家用电器及电器附件、电子及信息技术产品、婴幼儿及儿童用品、家具及建筑装饰装修材料、服装鞋帽及家用纺织品、日用化学制品及卫生用品、交通用具及相关产品、日用杂品、石油加工及能源类产品、工业生产资料、农业生产资料等11大类产品开展质量监督抽查1147批次，加强对不合格产品的后处理工作，督促做好企业自查、产品下架、召回整改等工作，对严重不合格的依法立案处理。结合近年来监督抽查发现的产品质量安全问题，把涉及不合格的生产企业作为重点"诊治"对象，组织有关技术机构专家，落实开展"问诊治病"及"清零"行动。开展产品质量专项整治行动，重点开展儿童和学生用品安全守护行动、电动自行车及配件产品、成油品、危险化学品及其包装物和车载罐体、建筑材料、疫情防护物资等15项专项整治，检查生产、经营单位7559家次；立案查处质量违法案件132宗，坚决守住产品质量安全底线。江门市市场监督管理局还开展延长线插座产品质量安全风险监测，通过购买样品、检测比对、标准比对、调研走访等编写工作报告。

【**特种设备安全监督**】 江门市特种设备安全形势总体平稳，未发生列入统计范围的特种设备事故，2021年，全市在用特种设备81 780台、比上年增长8.3%，其中锅炉2455台、压力容器23 535台、压力管道320.6千米、电梯32 250台、起重机10 532台、厂车12 933台、游乐设施73套、索道2条，使用单位12 085家，生产和充装单位109家，特种设备检验检测机构12家。

【**公平竞争审查和价格监督**】 2021年，江门市市场监督管理局做好公平竞争审查和价格监督工作。

公平竞争审查 实施公平竞争审查制度，及时调整增加公平竞争审查成员单位，召开成员单位联席会议，加强宣传培训。印发江门市公平竞争审查抽查、会审、举报处理等三个办法，完善规则、优化机制。全省率先实行公平竞争审查定期报送机制，压实政策制定机关审查责任，防止出台排除或限制竞争的政策措施。开展招标投标领域政策措施定向抽查、规范性文件重点抽查，完成《江门市公平竞争审查评估调研报告》，落实审查文件270份，调整8份，废止9份。

价格监督 强化疫情、重大节假日等价格监测监管，先后开展核酸检测、殡葬服务、校外培训机构等重点行业领域价格检查，保障群众价格权益。全面开展涉企收费治理、转供电价整治、不合理医疗检查等专项整治行动，查办价格违法案件13宗，督促退还不合理电价收费328.8万元，罚没金额近27.18万元，有力打击各类扰乱市场价格秩序行为，维护市场价格秩序稳定。

【反不正当竞争执法】 2021年，江门市建立反不正当竞争部门间联席会议制度，形成部门监管合力，推动反不正当竞争工作深入实施。推进商业秘密保护和示范引领，建立13家江门市商业秘密保护示范企业清单，深入3家企业示范联络点开展调研行政指导，以点带面提高经营者商业秘密保护意识和能力。全力开展防控物资出口、互联网等重点领域反不正当竞争执法专项行动，印发强化反不正当竞争执法工作方案，建立通报制度，创新执法手段，首次引入第三方电子取证公证，依法全面查办侵犯商业秘密等不正当竞争行为案件13宗，涉及案值22.62万元，罚款金额19.38万元，维护经营者和消费者合法权益，营造公平竞争的市场环境。

【网络交易和广告监管】 2021年，江门市市场监督管理局加强网络市场监管，采取多种方式加强平台企业的行政指导，督促经营者自查整改，建立健全相关制度，主动配合上报相关信息，压实平台企业主体责任。强化网络定向监测，开展"七一"前后专项监测、野生动物专项监测、"四品一械"专项监测、双"十一"专项监测等13个定向监测，共监测网店、网站42 295个次，发现涉嫌违法线索共137条。联合市委宣传部等10部门开展2021年网络市场监管专项行动（网剑行动），江门市市场监管系统检查网站、网店25 835个次，督促网络交易平台删除违法商品信息120条次，责令整改网站53个次，查处网络违法案件74件，罚没款19.81万元。加强广告市场监管。依托广告监测四个"平台"（全国互联网广告监测平台、移动互联网广告监测平台、广东省广告监测平台、江门市广告监测平台）做好对市属媒体广告、互联网广告的全方位全天候监测，2021年监测电视、广播、报纸等各类媒介广告1.3万条、42.2万条次，并及时依法处理。充分发挥市整治虚假违法广告联席会议作用，强化部门间广告协同监管，做好"护苗助老"、校外培训广告、房地产广告、非法集资、互联网弹窗等广告监管工作，严厉打击广告违法行为，2021年查处违法广告158宗，罚没款60.8万元。

【消费者权益保护】 2021年，江门市各级消委会接收消费者投诉1494宗，调解或处理1463宗，处理办结率100%，为消费者挽回经济损失572.19万元。各级12315中心共受理投诉举报25 572宗，办理咨询、建议871宗，为消费者挽回经济损失1785万元。工作成效得到上级部门肯定和广大消费者认可。其中，江门市消费者权益保护委员会获中国消费者协会评为2020—2021年度全国消协组织消费维权先进集体，此项荣誉已连续八年获得。

消费维权宣传教育活动 3月15日举办以"守护安全·畅通消费"为主题的2021年江门市"3·15国际消费者权益日"系列宣传教育活动。活动期间，在各类新闻媒体发布专栏报道22篇，阅读量达8万多人次，接受专题采访5场次；举办线上互动问答1期，近1.5万人次参与；举办线下论坛直播1期，近5.2万人次收看。组织消费维权"进校园、进社区、进企业"活动，送法到基层，2000多人次参与活动。

对商品和服务的社会监督 开展即热式水龙头商品比较试验活动，强化对商品质量监督，为消费者明白放心消费提供指引；开展消费体验评议活动。通过组织消费维权志愿者到本地知名企业、"放心消费承诺商城"等企业参观，现场体察解企业产品、服务状况和企业如何保护消费者合法权益，发挥消费教育的引导作用，促进产品质量升级。

与粤港澳大湾区消费者组织的合作 联合珠海、中山消委会组织开展"LED护眼灯商品比较试验"活动；联合珠海、中山、横琴消委会发布《新冠疫情对珠中江及横琴地区旅游影响调研报告》，为促进四地旅游消费建言献策；联合澳门消委会、江澳两地行政监管部门召开房地产销售领域消费维权座谈会，就加强两地房地产销售领域消费维权合作以及建立联防联控机制达成系列共识，两地消委会共同发布相关消费提示4条次，引导两地消费者理性安全消费。扎实推进消费投诉调解处理和消费领域民事公益诉讼工作。联合江门市检察院签订加强消费民事公益诉讼协助的相关工作意见，明确建立公益诉讼案件线索移送、信息通报、办理协助等工作联动机制和联席会议制度，有力推动江门市消费民事公益诉讼工作；聚焦消费者反映集中、诉求迫切、影响面广的消费维权难点热点问题，对涉及美容美发、健身、餐饮、教育培训等行业领域的预付式消费纠纷、群体性投诉予以高度重视，组织专干力量，介入调解，推动相关投诉纠纷的完满解决。是年，跟进协调处理各类预付式消费纠纷、群体性投诉等案件5起。

开展"广东省放心消费承诺单位"和"广东省线下无理由退货承诺店"创建活动2021年新增"承诺单位"和"承诺店"529家，全市创建总数达1806家，覆盖大型商超、家具卖场、知名餐饮单位等多个行业类别，实现中心城区、县区、镇街全覆盖。聚焦市区商业资源集中的优势，推进"承诺单位"和"承诺店"提质增量，以建设"放心消费承诺商城"为基点，连点拓面推动"放心消费承诺商圈"建设，助推江门市大商圈经济发展。是年，合共创建"承诺商城"2个、"承诺市场"7个。

【**市场行政执法**】 2021年，江门全市系统查办各类违法案件4687宗，比上年增长65.33%；罚没1825.48万元，移送公安机关案件117宗。其中查结普通程序食品安全违法案件1201宗，比上年增长49.6%，案件查办人口比例全省排名第九（属于第一梯队）；移送食品类案件109宗，公安机关立案97宗，全省排名第一。江海区查办全市首宗网络销售假药重大案件并在全省假劣药和违法医疗器械认定项目调研会上做典型案例交流；鹤山查处新中南电缆有限公司以不合格产品冒充合格产品案入选全省2021年民生领域案件查办"铁拳"行动典型案例。坚持常态化滚动排查涉黑涉恶涉乱线索，坚持力度不减开展行业乱象专项整治行动，共组织行业领域整治行动47个，摸排涉黑涉恶涉乱线索147条。发挥市"双打"办牵头协调的枢纽作用，组织全市各级政府和各有关职能部门开展"双打"工作，全市打击侵权假冒立案936宗，捣毁窝点62个，查获假冒伪劣产品涉案货值约2.15亿元，抓捕288人，刑拘163人，批捕29人，判刑29人。

【**市场监管法治建设**】 2021年，江门市市场监管局加强制度建设，梳理行政执法事权清单事项，出台《江门市市场监督管理轻微违法经营行为免罚清单》等10个法治工作制度，规范行政执法权力运行；整理汇编《江门市市场监管系统疫情防控法律法规指引》，强化疫情依法防控工作。规范严格公正执法，推动落实江门市市场监督管理局行政执法"三项制度"，开展年度执法检查和案卷评查，推行行政执法"两平台"试点工作，应用案件数量居市直机关前列，执法办案信息化建设工作获国家市场监管总局调研组的充分肯定。落实规范性文件和重大行政决策合法性审核要求，对6份规范性文件进行合法性审查，对1份重大行政决策事项进行合法性审查。加强和规范行政调解工作，设立江门市知识产权快速维权中心，建成7家知识产权纠纷调解机构；在行业商会以及大型企业建立消费调解工作站；建立"跨域视频调解机制"并上线跨域视频调解平台；与人民法院建立"诉调对接"机制。开展普法活动，"一监到底"网络直播执法活动举办127期，近4000万人次参与直播互动，形成"谁执法谁普法"生动实践。以"市监讲堂"为载体，举办《行政处罚法》等法治专题讲座49期，会前学法12期，组织13名科级干部进行任前考法，组织本年度57名职级晋升人员进行宪法宣誓，营造良好法治氛围。

【**质量提升行动**】 2021年，江门市出台《江门市十大重点行业和领域质量提升三年行动计划（2021—2023）》，部署提升江门市产品、工程、服务、环境质量。制定《江门市制造业质量提升工作方案》，部署各项重点任务，明确制造业行业调研、产品质量比对工程、质量基础设施"一站式"服务建设、中小微企业技术帮扶、质量宣贯活动等工作措施。选取江门市重点行业应急消防灯具开展产品质量比对提升工程，开展50批次消防应急照明灯和20批次消防应急指示灯两种产品实物质量比对试验，并召开2021年江门市消防应急灯具质量比对提升工程研究发布会。结合产品质量比对提升、"问诊治病""质量月""我

2021年江门市个体工商户情况

行业代码	项目	2021年	2020年	增减变化情况	
				绝对数	增减（%）
	户数（户）	538 219	480 427	57 792	12.03
	资金数额（万元）（人民币）	3 100 822.67	2 667 901.90	432 920.77	16.23
按行业分类（户）					
A	农、林、牧、渔业	4855	3874	981	25.32
B	采矿业	27	26	1	3.85
C	制造业	35 766	34 401	1365	3.97
D	电力、热力、燃气及水生产和供应业	35	36	−1	−2.78
E	建筑业	7432	6952	480	6.90
F	批发和零售业	163 115	152 728	10 387	6.80
G	交通运输、仓储和邮政业	11 128	9542	1586	16.62
H	住宿和餐饮业	42 536	39 101	3435	8.78
I	信息传输、软件和信息技术服务业	1076	897	179	19.96
J	金融业	25	23	2	8.70
K	房地产业	1242	1200	42	3.50
L	租赁和商务服务业	234 101	197 336	36 765	18.63
M	科学研究和技术服务业	772	1099	−327	−29.75
N	水利、环境和公共设施管理业	3510	129	3381	2620.93
O	居民服务、修理和其他服务业	28 788	29 701	−913	−3.07
P	教育	1103	1131	−28	−2.48
Q	卫生和社会工作	516	555	−39	−7.03
R	文化、体育和娱乐业	2041	1691	350	20.70
	其他	151	5	146	2920.00

为群众办实事"等实践活动，6次组织开展消费品质量安全义诊活动。推行先进质量管理模式，选取鹤山市水暖卫浴行业10家生产企业开展小微企业质量管理体系认证提升行动。

【标准体系建设】6月21日—11月12日，江门市开展江深农产品质量安全标准比对工作，完善江深农产品标准体系。为充分发挥标准对产业发展的规划和引领作用，加强粤港澳农产品安全合作，提升供深食品安全水平，通过标准实现与供深食品市场的无缝对接，2021年，选取马冈鹅、鳗鱼、禽蛋、陈皮、茶叶等新5类食用农产品实施江深食用农产品质量安全标准比对，完成该5种主要农产品的江深食品质量和质量控制规范10个团体标准的编写。

【质量基础建设】2021年，江门市以水暖卫浴产业为试点开展质量基础设施"一站式"服务。召开调研座谈会3场，实地走访企业8家，深入解企业在计量、标准、认证、检验检测、品牌培育、技术咨询等方面的服务需求和建议，形成水暖卫浴平台建设方案。开放水暖卫浴"共享实验室"，免费为企业提供产品检测服务，为76家次企业免费检测产品148批次；开展质量管理知识线上培训4场。12月30日，江门市摩托车及配件产业集群质量基础设施"一站式"服务平台和江门市水暖卫浴产业集群质量基础设施"一站式"服务平台同时挂牌。

【江门市冷链食品新冠病毒核酸阳性事件应急演练】10月22日，江门市举办2021年江门市较大食品安全事故应急演练，由江门市食品安全委员会办公室主办，恩平市食品安全委员会办公室承办，采取实景操作和视频观摩双结合的模式进行，来自江门市三区四市市场监管局及相关职能部门有关负责同志、食品安全专家、企业代表约170人参加现场观摩。本次食品安全事故应急演练模拟某企业员工和某餐厅消费者因进食残留涕灭威农药的西瓜引起化学性食物中毒。由于事故涉及两个县级市区，食品安全事故级别从Ⅳ级转变为Ⅲ级。按照食品安全事故发生发展的不同阶段，演练共分事件发生与报告、启动Ⅳ级响应、响应升级和事故调查、终止响应四个部分。各参演部门迅速反应，精准处置，圆满完成各演练科目。通过演练指导各地修订预案和操作手册，完善信息报送流程，救治医院和疾控部门直接向事发地县级食品安全监管部门报告，县级食品安全监管部门直接向上一级食品安全监管部门报告，提高信息报送时效。本次演练是一次全要素、全过程的综合性演练，客观检验《江门市食品安全事故应急预案》的科学性、合理性和有效性，锻炼和提高江门市各级市场监管、农业农村、卫生健康、公安等食品安全监管部门应对食品安全事故、农产品质量安全事故的组织指挥、协调配合、快速反应、高效处置能力，提升食品安全监管各部门协同应对食品安全事故、农产品质量安全事故的应急处置水平。长期以来，江门市委、市政府高度重视食品安全工作，各级各部门严格遵循"四个最严"要求，全市未发生较大食品安全事故，食品抽检合格率稳定在98%左右，群众对食品安全的总体满意度提升。2017年以来，江门市在广东省食品安全工作评议考核中连续获评A级，2021年3月获批"广东省食品安全示范城市"，并迅速启动国家食品安全示范城市创建工作。

专利与知识产权

【概况】2021年，江门市修订出台《江门市知识产权扶持专项资金管理办法》，全市专利授权量21 272件，其中发明专利授权量964件。全市发明专利拥有量5096件，商标有效注册量9.77万件。是年，举办全国首个地级市高价值专利培育布局大赛，筛选出一批技术领先、市场潜力大、专利价值优势明显的创新项目。全市每万人口高价值发明专利拥有量3.26件。12月，江门市举办全省首宗地理标志质押融资签约仪式，广东省首宗地理标志质押融资（新会陈皮）落地，同时也是全国首宗超5亿元的地理标志质押融资项目。2021年实现知识产权质押融资超22亿元，比上年增长96%，全省排名第5。江门市获第二十二届中国专利奖优秀奖2项。在第八届广东专利奖首次获得广东专利奖银奖，获广东杰出发明人奖1项。18家企业获认定广东省知识产权示范企业。是年，设立江门市先进装备制造业知识产权保护平台和全国首家高新区知识产权运营公共服务中心，获批设立国家知识产权局商标业务江门受理窗口、全省首批香港知识产权问询点以及江门市知识产权快速维权中心，支持五邑大学建成广东（江门）知识产权分析评议中心。

【知识产权保护】2021年，江门市建立市知识产权战略实施工作联席会议制度并印发议事规则，统筹协调全市知识产权战略实施工作；印发《江门市强化知识产权保护工作实施方案》，从6大方面24项任务60项举措落实知识产权保护制度；召开全市知识产权保护工作专题会议，研究部署全市知识产权保护工作。提升服务，健全知识产权维权援助体系。江门市知识产权快速维权中心获批设立，广东省知识产权保护中心维权援助江门分中心挂牌开展工作；推进江门市先进装备制造业知识产权保护平台建设，完善平台功能，组织开展主题培训、维权援助、宣传报道等活动，并引进省内外13家优质知识产权服务机构进驻，为企业提供知识产权咨询、检索、申请、交易、保险及维权等"一站式"服务。探索，创新知识产权保护模式。深化市场监管局、海关等部门合作，为江门市四个产业（LED、卫浴、家电、摩托车）和15家重点行业出口企业提供专利预警分析和商标海外布局服务，助力复工复产，为江门企业"走出去"保驾护航；推动建立"维权+保险"新机制，探索通过专利执行保险、商标被侵权损失保险等保险形式，发挥资金杠杆放大效应，16家企业受益获赔付。规范地理标志保护使用，以地理标志

江门市专利创造情况（2021年1—12月）

市区	授权数								PCT申请			有效发明专利数
	发明	去年同期发明	发明增长	实用新型	外观设计	小计	去年同期小计	同比增长（%）	完成数	去年同期	同比增长（%）	
市直	160	88	81.82%	150	108	418	979	−57.30	17	121	−85.95	324
蓬江区	200	90	122.22%	3166	1289	4655	3508	32.70	37	22	68.18	1026
江海区	196	127	54.33%	2756	1221	4173	3078	35.58	14	21	−33.33	1171
新会区	169	109	55.05%	2148	1119	3436	2576	33.39	4	18	−77.78	990
台山市	78	63	23.81%	890	329	1297	1162	11.62	7	4	75.00	435
开平市	56	29	93.10%	1313	1352	2721	2242	21.36	16	14	14.29	423
鹤山市	77	96	−19.79%	1572	1064	2713	2007	35.18	6	12	−50.00	581
恩平市	28	22	27.27%	832	999	1859	1339	38.83	0	0	—	146
合计	964	624	54.49%	12 827	7481	21 272	16 891	25.94	101	212	−52.36	5096

2021年江门市内资（非私营）企业情况

行业代码	项目	年份		增减变化情况	
		2021年	2020年	绝对数	增减（%）
	户数（户）	12 104	10 937	1167	10.67
	注册资本（万元）（人民币）	21 327 862.45	19 253 934.34	2 073 928.11	10.77
按行业分类（户）					
A	农、林、牧、渔业	221	238	−17	−7.14
B	采矿业	16	9	7	77.78
C	制造业	1347	1175	172	14.64
D	电力、热力、燃气及水生产和供应业	280	267	13	4.87
E	建筑业	508	456	52	11.40
F	批发和零售业	2959	2742	217	7.91
G	交通运输、仓储和邮政业	526	480	46	9.58
H	住宿和餐饮业	202	194	8	4.12
I	信息传输、软件和信息技术服务业	355	347	8	2.31
J	金融业	1150	1132	18	1.59
K	房地产业	1229	1124	105	9.34
L	租赁和商务服务业	1607	1398	209	14.95
M	科学研究和技术服务业	930	703	227	32.29
N	水利、环境和公共设施管理业	189	143	46	32.17
O	居民服务、修理和其他服务业	274	280	−6	−2.14
P	教育	62	44	18	40.91
Q	卫生和社会工作	49	51	−2	−3.92
R	文化、体育和娱乐业	143	118	25	21.19
	其他	57	2	55	2750.00

2021年江门市外商投资企业情况

2021年期末实有数		2020年期末实有数		2021年期末实有与2020年期末实有对比（%）		2021年新发展数		2020年新发展数		2021年与2020年同期新发展数对比（%）	
户数	注册资本（万元）（美元）	户数	注册资本（万元）（美元）	户数增减（%）	注册资本增减（%）	户数	注册资本（万元）（美元）	户数	注册资本（万元）（美元）	户数增减（%）	注册资本增减（%）
5789	2 598 239.09	4316	2 307 695.76	34.13	12.59	416	72 445.84	204	72 546.16	103.92	−0.14

2021年江门市农民专业合作社情况

2021年期末实有数		2020年期末实有数		2021年期末实有与2020年期末实有对比（%）		2021年新发展数		2020年新发展数		2021年与2020年同期新发展数对比（%）	
户数	注册资本（万元）（人民币）	户数	注册资本（万元）（人民币）	户数增减（%）	注册资本增减（%）	户数	注册资本（万元）（人民币）	户数	注册资本（万元）（人民币）	户数增减（%）	注册资本增减（%）
2088	320 378.61	1868	304 424.58	11.78	5.24	314	22 262.2	336	36 055.4	−6.55	−38.26

专用标志使用为抓手，推动"新会陈皮"等地方特色产业做大做强。2021获核准在"新会陈皮""新会柑"地理标志产品上使用地理标志专用标志的企业49家，获核准企业达301家。地理标志证明商标的使用企业申请地理标志专用标志取得零的突破，11家企业提出申请并被获准许可使用"台山大米"地标专标，借助地理标志促进农产品产业发展壮大，助力乡村振兴。加强执法，强化知识产权行政保护。突出电子商务、展会、专业市场、特色农产品等关键领域、重点环节，以及重点产品开展专利、商标、地理标志等知识产权专项执法行动，严厉打击各类知识产权侵权假冒违法行为。2021年查办专利行政案件49宗、商标行政案件76宗、地理标志案件1宗。广泛宣传，营造知识产权保护氛围。在"3.15""4.26""12.4"等时间节点，线上充分利用电视台、报纸、网络等媒体平台，线下深入企业、单位、社区、学校等地，分区域、分层次、全方位、多角度宣传普及知识产权政策法规和相关知识，开展主题宣传和专题培训，提升社会各界的知识产权保护意识和创造保护能力，营造浓厚知识产权文化氛围。

海 关

【江门海关筑牢国门安全防线】 2021年，江门海关坚持"外防输入、内防反弹"总策略，落实各项外防疫情输入措施，检疫进出境船舶5805艘次、出入境船员4.99万人次，检出阳性船员移交地方（全部确诊）。坚持"人、物、环境同防"，开展进口冷链食品目的地事中环节、进口高风险非冷链集装箱货物检测和预防性消毒监督。坚持"多病共防"，同步严防埃博拉、拉沙热等传染病疫情叠加。持续强化濒危物种及其制品、危化品、重点领域敏感货物监管，寄递渠道查获象牙、红珊瑚、玳瑁等濒危动植物及其制品，查发低报价格入境潮玩、液氮冷冻液、注射针剂、银行密码器等物品。强化对毒品的口岸监管查缉，寄递渠道查获冰毒、大麻烟油、大麻花等3888克。组织口岸监管环节反恐维稳培训、演练和实操练习201次。建立健全打击治理"水客"走私长效机制，立案侦办"水客"走私犯罪案件3起，案值6792.97万元，涉嫌偷逃税1273.63万元，打掉团伙2个，抓获犯罪嫌疑人15人；查获邮递渠道走私名牌服装、箱包等奢侈品154件。严格落实进出口食品安全监督抽检及风险监测，检出不合格11批，发现风险隐患11例。扎实开展进口食品"国门守护"行动，拦截不符合准入要求食品9批。制定危化品检验安全责任22条措施，完善关区进出口危险化学品及其包装检验制度机制，健全风险"双查双减"上下联动，推动16项风险隐患动态清零，检出批次同比增长

2倍。推进进出口商品质量安全风险预警监管体系建设，引入全国大数据外脑机构，强化大数据与云计算应用，实现摩托车、五金刀剪和纸质印刷品风险信息全球监测，收集风险信息5000余条，完善上下游监测信息与风险评估协作，推动建立国家级出口摩托车风险监测评估联盟。落实全面禁止进口固体废物，对164.3万吨水运进口铁矿严格开展固体废物排查，实施卸货全过程风险排查。建立健全关区动植物检疫风险排查机制和疫情风险信息联合分析研判机制，统筹防范和及时处置一般贸易、非贸两个渠道外来物种检疫安全风险，推进关区国门生物安全监测和安全风险监控，截获输入性病媒生物42 447只。严格非洲猪瘟等重大动物疫病防控，保障供港澳活猪安全供应。落实高致病性禽流感等重大动物疫病监测各项措施，安全监管供港活种鸡苗262.83万只。加强红火蚁等外来入侵物种布控，启动应急处置机制，解决现场海关磷化氢、溴甲烷等熏蒸气体残留浓度超标情事。实施检疫除害处理单位监督管理，对近年来未有实际开展检疫处理业务的5家检疫处理单位，依企业申请予以注销。

【江门海关巩固压缩整体通关时间成效优化口岸营商环境】2021年，江门海关持续巩固压缩整体通关时间成效，2021年12月进口整体通关时间3.16小时，较2017年压缩96.02%；出口整体通关时间0.31小时，较2017年压缩94%。持续落实进口铁矿依申请实施检验、"先放后检"和依申请实施重量鉴定等改革措施，压缩检验时长63%，支持保障250万吨煤炭稳定供应，同比增长265%，进口值同比增长40%。结合关区快件集中审单改革，2021年3月份在全国海关范围内首创快件"风险集中审单"模式优化，B类进口快件通关效率大幅提升。推广税费电子支付、企业自报自缴、原产地证书自助打印、无纸化办理海关注册登记等便利模式。围绕RCEP、TIR、海关税款担保改革等社会关注度高、与企业群众利益密切相关专题，采用线上集中解读方式精准回应企业宣讲需求，惠及企业近600家。强化知识产权保护，深入开展"龙腾行动2021"和粤港澳海关系列联合执法行动，查获涉嫌侵权货物2.4万件，其中查获价值超570万元涉嫌侵犯专利权的生产设备。落实企业信用管理政策措施，对不同资信等级企业实施差别化风险防控，及时优化布控策略，在风险可控情况下，降低高级认证企业查验率。

【江门海关支持地方高水平开放新平台建设】2021年，江门海关成立支持外贸高质量发展工作专班，5次向地方发函提出工作建议；与行业协会、企业代表交流21次，举办政策宣讲会5场、辅导企业600家次，发布工作专报9期，组织学习交流4次、业务培训2次；支持江门高新港码头对外开放和阳西电厂码头临时开放，推动"智慧物流监管平台"在高新港码头试运行并验收，支持江门北站铁路类海关监管作业场所正式设立。跨境电商出口海外仓、B2B等新业态实现零突破。支持大宗商品监管中心建设，2021年监管进口原木、木薯干近4万吨。复制推广自贸试验区创新制度——"货物贸易一保多用管理模式"，降低企业资金成本。深化海关业务改革成效持续显现，"提前申报""两步申报"应用率大幅提升，推广"船边直提""抵港直装"助力企业通关"再加速"，试点企业提（装）货较传统模式提速93%。

【江门海关服务地方特色农产品出口】2021年，江门海关支持大湾区"菜篮子"生产基地和优质农产品供应基地建设，培育发展"菜篮子"优质经营主体，推动42家企业被认定为"广东省农产品出口示范基地"企业、"粤港澳大湾区'菜篮子'生产基地"企业。全链条一体化推进重大动物疫病防控，内地供港澳活猪数量占比保持20%以上，在春节、国庆等重大节假日期间短期调度供应量占比达60%~100%。支持全国最大的供港活种鸡苗孵化基地开展种用资源保良育优技术攻关，从源头上确保鲜活农产品质量安全，供港澳活鸡苗同比增长7.2%，所选育的种鸡品系在广东省内供港澳冰鲜鸡肉制品的市场占比60%以上。推进"新会柑"出口标准化种植，2021年出口1400万元，强化台山富贵竹"以质取胜"，连续16年无检疫问题反馈，实现绿色生态惠农发展，2021年出口同比增长19.1%。服务粤港澳大湾区"菜篮子"建设，检验监管供港澳冰鲜禽肉产品2.5万吨，价值6.98亿元，同比增长14.4%；供港海捕水产品1.9万吨，价值8.18亿元，占全国该类供港产品总量八成以上。推动地方特色产业做大做强，出口酱油8.5万吨，占全国出口总量44%。

【江门海关推进智慧海关建设】 2021年，江门海关开发上线智慧物流监管平台，实现H986集中审像、CT机智能审图全覆盖，机检查验率、直放率分别达75%、61%。优化实验室布局与规划，集中优势资源集约发展，加强实验室能力建设，法定项目自检率大幅提升，实现微生物领域法定项目检测全覆盖，新冠病毒核酸检测能力提升。建成移动PCR实验室，新建2个分子生物学实验室。加强科研创新，获海关总署科研立项1项，获广东省乡村振兴战略专项资金项目1项、江门市科研项目立项6项，获得发明专利授权2项，实用新型专利授权7项。

2021年江门海关主要数据统计表

项目		2021年	2020年	同比（%）
进出口货运量（万吨）	合计	1931.8	2002.2	-3.5
	进口	1513.5	1606.9	-5.8
	出口	418.3	395.3	5.8
进出口贸易总值（万美元）	合计	2 142 838.9	1 753 921.6	22.2
	进口	684 666.9	553 002.0	23.8
	其中：江、海运输	616 886.3	498 812.9	23.7
	铁路运输	—	—	—
	汽车运输	61 224.5	47 323.9	29.4
	航空运输	6553.1	6817.2	-3.9
	邮件运输	3.1	1.9	66.0
	其它运输	0.0	46.1	-100.0
	出口	1 458 171.9	1 200 919.6	21.4
	其中：江、海运输	1 191 776.5	1 043 025.6	14.3
	铁路运输	0.0	3.5	-100.0
	汽车运输	174 087.6	133 489.2	30.4
	航空运输	4.0	36.9	-89.1
	邮件运输	—	—	—
	其他运输	92 303.8	24 364.4	278.8

【外海海关】 2021年，外海海关监管进出口货物168.7万吨，货值498.9亿元；监管直接进出境船舶1019艘次。征收关税及进口环节税7.18亿元。2021年，该关设科室12个，干部职工120人。

【高沙海关】 2021年，高沙海关监管进出口货物97万吨，货值231.3亿元；监管直接进出境船舶1045艘次。征收关税及进口环节税4.69亿元。2021年，该关设科室14个，干部113人。

【新会海关】 2021年，新会海关监管进出口货物194.1万吨，货值189.7亿元；监管直接进出境（港）船舶1168艘次。2021年，该关内设科室机构9个，派驻机构1个，下设事业单位1个，干部职工（含事业编）128人。

【台山海关】 2021年，台山海关监管进出口货物190.8万吨，货值75.5亿元；监管直接进出境船舶860艘次。征收关税及进口环节税2.32亿元。2021年，该关设科室7个，干部职工62人。

【开平海关】 2021年，开平海关监管进出口货物37万吨，货值70.4亿元；监管直接进出境船舶532艘次。征收关税及进口环节税1.09亿元。2021年，该关设科室8个，干部职工87人。

【鹤山海关】 2021年，鹤山海关监管进出口货物38.9万吨，货值95.6亿元；监管直接进出境船舶1100艘次。征收关税及进口环节税2.1亿元。2021年，该关设科室10个，干部职工112人。

【恩平海关】 2021年，恩平海关监管进出口货物6.4万吨，货值19.7亿元。征收关税及进口环节税575万元。2021年末，该关设科室4个，干部职工31人。

财政·税务

财 政

【概况】 2021年，江门市一般公共预算收入完成

2021年江门市一般公共预算收支情况表

单位：万元

科目	一般公共预算收入		一般公共预算支出	
单位	累计完成数	增减(%)	累计完成数	增减(%)
全市	2798,378	6.0	4606,980	3.9
市本级	564,107	5.6	780,021	5.4
蓬江区	314,013	3.4	426,136	-3.7
江海区	157,493	3.0	230,843	7.4
新会区	585,627	3.0	976,600	2.7
台山市	356,699	9.5	771,774	6.9
开平市	316,450	9.2	519,363	0.0
鹤山市	365,090	8.0	494,861	11.7
恩平市	138,899	9.5	407,382	1.7

备注：一般公共预算收支数据为快报数。

279.84亿元，比上年同期增收15.86亿元，增长6.0%。其中：税收收入完成176.85亿元，增长4.8%，税收收入占一般公共预算收入的比重为63.20%；非税收入完成102.99亿元，比上年增长8.2%，占一般公共预算收入的比重为36.80%。全市一般公共预算支出完成460.70亿元，比上年同期增支17.45亿元，增长3.9%。

【财政运行】 2021年，江门市全盘统筹抓好收支管理。坚持全市一盘棋，全力以赴组织收入工作，抓实税收收入组织，加强税收征管，加大政府性资源资产盘活力度，财政实力提升；严格落实"过紧日子"要求，优化支出结构，大力压减一般性支出，加大财政存量资金清理盘活力度，市本级分两批盘活8.8亿元保障"六稳""六保"等重点工作。加强重大项目重大平台建设资金统筹保障，参与引进重大项目研究和谋划，创新资金筹集渠道，支持全面推进"双区"和对接服务"两个合作区"建设。抢抓国家政策机遇用好用足新增债券资金，为江门市经济高质量发展提供有力支撑；巩固拓展减税降费成效，累计为全市企业减负超过53亿元，激发市场主体活力，推动社会经济稳定。兜牢民生底线，落实好省、市十件民生实事，落实过"紧日子"要求，确保基本民生支出只增不减；做好基础性、兜底性民生建设，从教育、社保、生态、文体等"小切口"入手，推出一批为民惠民便民

硬招实招。成立市政府资金绩效审核专责小组（俗称"大刀队"），从政府层面提升事前绩效管理层级，把有限的财政资金投入江门市当前发展最急需的"造血"项目和事关发展全局的关键领域，促进财政资金提质增效。

【巩固拓展脱贫攻坚成果同乡村振兴有效衔接】 2021年，各级财政投入帮扶资金4.78亿元，支持巩固拓展脱贫攻坚成果，健全防止返贫监测帮扶机制，做好脱贫人口稳岗就业，加大产业帮扶，提升村级集体经济经营性收入。建立健全扶贫资金动态监控管理和直达资金监控工作，抓实抓细日常监管，及时发现问题和督促整改。同时，实施全过程绩效管理，加强事前、事中、事后绩效目标管理。贯彻落实深入开展政府采购脱贫地区农副产品工作推进乡村产业振兴的有关政策，是年，全市完成交易总额2063.85万元，超额完成预留份额、完成交易，排名全省前列。2021年，江门市财政局农业和资源环境科被中共广东省委、省人民政府授予"广东省脱贫攻坚先进集体"称号。

【财政保障重点项目建设】 2021年，江门市落实财政政策，新增债券规模再创新高。全市获得地方政府新增债券额度123.1亿元，对比上年规模实现翻倍，债券资金实际支出进度连续全省前列。投向结构不断优化，新增债券重点投向轨道交通、市政与产业聚集园区以及民生等补短板领域，改善公共服务，托底经济稳定运行，拉动有效投资。支持构建内联外通立体交通网络。市本级安排城市基础设施建设与交通项目资金27.47亿元，落实全市重大项目重大平台建设资金5亿元，通过盘活存量资金安排扶持经济和重点项目支出1.7亿元，推进银洲湖高速、黄茅海通道、中开高速等高速公路建设，支持构建内联外通立体交通网络，融入"双区"建设和对接"两个合作区"建设。参与引进重大项目研究和谋划，加大对江门人才岛、银湖湾滨海新区等重大平台政策倾斜支持，参与市际市内轨道交通、公路快线（干线）等重大交通基础设施项目谋划，全程参与各类产业、基础设施重大项目资金筹集方案，创新资金筹集渠道。向上级争取将广佛江珠城际广州芳村至江

门段项目纳入亚洲基础设施投资银行贷款规划备选项目。全力支持加快打造战略性产业集群，未来三年预计将投入不少于40亿元支持先进制造业高质量发展。创新搭建惠企利民服务平台，加快实现财政补贴资金申报、审核、查询、监督等"一网式"管理，推动政府扶持政策兑现标准化、高效化、规范化。强化科技引领支撑作用。全市科技投入再创新高，占财政支出比重3.8%，落实财政资金支持"双碳"实验室挂牌、推动市域社会智慧治理技术创新中心启动建设。

【财政支持实体经济转型升级】 江门市财政部门新增减税降费23.86亿元。在减免行事收费，降低用电、用能成本等方面为全市企业减负超过46亿元。全市财政科技投入17.51亿元，占一般公共预算支出的比重3.8%，落实财政资金支持"双碳"实验室挂牌，推动市域社会智慧治理技术创新中心、省科学院江门产研院等建设。坚持工业立市、制造强市，全力支持加快打造战略性产业集群，会同相关部门出台"链主"企业奖励等扶持政策，预计未来三年将投入不少于40亿元支持先进制造业高质量发展。加强重大项目重大平台建设资金统筹保障，落实全市重大项目重大平台建设资金5亿元，通过盘活存量资金安排扶持经济和重点项目支出1.7亿元，推进银湖湾滨海新区等重大平台建设，支持构建内联外通立体交通网络，融入"双区"建设和对接"两个合作区"建设。深化政府"放管服"改革，系统推进流程再造，创新搭建惠企利民服务平台，加快实现财政补贴资金申报、审核、查询、监督等"一网式"管理，推动政府扶持政策兑现标准化、高效化、规范化。

【财政保障民生】 2021年，坚持以保障和改善民生为主线，抓住人民最关心最直接最现实的利益问题，加大投入、守住底线、突出重点、完善制度，创新民生服务方式，促进江门市民生工作取得新突破，全市民生投入338.4亿元，占一般公共预算支出的七成。聚焦"构建宜居城乡环境""推进平安江门建设""抓好基本民生保障""提高教文卫体质量""完善便民服务体系"五大民生领域，为群众办实事、解难题。优先保障底线民生项目资金，提高六项底线民生保障水平，其中2021年1月起全市城乡最低生活保障标准统一提高至932元／人·月，特困供养人员基本生活标准按照城乡最低生活保障标准的1.6倍确定，统一提高到17 892元／人·年；全市集中供养、分散供养孤儿和艾滋病病毒感染儿童实行统一基本生活最低养育标准，提高至2373元／人·月。新冠肺炎疫情发生以来，第一时间启动财政应急保障预案，想方设法调度资金，2021年统筹安排防控应急经费4.63亿元（含上级补助）；从江门市基本医保统筹基金滚存结余中将新冠病毒疫苗及接种费用预算专项资金5.24亿元全部上解至省级社保基金财政专户，全力做好新冠病毒疫苗接种费用资金保障工作，确保全民免费接种顺利实施。

【财政支持加强党的领导和建设】 江门市财政部门为支持保障省委新一轮加强党的基层组织建设三年行动计划（2021—2023年），不断强化基层党建保障工作，加大党建经费投入力度，夯实基层党建基础，2021年共安排1.67亿元，比2020年增长14.17%，解决基层党组织活动场所建设、党员教育培训、党员干部待遇等问题。建立完善村（社区）干部报酬待遇保障机制，对村（社区）"两委"干部及村务监督委员会成员补贴、村（社区）"两委"正职政府奖励津贴继续给予支持，并逐年提高村（社区）"两委"干部及村务监督委员会成员补贴标准，从而加强农村基层干部队伍建设。继续安排村（社区）办公经费、村党组织服务群众专项经费和两新组织建设经费，全面实施全市基层党建"亿元保障计划"，强化基层工作经费投入，增强基层抓党建、为群众服务能力。

【财政管理改革】 2021年，江门市深化预算管理改革，完善财政直达资金管理机制，将市县两级财政安排的各类民生和重点支出纳入管理，确保直达资金"一竿子插到底"。推进新一轮预算管理改革，强化政府资源资产统筹，研究建立大事要事保障清单，增强对市委、市政府重大战略部署保障能力。数字财政改革深化，作为全省"数字财政"建设最早的6个试点地市之一，坚持全市"一盘棋"大力推进财政信息化建设，数字财政、政府采购、非税收入、资产管理、惠企利民等系统平台陆续上线，在数字财政建设工作整体评估情况中位居全省前列，其中系统应用覆盖率、转移支付指标挂接率以及其他重点工作均位居全省各地市的第一梯队。探索事前绩效管理工作机制，在学习借鉴肇庆市做法的基础上，结合江门实际成立市政府资金绩效审核专责小组（俗称"大刀队"），从政府层面提升事前绩效管理层级，探索覆盖到重大项目领域的事前绩效管理工作做法，充分发挥政府性资金引领作用，把有限的财政资金投入到江门市当前发展最急需的"造血"项目和事关发展全局的关键领域。完善财政直达资金管理机制，将市县两级财政安排的各类民生和重点支出纳入管理，确保直达资金"一竿子插到底"。优化财政法治环境，出台首批"免罚""轻罚"清单，推进政府采购领域"放管服"改革，严格落实行政执法"三项制度"，在国家机关"谁执法谁普法"履职报告评议中获评"优"。

【财政监督】 2021年，江门市财政局统筹谋划当年监督工作重点。印发《2021年江门市财政监督职能作用服务预算管理工作思路》，指导全市各级财政部门聚焦预算管理重点工作和重大财税政策落实情况。定期通报财政支出进度，依托"数字财政"系统，对市直部门单位和县（市、区）预算执行情况实行定期通报，督导其纠正预算执行偏差，提高财政资金使用效益方面发挥监督作用。2021年市本级开展会计评估监督检查25户。抽选市直预算部门及对会计师事务所和资产评估机构开展会计信息质量及执业质量检查，规范财政财务管理及规范行业执业行为。2021年12月29日省财政厅发来感谢信，对江门市财政局承接会计评估监督权责事项工作予以肯定。开展惠民惠农财政补贴资金"一卡通"政策梳理及专项治理"回头看"工作。直面基层部门单位，进村入户走访受益群众，督促基层业务主管部门落实资金管理主体责任，推动各项惠民惠农财政补贴政策落地见效。督导基层财政部门加强内控和内审管理。制定《关于全市财政系统内部控制和内部审计情况的调研方案》，推动县（市、区）完善内控机制，推动各级财政内审工作"零"的突破。

2021年印发《江门市财政局迎接财政部预决算公开专项检查工作方案》（江财监〔2021〕44号），将预决算公开工作纳入当地机关绩效考核，增强预决算公开工作监管威慑力。2021年6月，省财政厅第45期《情况通报》中，江门市预算公开绩效考核指标获得表扬。

税 务

【概况】 2021年，江门市税务系统获得省局和市委、市政府领导批示肯定30次，地级市以上集体荣誉17项。

▲2021年4月2日，在江门市行政服务中心举行"税收惠民办实事深化改革开新局"全国第30个税收宣传月启动仪式。

（市税务局　供）

【组织税费收入】 2021年，江门市税务局高质量保障国家和地方财力，遵守组织收入原则，强化组织收入过程监控，完善地方税种协同办税机制，促进税收与经济运行、减税降费相协调。做好社保费和非税收入征收工作，推进四项非税收入划转，在全省率先试点上线社保费系统优化升级项目。全年组织税费收入752亿元，比上年增长14.9%，其中，国内税收收入487.2亿元，比上年增长5.5%，包括中央级税收收入206.7亿元，省级税收收入101亿元，市县级税收收入179.4亿元；费金收入241.7亿元，比上年增长41.9%。

【落实税收优惠政策】 2021年，江门市税务局创新实施"立体式画像分析"和精准推送，推动政策红利直达快享。新增减税降费28.08亿元，办理出口退税173.7亿元。1671户企业享受研发费用加计扣除额34.83亿元,减免企业所得税5.22亿元;4户煤电企业办理缓缴税费1.57亿元,占全省缓缴规模的13.13%,相关做法被税务总局促进电力保供工作简报作为典型案例刊登;1.5万户制造业中小微企业办理缓缴税费8.18亿元,占全省缓缴规模的5.82%。

【服务经济社会发展】 2021年,江门市税务局发挥税收职能作用,在服务经济社会发展中彰显税务作为。落实大湾区个人所得税优惠补贴等政策,在创新推出"粤港澳大湾区税务通"的基础上,推动"跨境通办"扩围升级,服务江门市创设全国首个地级市政府设在境外的综合性政务服务专区。推动市政府以文件印发"推进税收共治服务经济高质量发展的8方面23项措施",率先构建税收经济分析指标体系,打造《税述江门经济》刊物,以税资政作用有力发挥。综合推出"6个助力,26项举措"和4大专题324项政策指引,精准服务重大战略和重点项目。与科技部门联合建立长效机制,为科技企业提供全流程陪伴式服务。全面对接市政府"金种子"库所有目标企业,打造"护苗·启航"服务品牌,助力3家企业上市发展。

▲2021年11月17日,广东省税务局主要负责人到江门开展工作调研,走访企业问需问计,查看基层办税服务厅,并召开调研座谈会,要求江门市税务局用三至五年时间实现飞跃,走在全省税务系统前列。

(市税务局 供)

【深化税收征管改革】 2021年,江门市税务局注重创新引领发展,推动深化税收征管改革落地见效。搭建"工作方案+任务分工+试点实施方案+本地化任务清单"四位一体落实框架,召开18次党委会议、15次专题工作会议研究推进改革工作,推出71项本地化举措,全市"一盘棋"统筹推进各项改革任务。推进发票电子化改革中循环阶段试点工作,举全市之力抓好新型纳税服务运营管

2021年江门市组织税费收入情况

项目	2021年
税费合计(元)	7 520 067
一、税收收入合计	5 103 236
(一)税务部门组织税收收入	4 871 936
1. 国内增值税	2 287 384
2. 国内消费税	70 532
3. 企业所得税	959 254
4. 个人所得税	243 927
5. 资源税	20 320
6. 城镇土地使用税	87 138
7. 城市维护建设税	148 017
8. 印花税	55 534
9. 土地增值税	408 568
10. 房产税	144 971
11. 车船税	29 466
12. 车辆购置税	128 047
13. 耕地占用税	29 212
14. 契税	254 297
15. 环境保护税	3 360
16. 其他税收(营业税)	1 909
(二)海关代征进口税收	231 300
二、费金收入合计	2 416 831
1. 社保基金收入	2 073 264
2. 教育费附加	69 813
3. 地方教育附加	46 453
4. 工会经费收入	44 219
5. 职业年金	149 527
6. 其他项目	33 555
三、出口退(免)税	173 7100
1、出口退税	123 8300
2、免抵调库	498 800

备注:费金收入中的其他项目的口径为除所列出的项目外的其他费金项目。

控体系、房地产税收一体化管理两项专项改革试点任务，其中房地产税收一体化管理的做法被总局用作金税四期土地增值税管理新模块开发蓝本，并在四个省（市）试点上线运行。推进总局税务执法工作联系点和税务行政执法人员培训标准化体系试点建设，率先开发并上线税务执法分析模块，在总局专题会议上介绍经验。作为全省首批试点单位，全面推行分类分级智能"自主领票"。完成4项市政府侧流程再造任务，"推进纳税业务流程再造"专家评审得分全市第一，被评为全市优秀案例。不动产交易"线上+自助"税证联办模式入选江门"数字政府"改革十佳案例。

【优化营商环境】2021年，江门市税务局优化税收营商环境，纳税人缴费人满意度获得感不断提升，江门市税务局在全省纳税人满意度调查中排名第4。联合17个部门共同推进21条纳税缴费便利化改革措施，推出70项"市内通办"税务事项，实现400多个网点28项常用涉税费事项"银税互联自助办"。落实"主附税费合并申报"和财行税"十税合一"申报，实现纳税人年纳税次数平均不超过6次；推行出口退税"远程报、提速批、容缺办"服务，平均办理时间减至3个工作日内，比上年缩短23%；深化"银税互动"，累计为6657家企业发放信用贷款47.56亿元。推行柔性执法，对超过5400条违法行为适用"首违不罚"；推进行政执法"三项制度"，依法公示执法信息超1.4万条；全市推广"1+1+N"税收风险管理专业化模式，风险应对质量有新的提升；打造"税警关银"一体作战模式，深入开展打虚打骗两年专项行动；深入开展税法宣传，"税收普法四维矩阵"项目获广东省"谁执法谁普法"优秀项目。

金 融

综 述

【概况】2021年，江门金融业多项指标保持良好势头，全市本外币存款余额、贷款余额分别为5864.34亿元、4970.31亿元，同比分别增长7.1%和13.19%，存贷比为84.75%，同比上升4.6%。全年江门金融业的增加值260.82亿元，占地区生产总值的7.2%，同比增长3.2%；全年金融业实现税收超30亿元，占全市税收的6.17%，同比增长10.6%。

【货币信贷管理】2021年，江门全市金融机构本外币各项存款余额为5864.34亿元，逼近6000亿关口，居全省第8位；比年初增长7.10%，同比增长7.10%，比全省同比增速平均水平低2.44个百分点，居全省第9位，位列东莞、广州、深圳、汕头、珠海、云浮、惠州、佛山之后。

2021年，全市贷款余额为4970.31亿元，回落至5000亿元以下，居全省第8位，同比增长13.19%，具体看，贷款流向最多的是个人贷款，余额为2105.53亿元，占贷款总量的44.02%，其次是制造业，贷款余额为738.22亿元，占贷款总量的15.43%；中小微企业贷款余额2092.86亿元，占贷款总量的42.11%；涉农贷款1538.93亿元，占贷款总额的30.96%。银行贷款支持消费、中小微企业、制造业发展特点明显，说明贷款流向较为合理。全市不良贷款余额43.26亿元，环比下降11.24%，同比增长61.03%；不良率0.87%，环比下降0.12个百分点，同比上升0.26个百分点。存贷比为84.75%，高于深圳、广州、佛山、东莞等市，高于珠三角平均（76.62%）8.17个百分点。

【金融服务与创新】2021年，广东省首创的"高新技术企业跨境融资+专项补贴"业务在江门落地。江门高新区出台全省首创且唯一的高新技术企业外债补贴政策，2021年，江门地区3家高新技术企业开展外债便利化额度试点，登记金额折合641.7万美元，提款150万元人民币。拓宽高新技术企业，尤其是小微高新技术企业的融资渠道，降低跨境融资成本。2021年，江门市注册中小融平台超过6600家，10家金融机构接入平台，提供授信超过4000万元，发放贷款超过2000万元，解决银行与小微企业之间信息不对称问题。

"进口双保理"业务 江门成为全省首个"进口双保理"业务落地城市。是年，江门辖区办理"进口双保理"业务3.48亿美元。简化境内进口商与境外出口商的跨境结算手续，降低境内进口商财务成本、提高业务效率、优化资源配置。

"跨境理财通"业务 广东省首批"跨境理财通"业务在江门落地，江门市银行机构响应大湾区"跨境理财通"工作部署，提前推广宣传、储备客户、搭建通道，顺利推动首批"跨境理财通"试点业务落地江门。是年，江门辖区银行为港澳投资者办理"北向通"237.45万元；办理"南向通"424.54万元。

发行可转债业务 江门市办理广东省内（深圳除外）首笔境外股东认购境内企业发行可转债业务。为广东世运电路科技有限公司境外股东解决可转债认购难题，直接带动企业总投资额为25亿元人民币的线路板新建项目快速落地，为辖内乃至全国同类业务的办理提供先行经验。

跨境人民币支付购房款试点业务 江门获批跨境人民币支付购房款试点业务资格。获批以业务试点方式开展港澳居民通过跨境人民币购房业务。2021年，江门辖区办理非居民人民币购房业务85.56万元，解决非居民个人使用跨境人民币在境内进行购房款结算问题。

CIPS标准收发器办理业务 2021年，江门首笔通过企业端CIPS标准收发器办理业务落地。2021年11月19日，广东古兜酒店管理有限公司接入CIPS标准收发器（企业端），成为省内除广州、深圳外第4家上线CIPS标准收发器的企业；并于11月29日办理首笔5万元跨境人民币管理咨询费，标志着江门首笔依托CIPS标准收发器（企业端）的跨境人民币资金清算业务落地。

科技创新的金融服务 2021年，江门辖内银行机构紧扣"科技引领"工程，开展促进科技创新的金融服务。建设银行江门市分行开发全国首个智慧柜员机（STM）智能办照＋换发系统，在全省率先实现房屋交易"云链签"和基于区块链技术的银行公证业务办理，以金融赋能"数字政府""智慧社会"。广发银行江门分行与江门市中级人民法院合作落地"智慧法院"便民项目，执行案款"云发放"，将案款审批发放周期压缩至三天以内，提高执行案款发放效率和透明度。江门农商行发放参与全国首张"自然人参保缴费"数字资产凭证，引领贷款业务向数字化方向转型，同时发放全省首宗100万元陈皮地理标志质押贷款。

特色农业产业信贷服务 2021年，江门创新金融产品，加大对乡村振兴的金融支持力度，围绕江门本地陈皮、大米、鳗鱼、马冈鹅、茶叶、禽蛋六大优势农业产业，创新推出"陈皮贷""大米贷""鳗鱼贷"等特色农业产业信贷产品，在2021年乡村振兴金融产品评选中，"陈皮贷"被广东金融支农联盟评为金奖。落地全国首单鳗鱼气象指数保险和鹅饲料成本价格指数保险，落地全省首单商业性生蚝风灾指数保险，创新推出鳗鱼低温指数保险等特色农业险种，为水稻、马冈鹅等18种农作物及农产品提供保险保障，助力富民兴村产业发展迈入"快车道"。

【**金融监管与稳定**】2021年，江门市为强化对小额贷款、融资担保、典当行等地方金融组织的日常监管和风险防控工作，通过聘请第三方审计机构、监管评级、年审、非现场监管系统以及"双随机、一公开"现场检查等措施，规范各机构日常经营，利用非现场信息系统进行动态监控，加强专项排查工作，并将安全生产、疫情防控纳入行政检查范围。同时，做好融资租赁、商业保理公司、地方资产管理公司等机构的排查和清理工作，引导正常经营企业专注主业，逐步提升风险防范能力。是年，融资担保公司、小额贷款公司等20多项行政事项承诺1天内办结，提升即办事项率；政务服务事项跨域办率、预约办率、自助办率、就近办率提升至100%。行政许可初（审）核、变更备案等全部事项实现网上通办，提供申请受理、审查决定等全流程全环节网上服务，提升网上可办率。

【**金融消费者权益保护**】2021年，江门市金融局围绕"学法用法护小家·防非处非靠大家"主题，携手各县（市、区）政府、有关单位以及金融机构开展进机关、工厂、学校、家庭、社区、村屯、网点等的"七进"宣传活动，深入基层开展防范非法集资宣传教育活动，保护江门市金融消费者权益，营造良好社会氛围。结合本地区新冠肺炎疫情形势和防控要求，以适当方式深入群众开展宣传，以"七进"宣传活动为抓手，通过举办平安金融短视频比赛、上线民生热线节目、发动参与"DOU来守护钱袋子"抖音话题挑战赛、"股东来了"投资者权益知识竞赛活动、派发宣传资料、播放公益广告等形式，运用辖内各地标建筑外墙光幕和LED大屏滚动展示宣传标语和主题海报的形式，多途径、多层次加强宣传效果和覆盖面，重点普法宣传《防范和处置非法集资条例》，提升市民群众风险防范意识。

2021年6月，各县（市、区）政府、有关单位以及金融机构开展"七进"等宣传活动4000多场次，发动群众50多万人次参与；印发报刊杂志、播放广播电视等超15万份（次）；网络宣传（网站、微信、微博、抖音、快手、短信等）发布原创作品200多篇，点击量、阅读量超27万次，互动宣传覆盖人数100多万人次，短信发送6万多条；户外广告、宣传品等超17万份（次）；新闻媒体报道30多次。线上、线下宣传渠道相结合，扩大宣传教育的覆盖面，营造全社会共同防范非法集资氛围。

【普惠金融】 2021年，江门辖区为7089户101.14亿元贷款实施延期还本付息，延期还本付息金额占到期本息比例达38.94%；小微企业贷款余额1597.88亿元，比年初增长9.13%；贷款户数57 376户，比年初增加14 940户，其中普惠型小微企业贷款余额566.83亿元，比年初增长30.43%；普惠型小微企业贷款户数54 578户，比年初增加15 431户。当年新发普惠型小微企业贷款年化利率4.81%，比上年下降0.22%。

【金融支持实体经济发展】 企业上市 2021年，江门市实施《江门市人民政府关于推动企业利用资本市场实现高质量发展"金种子"三年行动方案》，完善"金种子"配套政策，出台上市奖励办法降低企业上市成本，健全多层次资本市场服务体系建，统筹协调解决企业上市障碍等措施，推动江门市优质企业借助资本市场力量发展壮大。2021年，江门市3家企业在境内上市，取得"十四五"规划开门红，先后实现创业板注册制实施后"江门第一股"及科创板"零的突破"，上市公司数量增速创"十三五"规划以来新高。江门市还有4家企业进入广东证监局辅导，多家企业完成股改，掀起江门资本市场建设新高潮。是年，江门市15家境内上市公司，上市公司总市值1445.24亿元，与去年相比市值增长65.82亿元，上市公司总市值同比增长4.77%。全年上市公司通过资本市场（包含IPO、增发、发行可转债等融资方式）筹资41亿元。

实体经济贷款 2021年，江门辖区投向实体经济的贷款余额突破3000亿元，达3085.62亿元。制造业贷款余额878.90亿元，比年初增长23.27%，高于各项贷款增速10.33个百分点；基础设施项目贷款余额547.16亿元。

绿色金融产品 2021年，作为全省试点江门市绿色金融多次开展工作。江门辖内银行机构有12支绿色金融产品，22家银行投放绿色贷款，是年，江门辖区银行业绿色融资余额251.15亿元，比年初增长52.40%。江门市银行机构针对"碳达峰、碳中和"战略，创新推出"碳排放"绿色金融产品，如广东华兴银行和广州银行分别推出"兴碳贷""碳排贷"，为江门市符合省碳排放配额条件的企业，以其持有的碳排放权配额作为抵押物提供贷款，江门市第一笔碳排放权质押贷款业务投放。广州银行同时推出"净水贷"和"林权贷"，为江门市生态环境治理产业和绿色森工产业提供贷款及保函等银行服务。此外，江门农商银行发行的全省第一批绿色金融债券正在稳步推进中。

特色农业产业信贷 2021年，江门银行业推出一系列举措，服务乡村振兴、发展民生金融，推动服务升温，解民生之忧。围绕陈皮、大米、鳗鱼、马冈鹅、茶叶、禽蛋等六大优势农业产业，江门辖区银行机构创新推出"陈皮贷""柑树贷""鳗鱼贷"等特色农业产业信贷产品，助力富民兴村产业发展迈入"快车道"。是年，全辖涉农贷款余额1538.54亿元、普惠型涉农贷款余额240.9亿元，分别比年初增长6.06%、25.72%。精准扶贫贷款余额13.53亿元，比年初增长22.6%。

【金融业竞赛活动】 2021年7月26日，江门市金融系统举行党史知识竞赛决赛暨平安金融短视频大赛颁奖仪式，全市金融系统50多个成员单位以赛促学，强化实干担当，推进江门市金融业高质量发展。此次活动由江门市金融工作局、中国人民银行江门市中心支行、江门银保监分局联合主办，活动通过线上自学、线下比学赶超的形式，掀起全市金融系统开展党史学习教育的热潮。本次比赛是全市金融系统开展党史学习教育阶段性成效的展示。

地方金融服务

【概况】 2021年，江门市经核准小额贷款公司12家，贷款余额18.64亿元、贷款户数765户；融资担保公司5家（含政府性融资担保公司2家），融资担保业务在保余额8.14亿元，融资担保户数844户；典当行24家（含分支机构2家），典当行典当总额2.26亿元；有23家非属地融资租赁企业分支机构；1家非属地商业保理公司分支机构（目前处于"失联"状态），没有地方资产管理公司。

【融资担保公司】 2021年1月，江门市鼎诚融资担保有限公司获省地方金融监督管理局批复设立，并取得《融资担保业务经营许可证》，是江门市首家国资控股政府性融资担保公司。

【江澳金融合作】 2015年以来，江门与澳门的金融合作主要围绕银行间跨境业务开展，已有7家银行机构与澳门8家金融机构建立合作关系，合作业务以为企业跨境融资及跨境同业业务为主。是年，江门市出台支持政策，安排财政资金250万元，对推动通过澳门开展跨境融资及通过港澳进行的货物贸易项下的跨境人民币结算业务的商业银行给予奖补。2021年度江澳金融合作总额298.28亿元，其中同业存款281.37亿元，跨境融资16.91亿元；第四季度江澳金融合作总额20.41亿元，其中同业存款19.18亿元，跨境融资1.23亿元。通过政策推动，通过澳门进行跨境融资的企业贷款利率比同期人民银行贷款市场报价利率低100基点以上，降低企业的融资成本。

【金融助力乡村振兴】 2021年，江门市涉农贷款余额首次突破1500亿元大关，12月末涉农贷款余额1538.93亿元，排名全省第3位，涉农贷款余额占各项贷款余额的比重为30.96%，分别高于珠三角地区、全省平均水平25.49个百分点、22.85个百分点。

【江门金融支农联盟】 2021年，江门市银行机构、保险机构、投资（基金）机构、担保机构、农业农村公共服务组织和农业产业化龙头企业等共同组建成立全省首个市级金融支农联盟——江门金融支农联盟，打通金融服务"三农"的各大环节，助力乡村振兴。依托金融系统党建大联建机制，推动25名懂金融、懂经济的金融系统优秀干部到江门市的镇（街）或产业园区挂职，79名干部骨干分别到四市三区担任金融助理。打造"振兴号"金融服务动车，走访村镇173个，服务群众近2万余人次。江门市已实现全市乡镇银行网点、保险服务100%全覆盖，行政村基础金融服务100%全覆盖。同时，江门市加大对江门特色农业产业的信贷扶持，江门地区有8家银行机构参与557个信用村建设，整村授信8.54亿元。推动产融结合，带动新会陈皮企业发展接近5000家，提供就业岗位5万个，并形成药、食、茶、健、文创、金融产品6大类35细类100余品种的产业规模，成为现代特色农业的一大亮点和标杆。

银行业

【概况】 2021年，江门市辖区银行机构33家，比上年增加1家，其中平安银行江门分行于4月进驻开业；营业网点870个，自助银行247个，从业人员1.33万人。银行机构资产总额6974.18亿元，比上年增长8.52%；各项贷款余额4959.36亿元，增长12.94%；各项存款余额5813.53亿元，增长7.22%；资产总额、各项贷款、各项存款稳居全省第七位（不含深圳市）。

【银行存款】 2021年，江门市辖区银行业存款规模增长，各项存款余额5813.53亿元，比年初增长7.22%。

【银行贷款】 2021年，江门市辖区银行业贷款规模增长，各项贷款余额4959.36亿元，比年初增长12.94%。

【银行不良贷款】 2021年，江门市辖区银行业不良贷款余额43.26亿元，比年初增长61.03%；不良贷款率 0.87%，比年初增加 0.26 个百分点。

【金融服务乡村振兴】2021年，江门市辖区银行业加大涉农金融服务力度，年末江门涉农贷款余额 1538.93 亿元，全省排名第三位，涉农贷款余额占各项贷款余额比重 30.96%，分别高于全省、珠三角地区平均水平 22.85 和 24.49 个百分点。2021年，江门市创新打造 12 条结对示范村镇，并派驻 12 名金融助理，支持市委组织部委任 25 名金融副镇长，以金融带动乡村振兴，为示范点有关主体提供 2.75 亿元授信，比 2020 年增长 42%。江门市银行业创新农业特色产品和服务，其中落地江门首笔"生态贷"。探索打造"振兴号"金融服务车，实现金融服务走进田间地头，28 台金融动车累计走访村镇 173 个，服务群众 19 959 人次。多家银行机构在结对村（镇）开展直播带货活动，带货交易量 25.3 万元。编发《江门市银行业服务国资及乡村振兴融资产品手册》，让乡村振兴融资产品触及更多民众。江门市银行业累计为美丽乡村建设项目提供信贷资金 140.5 亿元。

【银行业服务实体经济】2021年，江门市银行业贯彻工业立市制造强市号召，引导金融活水重点向对制造、基础设施建设等领域倾斜。至年底，辖区制造业贷款余额 878.90 亿元，比年初增长 23.27%，高于各项贷款增速 10.33 个百分点，基础设施项目贷款余额 832.19 亿元。江门银行业立足疫情纾困实际，优化对中小企业的金融服务，全年累计 7089 户 101.14 亿元贷款实施延期还本付息。至年底辖区普惠型小微企业贷款余额 566.83 亿元，比年初增长 30.43%，高于各项贷款同期平均增速 17.76 个百分点；普惠型小微企业贷款户数 5.46 万户，比年初增加 15 432 户；当年新发普惠型小微企业年化利率 4.81%，比上年下降 22 个基点。江门市银行业加大对绿色项目的金融支持，助力加快实现"双碳"目标，其中落地江门首笔 1000 万元碳排放权质押贷款。至年底，江门银行业绿色融资余额 251.15 亿元，比年初增长 52.40%。联合市金融局、人民银行江门市中心支行制定《关于江门市落实〈关于金融支持粤港澳大湾区建设的意见〉的行动方案》，2021 年江门银行业对港澳地区国际结算金额累计 1078.82 亿元，比上年增长 34.75%；向注册在粤港澳大湾区的企业发放贷款余额 2583.83 亿元，比年初增长 9.24%。

【银行监管】2021年，推动恩平市 20 家城乡信用社市场退出工作全面完成清产核资、编制债务清偿方案。加大不良资产处置力度，全年处置不良贷款金额 37.20 亿元，高于上年同期 20.50%。以"三稳三保"为导向，引导银行机构审慎开展房地产贷款业务，确保江门房地产市场稳定运行，保障人民群众购房刚需。至年底，房地产贷款余额 1858.91 亿元，比年初增长 9.45%。推进化解江门辖区华夏幸福系、海航系、恒大系等房地产金融风险，有效遏制房地产风险向其他产业转移。通过现场核查、EAST 可疑数据筛查、督促机构自查等方式排查违规流入房市问题贷款。紧扣"科技引领"工程，鼓励机构发展科技金融，其中江门农商行参与发放全国首张"自然人参保缴费"数字资产凭证，引领贷款业务向数字化方向转型。推动"跨境理财通"业务试点成功落地。推动全市银行业首家"零碳网点"以及首家"绿色支行"成立。指导江门市银行同业公会牵头成立创新专业委员会，推动江门银行业金融创新，年内创新项目超 70 项。开展常态化扫黑除恶工作，协助公安机关立案数 262 起，查冻户数 2598 户，挽回金额 248.14 万元，劝阻客户数 71 户，劝阻金额 391.84 万元。深化金融消费者权益保护，组织开展"3·15"消费者权益保护教育宣传周活动 984 次、触及消费者 71.28 万人，开展反诈专题培训 415 场，覆盖员工 24 810 人次。

【中国农业发展银行江门市分行】2021年，中国农业发展银行江门市分行营业网点 6 个，银行资产总额 139 亿元，在职员工 119 人。全年发放贷款 27.07 亿元。年末各项贷款余额 125.19 亿元，其中，粮油类贷款余额 15.50 亿元；中长期贷款余额 106.53 亿元。各项存款余额 21.49 亿元，日均存款余额 35.51 亿元，存贷比 16.22%。实现账面利润 2.47 亿元，比 2020 年增加 0.21 亿元。无新增不良贷款，保持零不良贷款率。

2021年，聚焦主责主业六大服务领域，深耕

"三农",充分发挥政策性金融力量,全年放粮油贷款9.14亿元,保障江门地区粮食供给安全,放扶贫贷款4.81亿元,巩固拓展脱贫攻坚成果同乡村振兴有效衔接。在产品、模式等领域开展多维度创新,放2.84亿元贷款支持农村土地流转和土地规模经营、农村流通体系建设、旅游扶贫等领域。围绕农村人居环境综合整治重点等城乡民生基础设施补短板项目,累放改善农村人居环境贷款8亿元。聚焦城镇化领域基础设施、公共服务、产业支撑补短板等项目,放城乡一体化建设贷款4.24亿元,投放支持交通基础设施等重点民生项目贷款2.69亿元,助推城乡基础设施和公共服务联通化、均等化、一体化。推进普惠金融,为实体经济减费让利,对小微企业实施"一企一策",全年发放1550万元普惠小微贷款,支持企业4家,为企业节约资金成本约7.3万元。落实国家让利实体经济、为市场主体减负有关政策,全面取消人民币结算等五大类46项服务收费,向企业减免超过45 000笔收费,金额34.25万元,为企业减负。

【中国工商银行江门分行】2021年,中国工商银行江门分行有一级支行9家,营业网点82个,自助银行118个,其中在行式自助银行82个,离行式自助银行36个,产品领取机121台,新款智能终端机279台,自助柜员机289台。银行资产总额871.30亿元,在职职工1436人。全行实现拨备前利润17.89亿元,比年初下降2.93%;净利润13.55亿元,比年初下降2.69%;中间业务收入3.06亿元,比年初下降30.54%。各项存款余额834.57亿元,比年初净增62.25亿元。各项贷款余额755.56亿元,其中个人贷款386.75亿元,比年初净增49.87亿元。

2021年,秉持"工于至诚、行以致远"价值观,坚持"利民兴行、实干强行"发展理念,全力支持地方经济高质量发展。自觉担当社会责任,在支持防疫抗疫、发展普惠金融、支持脱贫攻坚和乡村振兴、发展绿色金融、支持公益事业等方面广受赞誉。聚焦战略性产业集群和重点项目领域,开展暖企行动,让利实体经济。依托强大科技优势,开展智慧政务、智慧校园、智慧医疗、智慧三农、智慧法院等创新合作,擦亮智慧服务品牌。率先与江门三区四市政府、市农业农村局、市国资委签订《金融支持乡村振兴战略合作协议》,成为金融支持乡村振兴的排头兵。跻身总行级重点城市行十强,2021年度名列第八位,跻身总行级重点城市行(二级分行)前三名。国际业务保持强劲创新能力,屡创"首笔""首单",为粤港澳大湾区一体化发展贡献力量。坚持"与客户共同成长、靠服务创造价值",精神文明建设与经营发展业绩双丰收,获"中国工商银行广东省分行文明单位"荣誉称号。

【中国农业银行江门分行】2021年,中国农业银行江门分行有营业网点90个,自助银行24个。全行自助设备763台,其中在行式自助设备714台,离行式自助设备49台,银行资产总额695.74亿元,在职职工1402人。各项存款余额671亿元,比年初增长6.49%;各项贷款余额557亿元,比年初增长19.31%;实现中间业务收入5.15亿元,增长22.56%,拨备前利润17.19亿元,增长16.18%。

2021年,支持基础设施、产业园区、科创企业、绿色能源等项目,将金融活水引向实体经济,全年投放人民币法人实体贷款138亿元。推进普惠金融体系建设,以"低成本、高效率、广覆盖"的特色普惠产品为抓手,提供差异化信贷政策支持,为小微企业纾难解困。是年,普惠贷款增量达20.6亿元,为小微企业减免利息约700万元,为超350户普惠小微企业办理延期还本,金额达5.6亿元。坚持"三农"业务优先发展战略地位,倾斜配置经营资源,选派金融助理赴五邑地区70个乡镇开展驻镇帮扶工作,为镇村地区乡村振兴提供"融资+融智"服务。支持农村人居环境整治、新型和特色农业发展,完善农村经营主体信用评价模式,向广大非特色种养业客户提供信贷支持,至年末,累计发放"惠农e贷"58亿元,农户贷款83.8亿元,涉农贷款余额达240亿元。深入推进"我为群众办实事"实践活动,联合江门市人民检察院共建全省首个分期发放国家司法救助金托管工作机制。与江门公积金管理中心有效对接并成功发放江门首笔线上审批公积金贴息贷款,着力解决群众急难愁盼问题。加强安防设施和安全文化建设,获评"2020—2021年度全市银行业金融机构安全评估工作先进集体"第一名。

【中国银行江门分行】 2021年，中国银行江门分行有营业网点67个，自助银行167个，其中在行式自助银行140个，离行式自助银行（含自助服务点）27个。全行自助银行设备（含自助通设备）264台，智能柜台175台，现金版智能柜台46台，移动式智能柜台43台。银行资产总额605亿元，在职员工1334人。年末各项存款余额574亿元，比年初增长10.23%。各项贷款余额572亿元，比年初增长13.75%；其中个人贷款余额180亿元。国际结算业务量78.21亿美元，市场份额占比30.12%；结售汇业务量51.19亿美元，市场份额占比26.33%；跨境人民币结算量146.87亿元，市场份额占比34.4%。分期付投放18.64亿元，比上年下降了3.42%，市场份额占比20.69%。中间业务净收入4.05亿元，实现拨备前利润11.67亿元。

2021年，聚焦国家高新科技企业、专精特新企业、工业园区企业客户群，全年为600余户小微型高新技术企业提供48亿元的授信总量，为300余户小微型专精特新企业发放超18亿元贷款。为过千户产业集群企业提供贷款余额超100亿元。支持江门市重大建设项目，对重大交通基建项目授信总额达到255亿元，当年新增交通基建项目额度支持40亿元，新增投放24亿元。促进实体经济高质量发展，向江门区域内的企业核定授信总额达814亿元，超70%对公贷款投向于工业企业。通过突破海关税款担保保函业务、"跨境理财通"业务、"进口双保理"融资产品、"侨梦苑"政策项下外债便利化额度试点业务、中小微外贸企业套期保值等创新金融服务，帮助外贸企业享受政策红利，全年为外贸企业提供约63亿元表内外融资支持。首家推出社保便民创新服务——社保微管家，首创即时换发卡机，为所有网点均配备"社保专窗"，升级社保服务体验。推动公积金服务提质增效，与江门市住房公积金管理中心合作投产智慧柜台"智惠公积金"模块和"广东公积金"微信小程序，助力公积金跨城通办项目落地。

【中国建设银行江门市分行】 2021年，中国建设银行江门市分行有营业网点68个，自助银行120个，其中轻型网点2个，附行式自助银行68个，离行式自助银行（设备）78个，标准版智慧柜员机136台，综合版智慧柜员机79台。银行资产总额845.40亿元，在职职工1304人。各项存款余额747.30亿元，比年初增加59.20亿元，其中单位存款余额241.91亿元，储蓄存款余额505.04亿元。各项贷款余额611.51亿元，其中短期贷款余额129.29亿元，中长期贷款余额469.07亿元。中间业务收入3.50亿元，实现净利润13.92亿元。是年，获得"2020—2021年全国金融系统思想政治工作优秀单位"、广东省"法治文化建设示范企业"等称号。

2021年，以服务江门基础建设为主线，为江门重点领域、重点项目、重点龙头企业基础建设授信超80亿元，投放贷款超42亿元。支持高速公路、铁路、快速道路等建设，投放重大交通基础建设项目建设贷款5.21亿元。助力"园区再造"工程，新增授信超12亿元，投放贷款超4.3亿元。率先推出支持产业集群发展二十条金融措施，发放制造业贷款超100亿元。投放全国系统首笔外资企业碳金融贷款、全省系统首笔乡村振兴复垦贷款。打造江门首家银行业"零碳网点"。全力支持乡村振兴战略，为美丽乡村建设重点项目授信超8亿元，全年投放贷款超6亿元。率先成立"政府+银行+企业"农业行业专家。落地助力"数字政府"建设项目7个，落地32个。其中，上线全国首个商事登记"跨省通办"项目，将企业开办时间从5个工作日缩短至0.5个工作日以内。联合市住建局打造"互联网+大数据+政务服务"智慧公租，共同推进数字住建系统建设。全力支持江门保障性租赁住房发展，联合江门团市委、市住建局在全省率先推出青年安居住房。

【广发银行江门分行】 2021年，广发银行江门分行有营业网点20家，在行式自助银行20个，离行式自助银行1个；自助单点3个；全行自助银行设备57台。银行资产总额达278亿元。在职职工510人。全年实现营业收入约8亿元；实现拨备前利润4.11亿元，比2020年增长10.09%；净利润2.8亿元。年末各项存款余额263亿元；各项贷款余额180.3亿元。信用卡新增激活客户数25 826万户，任务完成率103.2%。年末不良贷款余额9112万元；不良贷款率0.51%。

2021年，聚焦实体经济，服务湾区建设，完成首笔出账银洲湖高速银团贷款，支持江门高速公路发展建设，加强湾区互联互通。坚持责任担当，乡村振兴取得新突破，与恩平沙湖镇那梨村结对成为"金融支持乡村振兴"示范点，发放180万元乡村振兴补偿贷款和500万元乡村振兴防贫贷款，并通过"乡村振兴贷"系列产品方案发放贷款51笔，贷款余额超800万元。启动江门市社会保障卡一窗通办便民服务项目，试点设立"一窗通办便民服务点"，全省率先为市民提供社保卡申领、快速补换卡、各项待遇和扣费账号变更等一站式、一窗式服务。落地江门市中级人民法院首笔法院执行案款公证提存业务1450万元，解决法院执行款给付难题，提升法院执行案款管理水平。与江门市中级人民法院、江门市五邑公证处签订《司法辅助事务执行案款公证提存服务协议》，以金融科技的智慧助力案款发放。借助公证、银行大数据平台，实现数据信息共享，有效处理法院积累长期的未退款，提高款项来往透明度，避免挪用侵占案款等廉政风险，提升司法公信力和权威。

【中国邮政储蓄银行江门市分行】 2021年，中国邮政储蓄银行江门市分行营业网点114个，县及县以下农村地区网点占比超70%，乡镇覆盖率100%。其中自营网点24个、代理网点90个，成为全市网点数量最多、网点覆盖面最广的金融服务机构。高级管理层下设6个专业委员会，设有县（市）级支行6个，在职职工564人。全行自助现金设备280台，智慧型柜员机3台。是年，银行资产总额420.52亿元，比年初增长11.44%；各项存款余额388.06亿元，比年初增长11.31%；各类贷款余额149.67亿元，增长27.59%，其中涉农贷款余额44.57亿元，普惠型涉农贷款余额20.24亿元，普惠型小微企业贷款余额36.84亿元，绿色信贷余额余1.85亿元。其中制造业贷款余额33.03亿元，2021年净增7.89亿元，比上年增长31.37%。

2021年，联合新会区税务局共同搭建的江门市首家便民惠企税务服务场所"微税厅"落地，实现"一站式"完成税银业务。发放首笔小微企业"进出口易贷"业务100万元。完成中国人民银行广州分行、深圳市中心支行以及香港金融管理局等机构的报备，成为"跨境理财通"业务试点参与银行，是邮储系统内首批"跨境理财通"业务的试点单位之一。推荐的"比微精功"项目获得2021年广东"众创杯"创业创新大赛之大众创业创富大赛创意组金奖。推荐的"益生元功能性低聚糖研发及产业化"项目获得2021年广东"众创杯"创业创新大赛之大众创业创富大赛创业组银奖。与江门市人社局、创投机构、人力资源公司、创业孵化基地等17家单位，在第三届江门市"乐业五邑"创业创新大赛颁奖典礼上签订组成江门市创新创业服务联盟。牵头举行两场"虎山村乡村振兴示范点'一村一品'网络直播"活动，为乡村振兴示范点虎山村的濑粉、辣木、皇帝柑、番薯等特色农产品直播带货。

【江门农商银行】 2021年，江门农商银行营业网点186个，从业人员2345人。自助银行209个，其中在行式自助银行186个，离行式自助银行（含自助服务点）23个。全行自助银行设备（含自助通设备）733台，智能柜台324台，现金版智能柜台13台。是年，银行资产总额1216.59亿元，比年初增长9.97%，其中各项贷款余额626.42亿元。负债总额1088.69亿元，比年初增长10.84%，其中各项存款余额908.95亿元。实现经营利润17.76亿元，纳税总额5.03亿元。投资省内10家农商银行，并在广东、河北、山东发起成立7家村镇银行。按一级资本排名，江门农商银行连续3年被英国《银行家》杂志评为"全球银行1000强"，2021年位列第570位，位列全国农商行第112位。获评"中国地方金融十佳普惠金融品牌银行""中国地方金融十佳竞争力银行"，特色产品"陈皮贷"获"2020—2021年广东最受欢迎金融服务乡村振兴产品金奖"。

2021年，探索普惠金融服务路径，启动"党建引领，你帮我、我帮你，共促乡村振兴"业务下沉工程，与新会区政府达成战略合作，授信600

亿元支持乡村振兴，与江门市政数局签署"党建引领数字惠民"党建共建合作协议。联同江门市政数局、社保局重磅发布全国首张"自然人参保缴费"数据资产凭证，实现数据从资源向资产的转变，解决平台难信任、数据难溯源、贷款产品不正规、数据利用不规范等问题，降低金融机构获取数据的成本和风险，简化信贷审批流程，提升银行机构风控水平。开通全省首批地理标志质押融资通道，有效破解地理标志质押评估难题，推动企业的"知产"变"资产"，为新会陈皮等特色产业注入强有力动能。举行奖教助学慈善活动，连续5年为500多名师生奖助资金超200万。

【中国人民银行江门市中心支行】 2021年，人民银行江门市中心支行（下称人行江门中支）深入贯彻习近平新时代中国特色社会主义思想，按照市委市政府和人民银行广州分行决策部署，扎实开展党史学习教育，围绕"我为群众办实事"主线，深化金融改革、优化金融服务、强化对实体经济的金融支持，为江门全面实施"六大工程"、全力构建高质量发展战略新格局贡献金融力量。

执行货币政策 人行江门中支通过降准为金融机构释放资金23.16亿元，延续实施两项直达货币政策工具，撬动全市银行发放普惠小微信用贷款183.83亿元、延期253.42亿元贷款，争取再贷款再贴现额度，2021年向上级行申请并获得新增再贷款、再贴现额度26亿元，"真金白银"向全市各类市场主体投放货币政策工具资金94.20亿元，惠及企业超过6000家。加强制造业信贷政策指导，增加重大领域、重大项目金融供给，支持江门战略性产业集群发展和大型产业聚集区建设，是年，制造业中长期贷款余额177.34亿元，比上年增长41.27%。在全省率先印发《关于金融支持实现巩固拓展脱贫攻坚成果同乡村振兴有效衔接的意见》，推动形成金融支持脱贫攻坚长效机制。引导金融机构建设"信用村"532条，围绕"一镇一业、一乡一品"和农业绿色产业，开发特色化信贷产品，助力农村高质量发展，年内，江门市涉农贷款余额首次突破1500亿元关口，12月末涉农贷款余额1538.93亿元，全省排名第三位。是年，开展金融支持个体工商户发展专项活动、支付手续费减费让利行动，参与"珠三角征信链"建设，扩展"粤信融"平台、中征应收账款融资服务平台的服务深度广度，提高中小微企业融资的获得感和可得性，打通便利企业融资的"最后一公里"。全市普惠小微贷款余额573.32亿元、贷款户数3.79万个，分别比上年上升29.6%和22.7%；普惠小微贷款加权平均利率比上年下降26个BP。

金融服务与创新 人行江门中支配合政府研究制定便利华侨华人投资制度专项改革试点方案，在跨境金融创新方面提出7项工作措施。推动全省首笔"进口双保理"、全省首批"跨境理财通"、省内（深圳除外）首笔境外投资者境内认购可转债、江门首家企业接入CIPS标准收发器业务、江门首笔QFII和QDII业务落地，开展港澳居民个人在江门购房跨境人民币试点业务。支持地方"金种子""金舶"系列行动，鼓励金融资源投早投小投科技，助力打造多层次资本市场服务体系。引导金融机构创新推出"碳排放"绿色金融产品，解决融资过程抵押物不足等问题，拓展绿色融资渠道。推动绿色产业银企高效精准对接，联合新会区政府建成江门市第一期绿色项目库，入库项目贷款余额已达80.45亿元，为江门创建国家创新型城市，绿色低碳转型提供强有力信贷支持。落实房地产贷款集中度管理和差别化住房信贷政策，促进辖内房地产信贷平稳运行。保障支付系统安全稳定运行，为辖区银行和企业提供快速、高效、安全、可靠的支付清算服务，特别是疫情期间，督促辖区银行机构落实支付系统应急方案，确保应对疫情的各类资金"零延迟"调拨到位。合理调配现金资源，及时满足各类市场主体、居民的现金需求，在全市范围内大规模实施现金消毒，确保现金服务工作"不掉线"，人民群众用上"卫生钱"。推广跨境人民币银联电子缴税入库业务，推动首笔网签实扣跨省异地电子缴税业务，办理时间由过去平均3~5个工作日缩减至1个工作日。及时准确办理各项预算收支业务，守住国库"资金安全、业务系统安全"两条底线。2021年，全市国库办理收入业务1545亿元、支出业务1379亿元，比上年分别增长29.07%、36.39%。支持江门争创中央财政支持普惠金融发展示范区，做好小微企业开立银行结算账户负面清单和支付手续费减免工作，高质量推进10个移动支付示范镇建设，协调开展"云闪付"随机立减优惠活动，商户活动率居全省第二位。

金融监管与稳定 配合地方党政做好辖区HD集团风险处置相关工作。摸查HD集团在江门辖区的在建在售项目开发贷款及监管账户资金管理等情况，协调推进金融机构服务HD项目"保交楼"工作，推动HD项目楼盘有序复工。组织开展《存款保险条例》颁布六周年系列专题宣传活动，实施存款保险制度公众认知评估，做好风险差别费率核定、投保手续办理、保费归集等工作。在新冠肺炎疫情防控期间及全国两会、清明假期、庆祝建党100周年活动期间，全面排查维稳信访类风险事件，强化监测和重大事项报告。2021年，全市金融系统未发生维稳、重点信访（群体访、缠访和闹访）事件。配合地方政府开展恩平20家城乡信用社结束清算工作，清算工作开展以来，社会层面稳定可控，未发生有关上访、闹访事件。

金融消费权益保护 推进金融纠纷多元化解工作在江门辖区"开新局"，与江门市中级人民法院、江门银保监分局、江门市金融工作局联合印发《关于全面推进金融纠纷多元化解机制建设的贯彻实施意见》；指导江门市金消保联合会与三区四县法院完成诉调对接协议签约，实现金融纠纷诉调对接在"市、区、县"全覆盖；指导江门市金消保联合会与江门市律师协会完成合作协议签约，指导江门市金消保联合会与工行江门分行、广发银行江门分行签订小额纠纷快速解决机制。调解一宗跨粤港两地的近400万元追偿权纠纷案，成为全省首例调解跨粤港两地的金融纠纷案。创新宣传教育方式，提高社会群众金融素养水平。人行江门中支指导江门市金消保联合会联合江门日报社、国药控股国大药房江门连锁有限公司举办"金企媒携手大宣传·金融知识进万家"系列活动。以鹤山市为试点，指导人民银行鹤山市支行与鹤山市教育局联合出台《鹤山市"金融教育进课堂"活动全覆盖实施方案》，推进"金融知识进校园"活动在辖区的全覆盖。2021年，江门辖区银行金融机构开展"金融知识进校园"活动27次，受众学生4500余人。

社会信用体系建设 推动农村信用体系建设，助力乡村振兴工作提质增效，探索"农融通"平台应用模式，组织新型农村经营主体基本信息采集工作，引导辖内金融机构创新支农助农信贷产品，拓宽支农助农服务渠道。推动建设信用村557条，以整村授信模式向各信用村授信8.54亿元，非整村授信模式向各信用村授信44.70亿元，向8923位农户发放贷款44.17亿元。发挥"粤信融"平台、"中征平台"在解决中小微企业融资难、融资贵方面的作用。是年，江门辖区应用"粤信融"平台注册企业72 794家，成功签订授信合同企业9806家，成功融资19 189笔，金额576.89亿元。是年，江门辖区应用"中征平台"申请注册机构688家、注册启用机构540家，平台成交976笔，成交金额470.27亿元，为188家小微企业提供融资服务。参与"珠三角征信链"建设，以点带面，扩大入链机构使用范围。是年，江门辖区完成链上订单15笔，"珠三角征信链"对接"江门政银链"加强与江门政数局的沟通合作，扩大"珠三角征信链"的应用场景。

金融业竞赛活动 2021年江门市反假货币知识技能竞赛暨广东省反假货币知识技能竞赛江门地区选拔赛顺利举办。2021年9月11日，由江门市反假货币工作联席会议办公室和中国人民银行江门市中心支行主办、中国工商银行江门分行承办、江门市钱币学会协办的"2021年江门市反假货币知识技能竞赛暨广东省反假货币知识技能竞赛江门地区选拔赛"在江门工行工银大厦举办。2021年广东省职业技能大赛——金融消费权益保护工作技能竞赛（江门选拔赛）成功举办。人行江门中支联合江门市总工会、江门市人力资源和社会保障局，举办"2021年广东省职业技能大赛——金融消费权益保护工作技能竞赛（江门选拔赛）"。

开展反洗钱工作 2021年，反洗钱科对辖区61家银行业和证券业机构开展2020年度反洗钱分类评级工作，制定并实施2021年度分类监管计划。主动对接江门市司法局、财政局等行业主管部门，重点探索开展对律师事务所、会计师事务所等特定非金融机构的反洗钱监管；与银保监江门分局、外汇管理局江门支局加强日常工作联动，探索与行业主管部门开展反洗钱联合监管工作；参与粤港澳大湾区洗钱风险评估工作，推进反洗钱跨境的监管。反洗钱科通过研判辖内机构报送的重点可疑交易报告、配合有权机关部门开展行政协查、自主开展"以案扩查"深挖线索等手段措施，推动洗钱入罪工作。2021年度，分析重点可疑交易报告103份，开展自主调查和行政协查32次，移送案件线索11条，协助侦破案件6宗，推进2宗案件以洗钱罪入罪。做好反洗钱宣传培训工作，通过视频会议、线上知识竞赛、反洗钱线上直播会、广州分行公众号展播等形式开展线上"反洗钱行动"培训、宣传，通过反洗钱征文比赛、反洗钱监管科技应用成果展等开展线下专题宣传活动，取得良好的成效。

外汇管理 江门市涉外收支实现"双增长"、净流入规模创下历史新高。2021年全市涉外收支总规模突破300亿美元，比上年增长38.90%；其中涉外收入227.71亿美元，对外付款78.24亿美元，比上年分别增加38.29%和40.72%。涉外收支整体净流入149.47亿美元，比上年增加37.04%，处于历史最高位。深化外汇管理改革，贸易投融资便利化程度不断提升。实现首笔辖区银行向港澳地区机构发放跨境贷款，办理全省（不含深圳）首笔落地的境外股东运用境外资金认购境内企业发行可转债业务，直接带动25亿元新建项目快速落地。推动江门首家商业银行镇级支行获批外汇业务办理权限，办理江门首笔银行向港澳地区机构发放风险参贷类跨境贷款2.5亿元，4家产业集群"链主"企业纳入货物贸易外汇收支便利化试点，3家企业成功办理高新技术企业外债便利化额度试点业务，45家优质企业享受跨境人民币结算便利化服务等。是年，与市金融局、财政局联合出台全省唯一的《江门市金融支持跨境融资专项资金管理办法》，支持江门辖区企业与港澳地区的跨境融资及跨境人民币业务发展。支持江门市江海区人民政府出台全省唯一且首创的针对高新技术企业跨境融资的财政补贴，并推动"高企跨境融资+专项补贴"业务模式下首笔100万美元业务落地。推广使用政务服务网上平台和跨境金融区块链服务平台，全年网上为776家企业办理行政审批业务；鼓励金融机构为重点外贸企业的外汇服务提供优惠措施，推动市场采购、跨境电商等规范发展；组织开展外汇政策宣传，广泛宣传汇率风险中性理念，防范跨境资金异常流动风险，高效查处外汇违法行为。

保险业

【概况】 2021年，江门市辖区保险机构62家，其中财产险机构26家，人身险机构35家，政策性保险机构1家，营业网点348个，从业人员2.18万人。保险业资产总额498.51亿元，全省排名第五位，比年初增长14.13%；保费收入166.76亿元，全省排名第七位，比上年增长3.19%；赔付支出39.47亿元，全省排名第8，比上年增长0.66%；实现承保利润5.55亿元，全省排名第6，比上年增长1.46%。

【保险产品创新】 2021年，全国首推"医疗+养护"双重保障责任的城市普惠型保险——"邑康保"，惠及81.68万市民。跨境医疗保险取得新突破，提供风险保障12 945.98万元，惠及106人。落地全省唯一重点新材料首批次应用保险，为企业提供风险保障1.05亿元。落地全国首单青蟹保险、全省首单商业性生蚝风灾指数保险。安全生产责任险加快普及，全年保费0.23亿元，比上年增长207.93%，保障金额111.87亿元，比上年增长88.78%。通过保险力量巩固安全生产良好局面。

【保险监管】 2021年，商车件均保费比综改前低22.66%，降幅高于省平均水平；综合费用率26.55%，比年初降低9.91个百分点，省内排名第7；车险利润率10.43%，省内排名第2，利润率是省平均水平的两倍。开展农业保险自查工作，规范农业保险的承保和理赔操作，促进辖区农业保险合规有序发展。辖区农险保费收入2.80亿元，比上年增长72.30%，农险赔付支出1.63亿元，比上年增长105.18%。推动绿色保险发展，江门绿色保险保费收入137.61万元，比上年增长3.13%。联合市有关部门推动保险公司完成全市8372辆重型货车安装使用智能视频监控报警装置安装工作，提升重型货车行业安全生产水平。

【人保财险江门分公司】 2021年，人保财险江门分公司经营机构67个，保费超13.4亿元，为客户提供风险保障2.2万亿元；处理索赔案件超12万宗，赔付金额7.2亿元；其中，为"三农"提供风险保障金额46.13亿元，投入农业农村防灾减损资金超400万元。

2021年，服务实体经济，签出全市首单"乡村振兴保"，为新会区双水镇鱼冲村的306位村民提供202万元的综合风险保障，保障范围涵盖乡村干部、村民居民公共安全、疫情防控、困难群众救助等多个方面。校企联动，共同破解环境风险难题，与五邑大学环保学院就开展安环险项目的开发和管理进行深入交流，现场举行园区"安环孖宝"风险实验室授牌仪式。推动广东首个秋粮防灾减灾创新服务试点启动，联动江门市农业农村局、江门市银保监分局、开平市农业农村局共同推进"政府+保险+农机"创新合作模式，探索创新粮食救灾渠道，为农户提供收割机抢收秋粮服务，为农户的秋粮稳产增收提供综合保障，构建农业保险"保、防、救、赔"的一体化服务能力。续签当地帮扶对象意外健康扶贫保险，保费收入约25万元，为台山市1090名帮扶对象提供3.09亿元的风险保障，包括意外伤害身故、残疾、医疗、疾病身故、大病补助和住院补助等保障，推进服务和保险产品转型升级，构筑巩固拓展脱贫攻坚成果同乡村振兴有效衔接的风险屏障。

【平安财险江门中心支公司】 2021年，平安财险江门中心支公司网点有14个，其中中心支公司1个、支公司6个、营销服务部7个，在编员工216人。保费规模10.2亿元，市场份额27.3%，在江门产险市场中排第二名，为地方企业服务客户19.7万家，为客户提供赔款4.86亿元。

2021年，创新保险产品，升级保险服务，提升保险服务质效，致力于打造"以客户为核心"的服务体系。推出"暖心理赔，福来运转"车险理赔服务体系，服务内容包括"爽快赔"基础服务升级、六大暖心服务、3+3老年客户专属服务、女性客户专属服务、防疫安心服务。通过对不同客群特点和需求分析、出险大数据分析及针对性地调研，总结特殊客群的真实需求，"暖心理赔，福来运转"增值服务体系为客户精准提供理赔服务产品。加强科技创新，依托数字化能力，通过智能机器人、OCR等技术，实现定损、审核等环节自动化、智能化。

【太平洋财险江门中心支公司】 2021年，太平洋财险江门中心支公司经营机构有9个，从业人员近1551人（含营销员）。全险种保费收入3.34亿元，赔付1.62亿元。

2021年，保险服务创新发展，创新推出全省首个青蟹气象指数保险落地，解决水产养殖保险承保理赔的技术障碍，为农业高质量发展提供保障，支持乡村振兴发展战略。承保广东首单2021迎春网络年货节食用农产品质量安全责任险，为鹤山市莱苏方舟电子商务有限公司提供200万元的农产品质量安全责任风险保障，发挥保险主业优势作用，提升农产品品牌形象。

【中国人寿江门分公司】 2021年，中国人寿保险江门分公司有分支机构75个，员工314人，销售队伍4515人。自营总保费收入34.27亿元，在江门寿险市场占有率达25.29%。

2021年，做好大病保险服务，启动社保"助老e服务"项目和"拥抱E时代，银龄智生活"活动，着力开拓老人"银铃安康"、妇女"关爱她"、儿童"爱童行"等政策性业务，不断深化保险供给侧改革，履行国有企业社会责任，为江门地区群众办好事、办实事，推进"健康中国战略"在江门地区落地。

【平安人寿江门中心支公司】 2021年，平安人寿江门中心支公司有分支机构11家，保险代理人2641人、内勤员工145人。实现保险保费收入16.32亿元，其中，新单保费收入3.46亿元。理赔支出1.91亿元。

2021年，组织志愿者到困难家庭中走访慰问，志愿者为困难户送上节日的问候、祝福及慰问物资等，传递企业正能量。开展保险知识进校园活动，帮助学生正确认识各类保险产品的风险保障作用。组织开展"关爱折翼天使"慰问活动，鼓励各位小朋友要面对生活，树立正确的人生观。举办"健康义诊送上门"系列健康宣传活动，自愿者队伍一边为村民测血压、体重普及健康常识。通过走访示范村，通过线上、线下方式相结合，开展新冠疫苗赠险活动，为五邑地区18 378名市民群众送去每人20万保额的免费疫苗赠险，为江门市民群众提供保障。

【太平人寿江门中心支公司】2021年，太平人寿江门中心支公司开设本部营销服务部、鹤山营销服务部、新会营销服务部、台山营销服务部、开平营销服务部、荷塘支公司、恩平营销服务部等7家四级机构。全年保险业务收入3.57亿元，从业人员1367人。

城乡建设

综 述

【城镇老旧小区改造】2021年，江门市推动完成蓬江区丽苑社区、江海区纸厂新村、新会区明翠新村、台山市南门路东侧、开平市东郊十二栋、鹤山市美景花园和恩平市西门社区等83个城镇老旧小区改造，惠及居民约5.4万户，获上级补助资金超3.1亿元。启动旧住宅加装电梯402台，完工投入使用101台。

【城乡融合发展】2021年，江门市推进中心城区产城融合示范区城乡融合发展省级试点建设，拟定试点行动计划和监测评估机制。指导新会区双水镇、开平市赤坎镇等两个城乡融合发展中心镇试点建设。接下来将推动国家县城新型城镇化建设示范县（市）台山市完成一批补短板强弱项项目。深入开展中心城区产城融合示范区城乡融合发展省级试点，建立考核机制和政策体系，打通城乡要素自由流动制度性通道，搭建城乡产业协同发展平台、建立生态产品价值实现机制、建立城乡基本公共服务均等化发展体制机制，争取形成一批典型经验和改革创新成果。加快推进新会区双水镇、开平市赤坎镇城乡融合发展省级试点工作，增强城镇对乡村的辐射带动作用，促进"以镇带村"一体发展。

城市建设

【概况】2021年，江门市城市品质提升行动有序实施，完成年度投资75亿元。完成迎宾西路延长线、双龙大道、南山路等道路改扩建，建成枢纽新城体育公园、纸厂河滨公园等公共活动空间。全年推动完成83个老旧小区改造，惠及居民5.4万户，获得上级补助资金超3.1亿元，居全省前列。启动旧楼加装电梯402台，探索管道燃气改造"政府补贴＋企业让利＋居民分担"三方共担机制。创建甘化社区、仁美社区等68个绿色社区。新增新会学宫、大新路—仁寿路两片省级历史文化街区和47处历史建筑，蓬江启明里、开平塘口、台山台城旧街区等历史街区和风貌建筑活化利用成

▲2021年10月9日，江门市城市发展投资恳谈会在江门举行。

（市住建局 供）

效显著。推动设计下乡，全面启动农村削坡建房风险点整治和农房抗震改造试点工作；完成全市96.47万栋农房安全隐患排查，"江海经验"获全省推广。城乡建设统筹谋划和推进机制还不完善，城乡特色风貌不明显，历史文化内涵和自然资源禀赋挖掘还不够。

▲ 2021年7月19日，迎宾西路（江鹤高速杜阮出入口—井根村）通车。

（市住建局　供）

【城市道路桥梁建设】 2021年，江门市城市品质提升交通水平提升行动安排市政道路建设项目104项，重点围绕新建城市道路、城市道路升级改造、完善城市快速路网、完善慢行系统和城市停车设施建设等工作开展。完成双龙大道（江门大道中—白石大道桥）改造工程、迎宾西路（江鹤高速杜阮出入口—井根村）、省道S364线江门五邑路外海大桥至江门大道段扩建工程、规划三路、南山路（金瓯路—云沁路）改扩建工程等新建、改扩建道路32条，合超52千米；建成下沙人行天桥、迎宾西路（贯溪市场）人行天桥，丽宫人行天桥完成加装电梯；建成高新区文化广场人防工程，主城区新增停车位约3100个。

【绿色社区创建】 2021年，江门市创建蓬江美景社区、江海仁美社区、新会北门社区、台山凤凰社区、开平东兴社区、恩平小岛社区、鹤山谷埠社区等68个绿色社区。

【地下综合管廊建设】 2021年，江门市建成地下管廊总长度约65.2千米，其中2021年完工项目5项，管廊总长度约9.6千米。包括蓬江区龙腾路（丰盛大道—新南路）管廊累计完成1.69千米，大林路（原观湖路）（盛新路—滨江大道）管廊完成2.09千米，恩平中心城区环境提升综合整治PPP项目完成3.6千米等。

【海绵城市建设】 2021年，江门市各县（市、区）制定"十四五"海绵城市建设计划及年度计划，建立海绵城市建设项目库，开展海绵城市试点建设。是年，江门市城市建成区27.1%面积达到海绵城市建设目标要求。

市容市政园林管理

【市容环境卫生建设】 2021年，江门列为住建部"我为群众办实事"实践活动背街小巷环境整治重点推进城市。全市选取11条基础设施薄弱、环境较为脏乱的背街小巷，全要素提升环境品质，打造"背街小巷示范样本"。项目总投资7400万元，整改覆盖面积15.7万平方米。改造道路8.4万平方米，改造架空管线4219米，更新、修复照明设施432盏，整修翻新建筑立面145栋，清理卫生死角100个，重新设计改造广告招牌180个，清除乱张贴2万余处。整治后的背街小巷"华丽变身"，城市环境更加优美，配套服务更加完善，管理水平更加精细，增强群众获得感、幸福感和安全感。

城市精品景观建设 迎接"建党百年"主题庆典，在城市主次干道、广场、公园、风景区等打造一批体现社会主义核心价值观、五邑侨乡文化等内容的城市精品景观，"点线交汇"悬挂灯笼3.5万多串、35万多个，升挂国旗超10万面；运用全市63个大型户外LED显示屏、103个大型户外广告设施、50个阅报栏、140个候车亭、1320处景观小品等载体，广泛刊发主题宣传画、宣传标语；亮灯万达广场灯光秀，新会玉湖、蓬江园山湖播放主题水幕电影、音乐喷泉，江门枢纽站、公园、市政和办公场所的亮化设施、设备全部实施夜间亮灯，为城市节日氛围增亮添色。

环卫一体化 蓬江区完成三镇一街（棠下镇、

杜阮镇、荷塘镇、潮连街道）环卫一体化改革，鹤山市、恩平市城区完成环卫一体化。全市蓬江区、江海区全域、新会区、台山市、鹤山市、恩平市城区已完成环卫一体化改革，其中，蓬江区、江海区、新会区已建成智慧环卫系统，并实现市、区两级数字城管平台对接；组织参加广东省第二届职业技能大赛——住房城乡建设行业保洁员（人行道清洗保洁工）竞赛获"最佳组织奖"。

垃圾分类实施 蓬江区、江海区、新会区城区基本建成垃圾分类示范片，全市城区432个公共机构、454个居住小区已全部开展垃圾分类，建成2800多个分类投放点。推行"撤桶并点"，建成分类投放点3500多个，改造26个垃圾转运站，配备四分类收运车辆204辆，初步实现分类收运；可回收物、有害垃圾、厨余垃圾、其他垃圾等分类收运体系基本建成。建成有害垃圾临存中心；建成运营2个规模化集中式厨余垃圾处理项目，收运处理量达220吨/日。初步建成"互联网+"分类回收系统，环保骑士、青蛙智科等再生资源企业相继投产；出台《江门市生活垃圾分类管理办法》，强化执法检查、每月评估等推动责任落实。建立点对点分类指导制度，做实垃圾分类志愿服务队、市民观察团，举办形式多样的宣传督导、校园教育和志愿服务活动，推动习惯养成。全市城区99所学校开展家、校、社互动实践活动占比达100%。加大全媒体矩阵公益宣传，以群众喜闻乐见、贴近生活的形式让垃圾分类新时尚成为文明生活新习惯。

【**市容市政行政执法**】 2021年，江门市以"城市文明创建"和"城市环境提升"为重点，加强违法建设、户外广告、市容市貌专项整治。2021年全市查处违法建设85.4万平方米占全年治理违法建设70.05万平方米目标任务的121.91%。拆除1350个违法户外广告，面积3.08万平方米。清理乱拉挂、乱张贴、乱涂写1.08万宗，整治店外占道经营19.66万起，清理小贩摆摊27.05万个。

【**城市管理体制改革**】 2021年9月2日，经中共江门市委机构编制委员会办公室批复，江门市园林科学研究所不再作为事业单位设置。

【**市政建设与管理**】 2021年，江门市推进主次干道、商业大街、城乡结合部市政基础设施养护管理问题，修复城市道路坑洼13 961处，修复人行道、路面约3.6万平方米，修复各类社区、背街小巷道路3590平方米。新增施划各类停车位25.2万个。全面开展77所大中小学校、10家综合性医院、21个城市广场及综合性公园周边道路慢行系统无障碍设施完善整治行动，整治导盲带缺失或损坏586处11 195米，三面坡132处649平方米，人行道路面损坏1219处11 359平方米，路侧石530处2964米，挡车柱943根。加强对全市城市桥梁日常巡查和定期常规性检查，加大安全风险排查评估和加固改造。重点推进江门人行铁桥的拆除工作，2月，完成江门人行铁桥（E级）拆除。江门市已消除Ⅰ类养护为不合格的和Ⅱ—Ⅴ类养护为E极的城市桥梁。5月，完成恩平侨联桥（D级）拆除重建工作。深入开展整治违规设置城市道路桥梁限高限宽设施和检查卡点工作，7月底，完成全市城市道路和城市桥梁限高限宽设施点25处的排查整治工作。

江门市启动5个生活垃圾焚烧处理项目，分别为新会区固废综合处理项目、蓬江区生活垃圾资源化提质改造项目、鹤山市生活垃圾资源化提质改造项目、台山市静脉产业园项目、开平市固废综合处理中心一期一阶段扩建项目。其中，新会区固废综合处理项目已于2021年11月开工。

开展城市公厕品质提升，市区220座城市公厕免费提供纸巾。加强城市公厕管理，2021年7月起，每月组织开展城市公厕"最美公厕"和"最美保洁员"评选。

【**园林绿化建设与管理**】 2021年，江门市各级园林绿化部门科学有序开展城市园林绿化建设管理工作，扎实推进公园城市建设。城市建成区绿地率40.64%，建成区绿化覆盖率44.00%，人均公园绿地面积20.17平方米。公园绿地建设方面，完成6个综合性公园、22个口袋公园、8个社区公园、2个专类公园建设。园林绿化品质提升方面，完成江北路、堤西路、江会路、胜利南路、石化北路、仁孝路等道路绿化建设及景观提升改造，增种无忧花、紫花风铃木等树木7500多棵。城市园林绿化管理方面，组织对全市公园、道路绿化进行抽评及分级分类考评，制定印发《江门市城乡绿化树木修剪技术指引》《江门市园林绿化企业信用管理评价标准》等文件，完善园林绿化法规制度；组织举办3次全市城市园林绿化管理专项培训，加强园林绿化养护专业能力建设；组织"我为城市添新绿"绿植送市民等相关宣传活动，提高市民爱绿、护绿意识。

城乡供水

【概况】 2021年，江门市城市供水企业8家，供水能力162.6万吨/日，年度供水量为43 324.21万立方米，建成9097.53千米供水管道。

【供水建设】 2021年，江门市新增供水管网199.08千米，改造141.7千米，新建供水加压泵站2个，新增市政消火栓510个。整治住宅小区表后供水管乱接驳情况，完成28个社区、965栋楼宇、6375个水表用户供水管整治。

【供水服务】 2021年，江门市聚集群众"急难愁盼"事项，改革供水报装服务模式，优化营商环境，简化供水报装流程为2个环节。推动供水一体化信息管理平台二期项目，新增用户信息变更服务事项，服务范围扩大至全市。是年，供水一体化信息管理平台服务事项7个、管理事项4个，供水服务已与粤省事、粤商通、工建系统和供水企业信息化平台对接，实现"一窗受理""一网通办"和"并联审批"。

【城市排水】 2021年，江门视开展城市排水设施建设，新增排涝泵站2座，新增排水能力8.73立方/秒，新增雨水管网41.43千米，改造雨水管网15千米，建成排水管道4103.55千米，提升城市排水能力。开展城市内涝系统化治理，编制《江门市城市内涝治理系统化实施方案》，完成城市内涝点治理1个，提高城市韧性安全。是年，江门市城市内涝点共有12个。

【江门公用水务环境股份有限公司】 江门公用水务环境股份有限公司是江门市国有股份制企业，其前身是江门市自来水有限公司，始建于1959年。经过60多年的发展，公司已发展成为以供水、能源环保、固废、工程、检测、园林绿化为六大主体业务板块的水务环保企业。是年，公司资产总额37亿元，净资产12亿元；下辖6座供水厂，供水能力达68万立方米/日；13座污水处理厂，污水处理能力达56万吨/日，供排水服务范围包括江门五邑地区及肇庆四会市，拥有多座大型医疗废物处置、生活垃圾及餐厨垃圾处理等固废处理设施。秉承"服务民生、成就员工、回报股东"的企业使命，公司致力于打造一流的城市环境综合服务商，为建设美丽宜居幸福江门提供更高品质的服务。

自来水供应及污水处理产能 2021年，自来水供应总量为2.29亿立方米，比上年增长14%，最高

▲2021年7月，荷塘生活污水处理厂三期通水试运行。

（江门公用水务环境股份有限公司 供）

日供水量70万立方米；售水总量2亿立方米，比上年增长15%；供水可靠率99.95%，供水水质综合合格率100%。污水处理总量约1.8亿吨，比上年增长6.6%，最高日污水处理量达61.82万立方米。

供排水重点项目建设 2021年6月，全力推进荷塘污水厂（三期）工程项目通水试运行，荷塘污水处理厂处理规模达3.3万吨/日；完成五邑路污水管网项目建设，新建污水管网约17千米。供水民生项目：推进棠下镇供水"一体化"户户通工程，新增罗江村、三和村等13条自然村实现城镇统一供水，惠及村民2100余户，助力乡村振兴。推进五邑路（外海大桥与江门大道段）、江睦路DN1000等给水管工程建设，全年新建及改造DN150（含）以上供水管网总长达3.4千米，总投资达3500万元，安全供水保障能力提升。完成西江水厂排泥水处理项目主体结构施工，西江水厂第三供水系统二期扩建、睦洲礼乐围中途加压泵站等项目施工建设有序推进，满足城市发展和人民优质用水需要。深入推进老旧小区楼宇表后供水管升级改造，全年完成13个重点老旧社区、67幢楼宇的表后供水管改造，惠及居民约1006户，有效改善居民居住环境和提高用水安全保障性，促进城市品质提升。优化供水营商环境，完成网上营业厅优化升级，实现25项供水业务"云"上办、跑零趟，实现低收入家庭水费优惠"一站式"减免，供水营商环境不断优化。深入开展供水服务进社区、进乡村志愿活动，推广微信"供水服务号"应用，宣传各类用水政策，实现关注用户突破3.5万人，有效传播优质高效用水服务品牌。

城乡供电

【概况】 2021年江门市电力供需基本保持平衡，电量保持增长。完成售电量331.2亿千瓦时，比上年增长14.2%；最高负荷576.9万千瓦，比上年增长8%。

【电网建设】 2021年，江门市"十四五"电网规划落地实施，《江门市电网专项规划（2020—2035年）》印发，146座规划站点及2011千米线路走廊纳入国土空间规划体系。2021年完成固定资产投资19.33亿元。加快构建坚强主网，投产500千伏五邑站扩建主变工程、220千伏盘允智能变电站等9项主网重点工程，初步形成"四核五环三分区"电网格局。江门220千伏镜山（杜阮）变电站工程等4项工程获中国南方电网公司2021年度优质工程奖，《基于装配式变电站的应用与研究》课题获广东电力科学技术三等奖。建设灵活可靠的配电网，建成投产1430项配网工程，建设配变651台，新增配变容量26.9万千伏安，10千伏线路728.9千米，配网自愈线路覆盖率达81.2%，可转供电率达88.1%。服务清洁能源并网消纳，建成台山海宴光伏、新会双水电厂热电联产等电源并网工程；全年并网光伏项目742项，新增容量66万千瓦。

【供电服务】 2021年，江门市全面调查摸底并根据用电特性对1.04万工业企业制定"一企一策"用电方案，重点保障全市115家优保企业用电需求。协调地方电厂顶峰出力，联合发布节约用电倡议，广泛开展节约用电、科学用电宣传。压减报装时长，降低办电成本，推行"三零""三省"服务，实行报装容量200千瓦及以下小微企业用电报装"零投资"。提高办电便利度，落实行政服务"一窗受理"，实现多种用电业务与行政业务同步办理。连续13年在地方政府公共服务评价中排名第一。

城乡供气

【概况】 2021年，江门市有城镇燃气经营企业35家，全市城镇燃气普及率99.2%。

【管网建设】 2021年，江门市液化石油气储配站26座，液化石油气供气量14万吨。建成天然气门站5座、天然气气化站9座、天然气汽车加气站6座，全市天然气管道总长度1701千米，天然气供气量17亿立方米，管道天然气用户42万户。江门市整治瓶装液化石油气市场，打击无证经营瓶装液化石油气"黑点"102宗，查扣液化石油气钢瓶4693个。

村镇建设

【概况】 2021年，江门市村镇建设总投资55.37

亿元，其中村镇住宅建设投资 15.69 亿元，住宅竣工面积 86.95 万平方米，实有住宅建筑面积 7956.42 万平方米；公共建筑建设投资 3.2 亿元，竣工面积 16.65 万平方米，实有公共建筑面积 2140.47 万平方米；生产建筑建设投资 19.01 亿元，竣工面积 148.48 万平方米，实有生产建筑面积 3670.42 万平方米；市政公用设施投资 17.47 亿元，主要用于村镇供水、燃气、道路桥梁、排水、园林绿化和污水、环境卫生和垃圾处理工程。镇区人均住宅建筑面积 47.74 平方米，农村人均住宅建筑面积 31.31 平方米；镇区实有道路 1495.62 千米，道路面积 1162.4 万平方米，农村实有道路 7330.30 千米，道路面积 4693.27 万平方米；镇区供水普及率 96.81%，农村供水普及率 95.21%；镇区燃气普及率 92.12%，农村燃气普及率 89.22%；镇区公园绿地面积 180.02 公顷，人均公园绿地面积 5.85 平方米；全市 58 个建制镇镇区建成区面积 1.93 万公顷。

【农村危房改造】 2021 年，江门市对民政部门筛查发现的 828 户贫困户住房安全情况进行全面摸查，确定 88 户列入 2021 年江门市农村危房改造任务，被列为中央财政农村危房改造任务。是年，88 户开工率 100%、竣工率 100%，按时高质完成任务。

【镇级生活污水管网建设】 2021 年，江门市新建镇级污水管网 154.24 千米。

【国家传统村落、省传统村落打造】 江门市 12 条村被列入中国传统村落名录，分别为蓬江区棠下镇良溪村、潮连街道卢边村；台山市斗山镇浮石村、浮月村、横江村，端芬镇海阳村东宁村；开平市塘口镇自力村、仓前村，百合镇马降龙村；鹤山市鹤城镇田心村、龙口镇霄南村；恩平市圣堂镇歇马村。共有 5 条村被列入广东省传统村落，分别为蓬江区棠下镇良溪村；台山市斗山镇浮石村、浮月村，端芬镇东宁村；开平市百合镇马降龙村。全市公布 25 条市级传统村落。

【美丽圩镇建设】 2021 年，江门市实施美丽圩镇建设攻坚行动，全市各地全面开展圩镇"三清理、三拆除、三整治"工作。61 个镇基本完成"三清理、三拆除、三整治"工作，清理积存垃圾 1533 处 2330 吨，清理乱堆乱放 2238 处，清理水域漂浮物和障碍物 1781 处；拆除破旧附属设施 837 处，拆除非法违规商业广告、招牌 400 处、1884 平方米，拆除乱搭乱建、违法建筑 273 处、32 682 平方米；整治占道经营乱摆卖行为 15 782 宗，整治公共空间乱贴画行为 7377 处，整治车辆乱停放行为 5394 宗。

招商引资

【概况】 2021 年，江门市引进超亿元项目 273 个，增长 29.4%；投资额 1552.4 亿元，增长 24.5%。全年举办江门商业发展大会，发布大型招商项目 90 个，推动总投资近百亿元的重大商业项目开业（动工）。其中在深圳、东莞、广州等重点招商城市举办各类投资促进活动近 10 场，引进 1 亿元（含）以上制造类项目 228 个，增长 33.3%，占全市引进 1 亿元（含）以上项目的 83.5%；投资额 1006.9 亿元，增长 77.3%，占总投资额 64.9%。投资超 100 亿元的新达金属新材料科技项目签约落户，投资 50 亿元的巴德富环保新材料华南综合生产基地落地建设。

【实施"链长制"】 2021 年，江门市对新能源汽车、新能源电池、摩托车等产业链开展专题研究，成立工作专班，开展精准招商。市领导带队赴北京、广州、深圳、西安等地敲门招商，对接行业龙头企业。每季度组织各县（市、区）举办重大项目集中动工（投产）活动，推动 421 个项目动工投产，投资额 2484.53 亿元。加大对全市招商工作的统筹力度，建立重点工业项目评审、招商工作考核等招商机制。强化对外驻点招商，在东莞市设立江门驻东莞投资促进中心。全年引进 14 条重点发展产业链项目有 202 个，投资额 937.5 亿元。其中，高新技术项目 102 个，占产业链项目的 50.5%。智能装备、新一代信息技术和金属制品产业链项目计划投资额均超过 200 亿元。

【引资激励制度】 2021 年，江门市印发激励新投资的实施办法。对企业投资先进制造业项目（指符合广东省培育发展的十大战略性支柱产业集群和十大战略性新兴产业集群行动计划支持范围的制造业项目）进行奖励。2020年1月1日至2022年12月31日期间新引进（含增资扩产）的项目，自项目签订投资合同（增资扩产项目从取得发展改革或工业和信息化部门备案证）之日起，承诺3年内（含第3年）项目固定资产投资（土地、厂房建设、设备购买投入，以实际发票和行政性收据为准）达10亿元（含10亿元）以上，当项目实际固定资产投资达到2亿元（含2亿元）以上，企业出具承诺书，可提前给予一次性1000万元奖励，奖励资金用于企业研发投入、再投资等。

【**推进招商体制机制改革**】 2021年，江门市招商引资工作联席会议提格，由市政府主要领导任总召集人。成立江门市人民政府投资促进中心，负责统筹、协调和指导全市招商引资工作。出台《江门市重点工业项目评审办法（试行）》，用地3.33公顷以上工业项目由市级审批，强化市级招商统筹力度，优化招商资源配置。完善全市招商引资考核指标体系，优化考核方案。

开放型经济　对外贸易

【**概况**】 2021年，江门市进出口总值1789.5亿元，增长25.2%，增速在全省排名第四，其中，出口1465.7亿元，增长30.2%，比2019年增长29%；进口323.8亿元，增长6.7%，比2019年增长11.9%。出口增速在全省排名第二。

贸易规模 2021年，全市进出口总值1789.5亿元，创历史新高，在连续三年维持在1400亿元水平后，首次突破1500亿元大关。出口总值1465.7亿元，是自2017年超过1000亿元大关以来，首次逼近1500亿元大关。

市场结构 2021年，江门市前五大贸易伙伴依次美国、欧盟、东盟、拉美和非洲，对上述贸易伙伴的进出口分别为316.1、275、192.7、146和111.7亿元，分别增长26.7%、31.9%、23.2%、49.2%和30.6%。同期，江门市对"一带一路"沿线国家进出口416亿元，增长29.5%，比整体增速高4.3个百分点，拉动全市增长6.6个百分点；对RCEP贸易伙伴进出口372亿元，增长16.8%。

贸易方式 2021年，江门市一般贸易进出口1345.2亿元，增长28.9%，占同期江门市进出口总值（下同）的75.2%，比重提升2.2个百分点，对全市外贸增长的贡献率达83.7%，其中，出口1126.5亿元，增长34.2%；进口218.7亿元，增长7.2%。同期，加工贸易进出口424.5亿元，增长16.1%。

商品结构 2021年，江门市家用电器、摩托车和印刷电路分别出口205.7、84.3和75.4亿元，分别增长15.5%、35.9%和36.6%。集装箱出口保持显著增长，出口70.5亿元，增长277.8%。同期，主要进口商品中农产品、集成电路和液晶显示板分别进口38.8、19.1和12.6亿元，分别增长65.4%、52%和183.8%。

【**广交会**】 2021年，江门市参加第130届广交会线上展企业253家，展位626个；参加线下展企业85家，展位284个，其中，品牌展位企业32家，展位180个；一般性展位企业55家，展位104个。维达纸业、大冶摩托、华艺卫浴、金羚集团等重点外贸企业均在品牌展位参展。江门市首次在广交会现场打造243平方米的"江门制造"产品推广专区，集中展示江门国家级外贸转型升级基地、优势产业及多种优质的出口商品。

【**对外贸易扶持**】 2021年，江门市兑付各级外贸扶持资金5300多万元。扩大出口信用保险覆盖面和支持范围，在支持短期出口信用险和保险公司平台保险产品的基础上，新增对企业购买中国出口信保资信服务的费用支持。推动成立江门贸易促进发展联盟，为行业企业打造一个开放性、引领性和服务性的合作交流平台。召开7场"关地企"直通车会议，解决重点企业和行业发展的痛点、堵点和难点，协调推动国能粤电台山发电有限公司进口154万吨煤炭，并首次纳入江门统计。

【**外贸发展政策**】 2021年，江门市印发关于江门市外贸高质量创新发展资金实施细则。提出支持企业开拓市场，其中分为境外参展支持、境内参展支持、线上参展支持。支持企业防范国际贸易风险，包括支持企业投保短期进出口信用保险、支持保险公司销售平台类保险产品、支持企业购买中国出口信用保险公司资信服务。支持外贸促稳提质，包括支持企业通过海关 AEO 高级认证、支持扩大进口。支持外贸新业态新模式，包括支持保税物流进出口、支持网购保税进口。

【利用外资】 2021 年，江门市新批设立外商直接投资项目 432 个，增长 22.03%；合同外资金额 9.61 亿美元，以商务部人民币口径统计为 62.26 亿元，下降 25.01%；实际吸收外资金额 3.45 万美元，以商务部人民币口径统计为 22.98 亿元，下降 59.41%。其中，制造业实际利用外资 11.67 亿元，下降 71.34%。

新批（含增资）总投资超 1000 万美元企业 35 家，合同外资金额 9.44 亿美元，其中，超 3000 万美元项目（含增资）13 个，比 2020 年增加 3 个。引进广东富华重工制造有限公司增资（合同外资增资 4000 万美元）、开平依利安达电子第五有限公司增资（合同外资增资 3002 万美元）、吉宝数据（广东）有限公司（合同外资 6193 万美元）、江门摩尔科技有限公司（合同外资 5174 万美元）等重大外资项目。

从外资来源看，来自中国香港地区的实际利用外资为 15.05 亿元，下降 62.93%，占全市实际利用外资总额的 65.49%，是江门市实际利用外资第一大来源地；排在第二、第三位的是新加坡、卢森堡，实际利用外资分别为 3.37 亿元和 1.69 亿元，分别下降 52.28% 和 68.71%。

开发区建设

【概况】 江门大型产业集聚区是省委、省政府谋划建设的省大型产业集聚区，规划总面积 1395 平方千米，可新增连片开发面积 625.32 平方千米，起步区 245.3 平方千米，是广东省新一轮布局面积最大、可连片大规模开发的产业集聚区。集聚区分为北、东、南三大组团，将按照"统一规划、统一管理、统一开发，组团发展、分步实施"的思路开发建设，打造大湾区制造业高质量发展主战场。重点发展新一代电子信息、高端装备制造、生物医药与健康等三大主导产业，兼顾发展新材料、新能源等优势特色产业。2021 年完成规上工业总产值 2374 亿元（其中，主导产业总产值 1900 亿元），增加值 533 亿元。

【北组团】 北组团主攻中欧合作，建设国家级中欧（江门）中小企业国际合作区。加快建设珠西国际物流中心，开通中欧班列和东南亚货运铁路班列；合作建设双元制教育中心，规划建设欧企服务中心、创业中心，打造国际化特色产业新城。面积 619 平方千米，包括蓬江产业园、新会智造产业园、银洲湖循环经济示范基地、台山工业新城、开平翠山湖科技产业园、鹤山工业城，重点发展高端装备制造、生物医药与健康、智能家电等战略产业集群。

【东组团】 东组团主攻深圳江门合作，建设"总部＋基地""研发＋生产"深度分工合作示范区，为珠江口东西两岸融合发展提供范例。面积 481 平方千米，包括国家高新区、广东轨道交通装备产业园、珠西新材料集聚区，重点发展新一代电子信息、新能源汽车、高端装备制造、安全应急与环保、新材料等战略产业集群。

【南组团】 南组团主攻与港澳、RCEP 成员国合作，共建大湾区宜业宜居宜游的产业示范区。打造具有港澳风情的滨海新城，为港澳同胞、RCEP 成员国侨胞来江门发展提供更大舞台。面积 295 平方千米，包括粤澳（江门）产业合作示范区、广海湾产业区、银湖湾滨海新区，重点发展生物医药、节能环保、智能机器人、海洋工程装备、现代农业与食品等产业集群。

【"1+6"园区】 "1+6"园区是江门市以省产业园和高新区为核心区，通过"整合、集中、提质"打造的 7 个开发面积更大、承载能力更强的园区。"1"是指江门国家高新区，"6"是指江门滨江新城、新会银洲湖、台山工业新城、开平翠山湖科技产业园、鹤山工业城和恩平工业园。

【江门国家高新区】 江门国家高新区位于江海区，总面积 110 平方千米，是国家级高新区，也是珠三角国家自主创新示范区 9 大平台之一，是江门市创新资源最丰富、创新活跃度最高的产业平台。园区重点发展新材料、新一代电子信息、高端机电制造等产业。2021 年，园区实现工业总产值 643.89 亿元。

【江门滨江新城】 江门滨江新城位于蓬江区，规划面积 174 平方千米，是江门市集大制造、大数据、大健康产业于一体，人产城融合发展、宜居宜业宜游的现代化滨江生态园林新城。园区重点发展新一代电子信息、大健康食品、摩托车及零部件等产业。2021 年园区实现工业总产值 448.25 亿元。

【新会银洲湖】 新会银洲湖位于新会区，面积 960 平方千米，是广东大广海湾经济区的先导区和核心区，是江门市先进装备制造业发展的主力军。其中工业平台规划面积约 92.1 平方千米，主要包括：新会经济开发区、轨道交通产业园、银洲湖纸业基地、滨海新区（核心区）、粤澳（江门）产业合作示范区（崖门环保电镀基地）、珠西新材料集聚区、深江产业园（大泽园区、司前园区）等。各平台产业特色鲜明，集聚度、辨识度比较高。2021 年园区实现工业总产值 999 亿元。

【台山工业新城】 台山工业新城位于台山市，规划面积 138 平方千米，是广东省推进核电产业发展定点园区，也是广东省重型汽车零部件和商用车产业基地，重点发展汽车及零部件、高端装备（智能）制造、新材料等产业。2021 年园区实现工业总产值 343.72 亿元。

【开平翠山湖科技产业园】 开平翠山湖科技产业园位于开平市，规划面积 130 平方千米，园区生产生活配套设施完善。是中国水龙头生产基地、中国纺织产业基地，致力打造珠江口西岸先进机电装备产业基地，重点发展先进装备制造、大健康、新材料等产业，2021 年园区实现工业总产值 136.62 亿元。

【鹤山工业城】 鹤山工业城位于鹤山市，规划面积 105 平方千米，是中欧（江门）中小企业国际合作区核心区，交通优势明显，重点发展先进装备制造业、新材料、电子信息等产业。2021 年园区实现工业总产值 359.93 亿元。

【恩平工业园】 恩平工业园位于恩平市，规划面积 90 平方千米。园区是中国麦克风产业基地和中国纳米碳酸钙产业基地，致力建设珠江口西岸机械装备制造产业基地，重点发展智能装备（演艺装备）、食品饮料等产业。2021 年园区实现工业总产值 83.93 亿元。

口　岸

【概况】 2021 年，江门市一类口岸 5 个、二类口岸 10 个，其中，往来中国香港的客运口岸有 2 个，因新冠肺炎疫情的影响，于 2020 年 1 月底起暂停营运；运作中的货运口岸 6 个。全市口岸设计可使用岸线总长约 6000 米、泊位 74 个（其中，集装箱泊位 40 个），最大可靠泊 7~10 万吨货轮（煤船）；仓库面积 14.15 万平方米，堆场面积 70.1 万平方米，各类装卸运输机械设备近 431 台（套），最大起重能力 50 吨。全市口岸综合货运量 694.6 万吨，进出口集装箱 73.6 万标箱。

【江门港】 江门港是国家一类开放口岸，水路距中国香港 75 海里、距中国澳门 38 海里。口岸占地面积 8 万平方米，码头岸线长 133 米，500 吨泊位 3 个，设计年客运通过能力 100 万人次。查验综合大楼建筑面积 4 万平方米，大楼内出入境查验通关大厅、候船厅、免税商场、地下车库等口岸功能设施齐全，港口广场及绿化面积 6.5 万平方米。该口岸 1982 年 5 月扩大开放通航中国香港，与珠海斗门港挂港联运，日常每天 2 个航班往返于江门至中国香港，直航单程只需 2 小时 50 分钟左右，节假日进出境客流高峰时，每天进出航班会增开到 4 个。2020 年，由于受疫情影响，从 1 月 30 日起船舶停航。

【江门高新港】 江门高新港陆域用地面积 62.87 公顷，岸线总长 1332 米，拟建设 11 个 3000 吨级多用途泊位，设计年通过能力为集装箱 67.3 万标准箱、件杂货180.1万吨。码头水路距香港61海里，距澳门36海里，距深圳51海里，距南沙46海里，建成之后将是江门地区最大内河码头。首期项目先期工程1~3号泊位于2020年12月31日落成，2021年4月13日通过省口岸办组织的验收对外开放。码头应用人工智能电子闸口、RMG远程操控、AI视频监控、水上智慧物流系统等先进技术，提高作业效率和无纸化作业水平，便捷实施监管措施，致力打造成为环保型、智慧型的"智慧口岸""绿色口岸"。

【高沙货运口岸】 2021年，高沙货运口岸进出口货物105.6万吨，进出口集装箱17.7万个标箱。

江门高沙货运口岸是二类开放口岸，口岸从事经营集装箱和件杂货装卸、运输、仓储及提供船代、货代业务，更可处理冷冻箱货物。自运营以来，配置各式现代化的装卸设备，并采用先进的电脑化管理系统，提高港口生产效率和服务水平。码头面积12万平方米，岸线长度为623米，泊位12个，水深4~4.5米。码头监管区内仓库面积达2500平方米、区外仓库面积2500平方米，可满足客户不同需求，提供一站式的物流仓储、拼拆箱服务，是江门专业散货进出口拼箱基地之一。

【新会口岸】 新会口岸是以新会港口岸天马货运港区为主及宜大化工、双水电厂、银湖船舶等专用码头，河口装卸点属下的大鳌集装箱等码头，牛牯岭易燃品专用码头，是国家一类开放口岸。2021年，新会港口岸进出口货物156.3万吨；进出口集装箱7.3万个标箱。

天马货运港区位于潭江下游的银洲湖左岸，新会今古洲江裕路2号。其航道经崖门出南海，天然水深8~13米，是少有的内河优良建港水域，交通便利，水路距中国香港98海里、距中国澳门47海里，陆路紧靠广东西部沿海高速公路和广珠铁路。

【台山口岸】 2021年，台山口岸进出境货量181.7万吨；进出口集装箱3.6万个标箱。

台山口岸的广海港是1985年10月经国家批准对外国籍船舶开放的一类口岸，位于台山市广海湾华侨投资开发试验区，面临南海，原址在台山广海镇海港码头，距中国澳门52海里、中国香港96海里。客运于1988年8月开通中国香港客运航线，年客运量曾超过10万人次，1996年11月该口岸客运迁往公益港，2007年起暂停运行。广海港口岸开放水域范围增开的国能粤电台山电厂进口煤专用码头，于2012年12月获准对外开放，该码头位于台山市广海湾东侧铜鼓湾内，建有2个5万吨级泊位（水工设计为10万吨级），港口接卸能力达到1300万吨，2021年进口煤154万吨。

【开平口岸】 2021年，开平口岸进出口货物47.6万吨；进出口集装箱3.9万标箱。开平口岸包括三埠港客运码头（一类开放口岸）、三埠港货运码头装卸点（二类开放口岸）。三埠港客运码头和三埠港货运码头装卸点统称为三埠港口岸。

三埠港口岸位于广东省开平市三埠街道港口路7号、潭江中下游左岸，距香港146海里，澳门80海里，于1984年4月建成并开放使用，通航港澳。港区陆域面积54 087.75平方米，岸线537.4米，拥有4个1000吨级泊位。其中三埠港客运码头于1984年4月建成投入使用，港区陆域面积约20 269.15平方米，岸线232米，拥有1个1000吨级泊位。2009年6月起，暂停客运业务，2010年7月三埠港客运码头暂改为内贸集装箱装卸区，并于同年8月开始兼营内贸集装箱装卸业务。三埠港货运码头装卸点于1985年5月建成启用，内设海关监管货运场，港区陆域面积约33 818.60平方米，岸线305米，拥有3个1000吨级泊位。现有三埠—香港，三埠—南沙、蛇口等两条进出口货运航线。

【鹤山口岸】 2021年，鹤山口岸进出口货物56.00万吨；进出口集装箱5.0万标箱。客运口岸于2020年因受疫情影响客运停航。鹤山口岸位于西江下游国道325线九江大桥侧的沙坪河口与西江河的汇合口处。港区面积21万多平方米，码头岸线长710米，河面宽约1200米，水深达5米以上，3000吨级泊位3个，主要经营集水陆路运输、码头作业、仓储、报关、报检等业务。目前发展成为拥有一个一类客运口岸、一个二类货运口岸的综合性多功能口岸。

【恩平口岸】 恩平口岸有横板货运码头（二类开放口岸）和进出境货运车辆检查场，目前进出口业务暂停。

【出入境边防检查】 2021年，江门出入境边防检查站管辖2个国家一类口岸，5个国家二类口岸的出入境边防检查任务；受疫情影响，江门、鹤山两个旅检出入境口岸于2020年1月30日开始停航，目前仍处于停航状态，其余货运口岸正常运转。查验出入境人员2万人次，查验往来港澳小型船舶3500余艘次，执法执勤零投诉、零事故。

是年，江门出入境边防检查站深化"我为群众办实事"实践活动，推广服务航运企业发展16项新举措，优化勤务模式，在依法依规的前提下，最大限度简化通关查验环节；持续深化联防联控，针对船员管理、船舶"外转内"等方面提出意见建议8条；协助江门市卫健部门对船员进行疫苗接种及核酸检测20余次，确保1100名船员和码头工人顺利完成疫苗接种和核酸检测；协助鹤山市卫健部门完成4800余名群众的大规模核酸检测工作。为伤病船员、船舶维修开通绿色通道5次、协助开展伤病船员转运4次，边检服务广受好评，口岸闭环管理工作高效落实。

民营经济

综 述

【概况】 2021年，江门市民营企业（含港澳台）92 025家，同比增长13.70%。民营企业注册资金

2021年江门市私营企业情况

行业代码	项目	年份		增减变化情况	
		2021年	2020年	绝对数	增减（%）
	户数（户）	88 382	78 233	10 149	12.97
	注册资本（金）（万元）（人民币）	30 103 410.41	24 774 456.22	5 328 954.19	21.51
按行业分类（户）					
A	农、林、牧、渔业	1619	1520	99	6.51
B	采矿业	104	97	7	7.22
C	制造业	24 526	22 694	1832	8.07
D	电力、热力、燃气及水生产和供应业	253	256	−3	−1.17
E	建筑业	6842	5760	1082	18.78
F	批发和零售业	23 648	21 491	2157	10.04
G	交通运输、仓储和邮政业	1960	1673	287	17.15
H	住宿和餐饮业	1460	1382	78	5.64
I	信息传输、软件和信息技术服务业	1810	1654	156	9.43
J	金融业	512	527	−15	−2.85
K	房地产业	3377	2933	444	15.14
L	租赁和商务服务业	9091	8019	1072	13.37
M	科学研究和技术服务业	8505	6320	2185	34.57
N	水利、环境和公共设施管理业	562	365	197	53.97
O	居民服务、修理和其他服务业	1874	1668	206	12.35
P	教育	342	354	−12	−3.39
Q	卫生和社会工作	231	187	44	23.53
R	文化、体育和娱乐业	1619	1309	310	23.68
	其他	47	24	23	95.83

超过千万元有9772家、超过5000万元有1971家、超过亿元有839家。

【中小企业发展】 2021年，江门市中小微工业企业实现规模以上工业增加值883.83亿元，占全市规模以上工业增加值的69.01%。其中，中型企业实现规模以上工业增加值396.58亿元，同比增长19.2%；小型企业实现规模以上工业增加值477.34亿元，同比增长15.9%；微型企业实现规模以上工业增加值9.91亿元。

江门市推动471家工业企业实现"小升规"。中集车辆等6家企业被认定为国家级专精特新"小巨人"企业，新增28家省级"专精特新"中小企业。"政银保"融资项目全年发放贷款6308笔，贷款额度73.63亿元，放贷倍数61.41，有效缓解企业融资难问题。

个体私营经济

【概况】 2021年，江门市实有各类市场主体（包括各类企业、个体工商户和农民专业合作社，下同）64.66万户（含新会集群登记注册217 978户），比上年增长12.30%；注册资本（金）7165.46亿元，比上年增长9.85%。其中，实有私营企业88 382户，比上年增长12.97%；注册资本3010.34亿元，比上年增长21.51%；实有个体工商户538 219户，比上年增长12.03%，注册资金310.08亿元，比上年增长16.23%。

【个转企】 2021年，江门市对照《江门市工商行政管理局江门市财政局关于促进个体工商户转型升级为企业扶持资金实施细则（2018年修订）的通知》要求，审核2020年603户"个转企"奖补申报材料，其中，符合扶持奖励的企业81户。

农业·水利

农业综述

【概况】 2021年，江门市农林牧渔业较快发展，农林牧渔业总产值为542.24亿元，同比增长12.2%，比全省（9.0%）高3.2个百分点；总量排全省第五位，增速全省排名第六位。分行业看，2021年全市农业（种植业）产值164.88亿元，同比增长6.2%；林业产值12.47亿元，增长15.5%；牧业产值121.68亿元，增长19.6%；渔业产值222.09亿元，增长13.7%；农林牧渔专业及辅助性活动产值21.13亿元，增长19.3%。其中，牧业和渔业分别拉动全市农林牧渔业增长4.5个百分点和5个百分点，是支撑全市农业经济两位数增长的关键。

【重要农产品有效供给】 2021年，江门市用粤港澳大湾区1/6的土地生产大湾区1/3的粮食、1/4的水产品、1/5的肉类和1/8的蔬菜，是大湾区重要的"米袋子""菜篮子""海鲜铺子"。建立耕地和粮食播种面积调度监测体系，建成高标准农田14.2万公顷，占全市可耕地面积91.3%，连续三年在全省高标准农田建设工作考核中位居前列，粮食产量创近四年新高。"菜篮子"拎得更稳。发展高效设施农业和绿色有机农产品种养殖，全市蔬菜、水产品产量及生猪稳产保供存栏分别稳定在160万吨、83万吨和147万头以上，保障重要农产品生产供应。

【农产品价值和安全水平提升】 2021年，江门市培育"三品一标"农产品210个（其中无公害农产品105个、绿色食品41个、有机产品51个、农产品地理标志产品登记13个）、"粤字号"农业品牌130个，创建广东省特色农产品优势区11个，数量全省排名第一。巩固国家农产品质量安全市创建成果，开展食用农产品"治违禁·控药残·促提升"和"不安全·不上市"三年行动。推广食用农产品承诺达标合格证，建立健全11个重点品种生产经营主体名录，加大监测频率。2021年全市生产环节抽检农产品38.01万批次，不合格样品101批次，合格率为99.97%。2021年江门市农业农村局获"全国食品安全工作先进集体"称号，是广东省农业农村系统唯一一个。2019—2020年度"菜篮子"市长负责制考核被评为优秀等级。

【高标准农田建设】 2021年，高标建设任务5746.67公顷共23个项目。其中规划建设沟渠共127.11千米，投资额达7733.51万元，预计新增和改善灌溉达标面积4933公顷，新增和改善排水达标面积3986.67公顷，新增节水灌溉面积2240公顷，年节约水量21 133.3万立方米。

【种质资源保护利用】 2021年，江门市种业发展在全省靠前，具有一批具有市场竞争力强的种子企业。农作物方面，农作物生产经营许可证持证企业有22家，数量全省排名第三。畜牧业方面，全市种畜禽场生产经营许可证核发77家，种畜禽场生产经营许可证核发数量全省排名第一。育繁推一体化体系逐步形成。全省8个国家肉鸡核心育种场，江门市有2个，占25%。在水产方面，水产苗种持有生产许可证的企业和个体户有41家，4家江门市水产养殖品种有3个是国家地理标志农产品。

【现代农业与食品产业集群推进】 2021年，江门市现代农业与食品产业集群规模（总产值）达到1089.4亿元，同比增长7.5%。其中，农林牧渔业总产值542.2亿元，增长12.2%，增速高于全省平均3个百分点；食品工业总产值547.2亿元，增长6.3%。

【新型经营主体培育】 2021年，江门市培育省级以上农业龙头企业61家，参与新型经营主体利益联结机制的农户达43万户、覆盖率76%。

【农业绿色发展】 2021年，江门市发展高效设施农业和绿色有机农产品种养殖，全市蔬菜、水产品产量及生猪稳产保供存栏分别稳定在160万吨、83万吨和147万头以上，有力保障重要农产品生产供应。

【农业创新能力增强】 2021年，江门市创建高素质农民培育省级示范基地39家，其中2021年新增认定12家；全市累计培育认定新型职业农民6290人，培养新型农业经营主体带头人1060名，引育认定农村实用人才1192人，组织开展乡村技能人才培训、农业实用技能培训160多场次，培训各类乡村技能人才、农业技术人员超2.5万人次。2021年，江门市1073人获得乡村工匠职称，其中，32人获得高级专业技术资格，332人获得中级专业技术资格，709人获得初级专业技术资格。开展2021年度"江门市十大杰出高素质农民"评选活动，评选出10名市级杰出高素质农民，强化示范带动作用。

【农业社会化任务】 2021年江门市以农业生产托管为抓手，聚焦水稻生产主导产业，依托广东省2021年中央农业生产发展专项——农业生产社会化服务项目，加快发展农业社会化服务，在台山、开平市探索构建"县级服务运营中心+镇级农业生产服务中心+村级托管员"三级协办体系，同时建设水步镇联兴村、都斛镇莘村村、水口镇黎村、月山镇大园村4个生产托管示范基地，创新"土地流转或土地入股+经营主体/村集体+服务组织"统一托管、"1+1+1+1"全程托管、"订单农业+金融保险+生产托管"等多种托管模式，高效完成省生产托管项目作业面积4906公顷，惠及农户3000多户。江门天禾农业服务有限公司被列为全国农业社会化服务创新试点组织单位，开平市永晖农机专业合作社联合社被列为广东省农业社会化服务创新试点单位。

【农业保险】 2021年，江门市推动农业保险高质量发展，满足"三农"领域日益增长的风险保障需求，助力乡村振兴。实现农业保险（含财政巨灾保险）签单保费为2.98亿元，农业保险深度为1.01%，比2020年度的0.68%大大提升，达到省下达2021年度1.0%的考核目标；实现为农业生产提供107.00亿元的风险保障，比2020年度73.49亿元提高了46%；实现对水稻、能繁母猪等13个原有政策性农业保险品种提高保额标准；通过招标新增加岭南水果、淡水养殖水产品等9个农业保险品种，政策性农业（含林业、农房）保险品种达到27项，同时创新一批地方特色的商业农业保险，与政策性农业保险进行很好的相互补充；通过加大农业保险宣传推动力度，提升江门市主要优势特色农产品保险覆盖率，其中，育肥猪承保数量123.3万头，同比提高150%；岭南水果承保数量9066公顷，同比提高54%；新增蔬菜承保数量2066.67公顷；新增水产承保面积1400公顷。

【农业产品质量管理】2021年，江门市开创"双安双创"，积极探索农产品质量安全治理新模式。4月江门市农业农村局获"全国食品安全工作先进集体"称号，是全省农业农村系统唯一一个受表彰单位。

市县镇三级农业农村部门在生产环节抽检农产品38.01万批次，合格率99.97%。出动监管执法人员8733人次，检查生产经营主体3292家，立案查处违法案件55宗，移交线索7条。推广食用农产品承诺达标合格证制度，2021年有1586家生产经营主体使用合格证标签114万张，带证产品超过4.7万吨。全省率先试行政策性食用农产品安全责任保险，累计建设"农安保"试点138个。

【数字化农业】2021年，江门市开展农村宅基地综合智慧监管工作，投入200万元建设农村宅基地管理信息系统〔该项目列入江门市新型智慧城市（一期）重点建设项目〕，在统一信息资源规划下，通过对各部门数据进行标准化和融合处理，实现全市各级业务管理部门共享交换的应用数据资源的汇聚与运用，并对内部业务子系统和外部共享交换提供统一的数据服务，提供精细、实时、全面的宅基地管理方式，赋能宅基地管理业务全流程监管，满足政府层面对宅基地管理和决策的需求。探索智能化生猪养殖管理，投入200万元推动生猪养殖环节视频智能监控系统和生猪检疫申报系统建设，在江门45家养殖场的大门口布置视频监控点，达到监管部门远程监控、及时了解现场动态信息，随时掌握生猪出栏状态和检疫情况的目标，实现智能化生猪养殖管理。

【农业机械化】2021年，江门市主要农作物耕种收综合机械化水平达67.02%，比上年65.02%增长2%；水稻耕种收综合机械化水平达91.25%，比上年90.0%增长1.25%；其中水稻机械化耕整率99.84%，比上年99.7%增长0.14%；水稻机种率72.09%，比上年69.25%增长2.84%；水稻机收率98.95%，比上年98.49%增长0.46%。农机服务组织303个，其中拥有农机原值50万元（含50万元）以上90个；农机专业合作社211个，其中拥有农机原值100万元（含100万元）以上的49个；农机作业服务专业户1171个。拥有农机维修厂及维修点1399个，乡村农机从业人员116 348人。

2021年江门市主要农业机械拥有量情况表

农业机械总动力	万千瓦	183.83
拖拉机		3.8345
其中中型拖拉机		0.1029
拖拉机配套农具		7.3637
旋耕机		2.9685
水稻插秧机	万台	0.4552
水泵		7.1025
谷物联合收割机		0.5106
谷物烘干机		0.601
水产增氧机		9.5470
无人农用航空器	架	564

种植业

【概况】2021年，江门市粮食作物播种面积18.61万公顷，比上年增长0.39%，江门市农业农村局荣获全国粮食生产先进集体。其中水稻播种面积16.88万公顷，粮食总产量98.66万吨。现有耕地面积21万公顷，基本农田14.3万公顷，高规格建成高标准农田13.8万公顷，划定粮食生产功能区6.8万公顷。重点推广"象牙香占""十九香"等优质丝苗米品种，基本实现良种全覆盖。是年，全市水稻生产综合机械化水平达91.2%，位居全省前列；水稻病虫害统防统治37.6万公顷次，防控覆盖率达56.18%，成为全省统防统治社会化服务标杆典范。

【粮食生产】2021年，江门市粮食播种面积约18.62万公顷，产量98.66万吨，其中水稻播种面积16.88万公顷，产量91.93万吨；玉米面积3740公顷，产量1.86万吨；豆类面积3220公顷，产量

2021年江门市水果种植情况表

项目	代码	面积（亩）	产量（吨）
一、园林水果	1	355 156	401 275
（一）梨	2	11	24
（二）柑橘类水果	3	127 025	183 744
1. 柑	4	94 605	149 375
2. 橘	5	18 272	20 563
3. 橙	6	11 890	12 049
4. 柚	7	538	528
5. 柠檬	8	1720	1229
6. 其他柑橘类水果	9	0	0
（三）热带水果	10	211 835	188 915
1. 香蕉	11	45 239	92 026
2. 菠萝	12	534	1017
3. 荔枝	13	81 372	28 019
4. 龙眼	14	56 872	20 625
5. 番石榴	15	6149	11 293
6. 芒果	16	1262	1796
7. 杨桃	17	677	853
8. 火龙果	18	9321	24 980
9. 黄皮	19	2491	2866
10. 百香果	20	2351	2918
11. 橄榄	21	20	1
12. 青枣	22	48	51
13. 枇杷	23	69	99
14. 菠萝蜜	24	632	1015
15. 其他热带水果	25	4798	1356
（四）其他水果	26	16 285	28 592
1. 桃	27	162	230
2. 猕猴桃	28	0	0
3. 葡萄	29	1429	2953
4. 柿子	30	50	44
5. 李子	31	259	85
6. 青梅	32	473	218
7. 其他	33	13 912	25 062

0.88万吨；薯类面积1.035万公顷，3.98万吨。重点推广象牙香占、十九香、粤禾丝苗等优良水稻品种，基本实现良种全覆盖。全市水稻机耕率接近100%，水稻生产综合机械化水平达91.2%，农机化水平走在全省前列。

【油料生产】2021年，江门市油料作物播种面积1.26万公顷，产量3.34万吨，其中花生1.26万公顷，产量3.34万吨；芝麻80公顷，产量0.01万吨。

【南药生产】2021年，江门市南药作物播种面积2366公顷，产量333万吨。

【蔬菜产业】2021年，江门市蔬菜种植面积约7.5万公顷，产量181.1万吨。

【花卉产业】2021年，江门花卉种植面积1.73万公顷，其中鲜切花1780公顷，产量2.87万株；盆栽8260公顷，产量2068.9万盆；观赏苗木7133公顷，产量882.35株。

【水果产业】2021年，江门市水果播种面积2.37万公顷，产量40.13万吨，其中柑的面积6306.67公顷，产量14.9万吨；荔枝5426.67公顷，产量2.8万吨；龙眼约3793公顷，产量2万吨；香蕉3000公顷，产量9.2万吨。

林 业

【概况】2021年，江门市保有林业用地面积42.88万公顷，森林面积42.90万公顷，其中非林地中森林面积4.08万公顷；森林蓄积量2526.52万立方米，森林覆盖率45.13%（省林业局还未发布2021年森林资源一张图成果数据，以上数据为归档数据，数据以省林业局发布为准）。2021年，江门市办理使用林地手续60宗，面积640.22公顷，使用林地定额311.53公顷。

【造林绿化】2021年，江门市完成造林5860公顷，包括水源涵养林建设3273.3公顷，沿海基干林带建设33.3公顷，沿海纵深防护林建设540公顷，大径材培育1386.67公顷；完成乡村绿化美化示范村50条，推进3个绿美古树乡村建设。按时完成年度义务植树及营造林任务。

【森林资源管理】2021年，江门市森林采伐量

▲ 2021年4月24日，江门市全市联动开展2021年"森林城市·绿美广东"主题宣传活动。

159.85万立方米，出材112.33立方米。办理使用林地手续60宗，面积640.22公顷，使用林地定额311.53公顷。完成银洲湖高速公路、深岑高速公路中山新隆至江门龙湾段改扩建、大湾区农产品交易流通中心等省、市重点项目的林地手续申报任务。

【林业有害生物检疫与防治】2021年，江门市制定《江门市2021年林业有害生物防治工作要点》，召开江门市2021年林业有害生物防治工作会商会，下达2021年防治任务；编制《江门市2021年林业有害生物薇甘菊防治实施方案》，购买一批林业有害生物防治药物和薇甘菊防治药物，分发给各地开展防治工作；编制《江门市自然资源局红火蚁防控工作方案》，加强林地红火蚁防控阻截工作。编制《江门市松材线虫病疫情防控五年攻坚行动实施方案（2021—2025年）》。开展7次林业植物检疫行政许可事项"双随机一公开"检查，加强行政许可事项事中事后监管。2021年全市开展"林安2021"植物检疫执法行动56次，出动执法检查人员266人次，检查涉木涉苗企业180家，检查苗木4.83万株，松木3160立方米，卡板22个。2021年，全市林业有害生物发生面积9833.3公顷，轻度发生9273.3公顷，中度发生553.3公顷，重度发生为0，林业有害生物有发生但不成灾；全市林业有害生物实施监测面积220.1万公顷次，防治作业面积9373.3公顷，防治率为95.37%。无公害防治面积9133.3公顷，无公害防治率97.7%。

【林业种苗与科技】2021年，江门市开展2021年造林用苗调剂，确保2021年造林用苗供应，育苗面积126.67公顷，育苗614.51万株；开展2020年良种项目验收工作，对新会区国家相思良种基地，台山市红岭国家湿地松、杂交松良种基地，台山市甫草林场开展2020年中央财政林木良种繁育补助项目进行验收。加强宣传，编印新的《种子法》手册，利用春季造林、义务植树、森林城市建设主题宣传等活动14场，挂宣传横幅20条，派发各类宣传资料3000份。

【生态公益林建设与管理】2021年，江门市市属国有林场、各县（市、区）林业主管部门配合省林业局开展公益林（天然林）落界与优化工作。完成省级以上生态公益林落界，于5月上报江门市省级以上生态公益林落界成果报告，落界后省级以上生态公益林为16.3万公顷。开展省级以上生态公益林优化，为妥善处理省级以上公益林落界数据与第三次全国国土调查数据对接融合后出现的新情况、新问题，于10月完成国家级公益林优化审核工作，下一步继续开展省级公益林核查优化工作。完成天然林落界审核，按照不漏划不错划，确保全市天然林应保尽保的原则，9月完成全市天然林落界成果审核，审核落界面积10万公顷，下一步继续开展天然林落界成果与"三调"数据对接融合工作。

【义务植树和群众性绿化活动】2021年，江门市印发《关于做好2021年义务植树工作的通知》，要求各县（市、区）做好义务植树点选址、整地备耕等前期准备工作。在"3.12"植树节期间，全市各级上下联动，分别组织开展全民义务植树活动。3月11日，市四套班子领导带领市直机关工作人员和蓬江区代表近300人，在潮连街道人才岛项目西江河边开展全民义务植树活动，种植木棉、广州樱花、紫花风铃木、含笑、黄兰、非洲芙蓉等约1000株。另外，还开展"公益植树""互联网+义务植树""送苗下乡"等形式多样的义务植树活动。2021年，全市参与义务植树人数达265.59万人次，义务植树633.78万株（含折算）。

【重点林业生态工程建设】2021年，江门市约3266.67公顷建设高质量水源林工程任务，分布于蓬江区、新会区、台山市、开平市、鹤山市和恩平市。至年底，完成3266.67公顷，其中造林（含人工造林、补植套种、更新改造）1766.67公顷，封山育林1500公顷，任务完成率100%。全年完成50个乡村绿化美化建设任务，占计划任务100%。新建沿海防护林578.13公顷，其中基干林带35.6公顷，纵深防护林建设542.53公顷、通过现有林提质培育、改造培育和新造林培育等方式来科学培育大径材林2320公顷。

【红树林湿地管护】2021年，市自然资源局指导协调做好新会小鸟天堂、开平孔雀湖、台山镇海湾红树林三个国家湿地公园试点建设国家评估验收工作。广东新会小鸟天堂国家湿地公园试点建设工作已于2021年12月29日通过国家林草局验收。

制定印发《江门市红树林保护修复专项行动实施方案（2021—2025年）》，同时组织开展江门市海岸线生态系统现状调查评估、江门市川山群岛海岛生态现状调查评估等工作，为红树林营造修复、滨海湿地建设提供坚实的保障。

统筹并加快推进全面推进期（2021—2025年）粤港澳大湾区水鸟生态廊道江门段工程规划建设。江门市2021年廊道节点质量提升工程方面已完成生物多样性提升6.8公顷、湿地环境修复9公顷、植物隔离带建设6.6千米；栖息地生境修复方面已完成红树林生境优化5.8公顷、湿地景观优化197.78公顷、优质水源涵养林建设219公顷；科普宣教建设方面已完成科普教育活动21次；生态旅游建设工程方面已完成滨海栈道及湿地景观走廊4.85千米、亲水平台及观鸟设施2处、观鸟栈道1处、观鸟屋2处、亲水栈道1处；水鸟生态廊道监测方面已完成11个监测样方建设任务。

【国有林场改革】继续深化落实国有林场改革，组织开展江门市国有林场本底数据调查核算工作，摸清国有林场森林资源、基础设施和人才队伍建设等情况。加强与财政、人社等部门沟通协调，针对江门市国有林场运行困难等问题，共同研究制定具体解决方案，研究探索在国有林场发展生态旅游、森林康养等生态产业。

【森林保险】2021年，江门市投保林木面积21.58万公顷，投保农户（单位）547户。保险公司支付受灾林木理赔款145.44万元，理赔款支付率100%。

【国家森林城市建设】2021年，完成《江门市国家森林城市建设总体规划》中远期规划的2021年度任务。其中新建、改造林荫停车位922个；完成水岸绿化58.6千米、道路绿化建设10.7千米、森林绿道建设9.61千米；新建、改建森林防火道路221.81千米、生物防火林带62.31千米等建设任务。

推进广东省森林城市发展规划建设 配合完成珠三角国家森林城市群验收，准备汇报材料，做好上下级沟通协调、核验线路检查和核验当天接待等工作；推进广东省森林城市发展规划建设任务实施支持、指导开平市、恩平市启动国家森林县城创建工作；协调、指导台山市四九镇启动森林小镇建设；2021年8月，省林业局发文公布2020年广东省森林乡村名单，江门市26条候选村全部被认定为广东省森林乡村。

组织开展森林城市系列宣传活动 2021年4月，江门市7个县（市、区）与全省各地同步举行"森林城市·绿美广东"主题宣传活动，其中江门主会场采取线上浇水、线下植树的形式，开展江门市 2021 年"互联网＋"义务植树活动，带动市民参与森林城市建设。2021 年 7—10 月，在各县（市、区）分别开展"我为森林小镇添新绿"绿植送市民暨森林城市宣传活动，调动市民群众参与的性。2021 年 7—12 月，开展 2021 年"森林家园"创建活动，在全市范围内评选一批森林小区、森林单位、森林园区、森林学校。

畜牧业

【概况】 2021 年，江门市畜牧业总产值 121.68 亿元，同比增长 19.6%；全年出栏生猪 207.9 万头，同比增长 29.5%；出栏家禽 1.106 亿只，同比减少 2.5%；出栏牛 0.42 万头，同比减少 6.7%；出栏羊 1.78 万只，同比减少 11.9%；全年猪肉产量 16.49 万吨，同比增长 37.4%；禽肉产量 15.37 万吨，同比减少 3.9%。2021 年，生猪出场价格大幅震荡，前高后低，从 1 月份高位 37.50 元/公斤左右一路走低，9—10 月份跌至年度最低价 14 元/公斤左右，对生猪市场造成影响。

【重大动物疫病防控】 2021 年，江门市推进非洲猪瘟常态化防控，狠抓重大动物疫病防控工作。通过开展春秋防检查，落实非洲猪瘟防控"3+1"专项行动、屠宰环节"两项制度"、生猪调运监管等防控措施，以检查促落实，以指导促成效，确保强制免疫、疫病监测、清洗消毒及非洲猪瘟常态化防控各项措施落到实处，综合提升全市动物防疫水平。2021 年强制免疫家禽 1.35 亿羽、生猪 329.48 万头，强制免疫密度达 100%，强制免疫抗体水平超 70%，全年未发生重大动物疫病。

【动物检疫监督】 2021 年，江门市各级动物卫生监督机构出动监督检查 8.48 万人次，检查畜禽养殖场 4.86 万场次，检查屠宰场 9502 场次，检查动物诊疗机构 125 场次，检查动物检疫申报点 9551 场次，检查无害化处理场所 10 家次。全市产地检疫商品猪 211.11 万头、仔猪 66.93 万头、种猪 2.33 万头、牛 0.50 万头、羊 1.10 万头、禽类 13 610.01 万羽、水产苗种 460 多万尾。全市屠宰检疫生猪 211.91 万头、牛 0.98 万头、羊 7.56 万头、禽 1819.33 万羽。产地检疫和屠宰检疫申报率均达 100%。

【饲料生产管理】 2021 年，江门市饲料和饲料添加剂企业 96 家，生产许可证数 103 个，其中中配合饲料、浓缩饲料、精料补充料 72 个，单一饲料 11 个，添加剂预混合饲料 10 个，混合型饲料添加剂 9 个，饲料添加剂 1 个。全市饲料总产量达 565 万吨，同比增长 17.6%，再创历史新高，饲料总产量位居全省首位，总产值达 200 亿元。

在饲料总产量中，配合饲料 558 万吨、同比增长 17.5%，浓缩饲料 0.88 万吨、增长 15.09%，单一饲料 5.4 万吨、增长 1%，添加剂预混合饲料 0.71 万吨、增长 187.88%，饲料添加剂（含混合型）0.08 万吨、增长 20.53%。在配合饲料产量中，猪料 88 万吨、蛋禽料 56.7 万吨、肉禽料 272 万吨、水产料 141.5 万吨、精补料 0.26 万吨、其他饲料 1.23 万吨，分别比上年增长 92.67%、0.78%、6.47%、20.54%、96.96%、18.89%。

【畜牧产业化发展】 2021 年，江门市推进马冈鹅、禽蛋特色优势农业产业全产业链发展。按照《江门市加快推进六大特色优势农业产业高质量发展行动方案（2021—2023 年）》要求，马冈鹅方面，规划创建马冈鹅保种场 1 个，改造升级 4 个马冈鹅养殖基地，打造 1 个面向大湾区、辐射周边城市带的区域性鹅苗农产品交易市场；禽蛋方面，建成年屠宰量 1600 万羽的禽屠宰场 1 家，启动蛋鸭生态养殖、蛋制品精深加工、家禽疾病及质量技术检测等项目 11 个，逐步实现养殖、屠宰、加工、检测、流通一体化的全产业链条。

2021 年，江门市新增国家级畜禽养殖标准化示范场 1 家，省级现代化美丽牧场 1 家，省级畜禽养殖标准化示范场 28 家。台山市麻黄鸡产业园、恩平市生猪产业园入选 2021 年省级现代农业产业园建设名单，按照"生产＋加工＋科技＋营销（品牌）"的全产业链要求，推进麻黄鸡、生猪全产业链发展，重点打造综合省级现代农业产业园。

【生猪屠宰管理】 2021 年，江门市全面完成屠宰视频监控系统建设，对全市 12 个生猪屠宰场进行全天候、全覆盖、全方位可视化监控溯源监管，促进屠宰检疫工作更加规范化、标准化，降低动物疫病传播风险，提升重大动物疫病应急处置能力，保障江门市动物及动物产品质量安全。配合打击私屠滥宰，保障市民肉食品安全。2021年两次对全市屠宰场和废弃屠宰点进行飞行突击检查，查验屠宰场是否规范开展生猪屠宰作业，查验废弃屠宰点是否被利用从事私宰等违法行为。在江门台山市广海镇查获一起利用废弃屠宰养殖场从事生猪私宰活动，并移交公安部门；协助公安部门查处的开平市春浩肉类联合加工厂有限公司内设有涉嫌从事屠宰死猪窝点的案件的取证工作。

渔 业

【概况】 2021年，江门市水产养殖面积6.07万公顷；水产品总产量83.0761万吨，增长2.82%；渔业总产值222.09亿元，增长11.2%。经过多年的培育和发展，江门市基本形成沿海海水养殖产业带、西江流域淡水养殖产业带和潭江流域淡水养殖产业带，培育鳗鱼、南美白对虾、牡蛎、青蟹、桂花鱼、台湾泥鳅、泰国笋壳鱼、黄颡鱼、巴鱼等一大批名优特水产品，全市名优特品种养殖面积近3.33万公顷，约占全市养殖总面积的六成。现有"台山鳗鱼""台山青蟹""台山蚝"3个国家农产品地理标志，并创建江门水产品区域性公用品牌——"江门水鲜"，首批8个优势品种"八鲜真味"已于2020年正式对外发布。

【渔业生产】 2021年，江门市水产品产量83.08万吨，比上年增长2.82%，其中：远洋捕捞产品产量1100万吨，下降了53.61%；国内捕捞产量66 384万吨，下降了4.28%；海水养殖产量236 748万吨，增长了7.78%，淡水养殖产量519 530万吨，增长了4.16%。从海水捕捞产量排名前五的水产品看，捕捞量最大的是蟹、鲷鱼、鲳鱼、虾、石斑，蟹捕捞产量7123万吨，增长了92%，其余四种水产品分别为：鲷鱼捕捞产量6944万吨，增长了359.5%；鲳鱼捕捞产量6105万吨，增长了400%；虾类捕捞产量6094万吨，下降了55%；石斑鱼捕捞产量4386万吨，增长了79%。

【水生动物防疫检疫】 2021年，江门市制定水生动物疫病监测预警实施方案，全年开展水生动物疫病监测抽检样品850份；全市设立水产养殖病害监测点16个，配置16个基层一线专业测报员，监测养殖种类10种，监测水产病害23种；协助开展水产苗种产地检疫出证8批次，检疫水产苗种695万尾，其中鱼苗295万尾、斑节对虾苗400万尾。

【渔业安全生产监管】 2021年，江门市没有发生较大以上渔船安全生产事故，安全生产形势保持稳定。制定《江门市2021年渔船渔港安全监督重点工作计划》，健全市（区）、镇（街）、村（居）三级渔船网格化管理体系。实施海域风险等级划分和渔船风险评级，落实针对性监管措施。坚持日常检查和专项整治相结合，全市组织开展渔船渔港安全生产检查行动1442次，检查渔船7440艘次，发现整改隐患632项，行政处罚220宗，罚款16.1万元。加强宣传教育，制作"不安全不出海"宣传视频，发放安全生产宣传资料1.5万多份，组织开展安全生产培训班和应急演练53场次，参训5142人次。

【水产品质量安全监督】 2021年，江门市开展水产品专项整治行动，印发《2021年江门市水产品质量安全专项整治方案》和《江门市水产品"不安全，不上市"专项行动方案》，指导各县（市、区）开展相关行动，落实禁用药物100%不准使用、用药100%要登记、投入品100%要审批、水产品上市前100%要过休药期、生产经营者主体责任100%要落实、属地监管责任100%要到位等要求。强化重点品种"四条鱼"（乌鳢、大口鲈鱼、鳊鱼、大黄鱼）的抽检，重点检测孔雀石绿、氯霉素、硝基呋喃类、氟喹诺酮类等禁用药及其他化合物。2021年全市检查水产品生产经营主体678家次，出动监管执法人员762人次，抽检水产品3168批次，合格率99%以上。发放宣传材料（含水产养殖用药明白纸）7431份，组织培训14场（次），培训720人（次），引导养殖场（户）科学、合理、安全用药，保障水产品质量安全。

【渔业监督执法】 2021年，江门市查办各类渔业违法案件346宗，收缴罚款248.29万元。以"亮剑"系列专项执法行动为抓手，突出联合打击，严厉打击各类涉渔违法违规行为，渔政执法实现"三个突破"。加强与海事、自然资源、生态环境等部门在水上交通和渔业船舶安全、涉海自然保护地、海洋生态环境等领域的执法监管力度，建立健全部门之间信息共享、工作协调、执法协作机制，开展休禁渔专项执法行动，查获违法案件66宗，收缴罚款80.14万元；查获涉嫌电鱼案件9宗，通过"两法衔接"移交公安部门受理1宗，涉案人员2人；开展"清网"专项行动76次，清理取缔"绝户网""滩边罟"等禁用渔具设施3.644万米；检查农（集）贸市场、商（超）市、餐饮单位等经营场所138家次，联合公安部门查获涉嫌非法猎捕国家重点保护野生动物案件1宗，没收海马干制品一批。组织清理取缔涉渔"三无"船舶专项行动83次，清理取缔涉渔"三无"船舶629艘。

【渔业增殖放流】2021年，江门市举行2次海洋生物资源增殖放流活动，其中6月10日在广海湾附近海域放流1厘米以上斑节对虾1932万尾、体长3厘米以上黄鳍鲷20万尾，投入资金26万元；6月17日在广海湾附近海域放流1厘米以上斑节对虾4026.8456万尾、体长3厘米以上黄鳍鲷1000万尾，投入资金120万元。

2021年，江门市举办6次淡水生物资源增殖放流活动，在西江、潭江流域投放青鱼、草鱼、鲢鱼、鳙鱼、鲤鱼、鲮鱼、广东鲂等1000多万尾，投入资金114.14万元。其中，为落实建设项目生态补偿资金使用，6月16日、9月9日下午3时在开平市赤坎镇南楼举行"潭江广东鲂国家级水产种质资源保护区生态修复增殖放流活动"，增殖放流投放的鱼苗以四大家鱼和广东鲂为主，主要有：广东鲂268万尾、鳙鱼20万尾、鲢鱼50万尾、鲫鱼42万尾、黄颡鱼137万尾、鲮鱼110万尾、青鱼46万尾、鳜鱼6.5万尾，投入资金90万元。

【伏季休渔管理】2021年，江门市休渔渔船2327艘，其中，新会143艘，恩平22艘，台山2162艘（国内2050艘，港澳流动渔船112艘）。主要停泊在新会崖门渔港、台山横山渔港、广海烽火角水闸和台山川岛等停泊点。休渔期间，全市海洋综合执法队伍加强渔船的日常监管，各渔港（休渔停泊点）和渔场秩序总体良好，休渔制度得到落实。休渔专项执法行动以来，全市出动执法员2925人次，船艇398艘次，车辆347辆次，查获各类渔业违法案件66宗，收缴罚款80.14万元，没收渔获物近4000斤、涉渔"三无"船舶67艘，清理取缔"绝户网"等违法网具2万余米，打击休渔期间渔船违法违规捕捞行为，有效保障伏季休渔制度的贯彻落实。

【水产养殖污染防治情况】2021年，江门市出台《江门市养殖水域滩涂规划（2018—2030）》，并指导各市（区）制定各自区域内规划，科学划定禁止养殖区、限制养殖区和养殖区，合理布局全市水产养殖生产。江门市开展水产健康养殖示范创建活动，出台《江门市创建水产健康养殖示范场实施方案（试行）》，推广水产绿色生态健康养殖模式。江门市已成功创建水产健康养殖示范场市级106家、省级6家、国家级10家，增强水产养殖者按法律法规要求和养殖技术规范进行生产经营的能力，为水产品质量安全构建坚实的基础。按照省有关要求开展水产绿色健康养殖技术推广"五大行动"，印发具体实施方案，推广生态健康养殖模式、养殖尾水治理模式，开展水产养殖用药减量、配合饲料替代幼杂鱼、水产种业质量提升行动，以示范创建引导、带动养殖户主动采取措施治理养殖尾水。

水 利

【概况】2021年，全市完成水利投资39.32亿元，其中中央投资3.01亿元、省级投资2.23亿元、市县级投资34.08亿元。全市纳入广东省中小河流治理（二期）项目有34宗，其中2018—2020年有25宗项目已完成，2021年中小河流治理（二期）项目两宗，为恩平市两宗（三山河治理工程、那吉河治理工程）。2021年中小河流治理（二期）项目批复治理河长26.78千米，批复投资4699.64万元。是年，两宗项目完成投资3276.10万元。2021年全市实施小型水库除险加固工程50宗，其中列入小型病险水库除险加固攻坚行动的有35宗，批复总投资17 443.8万元，均已完成主体工程建设；正在实施工程有15宗，批复总投资约3883万元，其中4宗工程由恩平市自行组织实施，不纳入上级投资计划，15宗工程完成投资2382万元。

【水资源保护和管理】 2021年，江门市完成644个河道外取水户用水计划下达管理工作；全市新发取水许可证42宗，延续取水许可证52宗，变更取水许可证82宗。根据国家和省关于开展取用水管理专项整治行动的工作部署，成立江门市取用水管理专项整治行动工作专班，制定取用水管理专项整治行动实施方案并全面开展专项整治行动，全市完成登记取水项目854宗，核查登记取水口数量1132个，并对发现的466宗问题完成整改。经省人民政府同意，广东省水利厅印发《潭江生态流量保障实施方案》和《潭江流域水量分配方案》。

【水资源配置工程建设】 潭江河流治理工程列入国家、省江河主要支流、重点独流入海河流治理项目，包括恩平、开平、台山、新会四段，加固堤防总长76.89千米，重建、加固改造穿堤建筑物172座，批复概算投资为8.73亿元（其中新会堤段3.46亿元，台山堤段2亿元，开平堤段1.81亿元，恩平堤段1.46亿元），项目各段正按工期计划有序推进。是年，完成投资7.39亿元，其中台山、开平、恩平段已完工。新会段正在实施，按照批复工期，新会段计划2023年完成建设任务。

江新联围是珠江三角洲五大堤围之一，工程保护着江门核心城区和新会城区等区域。由于工程的堤围沉降变形较大，部分堤段已达不到设计防洪标准，穿堤涵闸存在闸底脱空等隐患，需要进行加固，消除安全隐患，按设计标准恢复工程的防洪能力。工程可行性研究、初步设计等前期工作已完成，并于2019年12月中旬完成监理、施工招标工作，于2019年12月底开工建设。2021年江新联围加固工程已完成主体工程建设，全堤段防浪墙浇筑、堤身充填灌浆等工作已全部完成，63座重建或新建的穿堤建筑物已基本完成，目前工程已进入扫尾阶段。

【水利安全生产】 2021年，市水利局践行安全发展理念，以"水利工程补短板、水利行业强监管"为工作主线，深入落实省水利厅和市委市政府关于安全生产专项整治三年行动部署要求，聚焦水利安全生产重点领域和关键环节，推进安全风险管控和隐患排查治理，严守水利安全生产"底线"和"红线"，全年无发生安全生产事故，全市水利安全生产工作形势平稳有序。

【水利工作保障】 江门市按照"产业兴旺、生态宜居、乡风文明、治理有效、生活富裕"的总要求，以万里碧道建设、农村集中供水攻坚工作、中型灌区节水改造工作为重点抓手，通过水利工程补短板、水利行业强监管，加强农村水利基础设施建设，落实乡村振兴各项水利工作保障。2021年完成碧道建设155千米，建成碧道均已实行有效运行管护，如江门水道城央绿廊碧道、蓬江区人才岛碧道、麻园河龙溪河碧道、西江碧道蓬江段等已成为江门市的网红打卡点，每日接待人数众多，现场管护有效。2021年推进灌区续建配套节水改造工程建设，按时保质完成青年灌区年度建设任务，提升农业用水效率，提高灌溉效益，灌溉保障程度得到提高，农业节水成效明显，为农业增产增收夯实基础。为提升农村集中供水保障能力，江门市将全域自然村集中供水全覆盖攻坚任务列入"民生实事""我为群众办实事"工作清单，强化组织和资金保障，2021年新增478条自然村8.24万人喝上"安全水""放心水"，实现农村自然村集中供水全覆盖，农村人口自来水普及率达到99%以上。

【节约用水】 2021年，江门市节水工作取得较大进展。贯彻落实《国家节水行动方案》《广东省节水行动实施方案》《江门市节水行动实施方案》。列入广东省第三批县域节水型社会达标建设任务的江海区，于2021年11月完成建设任务并通过省水利厅的验收。江门市教育局等24个市级机关于2021年3月通过江门市节水型单位的验收，市级机关节水型单位建成率达到100%；江门市水利行业节水型单位建设工作推进，建成率超过44%。

【河湖管理】2021年，江门市150个河长制水质考核断面达标断面比率达到95.2%，优良断面比率达到85.5%，基本消除劣Ⅴ类水体。江门市继续坚持治污先行、安全为重、生态优先的原则，统筹山水林田湖草沙系统治理，高质量整体推进万里碧道和西江潭江跨县重点支流综合治理工程建设，全流域、全要素、全方位开展河湖治理。2021年全市碧道工程完成投资17.38亿元，建成碧道203千米，结合碧道等重点水利项目建设，在人流密集、受众面广的地方，规划建设独具侨乡特色的水情水文化科普教育基地，努力打造江门市河长制宣传教育集群，江门水道碧道、环人才岛公园碧道、西江碧道等已成为新晋"网红打卡点"。重点支流项目已完成投资58 850万元，完成治理河长84.2千米，鹤山依托重点支流项目，成为全省唯一入选2021年全国"水系连通及水美乡村建设试点县"。扎实开展河湖管护工作，印发实施省管下放主要河道及潭江江新联围堤段河砂堆放场规划，完成长约864千米的河流岸线保护与利用规划编制，以及113条515千米流域面积50平方千米以下河湖管理范围划定工作，在全省率先完成9条河湖健康评价工作。开展河湖宣传教育，广东省委宣传部、广东省河长办专门组织人民日报等20多家国家级、省级媒体，到江门市集中开展采访调研活动，实地感受江门市河湖长制工作成效。在第三届"守护美丽河湖"全国短视频公益大赛中，江门市提交的两个短视频，1个获综合奖（个人奖）一等奖，1个获综合奖（机构奖）优秀奖。

【水旱灾害防御工作】2021年，江门市立足防大汛、抗大灾，坚持"人民至上、生命至上"原则，以"人员不伤亡、水库不垮坝、重要堤防不决口、重要基础设施不受冲击"为目标，全力做好各项水旱灾害防御工作。开展汛前防汛检查和水利工程隐患排查，形成各县（市、区）"问题清单"，并反馈到各地政府部门，督促落实"问题清单整改"。加强水毁水利工程设施修复工作，中央、省水利救灾资金400万元已100%完成投资任务。强化水利工程巡查排险，落实水利工程风险管控，全面开展水旱灾害风险普查工作，普查水利工程1265宗，查明水旱灾害抗灾能力，客观认识江门市水旱灾害风险水平，为各级政府开展水旱灾害防治和应急管理工作、提供灾害风险信息和科学决策依据。全市721个受山洪灾害威胁的村落、35个重点易涝区以及中小河流沿岸地区，利用灾害监测预警系统和群测群防体系，发布洪涝灾害预警1451次，发送信息8万条次，其中山洪灾害预警18次，发送预警短信1万条次。山洪灾害预警信息全部按要求及时处置完毕。加强江门市"智慧水利"建设，按照"数字政府""一网统管""智慧水利"建设任务，结合《江门市水利发展"十四五"规划》要求，多措并举，落实市水利局"智慧水利"建设工作。推进潭江流域综合预报调度系统建设，完成江新联围流域水安全监测与水系调度系统和锦江水库安全监测和信息化管理系统项目建设。

2021年，江门市防御10场次强降雨、3次台风天气的袭击，并应对年末出现气象干旱情况。在17号台风"狮子山"影响期间，江门市强降雨频发，10月7—10日，全市平均降雨量为289.9毫米，过程雨量最大为台山市四九镇北峰山648.5毫米，1小时降雨量最大为恩平恩城57.7毫米（10日4—5时），3小时降雨量最大恩平市东安镇113毫米（10日3—6时）。受潮水顶托和强降雨影响，10月7—10日潭江干支流发生一次明显涨水过程，潭江干流及其支流白沙水水位超警。其中，潭江干流长沙站最高水位2.17米（超警戒0.17米），石咀站最高水位1.86米（超警戒0.06米），三江口站最高水位1.94米（超警戒0.14米）；白沙水赤水站最高水位7.94米（超警戒0.44米）。江门市各级党委、政府及水利部门高度重视，落实防汛工作责任制，及早部署落实防御工作，加强会商分析和发布预报预警，做好重点部位防御，加强水利工程科学调度，拦蓄暴雨洪水1.92亿立方米，减轻各地防洪压力，取得无人员伤亡、无重大水利工程除险的成绩。同时，为应对气象干旱情况，保障旱区群众日常生产生活用水和春耕用水安全，江门市统筹做好防旱抗旱工作，加强调度，科学蓄水。是年，在降雨量比常年偏少近2成的情况下，全市水库蓄水量达11.49亿立方米，较2020年同期（8.7亿立方米）偏多32%。另外，江门市对防旱抗旱工作加大投入力度，投入抗旱人数11 143人次，抗旱设备3545台，资金1688.26万元。解决全市11 360公顷灌溉受影响农田和0.18万供水受影响群众的供用水问题。全市无出现因旱受灾情况，防旱抗旱成效显著。

▲2021年9月15日第三季度江门市打击河道非法采运砂联合执法专项行动动员会。

（市水利局　供）

【**非法采砂整治**】2021年，江门市水利系统深入开展河道非法采砂专项整治，先后组织开展打击"蚂蚁搬家"式河道非法采砂、河道非法采运砂联合执法、非法洗砂洗泥联合执法等一系列专项行动，建立健全部门协作、信息共享的联动机制，形成多管齐下、齐抓共管的河道采砂管理良好局面。全市水利系统组织开展巡查707次，出动执法人员3736人次，出动执法车辆1261台次，执法船艇124艘次，巡查河道长度4万千米，巡查水域面积44万平方千米。查处河道非法采、运砂行政案件7宗，其中非法采砂案件3宗，涉及非法采砂量113立方米，涉及罚没金额70万元；非法运输河砂4宗，涉及非法运砂量2102.5立方米，涉及罚没金额28.96万元，严厉打击河道非法采、运砂行为。

【**农田水利工程建设**】2021年，江门市在灌区改造建设、运行管理上形成"灌区项目库储备早、前期工作提前做、组织实施进度快、建设成效明显"的良好局面，并将灌区节水改造作为江门乡村振兴发展的重要一环。2021—2022年列入中央水利投资计划的中型灌区改造项目4宗，其中，2021年完成青年灌区年度建设任务，完成灌区改造干渠总长3910米，完成新建DN800涵管219米；拆除重建渡槽2座，完成重建东渠渡槽长305米，坝村渡槽长110米；完成维修渡槽1座（横田渡槽防渗处理）；完成重建上沙倒虹吸管361米；完成新建泄洪闸2座，提升农业用水效率，提高灌溉效益，灌溉保障程度得到提高，农业节水成效明显，为农业增产增收夯实基础。提前推进良西灌区、狮山灌区、金峡灌区的前期工作，良西灌区改造项目提前完成年度建设任务。同时，台山市不等不靠，率先采用EPC+O方式将辖区4宗灌区（大隆洞灌区、桂南灌区、塘田灌区、老营地灌区）节水改造项目打包统筹推进建设，得到水利部肯定。在灌排工程标准化规范化创建方面，开平市镇海灌区通过灌区改造，年节约用水量达1777万立方米，先后被评为2021年度省级节水型灌区和第一批省级标准化规范化管理达标（示范）灌区，并上报水利部争取创建为国家节水型灌区；鹤山市沙坪河排涝二站被评为2021年度第一批省级标准化规范化管理达标（示范）灌排泵站。

【**农村供水工程建设**】江门市将全域自然村集中供水全覆盖攻坚任务列入"民生实事""我为群众办实事"工作清单，强化组织和资金保障，提前完成攻坚任务，新增478条自然村8.24万人喝上"安全水""放心水"，实现农村自然村集中供水全覆盖，农村人口自来水普及率达到99%以上。在攻坚过程中，探索有力措施，形成组织领导"强"、部署推进"早"、督促指导"实"、工程推进"快"、攻坚宣传"全"的"五步工作法"，推进工作的实施。相关工作成效多次被《中国水利报》《南方日报》等国家、省级媒体专题报道，在广东广播电视台新闻频道"社会纵横"栏目及广东卫视《飞越广东·年终盘点》节目做专题报道，并在省水利厅工作简报上被报道好经验、好做法。

【**水库移民后期扶持**】2021年，省下达江门市的中央、省级水库移民后期扶持资金（基金）9893.4万元，使用范围包括：13 148户46 293人的大中型水库移民每人600元"直补"资金2777.8万元、13 124宗（户）大中型水库移民生产经营扶持项目补助资金1566.7万元、1579宗（户）小型水库移民生产经营扶持项目补助资金347.8万元、移民村基础设施项目建设资金4466.7万元85宗、国家重大水利工程（三峡工程后续工作）项目资金670万元10宗，后期扶持政策实施工作专项补助经费等其它资金64.4万元。根据2021年广东省对口支援重庆市巫山县工作安排，江门市援助巫山县146万元，支持龙溪镇乡村振兴配套建设项目（新建）。

工业

综述

【概况】2021年，江门市规模以上工业总产值突破5300亿元，达5337.28亿元；实现规上工业增加值1280.68亿元，创历史新高，同比增长14.7%，增速高于全省平均水平5.7个百分点，总量排全省第八位，增速排全省第五位。

2021年江门市工业产业主要产品

产品名称	计量单位	产量	增幅（%）
原电池及原电池组（非扣式）	万只	71 776	14.1
打印机	万台	338.56	21.6
印制电路板	万平方米	1054.42	19.6
摩托车	万辆	431.19	29
不锈钢日用制品	万吨	16.68	45.7
金属集装箱	万立方米	1275	131.8
涂料	万吨	76.68	17.9
塑料制品	万吨	70.01	-4.7
水泥	万吨	602.08	1.2
平板玻璃	万重量箱	3154.57	28.7
化学纤维	万吨	16.06	33.6
布	万米	13 832.2	-30.1
服装	万件	7176.6	11

【重点骨干工业企业】2021年，江门市培育大型骨干企业，全市产值超10亿元以上的企业70多家。其中，无限极（中国）有限公司、国能粤电台山发电有限公司产值超100亿元，被认定为省重点大型骨干企业；江门市大长江集团有限公司、台山核电合营有限公司、亚太森博（广东）纸业有限公司、广东海信电子有限公司、海信（广东）空调有限公司、广东海亮铜业有限公司、维达纸业（中国）有限公司等7家企业产值超50亿元。

【战略性支柱产业】2021年，江门市20个战略性产业集群合计实现规模以上工业产值5293.71亿元（不含农业、软件与信息服务业产值）。其中，重点发展的智能家电、现代轻工纺织、生物医药与健康、现代农业与食品、高端装备制造、智能机器人、激光与增材制造、安全应急与环保等八大战略性产业集群实现规上工业产值2532.77亿元，占20个战略性产业集群产值的47.85%。战略性支柱产业方面，先进材料、现代轻工纺织、现代农业与食品三个产业集群产值已突破千亿元，分别为1091.13亿元、1205.76亿元、1089.42亿元；战略性新兴产业方面，前沿新材料、半导体及集成电路、数字创意等产业集群发展势头强劲，产值分别大幅增长48.8%、48.3%和36.2%。

【工业企业技术改造】2021年，江门市完成工业投资740.8亿元，同比增长14.9%，总量排全省第六位，全市工业投资占固定资产投资比重36.8%，比全国平均水平（30.7%）高6.1个百分点，比广东省平均水平（24.6%）高12.2个百分点。其中，完成技改投资294.3亿元，同比增长15.6%，总量排全省第五位。是年，江门市10家企业技术中心被列入第十九批省级企业技术中心，获评数量在全省排第五位。

【产业结构优化调整】2021年，江门市规上高技术制造业、先进制造业增加值同比增长32.0%和16.8%，比规上工业增加值增速分别高17.3和2.1个百分点，呈较快增长良好态势；高技术制造业、先进制造业增加值占规上工业增加值比重提升，分别为12.7%和40.8%，比2020年分别提高0.9和1.4个百分点。

【循环经济发展】2021年，江门市8个工业园区被列入省级循环化改造试点，其中6个园区已通过省级验收；推动企业清洁生产，已完成52家清洁生产企业审核验收，5家企业获得"粤港清洁生产伙伴标志企业"称号；推动绿色制造产业体系建设，江门6家企业被认定为国家级绿色工厂，

53个产品入围国家级绿色设计产品；推动一般工业固废综合利用，完成双水绿威环保科技有限公司污泥干化处置项目入库申报及金昌矽砂公司工业固体废物资源综合利用评价，推荐旭东能效公司申报省工业固体废物资源综合利用评价机构。

【工业互联网】 2021年，江门市培育7个工业互联网平台、35个工业互联网标杆示范项目，推动480多家企业上云上平台。组织召开江门市工业互联网联盟春茗交流会暨江门产业集群数字化转型高峰论坛，成立首届江门市工业互联网专家委员会；培育精诚达电路板、汇海集团、嘉宝莉化工、天地壹号、气派摩托、大昌慎昌6个省级工业互联网标杆示范入库项目；促成广东兴艺数字印刷股份有限公司与江门联通合作打造全工厂工业大数据平台，依托联通5G网络，深化5G+设备联网、5G+AI检测、5G+AGV等5G应用方面的拓展合作，提升工厂生产效率和精益生产水平，将项目打造成为广东省印刷行业首个落地的Dpaas项目，和江门市首个工业大数据平台与5G融合的项目。江门市本地工业互联网服务商智能云科服务新会胶丝厂案例入选2021年国家工业互联网产业联盟优秀应用案例，并受邀于2021年4月在工业互联网联盟全会上进行全国分享。

电子工业

【电子信息制造业】 电子信息制造业是江门市6大支柱产业之一，现有电子信息类企业2000多家，其中规上企业300多家，2021年，江门市电子信息制造业规上工业实现总产值156.6亿元，同比增加19.2%。集聚领益智造、太平洋绝缘材料、崇达电路、建滔电子、依利安达、世运电路、海信宽带等一批行业骨干企业。

化工产业

【概况】 2021年，江门市规上化工企业300多家，2021年江门市化工产业实现规模以上工业总产值425.9亿元，初步形成以基础化工、精细化工、化学纤维和新能源电池材料为主的特色化工产业。

【化学原料及化学制品制造业】 2021年，江门市化学原料及化学制品制造业实现规模以上工业总产值约292亿元，实现规模以上工业增加值约56亿元。江门市在化学原料及化学制品制造业有广悦电化、谦信化工等骨干企业。

【涂料工业】 江门市是广东省主要的涂料生产基地，生产规模较大，品种比较齐全，拥有嘉宝莉、雅图高新、四方威凯等知名企业。2021年，江门市涂料、油墨、颜料及类似产品制造业实现规模以上工业总产值约138亿元，实现规模以上工业增加值约32亿元。

【化学纤维制造业】 江门市是广东省乃至全国的重点化纤生产基地，也是国内最早开始化纤生产的地区之一，拥有广东新会美达锦纶股份有限公司、广东泰宝聚合物有限公司、广东彩艳股份有限公司等知名企业。2021年，江门市化学纤维制造业实现规模以上工业总产值约16.3亿元，实现规模以上工业增加值约1.4亿元；化学纤维产量为16.06万吨，同比增长33.6%。

建材产业

【概况】 2021年，江门市建材工业（非金属矿物制品业）实现规模以上工业总产值超300亿元，实现规模以上工业增加值约69亿元。

【玻璃制造业】 2021年，江门市玻璃制造业完成规模以上工业总产值约41亿元，完成规模以上工业增加值约10亿元。玻璃制品制造业完成规模以上工业总产值约21亿元，实现规模以上工业增加值约7.6亿元。

【水泥制造业】 江门市水泥制造业主要集中在恩平市和新会区。代表企业有江门海螺水泥有限公司、华新水泥（恩平）有限公司。2021年，江门市水泥、石灰和石膏制造业实现规模以上工业总产值约27.8亿元，实现规模以上工业增加值约8.8亿元。恩平市拥有丰富的石灰石和粘土资源，素有"水泥之乡"之称。

轻工业

【食品制造业】 江门作为粤港澳大湾区重要的"米袋子""菜篮子",近年来江门市基于农业和食品制造业发展优势,通过产业升级和产业价值链向上游、下游的延伸,初步构建相对完整的产业链条,产业集聚优势逐步凸显。其中,蓬江食品产业园被认定为"国家新型工业化产业示范基地(食品·江门)"和广东省首批特色产业园,新会区获得"中国食品工业生产基地"称号。2021年,江门市食品产业规上工业总产值547.2亿元,同比增长6.3%。

【造纸和印刷业】 造纸和印刷业是江门市传统特色产业之一,产业规模效应显著。2021年,江门市造纸和印刷业实现规上工业产值367.4亿元,同比增长8.9%。培育亚太森博(广东)、雅图仕印刷、鸿兴印刷等一批行业龙头骨干企业,涉及产品主要包括生活用纸、办公用纸、文化用纸、新闻用纸、卷烟用纸、包装用纸、特种纸及纸包装印刷等。其中,机制纸及纸板产量占全省的6%、全国的1%。

【家具制造业】 江门市家具制造主要涉及古典家具制造、金属家具制造、塑料家具制造、竹藤家具制造及其他家具制造,主要分布在江海区、新会区(红木家具)、台山市(红木家具)等市(区),是中国红木五大产业聚集地之一,代表企业有健威家具、利华实业、新会长隆、伍氏兴隆、台山国胜等。2021年,全市家具制造业实现规上工业产值66.57亿元,同比增长17.57%。

装备制造业

【船舶与海洋工程装备业】 2021年,江门市船舶及相关装置制造业实现规模以上工业总产值约16亿元。全市拥有一批造船、拆船、修船及配套生产企业,初步形成造船、修船、游艇、配套、拆船五方面产业集聚发展业态。江门市是中国船舶拆解基地和广东省中小船舶及配套产业基地,在船舶制造、拆船产业等方面优势明显。其中造船方面,生产能力在10万吨以下,在中小型细分船舶市场中具有竞争力。在拆船方面,拥有200万吨的拆解能力,占全国拆船能力的50%。

【汽车制造业】 2021年,江门市汽车制造业实现规模以上工业总产值超131亿元。汽车及零部件产业初步形成以富华集团、中集车辆、德昌电机为核心企业的专用车及零部件产业集聚,主要产品覆盖专用车、车轴及各种零部件,其中半挂车轴、铝合金油罐车、铝制轮毂、等速万向节、车载DVD、转向器、雨刮器等产品在质量和技术含量上均居世界或国内同行业领先地位;培育本土企业地尔汉宇,研发生产新能源汽车高效电机及电控设备。

建筑业

【概况】 2021年,江门市纳入监管的房屋建筑和市政基础工程项目3238个(按核发建筑工程施工许可证数量计),房屋建筑工程总面积5544.17万平方米,市政基础设施工程总长度54.32万延米。全市建安工程投资额1446.37亿元,增长了5.5%;完成建筑业总产值367.51亿元,比上年增长9.8%。全市纳入统计的资质以上建筑业企业286家,其中特级资质企业1家、一级资质企业27家、二级资质企业79家、三级资质及以下企业179家。

【建筑工程质量】 2021年,江门市房屋市政工程获得国优奖1项;获得省优奖19项,其中"省示范工地"6项,"省结构奖"7项,"省装饰奖"4项,"省绿色示范"1项,"省优质奖"1项。

【建筑施工安全】 2021年,江门市房屋市政工程未发生较大以上质量事故和建筑施工生产安全事故,建筑施工安全形势总体保持稳定可控。全市办理产权登记的塔式起重机160台,施工升降机146台,钢井架物料提升机194台。

【招投标和建筑市场管理】 2021年,江门市房屋建筑和市政建设工程招标261项,其中施工类项目招标174项,工程招标控制价181.7亿元,中标

2021年江门市建筑业生产情况表

地区	报送信息企业数（个）	建筑业总产值（千元）	其中：		构成成分		
			装饰装修产值（千元）	在省外完成的产值（千元）	建筑工程产值（千元）	安装工程产值（千元）	其他产值（千元）
蓬江区	88	5 308 372	103 501	61 762	4 250 651	984 108	73 613
江海区	26	740 873	46 510	0	520 537	71 997	148 339
新会区	45	3 227 237	32 282	0	2 523 970	382 190	321 077
台山市	32	2 068 472	181 468	147 063	1 931 810	87 124	49 538
开平市	40	21 055 128	3078	1 767 343	16 934 252	1 695 803	2 425 073
鹤山市	24	2 455 534	145 510	141 678	2 112 295	329 887	13 352
恩平市	26	1 895 700	85 310	47 500	1 361 542	451 134	83 024
合计	281	36 751 316	597 659	2 165 346	29 635 057	4 002 243	3 114 016

金额176.9亿元，通过招投标节约投资4.8亿元，下浮率2.64%。是年，江门市出台《江门市建筑业产业链高质量发展工作行动方案》等系列扶持政策，明确发展目标和实施路径，推动实现建筑业产业集群发展、产业结构优化、产值总量倍增的目标，合力擦亮"中国建筑之乡"品牌。全市6家企业成功申报建筑工程施工总承包一级资质升级。优化建筑业信用管理，实行信用"授权承诺制"，改善营商环境。是年，进入江门市的市外建筑业企业占全市建筑业企业总数的84.4%。全年违规失信行为为信用扣分73项，下降25%；全市招投标投诉仅有9宗，投诉率保持低位。

【建设工程造价管理】 2021年，江门市优化"一网一刊"（指江门工程造价信息网和《江门工程造价信息（季刊）》）工程造价信息发布平台，每月及时发布建筑材料价格信息，指导工程计价。加强造价文件备案管理。受理招标控制价备案53项、合同价备案913项、竣工结算价备案899项，备案率100%，符合性检查100%。

【绿色建设和装配式建筑发展】 2021年，江门市城镇新建民用建筑全面按照绿色建筑标准设计和建设，其中大型公共建筑和政府投资公共建筑按高于最低等级绿色建筑标准建设。是年，新增的城镇民用建筑1367.02万平方米均为节能建筑，其中城镇新增绿色建筑面积1276.57万平方米，占城镇新建民用建筑比例的93.34%。台山万达广场A1#获得二星级绿色建筑标识。是年，江门新开工装配式建筑项目面积为302.83万平方米，占新开工建筑面积比例为13.76%。位于鹤山的设计产能300万平方米/年混凝土装配式建筑构件生产基地广东旭江建筑科技有限公司已试产。

房地产业

【概况】 2021年，江门市研究制定促进房地产平稳健康发展长效机制和"十四五"住房发展规划，完善调控政策工具箱，建立健全跨层级、跨部门数据共享的房地产市场监测体系。全市房地产开发投资702亿元，比上年下降10.3%；新建商品房批准预售面积763万平方米，比上年下降3.9%；新建商品房销售面积785万平方米，比上年下降2.6%，商品房销售金额590亿元，比上年下降6.6%。其中，商品住房销售面积596万平方米，下降11.5%；销售套数55 211套，下降9.6%，销售均价8293元/平方米，增长1.3%；二手房销售面积287万平方米，下降16.6%（其中，二手住房销售面积228万平方米，下降11.9%，销售套数22 212套，下降10.7%；销售均价5663元/平方米，增长1.7%）。是年，全市有房地产开发企业730家，其中：壹级资质企业1家、贰级资质企业15家、叁级资质企业24家、肆级资质企业483家、暂定资质企业207家。

【房地产市场监督】 2021年，江门市深入推进

2021年江门市新建商品房、二手房销售面积与销售平均价表

区域	全市	蓬江区	江海区	新会区	鹤山市	台山市	开平市	恩平市
新建商品房销售面积（万㎡）	784.99	128.99	75.42	117.48	168.33	132.01	79.96	82.80
新建商品住房销售平均价格（元/㎡）	8293	11 409	10 640	10 946	7295	6499	7016	5382
二手房销售面积（万㎡）	286.72	81.73	27.98	57.54	36.16	38.06	40.58	4.67
二手住房销售平均价格（元/㎡）	5663	6666	7496	5499	6828	3799	3550	3595

房地产市场秩序专项整治工作，结合扫黑除恶专项斗争，坚决打击房地产市场违法违规行为。全市各级住建部门检查各类房地产开发企业、中介机构1126家，出动检查人员2193人（次）、开展"双随机一公开"抽查118次，对2宗地产开发企业违法违规行为进行诚信扣分处理，查处并上报广东省住房和城乡建设厅8起违法违规典型案件。

【房地产管理信息系统】2021年，江门市在全省率先创新打造房屋交易"云链签"模式，实现购房资格智能核验和房屋交易网签备案"不见面"办理等便民服务，彻底解决"先网签，再核验"引发的交易纠纷和合同备案时间长、合同反复提交和"阴阳合同"等难点；通过实行商品房预售款资金"云监管"，杜绝违规收存预售资金行为，确保购房资金安全，提升服务效能；通过推行"交房即发证"，探索解决办证难问题，全年18个项目4300户购房业主同时领取新房钥匙和《不动产权证书》；研究创新跨境支付购房款服务，提升港澳地区居民购房便利度。

【问题楼盘化解】2021年，江门市制定问题专项治理工作方案，成立以分管市领导为组长的市问题楼盘专项治理工作专班，化解蓬江区玉圭园、浅山小镇，江海区孔雀城、名门壹号等一批问题楼盘，其余未化解的问题楼盘均处于稳控状态；发挥问题楼盘联席会议机制统筹协调作用，历史遗留问题楼盘处置工作取得进展，其中，蓬江区江会路67号之二、之三134户业主成功领取不动产权证；蓬江区范罗岗花园4幢住宅部分已基本完成办证工作；蓬江区丹井里15号进入税费申报处理阶段。全年未发生因房地产交易纠纷引起的越级到省、进京上访事项。

【房屋租赁管理】2021年，江门市住房和城乡建设局联合七部门发布《江门市落实加强轻资产住房租赁企业监管工作实施方案》，防范化解金融风险，促进住房租赁市场健康发展。公布《2020年度江门市区房屋租金参考价》，引导住房租赁行业预期。运用江门市房屋租赁管理信息系统，全年受理房屋租赁登记备案1382宗，加强房屋租赁合同登记备案监管。

【物业管理】2021年，江门市物业管理项目872个，业主委员会131个。年末，江门市有物业服务企业455家，物业从业人员约18 350人。

【住宅专项维修资金】2021年，江门市全年住宅专项维修资金新增交存36 533.88万元，新增交存14.76万户，提取使用499.71万元，利息收入1134.04万元。期末，住宅专项维修资金账面余额182 478.64万元，交存70.59万户。

交通运输业·邮政业

综 述

【概况】2021年，江门市117个项目列入交通"大会战"，总投资约1813亿元，年度计划投资为

235亿元。至2021年12月，交通"大会战"项目完成投资235.12亿元，完成年度计划的100%。其中，公路工程（49项）完成投资159.7亿元，占年度计划的104.8%；铁路工程（4项）完成投资22亿元，占年度计划的73.6%；港航工程（9项）完成投资8.89亿元，占年度计划的108.1%；城市建设工程（55项）完成投资44.53亿元，占年度计划的99.8%。

【交通市场监管】 2021年，江门市加快发展智慧交通，创新应用"外业核查＋卫星遥感校核"模式，在全省率先形成农村公路核查成果。强化行业动态监控，79个重点货运源头和12 013辆"两客一危一重"车辆完成智能视频监控设备安装，在全省先试先行内河运输船舶视频监控系统。拓宽非现场执法覆盖面，全市建设超限监测点38个，覆盖车道140条。推动执法案件处理信息化，江门市成为全省首个"广东交通"微信公众号在线办案试点。落实出租汽车行业定期监测、发布机制。为促进巡游出租车车和网约出租车融合发展，每半年统计公布江门市出租汽车市场运行检测指标信息，从市场规模、市场运营、市场秩序和市场风险提示等方面，为巡游出租汽车和网约车市场提供市场行业指引。持续推进内河港口水污染物接收设施建设，建立汽车排放检验与维护（I/M）制度管理系统，做好在建交通项目工地扬尘污染防控。保护性利用管理高速公路桥下空间，建成2个便民桥下公园。规范招呼站建设管理，出台《江门市道路客运招呼站设置和管理办法》，全市建成并备案12个招呼站。落实出租汽车行业定期监测和发布机制，推动巡游和网约出租车融合发展。规范公正文明执法，组织开展执法突出问题专项整治行动，排查整改顽瘴痼疾及执法隐患35项。实施"包容审慎"监管，制定37项交通运输领域免处罚免强制事项。履行市交通运输疫情防控工作专班组长单位职责，统筹抓好交通运输领域常态化防控措施，落实"两站一港口一服务区"和公共交通工具的通风消毒工作，落实进出站旅客"三个100%"，落实粤港澳跨境货运车辆闭环管理，落实重点人员排查登记、健康管理和落地核酸检测，建立外贸港口定期研判工作机制，做好入境人员闭环接转运输工作，推进行业疫苗接种，行业重点领域已完成二剂接种13 041人，接种率达99.77%，其中8409人完成加强针接种。

▲2021年1月3日，黄茅海大桥中塔主墩完成首根桩基混凝土灌注。图为施工人员在进行混凝土灌注。

（市交通运输局　供）

【交通运输行业安全生产】 2021年，江门市交通运输局开展"安全生产专项整治三年行动"，出动12 465人次，检查4919宗次，发现隐患4333项，全部完成整改。提前完成"一清一灯一带""平安村口""穿村过镇路段整治"等重点任务。抓好质量安全提升行动，在建项目安全生产事故零发生，工程实体质量总体可控。开展跨航道桥梁防撞隐患治理，制定三年行动实施方案。完成57座以上大客车的淘汰工作，逐步推动800千米以上客运班线依法有序退出市场。常态化推进扫黑除恶专项斗争，摸排线索9条；开展行业乱象整治，出动执法人员28 996人次，查处违法行为9933宗。开展自然灾害综合风险公路水路承灾体普查，完成9846千米公路承灾体、103个水路承灾体的信息采集工作。抓好拥堵点、内涝点、事故多发点、地质灾害隐患点"四张图"管理，梳理日常拥堵点1处，事故多发点11处，内涝易发点10处，地质灾害易发点6处。完善突发事件综合应急预案，统筹推进应急物资保障工作和抢险队伍建设，举办应急管理培训和模拟演练113次。

【交通规划编制】 2021年，江门市印发实施《江门市综合交通运输体系发展"十四五"规划》《江门市县道网规划（2020—2030年）》；《江门市公共交通一体化发展行动方案（2021—2025年）》《江门港总体规划修编》《江门港新会港区规划调整方案》完成编制；完成江门站东广场交通网络研究工作，启动江门港口资源整合、江门市综合立体交通网规划研究；顺鹤高快速通道、国道G228线、G240线以及G325线局部路段改扩建工程纳入《广东省综合交通运输体系"十四五"发展规划》。

▲ 2021年3月1日，交通运输部将江顺大桥列为全国11座桥梁结构健康监测系统试点工程之一，这是广东省唯一一座列为试点的桥梁。

（市交通运输局　供）

【**交通重点项目建设**】 2021年，江门市加快5个在建高速公路项目的施工进度，其中中开高速双水至罗坑段建成通车，江鹤高速改扩建工程动工建设，黄茅海跨海通道、银洲湖高速、中江高速改扩建工程全面进入实体工程施工阶段。五邑路改扩建10条等级公路建成通车，通车里程达66.4千米；江门大道南东线主道贯通，国道G240线台山段和新会段启动建设。南沙港铁路货运工程建成，珠肇高铁江门至珠三角枢纽机场段等轨道交通项目加快建设。崖门出海航道二期工程完成投资计划的107.15%。广台高速开平至台山段提前完成投资人招标任务，南海至新会高速特许经营实施方案获市政府批复，顺鹤高快速、江肇第二高速、深圳至南宁高速斗门至恩平段、市区—珠三角枢纽机场快速路、台开—珠三角枢纽机场高速的工可报告加快编制，大广海湾旅游专线高速、沙堆至莲洲公路、省道S271延长线、荷海快线已完成踏勘研究报告编制工作。是年，全市争取上级交通建设专项补助资金10.2亿元，统筹市级资金4.2亿元，发行地方政府债券资金17.4亿元，解决年度政府建设资金筹集问题。

【**民生交通工程建设**】 2021年，江门完工新改建农村公路路面里程12.37千米、村道安全生命防护工程24.35千米、17座农村公路危桥改造项目，以点带面开展"四好农村路"示范创建活动，江门市被命名为广东省"四好农村路"省级示范市，恩平市县道X831线牛皮仔至良西那湾段入选广东省"十大最美农村路"。

【**交通运输执法**】 2021年，江门市查获各类交通运输违法案件9933宗（道路运政1249宗，联合治超5122宗，公路路政3491宗，港航水路71宗，投诉397宗），处罚案件9797宗，罚没金额1934.23万元。已申请法院强制执行123宗，已强制执行案件75宗，追回罚没款84.22万元；没有发生一起公路"三乱"行为。

【**道路运政执法**】 2021年，江门市推进客运市场专项整治。紧盯高速路口和服务区、城轨站、医院学校及重点治超路段，充分运用动态巡查、定点稽查、联合整治等手段，重拳打击客运班车、包车违法行为和非法营运等违法违规行为，坚决查处"黑大巴""营转非"等违法车辆，取缔新会司前、杜阮、礼乐等地非法停靠揽客窝点和旅客非法集散点。开展对辖区大中型客车、网络预约大巴车平台开展摸排行动，排查不合理拥有非营运大中型客车企业8家、非营运大中型客车61台、网约公众号1个，加强执法监管。开展出租车领域专项执法，重点打击出租车不服从调度私自揽客、拒载议价、非法经营等违法行为。严格危险品运输市场整治，制定下发《江门市危化品运输行业专项整治工作方案》，按照"全覆盖、零容忍、严执法、重实效"的总体要求，加强加密对危险品运输的执法检查，严肃查处未经许可擅自运输危险品、无资质运输危化品行为，配合行业主管部门对未按规定制作电子运单的行为进行查处。结合危险废物、成品油、液化石油气运输等专项整治行动，与生态环境、发改、市场监管等部门协作配合，加强相关领域执法监管力度。加强机动车维修行业监管工作，对辖区内货车非法改装及机动车维修行业现状进行全面摸排，对从业者开展普法宣传，督促备案，严查未按规定备案、不符合维修业务标准、非法改装、承修报废车辆等违法违规行为。全面排查整治驾培机构，全面对复核驾培机构许可条件，加强对郊区工地、市区高架桥下路面等重点区域和路段的巡查力度，严厉打击未经许可擅自从事驾培经营活动、对培训记录弄虚作假、未在申报备案的教练场地培训、到注册地以外开展培训业务等违法违规行为。

【公路路政执法】 2021年，江门市交通运输局强化部门协作，按照《交通运输部公安部关于治理车辆超限超载联合执法常态化制度化工作实施意见（试行）》（交公路发〔2017〕173号）要求，与公安部门协调，落实路警联合治超执法常态化、制度化建设，联合制定治超工作计划，在鹤山市交通运输执法系统和公安交警系统试点路面治超和科技治超融合，各自发挥部门工作优势，对监控资源共享。加强对公路重点路段、绕行逃避检测和短途超限运输车辆严重的地区、高速公路出入口、货运源头单位周边等区域的联合执法力度，全面实施高速公路入口治超，不定期联合开展流动检测，严查超限"百吨王"等违法违规行为，通过倒查货运源头装载流程，落实好"一超四罚"。2021年联合治超查处案件5122宗，监督卸载货物7.13万吨。制定并印发《江门市交通运输局关于进一步推进货物装载源头治理工作的通知》（江交执〔2021〕15号），明确各方货运源头监管责任，健全货运源头单位公示制度，加强对货运源头的监管，规范执法检查，推进货运源头企业安装视频监控系统。是年，江门市公示重点货运源头企业79家，查处货运源头案件488宗，全部完成货运源头单位安装视频监控系统并接入省治超平台。加强日常巡查和高速路政、属地镇街的联系，及时发现并清除违法广告标牌。积极推进干线公路路域环境综合整治。建立高速公路路域环境综合治理四位一体（市交通—高速路政—区市交通和属地镇街）长效协作机制，推进历史余留路政问题的处理。全市高速公路路域环境整治任务清单166处，涉及全市35个镇街。已清理处置147宗，按计划分期整治19宗，清除公路建筑控制区内和高速公路桥下空间临时违建面积约23 000平方米。多方联动，全面落实高速公路入口联合治超工作，积极推动高速公路与地方公路（含国省道）公安、交通治超联勤互动，强化入口治超数据统计分析、推动排查与精准打击。同时，根据省的统一部署，牵头组织各部门开展江门市的高速入口秩序集中整治行动。2021年开展高速入口联合治超行动100余次，出动人次500余人次，检查车辆600余车次，查处违规个案80宗。

【水路运政执法】 2021年，江门市推进市区临时装卸点专项整治工作，以古镇水道、劳龙虎水道、崖门水道为重点，联合江门海事、航道及公安、属地镇街继续开展临时装卸点整治专项，并从沿岸土地权属方和实际使用人两方入手，强化港航法治宣传督导，督导拆除浮台船、输送带和栈桥式临时装卸点21宗，查处水路违规运输案15宗，港口违规建设和经营案件34宗，保障大桥河段通航安全与港航监管秩序。加强与航道、海事部门联动协调，重点推进通讯管线专用航标治理，查办航标案件14宗，督导整改39余宗。基本解决全市干流航道（高等级）范围的专用航标监管遗留问题。针对营运船舶超标准接靠泊码头作业问题，交通、海事召开专题研究会议，并由交通运输部门立案查处首单码头超标准接靠案件，确定今后联合行动目标任务，为码头违规接靠泊船舶的安全监管积累经验，提升江门市港航执法监管效能。

【科技执法】 2021年，江门市已经在全市重要桥梁、交通要道、临近市界、事故易发路段等38个监测点设置治超不停车监控设备140套。在主城区重点客流集散地及卡口路段51个点安装运政执法监控系统，严厉打击客运违法行为，并不断加大对客运车辆稽查布控系统的升级和完善。同时应用广东省"两客一危一重"车辆智能监管系统及广东省危险货物道路运输安全监管系统对营运车辆实施24小时动态监管，形成"互联网+治超、运政、执法监管"三位一体的科技执法平安天网体系。2021年查处非现场案件3111宗。其中，非现场治超案件案件2975宗，运政非现场执法136宗。

道路运输

【运输市场管理】 2021年，江门市道路客运企业20家，其中客运班车企业12家（有10家同时具备旅游包车资质）、旅游包车企业8家。江门市营运客车1049辆，全市客运站场42个，其中，一级客运站5个、二级客运站3个、三级客运站2个，全市农村客运候车亭713个。客运线路覆盖全市乡镇，辐射全省各地，跨越周边省区。全市普通货物运输企业1068家，个体运输户6091家，普货车辆16 212辆；危险货物运输企业80家，危运车辆1567辆；机动车维修企业2828家，其中汽车维修企业2209家（一、二类汽车维修企业200家；三类汽车维修企业2009家），摩托车维修企业619家。全市驾培机构56家，教练车2792辆；经营性道路货物运输驾驶员28 077人，经营性道路旅客运输驾驶员5796人，道路危险货物运输押运员2999人，道路危险货物运输装卸管理员195人，道路危险货物运输驾驶员2227人。

【公共交通管理】 2021年，江门市公交企业7家，公交车保有量1785辆，除应急运力外公交车电动化率100%，公交线路264条。中心城区每万人拥有公交车辆10.96标台。实现支付宝、微信、银联扫码乘车和刷卡乘车全国互联互通，"五邑通"公交IC卡发放134.9万张。升级改造公交支付系统，老年人、学生等实名卡刷卡时系统同步自动检验乘客粤康码状态，解决老年人、学生等特殊群体疫情期间"亮码"乘车难题。是年，全市巡游出租汽车经营权1311个，受经营市场不景气影响，全市在营运的车辆164辆（投入营运占比12.5%），其中三区131辆、鹤山7辆、开平26辆；全市获得许可的网络预约出租汽车平台8家，分别为武汉斑马快跑科技有限公司江门分公司、深圳万顺叫车云信息技术有限公司江门分公司、首约科技（北京）有限公司江门分公司、广州微巴客运有限公司江门分公司、乐山易通天下网络科技有限公司江门分公司、欧拉信息服务有限公司江门分公司、重庆呼我出行网络科技有限公司江门分公司和滴滴出行科技有限公司江门分公司，核发网络预约出租汽车运输证1600张，核发网络预约出租汽车驾驶员从业资格证1.9万个。

港口管理

【概况】 江门市有水路运输企业41家、营业性运输船舶361艘（其中客船30艘、3388客位）、总载重吨44.88万吨，功率15.65万千瓦。经营航线有港澳航线、沿海航线和内河航线，经营范围涉及普通货船、成品油船、化学品船及高速客船等。水运企业船舶运营范围主要为深圳市、珠海市及珠江三角洲东、西、北江下游各港间普通货物运输以及内河各港间成品油、化学品运输，以内河运输为主。

江门市领取港口经营许可证的港口经营企业115家，其中从事危险货物港口作业资质的24家、港口公用货运口岸企业7家、港口客运企业3家。装卸货类包括矿建材料、煤炭、粮食和集装箱等，港口集装箱运输航线主要为广州、深圳和香港等地。全市拥有生产用码头泊位279个，其中万吨级以上泊位6个，泊位最大靠泊能力达5万吨级，泊位总延长19.15千米。全市5个国家一类货运口岸码头，江门港为地区性重要港口。

【港口物流业】 2021年，江门港货物吞吐量10 509.7万吨，同比下降1.97%。集装箱吞吐量173.3万TEU，同比增长3.83%。

【港口安全监管】 2021年，江门市全面排查并深入整治危险货物港口作业安全生产重点难点问题，督促危货码头按照"四令三制"要求制定完善各项安全管理制度，依法聘用注册安全工程师参与港口危险货物安全管理。组织专家对全市港口危险货物装卸码头和集装箱码头开展专项检查，督促港口企业加强风险防控意识，完善动火、受限空间、临时用电等特殊作业安全管理制度，加强特殊作业安全管理培训，加大安全投入，加强作业机械、管道维护保养，完善各项应急预案并加强应急演练，提升应急处置能力。

【水路运输】2021年,江门市完成水路货运量3510.09万吨,货物周转量271 932.47万吨千米,分别比上年上升2.46%和下降22.96%;完成水路客运量165.87万人次,客运周转量3347.35万人千米,分别比上年上升0.76%、0.44%。

海事管理

【概况】2021年,江门辖区进出港船舶30.1万艘次,水上货物吞吐量2.6亿吨,集装箱吞吐量181.5万吨,水上旅客运送量698.8万人次。全年列入统计的一般等级以上水上交通事故2宗、死亡5人、沉船1艘、直接经济损失416.25万元。

【通航管理】2021年,江门海事局加强重要活动的水上交通安全监管。联合水利、公安、交通、航道、海警、农业农村等涉水部门和佛山、中山、珠海、阳江等地海事部门,开展各类专项联合执法行动近百次。开展防范人员落水、防范船碰桥、防商渔船碰撞、涉砂石船专项整治、"安全生产月"和"安全生产五邑行"、水上无线电秩序管理等整治攻坚行动,排查并整改问题隐患27 185个,实现"两个清单"隐患动态"清零"。坚持"智慧监管"科技赋能和优势互补,运行"智管中心+智管分中心"(指挥中心+海事处分中心)模式,将江门水域划分为10个Ⅰ级、7个Ⅱ级、4个Ⅲ级监管区,实行分级管控措施,最大限度发挥智能辅治作用。2021年,智管中心和智管分中心通过智慧海事监管累计安全提醒船舶25 213艘次,查处船舶违章行为296宗。

【船舶监督】2021年,江门海事局开展船旗国监督检查1628艘次,现场监督检查2286艘次,检查覆盖率分别为6.9%、7.9%。组织春节、清明、"五一"、"端午"、"七一"、暑期、国庆等节假日涉客船舶运输全覆盖安全监督检查,有效保障旅客水上出行安全。开展载运危险货物船舶、载砂海船、运砂船舶、浮吊船、拖轮等重点船舶的专项安全检查工作,深入推进"三无"船舶整治、长期逃避海事监管船舶整治等专项行动,有力维护辖区安全形势持续稳定。

【海上防污染管理】2021年,江门市做好《江门市防治船舶及其有关作业活动污染水域环境应急能力建设规划》(2018—2025)工作的落实,初步构建船舶污染防治应急体系。对船舶防污染设备、防污染证书文书、船员实操进行检查,开展船舶燃油抽检、生活污水抽检等工作。配合推进54艘江门籍400总吨以下内河船舶防污染设备改造。配合地方政府做好中央生态环境保护督查迎检及后续问题整改工作。打击船舶非法洗砂洗泥行为。配合地方政府做好水上加油站"十四五"

▲2021年4月27日,江门海事局在江门台山市沙堤渔港水域内举行以"聚军地力量,保人民平安"为主题的江门市大规模军民海上应急搜救综合演习。

(江门海事局 供)

规划、近岸海域污染防治等相关等重点工作。

【船员管理】2021年，江门市建成全省首批"幸福船员小屋"，恩平港、山咀港、新会港3个"幸福船员小屋"获得省海员工会的命名。江门海事局"党建引领·共建幸福船员小屋，关爱船员·化解水上安全风险"项目获广东省市直机关"先锋杯"工作创新大赛三等奖。根据船员适任考试和发证规则及其实施办法做好辖区船员培训监督、考试和发证工作。是年，组织实施各类船员培训考试91期3057人次，审批核发各类船员证书3577宗。

【海上搜寻救助】2021年，江门市海上搜救中心接报并开展水上搜救行动23次，遇险人数196人，成功救助191人，搜救成功率97.45%。与2020年同期相比（开展水上搜救29次，遇险人数206人，成功救助198人，搜救成功率96.12%），遇险人数和搜救次数有所降低，搜救成功率提升1.33个百分点。

【海事服务重大项目建设】2021年，江门海事局做好黄茅海跨海通道项目施工期通航安全保障和服务，加强崖门出航航道二期工程施工期通航安全保障，助力银洲湖水域通航能力建设，做好香港惰性拆建物料台山处置区工程运输船舶水工审核和监管，加强供港抗疫物资钢箱出口的水路运输保障，以实际行动支援香港疫情防控。

【航海安全保障】2021年，江门海事局提升应急搜救装备水平，主动走访南海救助局，推动在江门设立救助值守点和建设飞机起降点。改善航保基础设施，增补2个VHF甚高频基站、1个AIS基站，在西江、潭江、黄茅海水域增加视频监控设备和小型雷达站。按权限开展海上专用航标审批和监管，全面提升台山沿海综合航海保障水平。

公路建设

【公路养护】2021年，江门市国省道里程计1899.73千米，包括国道3条424.68千米；省道19条1475.05千米。其中，江门市公路事务中心管养总里程982.62千米，包括国道3条393.36千米；省道19条589.26千米。

【公路新改建工程】2021年，五邑路扩建工程主辅道全线通车。省道S276线禄平村至锦绣嘉园段改扩建工程、国道G240线台山公益大桥加固工程已完成主体工程并通车。省道S272线华安路至育德街（建设路）扩建工程、省道S269线江海至新会段（胜利路南延段）改扩建工程、省道S271线蓬江潮连大桥加固工程前期工作有序推进。

【危桥改造及加固】2021年，江门市实施国道G240线台山公益大桥、国道G325线恩平江洲桥、国道G240线新会大前桥、省道S271线新会南昌二桥及猫山桥等危桥维修加固工程。

2021年江门辖区船舶进出港和查验情况

项目	总数（艘数）	同比去年（%）
船舶进出港	301 338	−13.2
审批国际航行船舶进口岸	207	+0.5
审批港澳航行船舶进口岸	5432	−29.1

2021年江门辖区船舶登记情况

船舶证书名称	单位	数量
船舶所有权登记	宗	152
国籍登记	宗	299
抵押权登记	宗	23
注销登记	宗	180
最低安全配员证书	份	281

2021年江门辖区船员证书签发情况

船员证书名称	单位	数量
内河船员证书	宗	2660
技术资格证	宗	9
不参加航行和轮机值班船员适任证	宗	433
服务簿	宗	54
海船船员培训合格证	宗	179
海船适任证	宗	78
游艇驾驶证	宗	164
总计	宗	3577

▲2021年6月6日，会港大道工程会乐大桥右幅主桥合龙。

（市公路事务中心　供）

【系统防范化解道路交通安全风险工作】 2021年，江门市完成"一清一灯一带"整治287处，"平安村口"整治1293个，"穿村过镇道路"整治19处。完成60千米"平安公路"示范路创建，7个重点路段的"三级"督办整治，公路安全通行能力提升。

【会港大道工程建设】 2021年，会港大道工程完成投资3.04亿元，主线右幅已完成过渡路面施工并实现交通导改，礼东立交及右幅全部桥梁工程均已完成主体施工，礼东大桥和会乐大桥施工面全面铺开。

航道管理

【概况】 2021年江门航道事务中心管理辖区航道里程1120.1千米，其中内河航道999千米，沿海航道121.1千米；维护标志970座（其中一线航标391座、代管航标579座）。主要航道有西江1、虎跳门水道、崖门水道、崖门出海航道、劳龙虎水道、潭江等，是全国内河航道规划"两横"和珠江三角洲"三纵三横三线"高等级骨干航道网组成部分。

江门航道事务中心执行《广东省航道局航道养护管理规定》《广东省航道局航标维护管理办法》《广东省内河高等级航道维护标准（2017年版）》《广东省内河五至七级航道维护标准（2017年版）》等养护制度和技术指标，加强道、标、船的维护管理，确保养护各项指标达到要求；加强航道管理，做好航道行政审批技术审查、核查和管理监督技术服务等具体事务性工作，保护辖区航道资源。

【航道建设】 崖门出海航道二期工程自开工以来，项目进度受到新会新洲围陆上纳泥区部分养殖户拒不撤场、电力设施未及时迁改以及环保审批程序批复时间长等多方面因素影响，滞后相对严重。中心紧紧结合项目进度滞后的实际情况，及时调整工程实施计划，想方设法加大设备和人员投入，层层压

▲2021年9月25—26日，在广东省交通运输行业船舶机舱设备操作工职业技能竞赛中，江门航道事务中心代表队获团体总分第二名，1人获一等奖，1人获二等奖，2人获三等奖。因承办赛事组织得力，江门航道事务中心获"突出贡献奖"。

（江门航道事务中心　供）

实责任,在确保质量、安全的前提下,加快工程进度,完成年度投资5.35亿元。

在抓工程进度的同时,中心坚持多管齐下,确保工程安全、质量与环保并重齐行,针对项目的重点难点问题——疏浚弃土抛卸监管,探索,大胆创新,开发利用崖门出海航道二期工程智慧工地管理云平台,对施工现场、船机设备进行全方位、无死角"智慧"监管,实现科学高效、精准监管,防止违规抛卸行为的发生。

【航道养护】2021年,江门市执行航道养护计划,定期开展航道巡查和现场项目管理,做好水尺、水位站维护,掌握航道水情变化,加强辖区主要航段日常水情报送和网上公布;完成崖门出海航道、西江下游、虎跳门水道、那扶河等328千米航道扫床、探测工作;开展辖区航道航标调整调研,完成西江1新成沙水域和虎跳门水道横坑水域等易发生船碰桥(船)河段的航标配布初设工作。妥善处置辖区航标倒塌失常、船舶碰撞等9起突发事件。全年,航道维护水深保证率达100%,辖区航道通航环境良好。

加强航标定期巡查,完成航标大保养1359座次,检测及维修各类灯器479盏次,更换器材147座次;及时恢复被过往船舶碰撞损坏及移位航标67座。全力做好14座在建桥梁施工河段助航标志设置及养护,继续推广航标遥测遥控技术,辖区安装遥测遥控系统的航标增至847座(含代管标),加强使用监管,处理航标遥测报警132条,更换问题RTU有33座次。

落实船舶三级保养管理制度,组织人员到东莞中心开展船舶和信息化管理业务交流,定期开展船舶技术鉴定和联检,先后做好12米级及21米级铝合金快艇建造,完成1艘汽油快艇报废处置,安排10艘船舶上排检修,加强船舶日常基础管理,严格按规定填写航行日志和轮机日志,完善船舶档案资料。全年联合检查鉴定13艘船舶,评出优秀船舶10艘,优秀率达76.92%。

【涉航管理服务】2021年,江门航道事务中心依据《江门航道事务中心航道监督检查技术服务工作规定》,认真配合省交通运输厅做好辖区与通航有关的航道行政审批技术审查、核查和管理监督技术服务等具体事务性工作。全年完成修建跨、拦、过(临)河建筑物航道技术意见复函21宗,通航水域水上水下施工作业航道技术意见复函21宗,设置专用航标和搬迁、拆除或者调整航标航道技术意见复函5宗,专用航标现场复核检测10宗,发布航道通告49份。全年开展航道巡查810次,巡查航道35 414.2千米,巡查出动2544人次,现场监管项目达53项,核查通航建筑物16次,发现并及时向交通综合执法部门通报36宗航道行政违法案件。

抓好安全生产工作,落实各项安全规章制度,开展安全大检查76次,排查各类安全隐患82宗,整改78宗,所有隐患均按"一事一档"要求建档,实行闭环管理;加大投入,开展隐患整治工作,投入经费160多万元,更新站场消防、救生器材,整治站场用电、车间及仓库、码头护拦等安全隐患;强化安全教育,开展安全教育、全员安全培训4次,举办防汛、防台、船舶碰撞桥梁等3场应急演练,培训(演练)473人次,职工安全技能和现场实操水平得到提高。全面履行监管责任,抓好辖区航道基建项目及道、标、船养护专项工程的安全监管,确保安全生产。协助有关单位做好辖区航道通航安全相关工作,排查辖区跨越高等级航道的28座桥梁助航设施的设维情况,梳理107座涉航桥梁信息,排查15座铁路桥梁的安全状况;联合地方相关部门对镇海湾、潭江水道开展8次联合巡查,清拆碍航渔网渔缯。做好春运等节假日的保通航工作,落实防洪、防台等季节性自然灾害防御措施,确保辖区航道安全畅通,实现安全生产无责任事故。

铁路运输

【城市轨道交通建设】2021年10月11日起,珠西综合交通枢纽江门站首次开行前往成都、昆明方向的始发长途跨线车,分别是:从江门站始发前往成都东站,途径广州南、佛山西、肇庆东、桂林西、贵阳东等车站;从江门站始发前往昆明南站,途经广州南、佛山西、肇庆东、云浮东、贵港、南宁、百色等车站。

【珠肇高铁江机段开工建设】 2021年12月17日，珠肇高铁江机段全线开工建设，线位起自江门市（江门站）、途径佛山市引入规划中的珠三角枢纽机场，是珠西地区第一条时速350千米高铁项目，其建设实施将推动江门、佛山、肇庆的互联互通。珠肇高铁江机段全长98.6千米，可研批复总投资约256亿元，设江门、鹤山西、高明和珠三角机场4座车站。2021年12月，广州、佛山、江门等市轨道交通主管部门及企业组建广佛江珠项目前期工作筹备组，办公地点设在江门市人才岛。珠肇高铁珠江段于2021年12月在珠海境内先行开工建设，线路南端起自珠海鹤洲站，向北经过珠海斗门、江门新会，终于江门站，正线长约48千米，项目投资约160亿元。江门段长约15千米，项目投资约40亿元。

【南沙港铁路货运工程】 2021年12月31日，南沙港铁路货运工程建成通车，该项目于2016年10月全线开工，为国家Ⅰ级、双线电气化铁路，设计时速120千米，线路全长89.24千米。线路自广珠铁路雅瑶所引出，途经江门、佛山、中山、广州4市，终至南沙港区，桥隧比达90%。

邮 政

【概况】 2021年，江门市邮政业务总量与业务收入（不包括邮政储蓄银行直接营业收入）分别为24.52亿元、30.98亿元，同比增长30.65%与23.23%；其中快递业务量与业务收入分别累计完成18 493.93万件与23.35亿元，同比增长45.87%与29.51%。江门市邮政普遍服务营业网点121个（城市网点50个，农村网点71个），行政村通邮率达100%。快递营业网点999个，快递从业人员7225人。

【邮政行业安全监督】 2021年，江门市深化"放管服"改革。做好分支机构、末端网点备案管理工作，严格落实承诺时限制度，按时完成51个分支机构备案和6家企业快递经营许可证换证延续，完成649个末端网点线上备案。

【快递业安全生产监管】 2021年，江门市快递企业开展"三项制度"、违禁品禁止寄递制度落实情况监测，督促落实安全生产责任体系五落实五到位要求，印发《2021年江门市邮政快递业应急管理工作要点》，贯彻落实《江门市邮政业突发事件应急预案》及四个专项应急预案，加强和规范安全事故事件信息报告工作，组织开展四期邮政业安全生产培训，加强重点时期、敏感事件的服务保障。抓好岁末年初、"两会"、快递旺季等重要时间节点的寄递渠道安全和服务保障，落实台风、强暴雨等自然灾害的应急预警。做好统计工作，按时完成124个调查对象统计年报审核及年度公报发布工作；组织开展统计专项检查，抽查40家企业的上报数据，其中发现5家企业存在报送数据异常情况，已下发责令改正通知书。

【快递市场执法检查】 2021年，江门市开展双随机抽查30家次，对快递市场开展行政执法检查702人次，检查企业及网点204家，下达责令整改通知书20份，约谈23起，行政处罚16起，罚款13.05万元；对邮政营业场所开展法定业务专项检查98人次，开展安全检查109人次，检查邮政营业场所80处；开展扫黄打非419人次（含邮政公司、快递公司），下发邮政普遍服务质量通报4份，责令整改通知书3份。

【邮政服务合法权益保护】 2021年，江门市推进快递员群体合法权益保障工作，明确保障快递员合理劳动报酬与收入稳定，鼓励快递企业直接用工等要求。提出对用工灵活、流动性大的基层快递网点，可统筹按照地区全口径城镇单位就业人员平均工资水平或营业额比例计算缴纳工伤保险费，优先参加工伤保险，推动企业为快递员购买人身意外保险等部署；要求寄递企业严格执行安全生产有关法规、标准要求，加大资金投入、配齐劳保用品、升级作业装备、改善工作环境。

【邮政普遍服务监督检查】 2021年，江门邮政管理局依法开展邮政普遍服务达标、乡镇局所专项整治等监督检查工作。办理行政审批1个，备案34个，检查机要营业场所21个次、机要转运接发场所5个次、邮票发行检查15处次。是年，邮政普遍服务营业场所89个，投递场所52个，实地核查78条建制村，收到建制村调查函115份，下发责令改正通知书3份，组织邮政管理部门工作人员15人次，社会监督员18人次对6套纪特邮票开展纪特邮票发行监督检查。开展信报箱专项验收检查61个18 529户。开展邮政特邀监督员社会监督活动556人次，走访消费者412人，反映问题4条，工作建议4条，形成邮政普遍服务特邀监督报告556份，监督履职有效落实。

【邮政普遍服务质量提升】 2021年，江门市按照"外防输入、内防反弹"要求，统筹做好疫情防控和寄递服务保障工作。按照"应接尽接"原则，组织专场安排9482名快递从业人员接种新冠肺炎疫苗，加紧为从业人员接种第三剂新冠肺炎疫苗。2021年1—11月，对42个普服网点、3个投递处理场所开展邮政业疫情防控期间安全生产检查。是年，与市交通局联合印发《江门市快递业"两进一出"工程试点实施方案》，全市1056条建制村实现快递服务通达，通达率为100%。与市商务局、市农业农村局、新会区供销社的沟通协调，将新会陈皮产业打造成快递服务现代农业金牌项目。市邮政公司利用邮政自有线上线下平台，支撑农村电商转型，发展"一市一品"农特产品进城精品项目。坚持"工厂＋电子商务＋快递"模式，为企业提供入厂物流和仓配一体化服务，与制造业、电商业融合发展。市邮政公司配合市商务局、江门海关等部门开展跨境电商9610出口业务，实现本地企业本地报关。鼓励支持快递企业依托江门大广海湾保税物流中心为跨境电子商务提供配送服务；引导邮政公司大力发展粤港（澳）直通道路货运。1—11月，收到申诉工单8件，对消费者提交的申诉工单均在规定时限内调解完毕并结案处理，消费者调解满意率与对处理结果满意率均为100%。开展邮政普遍服务安全生产检查，联合市交警等部门开展邮政快递业系统防范化解交通安全风险专项整治行动；联合市消防救援支队组开展春节前邮政快递行业消防安全检查；联合市应急管理局等部门开展"七一"安全防范工作联合检查；对江门市国际互换局、江门市跨境电子商务快件分拣中心开展疫情防控及企业四不整治落实情况检查；联合市公安局、市禁毒办举办邮政行业从业人员禁毒知识培训班，成立检查组赴快递企业一线开展禁毒工作检查。做好寄递渠道机要通信保密工作，重点做好重大活动寄递安全服务保障工作。对全市78个邮政营业网点（含50个乡镇局所），50个邮政乡镇投递站进行安全检查。

【邮政投递网建设】 2021年，江门市快递营业网点达999个，其中城区网点461个、乡镇网点538个，实现快递网点全覆盖。江门市增设智能快件箱111组，共880组，全年智能快件箱投递量1630.55万件。全市建成邮乐购站点873个，其中有49个设在建制村，建成智能快件箱843组，公共服务站点742个，推进"快递入区"。市邮政公司先后进驻广东南方职院技术学院服务中心、广东邮电学院江门校区，与11家快递公司合作代投、代揽快件业务；邮政企业53个乡镇转型网点安装"中邮E通"或其他邮快合作系统，与7家民营快递公司签订合作架构协议代投快件，推进"邮快合作"；台山邮政、快递企业与当地阿拉叮连锁便利店合作建成6个家邮站，丰富末端设施建设，解决"最后100米"配送难题。

【邮政助力乡村振兴】 2021年，江门市邮政管理局深入台山市都斛镇大纲村开展定点帮扶对象回访及乡村振兴督导，巩固脱贫攻坚战的胜利果实。开展开平市向北村"三结对"帮扶发展村级集体经济经营性收入调研工作，助力壮大集体收入。市邮政公司联合市政数局、市农村农业局在"江门易办事"App软件平台开设扶贫、惠农专区，合作农户有10多户，合作农产品有50多款，销售收入10万元。联合南方职业学院在校园直播平台举办20多场惠农直播活动，销售开平鸡蛋、新年花市项目等，销售订单1000多单。支持邮政公司打造邮乐站点，支撑农村电商转型。1—11月，市邮政公司共运作五个"一市一品"农特产品进城精品项目，农特产品销售额约68.46万元，带动包裹业务量约1.76万件，包裹业务收入约20.24万元。

【中国邮政集团公司江门分公司发展】 2021年，江门市普遍服务网络承载传统业务量（函包汇发）6800万件，代理速递42.91万件。业务收入情

2021 年江门市邮政主要发展指标表

项目	单位	实绩	同比（%）
邮政行业总体状况			
业务总量	亿元	24.52	30.65
业务收入	亿元	30.89	23.23
邮政普遍服务业务发展状况			
邮政服务业务总量	亿元	6.29	11.93
函件业务量	万件	378.69	−19.58
包裹业务量	万件	4.39	35.08
机要通信	万件	2.63	3.54
报纸销量	万件	3552.08	−6.3
杂志销量	万件	168.58	−3.59
汇兑业务量	万笔	0.62	−33.33
快递业务发展状况			
业务总量	万件	18 493.93	45.87
国内同城快递业务量	万件	2737.68	20.13
国内异地快递业务量	万件	15 591.89	52.57
国际及港澳台业务量	万件	164.36	−8.83
业务收入	亿元	23.35	29.51
国内同城快递收入	亿元	1.89	15.36
国内异地快递收入	亿元	12.84	33.17
国际及港澳台快递收入	亿元	3.68	14.44
其他业务收入	亿元	4.94	39.85

况：传统业务（函包汇发）13 500万元，代理速递657.5万元，代理金融50 508万元，代理保险14 958.9万元。包裹类业务发展情况：普通包裹量累计业务量3.7万件，同比上升36%，收入414.02万元，同比上升18.3%；快递包裹业务量2717.9万件，同比增幅47%，收入8536.1万元，同比增幅22.57%；国际小包业务量14.1万件，同比下降65%，收入573.45万元，同比下降63%。邮务类业务收入占公整体业务收入18.8%（含包裹、传统邮务），邮政包裹类业务量的行业占比13.01%，收入的行业占比15.72%。

信息业

综　述

【概况】 2021年，江门市信息基础设施建设稳步推进、逐渐优化，5G网络覆盖率逐步提升和深化。

【信息基础设施建设】 2021年，江门市建成移动通信基站3.7万个，其中建成5G基站5318个，基本实现江门市三区四市主城区5G网络连续覆盖。全市固定互联网宽带接入端口420.5万个，其中FTTH/O端口数370.9万个，占比达88.2%。

【5G应用发展】 2021年，江门落实《广东省加快5G产业发展行动计划（2019—2022年）》和《江门市促进5G产业发展行动方案（2019—2022）》，出台《江门市5G产业发展扶持资金管理实施细则》，组织2021年度项目申报，扶持江门职院5G产业公共服务平台、5G+智能制造产学研公共服务平台和2020年中国联通江门联通大楼2楼展厅客户专属平台新建工程3个应用项目，促进5G网络、技术、产品与应用融合。

【信息产业发展】 2021年，蔚海智谷大数据中心项目建成8000个标准机柜，其中出租3000个；迪浪大数据产业园项目顺利推进；各电信运营商均已建成高标准数据机房，为江门市智慧城市、数字政府、政务云、工业上云等大规模用云场景提供充足、可靠、高效的云资源。软件和信息服务业方面，纳入省软件协会统计的15家企业2021年实现营业收入收入12.9亿元，增长14.9%。

数字政府建设

【概况】 2021年，江门市持续深化数字政府改革建设，全市行政许可事项全程网办率95.66%、即办率达到99.51%，减时间95.40%；开通江澳、江港"跨境通办政务服务专区"，成为全国首个地级市设在境外的综合类政务服务专区，实现超400项江门政务服务事项和广东省任一地市66项高频服务事项在港澳地区"零出关"办理；推进"掌上办""自助办"，超400万江门市民使用"粤省事"，超55万江门市场主体使用"粤商通"，全市铺设669台"侨都之窗"和624台"粤智助"，为市民群众打造身边的"微型政务服务大厅"；建成广东"数字政府"政务云江门节点，全市政务云总体运算能力达到31 593核VCPU、63 603GB内存、2095.33TB存储，承载信息系统720套，信息系统上云数量及云资源使用效益居全省前列；探索数据要素市场化配置改革，发出全国首张"自然人参保缴费"数据资产凭证，激发个人信贷活力。

【政务服务标准化建设】2021年，江门市政务服务在"标准化、规范化、智能化"上下功夫，实现市、县、镇、村四级政务服务全覆盖，提供92 795项政务服务，包括依申请6类事项（行政许可、行政裁决、行政奖励、行政确认、行政给付、其他类）和公共服务事项。是年，江门市行政许可事项全程网办率95.66%、即办率达到99.51%，减少95.40%时间。市级大厅推动实现制度规范化、窗口建设标准化，修订39个管理制度，统一标志标识500多个、新增公共标志14个、优化指引导向22处、完善8类宣传展示区、新增60幅上墙及上屏宣传，梳理完善便捷服务16个，新增便民设施8个，优化服务流程3个。完成综合窗口标准化整改工作，从空间利用、物品收纳、设备摆放、文件存放、资料流转等方面开展全方位的现场整改，重新规划窗口物品摆放，规范窗口文件存放及资料流转，营造高效、规范、整洁的办公环境。在2021年首届全省市县级政务服务标杆大厅评估中，江门市行政服务中心获评市级标杆大厅，蓬江区行政服务中心、台山市行政服务中心获评区县级标杆大厅。

【政务服务"跨境通办"】2021年，江门市在澳门江门同乡会、香港五邑总会设立"江门—澳门""江门—香港"跨境通办政务服务专区，全国首创地级市政府在境外设立综合性政务服务专区。专区的开通，是江门市抢抓粤港澳大湾区、深圳先行示范区，以及横琴、前海两个合作区建设的重大历史机遇，深入推进"港澳融合"等重大部署的创新举措，广东省政务服务数据管理局将江门跨境通办专区经验作为重大成果，在2021年"泛珠三角"区域合作行政首长联席会议上向媒体发布。专区通过采用"远程视频+自助服务+人工服务"的服务模式，便利港澳市民"零出关"即可在专区办理超400项江门市高频服务，以及广东省任一地市66项高频服务，实现内地政务服务足不出港澳离岸办，打造全省乃至全国跨境通办服务样本。

▲2021年2月5日，江门市"数字政府"改革建设成果新闻发布会召开，发布江门市"数字政府"综合改革试点三年工作成果及优秀案例30强，并就有关问题答记者问。

（市政务服务数据管理局　供）

【政务服务适老化服务改造】2021年,江门市聚焦"政务服务大厅进门难"问题,丰富老年人"健康码"申报方式。对无法使用智能手机自行出示粤康码的老年人,可通过江门市健康防疫核验平台刷身份证验证健康信息,没有带身份证的老人提供纸质版健康申报表,通过手动填写健康申报表并测量体温后,通过"快速通道"进入办事大厅。目前江门市健康防疫核验平台已在24个政务服务中心启用系统,已为超1.5万名老年人提供服务。通过"五个贴心"提升老年人办事体验。由咨询导办窗口工作人员协助或者代长者预约取号;对80岁以上老人提供绿色通道服务,到专门窗口免排队办理业务,为老年人提供填报资料、资料预审、复印打印等帮办代办服务;保留传统金融支付方式。大厅服务支持现金、银行卡、微信等多种支付方式,对不会使用手机的老年人,工作人员在其同意情况下协助缴纳支付或代缴费服务;在大厅入口设置志愿者服务驿站,与市老干部大学合作招募志愿者,向老年人提供咨询、导办、代办服务。完善老年人设施配备,配备老年人常用的服务设施,包括轮椅、老花镜、日常药物、无障碍卫生间等,在高频事项区域增设老年人"爱心专座",并优化办事线路指引,方便老年人了解办事指引。通过构建"政务服务+社会服务"的"政社协同共建"方式,整合全市公益资源和力量,开展江门"政务服务摆渡人"行动,着力解决老年人、残疾人等特殊群体面临的"数字鸿沟"问题。全市共有130多个社工机构、企业、服务点和1300名多社工、志愿者加入"政务服务摆渡人"行动,向特殊群体普及政务服务知识8000多条,宣传预防电信诈骗1600多人次,代打印"粤康码"服务4800多人次,协助年审长者公交卡2600多人次,提供帮办代办服务2000多人次,开展上门服务500多人次,提升特殊群体的幸福感、获得感。

【政务服务"指尖办""掌上办"】2021年,"粤省事""粤商通"上线,覆盖社保、公安、医保、不动产、公积金、水电气等社会关注度高的政务服务事项共超1500项,"粤省事"江门实名用户数404万个,占江门市常住人口的84%,"粤商通"江门市场主体用户数超55万个,占全市市场主体数的86%,政务服务"指尖办"意识逐渐成为全民办事新潮流。2021年3月,"江门易办事"App聚焦用户习惯,深度整合地区特色服务,建设华侨服务专题,打造图书馆服务、体育场馆预约等生活服务主题,重新改版上线,日均访问量超8000人次。在全市600个服务网点布设669台"侨都之窗"自助服务终端,可办理住房公积金、社保、人社、医保、公安、不动产、卫健、民政、残联、营业执照、税务、司法仲裁等160多项政务服务事项。其中,138台"侨都之窗"还提供24小时"不打烊"全天候自助服务。除可办理江门服务事项外,还可以办理广州、佛山、东莞、惠州、河源、梅州、清远七个地市的650多项政务自助服务事项。同时,实现与湖北武汉市政务自助服务共计150多项"跨省通办"。为市民打造出"15分钟便民服务圈"。2021年"侨都之窗"业务总量超67万笔。依托8大银行540个银行网点设立"政银通办"服务专区,并选取具备条件的"政银通办"服务专区,设立"政务服务综合窗口",为市民群众打造身边的"微型政务服务大厅"。服务专区可为群众提供公积金、社保、人社、医保、公安、不动产等120多项政务服务事项无差别办理。2021年,群众通过"政银通办"专区办理的政务服务事项超过35万笔。2021年11月以来,按照省工作部署,江门在全市各行政村布设624台"粤智助"政府服务自助机,除恩平因历史原因外,其他各县(市、区)已实现"粤智助"全覆盖,"粤智助"可办理粤康码打印、身份证打印、社保卡信息查询等80多项江门事项,根据省工作通报,布署3个月以来,江门市镇街、村居"粤智助"事项办理量超4万笔,排名全省前列。

【市域社会治理"一网统管"】2021年,江门市启动新型智慧城市建设,一期启动"一网统管"、民生重点、政务服务、营商环境、智慧公安、新基建等项目建设。以江门市被省局确定为省域治理"一网统管"试点地市为契机,研究出台《江门市数字政府市域治理"一网统管"试点实施方案》,确定三年试点建设目标。启动"粤治慧"江门分平台部署,建设融合通信等基础支撑平台,开展"一网统管"社会治理创新应用,在水利、生态、应急、经济运行等重点行业领域开展智慧应用专题建设并取得初步成效：智慧水利实现综合监管，为重点水利业务场景提供全时感知、智慧管理；生态环保专题汇聚大气监测、气象条件等数据；疫情防控专题依托"一图展示"功能，汇聚网格化管理、流调队伍、隔离场所、风控地区、核酸采样点、防疫物资等数据。蓬江、台山、鹤山作为"一网统管"县（市、区）试点，加强试点工作研究。

【政务云平台建设】2021年，江门市按照全省政务云"1+N+M"的布局，建成广东"数字政府"政务云江门节点，为全市党政机关提供高性能、高安全性、高可靠性的云资源服务。2021年，全市政务云总体运算能力达到31 593核vCPU、63 603GB内存、2095.33TB存储，承载信息系统720套，开通虚拟服务器2391台，信息系统上云数量及云资源使用效益居于全省前列。根据省政数局2021年11月印发的文件，省政务云江门节点2020年项目综合评分94，并列全省排名第二位。

【政务网络安全建设】2021年，江门市编印《江门市电子政务外网网络安全管理实施细则》《江门市政务数据安全管理暂行办法》；落实庆祝建党100周年、国庆等重点时期的市大数据管理中心机房24小时值班值守；开展4次安全事件应急处置演练。

参加网络安全演练和比赛，联合相关单位组建江门市防守队，参加由省政数局、省委网信办、省公安厅等部门联合举办的"粤盾—2021"广东省数字政府网络安全攻防演练，江门市防守队总成绩全省21个地市排名第六位，获"最佳防守单位"称号。开展网络安全检查和技术培训，联合市府办、市委网信办等到市人社局、市广播电视台、鹤山市府办等单位现场检查关键信息基础设施安全工作；开展全市政务服务平台用户信息安全保护风险排查；举办市政务信息化项目商用密码应用宣贯会、全市网络安全培训等，培训超过600人。2021年江门市电子政务外网运行正常，安全态势整体评价为"良"，未发生重大安全事件。

【公共数据管理应用】2021年8月，江门市切换使用省政务大数据中心江门节点新门户，上线数据目录资源876类。推动电子证照签发，全市开通电子证照375种，签发量超3176张。通过"开放广东"平台向社会开放694个数据集，满足社会各界对政府数据的需求，促进公共数据资源的开放利用。推动数据共享在多业务领域应用，助力公安疫情大数据平台建设，配合市人事院在事业单位、雇员等公开招聘考试开考前提前掌握考生健康及核酸状态，解决老年人乘坐公交免刷"粤康码"等问题。试点实施首席数据官制度，印发《江门市首席数据官制度试点实施方案》，选取7个县（市、区）和23个有条件的市级部门先行建

▲2021年7月27日，江门市政务服务数据管理局在首届广东省市县级政务服务标杆大厅评估总结交流会议暨"我为群众办实事·政务服务大厅在行动"专项活动启动仪式上获授牌。

（市政务服务数据管理局　供）

立首席数据官制度，探索首席数据官在组织体系、职责范围及评价机制等方面的经验。探索数据要素市场化配置改革，试行社保数据资产凭证化工作，在"2021（第十六届）中国电子政务论坛暨首届数字政府建设峰会"上发出全国首张"自然人参保缴费"数据资产凭证，激发个人信贷活力。是年，江门农商行已收到个人数字资产凭证861张，完成授信审批172笔，涉及授信金额906万元，贷款余额530万元。

【数字"抗疫"】 2021年，江门市构筑疫情防控"硬"屏障，释放数字防疫技术"软"实力，交出数字"抗疫"优异的答卷。全力做好"粤康码"在本地推广应用。组建"粤康码"本地技术保障队伍，并依托"粤政易"组建全市"粤康码"红黄码处理工作群，及时响应各级各部门反馈关于"粤康码"的相关问题，由专业团队为市民解决问题，保障人员正常出行。召开线上视频培训会议专题讲解工作流程，提高各县（市、区）和相关部门工作人员对"粤康码"红黄码的响应效率。2021年为市民成功解决"粤康码"相关问题5684宗，问题解决率100%。创新防控技术手段和信息化应用，建设一图防疫应急指挥和处置信息系统，形成风险防控"一张图""一张网"。系统以粤政图为基础，以融合通信能力为支撑，全面采集关联常住人口、建筑物信息、抗疫资源大数据，集合流调队伍、隔离场所、封控地区、核酸采样点、防疫物资等重点内容，汇聚三人组人员4347人，流调队伍429人，各模块工作人员3665人及各类防疫资源，每天将防疫指标数据信息下沉至1371个网格中，实现划定目标单元最快速度启动响应、就近距离组织应急、自动发布监测信号预警、并联做出防疫资源调配，有效提升"数字化＋联动指挥"提升疫情防控处置能力。2021年3月，江门市健康防疫核验平台在各政务服务中心对外提供服务，市民只需刷身份证即可核验粤康码信息，有效解决老年人不会使用智能手机出示健康码的问题。2021年为60岁以上人群提供超13万人次的核验健康码服务，改善老年人线下服务体验。实名认证的公交卡自动检验乘客"粤康码"状态。依托省政务大数据中心江门节点，打通数据通道，实现"粤康码"信息与公交优惠卡信息进行关联。2021年6月26日起，市民持五邑通发行的学生卡、长者卡、优抚卡等公交优惠卡，刷卡时设备将自动检验乘客的"粤康码"状态，无需再次出示"健康码"，实现"刷卡验码"，帮助日均超10万人次中小学生以及老年人等群体便捷乘车，实现智慧防疫与便民出行"两不误"。

【公共资源"阳光交易"】 2021年，江门市依托"数字政府"公共服务支撑能力，以整合统一、全程电子化为建设手段，推进公共资源"阳光交易"。全市及各县（市、区）招投标交易项目成交1922宗，成交金额345.9亿元，节约金额12.12亿元，节约率3.38%；全市资产交易项目成交5264宗，成交金额234.07亿元，溢价14.57亿元，溢价率6.64%；网上中介服务超市发布项目采购公告26 268个，成交金额约13.63亿元，节约率为28.8%。在全省率先启用省库专家二维码扫码入场功能，结合"粤商通"与广东省综合评标评审专家库信息系统对接联动，于3月23日启用"粤商通"专家二维码扫码验证功能，成为首批实现评标专家到场通过"粤商通"扫描方式进场、出场电子化管理模式的试点地市。推动远程电子开标系统上线运行，于11月12日，完成全省第一宗"远程电子开标＋粤视会"线上开标项目，开标活动在线直播、远程解密、线上监督，实现开标"不见面"、投标"零跑腿"，着力破解在线交易的难点堵点。在招投标业务推出"粤企签"移动数字证书应用，轻松实现数字证书、电子投标文件在线扫码加解密。完成统一交易数据主题库数据对接，实时共享市场主题信息。配合完成"广东省公共资源交易平台——江门网站"升级工作，建立属于公共资源交易的"一门式、一网式"交易服务。完成与"粤商通""指尖办"的移动交易服务对接，为"粤商通"提供交易信息查询、办事指引以及保证金转账和查询等服务。推广应用全流程"评定分离"电子交易系统开展项目招投标。5月7日，首次利用"评定分离"电子交易系统完成"下沙公园工程（二期）项目"的电子开、评标工作。全年共完成"评定分离"项目30宗，中标价323 067.22万元。"评定分离"电子招投标系统的推行，不仅有助于大幅减少不合格和低质量的投标文件，防范"围标串标""投标挂靠"风险，还能减少外部因素对专家公正履责的干扰，便于项目标后管理，营造公平竞争、公开透明的市场环境。2021年6月建设的系统发布3宗交易公告，成交3宗，复垦指标面积约29.41公顷，成交金额22 088万元。平台的上线实现江门市复垦指标和耕地储备指标在规定行政区域范围内实行有偿流转，盘活农村的低效、闲置和废弃建设用地，推动全市指标交易阳光、健康发展。

【12345政务服务便民热线】2021年，江门市印发《江门市进一步优化政务服务便民热线工作实施方案》，着力打造12345政务服务"总客服"、协同联动"总枢纽"、社情民意"总参谋"服务品牌，如期完成政务热线归并优化工作，实现12345政务服务便民热线平台与"粤省心"政务服务便民热线平台对接，完善与110、119、120、122等紧急热线和水电气等公共事业服务热线的联动机制，实现数据互联共享。全年12345政务服务便民热线共接处市民电话99万个，同比上升20.53%，受理有效事项69万宗，同比增长9.86%，事项按时办结率达99.97%，服务过程满意率99.89%。2021年，还依托12345热线平台全省首创开通青少年心理咨询热线，为江门市青少年健康成长保驾护航；建立热线政务服务导办中心，设置热线语音导航，实现企业群众诉求精确直达；与珠海市12345热线实现"跨城通处"；打通江门市12345热线平台、社会综合治理平台和行政执法"两平台"三大平台的数据阻隔和业务障碍，推动行政执法业务数据协同共享，有效提升社会综合治理的效率和效能。同年，江门市12345政务服务便民热线接处中心被全国妇联授予"全国巾帼文明岗"称号，得到省政数局和市政府领导表扬肯定。

通信业

【概况】2021年，江门市电信业务总量54.8亿元，同比增长26.3%；电信业务收入52.5亿元，同比增长7.9%。是年，江门市固定电话用户91.7万户，移动电话用户547.6万户，其中4G用户366.6万户；固定宽带接入用户175.2万户，FTTH/O光纤接入用户164.2万户。

【中国移动江门分公司】2021年，江门移动收入能力值达33.2亿，同比增长9.6%，高于江门通信行业平均水平；收入份额58.1%，同比提升0.4pp，净利润达6.1亿元，同比增长7.4%，纳税达2.7亿元。江门移动通信客户份额达70%，家庭宽带份额达57%，电视份额达57%，集团业务收入份额达43%。

双千兆应用普及 以"5G+千兆宽带"为基础，为人民提供丰富的智慧生活应用服务。精准提供5G场景化服务，聚焦校园、集团等客户群体，不断丰富"5G套餐+终端+宽带+电视+副卡+共享"的极致融合体验，定制化提供视听网娱、餐饮美食、商务办公等VIP会员服务，推出和彩云网盘、咪咕视频等资费亲民精品应用，5G登网用户数达87.7万个，广泛满足人民对美好生活的需求。丰富千兆创新应用体验，加快普及千兆宽带，千兆宽带用户数达4.4万个；推动宽带一根线与创新应用融合，面向家庭用户提供看家安防、智能门锁等智慧家庭服务，面向物业小区提供智能门禁、智慧能耗等智慧社区应用，面向农村提供安防监控、云喇叭等数智乡村服务，面对中小企业提供专业的网络组网优化、智能店面管理等一体化服务，打造江海"云上花市、移动助农"直播、新会柑场"移动看家"监控、江门首个"全千兆"智慧示范社区（白石联合豪庭）等创新应用标杆。

数智化赋能千行百业 与市政府、5个县区政府签订战略合作协议，并设立"1个BG+五个BU"对接行业转型需求，以5G为切入加强行业应用合作创新，为千行百业筑智赋能。党政行业，参与一网统管、智慧环保等项目建设，提供5G政务专网、可信政务云等服务，为建设更高水平"数字江门"提供有力支撑。执法交通行业，深度参与雪亮工程、智慧信访、智慧停车等项目，提供5G政务专网、"边缘+云"智慧中台等服务，助力建设"平安江门"。工业行业紧跟工业立市制造强市战略部署，打造鹤山工业城、珠西新材料集聚区等项目标杆，搭建智慧园区全场景服务体系，助力构建现代产业体系。教育医疗行业，高质量完成江海景贤初中智慧校园信息化、新会妇幼 HIS 系统等项目，扎实推进医共体、智慧校园等应用落地，助力提升民生保障水平。农商文旅行业，打造小鸟天堂智能化监测系统、涉渔船舶定位、恩平智能灌溉等项目标杆，提供产业、人才、文化、生态、组织等五大振兴全要素采集服务，助力乡村治理数智化。互联网金融行业，合作开展"断卡"、系统上云等项目，提供金融大数据、网络安全、流量清洗等服务。

社会责任 2021 年，江门移动针对全市疫苗接种点和核酸采集点提供网络保障 18 次，紧急开发人流查询工具，服务群众 162 万人次。助力基层治理，推动警移合作反诈，进企业、进社区开展反诈宣传 3018 场，工作成效得到市政府和省市公安的高度认可。提供"适老服务"，针对长者开展智能手机讲解、防范电信诈骗宣传等小课程，营业厅提供无障碍通道、爱心专席、优化办理等服务。

网络建设 2021 年，江门移动新开通 5G 基站 2167 个，是上一年度的 2 倍，5G 基站规模超 3700 个新增宽带覆盖用户约 25 万户，覆盖超 240 万户，50 户以上自然村宽带覆盖率提升至 56%，新增集团专线用户接入约 0.5 万户，达 2.6 万户，新增农村用户接入近 8 万户，约 65 万户。

【**中国联通江门分公司**】2021 年，江门联通移动用户规模达 68 万户，装移修履约及时率达 97% 以上，获 2021 年工信部满意度评价行业第二名，百万用户申诉率全省第一位。强化建立本地场景化 IT 能力，流程数字化能力向一线提速赋能初具成效，经办时长缩短 46%，超时率改善 88%。全力推进省委省政府建设"数字政府"、加快推进新型智慧城市的工作部署，围绕重点领域、聚焦重点市场，中标江门台山市新型智慧城市一期项目，项目以 5G 为引领，聚焦云网融合、数智一体核心能力，打造"数据智脑引擎+场景应用"的新型智慧城市交付标杆。11 月，在江门举行"两中心两基地一平台"揭牌、签约及启动仪式上，江门联通作为首批"广东省（江门）社会智慧治理技术创新中心"受邀企业，与江门高新技术产业开发区战略合作，成立江门市社会治理数据智能应用实验室，致力于建设社会智慧治理应用孵化与创新工作，探索更多富有侨乡特色的创新实践，打造"江门样板"。

网络建设 2021 年 5G 投资达到 1.8 亿，已建成 5G 基站共 2439 个，实现 5G 人口覆盖率达到 95%，市区及 I、II 类乡镇面积 5G 覆盖率达到 96% 以上，实现 5G 网络全市基本连续覆盖，推进在全力推动 5G 网络建设同时也全力推进 4G 网络服务升级，新增加 152 个 4G 站点，解决新会圭峰北路、蓬江白沙市场等民生网络问题。

商贸服务业

零售业

【**概况**】2021 年，全市社会消费品零售总额 1278.1 亿元，总量在全省排名第 10 位；比上年增长 9.9%，增速与全省持平，在全省排第 8 位，两年平均增长 2.9%，增速高于全省平均水平 1.5 个百分点。

【**肉菜流通追溯体系建设**】2021 年，江门市建设 26 个肉类蔬菜流通追溯节点（3 个屠宰厂、1 个蔬菜批发市场、2 个农贸市场、10 个连锁超市、7 家主体企业、3 个团体单位），利用信息化手段，在肉菜流通的各个环节中进行信息记录，实现来源可追溯、去向可查证、责任可追究的肉菜流通追溯体系。全年向省级重要产品追溯公共服务平台报送数据约 217.8 万条，全省排名第五位。

【**农贸市场升级改造**】2021 年，江门市制定《江门市区农贸市场整改提升工作方案》《市区农贸市场改造升级的硬件建设标准》，规范农贸市场升级改造的场内标准和场外标准，做到有标准可遵循，营造功能完善、硬件良好的购物环境。2021 年完成中心城区 14 个农贸市场升级改造。

【**江门市商业协会**】2021 年 4 月，江门市商业协会成立。秉持"开拓、进取、和谐、共赢"宗旨，致力于做党和政府政策方针的拥护者、政府和企业的联络者、行业发展的引领者。协会现有会员企业约 130 家，覆盖江门市大型商业综合体、连锁企业、批发零售、餐饮、文旅、服务业、商业房地产、金融机构、电商平台等多个领域。

【2021江门市首届茶饮节】2021年7月至9月，举办2021江门市首届茶饮节，开展"饮茶思源巡展""品牌PK""爱心慈善行动""茶饮峰会""我最喜爱茶饮票选""免单锦鲤活动"等六大主题活动，集中展示江门茶饮行业创新发展成效。

【2021江门市"精彩·夜侨都"消费节】2021年9月17日至11月30日，举办2021江门市"精彩·夜侨都"消费节，以十大夜间经济集聚区及100个"夜侨都"示范项目为主阵地，在全省开展购物、汽车、美食、亲子、智能5G、音乐、运动、旅游等十大主题活动，发放总价值1000万元"金融助力夜侨都"消费券，拉动消费，激发市场活力。

电子商务

【概况】2021年，江门市网络零售额约260.7亿元，增长9.3%，相当于当年社会消费品零售总额的20.4%。从产品分类看，家居家装销售额占比达43.5%，医药保健、食品酒水行业增速较大。口罩、护目镜、消毒液、米面油、蔬菜等防护类产品和民生类产品成为热销产品。江门市农村区域网络零售额约83.14亿元，全市农产品网络零售额13.88亿元。网上销售的本地农产品以禽蛋、蜜饯果干、茶叶、生鲜、粮油调味品为主。江门市有26个村入选"淘宝村"、8个镇入选"淘宝镇"，显示江门市农村电商开始向集聚化发展。是年，在国内主要电子商务平台上开展零售业务的江门活跃店铺4.4万多家，从业人员5.6万多人。

【电子商务发展措施】2021年，江门市印发促进电子商务发展的若干措施。其中包括奖励电子商务示范项目、电子商务产业园区建设、电子商务产业园区引进网上经营户落户、奖励农村电子商务服务体系建设、补贴跨境电商通关物流费用、择优给予培训活动运营单位培训场地、师资费用50%的补贴和补贴电子商务企业和行业组织参加国家级电商展会。

【跨境电子商务综合试验区建设】2021年，江门市企业申报跨境电商进出口约20亿元，超额完成省下达工作任务。是年，江门市制定跨境电子商务综合试验区专项资金实施细则。其中包括支持跨境电商物流智能化建设，对提升跨境物流关键环节智能化水平的项目建设给予扶持；支持江门市行业组织、中介服务机构举办跨境电商平台、服务平台与本地企业的业务对接活动；对江门市跨境电商企业以网购保税进口方式通关，且在江门市设有跨境电子商务进口商品线下体验中心的经营企业给予一次性运营费用补贴；支持企业参加各类跨境电商展览活动，拓展商品市场。

拍卖业

【概况】2021年，江门市拍卖企业20家，拍卖企业员工103人，具有拍卖行业专业技术人员（拍卖师）37人。年拍卖会66场次，拍卖成交额4864.84万元。

粮油业

【概况】2021年，江门市坚持粮食安全党政同责，将"粮食安全"列入江门市县域经济社会发展考核评价及市级18项督查检查考核项目之一，强化粮食安全保障能力，完善体制机制，稳定粮食生产，充实政府储备，夯实设施基础，为保障全市粮食安全和应对突发事件筑牢根基。全市粮食播种面积18.6万公顷、总产量98.7万吨，落实地方储备粮规模31.1万吨，粮食风险基金筹措到位1.27亿元，社会总仓容超130万吨。全市粮油供需平衡，价格稳定。9月，省政府通报2020年度广东省粮食安全责任考核结果，江门以全省第一名的佳绩获得"优秀"等次。

【粮油产业】2021年，江门市加大政策支持力度，粮食品牌影响力和市场竞争力提升，奋力助推江门粮食产业高质量发展。江门市新会区粮食行业协会的"新会小农占"、恩平市大槐镇农业综合服务中心的"大槐侨场"、鹤山市茶叶协会的"鹤山市茶叶"、恩平市瑞丰兴农农业专业合作社集体商标的"飞机洞"等4件农产品类集体商标，获得江门市知识产权扶持专项资金资助。江门市有11家企业被核准许可使用"台山大米"地理标志证明商标，地理标志证明商标的使用企业申请地标专标取得零的突破。全市粮油行业注册商标2696件，比上年增长48%。全市纳统粮油工业企业124家，总产值达305亿元，居全省前列。

【粮食产销合作】2021年，江门市探索出"我中有你、你中有我"双赢新型的产销合作模式。全市粮食企业分别与江西、黑龙江、江苏、山东等11个粮食主产省以及中储粮、北大荒等大型央企开展共建优质粮源基地、代储代销等多种形式的产销合作。

【粮食安全监督】2021年，江门市开展粮食收购"双随机一公开"检查28次，其中联合市场监管等部门执法检查11次，检查粮食收购主体44家，遏制粮食经营者的违法违规经营行为。库存检查。组织3次全市粮食库存自查并开展专项督查，检查地方储备粮超31万吨，对发现存在问题抓好整改落实。全省政策性库存粮油交叉检查惠州市检查组对江门市进行为期8天的库存粮油检查，认定江门市地方储备粮油库存数量真实、质量良好、储存安全。全市落实检测经费17万元，抽取粮食样品277个，委托具资质的检验机构进行质量检测，检测合格率100%，严防不符合食品安全标准粮食流入口粮市场。

【粮食应急管理体系建设】2021年，江门市重新修订《江门市粮食应急预案》，补齐"米袋子"产品生产加工能力短板，全市稻谷（或小麦）日加工能力200吨（或300吨）以上的原粮应急加工企业有5家。确认省、市、县级粮食应急供应网点有81个，日供应能力大米5188吨、面粉803吨、食用油351吨；应急加工企业有30个，日加工能力稻谷2061吨、小麦1200吨；应急配送中心有4个；应急储运企业有11家，粮食应急运输车辆有360台，粮食应急日运输能力1506吨。实现镇（街道）应急供应点全覆盖，形成布局合理、运转高效的粮油保供网络。

【粮食流通基础设施建设】2021年，江门市加快推进粮食和物资仓储设施、粮库维修改造建设。规划建设广东省应急物资保障基地暨粤港澳大湾区物资储备区域库（暂定名称）；推进江门市保障粮食安全金岭粮库扩建、鹤山市粮油储备库新建、开平市粮食仓储加工及物流项目、台山市现代农业产业园珍香米业二期低温平房仓等项目建设，项目总投资8.2亿元，预计2024年可新增仓容22万吨。12月底，江门市保障粮食安全金岭粮库扩建6万吨项目建设启动，预计2023年底建成投入使用。

【粮资储备管理】2021年，江门市科学合理核定储备规模，优化政府储备区域布局和品种结构，建立必要的企业社会责任储备，落实地方政府储备粮规模31.1万吨、储备油2500吨，可满足全市常住人口半年以上市场供应量。落实"六保"任务，成品粮储备规模由1.14万吨增加到1.84万吨，可满足市区15天以上口粮消费。江门市物资储备品种主要包括救灾物资（包括帐篷类、桌椅类、被子类、衣服类、床类、应急灯类、其他类等七大类17个品种）、防疫物资（防护物资类、消杀药剂类、消杀药械类等三大类19个物资品种）以及食盐、冻猪肉、方便面等生活必需品应急物资一批。救灾物资储备为实物储备、实行"静态管理"，由各级应急部门提出采购计划，财政出资，粮食和物资储备部门负责采购、储备管理。食盐、冻猪肉、饼干、方便面等应急物资为协议储备，实行"动态管理"，由承储企业结合日常经营轮换。防疫物资则实行"动态静态相结合"的管理方式，按照全市储备规模数按6∶4比例进行自主实物储备和协议实物储备。

供销合作社业

【概况】2021年，江门全市供销合作联社系统实现销售额同比增长43.26%；实现利润额同比增长92.55%。市供销社获评2020年全省系统综合业绩考核地级市以上优胜单位一等奖第一名。台山统防统治、冲蒌助农为农带农经验做法先后在全国供销总社简报刊登，其中台山统防统治工作经验专题报送胡春华副总理，得到中办、国办的关注肯定；涉综合业绩考核一等奖第1名、农业面源污染治理工作经验等多份信息报告得到市委市政府主要领导、分管领导同志等8次的批示肯定。在2月份全省深化供销合作社综合改革工作部署电视电话会议上，陈良贤副省长在会上多次点赞江门市供销社工作，时任分管领导副市长王长青代表江门市作为全省唯一地级以上市在会上作经验介绍。5月，受中组部委托全国供销总社承办的深化供销合作社综合改革专题研究班在江门市举办，来自全国各地的供销合作社综合改革试点县（市、区、旗）党委和政府分管负责人59人参加培训，全国供销总社推荐学习供销合作"江门经验"。2021年全国总社、省供销社等领导同志先后到市供销社调研时对冷链物流等项目建设给予高度评价。9月市供销社信息《江门市深入推进夏秋病虫害统防统治工作》被省委办《广东每日汇报》第169期采用，市供销社工作继2020年7月后再次同时得到省委、市委的肯定；专报《搭建农产品产销对接"快车道"》在省委党史学习教育巡回指导工作简报上刊登；《江门市供销合作社深化综合改革成效显著，我市入选全省公共型农业社会化服务体系改革试点供销合作"江门经验"被全国供销总社推荐学习》在江门日报庆祝"七一"建党100周年专刊第T88版专版刊登宣传。2021年市供销社机关党支部被评为市直机关先进基层党组织。

【供销合作联社新型乡村助农服务示范体系建设】2021年，江门市供销合作社系统通过升级赋能现有7个县域助农服务综合平台，对接服务新会陈皮国家现代农业产业园、广东省农产品加工示范园区、江门市农产品冷链物流优势产区产业园、台山市丝苗米产业园等现代农业产业园，围绕陈皮、水稻、马铃薯等本地特色优势产业，建立起覆盖全程、综合配套、便捷高效的助农服务体系。市供销社助农服务示范体系建设工作连续两年均被省供销社系统评为优秀等次。

【供销合作联社经营发展】2021年，江门市供销合作联社按照"稳字当头、稳中求进"的要求，抓改革、稳增长、强监督、防风险，深入推进农资农技、农产品、日用品消费等传统企业转型升级，拓展电子商务、冷链物流、农技服务等新型业务，提升社有企业经营效益，2021年社有企业实现利润同比增长49.12%。

【供销合作联社综合改革】2021年，江门被列入全省公共型农业社会化服务体系改革3个试点市之一。江门市供销合作社系统坚持以综合改革统

▲2021年12月27日，市供销社领导到江门消费帮扶馆调研。

（市供销社　供）

揽全局，贯彻落实由市供销社草拟并以市委办、市府办名义印发的《江门市公共型农业社会化服务体系改革试点实施方案》，明确开展"五大联农工程"、构建"四大服务网络"、推进"六项重点工作"等目标任务，认真落实，争取政策支持，推进改革试点年度工作任务完成。与各类金融机构合作共建"银行+供销合作社+农户"合作模式，在新会区开展农产品供应链金融服务试点，全年发放助农贷款2.8亿元。

【供销合作联社助力精准扶贫和消费扶贫】2021年，江门市供销合作联社组织5家供销社社有企业投资入股省级农产品直供配送平台，打造5个市县农产品区域直供配送子平台；承接广东东西部扶贫协作交易市场江门馆和江门市消费扶贫馆建设、运营，促进扶贫产品与市场的精准对接。

【供销合作联社助推农业污染控制】2021年，江门市供销合作联社发挥农资供应主渠道作用，在做好农资保供稳价的基础上，与省供销社直属企业广东天禾农资公司合作，在新会、台山、开平、恩平合股组建农业科技服务分公司，深入推进水稻等农作物专业化统防统治，并初步建立智慧农业——病虫监测体系，为统防统治工作提供实时病虫监测和精准预报，配备国内知名品牌无人植保机300多架，开展统防统治、统配统施、无人机飞防、农技培训等服务，2021年，开展统防统治2.7万公顷、统配统施0.72万公顷，减少田间小包装农药废弃物57.96吨、减少农药使用量273.7吨，实现每亩水稻增产10%~20%。

专项贸易

【石油销售】2021年，中国石化销售股份有限公司广东江门石油分公司紧扣"高质量发展"主题，依托162座加油站、162座便利店和4座油库，开展江门石油"532"双工程，强化党建引领，围绕"效益"和"市场"两个中心，加快加油站网点发展完善服务网络布局，"新一站一策"不断优化站容站貌，聚焦服务提升，坚持为终端客户和广大市民提供高质量服务，为江门地区经济持续健康发展提供动力。

2021年，中国石化销售股份有限公司广东江门石油分公司主动承担江门地区成品油供给任务，销售成品油总量54.4万吨，同比增8.3%；支持地方绿色新能源发展，推进充换电站建设，完成10座充换电站投营、19座油站光伏发电项目，取得较好经济效益和社会效益；拓展"易捷"便利店品牌，优化商品品类，开展"易享节"营销活动，让消费者以低价享好货，为合作伙伴赋能增值，全年实现非油品营业额3.86亿元；加大与地方院校合作力度，连续4年与江门职业技术学院联合举办易捷店长班，学生68人；践行央企责任，倾力回报社会，连续10年举办"情暖驿站·满爱回家"大型公益活动，为春节"返乡摩骑"提供"1+10+X+1"免费服务，延续爱心之路。

【烟草专卖】2021年，江门市烟草专卖局（公司）下辖新会区、开平市、台山市、鹤山市、恩平市等5个县（区）级烟草专卖局（分公司）。辖区内有卷烟零售户21 793家，比上年减少415家。其中，城镇零售户15 422家，农村零售户6371家。

是年，江门市查处各类案件588宗，查获各类违法卷烟11 306.90万支，涉案案值7335.38万元；配合公、检、法部门拘留55人，逮捕32人，判刑41人。成功破获5宗国标网络案件和11宗省标网络案件。

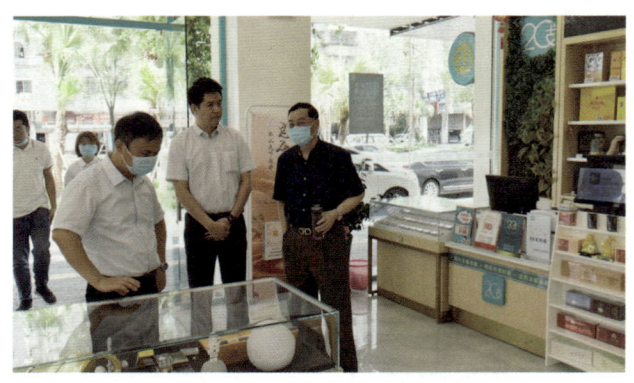

▲2021年5月27日，省烟草专卖局（公司）烟草学会领导到江门地区20支连锁店进行调研。

（市烟草专卖局　供）

专营管理　2021年，江门市烟草专卖局（公司）卷烟市场规范有序。推动"20支"烟草全零售现代网络建设，建成直营终端8家，加盟店9家，合作店24家，功能店298家；安装易灵通客户1448户，覆盖率达6.63%；改善卷烟零售户服务模式，2021年终端改造2696户，占全市客户总数12.34%，零售户经营毛利率稳定在13%以上。2021年建成室内吸烟室、室外吸烟亭15个，铺设吸烟柱1015个。

烟草公益 2021年，江门市烟草专卖局（公司）履行烟草企业社会责任，支持乡村振兴，参与社区服务、困难帮扶、环境整治，各志愿服务队参加志愿服务192次，全年捐助善款14万元，无偿献血人数达89人。

旅游业

综 述

【概况】2021年，江门市接待游客1410.34万人次，旅游收入124.83亿元，分别比上年增长42.47%和20.8%。A级旅游景区接待人数792.29万人次，比上年增长54.29%。是年，江门市有1个国家全域旅游示范区、1个省全域旅游示范区、31个国家A级旅游景区、3个省级旅游度假区、4个全国乡村旅游重点村、15个省文化和旅游特色村、4个省旅游风情小镇、9条乡村旅游精品线路、32个市级乡村旅游示范镇、57个市级乡村旅游示范村。94家旅行社，63家备案登记旅游民宿，10家星级饭店。

【旅游信息化建设】2021年，江门市文化广电旅游体育局与中国移动江门分公司开展旅游大数据合作项目，基于移动手机数据，定期对江门市旅游市场客源、游客轨迹等进行分析，编制江门市文旅大数据分析报告，为江门市旅游产业发展提供决策依据。制作"江门旅游1键通"小程序初版，接入新会、台山、开平、鹤山相关文旅资讯，并在江门市2021年全域旅游现场会进行发布。密切与江门市政务服务数据管理局对接，先后对"一部手机游江门"项目进行方案技术审查、造价评审、专家评审等环节，并已将审查报告材料及项目建设方案向市政务服务数据管理局备案。

【旅游重点项目建设】2021年，江门市重点推动开平赤坎古镇华侨文化展示旅游项目、鹤山华侨城古劳水乡项目等11个文化、温泉、滨海、电竞重大文旅项目完成年度投资计划的160%，其中赤坎古镇华侨文化展示旅游项目已基本完成入口片区岭南文化广场、游客中心及游船码头、快捷酒店、团队酒店、骑楼商业街整体工程；鹤山华侨城古劳水乡项目商业街与一期旅游区已开业运营；江门融创中国控股有限公司台山海宴滨海文旅项目5月28日完成启动区摘牌并动工；台山川岛万旅浪漫海岸项目10月21日完成项目首期供地。

【文化旅游体育融合发展】2021年10月27日，文化和旅游部公布，江门市入选第二批国家文化和旅游消费试点城市。2021年，江门市文化广电旅游体育局牵头编制《江门市文化和旅游发展"十四五"规划》，并制定了行动计划。江门市9月17日至11月30日举办2021江门市"精彩·夜侨都"消费节。携手金融机构发放总价值1000万元消费券，吸引逾150万元人次抢券。举办第二届江门直播节，组织百万流量网红在抖音、淘宝、拼多多等直播平台为"江门制造"带货。引导大型商业综合体、连锁超市、文旅景点等市场主体推出夜购、夜食、夜娱、夜游、夜宿等促销活动，满足夜间购物、文旅消费需求，扩大夜间消费规模。

旅游开发建设

【概况】2021年，江门市基本实现重点景区开通或途经公交线路，景区附近及各交通要道设置明显的交通指引标识。一批通景道路建成通车，实现景区与高铁站、城市中心汽车站等交通枢纽的无缝接驳。新会区推出江门站至小鸟天堂、陈皮村的旅游观光专线，江海区推出"江海区假日景区专线"，恩平泉林黄金小镇与高铁站连接道路建成通车，台山市打造海宴镇五丰村东南亚风情旅游区、川岛镇环岛路等一批精品示范路。新建、改扩建游客服务中心9个，蓬江区启明里、新会小鸟天堂、新会古兜温泉小镇、新会圭峰山、开平赤坎古镇、台山川岛旅游度假区等景区停车设施不断完善。

【旅游规划编制与实施】 2021年，市文化广电旅游体育局牵头编制《江门市文化和旅游发展"十四五"规划》及推动规划落地实施的行动计划，规划提出全力打造华人华侨文化交流合作重要平台、粤港澳大湾区滨海旅游新标杆、国家全域旅游示范区三大发展定位。2021年成功完成台山文化旅游集团的重组改制，构建"集团总部、专业平台、经营实体"三级管理架构，搭建投融资平台，加强文旅资源的整合和开发。

【全域旅游开发】 2021年3月26日，市2021年全域旅游工作现场会在开平召开，江门市人民政府部署全域旅游工作。现场会以实地考察+工作会议的方式进行，考察开平市大沙镇大塘面村、大沙里·欢茶谷、恒创天达智慧农旅生态园项目、赤坎古镇项目、赤坎镇侨小馆以及赤坎规划展示中心，并在展示中心召开工作会议。会议上颁发2020年度促进全域旅游发展扶持资金，发布"江门旅游一键通"，开平市就打造全域旅游驱动型乡村振兴发展模式进行经验交流，台山市介绍深化创建国家全域旅游示范区情况，为各市（区）推动全域旅游工作提供学习经验。2021年全域旅游工作现场会的成功召开振奋全市文旅系统推动全域旅游发展工作的信心，也为今年江门市的全域旅游发展工作指明方向，将能强力推动江门市全域旅游工作高质量发展。

【文旅品牌打造】 2021年，新会古兜温泉小镇被评为省级旅游度假区，启明里成功创建省级旅游休闲街区。恩平泉林黄金小镇成功创建4A景区，梁启超故居、小鸟天堂成功创建3A景区。2021年1月15日，广东省文化和旅游厅公布第二批省文化和旅游特色村名单，江门市蓬江区棠下镇良溪村、江海区礼乐街道英南村、新会区睦洲镇石板沙村、台山市端芬镇海口埠、开平市大沙镇大塘面村、鹤山市古劳镇上升村、恩平市牛江镇昌梅村成功入选。3月15日，省农业农村厅、省文化和旅游厅公布2020年度省级休闲农业与乡村旅游示范镇示范点名单，江门市鹤山香草小镇农业科技有限公司等两家企业入选。3月19日，省文化和旅游厅等4部门公布第二届"广东十大美丽乡村"系列评选活动获奖名单，开平市"山水茶乡生态旅游美丽乡村"精品线路和鹤山市古劳水乡自然人文风情线路入选"广东美丽乡村精品线路"，开平市月山镇钱岗村入选"广东粤菜师傅名村"，新会区崖门镇京梅村入选"广东文化旅游名村"，新会区会城街道茶坑村入选"广东特色产业名村"。3月26日，江门市文化广电旅游体育局与江门市人社局联合评选出江门市首批18间"粤菜师傅"旅游美食名店并予以对外公布；12月2日，石涧故事民宿、碉民部落、泊·瑞和安里等8家精品民宿入选广东省乡村民宿示范点。

旅游市场开拓

【概况】 2021年，江门市创新文旅宣传推广方式，深化文旅数字化建设。加强区域合作联动，以组织参加旅游展览、编制江门旅游宣传资料、制作有本土特色的文创小礼品等，开拓省内省外旅游市场。在展览会上进行旅游目的地营销，除播放形象宣传片、歌舞表演、上台推介、互动抽奖等常规项目之外，还增添富有生活味、趣味、人情味的现场互动环节。抓住重大节日、黄金周、假期等时机，与广州广之旅国际旅行社股份有限公司和上海春秋旅行社有限公司合作开展旅游营销，推广江门市旅游资源，招揽省内省外游客到访江门，深度宣传推广"中国侨都·诗邑江门"文旅品牌形象。

【旅游宣传营销】 江门市文化广电旅游体育局与广州广之旅国际旅行社股份有限公司合作开展"20城联动·千团游江门"活动，共同打造一系列兼具江门地域特色、强文化属性以及假日民俗色彩的产品。活动吸引13 520名游客参与，组团约330个，实现营收额约650万元。江门市文化广电旅游体育局与上海春秋旅行社有限公司合作开展"长三角游客江门专线游"活动，2021年4月28日，在蓬江区启明里举办"长三角游客江门专线游"启动仪式，采取多项奖补政策极大促销招徕力度。如"6省联动游江门"对6家旅行社奖补共180万元，到对口省份进行宣传推广，共组织省外游客近3200人游览江门；"湾区联动游江门"活动对

8家旅行社奖补共80万元，到对口省份进行宣传推广超过24次，并组织省内游客到江门市参观游玩超过320人。

【创新推广方式】2021年，江门市文化广电旅游体育局开通抖音号、视频号等短视频宣传平台账号，拓展宣传渠道，做好"江门文旅"公众号运营管理工作。是年，"江门文旅"公众号坚持每月至少推出1条阅读量超过1万的精品微信推文，公众号在南方号月排行榜均在前10名。制作江门文旅读物《诗邑江门》和《江门：转身遇见》系列文旅音乐作品，以创意画作、趣味文字、流行音乐等形式，生动展现江门历史文化和旅游景观。各县（市、区）结合本地特色，打造系列宣传产品，如蓬江区制作红色蓬江旅游地图、蓬江印象折页，新会区印制《新会红色文旅线路手绘地图》等。

【旅游区域合作】2021年4月28—29日，江门市组织到澳门举办江澳"开新局·展新貌"对接会，市文化广电旅游体育局牵头组织市领导拜访澳门旅游局。组织有关文旅企业参加4月23—26日广东省文化和旅游组织赴湖北武汉、襄阳举办广东文化和旅游主题推介活动。5月17日，崇左市文化和旅游局在江门市举办"5·19"中国旅游日崇左文化旅游公益惠民暨文明实践活动启动仪式。组织各县（市、区）文化广电旅游体育局、江门市旅游行业协会及各旅游企业参加澳门旅游展、广东省国际旅游博览会和深圳国际文化产业博览交易会等湾区大型国际文旅展销活动。

旅游行业管理

【概况】2021年，江门市登记在册旅行社94家、星级饭店10家、民宿63家；开展旅游行业专项检查12次，出动执法人员600多人次，检查旅游经营企业150家次，立案查处相关案件1宗，宗妥善处理旅游投诉，没有发生行业安全事故。受新冠肺炎疫情影响，旅行社普遍经营困难。

【旅游安全管理】2021年，江门市文化广电旅游体育局坚持提高站位、提前谋划、提早行动，把行业安全生产与疫情防控同部署同落实，全面压实"责任链"，落实常态化安全生产管理和疫情防控措施，在节假日和重要时段开展专项督查，及时排查整改风险隐患，江门市文旅体行业未发生安全生产、疫情相关事件。

【旅游质量监管】2021年，江门市文化市场综合执法部门开展未经许可经营旅行社业务专项整治行动，立案处罚1宗，46件旅游投诉全部妥善处理，为旅游消费者挽回损失17.6万元，较好维护江门市旅游市场秩序。

【旅游人才培训】2021年，江门市文化广电旅游体育局先后开展旅游安全宣传和应急救援演练活动、江门市地接导游能力提升、江门市旅游服务质量提升、旅游服务标准化等质量培训活动，不断提升旅游从业人员和旅游企业的服务质量水平和管理能力，顺应人民群众日益增长的多层次旅游消费需求的发展潮流。

【旅游标准化建设】2021年10月，江门市文化广电旅游体育局举办江门市旅游服务质量提升和标准化管理培训班，全市文化和旅游管理部门分管领导、业务骨干及旅游经营单位相关负责人员90人参加培训。培训围绕旅游标准化管理和提升旅游住宿服务质量等专题进行授课，系统学习旅游质量标准体系建设、提升旅游产品供给质量、提高旅游服务管理水平、塑造旅游品牌整体形象等内容，提高旅游从业人员服务能力素质。

文 化
WENHUA

教 育

综 述

【教育信息化】2021年，江门市强力实施信息化工程，融合创新取得新发展。启动基教网升级改造，搭建"江门智慧教育云平台"。完成江门市教育责任督学挂牌督导信息管理系统和江门市直中小学（幼儿园）招生预报名系统立项采购工作。深化"三个课堂"应用，开展国家课程数字教材应用全覆盖项目，开展"网络学习空间人人通"试点区应用普及活动。推进"三通两平台"应用，并利用平台举办多场的线上教育教学活动。江门市教师发展中心获得省中小学科技劳动教育实践活动"优秀组织单位"，2021年先后组织多期江门市新媒体新技术教育教学应用系列培训，充分利用信息技术手段直播到各县（市、区），培训教师上万人次。

【扶困助学】2021年，江门市各学段贫困学生享受国家政策资助人数11.3万人次，资助金总额1.72亿元，没有因贫失学或因学致贫情况发生。其中，资助家庭经济困难学前儿童、孤儿和残疾儿童4153人次，发放资助资金207.65万元。资助义务教育阶段学生21858人次，发放生活费补助资金853.81万元。义务义务教育农村学校营养改善计划江门市试点为台山市，2021年投入资金233.77万元到中等职业学校免学费政策和国家助学金制度，中等职业学校学生享受免学费政策5.7万人次，补助资金11151.42万元，国家助学金资助中等职业学校学生4301人次，发放429.9万元。中职国家奖学金共58名同学通过教育部评审，奖金34.8万元。资助普通高中在校生中家庭经济困难学生7040人次，发放国家助学金704万元。2020—2021学年，资助普通高中家庭经济困难学生和高中阶段学校困难转复退军人子女（江门市政策）61人，补助资金4.63万元。2021年在江

2020—2021年江门市生均一般公共预算教育事业费支出增长情况

普通小学（元）			普通初中（元）			普通高中（元）		
2020年	2021年	2021年比2020年增长（%）	2020年	2021年	2021年比2020年增长（%）	2020年	2021年	2021年比2020年增长（%）
11697.20	11773.39	0.65	16725.11	15891.15	-4.99	15816.83	17108.10	8.16

2020—2021年江门市生均一般公共预算公用经费支出增长情况

普通小学（元）			普通初中（元）			普通高中（元）		
2020年	2021年	2021年比2020年增长（%）	2020年	2021年	2021年比2020年增长（%）	2020年	2021年	2021年比2020年增长（%）
1810.96	1919.05	5.97	2684.35	2509.59	-6.51	1832.56	2407.79	31.39

门市普通高中学校就读的外省建档立卡、农村低保家庭、农村特困救助供养学生免除学费2160人次达288.91万元；免除残疾学生学费131人次达25.77万元，共计314.67万元。2021年资助江门市建档立卡家庭经济困难义务教育、高中阶段和大专学生，本科和研究生共5671人次，发放生活费1945.50万元；普通高中和大专、本科和研究生学生免学费1351人次，免学费补助资金615.89万元。全市办理生源地助学贷款共2930人，发放贷款2652.61万元。是年，五邑慈善高考助学、江门慈善"蒲公英关爱行动"高考助学、江门农商银行2021年奖优助学、广东骏贤集团有限公司高考助学资助高考成绩优秀及家庭困难学生334人，发放资金116.1万元。

【新疆高中、西藏幼师班开办】 2021年，江门市培英高级中学承接内地新疆高中班学生169名。内地新疆高中班16个，在校学生643人。是年，内地新疆高中班毕业生157名参加高考取得优异成绩，本科入围率91.72%，其中努尔扎提·努尔麦麦提同学被中国人民大学录取，迪力胡玛尔·吾斯曼被中央财经大学录取，艾克然木·巴哈衣丁、迪力亚尔·木合坦尔同时被中国人民公安大学录取。在学校领导班子的正确领导下，以立德树人为根本目标，以促进各民族学生团结和谐、健康成长成才为出发点和落脚点，把培养新疆生的政治思想品德和安全意识放在教育教学工作的首位，在日常教育教学管理同时，采取严格的疫情防控措施，确保新疆学生的健康生命安全。新疆部严红丽主任被评为"广东省优秀共产党员"。11月举行"新疆学生成长导师制"活动，并组织全体新疆同学走进台山，到"林基路故居"参观学习，开展"党史学习专题教育"实践活动。春节期间举行丰富多彩的校园活动：学生才艺比赛，新疆生软硬笔书法比赛，除夕学生包饺子活动，师生同乐守岁看春晚活动，大年初一周佩珊副市长、梁钊俊局长以及校领导慰问留校师生，给全体新疆生派发红包，大年初四观看冬奥会开幕式，还举行趣味运动会等。让全体新疆生和留校管理老师渡过一个愉快而有意义的寒假。

基础教育

【学前教育】 2021年，江门市有幼儿园642所，在园幼儿15.82万人，适龄幼儿学前三年毛入园率108.84%。江门市大力推进学前教育普惠优质发展，是年，全市公办幼儿园在园人数占比53.72%；公办和普惠性民办幼儿园在园人数占比85.79%。

【义务教育】 2021年，江门市有义务教育阶段学校507所，其中小学326所、九年一贯制学校53所、初中94所、完全中学31所、十二年一贯制学校3所；其中民办学校40所。全市义务教育阶段学校普通在校学生51.2万人，其中，小学36.01万人、初中15.19万人。民办学校在校生为6.84万人。小学学龄儿童入学率100%，小学五年巩固率99.03%；小学毕业生升学率100%。初中阶段教育入学率100%，初中毕业生升学率99.22%，九年义务教育巩固率99.47%。小学辍学率0，初中辍学率0。

【普通高中教育】 2021年，江门市普通高中学校50所，其中完全中学28所、高级中学17所、十二年一贯制学校3所，在校学生8.49万人。全市高中阶段教育毛入学率98.99%。

【特殊教育】 2021年，江门市有特殊学校7所，义务教育阶段适龄残疾少年儿童在校学生有2228人，保障适龄残疾儿童少年受教育权利，做好开展未入学残疾儿童少年核查和安置工作，三残儿童入学率114.7%。

【民办教育】 2022年，江门市各级各类民办学校363所。其中，大专院校1所、中等职业学校1所、普通高中2所、完全中学5所、十二年一贯制学校2所、九年一贯制学校20所、初中1所、小学5所、幼儿园326所。民办中职学校在校学生2884人，普通高中在校生7139人，初中在校生2.24万人，小学在校生3.47万人，幼儿园在园幼儿7.4万人。江门市民办教育已覆盖学前教育、义务教育、高中阶段教育及高等教育等各个阶段，增加教育服务供给。稳妥推进规范民办义务教育发展和"双减"工作，按照"一县一策""一校一案"的原则，推动全市义务教育阶段学校课后服务全覆盖、有需要的学生全覆盖；狠抓校外培训机构整治，开展多轮减轻校外培训负担专项执法检查行动，实现对全市所有校外培训机构监管全覆盖。

【基础设施建设】 2021年，江门市投入各级各类学校基本建设计划资金198 372万元，完成投入资金200 002.2万元，完成率100.82%。施工建筑面积806 967.35平方米，竣工建筑面积531 731.35平方米。完成教学及辅助用房建筑面积288 312.95平方米（其中，教室面积106 521.95平方米、图书馆面积4082平方米、实验室及实习场所面积24 839平方米、体育馆面积17 341平方米、其他面积135 529平方米），行政办公用房建筑面积27 917平方米，生活服务用房建筑面积162 386平方米（其中，学生宿舍面积107 976平方米、教工宿舍面积12 275平方米、食堂面积28 192平方米、其他面积13 943平方米）。完成其他用房建筑面积53 115.4平方米。全年新开工建筑面积400 361.35平方米，全年新增土地面积191 739平方米，全年新增固定资产165 063.8万元。

【教师继续教育】 2021年，江门市推进实施"新强师工程"，建立完善学校、县（市、区）、地市三级责任联动的培养机制，构建横向覆盖全员教师、纵向贯通教师队伍的梯次培养体系。江门市建强用好省市两级37个"三名"工作室，发挥示范引领作用，2021年入室培养骨干教师、校（园）长423人，为建设高层次教育人才奠定坚实基础；继续实施第五批名教师名校（园）长培养项目，重点培养30位教学具有独特风格的名教师，30位具有卓越领导力的名校长；完成江门领雁教师培养项目，在江门培养一批教育领军人物，项目开展期间学员研修成果丰硕，50名学员中被评为正高级教师的有8人、特级教师4人、省级名教师（名校长）工作室主持人4人；获得广东省教学成果一等奖1项；江门市教学成果一等奖3项；出版个人专著6部，发表论文82篇；主持或参与各级各项课题33项；启动中小学名班主任培养项目，培养30位名班主任；举办"五邑名师大讲堂"系列展示活动，发挥名师的示范引领作用，以解决"双减"背景下学校教育教学中遇到的问题为突破口，提升广大教师课堂教学、作业设计、班级管理、学校管理等方面的能力。分类分层组织继续教育培训项目，提升教师队伍专业化水平。实施校长领导力提升工程，提高学校管理水平，组织开展初中校长任职资格培训，对127名新任或拟任校长展开为期两年培训；举办高中阶段学校校长领导能力提升培训、推进"深化新时代教育评价改革总体方案"落地培训班、校本研修示范项目典型经验交流会以及小学校长专题培训班，587名中小学校长参加专题培训；开展基础教育系统"青蓝工程"培训，系统培养学校教育后备管理干部60人。实施骨干教师培养工程，推动教育教学改革，实施学科组长教研能力整体提升培训项目，2021年已培训语文、数学、英语三类学科组长共500人培训；实施乡村骨干教师支持计划，2021年已培训语数英教师150人；开展思政课骨干教师培训，指导思政教师深入理解《习近平新时代中国特色社会主义思想学生读本》编写意图和价值导向，准确把握读本内容体系和教学重点，落实好用习近平新时代中国特色社会主义思想铸魂育人的要求，2700名思政课骨干教师参加培训；举办信息技术应用能力提升工程培训，完成试点学校管理团队、研训团队及专家成员共602人培训，为深入推进提升工程2.0打下扎实基础；举办新媒体新技术教育教学应用系列培训，200多人参加线下培训，19 437人参加线上培训。另外，通过信息技术能力提升工程、专业课远程培训以及校本研修三大项目实现全市4.7万教师培训全覆盖。

【学生素质教育】 2021年，江门市加强心理健康教育工作，创建心理健康教育特色学校36所，建设江门市中小学生心理健康素养平台，开展"阳光成长"中学生心理健康服务活动，开展心理健康教育讲座6场，跟踪个案5个。推进普及劳动教育，把学生参加劳动实践内容纳入中小学相关课程和学生综合素质评价，评出36所市劳动教育示范学校和劳动教育基地，创建2所省级劳动教育基地，6所省级劳动特色学校。开展江门市"劳动创造美好生活"为主题首个劳动教育周活动，全市开展劳动教育主题班会8062场次,家庭劳动实践477 753次、学校集体劳动活动2128场次、劳动教育成果展示677场次,劳动心得体会297 685篇、评选出25 290名学校劳动标兵,展示江门市的特色劳动教育成果。推进综合实践育人工作,开展研学实践、志愿服务等综合实践教育。

【德育工作】 2021年,江门市加强党对思政教育工作的全面领导,统筹协调市领导干部上思政课。全市549所中小学校组织落实校长书记"思政第一课",参与学生70万多人,参与率达100%。组织发动全市中小学开展"从小学党史·永远跟党走"主题系列教育活动,推动习近平新时代中国特色社会主义思想进校园、进课堂、进学生头脑,厚植红色基因。以活动为载体,推进党史教育进校园。举办全市思政教师和班主任"学党史·讲党史"思政课程展评活动,培养和选树一批市级思政名师。参加省"同上一堂党史课"教学展示交流活动取得两个省一等奖的好成绩。全市小学、初中、高中、中职5个课例入选省思政课优质建设课程。

【体卫艺教育】 2021年,江门市开足开齐体育与健康课,保证中小学生每天1小时校园体育锻炼,确保每天30分钟大课间活动,培养学生掌握1到2项体育运动技能。大力推进校园足球和游泳等项目普及,开展传统、优势、民族、特色运动项目。加强学生体质健康水平测试和监管,确保学生体质健康优良率达45%以上。结合学校体育高质量发展要求,举办好校园足球、排球、篮球等9项中小学生比赛。33所学校和幼儿园被评为全国青少年校园足球特色学校(幼儿园)。台山沙滩排球代表队参加全国学生运动会获中学男子组第二名好成绩。加强近视防控工作,举办2021年江门市儿童青少年近视防控骨干培训班,创建3所省级近视防控示范校,相继组织开展2021年春季学期近视防控宣传教育月活动等爱眼护眼宣教系列活动。构筑免疫屏障,组织师生接种新冠病毒疫苗。2021年江门市教育局围绕迎接和庆祝建党100周年,面向全市中小学生先后举办"翰墨飘香谱华章"江门市中小学师生优秀书法作品展,"共筑中国梦,永远跟党走"管乐比赛、合唱比赛、民乐比赛和江门市第七届中小学生艺术展演活动等20多项艺术教育活动,全市11 486名学生和1500多名教师参与到各项美育活动中。江门市开展国防教育,落实组成教官采用入校的开展日常军事训练工作方式,保障江门市高中军训工作的正常开展。

【校园安全教育】 2021年,江门市教育局推进学校安全管理工作。以创建"平安校园"为抓手,密切与多部门合作,扎实推进中小学幼儿园安全防范建设三年行动计划达标建设,确保教育系统安全稳定,取得显著成绩:市教育局全面贯彻落实国家及省、市关于疫情防控、学校安全和教育工作的各项会议精神和工作要求,落实和指导各级教育部门和学校各项工作开展和完成情况,做好做细各项工作,取得显著的成绩。在2021年中共广东省委教育工作委员会致江门市委、江门市人民政府的感谢信中,省委教育工作委员会对江门市委、市政府全面贯彻党的教育方针,落实立德树人根本任务,维护教育领域政治安全和意识形态安全,统筹抓好疫情防控和教育改革发展取得重要成绩,没有发生校园聚集性疫情,圆满完成收官之年教育重点工作任务给予充分肯定并致谢。市教育局组织创建2021年度广东省防震减灾科普示范学校总数全省排名第四位,受到广东省地震局广东省教育厅通报表扬。市教育局在全省开展《广东省学校安全条例》知识竞赛中获"杰出贡献奖",在总评分全省排名第三位。市教育局全面落实及指导全市各级教育部门和学校、学生参与国家禁毒办、教育部组织开展的2021年全国青少年禁毒知识竞赛。学校参与率、学生参与率均达100%,总分、答题成绩满分率、及格率和平均分全省排名第一位。江门市教育局2021年度江门市食品安全工作评议考核等级为A级。市教育局安全保卫科2021年被中共江门市直属机关工作委员会评为模范机关创建先进单位。

【江门一中】 2021年,江门一中获评"全国青少年标准化科普教育示范学校""广东省中小学教师校本研修示范学校""2021年度广东省空军招飞工作先进单位",获"第三十六届广东省青少年科技创新大赛'组织工作特别贡献奖'""江门市2021年高中阶段教育质量管理（教育质量先进学校特等奖）"等。全方位加强党史学习教育，整体上强化规章制度建设，高标准推行教育集团教师培训计划，多层面优化"启超学院"尖子培优体系，立体化推进扩容增效工程建设，打造科创中心全市科普示范基地，建成教学楼、科创楼、教师公寓，启动教师宿舍改造为学生宿舍项目建设。坚持立德树人，加强思政教育，提升校园文化建设品质，实现德、智、体、美、劳"五育并举"，实现全员、全程、全方位育人管理。学生参加德体艺比赛获国省市特等奖、一等奖超123人次，囊括足球等球类比赛市团体冠军，管弦乐队获市赛一等奖，合唱队获市赛金奖。教师获中小学班主任基本功展示交流活动省一等奖，参加全国展示交流获市"学党史·讲党史"思政课程展评活动高中班主任类一等奖1人，获市优秀教育案例一等奖1人、二等奖3人，获市教育论文一等奖4人、二等奖1人。深化"导学式生成课堂"教改教研，扩大高效课堂品牌效应。16科教师参加青年教师大赛获市特等奖7个、省决赛一等奖（第一名）1个、二等奖3个、三等奖3个，获高中语文优质课例（说播课）展评活动市一等奖2人，获市高中教师教学基本功比赛一等奖3人、二等奖13人。学生获五大学科竞赛省一等奖7人、二等奖42人、三等奖55人，获科创比赛国省市集体奖超20项、单项奖超117人次。2021年高考特殊类型招生录取控制线842人，上线率达70%。600分以上229人，1名学生被清华大学录取，1名学生书法类合成总分全省第一名，空军成功出飞1人，高考升学人数稳居五邑首位。

职业教育

【概况】 2021年，江门市全市中职学校（不含技工，以下相同）17所，其中民办中职学校1所、体育运动学校2所，在校生3.25万人。国家级重点中职学校9所、国家中职教育改革发展示范学校3所，省级示范性中职学校4所、省级重点中职学校2所；承担全国制造业和服务业技能型紧缺人才培养培训工程任务的学校2所；全国重点建设专业1个，全国数控技术职业教育实训基地1个；省级以上重点建设专业（点）22个，9所中职学校19个专业开展广东省"双精准"示范专业建设；学生基本技能和专业水平提高，毕业生就业率96.39%；举办年度江门市中等职业学校学生专业技能大赛，江门地区11所中职学校超过600人次完成48个项目的比赛，形成"以赛促学、以赛促教、以赛促改"的产教融合新格局。

【中职招生】 2021年，江门市中职学校计划招生数10 680人，已完成招生数12 745人，招生计划完成比例为119.34%。

【职业技能竞赛】 2021年，江门市举办2021—2022年度江门市中等职业学校学生技能大赛，江

2021年江门市学校基本情况表（不含高等教育学校）

类别	学校数（所）	班数（个）	招生数（人）	在校数（人）	毕业生数（人）	教职员工（人）		校园面积（平方米）	
						合计	专任教师	占地面积	建筑面积
幼儿园	642	5107	54 501	8150	50 921	20 178	10 231	2 039 015	1 485 628
小学	326	8510	60 154	360 059	56 393	19 478	18 417	6 278 916	2 542 850
初中	94	3304	54 042	151 976	47 808	12 066	10 991	5 893 608	2 420 628
高中	50	1694	29 427	84 916	27 076	7389	6460	3 323 766	2 097 204
普通中学	144	4998	83 469	236 892	74 884	19 455	17 451	9 217 374	4 517 832
特殊教育	7	97	399	2228	478	272	260	98 832.63	60 184.58
中职学校	17	786	12 745	32 533	10 068	2005	1698	1 177 763	613 334.2

（注：此表为江门市幼儿园、中、小学、特殊教育、中等职业学校等统计数据整理而成，其中"普通中学"栏目数据为初中、高中两相同栏目数值之和。）

门地区11所中职学校超过600人次完成48个项目的比赛，形成"以赛促学、以赛促教、以赛促改"的产教融合新格局。经过激烈角逐，大赛共决出一等奖59个、二等奖84个、三等奖107个，获得优秀指导教师称号教师401人次，共有388名学生48个赛项代表江门市参加省技能大赛。

【**职业教育交流合作**】2021年，江门市加强粤港澳高职院校的交流合作，促进双方融合发展。江门职业技术学院与澳门旅游学院签署合作协议，探索共建粤港澳大湾区旅游行业资格标准，共同促进旅游人才培养，与澳门旅游学院共同牵头，成立粤港澳大湾区旅游职业教育联盟，江门技职业学院为联盟副主席单位。深化产教融合，与香港新向阳国际教育集团共建产学研基地，并开展订单人才培养。广东江门中医药职业学院与香港职业教育培训机构合作交流。学院与香港职业发展服务处联合申办香港政府资助的"香港—内地青年交流项目"，双方交流紧密，就专业知识及高校教学实务技巧等方面进行培训。自2018年起实施中德职业技能人才交流项目，开展中德护理交流合作，项目面向中、高职毕业生开展，培训9人。通过该项目的实施，搭建工薪家庭孩子赴德国学习、就业的通道，学习德国医院或养老机构的工作经验和管理经验，将来回国服务于国内正在起步的医疗、养老事业，为中国的养老产业积蓄人才。推动广东江门中医药职业学院与澳门镜湖护理学院签署合作备忘录，开展中医药与护理教育交流与合作。广东南方职业学院与香港城市大学签署合作协议，开展教学活动，加入粤港澳大湾区职业教育产教联盟；学院与香港沙田商会就智能制造与金融会计等方面共商合作；广东南方职业学院与澳门大学、澳门科技大学进行交流合作，学生会参加澳门学联年度盛会；学院派出501名学生117个项目参加第四届中国"互联网+"大学生创新创业大赛广东省分赛暨第二届粤港澳大湾区大学生创新创业项目对接洽谈活动，成果丰硕。

【**江门市职业技术学院**】2021年，江门市职业技术学院多措并举突出营造宣传学习氛围，先后召开党委会部署会议9次、讲授专题党课80多场次，开展"新学期思政第一课"。邀请江门市市长等领导、专家开展校级专题宣讲17场次。组建党史宣讲队伍，开展宣传学习活动600多场次。特色亮点获人民日报等省级以上主流媒体报道60篇次（其中，26次登上中宣部"学习强国"），简报获省委巡回指导组采用4篇，简报报送工作受到省委教育工委通报表扬。2021年，江门市职业技术学院获全国易班共建单位、广东省共青团工作先进单位、省暑期"三下乡"社会实践活动优秀单位等荣誉，师生分别获得"全国社会实践活动重点团队""广东省优秀共青团员""广东省优秀学生骨干"等荣誉。

重点任务建设 江门市职业技术学院制定"十四五"规划时期8个方面25项重点工作任务。抢抓机遇、提前谋划、反复打磨，全力以赴争创省域高水平高职院校。广东省"创新强校工程"考核中成绩为A类学校第20名，获得创记录的1046万元资助。获得广东省高职院校高水平专业群建设项目3个（累计6个，总量并列全省排名第15名）。获得国家教材二等奖1项，实现教研项目"国字号"奖励零的突破。

思想政治教育 江门市职业技术学院制定《"三全育人"工作方案》，推进"课程思政360"改革，制定学校课程思政建设方案，邀请专家作专题报告，深化思政课程和课程思政建设。加强队伍建设，足额配齐辅导员和思政课教师岗位编制。党委书记在全国职业院校治理能力提升专题研讨班上做校本实践案例分享。本校教师斩获教育部人文社会科学研究项目1项、省教育科学规划党史研究项目2项；省思政课青年教师教学基本功比赛、高校军事理论课教学比赛均获二等奖，获奖数量和层次实现"双突破"。

师资队伍建设 江门市职业技术学院出台和修订相关制度，育才引才并驾齐驱。鼓励100多名在职教师攻读博士学位，大力引进高层次人才。破立并举，落实教育评价改革，修订《职称评审管理办法》，引入第三方评价，拓宽成果认定范围。新增高级职称教师11人、博士8人，省教学名师、南粤优秀教师各1人，优秀教学团队3个。教师在教学能力、美育教师教学基本功等大赛上屡有收获。

学生竞赛 "挑战杯"省赛成绩保持在高职院校全省前5名，获得特等奖1项、一等奖5项，连续7届收获"优胜杯"。获得省"互联网+"大学生创新创业大赛银奖1项。职业院校学生专业技能竞赛国家级赛事三等奖，省级赛事一等奖15项，获奖数量位列全省前茅。

招生就业 新增现代学徒制试点2个，与企业合作开展订单培养专业22个。录取新生6225人，报到率达90%。多措并举促就业，初次就业率达99.3%，平均薪酬3977.26元，创业率达到8.06%，均位居全省同类院校前列。学校再次获评为广东省普通高校毕业生就业工作先进单位。

校企合作 江门市职业技术学院探索构建升级版"政校会园企+侨"协同联动机制。高起点推进与华为的深度合作，探索建设鲲鹏学院、鸿蒙学院，形成"校—城—群—链"融合发展模式。深入推进朝阳学院、温泉学院等建设，加强与海信电子、德昌电机等合作。入选广东省职业教育"十三五"产教融合优秀案例4个。

社会服务 江门市职业技术学院推动科教融合，新增省部级项目12项，科研到账经费602.28万元。谋划申报广东省大学科技园，提升学校科技创新和服务水平。结对促进恩平基础教育发展，职教帮扶西昌民族幼儿高等专科学校。获得省科技厅通报表扬农村科技特派员1名。依托广东省职业院校"双师型"教师培训基地等平台开展培训项目，全年培训达73 863人日，社会服务创收额达到1080万元。

校园文化 建设江门市职业技术学院录制的

2021年江门职业技术学院基本情况

教职工（人）	748
在校学生（人）	15 953
招生（人）	5696
毕业生（人）	4266
建筑面积（万平方米）	372 378.4
教学设备（万元）	15 439.95
图书（万册）	98.9752
实验室（间）	219
专业设置（个）	55

"品读红色家书"节目得到市主要领导点赞。原创红色话剧入选省委教育工委"庆祝建党一百年·践行核心价值观"优秀案例。学校成为全国唯一拿下教育部第三届"迦陵杯·诗教中国"全国总决赛大学生组一等奖的高职院校。制作"云游延安""习思广e"系列微课堂视频在官微传播。学校官微位列中国青年报2020—2021年度全国高职高专官微百强榜第25位，连续四年获省高职高专新媒体传播影响力一等奖。

【**广东江门中医药职业学院**】 2021年，广东江门中医药职业学院在校学生10 299人，毕业生总人数为1708人，就业率达93.21%。学校设马克思主义学院、中医学院、南药学院、医学技术学院、基础医学院、护理学院、临床学院、食品学院、继续教育学院等9个二级学院31个专业，其中中医学、针灸推拿、临床医学、预防医学等4个专业为国控专业。中药学、中医康复技术、现代家

▲2021年5月31日，广东江门中医药职业学院陈皮产业学院在广东陈皮人家贸易有限公司农业文化创意园揭牌成立。

（广东江门中医药职业学院　供）

政服务与管理等3个获评为省级高水平专业群，中药学为省二类品牌建设专业，2021年获创新强校考核C类学校第一名。获省级以上荣誉47项，各类课题立项77项。

是年，学校率先建成中医康复技术教学资源库，实习合作医院扩展到70多家，药学类实习单位，合作实习单位达120多家，建设有20个实训中心，与省内100多家医疗机构、企业共建实习、实训基地，为学生技能训练提供良好条件。学校建成馆藏1600多种中药标本的中医药展览馆，拥有种植450多种中草药的岭南药用植物园，建成面向公众开放的"广东省科普教育基地""广东省人文社会科学普及基地""江门市中医药科普示范基地""江门市人文社会科学普及基地"。三期建设工程已完成初步的规划设计，新学生宿舍楼建设顺利启动，5G信息化智慧校园建设全面推进。

特色教学改革 广东江门中医药职业学院对接职业标准（规范）、职业技能等级标准，实施"学历证书+若干职业技能等级证书"制度试点。将中医药经典融入中医基础与临床课程，将《中医基础与适宜技术》列为临床医学专业必修课程；提高中医学类专业经典课程比重，将《中医药与中华传统文化》列为31个专业公共限选课。推进产教融合，与陈皮人家、嘉士利食品有限公司等分别共建陈皮产业学院、嘉士利食品产业学院，与李锦记公司合作实施"现代学徒制"人才培养。学校组建中药学、中医康复技术、现代家政服务与管理、药学、医学影像技术5个行业优势明显、具有鲜明特色的高水平专业群，中药学、中医康复技术、现代家政服务与管理3个专业群被认定为省级高水平专业群。学校启动《麻醉护理》等6门精品课程培育项目，率先建成包括三大中心、八大模块、两大平台的中医康复技术教学资源库，涵盖人体解剖学、中医学、经络腧穴学等10门课程，全国300余家中高职院校使用，注册用户数已达万余人，课程资源点击率已过千万次。实现100%专业对口实习、100%签订三方合作实习协议，实习备案72项，实习备案通过率全省排名继续保持第一，新增2甲以上实习医院20多家，实习单位向全省均衡分布。主编、参编的《药用植物学（第4版）》《药用化学基础（一）（第2版）》《中药学基础（第2版）》3部教材分别获得首届"全国优秀教材（职业教育与继续教育类）"二等奖。

学生发展 2021年春季、夏季通过依学考、3+证书、专业学院、三二分段转段考核、夏季高考招录工作等招生3652人。帮扶家庭经济困难大学新生290人，发放大学新生资助金162.17万元，为1078名困难大学生申请2021—2022学年秋季贫困生助学金159.03万元，提供勤工助学岗位99个，发放勤工助学补助15.53万元。学生护考通过率达97.16%。是年，30名大学生参军入伍，超额完成任务名额。开展14场就业创业指导系列专题讲座大学生SYB创业培训300名学员参学并均获得"合格证书"。在2021年广东省攀登计划专项申报中立项2个项目，获得经费3.5万元。学生在第七届中国国际"互联网+"大学生创新创业大赛广东省分赛中荣获铜奖1项；在第十六届"挑战杯"广东大学生课外学术科技作品竞赛中荣获一等奖1项，二等奖2项，三等奖3项；在2021年"创客广东"江门市中小企业创新创业大赛中荣获一等奖1项；在第三届江门市"乐业五邑"创业创新大赛中荣获优秀组织奖1项；在第十届"赢在广州"暨粤港澳大湾区大学生创业大赛中荣获优秀奖1项、项目创新奖3项、高校优秀组织奖1项、伯乐奖4项。组织开展"活力在基层"主题团日竞赛，2个项目入选省级"百优"项目、10个项目入选省级"千入围"项目。开展省、市级先进集体和个人选树和创建活动，1个团支部获评2020年度"江门市五四红旗团（总）支部"、1名学生团干获评2020年度"江门市优秀共青团干"、1名团员获评2020年度"江门市优秀共青团员"。学生社团举办校园篮球联赛、夏日音乐会、心理运动会、摄影比赛、公益讲座等社团活动400余场。

思想政治 广东江门中医药职业学院开展以党史学习教育为重点的四史教育，学院党校增设"红色阅读空间"，党史进校园参与师生群众超1.5万人次，党史进校园宣讲127场次，专题学习57场次，思政课教师专题培训6场次，思政课教师专题教研11场次，"书记开讲啦"19场次，党史主题社会实践活动（含研学）25场次，开发党史精品课程15个。开展"青春快闪颂百年风华""红色经典歌曲大合唱""百题知百年"党史知识竞赛、"永远跟党走"红色经典故事演讲等系列党史学习教育，征集250个优秀作品。邀请江门市最美退役军人、对越自卫反击战英雄马灼庆等到校讲述党史。调研梳理84项"急难愁盼"问题，"我为群众办实事"全部按期完成。在江门市"学党史讲党史"思政课程展评中获一等奖2个，二等奖3个，三等奖2个，论文《党史教育融入新时代高校思想政治教育的途径研究》获第十一届江门市加强未成年人思想道德建设理论研讨会征文比赛一等奖，"实现中华民族的伟大复兴的中国梦"获评为省高校思政课党史教育优质课例、《刑场上的婚礼》入选全省高校精品党课，"以术治人，以德医心"获省委教育工委"庆祝建党一百年·践行核心价值观优秀案例"，"党史学习教育融合中医药文化创新育人路径的研究与实践"确定为省教育科学规划重点课题。

师资队伍 广东江门中医药职业学院组织开展师德师风专题教育活动35场次，对照黄大年式教学团队培育黄大年式教学团队，推进中医药特色高职基础医学课程思政教学团队建设。实施新入职教师导师结对指导，教师100%达到继续教育学分要求。加强高素质"双师型"教师队伍建设，邀请职教专家到校讲学指导14场次，组织各级各类素质提升培训2872人次。开展16场次高层次人才讲座，举办教师教学技能大赛、教育教学能力培训等10余场，在全省职业院校技能大赛教学能力比赛中获得二等奖1项、三等奖3项。选派4批次教师参加职业院校素质提高计划培训（国培）和卫生职业教育高水平专业群建设培训班等省级以上培训。获省职业院校技能大赛教师教学能力比赛一等奖，谭晓玉、何珊2名党员获南粤优秀教师、南粤优秀教育工作者、全国职业院校技能大赛优秀工作者等称号。

科研服务 广东江门中医药职业学院加强科研及成果转化，获批复成立南药食品与研究院。举办"众心向党，自立自强——向建党一百周年献礼"为主题的第四届医药科技文化节，策划"学习党史，紧跟党走""传承国粹，科技创新""健康生活，科普引领"三大系列27项科技文化活动。6位老师的项目获省教育厅2021年度普通高校认定类科研项目立项；6位老师项目获广东省职业技术教育学会第四届理事会2021—2022年度科研规划项目课题立项；10名教师申报的项目获广东省高职院校医药卫生类专业教指委2021年教学改革课题立项；"发酵蒸制积实饮片炮制工艺及质量标准研究"项目获广东省中医药信息化重点实验室开放基金资助；13位老师项目获2021年度江门市医疗卫生领域科技计划项目立项；10位老师获获江门市基础与应用基础项目（江门市基础与理论科学研究类科技计划项目）立项；9位老师的项目获江门市社科联2021年江门市哲学社会科学研究规划课题立项；2名教师申报的项目获2021年度江门市基础与应用基础研究重点项目立项，并实现重点项目（一类项目）的立项突破；2021—2022年度"青年科技人才托举工程"项目、2021年度江门市卫生健康局科研项目和新技术新项目推广应用项目各立项1项。在2021年医卫教指委优秀论文评审活动中，学校获一等奖1名、二等奖3名、三等奖7名，（2019—2020）年度江门市自然科学优秀学术论文评选活动中获一等奖1名，二等奖2名，三等奖1名。

校园建设 广东江门中医药职业学院增设社会主义核心价值观系列景观，在岭南药用植物园、小南山、科教楼等营造社会主义核心价值观沉浸式体验。推进省级文明校园创建，完善校园规划，拆除原垃圾房并完成选址新建，对校园旧运动场周边7000余平方米场地实施硬底化改造，完善排水、供电等基础设施。学院二期工程建设项目完成施工建设，科教楼交付使用。学生宿舍楼按计划启动建设，建筑面积25 969平方米，总投资额10 995.89万元。增设实训室，在2号教学楼增设南药学院、护理临床、中医、医技四个实训室，在门诊楼1楼增设护理临床实训室，将4号教学楼部分教室改造为南药与食品研究院重点实验室。

社会服务 广东江门中医药职业学院促进大湾区食品行业高质量发展，参与制订广陈皮、酱油、茶叶等3份粤港澳大湾区食品标准。结对帮扶开平市马岗镇红丰村，选派优秀干部担任驻村第一书记，支持红丰村开展康养产业、辣木产业。对口帮扶韶关市武江区基础教育，开展实地调研签订帮扶框架协议。服务人才缺口，面向社会开展中药材种植、中药炮制、中医养生、老年护理、中医药适宜技术等中医药健康服务技术技能培训487人，全科医生转岗（岗位）培训近132人。举办健康管理师、老年照护、美容师和育婴员等职业技能鉴定185人，培训基层卫生人员约70人，1+X证书制度试点培训503人，获"2020年度教育部1+X老年照护职业技能等级证书试点项目突出贡献奖"。传承优秀文化，成立"中医药文化科普宣传志愿者队伍"，组织中医药文化六进，开展"大手牵小手，中医药国粹育人行"活动，与紫茶小学共建"百草千方园"，在江门市江海陈伯坛实验学校等学校开展"中草药兴趣班"。协办江门市市社科联牵头的"永远跟党走"红色文化侨乡行暨江门市第十七届社科普及周活动启动活动，开展面向社会公众的"江门科普游"活动，中医药展览馆定期面向社会公众免费开放。学院被评为广东省人文社会科学普及基地（标准基地）。暑期文化科技卫生"三下乡"社会实践活动深入农村、乡镇、社区、学校，1支团队获评国家级重点团队、3支团队获评省级重点团队、1支团队获评省灯塔实践队。10支医学专业志愿服务队赴江门市中心医院等开展"志愿服务进医院"，配合江门市大规模核酸检测和疫苗接种，志愿者服务800余人次，服务时长3000余小时。

合作交流 广东江门中医药职业学院组织专家、博士团队赴澳门参加"内地与澳门产学研合作路演对接会"，加强与大湾区高校、科研机构等合作。学院与澳门镜湖护理学院签署《广东江门中医药职业学院与澳门镜湖护理学院合作框架协议》，共同促进双方教育教学水平、学术科研水平提升和高层次医学人才的培养。学院到澳门镜湖护理学院交流，推动共同课程开发、师资互派交流、学生联合培养、中医药文化科普等落地实施。学校与澳门大学联合申报广东省科技厅海外名师项目，系统提升科学研究、平台建设、成果转换、人才培养等方面质。

【**广东南方职业学院**】广东南方职业学院土地面积约94公顷，建筑面积43万平方米；有专任教师636人，其中副高以上教师210人，江门市高层次人才13人；学院设立智能制造学院、人工智能学院、华为云学院、信息学院、建设工程学院、财经学院、管理学院、医药学院、交通学院、马克思主义学院、继续教育学院、创新创业学院、国际学院等十三个二级学院；学院共设置专业49个，以人工智能、智能制造、工业机器人、智能数控、新工科发展为特色，形成工、经、管、文、医等学科全面发展的专业格局；在校生为11 186人，毕业生就业率为97%。

办学特色 初步形成"产教一体，双轮驱动，融合发展"的办学模式。学校依托专业办产业，办好产业促专业。依托工业机器人技术、智能控制技术、数控技术、模具设计与制造、机电一体化、电子商务等专业开办学校控股的"校中厂"广东南大机器人有限公司、广东智工机床设备有限公司、广东新偲投资有限公司、中国邮政南职院校园电商平台蜂创产业园等企业。通过专业教育资源和企业生产资源的有机融合，相互支撑相互促进，共同推动学校的建设与发展。探索"产教一体，共享互动，协同育人"的人才培养模式。充分利用专业与产业融合发展的独特优势和有利条件，深化产教融合、校企合作，探索工学结合、知行合一。初步实现专业的教学资源与企业的生产资源共享，即专业的师资队伍与企业的技术人员、专业的实训设备与企业的生产设备、专业的教学课程与企业的生产案例等资源的共享；初步实现专业的教学过程与企业的生产过程互动，技术人员参与专业教学过程，师生参与企业的生产过程。

党的建设 广东南方职业学院党委先后邀请张应祥、陈小花、张忠林等专家学者来校做党史学习教育专题宣讲报告和"七一"重要讲话精神专题报告；校党委主办的百年党史图片展"七一"前夕对外开放，二级学院依托党史馆开展思政第一课的沉浸式教学。2021年学校党委被评为江门市直先进党组织。不断完善学校党建工作体制机制，构建学校党委、二级学院党总支、基层党支部和党员"四位一体"的党建工作格局。根据学校实际制定发展党员计划，本年度完成发展任务236人。在"七一"前夕，拍摄《庆祝建党100周年》MV，多角度、多方位、立体化展示本校师生爱国爱党的情感。。

教学改革 2021年，广东南方职业学院加大专业群建设的力度，根据学校的实际情况，依托现有的优势专业资源，立项校级重点专业群建设。专业群建设以重点专业为龙头，允许选择跨学科专业，充分发挥群内各专业的优势与特点，实现专业间相互支撑、相互渗透、共同发展。初步选定立项建设"工业机器人技术""大数据技术与应用""电子商务""建设工程管理""旅游管理""护理"六个高水平专业群，覆盖全校21个专业。其中工业机器人和大数据技术专业群被广东省立项为省级高水平专业群。

科学研究 2021年，广东南方职业学院获得省级科研项目立项4项，市级科研项目立项8项；首次获得市科技局重点项目立项1项，获财政资助经费1万元。公开发表科研和教研论文264篇，被国内各类核心期刊数据库检索15篇，获得国家专利授权共20项，发明专利12项，软件著作权授权8项（实用型专利6项），学校竞争力在同类高校排名中大幅提升。

师资队伍建设 2021年，广东南方职业学院实施人才引育工程，为学校注入发展新动力。引进各类人才117人，其中，副高级及以上职称35人、博士研究生3人、硕士研究生32人。加大师德师风、职业道德、技术技能、教育培训力度，培训434人次，其中，校内各类专业技能培训357人次，校外、国家级、省级培训77人次，选派访学研修1人。培育专业带头人32人，评选优秀教师59人；晋升专业技术职称58人，其中，高级27人、中级24人、初级7人，优化人才队伍结构。深化人事制度改革，制定《双师型教师认定与管理办法（修订）》《关于提高校内兼课人员课酬标准的通知》《教学工作量计算与超课时奖励管理办法》等激励与约束并存的规章制度17项，调动了教职工的工作性和创造性。

【广东江门幼儿师范高等专科学校】 广东江门幼儿师范高等专科学校是粤港澳大湾区唯一一所幼儿师范高等专科学校，是广东省唯一一所承办内地西藏班中职学前教育班的职业院校。2021年，广东江门幼儿师范高等专科学校招生类型包含依据普通高中学业水平考试成绩招生、3+专业技能课程证书招生、夏季高考招生考试，以及中高职贯通培养（三二分段）招生、高职扩招等多元分类招生方式。在校生3953人，招生录取1668人，报到新生1537人，其中有5人应征入伍，本校新生报到率高达92.14%。江门幼儿师范学校在校生1746人，招生录取46人。2021届毕业生1016人，就业率保持在100%。学校与华南师范大学合作开办专升本"相沟通"班，共招收学生1019人；专插本班招收学生187人。江门幼专高质量完成高职扩招任务。招生专业为学前教育，总计划数为1340人，总报名人数685人，录取新生（发放《录取通知书》）634人，报到新生587人，其中包括退伍军人36人，报到率提高22.6%。为西藏培养39位毕业生，毕业后都返回西藏7个地区从事幼教工作。

▲2021年11月24日，广东江门幼儿师范高等专科学校在侨都大剧院隆重举行江演明星艺术幼儿园第三届幼儿早操展演暨广东江门幼儿师范高等专科学校大学生校外实践教学基地授牌仪式。

（广东江门幼儿师范高等专科学校 供）

打造特色专业 2021年春季，招收"学前教育专业（两年制）"和"早期教育专业（三年制）"学生。学校按"专业基础相通，基础课程相通、教学技能相通、教学资源相通"的组建原则构建以学前教育专业为龙头，以音乐教育、美术教育、体育教育和舞蹈教育为支撑的"一体四翼"的学前教育省级专业群，以学前教育专业群建设为发展的重点项目，以特色"专业核心课"和"专业拓展课"为模块的课程体系。是年，体育教育专业设置以幼儿篮球、幼儿足球、幼儿跆拳道、幼儿操类、幼儿体能训练等方向的专业发展规划，建立起职业能力系统化的、产教融合于一体的专业课程体系与标准，率先试行"2+0.5+0.5"的人才培养模式。

开发教学资源 广东江门幼儿师范高等专科学校联合江门市新向阳幼儿园等协同开发专业核心课程"《幼儿园班级管理》课程标准"，开发校本教材《学前教育专业学生见习手册》；与新会实验幼儿园联合开发数字化教学资源6个：《小游戏，大智慧》《学前儿童教育学》《学前儿童发展心理学》《学前儿童卫生与保健》《幼儿游戏指导》《幼儿园教师资格证考证面试教程》。

创新创业 开展1+X试点工作，试点人数150人，并顺利通过1+X幼儿照护证书试点院校的申报，把1+X幼儿照护（中级）职业技能等级认定相关内容融入本校《2021级学前教育专业人才培养方案》，把1+X幼儿照护（中级）职业技能等级证书纳入本校《学生学分认定与转换管理办法》。派出13人参加相关培训并获得上岗资格证，其中9人为师资及考评团队，4人为校内督导团队。成立创新创业中心和创新创业教研室，制定《广东江门幼儿师范高等专科学校创新创业大赛组织管理与奖励办法》《学分认定与转换管理办法》等制度，激励广大师生参与创新创业实践。开设《大学生创新创业教育》课程，增强学生的创新精神、创业意识和创新创业能力。2个项目获得"攀登计划"广东大学生科技创新培育专项资金资助项目立项，获得2万元资助。在第十六届"挑战杯"广东大学生课外学术科技作品竞赛中获得1个特等奖、2个一等奖、1个三等奖。在2021年大学生电子商务"创新、创意及创业"挑战赛广东选拔赛获得1个一等奖、1个二等奖、2个三等奖。全省2100支队伍参赛，本校"红苗成长乐园"红色教育项目位居一等奖的第十三名，在全省高职院校中排名第二。

党史学习教育 2021年，广东江门幼儿师范高等专科学校与江门市江海区人民法院共建法制教育基地；拍摄制作"建党100周年"主题微电影，思政主干课程依托学习强国App丰富的时事政治、方针政策、国际动态等学习内容，将其引入课堂，提升学生的思想觉悟。成立课程思政建设工作实施小组，对课程思政教学改革开展指导、咨询和评估。成立"红色讲解志愿服务队"，培养学生红色讲解员，到江门顺天里等地开展红色志愿讲解服务。是年，学校组建33支暑期三下乡实践队伍，寻访16个城市，重走红色足迹、体悟红色文化、感受红色伟力，让幼专学子在学思践悟中解党的光辉历史，感悟党的初心使命，传承党的精神谱系，弘扬伟大建党精神。

数字化建设 2021年，新增1间40座位高标准的美术设计功能室、1间60台终端的云智慧语音室、完善2间112个座位的多用途计算机室；扩容学校网络带宽出口总和为900M，接入教科网，升级IPV6；开通视频会议系统，利用系统开展跨校区的各项教育教学活动；开展校园信息网络安全等级（二级）保护建设项目，新建学前教育开放服务平台，平台以内容为核心，连接教师与学生，贯穿全部教学过程，构建教与学的闭环。是年，建成在线课程21门，课件84个，访问量1.24万次，学习行为日志1.74万条。利用职教云平台，建设学前教育专业教学资源库，涵盖6门校级在线精品课程和多个训练模块，以及多门课程的音像资料和教学录像。推进在线开放课程建设，投入使用12门在线开放课程，开展线上＋线下相结合课程教学。学校约4000名师生使用、访问学前教育开放服务平台，访问量达137.35万次，建设的数字化课程48门，其中42门是在校老师开发，6门与企业共建，建设数字化课程资源约3000个；题库建设约3000个，包含130多套试题；学生通过平台发生的学习日志约235.75万条，每个班级的作业完成率约为85%，每门课程的考试参加率约为95%。

教师队伍建设 引进专任教师11名，其中高层次人才3名，国内"双一流"高校硕士研究生7名。具有硕士及以上学位专任教师占比为53%，具有高级职务专任教师占比为21%。高层次人才14名，占比为7%，"双师型"教师111名，占比为52%，专业带头人5名，特级教师2名。

教师风采 2021年，谭分全老师入选广东省高校健康教育委员会委员。组织师生团体参加各项技能大赛、挑战赛等比赛斩获不少奖项。在第十六届"挑战杯"广东大学生课外学术科技作品竞赛终审决赛中，获得特等奖1项、一等奖2项、三等奖1项；在第三届中华经典诵写讲系列大赛中，语文教研组刘梓楠老师参加"迦陵杯·诗教中国"诗词讲解大赛斩获全国赛"大学教师组"二等奖、广东省分赛区一等奖；欧美燕、张丽莎、陈嘉琪、凌柏玉四位老师参加广东省职业院校教师教学技能比赛获二等奖。周丹娜老师获广东省教育厅第十届师德高职组征文比赛一等奖，幼儿园德育研究中心推送的微视频《光阴的故事》获广东省教育厅第十届师德高职微视频比赛三等奖，获优秀组织奖。新增省级立项课题达27项，市级11项，校级20项。6项市级课题、1项教指委课题顺利结题。教师发表论文20余篇（中国知网查）、参编教材多部；美术专业教师多个作品参与展览。宋洁老师2021年与中央党校出版社合作，编写《形势与政策》秋季版教材，并被聘为2021年江门市委宣传部党史学习教育宣讲团成员。钟莉莉、王晶老师参加第三届广东省中小学青年教师教学能力大赛江门市赛，获中职教育组一、二等奖；李丽、袁媛、张丽莎、梁燊怡老师参加江门市2021年基础教育优秀教学论文评比。林珊、陈丹丹老师指导学生创作的《簸箕上的麻雀》参加江门市第七届中小学艺术展演，以优异的成绩入围省赛二等奖。

学生风采 2021年，罗月生、方菲、施添润、陈逸颖、王瑜等35名学生获得广东省职业院校学生专业技能大赛英语口语赛项的一项三等奖，外研杯全国英语写作大赛线下比赛广东赛区的二等奖和三等奖各一项。学生的团体朗诵作品《祖国，一首唱不完的恋歌》，参加中华诵写讲大赛之"诵读中国"经典诗词诵读大赛获得广东赛区大学生组一等奖第一名。体育教育系成立体育艺术队、篮球俱乐部等专业团队，体育艺术队多次参加省市级各类赛事，获多项赛事佳绩，参加广东省大学生健美操啦啦操网络大赛斩获单项冠军一项、亚军两项，以及第6名两项的优异成绩。

是年，开展中国大学生科技创新创业的"奥林匹克"的第十六届"挑战杯"广东大学生课外学术科技作品竞赛校级初赛，推荐4支队伍获得1个特等奖，2个一等奖，1个三等奖，是全省幼高专学校中获奖数最多，也是唯一一个获得特等奖的。本校组织在2021年大学生电子商务"创新、创意及创业"挑战赛广东选拔赛校级初赛，推荐4支队伍代表学校参赛，获得1个一等奖、1个二等奖、2个三等奖的好成绩，全省2100支队伍参赛，

本校"红苗成长乐园"红色教育项目位居一等奖的第十三名，在全省高职院校中排名第二。组织参加2021年全民国家安全教育日广东高校密码法宣传素材设计大赛校级初赛，视频动画类获一等奖和优秀组织奖。组织"传承红色基因，争当时代新人——广东高校大学生讲南粤红色故事音视频作品征集大赛"，推荐作品获得省2个三等奖。本校学生伍桐欣获得团省委、省学联共同举办的"读《习近平与大学生朋友们》征文比赛"三等奖。

高等教育

【五邑大学】 五邑大学设19个教学机构，88个本科专业（方向），涉及工、理、经、管、文、法、艺术等7个学科门类，理工类专业（方向）占比67%。学校现有10个省级重点学科，7个一级学科硕士学位授权点、3个二级学科硕士学位授权点以及5个专业硕士授权类别，硕士授权覆盖学校所有理工科专业。现有各类在籍学生近2.4万人，其中全日制本科生近2万人，硕士研究生1000余人。学校现有专任教师近1200人。专任教师高级职称占比达44%，博士学位占比达53%；拥有国家级高层次人才31人（其中包括院士5人、长江学者5人、国家"杰青"4人、海外"杰青"1人、国家"优青"1人、国家"万人计划"入选者1人等），省级高层次人才23人，海外各类优秀人才70人。

应用型人才培养 2021年，五邑大学成立学校人才培养体系建设领导小组，出台《关于加快建设和完善高水平人才培养体系的若干意见》，完善立德树人落实机制，以"马克思主义理论教育为基础、通识教育为理论拓展、课程思政为理论应用、实践教育为理论体验"的"四位一体"思想政治教育体系功能取得成效。完善顶层设计，制定思政课改革创新方案、加强课程思政建设意见等，马克思主义理论教育和课程思政得到系统加强。四个渠道有机融入建党100周年主题，成为党史学习教育进校园的一大亮点。体现新一代信息技术与教育深度融合、融"江中珠思想政治课教育基地、马克思主义教育虚拟仿真中心、马克思主义理论研学中心、党员教育基地"于一体的"两基地两中心"建成并投入使用，为思政教育改革创新提供平台载体。思

想政治教育工作取得新成果，《银信桑梓情 传承报国志》获"我心中的思政课"第五届全国大学生微电影展示活动等省级以上竞赛奖 50 余项，话剧《木棉花开》入选全省高校 100 部精品党课、100 项庆祝建党一百年优秀案例和"灯塔工程"广东青年大学生思想引领精品项目；9 门课程成为省级课程思政建设改革示范项目；104 名学生应征入伍，连续三年超额完成征兵任务；师生参与三支一扶，18 名学子入选广东大学生志愿服务西部（山区）计划。学校思政教育特色经验在"学习强国"平台以及中国教育报、光明日报等省级以上权威媒体宣传报道 92 次。

专业质量提升 五邑大学 13 个专业获广东省推荐参评国家级一流本科专业建设点，9 个专业成为省级一流本科专业建设点，获教育部产学合作协同育人项目立项 7 项，获评 2021 年度在线教学优秀课程案例 8 项。通过中国工程教育认证专业 1 个，迎接专家进校考查专业 1 个，提出专业认证与专业评估申请专业 2 个。深化产教融合协同育人，与中集集团、蓝盾集团等建设"现代产业学院"。成立劳动教育工作领导小组，制定《五邑大学全日制本科生劳动教育方案（试行）》，构建新时代五邑大学特色的劳动教育体系。

"邑大模式"构建 五邑大学以能力培养为目标，从"课程为基础，平台为支撑，项目为载体，市场为导向"四个方面加强建设力度，凝练双创教育体系特色，入选广东省大学生创新创业教育示范校。围绕构建教育质量保障体系的关键环节，着重开展质量标准体系建设、质量评估运行机制完善工作并取得一定成效，"区域应用型本科高校一流专业评价体系构建"入选省深化新时代教育评价改革试点项目。

教师队伍建设 坚持按照"用政策、建平台、组团队、善服务"的工作方针，围绕新材料、生物医药、智能制造等重点领域，加大教师队伍建设力度。2021 年，引进各类人才 102 人，其中博士 73 人，各类高层次人才 37 人。全校教师总数 1179 人，其中国家级人才 31 人、省级人才 22 人；博士占比 53%，具有海外经历占比 25%。新增获省级以上荣誉称号教师 5 名，其中，张国雄教授成为五邑大学、也是全省地方高校获"广东省优秀社会科学家"称号第一人。深入职称评审制度改革，贯彻落实《深化新时代教育评价改革总体方案》，修订《五邑大学专业技术职称评审办法》，明确专业技术职称评审工作坚持以创新能力和实际贡献为根本依据，破除"五唯"倾向，细化分类评价实施办法，建立"代表性成果"评价机制。

学科与学位点建设 五邑大学瞄准"双区"和两个合作区高质量发展需求，聚焦生物医药、新材料、智能制造等重点领域，加大学科建设力度。药学、材料科学与工程、机械工程等"冲补强"重点建设学科在首轮建设期满考核获全 A 等级评价。化学、材料、工程学科 ESI 前 1% 的潜力值达到 76.0%、71.4% 和 66.6%，分别提升 30.7%、26.7% 和 23.9%。二是学位点建设有重要进展。服务广东建设粤港澳大湾区珠（海）江（门）世界级高端制造业产业园区战略部署，布局建设材料与化工、生物与医药和机械工程等博士学位授权点，获省博士学位授予立项建设单位。2021 年研究生招生数 436 人，较 2020 年增长 6%；研究生培养质量不断提升，在 AdvancedMaterials 等期刊上发表 SCI 二区以上的高水平论文二区 42 篇。

科技创新和服务发展 五邑大学深化创新平台建设，新增省级以上平台 5 个，其中学校首个省重点实验室"广东省医学大动物模型重点实验室"获批立项建设，"江门市海洋创新发展研究中心"获批为"广东省海洋创新发展研究中心"，"广东侨乡文化研究院"获批为"广东省岭南文化研究基地"。是年，高水平研究成果涌现，首次获得 1 项国家级政府科研奖励——国家专利发明优秀奖；2021 年，SCIE 收录论文 486 篇，比上年增长 21.50%；二区及以上 301 篇，占全校总发文量的 61.93%；EI 收录论文 432 篇，比上年增长 51.58%。学校自然指数排位快速上升，进入自然指数排名世界年轻大学 150 强（排名第 79 位）。在医学大动物模型、类器官构建领域，创建世界首个超过 30% 人源化肝脏嵌合率并具有人型药物代谢特征的大鼠模型；在人工胚胎领域取得重大的突破，研究出世界首例人造人类胚胎样结构；在钾离子电池领域取得新进展，为设计开发高性能钾离子电池电极材料提供新思路，成果发表在《AdvancedMaterials（IF=30.849）》。服务创新发

2021年五邑大学在校学生基本情况表

项目\层次	本科学生及专业设置情况				硕士研究生及学位授权点情况			
	在校学生（人）	招生（人）	毕业生（人）	专业设置（个）	在校学生（人）	招生（人）	毕业生（人）	硕士学位授权点/授权领域（个）
普通本科生	19 417	5053	4378	50	1053	423	175	1. 硕士学位授权一级学科点：7（个） 2. 硕士学位授权二级学科点（不含一级学科覆盖点）：3（个）
成人学生	3273	1100	1360	14				
留学生	1	0	0					

展有新作为，PCT国际专利申请排行榜跃升全球教育机构50强（排位45）。申请专利358件，其中，发明专利251件，含PCT国际发明专利及国外专利39件。专利授权数280件，发明专利授权数149件，含海外发明专利授权13件。学校作为专利权人之一的"海底电缆在线监测方法"获得第二十二届中国专利奖优秀奖。2021年粤港澳大湾区高价值专利培育布局大赛获得百强项目2项。获全国发明展览会·一带一路暨金砖国家技能发展与技术创新大赛金奖等7项。承担各类社会服务项目237项，实际到账经费3568.57万元，比上年增长32.34%。中德（江门）人工智能研究院在机器视觉、三维数字化技术方面取得重要进展，承担国际国内博物馆数字化任务，产品纳入公安部装备采购目录，在智慧城市、文旅、生态廊道品质提升等方面得到广泛应用。"柔性传感材料与器件"研究成果在人体可穿戴器件、中医把脉可视化、高铁表面空气动力学测试等领域得到运用，并进入产业化阶段。侨乡文化研究院作为主编单位之一参与省委省政府重大文化工程《广东华侨史》编修工作，得到省领导的充分肯定，为侨乡文化传承与创新提供支撑。

港澳高校合作 五邑大学发挥粤港澳高校协同科技创新机制作用，实施港澳联合研发基金项目年度评审，推动港澳高校教师与五邑大学协调创新。依托"粤港澳大湾区西岸科技创新和人才培养合作联盟"平台，深入拓展与澳门等高校合作。与澳门大学达成联合培养博士意向，在新型抗肿瘤和抗老年痴呆药物的设计、合成与药理性方面开展研究，联合共建"粤港澳大湾区西岸光电材料与器件联合研究中心"等科研平台。与澳门大学、澳门科技大学等深入推进省规划项目"西岸科教联盟人才培养质量保障一体化实践研究"。继续深化和拓展与澳门管理学院和行业协会合作开展的设施管理专业人才培养项目，巩固跨境人才培养模式创新成果，探索"FM+"新合作领域与路径。

党建工作 五邑大学启动《五邑大学章程》修订工作，修订完善党委会和校长办公会议议事规则，开展党的教育方针贯彻落实专项行动。突出育人工作政治标准，出台《关于加快建设和完善高水平人才培养体系的若干意见》，全面系统深入阐释"构建'四位一体'思想政治教育体系，把思想政治教育贯穿人才培养全过程"的根本要求。增强党组织政治功能，完成学院（部）二级党组织会议和党政联席会议议事规则修订工作；开展学术组织章程修订，推动符合条件的基层党组织书记参加学术委员会等学术组织。强化党的创新理论武装，印发《五邑大学党组织会议"第一议题"制度实施细则（试行）》，建立"第一议题"组织、贯彻落实、检查督查完整责任链条。开展党史学习教育，推进特色"四位一体"思想政治教育体系，让党史学习有机嵌入日常教学。依托广东侨乡文化研究院，深挖利用本土红色资源，为党史学习教育注入江门红色基因。打造粤港澳大湾区首个新一代信息技术与思想政治教育深度融合的区域特色高校马克思主义理论教育虚拟仿真中心，巧用人工智能让党史学习教育"活"起来。发挥广东省乃至全国高校首个退役军人服务中心的育人功能，深入开展革命传统教育。创演《侨批·中国》《木棉花开》《大江之门传奇》等本土红色文化精品项目，让侨乡党史走出五邑大地。党史学习教育成效明显，省、市级"报台网端"刊登报道150余篇，编发简报62期，报送动态信息近76篇，成为全省报送质量双高的五所高校之一。"我为群众办实事"实践活动开展，学校层面12件实事项目和市级第三批民生微实事项目全部完成。抓好党建重点任务落实，培育"双创"党建项目，推进基层党组织建设提质增效，7名党员和2个基层党组织获得省市"两优一先"荣誉称号，3个基层党组织成为全国"标杆院系"和"样板支部"培育创建单位推荐对象，2个项目获全省高校基层党组织党建工作创新案例。加强在高知识群体和低年级优秀大学生党员中发展力度，完成2021年发展党员指标1355人，其中发展高知识群体入党4人。

成人教育

【江门开放大学】 2021年，江门开放大学被评为广东开放大学体系社区教育、老年教育工作先进单位，新闻宣传工作先进集体。是年，学校开设开放教育15个本科专业，26个大专专业，中职教育有14个中专专业。开放教育全年招生7425人。其中，国家开放大学456人、广东开放大学6861人、奥鹏网络教育108人；在校生15 822人，其中校本部2124人、教学点13 698人。学校有教职工74人，其中授课教师56人，高级职称7人、中级职称23人。五邑地区开大系统教职工346人，其中授课教师282人，高级职称54人、中级职称158人。下属工贸学校已完成进驻西校区的全部搬迁工作，并争取市财政局、市教育局经费，完成运动场修缮、消防改造、变压器增容、雷登楼改造等项目，完善校园基础建设，优化校园环境。

教学质量 2021年，江门开放大学加大网络教学和教学服务，以教学为主转向学习服务，充分利用国开、省开教学平台和班级群，加大网络教学和服务，努力提高考试通过率。深入实施大专中职一体化人才培养模式，推进学分银行转换工作，提升教学学习支持服务和教学效果。

社区教育 2021年，江门市创立"红树林"学院，探索老年教育模式。结合江门市中老年人群学习需求及教育服务供应情况，利用校本部资源开办"红树林"学院。制定和组织实施《江门社区大学老年教育学籍管理办法》《江门社区大学老年教育学员守则》，成立江门社区大学老年教育教学课程建设领导小组，将书法、英语、美术、手机、舞蹈等五门老年教育课程作为首批课程资源建设项目。开设音乐类、舞蹈类、艺术类等课程，学习群体超1000人次。建成3个老年教育体验基地，面向社区开设舞蹈课、英语课、书法课、声乐课、电钢琴课、微信学习班、太极班等专业课程20门，受惠群体总数超3000人次。

教育教学研究 2021年，江门开放大学举行"江门市终身教育研究学会2021年年会暨第三十二次研讨会"，共收到论文及资源作品92篇（个），已发表论文及资源作品共16篇（个）。其中，熊英的《拓扑感知的无线传感网络数据聚合方法》，赵娟红的《读者信息服务视角下高校图书馆管理的策略分析》，燕紫君、李敬民、刘佳、吴明芬的《基于蓝牙的智能家居锁应用软件设计》，燕紫君、龙华秋、余妲妲的《基于专业网管的智能告警分析系统》，宗凯的《整合学校数字化学习资源，助力社区教育》获论文类特等奖；张鼎立的《书法》（初级）获资源作品类特等奖。

思想政治工作 自三月党史学习教育开展以来，江门开放大学党委迅速行动，开展深入学习习近平总书记在全国党史学习教育动员大会上的重要讲话精神、庆祝中国共产党成立100周年大会的重要讲话及十九届六中全会精神，创新学习形式，坚持规定动作做到位，自选动作有特色，推动学习成果转化为工作实效，高标准、高质量、重实践、重实事地推进党史学习教育。学校党委委员、各支部书记分别在党委理论学习中心组（扩大）会议、支部党员大会上开展10堂专题党课；开展"不到长城非好汉——学习毛泽东长征期间诗词""江门百岁老党员""赓续红色血脉·创造开大发展新局"等3场专题宣讲；在学校微信公众号上开设专栏，推送10期"党史微课堂"；完成20项"我为群众办实事"，解决广大师生"急难愁盼"问题。四个党支部分别在英南村、马腾社区、西园社区、仁美社区等4个社区创新开展结对活动，推动党史学习教育走进社区，努力掀起党史学习教育的热潮。各支部直接服务社区近20次，服务社区群众人员近千人。

主题党日教育 2021年，江门开放大学以"庆党百年华诞"为主题，举行党史学习教育主题党日活动，行政党支部、教工党支部党员代表以诗朗诵《我们的党，我们的辉煌》庆党百年，工贸党总支全体党员合唱《我的祖国》向党献礼，为全体党员颁发政治生日卡，为党龄50年以上的老同志颁发"光荣在党50年"纪念章，表彰16名优秀共产党员。全体党员同志到开平南楼纪念公园、谢创故居红色教育基地、谢启荣烈士纪念碑开展革命传统教育活动，学习先烈保家卫国的革命精神，解爱国华侨的革命功绩；到"总有党员在身边"党建品牌的发源地——桥新村参观学习，并以支部为单位开展党史知识竞赛，丰富党史学习教育形式。全体党员用实际行动诠释共产党员的担当和使命，697人次脱产到幸福社区全力配合做好创文提质、创文攻坚工作，50人次支援幸福社区核酸检测采样工作，发挥党员先锋模范作用。2021年党员义工服务时数达2827小时，党员的党性修养得到增强。

师资队伍建设 江门开放大学制定一些列改革措施和方案，为学校发展奠定制度保障。包括：起草并推动实施《江门开放大学五部门学年度绩效考核办法（试行）》，激发部室团队干事创业性；启动并落实《江门开放大学合同制聘用人员管理暂行办法》，打通编外人员晋升通道，起草《江门开放大学选拔重点岗位编外聘用人员实施方案》，选聘一批专岗和重岗编外人员，提高干事创业性。学校还努力推动干部队伍建设，选拔补充一批七、八级中层干部，完成工贸学校副校长选聘工作，完成2个在编岗位的人才招聘工作及专业技术人员新一轮聘任工作。

科学技术

综 述

【**概况**】2021年，江门市财政科技投入17.5亿元，新认定省重点实验室2家、省级工程技术研究中心21家，全市国家级创新平台达6家、省级达504家；新增孵化器1家、累计36家，新增众创空间3家、累计38家；高新技术企业存量突破2194家，赶超珠海排名全省第六位。连续九年举办"科技杯"双创大赛，影响力不断扩大，分别有8家企业、7家企业入围省赛、国赛。大力推动协同创新，与澳门科学技术发展基金建立粤澳科技创新联合资助项目。实施江门科技"双百"工程，建设产学研协同创新中心14家。实施"博聚五邑"博士特派员计划，已有20名博士特派员与江门市企业开展合作。强化民生科技支撑，广东江门国家农业科技园区成功通过验收。推进台山鳗鱼和鹤山畜禽两大省级农业科技园区建设。农村科技特派员达137名。

▲2021年5月28日，江门市科技局与省科学院江门产研院联合举办江门科技"双百工程"启动会。图为市科技局与省科学院江门产研院签订"博聚五邑"省科学院博士特派员派驻协议。

（市科技局 供）

【**科技企业融资环境**】2021年，全市科技支行30家、科技小额贷款公司2家、科技金融综合服务中心2个，服务科技型企业的专业金融机构数量和质量均位居全省前列。出台科技金融奖补政策，开展科技贷款贴息，对在双创大赛、"无限创新"科技奖中获奖的科技型中小企业已偿还的科技贷款，按实际支付利息的50%给予贴息，每家企业最高贴息额为50万元。创新知识产权质押融资产品和服务，发挥财政风险补偿资金池的引导作用，与6家银行签约开展"邑科贷"工作业务，全年惠及企业超100家，授信金额超2亿元，发放贷款总额1.35亿元。

【**科技创新创业环境**】2021年，江门市全年共发动1200多家企业申报高新技术企业，其中推荐1141家企业参加评审，共941家通过，通过率超82.4%，全市高企存量达2194家，赶超珠海排名全省第六位。科技型中小企业首次单年度组织超

2000家企业参评，存量达到2108家，排名全省第六位；科技型小微企业存量达5260家。举办第十届中国创新创业大赛（广东·江门赛区）暨2021年江门市"科技杯"创新创业大赛，全市共有323家企业报名，参赛数已连续四年居广东赛区第三位。其中，28家企业进入市赛总决赛，30家企业进入省复赛，8家企业进入省赛决赛，7家企业进入国赛。入围省赛决赛、国赛的企业数均大幅超出往届，体现出江门市企业科技水平快速提升。省赛决赛中，市赛特等奖企业松田电工获得新材料行业成长组一等奖，量子高科、宜珈科技分别获得生物医药、节能环保行业初创组三等奖。通过大赛平台发掘"金种子"科技企业，在"江门拟上市重点扶持企业"库的60家企业中，有11家大赛获奖企业入选，其中奇德新材料、芳源环保分别在深交所创业板、上交所科创板上市成功。举办创新成果展、"科普一日游"等大赛系列活动，提升全民科学文化素质，营造良好的创新创业氛围。

▲2021年5月20日，江门市首届"520"人才节在江门人才岛隆重开幕。会上，余艾冰院士团队与市科技局签署战略合作框架协议。

（市科技局　供）

【科技项目申报与管理】2021年，在省科技创新战略专项资金（"大专项+任务清单"）中实施产学研联合攻关，择优14个项目给予立项支持，扶持资金500万元；实施乡村振兴战略"大专项+任务清单"专项资金，择优23个项目给予立项支持，扶持资金1000万元。支持中洋渔业（江门）有限公司承担的"陆基池塘智慧养殖场关键技术研究与示范"获批省级重点领域研发计划"精准农业"项目立项，资助资金300万元。首次探索实施市级重大科技计划项目，择优支持道氏技术、特一药业、科杰机械、雅图高新材料、道生科技等5家科技企业实施市级重大科技计划项目，扶持资金500万元，着力攻克一批关键共性技术、前沿引领技术和现代工程技术，提升产业技术研发能力，加强江门市重点产业关键共性技术攻关。为促进江门市医疗卫生领域科技创新和科技成果转化应用，提高江门市疾病预防、临床诊治、卫生保健等方面的技术水平，组织实施2021年江门市医疗卫生领域科技计划项目，立项支持项目406项。

【产学研结合】深化政产学研合作，完善协同创新体系。一是深入实施江门科技"双百"工程。征集企业技术需求80多项，收集30多家高校及科研机构技术成果，实施科技合作项目15项，建设产学研协同创新中心14家，为企业解决技术难题20多项，初步建立江门市政产学研数字化对接公共服务平台，取得良好的对接效果。二是推动高水平联合创新体建设。中德（江门）人工智能研究院参与国家文化大数据体系建设团体标准制定1项；中科院数字光芯片联合实验室研发的8K数字光场芯片，参与申请"新型显示与战略性电子材料"国家重点研发计划重点专项；华南生物医药大动物模型研究院（江门）完成主体建筑的基本建设，引进包括金南衡院士为首的知名专家团队共30人。三是大力引进重大科创项目落地。引进院士科创项目，2021年，邀请中国工程院外籍院士余艾冰及其团队多次到江门市考察调研对接，围绕"流程工业智能化研究院"开展磋商交流。推进潘复生院士团队与台山中镁科技公司合作建设粤港澳大湾区镁合金新材料基地。

【技术转移体系建设】2021年，江门市设立1个技术合同认定一级登记点、9个二级登记点。技术合同认定登记实现全年线上全流程办理，限期办结。2021年全市认定登记技术合同610项，比上年增长74.3%；合同成交额9.38亿元，比上年增长66.6%；技术交易额8.66亿元，比上年增长65%。开展2021年度技术交易补助、科技创新券

2021年度广东省科学技术奖获奖项目

序号	奖项	项目名称	主要完成人/主要完成单位	提名单位	专业评审组
1	科技进步特等奖	中国食品微生物安全科学大数据库构建及其创新应用	广东省科学院微生物研究所 暨南大学 华南农业大学 广东环凯微生物科技有限公司 无限极（中国）有限公司 广东鼎湖山泉有限公司 广东环凯生物科技有限公司	广东省科学院	J03 轻工纺织与食品
2	科技进步二等奖	绿色水基性和粒状农药制剂关键技术及应用	广东省农业科学院植物保护研究院 惠州市银农科技股份有限公司 广东省科学院产业技术育成中心 中国烟草总公司广东省公司 江门市植保有限公司 广东天禾农资股份有限公司	广东省农业科学院	J011 种植业
3	科技进步二等奖	建筑陶瓷喷墨打印墨水的关键技术研发与应用	佛山科学技术学院 广东道氏技术股份有限公司 广东东鹏控股股份有限公司 佛山市质量计量监督检测中心 佛山石湾鹰牌陶瓷有限公司 佛山市道氏科技有限公司	佛山市科学技术局	J10 材料

补助兑付工作，对15项技术交易、14项科技创新券项目给予补助。

【**孵化育成体系建设**】2021年，江门市建成众创空间35家、孵化器35家，大学科技园1家，孵化载体总数位居全省第七位。其中国家级、省级众创空间分别有3家、6家，国家级、省级孵化器分别有3家、4家，逐步形成梯次培育发展格局，孵化载体实现三区四市全覆盖。出台《江门市科技企业孵化载体认定管理办法》，首次将"市级科技企业加速器认定"纳入管理办法，推动建设"众创空间、孵化器、加速器"一体化的科技企业孵化链条。江门市在全省率先完成第一例普惠性科技企业孵化器产权分割工作，粤湾云谷孵化器在无需申请特定资格准入的条件下实现产权分割，这一成功实践大大增强江门市双创环境竞争力，激发双创活力。

【**社会民生科技攻关**】2021年，江门市基础与理论科学研究类、基础与应用基础研究重点项目对食品安全、安全应急、生态环境、节水节能低碳、养老育幼、禁毒科技等204项民生领域科技计划项目予以立项支持。

【**科技创新平台建设**】2021年，江门双碳实验室揭牌。江门市人民政府与香港科技大学（广州）签订全面战略合作框架协议，13个双碳领域的项目签约落地，完成登记注册为事业单位，成立工作专班专责推进实验室建设，落实征集重大科研项目、编制建设方案，争取省实验室（筹）建设等工作。推进省科学院江门产研院建设，建设运营广科蓬江产业创新园、江门产研院科技企业孵化器和广科研创科技产业园3个孵化器，引进20多家新一代信息技术产业相关企业入驻，孵化9家科技型企业落地注册，有机硅、生物肽等11个高新技术项目正加快引进步伐。是年，五邑大学与中科院广州生物医药与健康研究院合作共建的"广东省医学大动物模型重点实验室（2021年度省市共建）"，广东道氏技术股份有限公司建立的"广东省建筑陶瓷数码装饰材料及应用企业重点实验室"获认定为2021年度广东省重点实验室。江门市新建21家省级工程技术研究中心，达到406家，位居全省第五位。全市国家级创新平台累计达到6家，省级达504家。江门市以江门市八大战略性产业的高新技术企业和创新型中小企业为重点，新培育认定市级工程技术研究中心26家、科技特派员工作站5家。全市市级创新平台1762家（其中新型研发机构31家、院士工作站11家、科技特派员工作站90家、工程技术研究中心1630家），规上工业企业研发机构覆盖率达到61%。

【科技服务乡村振兴战略】2021年，江门市支持国家创新型县（市）建设。台山国家创新型县（市）已报送4个成果转移转化经典案例至科技部，作为首批农业科技金融服务试点单位已对接16家高新技术企业投放贷款近5亿元，进入首批国家全域旅游示范区名单。推动农业科技园区建设，广东江门国家农业科技园区与中国农科院、中国热科院、省农科院等20多个科研院所开展合作，引进研发鱼菜共生气雾栽培技术等农业技术40余项，培育新品种超300个，审定省级及以上新品种超过8个，取得专利授权超过5项。2021年12月，广东江门国家农业科技园区成功通过科技部农村科技司验收。加快推进台山鳗鱼和鹤山畜禽两大省级农业科技园区建设，台山园区制定《台山鳗鲡养殖技术规范》等标准，引入中山大学、华南农业大学及仲恺农业工程学院等3家科研单位，新增专利10项，引进新技术7项，重点工程台山鳗鱼科技馆顺利开馆；鹤山园区与中国农业科学院、广东省农业科学院、华南农业大学等科研机构开展合作，建设环保新型高层猪舍16万平方米。实施科技特派员行动，印发《江门市科学技术局关于推进农村科技特派员工作的实施方案》，引进高校院所的专家教授作为科技特派员入园区、入企，开展农技推广、技术服务等工作，入库的农村科技特派员达到137名。

【科技培训】2021年，江门市在暨南大学举办2021年江门市创新驱动发展专题培训班，领导干部抓创新、抓科技能力提升。举办2021年江门市科技统计培训会暨科技政策宣讲会，服务企业做好研发费用统计工作，加强科技政策解读，让企业在享受政策方面应享尽享。成功举办2021年江门市高企管理工作培训班和2021年江门市高新技术企业高质量发展培训班，提升企业开展高企工作的业务水平，江门市高企培育工作具有的推动作用。

【科技成果与应用】2021年，无限极（中国）有限公司获2021年度广东省科学进步特等奖。江门市植保有限公司、广东道氏技术股份有限公司分别获2021年广东省科技进步二等奖。2021年度"无限创新"江门科学技术奖评选出特等奖2项、一等奖12项、二等奖34项，"无限创新"江门科学技术奖奖项设置科学合理、评奖办法规范完善、评奖结果权威公正，得到市人社部门的支持认可，视同"无限创新"江门科学技术奖为市级科技奖，获奖者可直接认定中级职称。

【科技人才队伍建设】2021年，江门市对9个高层次人才团队发放创业启动资金共360万元。两年累计资助高层次人才创业团队25个，资助资金超1000万元。实现国家级、省各类科技人才项目入选"全覆盖"，万人计划、国家外国专家项目和珠江人才计划实现新的突破。共推荐申报国家火炬计划等国家人才项目12个、珠江人才计划等省人才项目26个，国家外国专家项目3个成功入选。发动申报省科技特派员项目，2021年新增24名入库科技特派员和15家发榜企业。引进高层次人才，2021年引进博士以上人才17名。开展江门市创新实践博士后课题评审工作，开展课题评审143项。参与科技部外国专家寄语大湾区活动，拍摄外国专家寄语视频4部。深化"联络五邑"海（境）外服务工作站建设，实施扩容、提质、增效工程，先后在全球9个国家和地区建立工作站。引导各工作站宣传推介江门创新创业政策、推荐人才资源、协助举办交流活动和引进科技人才项目。工作站成立以来，共发布科技人才政策信息300余条、推荐人才资源信息200余项、协助江门市举办招才引智、招商引资、外事侨务等活动160

余场、引进人才和项目落地近 50 个。

气象事业

【概况】2021 年，江门市气象局做好 10 次强降水、6 次强对流、6 个影响台风和严重旱情的重大气象服务工作，气象灾害致死人数连续 4 年为 0。江门市气象局党总支获评市"先进基层党组织"，恩平市气象局、江门市气象局办公室等 5 个集体获评创建模范机关"标兵单位""先进单位"，9 人获评"优秀共产党员""优秀党务工作者"，全系统新当选各级党代表 5 人。

【气象特征】江门市 2021 年气象特征是："温高雨少，阶段性气象干旱明显，强对流多发，秋台活跃"。

【主要气候事件】年初寒潮来袭，气温创近 3 年来最低，1 月 7—13 日，江门出现强冷空气过程，此次强冷空气过程具有"降温幅度大，过程气温低，寒冷时间长，阴冷为主"的特点。受其影响，1 月 12—13 日早晨时段多地出现霜冻，其中 13 日早晨全市出现大范围 5 度以下低温，国家站最低气温新会 5.4 度、鹤山 2.9 度、开平 2 度、台山 5 度、恩平 1.3 度，皆创 2019 年以来气温新低。

全年降水偏少，阶段性干旱明显 2021 年降雨量 1723.2 毫米，偏少 16%；降水时空分布不均匀，恩平和台山偏少明显，均偏少 2 成以上。在常年降雨最集中的"龙舟水"期间（5 月 21 日至 6 月 20 日），全市平均降水量为 182.1 毫米，较常年显著偏少 53%，为近 5 年最少。此外，1—3 月、5 月、9 月、11 月降雨偏少超过 5 成，受其影响，江门各地出现阶段性干旱，5 月下旬至 6 月下旬部分地区出现中等或重等气象干旱。

年平均气温创新高，高温过程早、高温日数多 2021 年各地（6 个国家气象站）平均气温 23.7℃，较常年偏高 0.9℃，创历史新高。各地平均气温介于 22.9（恩平）~24.2℃（新会）。其中鹤山、新会、台山平均气温同创历史新高。此外，2021 年高温过程出现频次明显增多，2021 年 3 月份多地录得罕见 30℃＋的最高气温，其中除上川岛外，各地最高气温介于 30.7（台山）~33.1℃（恩平），且均为同期历史最高温。全年各地出现 35℃或以上日平均为 25.2 天，偏多 12.5 天，为历史最多。

"查帕卡"正面袭击江门 台风"查帕卡"是 2021 年第一个登陆广东省的台风（于 7 月 20 日晚上以台风级别登陆阳江），较常年偏晚近一个月。台风"查帕卡"具有"近海生成、靠岸加强、移速偏慢、中心风大"的特点。受其影响，7 月 19—22 日江门出现暴雨，局部大暴雨，最大雨量 357.6 毫米，出现在台山海宴华侨农场。此外，沿海出现 9~11 级阵风，海岛海拔较高处出现阵风 14 级，最大风力为台山川岛上川沙堤港 45.4 米/秒（14 级）。台风"查帕卡"给江门沿海带来的直接经济损失达到 886.57 万元。

后汛期出现水龙卷和罕见冰雹 2021 年后汛期强对流天气多发。8 月 27 日 14 时恩平良西镇出现冰雹天气。9 月 16 日 16 时台山深井镇出现冰雹天气，同月 30 日 16 时恩平君堂镇出现冰雹天气。江门地区 3—4 月是冰雹出现概率较大月份，后汛期（7—9 月）出现冰雹概率较低。尤其 9 月份，2021 年之前几乎没有冰雹出现在 9 月份。此外，受强对流天气影响，9 月 17 日 17 时前后，台山市川岛镇下川岛独湾码头附近海域还出现出现短时水龙卷现象。

秋台活跃，"狮子山"和"圆规"连续带来暴雨 2021 年秋台（气象上指 9—11 月生成的台风）活跃，其中 10 月上旬末至中旬初，台风"狮子山"和"圆规"陆续影响江门市。台风"狮子山"于 10 月 8 日 22 时以热带风暴级在海南琼海市沿海登陆，受其影响，10 月 7—10 日江门出现暴雨到大暴雨，局部特大暴雨，累积雨量最大出现在台山四九北峰山 659.0 毫米。紧接着，台风"圆规"于 10 月 13 日 15 时 40 分以台风级在海南琼海市沿海登陆，受其影响，12—14 日江门暴雨到大暴雨，累积雨量最大的出现在台山端芬 268.5 毫米。两次台风给江门带来的累积雨量达到 397.0 毫米，占全年 23%。缓解江门秋季旱情。

最晚影响江门的台风"雷伊"带来暴雨 台风"雷伊"是历史上 12 月进入南海最强台风（最强达到超强台风级），也是最晚给江门市带来暴雨的台风。具有"中心强度极端、北上路径罕见、海上大风宽广、降水温和面大"的特点。受其影响，20日夜间至21日江门出现大雨到暴雨，局部大暴雨，累积雨量最大的出现在台山市汶村镇111.5毫米。鹤山、开平和台山12月21日出现暴雨，出现暴雨的时间均为历史最晚。备注："雷伊"之前，最晚影响江门的台风是1974年的台风"Irma"（12月2日）。

2021年江门受到6个台风影响，分别为：4号台风"小熊"、7号台风"查帕卡"、9号台风"卢碧"、17号台风"狮子山"、18号台风"圆规"和22号台风"雷伊"。其中，"查帕卡"是2021年第一个登陆广东省的台风，较常年偏晚近一个月；22号台风"雷伊"是历史上12月进入南海最强台风，也是最晚给江门市带来海上大风和陆地降雨的台风。

【气象服务】 2021年，江门市气象局报送市级决策气象服务材料494份，涉灾信息联合报送16期，将气象灾害影响降至最低范围，无人员因灾死亡。江门市气象台团体预报质量全省排第二位。"江门天气"获市"十大最具影响力政务微信公众号"。开展4轮8次人工增雨作业，发射增雨火箭弹53枚，增雨效果明显。完成庆祝建党百年系列活动气象保障任务，多举措做好平安春运、平安高考气象保障服务。是年，考核15家检测单位的30个检测项目。市局两个检测机构均为甲级资质。做好气象灾害防御重点单位的安全监管和服务，市、县均举办重点单位责任人及应急管理人培训，组织四部门联合开展气象灾害防御和防雷安全检查。与住建部门建立信息共享机制和联合检查机制。开展危化场所、燃气行业、旅游景区等专项检查和双随机一公开抽查超过300次，60家存在问题的企业均已完成整改，全年未发生气象安全生产事故。加强对升放气球活动的安全监管，杜绝无证升放和未经审批升放行为。为省重点工程项目、供电、农业、能源行业等10个领域超50个项目提供精细化气象服务，新会区在25个渡口设立"渡运气象站"和气象信息接收设备，创新"三三制"服务强化渡口航运安全。恩平市批复申报"中国天然氧吧"。落实温室气体监测站建设首批经费50

2021年江门市平均气温、降雨量、日照情况表

地区	年平均气温（摄氏度）	年降雨量（毫米）	年日照量（小时）
江门市（大市）	23.7	1723.2	1931.7
新会区	24.2	1766.3	1892.2
台山市	24	1589.8	2020
开平市	23.5	1608.3	1752.4
鹤山市	23.5	1529.2	1961.4
恩平市	22.8	1710.6	1838.6

注：全市数据包括川岛数据。

2021年防雷业务统计表

新建检测（宗）	年度检测（宗）	风险评估（宗）	设计审核（宗）	竣工验收（宗）	检测报告审批（宗）	重点单位（个）	合计（宗）
129	386	18	17	19	3998	175	4742

万元。积极参与大气污染整治应急处置。全市完成3项大型工程项目和区域性气候可行性论证。

【气象重点项目建设】 2021年，江门市建成北峰山、鸡罩山二部X波段雷达，全市五部雷达组网，提高全市中小尺度灾害天气监测预警能力；克服海岛天气和施工环境不利条件，稳步推动上川岛国家天气雷达建设，专家值班室内部装修中，上山道路去年7月开通，雷达塔楼基本建成。成立江门市季风强降水预报技术创新中心，与中国气象局广州热带海洋气象研究所合作成立"季风强降水研究联合实验室"，开展预报技术攻关，有博士4名、硕士5名，正研1名、高工5名。"季风强降水监测网"完成云降水物理观测系统设备招投标，已签订设备采购合同958万元。江门市气象防灾减灾协同指挥平台入选2021（第十六届）中国电子政务论坛暨首届数字政府建设峰会的数字政府改革成果，并在峰会上进行展示，获广东省政务服务创新案例奖。建设"三个中心一个应用一个系统"（气象防灾减灾数据中心、协同指挥中心、业务运营中心和上下联动互联网应用、升级靶向发布系统），融合汇聚应急、气象等16

个部门业务数据和流程信息，采集超过60类业务监测和基础信息数据，其中包括风险点、危险源、隐患点、人员密集场所等涉灾类基础信息数据28 816条、危化企业视频1234路、学校视频588路，与1167名气象防灾减灾责任人互联互通。

文化艺术

【概况】 2021年，江门市创作大量文学艺术作品。在话剧方面，创作话剧《龚昌荣》公演和《碉楼·寒燕归巢》；在戏剧方面，由喜戏工作坊徐璐编剧黄樱枝导演的小品《拆墙》获得广东省群众艺术花会（戏剧曲艺）比赛金奖；在文学方面，撰写《江门红色地图》，是省委宣传部建党100周年重点图书项目；撰写的纪实文学《沧桑碉楼》入选今年9月《全国新书目》文化遗产类榜单第一名，入选今年10月"百道好书榜"（综合的好书榜中榜）社科类榜单；在音乐方面，江门市音乐家协会副秘书长肖绍静作曲的《因为有你》、协会理事韩东辰作词作曲的《你的生日》入选"百年百首"全国优秀新创歌曲100首；精品美术创作5幅入选国展、16幅入选省展。

【群众文化】 2021年，中共江门市委宣传部、江门市文化广电旅游体育局等部门联合主办江门市第十四届"百歌颂中华"歌咏系列活动，有200多支队伍、近万人参与，为江门近年来组织举办的规格最高、规模最大的合唱大赛。7月24—25日，江门市举办2021江门市群众艺术花会（戏剧曲艺），比赛设戏剧专场和曲艺专场，有来自江门市三区四市的业余表演团队150多名演员携带23个精彩节目亮相。经过专家评委现场打分，最终评出金银铜奖项，其中戏剧作品2金3银7铜，曲艺作品2金3银6铜。

▲江门市红色儿童剧目《歌唱二小放牛郎》获"百剧庆百年"红色儿童剧展演活动全省第一名。

（市文联　供）

【公共文化】 2021年，江门市各级公共文化服务场馆全覆盖，8个公共文化馆，全部晋升为国家一级馆，为广东省6个全部达到一级馆的地级市之一。

▲2021年7月21日，首届江门艺术季暨第九届中国侨都（江门）华侨华人嘉年华活动开幕。

（市委宣传部　供）

重点攻坚标志性文化设施建设，满足群众日益增长的公共文化体验需求。推动江门市重点文化设施项目建设，其中江门市图书馆、江门市五邑华侨华人博物馆新馆、蓬江区图书馆博物馆新馆、恩平市图书馆和博物馆等重点文化设施完成升级改造并相继投入使用。创新打造公共文化服务品牌，推动文旅融合高质量发展。推动公共文化资源向镇村两级流通共享，在全市范围内建成64家自助图书馆。全市已完成新建旅游厕所170座，改建旅游厕所107座。

【文化产业】2021年，江门市构建以"文旅融合、造纸印刷、传统文化"为主的三大文化产业支柱，江门文化产业规模产值超过500亿元，产业增加值为105亿元，初步形成出版发行、印刷复制、文化会展、文化旅游、广播影视、古典家具、娱乐和艺术培训等竞相发展的文化产业群。江门市入选国家文化和旅游消费试点城市；全市有印刷企业1414家，工业总产值208亿元，工业增加值38.6亿元，约占全市生产总值6%；以新会陈皮产业园、小冈香文化产业示范区、东古酱料产业园区、嘉士利饼业产业园区建设为传统文化产业重点，将非物质文化遗产资源转化为文化产业资源，新会陈皮在2021年全产业产值超140亿元。是年，江门市出台《江门市促进文化企业发展扶持办法》；修订完善《江门市文化强市专项资金管理办法》，市财政每年统筹安排1000万元专项用于支持文化强市建设；完善印刷经营活动审批、新闻出版业务受理、电影院设立许可等5项文化类涉企事项的"承诺制"改革，实现"行政许可7天办理事项1天办结"，成为党史学习教育便民服务的典型范例。9月，市文化广电旅游体育局组织本地文化企业和单位参加在深圳举办的第十七届中国（深圳）文化产业博览交易会，展示江门市文化创意、非遗传承、文化旅游、工艺美术业等优秀文化企业、文化产品。

【文化市场管理】2021年，江门市文化广电旅游体育局办理文化市场行政处罚案件17宗，没收非法出版物326本、非法音像制品494张；办理文化类行政许可4宗、行政确认13宗、公共服务35宗。

▲2021年7月21日，革命话剧《赤胆忠心龚昌荣》在江门演艺中心首演。

（市文化广电旅游体育局　供）

【艺术创作】2021年，江门市创演以江门革命烈士为原型的革命话剧《赤胆忠心龚昌荣》、创排粤剧折子戏《红色特工》和《丹心耀天山》。以戴爱莲先生坎坷曲折的舞蹈艺术探索道路为背景，创排歌舞剧《戴爱莲》。以良溪子孙对家乡的乡愁创排话剧《良溪·早晨》。完成《人文大湾区之人文江门》系列微纪录片制作。由江门市美术馆策划的"井喷的年代——中国侨都（江门）1869—2019华侨华人美术历史文献展"入选文化和旅游部办公厅《2021年全国美术馆馆藏精品展出季活动目录》和文化和旅游部《2021年全国美术馆馆藏精品展出季活动优秀项目名单》。以中国共产党成立100周年为契机，举办"百年征程盛世歌——江门市庆祝建党100周年合唱比赛"，全市共有200多支队伍、近万人参与活动；江门市美术馆策划"党旗在侨乡——江门市庆祝建党100年美术作品大展"。美术作品硕果累累，1件作品入选国家级美术展览，8件作品入选省级国家展览，《赤诚之心——林登峰教授捐赠文物（物品）展》入选2021年广东省弘扬社会主义核心价值观主题展览。粤剧《梁启超·少年中国》参与"欧洲日内瓦电影节"和"纽约州电影节"，均获戏剧单元的"最佳音乐电影奖"。创新举办首届江门艺术季、"侨都百年——2021年江门市大型原创交响音乐会。广播剧《人民的红线女》《等你归来》分别获中国广播剧研究会专家评析连续剧一等奖、二等奖。举办第三届"戴爱莲杯"人人跳全国舞蹈展演活动、第三届粤港澳写生摄影文化节、第三届沙飞摄影周，努力提升江门写生摄影品牌知名度和美誉度。

【文化艺术比赛】江门市获2021广东省群众艺术花会（戏剧曲艺）1金2银，江门市文化广电旅游体育局获优秀组织奖。小品《拆墙》获戏剧类金奖、小粤剧《柑甜蜜更甜》获戏剧类银奖、曲艺表演唱《满满菜篮欢笑的脸》获曲艺类银奖。小品《换月饼》获戏剧类一等奖；钢琴五重奏《风中的乡愁》和小品《小哥，谢谢你》分别获音乐、戏剧类二等奖。江门市文化馆蔡朝阳作曲的《我的祖国我的家》在"感动中国·辉煌百年——全国大型原创词曲展评"活动中获金奖。

【对外文化交流】2021年4月14日，由江门演艺中心与澳门江门青年会合作成立的"江澳青年文创基地"在江门演艺中心启动。2021年先后在澳门举办"一衣带水——文物视角中的澳门与江门""梁启超先生图片及实物展"等专题展览。4月17日，江门市博物馆与澳门文物保存修复学会合办"纸质文物保护修复进阶培训班"，推动江门文保事业高质量发展。

文博事业

【文物保护】2021年，江门市有不可移动文物1768处，包括239处文保单位，其中全国重点文物保护单位有5处、省级文物保护单位有46处、市级文物保护单位有188处。

【非物质文化遗产】2021年，江门市有各级非物质文化遗产名录项目209个，其中国家级项目8个、省级项目29个、市级项目92个、县（区）级项目209个；有非遗项目代表性传承人153人，其中国家级传承人3人、省级传承人29人、市级传承人61人、县（区）级传承人153人。江门甘化厂遗址入选国家级工业遗产、新会陈皮炮制技艺入选国家级非物质文化遗产。

【文化遗产新增与保护】2021年，新增"新会陈皮炮制技艺"1个国家级非物质文化遗产代表性项目、蛋雕制作技艺（江门）等23个市级非物质文化遗产代表性项目及龚昌荣故居等5处市级文物保护单位。江门甘蔗化工厂被公布为第五批国家工业遗产、首批广东省工业遗产。"江门开埠历史文化游径""江门台山侨墟商埠游径"2条游径入选广东省粤港澳大湾区文化遗产游径（第二批）名单。新会陈皮工作站被评为省非遗工作站。报审梁启超故居、开平碉楼周期性监测（2021—2025）、开平碉楼混凝土及夯土材料研究、汀江圩华侨近代建筑群、司徒美堂故居保养工程设计方案、司谏进士坊、台山县立中学（教学大楼）、陈垣故居等修缮工程勘察设计方案和梁启超故居、开平碉楼、官冲窑址等保护规划。

【博物馆】2021年，江门市博物馆推进江门五邑华侨华人博物馆、陈白沙纪念馆、新宁铁路旧址等场馆的免费开放。全年接待游客近18万人次，总接待讲解量335场（次）。全年线上线下讲解服务观众460多万人次。其中，江门五邑华侨华人博物馆旧馆线下接待游客近9万人次，总讲解量约240余场次。江门五邑华侨华人博物馆新馆建设有序推进，是年，江门市五邑华侨华人博物馆新馆建设工程已完成建筑加固和改造，基本完成新馆二、三层基本陈列展览布展，展览面积约5110平方米，参观展线约1200米，文物展品1200余件（套）。江门市博物馆依托江门五邑华侨华人博物馆，举办正能量主题展览10场，外展及五邑巡展20场，围绕"我为群众办实事""我们的节日"等主题开展社教活动61场、结合党史学习教育推出"剧本游"体验活动63场。举办首届江门市博物馆文化创意设计大赛。研发主题文创产品40件/套。获广东省文化和旅游厅批准，与澳门文物保存修复学会合作开展纸质文物保护修复培训班。陈白沙纪念馆全年接待游客近9万人次，举办特色主题展览5场，依托白沙文化节等主题推广活动，通过"白沙开笔礼"、古琴汉舞雅集、文博大讲堂、手工制作体验等形式，开展特色社教活动32场，推进中华优秀传统文化的传承学习。

【公共图书馆】2021年，江门市图书馆改扩建项目进行第二阶段的项目施工（南楼、广场大院及配套设施），11月完成门楼、主楼的全部改造，11月15日自助馆试运行，11月30日门楼、主楼对外试运行，建筑面积增加至2.1万平方米，硬件设施和服务内容超出国家一级馆评估定级标准。新建5家自助图书馆，在全市范围内建成64家自助图书馆，其中，蓬江区15家、江海区4家、新会区7家、台山市7家、开平市10家、鹤山市7家、恩平市14家，总存书量368 477册，全年总接待人次1 678 088人次，总借阅人次401 324人次。实现市、县（区）、镇（街）公共图书馆（室）通借通还。推进新型阅读空间建设工作，2021年已完成广东省文化和旅游厅17个"粤书吧"试点建设。是年，江门市"粤书吧"24个，数量全省居首。

【文化馆】江门市文化馆实际使用面积1.3万平方米，设有文化剧场、多功能厅、舞蹈室、活动室、培训室等功能区，具备演出、培训、讲座、展览等多元化的群众文化功能。2021年，融合江门当地文化元素，完成外立面改造。举办"百年征程盛世歌——江门市庆祝建党100周年合唱比赛""侨都百年——2021年江门市大型原创交响音乐会"等大型演出。江门市文化馆（江门市非物质文化遗产保护中心、江门市艺术研究室）、蓬江区文化馆、江海区文化馆、新会区文化馆、台山市文化馆、开平市文化馆、鹤山市文化馆、恩平市文化馆8个公共文化馆全部晋升为国家一级馆。

【美术馆】2021年，江门市共有江门市美术馆（中国侨都江门华侨华人美术馆、李铁夫美术馆、江门市图片社）、江门市工人文化宫（林锵云美术馆）等8家国有美术馆。江门市美术馆建筑总面积为32 124平方米，其中展馆面积12 293平方米。设有收藏室、装裱修复区、摄影室、鉴赏室、影音室、公教室、培训室、艺术图书室和儿童体验区等功能室及对外服务设施；具备艺术展览、作品典藏、美术创作、学术研究、美术欣赏、公共教育、文旅宣传、艺术摄影及对外交流等职责和功能。2021年，举办"井喷的年代——中国侨都（江门）1869—2019华侨华人美术历史文献展""党旗在侨乡——江门市庆祝建党100年美术作品大展""无需抱怨·可以抱我——小林漫画原作展"等高质量的美术展览17场及公共教育活动31场。"井喷的年代——中国侨都（江门）1869—2019华侨华人美术历史文献展"入选文化和旅游部办公厅《2021年全国美术馆馆藏精品展出季活动目录》。课题"江门五邑美术名家研究"结题学术专著《井喷的年代：江门五邑籍美术名家活动年表：1869—1949》被评定为江门市社会科学规划课题2021年度结题专著类两项社科优秀项目之一。

档案工作

【概况】2021年，江门市档案馆保存档案全宗155个，档案17.58万卷、46.62万件，照片档案2.44万张，录音磁带、录像磁带、影片档案86盘，实物档案1878件，资料1.96万册；档案数字化副本15.44万卷、43.85万件。馆藏档案最早形成时间为1865年，档案资料有清朝同治四年功牌、清朝光绪二十三年江门关租约等。江门市档案馆坚持以习近平总书记对档案工作的重要批示精神为行动指南，完成"百年恰是风华正茂"庆祝中国共产党成立100周年主题档案文献展，全市参观学习近1万人次；在国家级刊物（中国档案报、中国档案杂志）宣传报道档案工作3次；联合江门市档案局首次开展国际档案日网络直播，现场收看观众约1.5万人次；参加1小时广播民生热线等，扩大档案影响力、覆盖面。

【档案执法监督检查】2021年，江门市档案局联合市司法局组成联合检查组，对全市8个机关、镇（街）进行档案行政执法检查，并将整改意见逐一反馈至被检单位，检查情况在全市范围内进行通报，贯彻落实《机关档案管理规定》。

【档案业务指导】2021年，江门市档案局持续开展档案业务指导工作，实现档案指导的全覆盖。全年开展现场、电话指导，到新会中集特种运输设备有限公司、金羚集团有限公司、江门江腾公司、越秀城建房地产公司等开展手把手、面对面的指导。其中新会中集特种运输设备有限公司完成国家增值税电子发票电子化归档试点工作，形成可推广的典型经验。

【**档案培训**】2021年，江门市档案局举办2021年江门市档案管理工作专题培训班1次，全市档案局（馆）系统、市直属有关部门档案科室、市直属各专业档案馆、市档案学会等单位的干部50人参训。依托互联网多次开展网络培训，全市参加档案基础培训和考试1200人。到市自然资源局、市生态环境局、市建管中心等举办业务档案专题培训班。

【**档案宣传**】2021年，江门市档案局以庆祝党的百年华诞和党史学习教育为契机，线上线下深度融合开展档案宣传。线下完成"百年恰是风华正茂·庆祝中国共产党成立100周年主题档案文献展"、联合举办"侨心向党·同心圆梦——五邑华侨华人与中国共产党专题展"。线上开展"档案话百年·走进档案馆·探百年印记"网络直播活动，充分利用档案资源优势，助推党史学习教育走深走实。

【**江门市档案新馆建设**】江门市档案新馆选址滨江新区华盛路南侧，园山湖人工水系北面地块，依托"六馆合一"+蓬江区文化中心模式建设。江门市档案馆新馆（含方志馆）位于市档案中心B区，独栋建设，总建筑面积2.6万平方米。

2021年12月12日，江门市档案局、江门市档案馆举行江门市档案馆新馆启用仪式。江门市档案馆新馆（含方志馆）地上18层，地下2层，按照国家一级档案馆、国家数字档案馆要求的"五位一体"国家综合档案馆进行建设，其中1~3层为江门档案方志展馆，面积2800多平方米，是江门市首个全面、系统地展示江门全市自然、政治、经济、社会和文化的历史与现状的展馆。4层为专题展区。5~13层为库房区，使用面积约7500平方米，目前启用10~13层，均安装了智能电动密集架用于存储档案。14层为对外查询利用服务大厅，分政府信息公开查询、开放档案利用查询及未开放档案利用查询三个区域。15~18层主要为档案地方志业务技术用房，建筑面积约4600平方米。

其中16层数字档案馆中心机房，按照同等级机房国家标准配备，包括智能化应用、网络安全、国产化要求、密闭冷通道设置、双路供电、一体化UPS等方面，在全省地级市档案系统走在前列。未来，江门市档案馆新馆（含方志馆）可满足未来30年档案发展需要。

【**档案安全建设**】2021年，信息网络安全建设方面得到市政数局支持，将"江门市数字档案馆（室）信息系统"纳入全市信创改造范围；及时调整江门市档案馆网络与信息安全工作领导小组成员；做好本馆网络安全的相关工作；为提升本馆工作人员对网络安全的应急意识和实操技术，确保档案信息安全，组织1次系统数据灭失应急安全演练。

【**档案接收**】2021年，江门市档案馆接收市直有关单位文书档案190卷、21 188件，荣誉实物档案2件；接收市新冠肺炎疫情防控指挥部档案1726件；抢救性接收原甘化厂工业遗产档案26箱。完成第一、二期市珍贵声像档案资源抢救及数字化加工项目，接收市电视台1987—2017年声像档案49 675件，总时长2058.1小时。

【**档案利用与服务**】2021年，江门市档案馆接待机关事业单位、市民群众查阅利用档案、政府信息公开共675人次，查阅档案2694卷、982件，资料470册，档案数字化副本查阅60 972页，电子目录查阅数1086条，档案复印4247页，档案数字化副本拷贝331 424张，电子目录拷贝24 852条，声像档案拷贝36条（视频）；其中，为群众办实事184人次，查阅利用档案549卷77件45册，查阅档案数字化副本58 902页，复印653页，拷贝电子文件82张。同时，及时处理了9件"12345"热线查询，为干部、群众解决办理干部档案核实、不动产认定、司法公证、法律诉讼、社保待遇确认、学历认证等提供决策依据，将人民群众依法利用档案的权利落到实处。新冠肺炎疫情期间，开展远程查阅利用服务，以电话查询、微信公众号、馆网站留言等模式，安全有效地提供档案查阅利用服务。

【档案资源建设】 2021年，江门市档案馆抓住市直办公OA改造的机遇，做好"增量"电子文件在线归档的建设，提前介入规范好电子文件在线归档，开通"一键归档"功能，实现其与市数字档案室系统的无缝对接，推动电子文件"随办随归""在线移交"，为市直单位解决电子文件归档、管理、利用等问题。做好民生档案跨馆利用服务，与深圳市档案馆签署了《民生档案跨馆利用协议》。为做好档案信息资源共享平台建设，形成方便群众就近查询民生档案的"跨馆服务、一网通办"档案利用工作格局，尝试以数字档案馆（室）系统为支撑，将涉民及面较广的民生档案（如婚姻、公证、学历、土地确权等）实现辖区内各档案馆数据共享、跨馆利用，提升查档的便捷性、准确性和群众的幸福感、获得感。

地方志工作

【概况】 2021年，江门市地方志事业发展得到各级党委、政府的高度重视。省委党史学习教育第三巡回指导组组长陈杭，市委常委、副市长刘杰等领导出席市地方志办、市档案馆承办的"'百年恰是风华正茂'庆祝中国共产党成立100周年主题档案文献展"开幕式。市长吴晓晖高度关注《新会陈皮影像志》，并携该影像志到北京出席2022年全国两会。市委常委、宣传部部长陈冀指示江门有关媒体将影像志做好展播。市领导蔡德威、刘杰高度关心地方志事业发展，多次过问市方志馆的建设并提出指导意见。地方志信息化、综合年鉴编纂、旧志点校出版等工作稳步推进。

【方志馆库建设】 2021年，江门市方志馆在市委、市政府的重视下，依托江门市档案中心建设，于2021年12月12日建成启用（与市档案馆新馆合署办公），建筑面积1万多平方米，能满足信息利用、古籍修裱、文献阅览、编纂研究、学术交流等读志用志需求。蓬江区争取区委区政府支持，将区方志馆建设纳入新档案馆统筹考虑，设置面积达3000平方米。

【江门市方志展馆建设】 2021年，江门市方志展馆建成并基本完成布展工作，该展馆是江门市首个全面、系统地展示江门全市自然、政治、经济、社会和文化的历史与现状的展馆，共设3层固定展厅，面积2800多平方米，一层展陈江门历史沿革、概况、江门名片、"侨都根源"族谱家谱系统、世界遗产和国家非遗等内容，二层展陈江门地方著名人物、文化传承、华侨史话、民俗风情、历史人文及自然景观等内容，三层展陈红色印记、发展成就和未来规划等内容。时间从新石器时期至今，范围覆盖江门全域。除大量用声、光、电技术和触摸屏展现外，还陈列一批具有本地特色的民间工艺品，如茅龙笔、荷塘纱龙、盘龙山桔及工艺品，以及被市领导誉为"镇馆之宝"的清咸丰年间的新会陈皮。

【地情宣传推介】 2021年，江门市地方志系统挖掘本地特色，加强地情宣传推介，参与《广东乡村非遗》《广东乡村美食》丛书编纂工作。江海区地方志办《传统食品花生饼亟应扶持发展》和《名中医陈伯坛亟须挖掘和宣传》的资政文章得到领导的肯定和重视。新会区地方志办《最古之史·实为方志——梁启超与方志学》《从橘柚到新会陈皮——新会陈皮名称的演变》在省级自媒体、期刊发布，讲好"新会故事"。台山市地方志办向省地方志办报送海岛村、特色美食等稿件，并在省情网发布6篇。开平市地方志办全年在当地人民政府门户网站与"开平档案方志"微信公众号发布推介开平历史、风土人情、地方特产等地情信息165条。鹤山市地方志办在"鹤山政府网走进鹤山栏目"专题供稿。恩平市地方志办挖掘冯如史料，协助拍摄《航父冯如》电影。

【志鉴扩面提质】 2021年，江门市地方志办整理出版清同治《新会县志》和清光绪《新宁县志》，启动《新会陈皮志》编修工作，联合江门市卫健局编修《江门中医药志》并形成200多万字的汇编。江海区地方志办启动《江海简史（1994—2020）》编写，新会区地方志办编修出版《新会百年辉煌（1921—2021）》图册，开平区地方志办启动《史说开平》的编纂工作。是年，全市8本综合年鉴完成编纂并出版。

【《新会陈皮影像志》拍摄】 2021年，江门市地方志办赋能文旅产业，拍摄包括新会陈皮历史、地理、种植、炮制、品鉴和文化专题片的《新会陈皮影像志》，并在《广东视窗》《最美一线行》《方志广东》、人民日报客户端（人民号）、南方卫视等10多个省级媒体播出，被省方志办誉为"优质资源"，被列入省地方志办"我为群众办实事"重点民生项目成果——广东省情百集微视频。

【地方志资源开发利用】 2021年，江门市地方志系统利用自然村落历史人文普查成果服务多彩乡村主题教育实践活动效果明显：江门市地方志办获评优秀组织单位、台山市地方志办在相关专题视频会议上作代表发言。

【地方志信息化建设】 2021年，"侨都根源"族谱家谱信息化工程投入使用，该信息化工程整理上传族谱331本65 053页，涉及族人数256 200人、村落数452条、姓氏62个，网站和微信小程序并同时上线，该工作受到市委常委、秘书长蔡德威同志的肯定。馆藏资源数字化加快，完成26部明清、民国时期的五邑地区旧志，以及《新会乡土志》《潮连乡土志》共33部志书的繁体竖排转录为简体横排工作，录入字数近480万字。

新闻出版

出版·印刷

【期刊出版】 2021年，江门市有期刊出版单位两家，分别是江门市文艺杂志社有限公司、五邑大学学报，江门市文艺杂志社有限公司负责出版《江门文艺》，五邑大学负责出版《五邑大学学报（自然科学版）》《五邑大学学报（社会科学版）》。全市共有82家侨刊乡讯编辑部。

【报纸出版】 2021年，江门市有两家报纸出版单位，分别是江门日报社、五邑大学，江门日报社负责《江门日报》出版，五邑大学负责《五邑大学报》出版。2021年，《江门日报》工作人员450名，总发行量约2792万份，平均每期发行量7.65万份，有4件作品获2020年度广东新闻奖，7件作品获2020年度中国城市党报新闻，5件作品获2020年度中国地市报年度优秀新闻作品奖。获得"2021年全国地市融媒体综合传播力十强""2021全国地市新闻TOP100案例三等奖""全国报纸自办发行2020年度先进集体""2021政务新媒体年度影响力微信订阅号（地市级）"等荣誉。2021年，《五邑大学报》工作人员有13名，总发行量约13.6万份，平均每期发行量6000份。

【出版物市场管理】 2021年，江门市有出版物发行单位568家，其中批发企业19家，零售单位549家。从业人员约5252人，发行网点数量550个。全市较大规模书店分别为江门市新华书店、江门市一牧书城、江门市文化书店、新会区新华书店、新会清华书城、新会环球书局等。2021年全市各级新闻出版局开展出版物市场检查120余次，出动约600人次，检查书店约320家。

【印刷业】 2021年，江门市印刷企业1414家，其中出版物印刷企业18家，包装装潢和其他类印刷企业1396家。全市印刷工业总产值达228亿元，工业增加值51亿元，从业人员4.28万人，规模以上（工业产值5000万元以上）企业为71家。

【江门日报社】 2021年，江门日报社获2021年"全国地市融媒体综合传播力十强""全国地市融媒体客户端传播力十强"称号。负责运营的"江门发布"稳居广东地市政务发布类公号前五位，获"2021政务新媒体年度影响力微信订阅号（地市级）"称号。在记者节期间，市委书记陈岸明带队到报社调研，对该社扎根一线、建强主流舆论阵地、助力江门高质量发展等工作给予充分肯定。

报道创新 江门日报社做好建党百年、党史学习教育宣传报道。"百年红途·邑路奋进""百日·百年"等一批栏目、专题系列报道和《征程》《学史力行·侨都答卷》等特刊，做好"党史学霸"PK赛、"江门云上红色展馆""江门五邑侨批（银信）

专题展"等系列线上线下活动。聚焦大湾区建设、战略性产业集群、华人华侨文化交流平台、院士之乡、美丽侨村建设以及疫情防控等，推出"辉煌十三五·筑梦十四五""珠西动力——江门市八大战略性产业集群扫描""学习贯彻市委十三届十六次全会精神"等系列报道和专栏专版。纸媒刊发创文报道400多篇、专版86个，新媒体平台发布相关图文、视频逾1100篇（次），点击量逾3000万次。每周向《国际日报》供稿，加强和改进国际传播工作，全面提升"中国侨都"知名度、美誉度。做好,《犇向春天里》《江门无人机交警上岗》新媒体产品；扩大"文明之歌大家唱"传唱活动、快递小哥文明传"递"活动影响；《中国侨都院士之乡》全媒体报道获得全国、省市各大媒体转载。江门日报抖音号全年发布作品186个，江门日报视频号直播近40场，发布作品432个。出台意识形态工作要点、采编意识形态工作方案、新媒体把关防错工作试行办法等一系列工作方案。做好舆情监测和引导，加强大数据舆情监测系统和市民记者报料群建设。建立政务信息报送"双通道"机制。

媒体融合 江门日报社新媒体平台建设走在全省地市报前列，直播江门App全新改版升级，总安装量超44万人次；江门日报微博粉丝超122万，是江门地区粉丝数最多的微博账号；官方微信粉丝数近55万，稳居广东媒体公众号前列；江门新闻网日均IP量2.12万，长期位居广东地市报官方网站前列；江门日报抖音号粉丝6.2万，总点赞量逾106万，总播放量逾1.5亿人次。运营的"江门发布"微信号粉丝逾69万。出台加快推进媒体深度融合发展工作方案，将内设机构由11个增加到15个。完成修订《江门日报社薪酬管理制度》初稿，鼓励采编人员强化媒体融合意识，推动实现新闻内容和新闻资源共享。加大全媒体人才培训和培养力度，全年输送采编人员外出培训14场，请进来培训1场，业务交流5场。一批年轻同志走上部门管理岗位，专业技术人员晋升通道被打通。

党史学习教育 江门日报社开展党史学习教育，解决群众操心事，11项为群众办实事项目全部完成。完成支部重新选举工作，12位优秀员工成为中共预备党员，10位预备党员按时转正，24人成为入党分子。全年党员职工参加志愿服务达600余人次。一批先进集体与个人获表彰，报社团委获全市"五四红旗团委"称号。推进巡察反馈问题的整改落实，54个分项问题绝大多数得到解决，整改完成率达97%以上。

经营工作 江门日报社经营总收入基本稳定。报纸发行再创新高，实现连续十年逆势增长。《青苹果》专刊，征订数和报款实现"量价齐升"；政务服务中心和各地方站探索新闻+政务服务商务模式。经济运营中心想方设法提升行业广告的市场份额；发行公司、《青苹果》专刊中心、新时空、印务中心等多种经营收入比上年均有增长；东湖电影公司与江门市粤剧传习所续签20年长约，连续两年实现盈利。

广播·电视

【广播节目创新】 2021年，围绕建党100周年、党史学习教育等重大主题，广播精心策划，推出长达半小时的《百年初心正风华——江门电台庆祝中国共产党成立100周年特别节目》，播出10期广播专栏；打造特色栏目《唱支心歌给党听》；广播品牌栏目《民生热线》增设《学党史守初心，我为群众办实事》专栏，开通市民与职能部门互动新渠道，播出30多期节目。强化创新，推出广播节目《放眼大湾区》《声音里的30年——江门电台开播30周年特别策划》以及可视广播节目融媒体特别策划《非遗江门行》等，制作两部广播剧，取得不错反响。公益宣传方面，广播两频率播出"建党百年誓言""习总书记18金句"等公益宣传6664条次，约55.53小时。

【电视节目创新】 2021年，市广播电视台坚持内容为王，全力做好重大主题宣传报道，推出《学习贯彻习近平总书记"七一"重要讲话精神》《奋斗百年路，启航新征程——学党史、悟思想、办实事、开新局》等一大批专题、专栏。围绕抗疫、创文、乡村振兴等主题开展全媒体报道，其中疫情防控相关稿件、短视频、微信近6000条次，创文报道超1000条。精心策划《百年征程@未来——

庆祝中国共产党成立100周年特别节目》。结合"我为群众办实事"实践活动，策划推出《你的心愿，我来实现》系列报道，发稿超过600条次，收集《市民微心愿》超过900条次并反馈至12345政府服务热线。播出10期电视理论节目《学习时间》。成立对外传播工作室，外宣工作取得新突破，被央视采用稿件40多条次，广东广播电视台采用440多条次，其中《广东新闻联播》采用超过100条，位居全省地级市前六位。在全省地级市中率先推出人工智能手语高清电视日播新闻，人工智能AI手语电视播报系统在时政新闻栏目《江门新时空》中启用，惠及全市4500多位听障人士。播出电视公益广告254条近14万次，创文和防疫公益广告占8成以上。配合党史学习教育购买排播红色题材电视剧9部337集。

发挥自身优势，推进"侨都赋能"工程。制作《跨越山海的祝福——2021年春节文化交流活动（江门—霍尼亚拉）》电视特别节目，受到上级侨务外事部门的表扬。完成《他乡五邑人·澳门篇》采拍。利用《他乡五邑人》素材制作推送系列短视频，受到市领导关注肯定和海内外乡亲的高度认可。做大做强做优"少年中国说"品牌，与中国航天科技国际交流中心合作的"少年中国说·我们的声音上太空"活动顺利启动；连续第三年走进澳门，举办"少年中国说"2021"舞动全城"江澳青少年街舞交流赛；"少年中国说"阅读公益行举办"红色侨乡·百年印记"少年说党史首场读书分享会，吸引过万名青少年参加；举办"'说吧，少年！'演讲大赛暨大湾区演讲家大赛"。在春节、中秋节等传统节日录制书记、市长的祝福短视频，通过全媒体平台向海内外华侨华人发布。完成一批急难任务，制作"五四"快闪、党史学习教育汇报片、"六一"江门青少年向广深佛三地医护人员致敬快闪、《红色高地特色区》等快闪和MV视频、"永远跟党走"江门宣传系统红色歌曲传唱等，承办"百年征程盛世歌——江门市庆祝建党100周年合唱比赛""党史学霸"线下快问快答等活动，提升党史学习教育的氛围热度。

【全媒体建设】2021年，市广播电视台组建成立对外传播工作室、短视频工作室、许嘉文工作室、马美玲工作室四大融媒工作室，在经营极度困难情况下，拨付专项资金优先保障工作室采购专用设备，抽调骨干员工壮大充实工作室团队，完善融媒工作室管理机制，实行台领导挂牌跟踪指导，确保融媒工作室取得成果。融媒工作室围绕重大主题，精心策划"百年征程·红色五邑""我为群众办实事""侨批中的党史""雅见"系列等全媒体报道，充分运用短视频、情景剧、海报、漫画、H5交互等群众喜闻乐见的形式，打造新颖的融媒产品。对外传播工作室主动承担市委市政府、市委宣传部策划的重大外宣报道，以及央视和省台交付的重大主题宣传任务，推送江门题材新闻，讲好江门故事，外宣工作实现多个突破，特别是党史学习教育的对外宣传，累计在《广东新闻联播》发稿20多篇，在省委宣传部策划的学习贯彻习总书记"七一"重要讲话精神的12篇反响话题中，有6篇采用江门的内容。与新华社、央视移动新闻网、人民日报客户端人民号、触电新闻、学习强国等大型平台形成合作关系，合计发稿2000多条次。短视频工作室精心策划16期《侨批中的党史》系列融媒体产品，推出22期《党史学霸快问快答》《榕树下的党课》，策划《江门这百年》《党啊，今天我想对您说》等一批新媒体产品，制作发布短视频产品1200多个，最高单条点击量近700万次。许嘉文工作室以民生服务为抓手策划"社区发言人""故事贩卖机"两大融媒产品，其中聚焦残奥会"双冠王"陈健新的《冠军背后的最美爱情故事》被人民日报、新华网等多家媒体转载，中央电视台官微全文转载，各平台浏览量破千万。马美玲工作室在电台开通心理健康咨询服务平台，为市民提供心理健康辅导，已完成200多期2000多分钟日常节目，举办线下沙龙"不吼不叫"，将精细化服务送到市民群众的"家门口"。

体 育

【概况】2021年，江门市公共体育场馆31个，市级体育协会（俱乐部）46家，全市县级以上体育总会7个，县级以上单项体育协会116个。有国家级社会体育指导员27人、一级社会体育指导员352人、二级社会体育指导员2028人、三级社会体育指导员15 124人，平均每千人拥有公益社会体育指导员4.6人。有体育场地1.60万个，总面积1310.10万平方米，人均体育场地面积2.51平方米。2021年计划建设的12个社区体育公园项目已基本建成投放使用。

【规划编制】6月10日，江门市文化广电旅游体育局印发《江门市体育发展"十四五"规划》。规划重点从完善群众体育体系、提升竞技体育成绩、释放体育产业体系活力、建设华侨华人体育平台、打造体育文化城市名片五大方面提出规划总体目标。

【群众体育】2021年，江门市完成省局下达国民体质监测工作任务，对3696名市民进行国民体质监测工作，江门市年龄段为3~6岁，19~79岁的群众在国民体质测试中，合格率在92%以上。指导江门市公共体育场馆免费、低收费对市民开放，全市公共体育设施免费或低收费开放率为100%。行政村农民体育健身工程覆盖率以及城市社区"15分钟健身圈"覆盖率为100%。做好江门市元宝山体育公园日常管理的监督工作。

▲2021年9月16日，广东队在第十四届全运会马术盛装舞步团体赛中获冠军。图为江门籍选手黄焯钦。

（市文化广电旅游体育局　供）

【竞技体育】2021年，江门市推进备战广东省第十六届运动会工作，完成组建备战队伍、运动员注册和确认、拍骨龄、组织文化课考试等工作，落实年度备战经费，开展备战训练。在第十四届全国运动会排球项目男子成年组资格赛中，广东队时隔38年再次晋级全运会决赛，队伍中有5名运动员来自江门。江门籍体育运动员参加第十四届全运会获得2金1银2铜，江门市获得第十四届全国运动会广东省代表团的感谢信；参加2021年省青少年各项目锦标赛，获得21金37银50铜的成绩。广东省二沙体育训练中心与广东江门华体排球俱乐部有限公司共建的广东江门华体排球俱乐部落户江门，有利于江门市打造"排球之乡"的城市名片，推动体育产业建设不断发展。

【体育产业】2021年，推荐江门市4家体育企业为2021年广东省体育产业示范单位和体育产业示范项目。擦亮"中国排球之乡"品牌，江门体育中心成功挂牌"中国排球协会排球训练基地"，并创建江门排球文化旅游区。

【全民健身日活动】2021年，江门市举办全民健身日系列活动，由于疫情原因，部分县（市、区）举办线上活动，开平市举办第十三届运动会暨第三届老年人运动会。

【活动赛事】2021年，市文化广电旅游体育局承办第十四届全国运动会排球项目男子成年组资格赛及9—12名决赛、第十四届全国运动会排球项目女子青少年组资格赛、第十四届全国运动会花样游泳资格赛暨2021年全国花样游泳冠军赛、2021年全国女子排球锦标赛、2021—2022中国女排超级联赛，广东省青少年击剑、排球锦标赛等6项国家级、2项省级的大型体育赛事。国家体育总局排球运动管理中心授予市文化广电旅游体育局"2021—2022中国女排超级联赛突出贡献奖"称号。组织举办22项江门市青少年锦标赛，开展2021年全国青少年体育冬夏令营（广东江门站）、江门市青少年阳光体育系列活动主题健身活动，联合市教育局继续组织江门市中小学生青少年校园足球四级联赛冠军赛。

社会生活
SHEHUI SHENGHUO

妇女·儿童

【帮扶困难妇女儿童】 2021年，江门市启动"爱·童行"儿童安康保险项目，深入推进"关爱·她"女性安康保险项目，分别为全市在册的1021名留守儿童、孤儿及事实无人扶养儿童每人赠送8万元保额的健康保险，为全市5836名低保妇女每人赠送2.5万元保额的两癌保险。救助164名患"两癌"和重大疾病困难妇女。筹集130多万元资金援建和修葺单亲困难母亲安居房10间。开展"贫困母亲心灵关怀"项目，为120名困难母亲提供援助。"点亮微心愿·幸福送进家"圆梦行动为132户困境家庭实现新春微心愿，获评广东省学雷锋优秀志愿服务项目。推进爱心父母大联盟，发动30多个集体和2598名"爱心父母"，帮扶困境儿童3363人次，发放助学金109.08万元。

【妇女儿童发展规划实施】 2021年是江门市妇女儿童发展新周期十年规划的编制和开局之年。市妇儿工委科学谋划妇女儿童中长期目标任务，圆满完成上周期妇女儿童发展规划终期评估，获省妇儿工委充分肯定。高质量编制江门市妇女儿童发展规划（2021—2030年），推动市"十四五"规划首次设立"保障妇女、未成年人权益"专节和妇女儿童家庭专栏，提出妇女儿童健康发展、儿童友好型城市建设、家庭发展政策体系建设等"三大工程"。广泛宣传男女平等基本国策和儿童优先原则，推动男女平等基本国策纳入市委党校主体班课程及中青年女干部培训班。推进中小学性别平等教育工作向纵深发展，培育性别平等教育试点学校7个，在全省率先建立2个性别平等教育实践基地。协调推进适龄女生免费接种HPV疫苗和免费婚前检查、孕前优生健康检查项目实行"二检合一"工作，推动农村妇女"两癌"免费检查项目，开展相关宣传、培训309场次，推动12.93万人次妇女参加"两癌"免费检查。

民族宗教事务

【概况】 2021年，江门市民族宗教局通过举办会议培训、制作宣传横幅和宣传栏、网络或纸媒报刊发稿、印制纸质宣传品、"民族团结活动月"等多种形式，在党员干部、各族群众、青少年学生群体中广泛宣传党的民族路线、方针、政策，城市民族团结一家亲氛围浓厚；以推进宗教中国化为重点做好宗教工作，开展平安寺观教堂创建、"四进"、"宗教政策法规学习月"、全市性宗教团体工作例会等主题教育活动，引导宗教与社会主义社会相适应，全市宗教领域安全和谐稳定；民族宗教领域疫情防控和消防安全工作推进，2021年出动工作人员5204人次，滚动排查场所3941次，全市宗教活动场所和民间信仰场所未发生感染病例，教职人员无一感染；引导宗教界参与共同社会慈善公益活动，共计捐出善款达48万元，其中佛教界捐款40万元，道教界捐款5万元，天主教界捐款1万元，基督教界捐款2万元；认真做好行政审批和政务服务工作，不断完善相关数据，提升服务素质。涉民族宗教事项共有行政许可事项20项、行政处罚28项、行政检查1项、行政确认2项、行政奖励1项、其他类12项。涉民族宗教依申请服务事项100%进驻广东省政务服务网和行政服务中心，100%在网上实行全流程办理，100%实行零跑动服务。

【民族事务】 4月6日，中共江门市委统一战线工作领导小组办公室印发《关于做好2021年民族团结进步创建活动"六进"工作的通知》；5月25日至5月28日，在清远连南瑶族自治县举办"江门市民族团结进步创建活动'六进'工作培训班"。各市（区）和部分市直单位分管创建工作的领导及今年创建单位的负责同志37人参加培训。9月22日至10月19日，江门市民族宗教局举办四期少数民族务工经商人员语言文化政策培训班，有包含维吾尔族、哈萨克族、柯尔克孜族、塔吉克族、回族等少数民族在内的新疆籍进城务工人员约152人次参加培训；9月，"民族团结进步宣传月"系列活动开展。在江门日报开辟主题为"民族团结看侨乡"的专栏，专题报道江门市民族团结进步创建活动中的成效、亮点和先进事迹，通过手机短信、宣传标语、宣传栏等传统方式加强对民族团结宣传活动月的宣传，累计发送宣传短信达50 000多条。市委统战部在微信平台"五邑同心"举办以"2021年江门市统战（民族宗教、侨务）政策法规知识竞答"，活动期间，吸引社会各界的热烈关注和踊跃参与，活动参与人数70 646人。12月15日，举办2021年中央民族工作会议精神专题宣讲会，特邀广东省民族宗教研究院副院长盘小梅作专题宣讲，以铸牢中华民族共同体意识为主线，从"十二个必须"着手，阐述做好新时代民族工作的政治自觉和行动自觉的重要性，对如何看待广东民族工作、怎样做好新时代城市民族工作做出深刻论述。

【宗教事务】 1月14日，市委统战部指导天主教江门教区完成程三根、常江峰执事举行祝圣神父礼仪。2月13日，市委常委、统战部部长利为民同志率队，统战部副部长、市民族宗教局局长谭健文参加督导，赴宗教活动场所和民间信仰场所检查疫情防控和消防安全工作，走访慰问宗教教职人员，要求充分认清形势，顾全大局，严格落实"双暂停"措施；开展隐患排查，确保消防安全，过一个安全、欢乐、祥和的春节；压实主体责任，加强巡查检查，切实维护全市宗教领域的安全和谐稳定。3月25日，组织全市宗教界前往开平市参观周文雍、陈铁军烈士纪念馆和开平市赤坎古镇发展规划、乡村振兴示范点，缅怀革命先烈，坚定政治站位，强化使命担当，提升宗教规范化法治化水平。7月22日，江门市委统战部（民族宗教局）联合江门书法院、开平市委统战部（民族宗教局）和大沙镇蕉园村党支部开展"我为群众办实事"主题党日活动。江门市委统战部副部长、市民族宗教局局长谭健文参加活动。通过民族宗教知识下乡、为群众挥毫作画、志愿服务等方式，深入群众做好事、实事，不断提升主题实践活动的影响力和实效性。活动共发放民族宗教宣传资料达1000份，送出字画200多份。9月，开展"宗教政策法规学习月"系列活动，制定《江门市2021年"宗教政策法规学习月"活动方案》，以《宗教事务条例》《广东省宗教事务条例》《宗教团体管理办法》等法规为重点，开展组织一系列学习、举办一期专题培训班、举办一场普法活动、组织一次知识测试、开展一次网络有奖问答、开设一个宣传专栏等"六个一"活动。利用宣传栏、LED屏、微信公众号、微信群、召开座谈会、印发《宗教政策法规应知应会手册》等方式，宣传宗教政策法规知识，扩大宣传覆盖面，加大宣传力度，提高干部、宗教界人士和信教群众政策法规水平。与市普法办联合开展"宗教普法有奖知识竞赛"，活动参与人数达到7万多人，浏览量达11万人次，掀起"学习月"活动高潮。四是送法下基层，印发《中华人民共和国宪法》《中华人民共和国国旗法》《宗教事务条例》《广东省宗教事务条例》等政策法规宣传资料3000多份，把宗教政策法规送到基层，引导各级领导干部、宗教工作人员、宗教活动场所负责人、教职人员自觉学习宗教政策法规知识，坚持宗教中国化方向。10月26—29日，江门市民族宗教局组织江门市民族宗教干部、宗教界代表人士赴梅州市学习交流民族宗教工作、场所规范化管理经验，参观革命老区开展爱国主义教育，提升宗教干部、宗教界代表人士的思想建设和工作能力水平。12月23日，圣诞节前夕，广东省民族宗教委党组副书记、主任李秀英带队到江门市调研民族宗教工作，并走访慰问宗教界代表人士，省民族宗教委党组成员、副主任曾晓晖、江门市委常委、统战部部长利为民，江门市委统战部副部长、市民族宗教局局长谭健文陪同调研。调研组实地察看宗教活动场所的公共设施、环境卫生、疫情防控、消防安全及圣诞节宣传筹备情况等，详细了解场所日常管理、制度建设、教职人员队伍建设、社保参保情况、疫情防控管理执行情况以及各场所存在的困难和问题等。李秀英主任对江门市宗教活动场所规范化管理和宗教界在和谐社会建设中的贡献给予充分肯定，并勉励宗教界人士继续高举爱国爱教旗帜，加强自身建设。9月15日，市委统战部（市民族宗教局）在全市性宗教团体集中办公点召开全市性宗教团体工作例会暨中秋节、国庆节慰问座谈会。来自全市佛教、道教、天主教和基督教界10余名代表人士参加会议。市委统战部副部长、市民族宗教局局长谭健文出席会议并讲话。会上传达学习习近平总书记系列重要讲话精神、中央民族工作会议精神及《宗教团体管理办法》《安全生产法》等法律法规。

卫生健康

综　述

【概况】2021年，江门市卫生机构1737个，其中医院类机构61个、基层医疗机构1646个；有床位25 789张，其中医院类机构床位20 509张、基层医疗机构床位5058张，全市每千常住人口床位数5.33张；卫生机构有在岗职工40 637人，其中卫生技术人员34 284人，含执业（助理）医师11 799人、注册护士16 220人，全市每千人常住人口执业（助理）医师数、注册护士数分别为2.44人、3.35人。全市三级甲等医院4间，其中三级甲等中医院1间；三级甲等妇幼保健院1间。全市诊疗量4025.86万人次，出院量71.68万人次。全市常住人口483.51万人，出生人口3.34万人，出生人口性别比110.57，出生率7.27‰，自然增长率1.18‰。

【民营医院建设】2021年江门市民营非政府办医疗机构677家，占比全市医疗机构数38.95%；设有3120张床位，占全市床位数12.09%；二级以上3家，占全市31家二级以上医疗机构9.7%。

【无偿献血】2021年，江门市采血人数52 055人次（含机采），同比增长1.37%；采血量14.98吨，其中单采血小板7042份。江门市中心血站全年向临床发放总血量13.89吨，增加7.39%；其中红细胞类制品69 430.5U（单位），增长7.37%（RH阴性稀有血型血液供血250U，增长9.41%）；单采血小板7005.5个治疗量，增长10.04%；冷沉淀凝血因子26 064.5U，增长10.15%；血浆类品种供血53 900U，增长5.85%。血液供应态势保持平稳，基本满足医院供血需求。江门市中心血站完成52 074份血清学标本检测，无发生经输血传播感染性疾病的检测质量事故。

【职业健康管理】2021年，江门市以职业卫生和放射卫生为抓手，加强职业健康监管和职业病防治，全市申报职业病危害项目企业数4241家；2401家用人单位完成工作场所职业病危害因素定期检测；完成重点行业在岗期间职业健康检查72 327人，体检率97.5%；宣传受众人数336 900人，印发宣传资料33 786份，开展职业卫生防治知识线上培训328场次，培训35 612人次；通过开展重点行业职业病危害隐患排查治理，实现"4个95%"的工作目标。

【基层卫生健康】2021年，江门市是全省唯一一个从市级层面整体落实基层综改的地市。省医改领导小组在2021年第14期简报中，以"江门市健全基层医疗卫生机构保障机制基层机构焕发新活力"为题专门推荐江门市经验做法。基本公共卫生项目创优争先，2021年6月，蓬江区、新会区、江海区分别获得92.39万元、105.42万元、33.27万元的奖励经费。2021年度，主要由基层医疗机构承担的13项基本公共卫生项目涉及41个指标，达到目标要求的有40个指标，占比97.56%。唯一暂未达标的难点指标为糖尿病患者管理任务完成率，但也高于全省平均水平，达到历史最高的98.25%。优质服务基层行收效明显，2021年，江门市新增5家机构通过国家推荐标准评审并获得国家卫生健康委通报表扬。基层医疗服务体系日臻完善，2021年培育和遴选出15个"江门市基层特色专科"、评选出"江门基层名医"20名。2021年基层诊疗量占比达到50.57%，高于全省均值，符合医改趋势要求。政府办的76家镇（街）医疗机构中，建筑面积达标的有62家，占比81.58%。家庭医生签约服务提质增效。全市组建705个团队，全人群家庭医生签约服务覆盖率为49.37%，重点人群签约服务覆盖率为77.92%，计生特殊家庭成员签约率为100%。

【妇幼健康服务】 2021年，江门市妇幼保健院6间，助产机构81间，婚前医学检查机构11间，产前诊断机构2间，产科床位数1586张，儿科床位数1271张。全市取得母婴保健技术服务资质人数2022人，妇产科执业医生人数842人，儿科执业医生人数688人。全市户籍活产数30 678人，其中男性16 184人，女性14 494人，孕产妇死亡率9.78/10万，新生儿死亡率0.98‰，婴儿死亡率1.60‰，5岁以下儿童死亡率2.61‰。全市孕产妇系统管理率93.77%，产妇产后访视率97.39%，新生儿访视率98.04%，3岁以下儿童系统管理率91.91%，7岁以下儿童健康管理率97.14%，0~6岁儿童眼保健和视力检查覆盖率95.52%。做好妇幼公共卫生服务项目，2021年，为15 633对计划怀孕夫妇提供免费孕前优生健康检查，目标人群覆盖率为101.84%；为2.7万名农村和流动人口妇女免费增补叶酸，预防神经管缺陷发生；为全市适龄城乡妇女免费筛查宫颈癌6.44万例，免费筛查乳腺癌6.49万例；深入推进消除艾滋病、梅毒和乙肝母婴传播工作，全市孕产妇艾滋病、梅毒、乙肝的检测率均为99.89%；出生缺陷综合防控深入推进，为36 208名孕妇进行产前筛查，为36 454名新生儿进行遗传代谢病筛查，为36 413名新生儿进行听力筛查，减少严重出生缺陷发生。

【卫生信息化建设】 2021年，江门市建设居民健康档案江门市区域卫生信息平台，建设全市统一的基本公卫系统和家庭医生系统，居民健康档案已建档达435万多份，推进基层医疗机构的院内信息系统建设，初步实现医防融合，公卫和医疗信息数据互联互通，并通过项目终验。推动"互联网+医疗健康"服务，三甲医院开展互联网医院建设，提供慢病复诊、健康咨询等服务，提供新冠肺炎病毒免费咨询门诊、慢病续方快递到家等服务。推进远程医疗项目建设，16家县市直属医院和65家乡镇卫生院、15家社区卫生服务中心均已接入省远程医疗平台，医疗机构之间开展远程医疗业务。

【医药卫生体制改革】 江门市及时调整深化医药卫生体制改革领导小组，全面落实公立医院党委领导下的院长负责制二级及以上公立医院100%制定医院章程，三级公立医院100%制定医院党委会会议和院长办公会议议事规则，江门市中心医院、江门市妇幼保健院、开平市中心医院获评广东省公立医院党建"四有"工程示范点。全市养老机构100%配备医疗服务，"两院一体"医养结合模式被国家卫生健康委作为工作经验全国交流，被省委深改委列入复制推广第二批基层改革创新经验，被评为2021年广东医改十大创新典型。全市实现医联体网格化布局全覆盖，组建3个城市医疗集团，8个紧密型县域医共体，34个专科联盟，2021年全市市域住院率96.8%，居全省第五位。组织编撰《江门中医药文化志》，建立国医大师传承工作室2个、省名中医传承工作室2个。市级中医重点专科18个，基层医疗机构中医馆和县办二甲中医院实现"两个全覆盖"。江门市中医诊疗量占全市总诊疗量30%，高于全省平均水平，恩平市获评全国基层中医药工作先进单位。全市病种分值库增加至8632个，国家组织药品集中采购任务超额完成，落实国家集采药品医保结余政策，11种国家谈判抗癌药实现"双通道"管理。

【江门市新三甲医院（江门市公共卫生临床中心）项目开工建设】 江门市新三甲医院（市公共卫生临床中心）项目选址位于江门市蓬江区棠下镇南部，北临规划华盛路（西段），南临龙舟山森林公园，占地面积约11.73公顷，总建筑面积约22万平方米，包含科研实验中心、感染病救治基地中心、综合医疗中心三栋主要单体建筑，建设期限为2020—2025年。是年，已完成征地、立项、环评批复、规划方案审批、初步设计方案审批等前期工作。项目全面动工，第一标段辅助站房主体土建工程已完工；第二标段已完成施工设计招标、综合医疗中心完成基坑支护桩施工、感染病救治基地中心完成土方挖掘等地基基础施工、科研实验中心完成施工图审图。

公共卫生

【疾病预防控制】 2021年，江门市传染病疫情总体平稳，各类传染病防控有序有效。全市连续29年保持无脊髓灰质炎状态，连续33年无白喉病例报告，继续保持消除新生儿破伤风的目标；5岁以下儿童乙肝表面抗原携带率下降至1%以下，乙脑、流脑等多种疫苗可预防传染病发病率控制在极低水平。艾滋病疫情快速上升势头得到有效遏制。全市肺结核疫情呈现稳步下降趋势。全市实现消灭麻风病目标。慢性病综合防控和精神卫生工作成效明显。是年，江门市国家级慢病综合防控示范区1个，省级示范区2个。全市30~70岁人群因心脑血管疾病、癌症、慢性呼吸系统疾病和糖尿病导致的过早死亡率为12.86%，较2015年下降8.21%。推进严重精神障碍患者管理治疗及社会心理服务体系建设，以全省第一名的好成绩获评2021年度全省严重精神障碍管理治疗工作优秀市。地方病、寄生虫病防治工作推进。推动完成国家和省的地方病防治专项攻坚行动，碘缺乏病消除率100%、饮水型氟中毒控制率100%，血吸虫病维持消除状态。肝吸虫感染率持续下降。环境与健康工作稳步实施。完成城乡饮用水卫生监测、公共场所健康危害因素监测工作任务。农村饮用水卫生合格率已达91.91%。联合教育部门完成近视等常见病的监测。

【卫生应急】

新冠肺炎疫情防控 江门市卫生健康局牵头制订《江门市新型冠状病毒肺炎疫情防控指挥部办公室医疗防控组应急预案》《江门市新冠肺炎本地疫情应急处置工作方案》，调整江门市卫生健康局新冠肺炎常态化疫情防控领导小组，常态化做好"每早一工作例会""每晚一形势评估""每周一分区分级研判""每月一工作总结""每季度一风险评估"，及时统计上报疫情防控各类报表、每日工作信息、每日新冠疫情概况及风险评估，新闻发布会、发布疫情信息，5月、6月全市连续4次在全市范围内开展新冠肺炎疫情防控工作大排查，全面查找风险点和防控漏洞，各项排查和整改工作全部及时到位，组织开展防疫、救灾、反恐等应急演练35场次，完成市级医疗卫生机构的应急物资储备。

卫生应急体系建设 江门市推进核辐射卫生防护能力建设，下拨158.73万元给市职防所增强装备配备；以"1+1"（市中心医院、市职防所）的形式，推进核应急救援基地建设，下拨100万元由市中心医院配置相关设备设施。完成市级卫生健康行政部门和市级疾控机构突发公共卫生事件应急物资储备，投入市级财政专项资金为530万元。加强卫生应急队伍规范化建设，落实"三指引两规范"的要求，上半年获得市应急委的授旗。推进江门市公共卫生临床中心（江门市应急医院）项目、疾控中心整体搬迁、物资储备库建设项目等。

卫生应急演练和培训 1月30日，在新会区大泽中学举办的省市县三级农村地区新冠肺炎本地疫情处置应急演练；7月21日举行2021年江门市本地疫情全流程全要素综合演练；11月11日以"无脚本"桌面形式举行江门市冬春季本地疫情全流程全要素全环节应急处置演练。组织卫生应急队伍深入企业、校园开展卫生应急宣传活动，在参加全国防灾减灾日广东省"卫生应急进企业"宣教作品征集大赛中，获得全省地市综合成绩第一。

突发事件紧急医学救援 2021年完成蓬江、江海区学校诺如病毒感染性腹泻疫情、台山市一企业急性气体中毒事件、新会水上交通碰撞人员救治、江海区污水井施工人员中毒事件、江门市系统防范化解道路交通安全风险工作等紧急医学救援工作。

重大活动医疗卫生保障 2021年，市卫生健康局开展50项大型活动的医疗卫生保障、卫生防疫工作，保障活动顺利开展，派出医疗保障的医务人员800人次（按天次数计）、医疗救护车30车次。

【爱国卫生运动】 2021年，江门市爱国卫生运动委员会统筹协调全市各部门单位开展以"文明健康，绿色环保"为主题的第33个爱国卫生月活动，实施环境卫生综合整治专项行动469次，清理积存垃圾23 504吨，清除卫生死角2081处，清理大中型病媒生物孳生地476处，消杀面积5288.3万平方米。开展各层次卫生创建（巩固）活动，是年，全市创建国家卫生城市1个、广东省卫生城市4个，国家卫生镇13个、广东省卫生镇41个、江门市卫生镇6个、广东省卫生村3381个、江门市卫生村2719个。推进"健康细胞"试点建设，全市建成省级健康社区试点3个，市级健康镇试点3个、健康村试点87个（其中市级试点15个），健康社区123个、健康机关、健康医院65家、健康学校88所、健康企业99家、健康家庭4657户。将控烟工作列入爱国卫生、城乡卫生创建和卫生单位考核的重要内容，至年底，全市创建"广东省无烟单位"1635个，无烟医疗机构覆盖率100%，全市设立戒烟门诊的医院4家，设置戒烟咨询热线4条。

【卫生健康综合监督】 2021年，江门市出动卫生监督执法人员9286人次，监督各类疫情防控重点单位12 545间次，其中公共场所6256间次、生活饮用水261间次、医疗机构3652间次、学校849间次、消毒产品生产等各类企业256间次，巡查社区、隔离点、客运站、高铁站1271间次）。

疫情督导 市卫生健康局组织开展集中隔离场所日常监督检查，每周组织各县（市、区）对辖区在用的集中隔离场所开展专项督查或交叉检查共30多次，并对各集中隔离场所每周报送的存在问题进行认真跟进、及时指导督促各地落实整改；落实并组织开展全市医疗机构新冠肺炎疫情防控工作专项监督检查，检查各级各类医疗卫生机构1263间次，对其中7间存在严重违反疫情防控相关规定行为的诊所、卫生站予以行政处罚；对全市大型接种点开展监督检查，重点检查新冠病毒疫苗接种点场所落实疫情防控措施、接种人员健康管理、疫苗配送等等指引措施情况，检查大型疫苗接种点10间次。

"双随机"抽检 2021年江门市抽查任务为1276间，抽选比率9.22%，江门市及时下拨2021年"双随机一公开"检测经费到各县（市、区），于8月31日及10月30日，分别按时按质完成游泳场所及全市抽检任务报告工作，任务完成1131单，关闭145单，监督完成率94.91%，任务完成率为88.64%，任务完结率100%，其中发现违法违规立案查处103件，罚款26 700元。

专项治理 市卫生健康局开展打击非法医疗美容专项执法行动，联合公安、商务和市场监管等部门，通过"互联网+监督"平台创新线上线下一体化监管方式，打击非法开展医疗美容行为，检查医疗美容机构17间次、开展医疗美容服务的医疗机构22间次、其他医疗机构1170间次、生活美容机构521间次。立案查处违法案件7宗，其中未取得《医疗执业许可证》开展医疗美容诊疗活动的违法案件6宗、医疗美容机构病历管理不规范违法案件1宗，罚款198 800元，没收违法所得13 960元；开展打击非法代孕专项执法行动，检查人类辅助生殖技术准入机构2间，非技术准入机构1521间（其中医疗机构1189间、其他机构332间）。

【卫生健康宣传】 2021年，江门市强化党史学习教育宣传工作，以"中国共产党为人民谋健康的一百年""我为群众办实事"为主题，唱响红色主旋律、弘扬正能量，组织开展"医心向党"人物系列宣传活动，对30多名典型人物和先进集体进行宣传报道，全方位展现新时代先进医务工作者的形象，生动诠释卫生健康工作者听党话、跟党走的坚定信念。刊发宣传稿件1500余篇，《玲珑村的守望》等120余篇典型信息被国家级、省级媒体转载。组建公共卫生和医疗卫生专家团队，科学分析研判形势，权威解读疫情信息，正确引导群众科学防疫；依托市（县）医院、镇卫生院、社区服务中心、村卫生站等医疗卫生单位，建立起市、县、镇、村（社区）四级防疫科普宣传体系，突出疫情防控、疫苗接种、核酸检测等防控重点任务，组织专家录制《专家话防疫》《健康江门》电视节目等150多期，发布疫情科普信息2万多篇，电视电台宣传22万多次，举办义诊讲座420多场，发放海报折页300多万份，发送手机短信1.7亿条。树立"大健康·大宣传"工作理念，建立卫生健康系统新媒体宣传矩阵，形成"上下联动、同频共振"的卫生健康宣传新格局。江门市卫生健康局微信公众号"健康江门"以第1名成绩荣获2020年度江门市"十佳特色政务新媒体";全市卫生健康系统多个微信公众号多次登上广东省健康类微信影响力排行榜,其中,市中心医院微信公众号曾最高位列全省周榜(医院类)第2名,市五邑中医院微信公众号荣获2020年"全国中医医院微信订阅号十强",成为省内唯一进入全国十强的地级市中医医院;江门市卫生健康局获健康报社2021年度卫生健康宣传先进集体和中国人口报社2021年度先进单位,1位同志获健康报社和中国人口报社2021年度卫生健康宣传先进个人;2021年上半年江门市医改信息在中央媒体和新媒体报道数量分别排名全省第一名、第二名,得到市领导的肯定。"每个人都是自己健康的第一责任人"的理念逐步深入人心,全市以健康促进县(市、区)创建为抓手,大力开展健康科普知识宣传工作。蓬江区创建成为全国健康促进示范区,江海区、新会区、台山市、鹤山市创建成为省级健康促进县(市、区),江门市创建总数达71%,超额完成省下达的到2021年底达到24%的目标。是年,全市创建"五进场所"113 248个,其中,健康医院95家、健康社区355个、健康家庭112 205个、健康企业77个、健康机关227个、健康学校289个。江门市心理健康科学普及体验馆等9家单位被省有关部门命名为"广东省科普教育基地",科普教育基础设施不断完善。江门市代表队在2021年广东省健康教育技能竞赛中获团体二等奖,江门市卫生健康局获优秀组织奖。2021年全市居民健康素养水平为28.37%。

医政管理

【概况】 2021年,江门市各级医疗机构国家基药采购品种数占比要求,逐年提高基本药物使用比例。在全市范围内开展麻精药品等特殊药品的使用管理专项整治,实施麻醉药品、第一类精神药品购用印鉴卡电子化管理。举办江门市医疗机构麻醉药品、第一类精神药品购用印鉴卡电子化管理培训班,全市全面启用电子印鉴卡系统,利用"电子印鉴卡"网络管理系统开展麻精一药品购用、库存管理及麻精一药品处方权医生和处方的管理等工作。落实肺动脉高压谈判药品供应保障,明确市中心医院、市五邑中医院、市人民医院为江门市肺动脉高压谈判药品配备使用和供应保障医院,明确各定点医疗机构服务对象,通过"双明确",保障肺动脉高压靶向药物的供应。加强短缺药物供应保障,联合市医保部门开展江门市基本医疗保险定点零售药店供应国家谈判抗癌药试点。确定市中心医院、市五邑中医院、市人民医院为外配处方定点医疗机构,11种国家谈判抗癌药实现通过"双通道"管理,增加参保患者购药渠道。

【医疗资源配置优化】 2021年,市卫生健康局抓牢公立医院绩效考核。组织专家20名,召开3次全市数据质控会议,对4家二级、2家三级公立医院绩效考核数据进行审核把关,确保数据质量。开展8场次绩效考核培训,共完成226人次培训,将绩效考核成绩纳入市医改考核指标和医保分值系数。是年,针对市中心医院建设发展难题,市、区两级财政投入资金30亿元择址新建独立院区,并计划筹措资金2亿元在医院原址新建医技综合楼。推进重点专科能力建设,制定2021年江门市市直医疗机构重点专科建设方案,投入1000万元,培育8个具有特色优势的重点专科,提升重点专科在医、教、研等能力,发挥重点专科的示范、带头作用,从而提高各医院整体水平。加强胸痛、卒中救治体系建设,建成11个胸痛中心,3个国家高级卒中中心,9家医疗机构纳入国家卒中急救地图。开展全市性质控工作4次,提升急性胸痛和卒中患者同质化救治水平,提高急性心脑血管疾病救治能力。推进重点医疗卫生项目建设,各级财政计划投入116.4亿元,启动公共卫生临床中心、市人民医院新大楼等11个医疗卫生重点项目,全年完成投资项目17.53亿元,10个项目已开工建设,预计2025年前全部完成。市、县两级投入757万元加强城市及县级医院救治能力建设,江门市中心医院及6家县级公立医院配备重症监护病床、传染病床分别增至212张、474张,提升传染病救治能力储备,构筑分层分级的救治体系。

【医疗服务质量】2021年江门市21家医疗机构完成限制类技术备案，新增1家1个技术进入省级"限制临床应用医疗技术培训基地备案清单"。开展医疗质量管理、医疗技术临床应用以及高风险专科领域的医疗质量巡查评估工作，新增1个市级质控中心，胸痛、卒中等专业质控中心已延伸至县域。全市二级以上公立医院基本设置警务室；加强安全防范工作，全市三级医院100%配备安检机、安检门或安检棒；开展全省医疗机构安全防范体系建设和排查专项行动，排查解决医疗纠纷和矛盾。深入开展大型医院巡查、"民营医院管理年"活动以及不合理医疗检查专项整治行动，以巡查促提升。

【医疗服务可及性】2021年，江门市4家三甲公立医院"组团式"帮扶4个县4家县级医院，全年派出技术骨干25人次。组建3个城市医疗集团、8个紧密型县域医共体、34个专科联盟。江门市中心医院将儿保科整体搬迁至蓬江分院，并与辖区内基本公共卫生服务相结合，儿童保健服务更加便捷高效。新会区中医院医共体支持指导罗坑分院建成江门市基层医疗机构首个血液透析中心。全市三级医院100%实施分时段预约诊疗，平均预约诊疗率达90%以上；超过90%的二级医院开展预约诊疗，平均预约诊疗率达60%以上。智慧医疗服务大力发展，二级以上医疗机构均开设门诊移动支付、一站式结算；新增1家互联网医院，6家医疗机构开展"互联网+护理服务"试点工作，服务达311人次。

【医疗卫生对口支援】江门市选派95名医疗卫生专业技术骨干开展新疆、西藏、广西对口医疗支援帮扶工作并制定新一轮柔性医疗援疆帮扶工作机制。将继续通过一对一的对口帮扶，提升受援医院的工作效率，规范管理制度，提高医院的服务质量，用实际行动助推当地医疗事业的发展。

中医药事业

【概况】2021年，江门市中医类医疗机构总数达983间，其中三级甲等中医院1家、二级甲等中医院5家、中西医结合医院1家。全市中医类医疗机构床位5117张，同比增长6.8%；全市中医类医疗机构诊疗量1208.72万人次，占全市医疗机构门诊服务总人次的30.02%；中医类医疗机构住院服务13.86万人次，占全市医疗机构住院服务总人次的19.34%。全市中医类别执业（助理）医师2132人。全市共有国家级中医重点专科3个、国家级中医特色专科4个、省级中医重点专科14个、省级中医特色专科11个、市级中医重点专科46个，有12个国家级、省级名老中医药专家或名中医传承工作室。全市65岁以上老年人与0~36个月儿童中医药健康管理率分别达到49.23%和71.87%。2021年与广东江门中医药职业学院合作，签约培养定向生8人。

【社会办医】2021年，江门市实施《中医诊所备案管理暂行办法》办理中医备案诊所，全市办理49家中医备案诊所，其中蓬江区26家、江海区1家、新会区7家、台山市7家、开平市1家、鹤山市5家、恩平市2家。

【创建全国基层中医药工作先进单位】2021年，恩平市荣膺"全国基层中医药工作先进单位"荣誉称号。恩平市高度重视中医药事业发展，逐步健全保障机制，逐年增加财政投入，强化基础设施建设，形成县—镇—村三级中医药服务格局。

【中医药适宜技术培训】2021年，江门市开展88次县级基地培训讲课，培训基层医疗机构人次达2422人，培训课程包括糖尿病规范化治疗、个案护理、中医特色护理、中西医结合治疗心血管病、中医适宜技术在基层康复中的应用、经方治疗老年病等培训内容。

【实施名中医传承工程】2021年，江门市制定《江门市名中医传承工作方案》，聘请"一代"指导老师授徒52名，"二代"指导老师授徒25名，师承学徒分别跟师国医大师梅国强教授、熊继柏教授、沈宝藩教授以及省级、市级名中医，其中拟培养领军人才12人，骨干人才40人，青年优秀人才25人。目前，师承工作已进入实质性的培养阶段，各学徒通过线上、线下等方式不定期的开展跟诊活动。

【示范性中医馆建设】2021年，江门市根据《江门市示范性中医馆建设实施方案》，市卫生健康局组织专家组于7月28日至8月3日开展遴选工作，确定7个中医馆为示范性中医馆建设单位。

计划生育和老龄服务

【计划生育概况】2021年，江门市育龄群众和计生家庭32.94万人次购买计生综合保险，保费804万元，其中财政投入206.13万元。此外，对符合条件的940户、1483人"失独家庭"赠送综合保险，投保金额13.65万元。2021年全市"一元爱心"捐助活动募集爱心捐款24.56万元，全部用于帮扶困难计生特殊家庭和因伤病致贫的计生困难家庭307户。依法实施三孩生育政策，取消社会抚养费征收，清理废止相关处罚规定，将入户、入学、入职等与个人生育情况全面脱钩。优化生育登记服务，将生育登记服务项目全部纳入"一门式"公共服务中心办理范围，推广"粤省事"网上办理。建立3岁以下婴幼儿照护服务发展工作联席会议制度，开展婴幼儿照护服务示范单位创建活动，做好托育机构新冠疫情及常见传染病防控工作，全市托育机构工作人员及在托婴幼儿无感染新冠肺炎案例。落实备案登记制度，全市婴幼儿托育机构88间，已备案31家。全市每千人口拥有3岁以下婴幼儿托位数为1.9个。

【计划生育奖扶】2021年，江门市兑现计生"四项奖扶"对象17.98万人，市县两级财政及时足额发放奖扶资金2.01亿元。

【老龄工作】2021年，江门市推进医养结合试点工作，全市106家养老机构通过不同形式全部配备医疗服务，其中兼具医疗卫生与养老服务的医养结合机构17家。11月29日至12月2日举办江门市第三期医养结合人才培训班，来自全市医养结合机构的55名医疗护理人员参加培训。11月26日，江门市首批从各县（市、区）老年医学科和医养结合机构遴选的23名学员在中山大学附属第五医院完成2021年全国老年医学人才培训项目的学习，顺利结业。"两院一体"医养结合模式被省深改委列入第二批基层改革创新经验复制推广清单，被省医改办作为典型经验在全省推广。创建3个全国示范性老年友好型社区、3个全国老龄健康医养结合远程协同服务试点、2个全省医养结合示范机构。持续实施"银龄安康行动"，全年全市老年人意外伤害综合保险参保115.32万人次，覆盖率100%，保费总额3483万元。实施老年健康促进行动，组织开展2021年老年健康宣传周活动。开展老年友善医疗机构创建工作。全市二级以上综合医院（中医院）共20家，其中已设立老年医学科（老年病专业）15家，占比达75%。

2021年江门市卫生事业基本情况

项目	卫生机构人员数（人）		卫生机构床位（张）		卫生技术人员（人）		
	合计	医院	合计	医院	合计	执业（助理）医师	注册护士
全市	40 637	22 859	25 789	19 271	34 284	11 799	16 220
市直	9848	8097	7039	6582	7959	2540	4172
蓬江区	3034	853	2184	1421	2716	1026	1177
江海区	1307	610	625	501	1163	417	560
新会区	6920	4065	4981	3711	5806	2041	2658
台山市	7029	2860	4569	2375	6199	2063	2969
开平市	5221	3319	2789	2300	4283	1346	2019
鹤山市	3943	1647	1889	1201	3475	1386	1489
恩平市	3335	1408	1713	1180	2683	980	1176

人力资源·劳动就业

人事·人才

【人才引进】2021年,江门市印发实施《江门市博士和博士后工作管理办法》,全市新建广东省博士工作站10家,新引进博士119人、在站博士后22人,兑现博士博士后政策性补贴近2360万元。新增高层次人才2094人。发布《江门市急需紧缺人才目录(2020年度)》,新建人才供给基地7所。是年,江门市印发出台《江门市镇(街)"人才强基工程"实施方案》《江门市重大人才项目"一事一议"办法》,构建市、县(市、区)、镇三级"一把手"抓"第一资源"的全链条人才工作机制,打通人才工作"最后一公里",引导激励人才到镇(街)一线贡献才智、建功立业;畅通重大人才项目落地"绿色通道",推动创新引才方式、强化人才创新创业支持、优化人才服务保障(市人才工作局、市人力资源社会保障局)

▲2021年9月16日,广东省乡村工匠专业人才职称评审暨专技人才工作座谈会在江门市召开,推广江门市乡村工匠职称评价试点工作经验。

(市人力资源社会保障局 供)

【人力资源管理】2021年,江门人力资源服务产业园以考核排名第一获评首批省级人力资源服务产业园和"2020年度人力资源服务产业园最佳人力资源服务业示范园区"称号,园区首次突破6.5亿元营业收入和1300万元税收。举办第一届广东江门人力资源服务业高峰论坛。组织30多家人力资源服务机构开展"你用工,我保障"行动计划,招聘5.06万人,培训4677人次;组织开展HR强基赋能计划,培训550人。

【公共就业和人才服务建设】2021年,江门市打造市、县、镇三级联动就业服务专员队伍,组织就业服务专员160人,组织就业服务专员160人,为57家次重点企业解决用工13 950人次。印发《江门市(国际)人才"一站式"服务平台建设方案》,建设"1+7+N"模式的(国际)人才"一站式"服务窗口。加快建设江门市人才安居乐业生态园信息系统,开通线上申请人才相关补贴事项43项。制发"人才绿卡"实体卡,在"五邑人社"微信小程序开设"人才服务专区",实现电子社保卡与"人才码"二码合一。

【专业技术人员职称评定和继续教育管理】2021年,江门市新增专业技术人才8326人,专业技术人才总量达到22.25万人;新增高级专业技术人才797人、高级职称人才达到2.11万人。其中中级137人、初级2041人。开展"双通道"职称政策宣传活动,线上参与人员6000多人,举办2021年度职称宣讲会江海专场,调研走访多家企业开展职称政策现场宣讲。选派28人参加省专业技术人才知识更新工程高级研修班。是年,江门市在广东省专业技术人员继续教育管理系统注册学习的专业技术人员达10.72万人。

【事业单位人事管理】2021年,江门市排查登记机关事业单位新冠疫情重点防控人员1058人。落实防控一线医务人员激励措施,考察招聘疫情防控一线编外医务人员75名,其中驰援湖北医疗队编外医务人员10人;审核发放疫情防控一线医务人员临时性工作补助900余人次,共253.52万元;鼓励承担重点防控任务的医院在开展岗位晋升时向一线医务人员倾斜。发动江门市事业单位推出岗位面向高校应届毕业生开展公开招聘,计划招聘1512人。

2021年,市人才工作局加强全市人才工作统筹抓总,建立人才工作考核机制,将人才工作分别纳入市委、市政府重点工作考核体系以及县域经济社会发展考核指标。而在纵深层面，创新开展镇（街）"人才强基工程"，推动各镇（街）出台精细化、区域化较强的人才政策，支持建设镇级人才驿站25家，推动各县（市、区）建优建强属地人才工作队伍，凝心聚力打通人才工作"最后一公里"。

▲图为江门开平（赤坎）人才驿站。

（市人才工作局　供）

【专业技术人才管理】2021年，江门市新增政府特殊津贴专家1人。江门市作为全省首个也是唯一一个乡村工匠专业人才职称评价试点，在全省率先开展乡村工匠职称评价试点工作，评出全省首批取得乡村工匠职称1041人，其中中级332人、初级709人。创新实施"产业工程师集聚计划"，举办首场产业工程师揭榜创新赛。连续第三年承办广东"众创杯"博士博士后创新赛，赛事资金投入、报名项目数、通过审核项目数、海外（境外）项目数均创下办赛以来历史新高。

【"三支一扶"工作】2021年，江门首次将新会区、鹤山市纳入"三支一扶"计划，全市招募"三支一扶"人员133人。出台《江门市"三支一扶"工作管理办法》《关于大力实施"三支一扶"计划推动基层人才振兴的工作方案》，全省首创评选4家三支一扶"示范实践基地"和8名"三支一扶帮扶能手"，落实"三支一扶"人员提升补贴（支医岗位1000元/月，非支医岗位300元/月），为70名期满考核合格的"三支一扶"人员通过考核直接办理事业单位入编手续。

【人事考试】2021年，市人力资源社会保障局完成中央机关及其直属机构考试录用公务员江门分考区笔试、广东省考试录用公务员江门考区笔试及面试、广东省事业单位集中公开招聘高校应届毕业生笔试及面试、江门市直事业单位工作人员及市直机关普通雇员公开招聘笔试及面试等人事招聘考试工作，参加考试人数4.05万人次；完成27项专业技术人员职业资格考试，报名人数2.67万人次，4219人通过考试获得专业技术资格证书。排查风险隐患，加强疫情防控常态化下人事考试规范化管理，建立可追溯的责任倒查机制和纪律约束机制。

【留学归国人员创新创业项目评审】2021年，江门市出台《江门市留学归国人员创新创业项目资助办法》，提高资助标准，特别优秀项目最高资助300万元，重点项目资助50万元、优秀项目资助30万元、启动项目资助20万元；扩大申报对象范围，涵盖已落户江门或意向落户江门进行创新创业的留学归国人员；优化跟踪管理服务，支持海归英才创新创业。

【人才招聘】2021年，市人力资源社会保障局组织人力资源服务机构上门开展企业供需对接交流活动6场，为江门市19家重点企业提供劳务派遣5790人。组织实施江门市人力资源服务机构开展"你用工我保障"行动计划，举办线上线下招聘会125场，发布岗位约1.8万个，推送岗位信息2.8万次，招聘到岗人数近9000人，其中高端人才128人。组织80家企业分别前往广西崇左，云南曲靖等地开展劳务协作。开展"邑上岗"普工线上招聘活动近百场，推送岗位服务8000次。组织江门市保值久机电有限公司等47家企业进行招聘需求直播带岗，吸引6000多人次观看。开展供需对接会12次，组织70家企业发布急需紧缺岗位需求近500个。

【劳动力技能培训教育】2021年，依托省级高技能人才公共实训基地，服务企业7817家次、26 277

人次。全省率先发放首张职业培训合格证，向全市劳动者发放职业培训券23 388张，服务1876家次企业。全省首推"技能培训超市"平台和"南粤家政"信息化平台。开展农村电商培训2672人次，提升农村电商"一村一品"带头人技能430人。组建全省首个农村电商发展共同体。举办全国首个"连锁经营管理师"试点项目，扶持建设120家基层示范站，新增建设2家农村电商产业园。举办江门市首届农村电商职业技能竞赛，带动江门市700多人电商练兵比武。在第九届全国数控技能大赛，江门市代表选手获2个全国总决赛一等奖，江门市技师学院被大赛组委会授予"冠军选手单位"荣誉称号。

▲2021年7月20日上午，开平市首家"南粤家政"基层服务示范站——"邑理家"侨园家政服务示范站揭牌。

（市人力资源社会保障局　供）

【职业技能鉴定】2021年，江门市举办江门市第一届职业技能竞赛，2045名选手参加60场赛事。选拔75名选手参加4项省级重点职业技能赛事，获得1个一等奖、2个二等奖、6枚银牌、1个三等奖、6枚铜牌、25个优胜奖。全面推进江门市职业技能等级认定工作，备案技能人才评价载体专项职业能力考场14家、职业技能等级认定评价机构15家院校、100家用人单位和8家社会培训评价组织。职业技能等级认定质量督导队伍新增204人。2021年，新增获得技能证书35 993人，其中新增国家职业资格证书、职业技能等级证书33 570人，新增专项职业能力证书2423人。全年零鉴定事故，完成开发职业技能培训课程标准10项。

就业促进

【概况】2021年，江门市在全省就业工作目标责任制考核中排名全省第一。全市城镇新增就业4.76万人，城镇失业人员再就业2.97万人，就业困难人员实现就业2182人；城镇登记失业率为2.15%，控制在3.0%以内；发放各项就业创业补贴1.12亿元，惠及企业7100多家、劳动者3.26万人。出台《关于进一步做好稳定和促进就业工作有关补贴事项》《江门市人民政府关于印发〈江门市进一步做好稳定和扩大就业工作实施方案〉的通知》，再次升级"促进就业九条"政策。

【实施"三项工程"】2021年，江门市在广东省首创粤菜师傅"彩虹计划"餐饮创业项目，扶持70家彩虹创业店开业，获得省给予的1000万元资助。高标准建设广东厨艺技工学校"粤菜师傅"培养示范基地及新会技师学院陈皮研发中心。出台《江门市"广东技工·侨都工匠"评选和扶持办法（试行）》。江门市技师学院荷塘校区动工建设，完成投资1.51亿元。在第九届全国数控技能大赛，江门市代表选手荣获2个全国总决赛一等奖，江门市技师学院被大赛组委会授予"冠军选手单位"荣誉称号。全省率先发放首张职业培训合格证。发放职业培训券2.3万张，服务1876家次企业，全省首个地市双超100%完成国家、省下达任务，相关经验在国家人社部官网两次做专题报道。全省首家南粤家政产业园正式开园，建成18个家政基层服务示范站。开展"南粤家政"社区行和乡村行活动，服务居民1.5万人次。全市2家企业被评为"2021年度'南粤家政'省级家政服务诚信示范企业"，江门市中家职业培训学校被评为"2020年度广东省家政服务培训示范基地"。

【重大项目就业服务】2021年，江门市多措并举促进高校毕业生就业。组织江门市352家企业赴省内外16所院校参加校园招聘，与1841名高校毕业生达成就业意向。深入开展就业见习工作，2021年提供见习岗位1020个，招收见习人员796

人，发放见习补贴合计260.3万元。举办31场职业指导下基层活动，服务各类劳动者和院校毕业生7000人次，服务用人单位45家。

【全民创业带动就业】2021年，江门市举办第三届"乐业五邑"创业创新大赛。本次大赛设华侨华人文旅创业创意赛、院校学生创智赛、残疾人公益赛和大众创业创富赛4个单项赛。征集创业创新项目1100个，选拔出金银铜及单项奖项目106个。江门市创业项目在广东"众创杯"创业创新大赛中获得2金3银3铜的历史最好成绩。发放184笔3.13亿元创业担保贷款。

【就业创业服务平台建设】2021年，市人力资源社会保障局依托江门市港澳青年创业创新服务中心，为港澳青年提供优质咨询服务，更新第二版的《港澳居民公共服务指南》；指导在香港特别行政区和澳门特别行政区设立的两个港澳青年（江门）创新创业服务站宣传江门市相关的就业创业政策，为港澳居民提供个性化公共就业服务。创新搭建就业大数据平台，获2021年全球开放数据应用创新大赛"就业与人才赛道"二等奖。

【招聘就业】2021年，江门市举办线下、线上招聘会352场次，参会企业1.1万家次，与47.94万人次求职者进行对接，促成2.17万人次就业。

【困难群体就业】2021年，江门市建立市、县（市、区）、镇（街）、村（居）四级公共就业服务体系，依托305个公共就业服务机构，将高校毕业生、大龄失业人员、就业困难人员、脱贫人口等纳入重点群体服务对象，建立"一人一档"，动态记录和跟踪服务。是年，全市为3.14万人提供"一对一"就业帮扶13.25万次，促进就业1.67万人次。

【创业孵化基地建设】2021年，珠西先进产业优秀人才创业创新园二期投入运营，新增面积1.18万平米，面积扩展近一倍。持续优化珠西先进产业优秀人才创业创新园的运营服务，是年，在孵企业（项目）64个，带动就业530人，拥有知识产权达621个。园区被市委、市政府授予"江门市侨界贡献奖（集体）"；获"首批粤港澳大湾区港澳青年创新创业基地"。

劳动关系

【劳动工资】2021年，江门市将全日制就业劳动者最低工资标准调整为1720元/月，非全日制就业劳动者小时最低工资标准调整为17元/小时。有条件的企业可通过签订工资集体协议，

▲2021年5月19日，江门市举办《保障农民工工资支付条例》实施一周年集中宣传活动启动仪式。

（市人力资源社会保障局　供）

在新标准的基础上适当提高本单位职工最低工资标准。

【就业失业监测】 2021年,江门市加强就业形势监测分析,每月定期统筹做好全市650家就业失业监测企业的数据收集分析,其中,涉及制造业企业485家(占74.62%)、批发和零售业企业45家(占6.92%)、住宿和餐饮业企业28家(占4.31%)。每季度对外发布《江门市人力资源市场供求状况分析报告》。

【劳动关系协调】 2021年,江门市评定出2020年度江门市劳动保障守法诚信等级为A级的企业3117家。完成江门市"区块链+电子劳动合同"信息化平台搭建并于2021年11月18日举办启动发布仪式,已有50家试点企业并全面进入试运行阶段。

【劳动保障监察】 2021年,江门市人力资源社会保障系统办理劳动保障监察案件78宗,其中,办理欠薪案件66宗,为4525名劳动者追回工资等待遇8245.38万元。全市办理移送涉嫌拒不支付劳动报酬罪案件54宗,涉及劳动者3238人,涉及金额9004.79万元。落实重大劳资案件处理社会公开和拖欠农民工工资"黑名单"制度,集中向社会公布存在重大劳动保障违法行为的用人单位信息12家,对5家拖欠农民工工资用人单位进行认定并列入"黑名单",对违法用人单位实施多部门联合惩戒。

【劳动人事争议仲裁】 2021年,江门市劳动人事争议仲裁机构立案7070宗,同比增长14.88%,结案7080宗(含余案225宗),仲裁结案率为97.05%,调解成功率为81.28%。深化"互联网+调解仲裁"服务,实现线上、线下服务对接,全市处理网上调解申请1215宗。在全省率先认定蓬江区、新会区两个区域基层调解中心、鹤山市雅瑶镇和恩平市沙湖镇两个镇调解中心等4家基层调解组织为首批江门市金牌劳动人事争议调解组织。

【职工工伤权益保障】 2021年,江门市工伤保险参保109.28万人,全市工伤保险基金征缴收入12 890万元。是年,江门市行政区域内的在用人单位从业的超过法定退休年龄人员、实习学生、提供网约车、外卖、快递等劳务及家政服务的新业态从业人员等八类特定人员纳入工伤保险参保范畴,4.3万特定人员参保。在广东新会中集特种运输设备有限公司建成全省首家移动工伤预防VR智慧基地,开展靶向巡查培训+VR特色培训等工伤预防项目民生实事项目。2021年,江门市一次性工亡补助金提高至87.67万元。

社会保障

社会保险

【概况】 2021年,江门市参加基本养老保险314.89万人,其中,城镇职工基本养老保险(含离退休人数)163.56万人,城乡居民基本养老保险(含长期领取待遇人数)151.33万人,失业保险102.92万人,工伤保险109.28万人。是年,全市4项社会保险基金总收入为237.51亿元,总支出242.48亿元,当期赤字4.97亿元,滚存结余109.77亿元,结余基金均按规定存放于各银行专户。

【城镇职工基本养老保险】 2021年,江门市参加城镇职工基本养老保险(含离退休人数)163.56万人。城镇职工基本养老保险缴费上限为22 941元,缴费下限为3958元,单位缴费比例为14%、个人缴费比例为8%。江门市参加城镇职工基本养老保险的离退休人员为37.39万人,比上年末增加1.41万人,抚养比为2.69∶1;2021年1月1日起调整企业退休人员基本养老金,基本养老金人均增加123.64元(不含高龄人员加发部分),调整后全市企业退休人员月人均基本养老金达2318.38元;全年平均养老金2344.16元/人·月(含暂停人员和高龄津贴),平均替代率为31.88%。

【城乡居民基本养老保险】 2021年,江门市参加城乡居民基本养老保险(含长期领取待遇人数)151.33万人。城乡居民基本养老保险基金总收入17.03亿元,其中,征缴收入2.90亿元、财政补助收入13.53亿元、利息收入0.43亿元;基金总支出13.57亿元，当期结余3.46亿元，滚存结余26.87亿元。城乡居民基本养老保险符合领取长期待遇条件的人员共54.79万人，比上年末增加2.8万人；2021年9月起提升并统一江门市城乡居民基本养老保险基础养老金最低标准，从原来的每人每月180元，提高到每人每月200元。城乡居民基本养老保险缴费筹资标准为210元/人·年至4950元/人·年，其中，个人缴费180~4800元、低缴费档次（180~360元）各级财政补助30元（蓬江区、江海区、新会区、鹤山市120元）、高缴费档次（600~4800元）各级财政补助60元（蓬江区、江海区、新会区、鹤山市150元）。

【企业职工养老保险】 2021年，江门市企业职工基本养老保险基金总收入212.91亿元，其中，征缴收入109.14亿元、利息收入1.25亿元、转移收入0.87亿元；基金总支出221.34亿元，其中，待遇支出106.78亿元、转移支出2.32亿元；当期赤字8.43亿元，滚存结余68.63亿元。

【职工工伤保险】 2021年，江门市参加工伤保险109.28万人。工伤保险基金总收入5.12亿元，其中，征缴收入1.29亿元，利息收入0.05亿元；基金总支出5.20亿元（其中工伤预防费支出138万元）；当期赤字0.08亿元，滚存结余2.73亿元。2021年，全市享受工伤保险待遇7111人，享受伤残待遇6288人（其中，1~4级伤残170人，5~6级伤残33人，7~10级2307人，未达到伤残等级人数3778人），因工死亡107人，供养亲属716人。平均一次性伤残补助金4.81万元/人、伤残津贴4208元/人次、生活护理费3765.37元/人次、供养亲属抚恤金1659.19元/人次、一次性工亡补助金标准为87.67万元/人，工伤保险基金先行支付待遇41人次，费用547万元。2021社保年度（2021年7月至2022年6月），江门市用人单位应当按照本单位职工工资总额为基数缴纳工伤保险费，职工工资不得低于江门市最低工资标准。缴费比例行业分八类：一类0.2%，二类：0.4%，三类0.6%，四类：0.8%，五类0.9%，六类：1.0%，七类1.2%，八类1.4%，缴费费率按《关于公布2021社保年度用人单位工伤保险缴费费率的通知》的规定执行。

【失业保险】 2021年，江门市参加失业保险102.92万人。失业保险基金收入2.45亿元，其中，征缴收入1.88亿元，利息收入0.46亿元；基金总支出2.37亿元；当期结余0.08亿元，滚存结余11.54亿元。2021年，江门市领取失业保险金达1.95万人，1—11月失业保险金标准为1395元/月，12月失业保险金标准为1548元/月；领取一次性失业保险金6061人，人均3737.96元；失业保险基金为失业人员缴纳职工基本医疗保险费9.86万人次，人均缴纳医疗保险费为262.88元/人·月。2021社保年度，江门市用人单位应当以参加失业保险的职工的缴费工资之和缴纳失业保险费，职工缴费工资不得低于江门市最低工资标准。上限为19 791元，单位缴费比例按《转发人力资源社会保障部办公厅财政部办公厅国家税务总局办公厅关于2021年社会保险缴费有关问题的通知》《广东省人力资源和社会保障厅广东省财政厅国家税务总局广东省税务局关于阶段性调整我省失业保险浮动费率实施办法的通知》《关于实行失业保险用人单位浮动费率的通知》的有关规定执行。即全市依法参加失业保险满五年及以上的用人单位缴费费率为一档0.32%，二档0.48%，三档0.8%。个人缴费比例为0.2%。

【粤港澳社会保障服务建设】 2021年，江门市在全国率先推行为澳门居民提供全省范围内养老年审、参保证明打印等首批22项"跨境全省通办"业务，审批发放港资澳资企业相关补贴563.88万元，服务港澳居民1750多人次。全省率先设立758个社保卡"一窗通办"服务点。印发《江门市人力资源和社会保障信息化建设规划（2021—2023年）》。发行江门市第三代社会保险卡。

医疗保障

【概述】 2021年，江门市医保基金总收入77.25亿元，历年结余59.42亿元。其中，职工医保基金收入53.04亿元，历年结余40.34亿元，可支付月数9个月；居民医保基金收入24.21亿元，历年结余19.08亿元，可支付月数9个月。

▲2021年11月30日，市医保局召开2021年全市医疗保障重点工作推进会暨2022年重点工作谋划会。

（市医保局　供）

【疫情防控医疗保障】2021年，江门市上缴新冠肺炎患者跨省异地就医资金22.55万元。落实"应检尽检"重点人员核酸检测医保费用结算工作，按要求将大规模人群核酸检测的省内参保人费用纳入医保基金支付。是年，江门市结算"应检尽检"重点人员1 909 442人次，医保基金支付9392.67万元；大规模人群核酸检测费用1 758 865人次，医保基金支付3146.01万元；上缴省内异地就医核酸检测资金173.11万元。分批上解医保基金5.2亿元，用于保障全市人民新冠病毒疫苗免费接种，全程做到"钱等苗"。

【医疗保障体系建设】2021年，江门市印发实施《江门市职工和城乡居民基本医疗保险分类保障实施方案》，全面规范全市基本医疗保险制度框架、优化筹资机制、完善基金和就医服务管理。同步完善大病保险制度，明确由市政府统一委托市医保经办机构为全市参保人员集体投保，对大病患者发生的高额医疗费用给予保障。分类分步做好门诊特定病种待遇和申领认定程序的落实，将门诊特定病种范围扩大到57个，覆盖恶性肿瘤、心血管疾病、神经系统疾病、呼吸系统疾病及儿童白血病等严重危害公众健康的常见病、多发病。持续推进做实医疗救助市级统筹，全面实现医疗救助"六统一"的市级统筹管理模式，保持医保扶贫主要政策的总体稳定。积极探索医疗保障与照护服务的融合发展，会同民政等部门指导推出江门市首款补充性商业医疗保险——邑康保。2021年全市职工医保和居民医保住院年度最高支付限额分别达到80万元、54万元，住院政策范围内报销比例职工医保最高达到96%、居民医保最高达到85%。大病保险政策范围内支付比例提高至不低于60%，并向困难群体倾斜。城乡居民医保门诊特定病种一级及以下定点医疗机构报销比例提高至70%。医疗救助和二次医疗救助年度最高救助限额达到12万元、3万元，救助比例达到70%以上。

【医药重点领域改革】2021年，江门市组织开展全市医保支付方式改革新一轮评估，全面评估近三年来按病种分值付费改革改革工作成效。重新拟订并组织论证通过《江门市基本医疗保险病种分值库（2021版）》。全市病种分值库达到8632个、诊治编码库10 417个、日间手术21个、中医病种分值库31个、诊治方式库28个、周期性结算分值3个。按照国家和省统一部署，集中全市系统力量推进完成国临版2.0和医保版2.0编码的映射工作。全面落实国家带量采购任务，推进国家集采5批药品和1批医用耗材的落地采购工作。其中，第一批、第二批中选药品在采购周期内均超额完成采购任务并续约。是年，第一批续约、第二批续约、第三批、第四批的执行进度已分别达到252.47%、176.07%、213.65%、166.8%。第五批于2021年10月9日正式在江门落地，平均降幅55%，最高降幅98%，执行进度达82.92%。组织心脏支架、人工晶体、冠脉扩张球囊、超声刀等耗材参与省平台集中采购，是年，江门市80家医疗机构参与其中，采购产品数1744个。建立全市统一的医疗服务价格动态管理系统，全面完成数据采集、初审和整理分析，为实现医疗服务价格合理有序调整做足事前准备。

【医保综合能力建设】2021年，实现国家医保信息平台在江门上线运行，全市所有医保经办机构和定点医疗机构成功接入国家医保信息平台，全市日均医保结算业务量达3万人次，涉及医保结算金额约2500万元，医保报销金额约1600多万元。组织开展医保疾病诊断和手术操作、医疗服务项目、药品和医用耗材等 15 项医疗保障信息业务编码维护和贯标工作，实现编码标准"纵向全贯通、横向全覆盖"目标。开展定点零售药店供应国家医保谈判抗癌药试点，提高群众获得国家谈判药品的可及性。全面清理取消市内转诊与医保待遇挂钩等一批影响医保待遇公平享有的制度规定。在异地就医住院费用全面实现直接结算的基础上，开通省内异地就医门诊医疗费用直接结算，并依托"粤医保""粤省事"小程序以及医保电子凭证推动医保经办业务"指尖办"。推动市医保中心本部及其蓬江、江海、新会分中心组建，调研谋划全市医保经办体系建设，着力补齐全市医保经办短板。

【医保基金监管】 2021 年，江门市检查定点医药机构 1537 家，查处违规医药机构 239 家，处理违规金额 2861.69 万元，其中基金本金 2845.67 万元、违约金 16.02 万元。

社会救助

【概况】 江门市低保、特困人员、孤儿、困难（重度）残疾人的基本生活保障提标任务纳入市十件民生实事，并提前完成，各项指标均高于省定标准，2021 年向四类人群发放生活保障金额达 6 亿元，惠及 9.5 万人。江门市救助提标工作被省民政厅推荐为省 2021 年十件民生实事采访案例。出台《江门市贯彻〈广东省临时救助办法〉的实施意见》，成为省内率先开展困难发生地申请临时救助和"一次审批，分阶段救助"的地市。

【低保和特困人员供养标准提高】 2021 年 4 月，江门市印发《关于江门市提高城乡最低生活保障标准和特困人员基本生活标准的公告》，将全市低保标准统一提高到 932 元 / 人·月，增长率为 3.5%，高于居民上年度人均消费支出增速。特困人员基本生活标准按低保标准的 1.6 倍，提高到 1491 元 / 人·月。

【农村低保专项治理】 2021 年，江门市印发《江门市农村低保专项治理巩固提升行动方案》，加强救助申请对象家庭情况信息化核对，实现救助网上申请和审核，规范救助审批管理程序，强化动态管理。2021 年全市新增城乡低保对象 2020 户 4062 人，退出低保 2335 户 4828 人，及时清退已死亡救助对象 153 人，杜绝死亡人员多领救助金问题。

【收养登记】 2021 江门市办理收养登记 7 宗。

【城乡居民最低生活保障】 2021 年，江门市保障低保对象 16 320 户 30 444 人，发放低保金 24 968.56 万元，低保月人均补差城镇达 801 元，农村达 664 元。

【特困供养人员照料护理】 2021 年 12 月，江门市印发《关于江门市调整特困人员护理标准的通知》，按最低工资标准的 2% 将全自理特困人员护理标准提高至 35 元 / 人·月；按最低工资标准的 30% 将半失能护理标准提高至 516 元 / 人·月；按最低工资标准的 60% 将失能护理标准提高至 1032 元 / 人·月。至 12 月，全市评定全自理特困人员 7332 人，半失能特困人员 894 人，失能特困人员 1180 人。2021 年，发放特困人员护理金 1929.30 万元。

【临时救助】 2021 年 11 月，江门市印发《江门市贯彻〈广东省临时救助办法〉的实施意见》，明确临时救助实施细则，细化临时救助的对象类型、审批细节和救助标准。增加对因住房支出型困难对象给予"补充救助"，对因赡养（抚养、扶养）费或财产存在争议无法纳入低保，受公共卫生事件影响无收入来源对象给予"补位救助"；对临灾受灾弱势群体等急难型救助对象给予"先行救助"。率先探索"一次性审批、分阶段救助"的"跟进救助"方式，提高救助效率的同时加强资金监管。江门市实施临时救助 1101 户次，支出救助资金 455.07 万元，平均救助水平为 4133.23 元 / 户次。

【流浪乞讨人员救助】 2021 年，江门市救助流浪乞讨人员 1720 人次（在站救助 1014 人次，站外救助 706 人次），其中未成年人 68 人次，疑似精神障碍人员189人次、智力残疾人员13人次，为158名流浪乞讨人员提供医疗救助，护送无能力自行返乡人员126人返乡。是年，江门市对照《江门市生活无着的流浪乞讨人员救助管理服务质量大提升专项行动方案》，着重从救助管理站站内建设、规范服务、救助人员落户安置、源头治理，及工作人员素质培训等多维度，深入推进机构管理规范化，加强站内人员的服务意识。开平市救助管理站于在8月完成搬迁改造，成为一所集受助人员救助服务、未成年人救助保护、反家庭暴力妇女救助等多功能于一体的救助管理机构；江门市救助管理站于10月完成喷淋等消防设施升级，提升流浪乞讨人员救助管理工作能力和服务水平。

【寻亲服务机制】2021年，江门市各级救助管理站对无身份信息受助人员，通过指纹、体貌特征、人脸识别等线索比对快速查询机制，利用电视、报纸、省救助管理信息系统、全国救助寻亲网、"今日头条""宝贝回家"等公益平台开展寻亲服务，有效推进寻亲送返工作。2021年江门市全面落实长期滞留流浪乞讨人员落户安置工作，对超过3个月无法查明身法、找到亲属的滞留人员，由救助管理机构申请落户，将受助人员登记到集体户口，全年为206名长期滞留人员办理户口登记，其中143人纳入低保、特困人员供养等社会救助范围，有效保障滞留人员的救治救助费用。

社会福利

【概况】2021年，江门市登记备案运营的养老机构106家，医养结合覆盖率达100%。推进养老服务标准化、品牌化、规范化建设，居家养老、长者食堂、"平安通"平台等工作成效得到市委书记陈岸明同志高度肯定，亲自点题将"平安通"提质扩面纳入2021年市十件民生实事予以强力推动，让更多困难群众享受到"平安通"服务。研究制定《江门市养老服务体系建设"十四五"规划（2021—2025年）》及三年行动计划。全国首创医养结合补充保险项目"邑康保"，吸引超过80万江门基本医保参保人参与投保。贯彻实施新修订的《未成年人保护法》，主动担责，成立未成年人保护工作领导小组，在全省率先出台方案明确成员单位职责分工，启动系列宣传活动，保障未成年人权益。

【儿童福利】2021年，江门市户籍18岁以下未成年人约68万人，约占户籍总人口17%。全市登记在册孤儿424人（其中集中供养127人，分散供养297人），事实无人抚养儿童568人。儿童福利机构6家，未成年人救助保护机构8家，实现市、县两级全覆盖。2021年，江门市孤儿、事实无人抚养儿童实行统一基本生活最低养育标准为2373元/人·月。全年发放孤儿保障金1232.78万元、事实无人抚养儿童保障金1524.72万元，配套资金到位率100%。在保障孤儿基本生活的同时，加强困境儿童精准保障，实施"福彩圆梦孤儿助学工程"，为年满18周岁后在有关院校就读的孤儿提供每人每年1万元助学资金，实现孤儿就学保障。开展社会组织走近留守困境儿童"牵手行动"活动，支持帮扶困境、留守儿童健康成长。

【老年人福利】2021年，江门市发放高龄津贴5711.24万元，其中向80~89周岁老年人发放津贴3458.69万元、向90~99周岁老年人发放津贴2104.69万元、向100周岁以上老人发放津贴147.86万元。抓好养老机构疫情防控工作，全市养老机构持续保持"零感染"。开展养老机构消防安全、食品安全、非法集资排查整治专项行动，加强养老机构安全管理工作。加快构建居家社区机构相协调、医养康养相结合的养老服务体系，全市新增4家区域性养老服务中心、8家居家社区养老服务示范站点和14家长者食堂，鹤山雁鸣湖畔养老养生公寓成为广东省首批11家"旅居养老"示范基地之一，江门市新会区养老中心、江门市蓬江区恒爱社会工作综合服务中心和恩平市崇德社会工作综合服务中心被广东省民政厅、广东省人力资源和社会保障厅认定为2021年广东省"南粤家政"养老护理职业技能培训机构。乡镇卫生院管理乡镇敬老院"两院一体"医养结合模式被列入省第二批基层改革创新经验清单在全省推广。全国首创医疗保障和照护保障相结合的商业保险——江门市医养结合补充保险"邑康保"

项目，约 81.1 万名市民参保。是年，全市登记备案运营的养老机构 106 家，养老机构床位 16 719 张；建成并投入使用的居家社区养老服务站点 649 个。

【残疾人福利】 2021 年完成残疾人两项补贴提标扩面工作，提标后实现全市困难残疾人生活补贴 2286 元 / 人·年，重度残疾人护理补贴 2958 元 / 人·年，提高残疾人生活水平，有效解决残疾人家庭的实际困难。全年向全市 11 565 名困难残疾人、43 710 名重度残疾人和非重度（三、四级）智力、精神残疾人发放"两项补贴"1.54 亿元。

【福利彩票】 2021 年，江门市销售福利彩票 5.92 亿元，总目标完成率 110.8%，总销量位列全省第 7。因受疫情和游戏政策调整等不利因素影响，总销量同比增长 –6.7%，总体市场份额 49.8%。其中"刮刮乐"即开票 1.43 亿元，同比增长 80.1%，首次迈入销售亿元城市，具有里程碑意义。为江门市筹集福彩公益金 6480 万元，全年中出百万元以上大奖 5 个，代缴中奖个人偶然所得税 982.8 万元，为江门市社会福利和公益事业以及地方经济发展做出贡献。

住房保障

【住房保障管理】 2021 年，广东省政府下达江门市政府的住房保障工作目标：发放城镇住房保障家庭租赁补贴任务 130 户。是年，江门市发放 412 户，完成率达 316.9%，投入资金 55.47 万元。江门市组织 11 批次公租房集中分配，643 户家庭及时入住公租房。全市公租房正在保障 20 678 户（含租赁补贴），保障 36 628 户（含租赁补贴）。

【扩大住房保障范围】 2021 年，江门市住房保障范围放宽，其中市区公租房资格家庭月人均可支配收入由 2660 元以下放宽至 2895 元以下，廉租房资格家庭月人均可支配收入由 1700 元以下放宽至 1800 元以下。保障群体已覆盖城镇中等偏下收入住房困难家庭、外来务工人员、新就业无房职工和环卫工人、公交车司机、青年教师、青年医生等公共服务行业。

【公租房信息化管理】 江门市作为全国 19 个公租房 App 推广应用试点城市之一，2021 年 7 月 1 日，在全省率先上线"公租房 App"，实现六部门线上联审，核查时间由原来 30 天压缩至 2 天，住房保障审批效率大幅提升；实现线上申请及线上缴纳租金等功能，实现"数据多跑路，群众少跑腿"。9 月，住房城乡建设部住房保障司到江门市开展公租房 App 调研工作，充分肯定公租房 App 推广应用工作，将江门市列为全国公租房 App 推广十大示范城市之一。大力推进公租房信息系统全国试点工作，在全国公租房信息系统率先完成首笔审批业务。是年，通过系统办理公租房业务 16 434 件。启用"人脸识别系统"，通过"门禁＋梯控"技术，实时掌握公租房承租家庭居住情况。安装高空抛物智能监测系统，最大化杜绝小区高空抛物现象，确保保障房租户"住得舒心"。增设电动助力车充电桩、升级改造老年人康乐设施和儿童活动设备，有序推进保障房小区公共基础设施升级改造，提升租户幸福感、获得感。

【青年安居公寓打造】 2021 年，江门市在全省率先推出青年安居公寓，租赁期长达一年，远高于周边城市提供的青年驿站（7 天左右短租房），为青年人才提供贴心住房保障服务，解决高校应届毕业生住房难问题；深化人才引进住房配套政策，青年安居公寓减租期限最长可达 12 个月，降低青年人才住房经济负担。

【印发《江门市"十四五"住房保障规划》】 2021 年 6 月 28 日，江门市印发《江门市"十四五"住房保障规划》，明确住房保障"十四五"发展目标和主要任务，指导各市（区）合理有序地开展相关工作。有序加大住房保障供给，探索发展保障性租赁住房、人才住房，满足多层次的保障需求。

【公房管理】 2021 年，江门市公房经营收入 4754.67 万元（其中保障性住房收入 1286.14 万元），比上年增加 20.41%。实施对各类符合优惠政策规定的 251 户住宅租户减免租金 40.93 万元（其中保障性住房的退役军人减免 144 户，金额 27.20 万元）。公房修缮工程投入维修资金约 723 万元，维修房屋1897间次。组织协调房屋管理单位开展6次安全专项检查，检查房屋1823幢13 362户，对存在问题及时进行整改。

住房公积金

【概况】2021年，江门市住房公积金管理中心坚持以人民为中心，不断深化"放管服"改革，在全市范围内实现住房公积金"四统一"管理和"管营分离"，提升服务效能，确保资金安全和保值增值。2021年新增公积金业务受理银行服务网点15个，网点数增至115个，其中乡镇52个。5月开通"江门公积金"微信公众号，是年"线上办"和"手机办"业务数量均居全省第一。

【住房公积金管理】2021年，江门市住房公积金管理中心推进管理体制调整工作，在全市范围内实现住房公积金"四统一"管理和"管营分离"。全市实际缴存职工45.59万人，缴存住房公积金63.21亿元，新开户单位1025家，新开户职工8.11万人；提取住房公积金50.52亿元；全年发放住房公积金贷款8556笔30.41亿元；发放贴息贷款98笔3283.4万元。实现增值收益2.04亿元。

【住房公积金管理系统更新改造】2021年，江门市住房公积金管理中心启动智慧公积金二期及大湾区公积金信息共享平台对接项目，以打造"1+N"线上服务体系（"1"是自建1个服务渠道，"N"是可信度高、受众面广的第三方渠道）为目标，对公积金核心系统进行40项更新改造，建立统一标准服务接口107个。改造后的核心系统可支撑柜台、微信公众号或小程序、网上办事大厅、自助终端等多种服务渠道。

【住房公积金政策普惠】2021年6月，江门市重启住房公积金贴息贷款，满足缴存职工合理购房需求，保障职工合法权益，缓解部分地区公积金资金流动性紧张压力。

【住房公积金使用政策规范】2021年3月31日，江门市印发《江门市住房公积金管理委员会关于江门市住房公积金个人住房贷款置换办法》（江公积金管委会〔2021〕1号），根据住房公积金个人住房贷款率和资金净流量，开展住房公积金个人住房贷款置换，防控资金流动性风险。同年6月23日，印发《关于2021年度住房公积金缴存调整有关问题的通知》，调整住房公积金缴存基数。2021年度江门市住房公积金缴存基数为2020年度职工本人月平均工资，且不能超过规定的限额。住房公积金缴存基数下限为1550元，上限为24 599元。职工2020年月平均工资在上下限之间的，按实计缴，高于缴存基数上限的按缴存基数上限计缴。

【住房公积金服务效能提升】2021年，江门市住房公积金管理中心提升服务效能。8个公积金网上服务渠道实现70项业务全部线上办理，其中58项"手机办"，40项"秒批办"；加强与省、市两级中国银行、建设银行联动，省内率先通过银行智能机实现业务"跨省通办""跨城通办"；推进大数据应用，与市人社局、市司法局实现数据共享，将社保卡金融账户作为提取公积金的推荐收款账户，提升缴存职工服务体验。开展"公证+公积金"政银区块链查询，群众办理继承公证时可以直接通过"政银区块链"获取被继承人的公积金缴存信息，不用再跑公积金柜台出具证明，法律援助机构也可以通过缴存信息辅助经济审查。进驻市行政服务中心"跨境通办服务专区"，港澳两地通过"自助服务+远程视频"实现江门公积金提取业务跨境通办。

慈善事业

【概况】2021年，江门市募集善款29 936.54万元，江门市慈善会被广东省民政厅、广东省农业农村厅评为省社会组织参与脱贫攻坚突出贡献单位。

【慈善活动】2021年，江门慈善事业加快发展，在"广东扶贫济困日""中华慈善日"期间举办全市性慈善公益活动，在万达广场开设慈善社工福彩灯光秀。全市公益慈善类社会组织共募集善款折合人民币约2.99亿元。江门市慈善会联合粤港澳大湾区城市慈善组织主办"粤港澳大湾区社会责任影响力慈善盛典"。江门市大长江集团获评"年度社会责任杰出企业"。开展慈善认定推荐工作,每年对约400位年度慈善公益活动中贡献突出的爱心单位和个人进行认定表彰。开展"慈善筑迹"项目,全年改造265户,超2500人次受益;设立"江门市慈善筑迹专项慈善信托";在广东省市直机关第七届"先锋杯"工作技能大赛中七届"先锋杯"工作技能大赛中,"慈善筑迹"获评江门市一等奖,广东省三等奖。

婚姻登记

【概况】2021年,江门市办理婚姻登记25 100对,其中结婚登记19 692对、离婚登记5408对。跨省办理212对,跨市办理164对,全城办理765对。2021年全年办理居民婚姻登记24 531对,其中居民结婚登记19 178对,居民离婚登记5353对。

是年,江门市办理涉外,港澳台同胞、华侨婚姻登记569对,其中结婚登记514对,离婚登记55对。6月1日起全面实施婚姻登记"跨省通办""省内通办"和"全城通办"试点工作。

殡 葬

【概况】2021年,江门市统筹做好殡葬领域的疫情防控工作,落实殡葬管理各项目标任务,推进殡葬改革。火葬区遗体火化率保持100%,户籍人口死亡数为28 476人,共火化遗体30 938具。台山市的上川岛、下川岛土葬改革区共土葬遗体296具。全年免除城乡户籍居民殡葬基本服务费27 933宗,折合金额3012万元。

【殡葬服务设施建设】2021年,台山市对端芬镇、汶村镇和海宴镇的骨灰楼(堂)进行升级改造,完善基础设施建设,提升基本殡葬服务能力。全市各殡仪馆认真贯彻落实火化机尾气排放治理工作,实施老旧火化机及尾气净化设备更新升级,更新11台火化机尾气净化设备,建立健全火化机尾气监测长效机制。

【殡葬殡仪服务】2021年,江门市做好清明节期间疫情防控、祭扫服务保障及安全管理等工作。全市各殡葬服务机构采取实名预约、错时错峰、分批限流、控制停留时间等措施,对前来祭扫的群众推出电话与网络预约祭扫服务。江门市清明祭扫活动总体平稳有序,没有发生重大突发事件,没有发生疫情,实现平安清明、文明祭扫。

【殡葬领域问题专项整治】2021年,江门市开展殡葬业价格秩序、安葬(放)设施建设经营专项整治工作。各责任单位发挥其各自职能,开展全面摸排,同时各县(市、区)民政局联系各有关单位开展联合执法工作,对排查出的农村硬化大墓以及医院太平间的管理不严等问题督促整改到位。

应急管理

安全生产监督管理

【安全生产概况】2021年,江门市发生生产安全事故58起、死亡57人、受伤32人、直接经济损失3679.22万元,同比分别下降45.8%、26.9%、55.6%、上升38.24%。发生较大事故2起,各死亡4人。非煤矿山、烟花爆竹等高危行业领域保持"零"事故。

【安全生产责任落实】2021年,江门市落实2021年度安全生产责任书签订工作,明确各级安全生产工作责任及主要目标任务;开展全市2021年度安全生产责任制和消防工作考核,对各县(市、区)及市有关职责部门开展考核工作;充分发挥市安委办牵头抓总的作用,建立各成员单位联席会议制度、会商研判等制度,强化统筹协调,分级分类制定并落实安全防范措施;修改完善《江门市党政部门及中央、省驻江门有关单位安全生产工作职责》,厘清相关职能部门安全生产职责,织密织牢安全生产责任网,并通过提醒通报、检查督查、考核约谈等手段,压实安全生产各方责任,形成各级各部门齐抓共管的工作合力;全面贯彻落实新《安全生产法》《行政许可法》《行政处罚法》《行政强制法》等法律法规的各项规定,严格在法律规定的范畴内行使行政执法权,综合运用教育培训、承诺公告、警示约谈、公开曝光、联合惩戒、执法查处等多种行之有效的手段，压实企业安全生产主体责任，从严从快、铁腕整治安全生产过程中出现的违法违规行为；推动"广东应急一键通"移动客户端安装使用，分阶段推动企业主要负责人安装使用"广东应急一键通"移动客户端，把"广东应急一键通"安装使用情况作为日常检查企业落实安全生产主体责任的重要抓手；修订印发《江门市安全生产约谈制度》，2021年对6个县级政府、2个市直行业部门、26家危险化学品重大危险源和工矿企业进行约谈提醒，加强事故警示教育和问题分析研判，有的放矢加强安全防范工作。

【安全生产专项整治】 2021年，江门市开展安全生产专项整治三年行动，切实用好安全生产"一线三排"工作机制，针对各个重点时段、重点行业特点，先后组织开展元旦春节、全国"两会""七一""中秋国庆""岁末年初"共5轮安全生产大排查大整治专项行动，组织各个行业部门联合开展12次综合督查和专项督查，不断强化各重点行业领域专项治理，持续强化整改和提升。危险化学品整治：印发实施《江门市禁止、限制和控制危险化学品目录》《江门市化工行业安全发展规划（2021—2025年）》。开展"小散乱差"化工企业安全整治，印发《江门市化工安全整治工作方案》，对全市442家化工企业开展"地毯式"排查，逐一查明情况、登记造册，并按"一企一策"要求开展精准整治提升。对123家危险化学品生产企业进行分类整治，其中停产整顿38家、关停淘汰8家、搬迁入园5家、转型转产2家、保留监管70家。自专项整治以来，督促不符合许可条件的10家危化品生产企业主动申请注销安全生产许可证，推动18家一般化工企业主动退出化工领域。此项工作获得省委常委叶贞琴同志、副省长王曦同志的批示肯定，并建议在全省推广。道路交通整治：聚焦"人、车、路、企、救"五个方面，坚持全链条、系统化解决道路交通安全问题，压减道路交通事故。市政府主要领导率队到国道G325线实地调研道路交通安全隐患点整治工作，并两次在市政府常务会议上专题研究道路安全工作，投入2.1亿元推进交通事故黑点、"一清一灯一带"和"平安村口"等道路隐患整治。建立"道路隐患联合调查整改"等工作机制，消除一批道路交通事故隐患。全市11 992辆"两客一危一重货"重点运输车辆全部安装智能视频监控报警装置，679辆校车全部安装车载终端（卫星定位）监管平台。全市交通事故起数、死亡人数、受伤人数分别下降20.4%、16.6%、24%，没有发生较大以上道路交通事故，工作得到省党史学习教育督导组的充分肯定。水上运输和渔业船舶整治：建立水上交通联席会议制度，定期分析水上运输和渔业船舶风险形势，积极推动"平安渔港"和"港长制"建设，全面落实渔船安全生产"六个100%"和海上砂石船"六禁"，加强客货船、采砂船、渔船、乡镇渡口渡船安全监管。系统推进"三无"船舶清理拆除，2021年共查扣、清理取缔、销毁涉渔"三无"船舶近800艘。全市累计巡航2500余次，开展现场监督检查近8千艘次，通过"海事之眼"核查船舶2.8万艘次、船员19.6万人次，清理非法浮码头9座，水上交通和渔业船舶安全形势得到明显改善。城镇燃气整治：深刻吸取湖北十堰市"刻吸取湖"燃气爆炸事故教训，启动"一盘棋"响应机制，组织召开市委常委会会议、市政府常务会议、专题会议研究部署，市委、市政府主要领导4次分别带队开展燃气行业安全检查。各相关部门开展"拉网式"排查，详细检查管道天然气企业、燃气场站、各类影响燃气管网安全的施工安全隐患、燃气管道设施管养情况和燃气管道施工安全情况，突出防范地下管网、集贸市场、餐饮场所、大型商业综合体和用户端燃气事故，切实确保全市燃气行业安全稳定。消防安全整治：坚持精准治理、靶向施策，找准高风险区域和场所，由政府挂牌督办7个区域、24家重大火灾隐患单位，持续推进高层建筑火灾隐患重点整治，加强"多合一"、沿街门店、群租房等场所检查。首创"沿街消防"的"双边"联合执法模式，开展敲门行动，落实"三清三关"。2021年检查社会单位4595家，发现隐患问题1902处，已完成整改1814处。将老旧小区及城中村的消防公共设施改造列入城市品质提升行动民生工程，全面提升火灾风险防控能力。建筑施工整治：全面落实危大工程动工前主动报告制度和"六不施工"，加大对非法违法建设、安全责任悬空、现场管理混乱、安全培训不到位、违法分包转包等打击力度。全市住房城乡建设部门检查在建项目10 652项次，发出整改通知书3485份，移交施工违法案件31宗。深刻吸取隧道透水重大事故教训，全面检查涉水地下工程，对可能导致事故的风险点进行排查评估。开展建筑起重机械安装前核验工作，2021年全市1502台机械通过实体核验，杜绝问题机、报废机在工地使用。此外，江门市还紧盯旅游景区景点、特种设备、工矿商贸、农业机械，以及集中隔离场所等行业领域和重点部位的专项治理。市安委办组织开展多轮次综合督查，持续加大对各地、各部门落实"一线三排"机制、加强隐患排查整治情况的督查督导，确保责任落实到位、隐患整改到位、防范工作到位。

【安全生产执法监察】 2021年，江门市应急管理局推进集中隔离场所安全隐患排查、江门市安全生产专项整治三年行动、建党100周年安全防范专项行动、化工行业小散乱差专项整治等行动，有效排除安全隐患，消除安全风险；将企业责任人责任悬空、虚挂、空挂、履责能力不足等突出问题作为执法检查重点，深入开展企业安全承诺公告制度，在危险化学品和国资等重点行业领域实现主体责任承诺"全覆盖"；坚持每月汇总、分析统计、通报全市应急管理系统安全生产行政执法情况，督促各地强化重点行业、重点时期、重点企业的执法监管工作，强化事故安全防范，以强有力的执法工作推动企业落实安全生产主体责任；编制2021年执法检查年度计划，严格落实行政执法"三项制度"；规范使用广东省安全生产执法信息系统，做好案件立案审批、文书规范使用、案件执行等相关工作，发挥事前、事中认真开展执法监督，防范遏制事故发生；编制"双随机、一公开"抽查事项清单6项、年度抽查计划6个（含2项联合抽查计划），年度计划抽取检查企业89家，通过网站公布"双随机、一公开"检查事项清单，及时把抽查情况及查处结果向社会公布、接受社会监督。已100%完成年度"双随机、一公开"检查计划；做好安全生产执法典型案例查处曝光，落实市本级每季度一报、县级每两个月一报安全生产执法典型案例的工作制度，督促指导提高执法办案水平，提升报送质量；2021年，通过"江门应急管理"微信公众号曝光两起安全生产领域非法违法典型案例，以案说法，提高对失信行为的打击和震慑力度，营造诚实守信的社会舆论氛围。2021年，全市各级应急部门开展安全生产行政检查企业个数6388个，监督检查企业次数14 602次，出动人次29 866次，行政处罚次数210次，处罚金额859.25万元，应整改隐患18 574项，已整改隐患18 202项，整改率98%。2021年，全市应报送执法案例46个，实际报送46个，报送率100%，其中被应急管理部筛选为典型案例的15个，合格率为32.61%。

【安全风险管理】 2021年，江门市应急管理局牵头组织开展自然灾害综合风险普查。全面梳理全市气象、地震、水旱、海洋、森林火灾等五大自然灾害致灾因子，调查约1600处公共服务设施、约500家重点企业、超过225万幢房屋、1万千米公路和113个码头泊位、835千米市政道路和205座市政桥梁等承灾体信息，摸清约10 000处应急救援场所、应急物资点、群众家庭户等综合减灾资源（能力）情况，重新整理约5000条历史灾害数据，通过摸清全国自然灾害风险隐患底数，查明重点地区抗灾能力，客观认识自然灾害综合风险水平，为江门市有效开展自然灾害防治工作、保障经济社会可持续发展提供权威的灾害风险信息和科学决策依据。依托城市感知平台建设项目，将原江门市重大危险源视频监控平台升级改造为江门市智慧应急视频融合平台，汇聚危险化学品生产企业监控等2141路视频信号，并已开放到各县（区）局使用；在鹤山市率先试点对化工（危险化学品）等重点领域开展积分制管理，实现对企业落实安全生产责任的量化评估；2021年，江门市应急管理局联合消防救援部门组成执法检查组，对全市24家危险化学品重大危险源企业开展2次"全覆盖"的安全检查督导，切实防范危险化学品领域重大安全风。

消防管理

【概况】 2018年，根据中央改革部署，原公安消防部队集体退出现役，成建制划归应急管理部，组建国家综合性消防救援队伍。2018年12月30日，江门市消防救援支队举行授旗授衔和换装仪式，标志着新的编制体制正式确立。支队现有人员303名，其中干部113名、消防员190名；另有直管政府专职消防员709名，其中消防文员138名、专职消防队员571名。支队下辖机关科室10个、消防救援大队7个、消防救援站10个、特勤站2个、应急通信与车辆勤务站1个，承担江门市9505平方千米463万人口的应急救援和消防安保任务。

【消防管理体制改革】 2018年11月9日，习近平总书记亲自为国家综合性消防救援队伍授旗并致训词，标志着这支全新的人民队伍举旗定向、踏上征程。两年多来，在习近平总书记重要训词精神指引下，江门消防救援队伍忠实践行"对党忠诚、纪律严明、赴汤蹈火、竭诚为民"四句话方针，改革建设发展迈出坚实步伐。走出中国特色消防救援队伍建设新路子。在党中央和国家有关部门的支持下，已陆续出台消防救援衔、消防员招录、工资待遇等配套政策文件，构建新体制政策制度的"四梁八柱"。市委政府也特别关爱，领导队伍积极稳妥完成身份转改、职级套改、授衔换装、落编定岗、优抚优待等重大节点工作，改革转隶稳步推进。开创防范化解重大安全风险的新局面。深化消防执法改革，建设工程消防审验职责顺利移交，"双随机、一公开"监管全面铺开，承诺制管理、信用监管、互联网+监管等新的监管模式逐步建立。逐级压实消防安全责任，清单式、项目化推动地方政府、行业部门履职尽责，在社会单位推行隐患自查、自知、自改，强化各方主体责任，全市火灾形势保持总体平稳。坚决扛起应急救援主力军和国家队的新使命。转制后，作为应急救援的主力军和国家队，支队着眼"大应急"体系建设，制定应急预案和响应手册，建立多部门会商研判、预警响应机制，初步构建畅通高效的应急指挥机制。同时着眼"全灾种"救援任务，全市布点组建8支救援专业支队，广泛开展专业培训、资质认证和实战练兵，推动队伍从"单一救援"向"综合救援"转变。

【消防基础设施建设】 2021年，江门市新建市政消火栓1028个，其中蓬江区新建135个、江海区新建102个、新会区新建120个、开平市新建143个、恩平市新建281个、台山市新建127个、鹤山市新建120个。

【消防制度建设】 2021年，市消防救援支队推进消防立法工作，2017年提请市政府出台政府规章《江门市消防水源管理办法》（江门市人民政府令2号），该规章列为江门市首批地方立法计划，为江门历史上第一部地方消防规章。2021年该办法完成修订，为江门市人民政府令7号，于2021年5月1日实施。"十四五"规划期间，市消防救援支队拟围绕服务江门发展重大战略，加强先行性、创新性消防立法，提请市人大制定出台江门市地方法规《江门市消防救援条例》，已列入江门市人大立法五年规划。同时，支队加强政府规范性文件制定，目前已制定有《江门市消防安全责任制考评办法》《江门市人民政府关于加强和改进消防工作的实施意见》《江门市消防安全责任制规定》《江门市贯彻〈广东省消防救援队伍职业保障办法（试行）〉的实施意见》等政府规范性文件，制定《江门市贯彻落实〈关于深化消防执法改革的若干措施〉实施方案》《江门市消防工作"十四五"规划》等政策文件，《江门市消防安全责任制规定》列入2022年政府规范性文件修订计划。

【消防隐患整治】 2021年，江门推进消防安全专项整治三年行动，紧紧盯住大型商业综合体、危化企业、革命文物建筑、高层建筑和集中隔离点等重点场所开展"体检式"隐患排查治理。深刻吸取揭阳"5.15"火灾、开平"11.19"火灾事故教训，针对"三合一"场所、群租房、村民自建房等场所开展"七项必查"行动，全市清理违规住人1851人，违规停放电动自行车1287辆。利用"信用江门"曝光消防安全隐患及违法行为，建立重大火灾隐患单位"黑名单"管理制度，提请市政府挂牌督办7个火灾隐患重点地区，市、县两级政府挂牌督办18家重大火灾隐患单位。

【消防宣传】 2021年，江门市在全省率先成立全媒体中心，推动消防宣传走向更高平台。持续深化与中央、省、市主流媒体的共建协作，与中国应急管理报等主流媒体签订战略合作协议，在中央级媒体发稿50余篇次，2个宣传作品获评应急管理部优秀新媒体大奖。高规格举办"119"消防宣传月启动仪式活动，网络直播超过1000万人次互动观看。开展"消防安全进万家""暖企行动""百车南粤万村行"等主题活动，组建15支消防志愿者服务队进行公益宣传，消防安全的人民防线全面筑牢。

【消防队伍建设】2021年，江门突出"法制建队管队"思维，以"五统四性"为牵引全面提升正规化建设水平，组织召开"六大领域"研讨论证会，修订出台规范化制度140项、业务流程123个，指导打造正规化示范单位2个，队伍"四个秩序"发生根本性转变。实施"三全"管理，筑牢"三线"理念，深化"九无"创建、"基层安全万里行"专项活动，突出"管人、控车、禁酒、治网、保密"五大重点环节，织密安全责任、教育、监督"三张网络"，确保队伍高度安全稳定。自主开展"务实争先、提质强能"督导考评，推动"明责、履责、问责"一体化运作，实现工作由管面向管点、管事向管人、管阶段向管日常的转变。推广"消防员代干"机制，选拔18名优秀消防员到基层履行指挥员职责，打破基层干部人少事多的管理困局。

自然灾害和减灾救灾

【概况】2021年，江门市出现7次强降雨过程，全市平均降雨量1723.2毫米，较常年同期偏少16%，降水时空分布不均匀，阶段性气象干旱明显，"龙舟水"偏少53%，为近五年最少。有6个台风影响江门市，其中"查帕卡""狮子山"和"圆规"给江门市带来较大的影响。台风"查帕卡"影响期间，江门市紧急转移8237人，未有人员伤亡和房屋倒损报告。农作物受灾57.03公顷，林业受灾11.36公顷，受损公路长度3.42千米，受损水电站2座，受损水闸4座，直接经济损失886.57万元，其中：农林牧渔业损失181.27万元，工矿商贸业损失120万元，基础设施损失584.5万元，

▲2021年5月12日，江门市举行全国防灾减灾日活动启动仪式。图为获评"2020年度全国综合减灾示范社区称号"的村（社区）代表合影。

（市应急管理局　供）

公益设施损失 0.8 万元。2021 年 1—5 月，江门市平均降雨量较常年同期偏少 51%，台山、恩平等地出现不同程度的旱情，7 月下旬过后全市旱情基本缓解。

【防灾减灾救灾体系机制建设】 2021 年，江门市应急管理局统筹应急预案体系建设。《江门市突发事件总体应急预案》已经市政府审定印发实施，修编县级总体预案、各类专项预案、部门预案及应急操作手册，同时，为提高突发事件的处置效率，还将处置重大突发事件"四个一"机制的要求（一类突发事件由一位分管市领导和一个部门牵头，一个工作专班跟进处置，一套专项工作方案，一个口径上报和发布信息）具体细化落实到预案中；非煤矿山生产安全事故、工贸行业生产安全事故、危险物品生产安全事故、地震、突发地质灾害、森林火灾、药品安全事件、疫苗安全事件、海上险情等一批市级专项预案已由市政府印发实施。这些预案针对不同的突发事件，明确应急指挥机构的设置、突出风险防控源头治理、细化分级响应措施和各部门工作责任分工，形成属地为主、分级负责、各司其职、各负其责、协同配合、高效处置的突发事件应对格局；加大对汛情、雨情、风情、灾情的会商研判频次，协调通信运营商建立应急预警短信全覆盖发布机制，协调气象部门建设应急预警短信靶向发布服务平台，实施对特定区域、特定人群的靶向发布，实现各类灾害信息"早发现、早报送、早预防"。2021 年，市应急局协调三大通信运营商向全市手机用户发布应急短信约 4500 万条。

【水旱灾害防御】 2021 年，江门市实现汛期"人员零伤亡"。江门市出现 7 次强降雨过程，有 6 个台风影响江门市，其中"查帕卡""狮子山"和"圆规"给江门市带来较大的影响。全市 73 个镇（街）在入汛前都进行应急演练，市、县两级针对防御实际进行多部门多科目的综合演练 8 场，约 1300 人参加。10 月 13 日，市委书记陈岸明、市长吴晓晖率队到市三防指挥部现场指导防御台风"圆规"工作，组织开展全市综合性大规模应急演练，模拟台风升级为超强台风并正面袭击江门市，设定化工园区建筑物坍塌导致人员被困、危化品泄漏、大面积停电、水库溃坝、大型商船撞桥和避风船舶火烧连营等事故灾害场景进行联合应急演练，即时连线有关县（市、区）和部门，全面检验各级各部门应急指挥、抢险救援和物资保障能力。2021 年汛期，江门市组织有关部门会商研判 256 次，科学应对 7 次强降雨和 5 次台风影响，启动应急响应 4 次，精准指导基层做好汛旱风冻灾害防御工作，发布应急预警和公益宣传信息近 7500 万条，联合气象部门发布台风暴雨监测预报预警信息专报 7 份。2021 年，市三防办协调 30 万元支持台山、开平、恩平投入抗旱，协调气象部门组织 4 次人工增雨作业，全市防旱抗旱出动 14 767 人次，投入资金 1747.24 万元。市三防办完善防旱抗旱工作机制，每旬向省厅报告江门市旱情防御动态情况，协调水利、城管部门充分利用降水机会做好蓄水保水。2021 年，全市饮水、用水正常，未收到农业受旱失收、绝收报告。

【"三防"隐患排查治理】 2021 年，江门市应急管理局加强动态管理，加快督促整治工程落实，及时消除隐患。组织和参与 6 次综合检查，排查并督促整改隐患问题 52 项，各地各部门按照要求对三防风险隐患进行全面的排查整治。在寒潮、"龙舟水"强降雨、台风影响江门市期间，全市严格落实"三个联系"和特殊群体临灾转移"四个一"制度，果断转移和安置群众 19 937 人，无人员伤亡；推进第一次全国自然灾害综合风险普查，收集江门市地震构造资料和地震工程地质条件钻孔基础数据，完成主要自然致灾因子调查与评估、重点隐患调查与评估、主要灾害风险评估与区划三项工作；开展地质灾害隐患点巡查督导，详细解各地质灾害隐患点、削坡建房风险点的治理情况及防治措施，加强动态管理，加快督促整治工程落实，及时消除隐患。2021 年初，江门市在册地质灾害隐患点 45 处、削坡建房风险点 18 户。是年，全市新增地质灾害隐患点 2 处，完成验收并核销 20 处，净减少 18 处，在册地质灾害隐患点 27 处；农村削坡建房风险整治任务开工 18 户，竣工 18 户，竣工率 100%。

【森林防灭火】 2021年，江门市发生森林火灾10宗，火场总面积116.45公顷，受害森林面积60.09公顷，森林受害率0.14‰，低于1‰的控制指标，无人员伤亡，森林防灭火形势平稳；推进广东省自然灾害防治能力建设9项重点工程中涉及森林防灭火的建设项目，包括森林火灾风险隐患排查项目、全市林火监控系统建设以及加强森林防灭火应急能力建设；组织编制并印发《江门市森林火灾应急预案操作手册》，调整市森林防灭火指挥部成员单位并厘清地方政府和自然资源（林业）、应急管理、公安部门等主要职能部门责任分工；推广应用"阳山经验"，通过"市级牵头带动，县级跟进推动、镇级有力驱动"的方式，从2021—2023年，分3年由市、县、镇三级对全市有森林防灭火任务的所有村（居）实行森林防灭火装备软、硬件方面的建设帮扶；江门市排查森林火灾风险隐患点总数10 232个，投入调查员1245人，全市完成度达100%，完成省预定目标。蓬江区、江海区、新会区已完成27套智能视频监控系统的安装建设；加强森林防灭火从业人员和森林消防队伍的培训演练工作，切实提高火灾扑救能力，2021年，各市（区）自主开展的防火演练培训132场（次）。

【防灾减灾救灾能力建设】 2021年8月，江门市西部森林消防大队应急综合物资储备仓库建成并投入使用；2021年11月27日，江门市应急管理局通过政企合作模式与广东省鹏洋应急科技有限公司签订《应急服务及物资保障框架协议》；建立完善应急物资储备联席会议和调拨机制，对救灾物资仓库储备情况进行实地检查和定期更新，加强对应急物资装备储备动态管理；江门市本级救灾物资中心通过升级救灾物资储备信息管理系统，创新采用物联网管理技术，并安装视频监控系统，实时跟踪救灾物资物流情况，提升救灾物资管理效能，实现市县两级救灾物资储备仓库的物资库存数据实时管理查询和仓库情况视频监控。全市建有8个救灾物资储备仓库，储备各种生活类救灾物资23万多件；逐步提升基层防灾减灾救灾能力，推动乡镇（街道）"四个一"应急管理体系、行政村（社区）防灾减灾救灾能力"十个有"建设和"全国综合减灾示范社区"创建工作；出台《江门市减灾委员会办公室江门市应急管理局关于进一步加强基层应急管理建设的通知》，采取人员力量共用、场所设备共享、项目合作开发等一系列办法，不断推动基层社区综合防灾基础设施建设。2021年，完成73个乡镇（街道）"四个一"应急管理体系全覆盖，438个行政村（社区）完成防灾减灾救灾能力"十个有"建设，101个社区获得"全国综合减灾示范社区"称号。推进防震减灾科普示范工程创建工作，创建市级防震减灾科普示范学校5所、市级防震减灾科普教育基地2个，省级防震减灾科普示范学校2所，国家级示范学校3所（江门美景小学、台山居正学校、开平长师中学），为江门市防震减灾领域首次获得国家级荣誉称号。全市级示范学校45所，省级示范学校6所，国家级示范学校3所，市级科普教育基地2个，省级科普教育基地5个。配合省地震局推进"国家地震烈度速报和预警工程广东子项目"建设，江门市辖区内新建、改建的6个地震监测基准站和15个地震监测基本站已完成设备部署安装，网络线路布设基本完成，并将投入试运行。

【应急救援力量优化】 2021年，江门市出台《关于加强市级专业应急救援力量建设的通知》《关于科学引导社会应急力量发展的通知》，推动市级专业救援队伍的规范化建设；整合各类应急救援力量和应急志愿者队伍资源，健全政府部门救援力量、社会专业救援力量、应急志愿者队伍的联动互补机制，2021年，市本级组建23支市级专业救援队伍，全市有各类应急救援队伍766支（其中省级4支、地市级73支、县级351支、镇级338支）；继续强化军地协作，建立军地应急信息共享机制和应急处置联动机制，推动基层民兵应急力量救援装备配备，提升民兵队伍参与防灾减灾能力。江门军分区开放江门市国防教育训练基地给江门市应急救援队伍进行专业技能培训；推进多领域应急管理专家建设，已形成200多名行业专家库，并采取政府购买服务方式委托第三方提供应急管理专家服务，充分发挥应急管理专家咨询参谋、智力支持和技术支撑的作用。12月，委派专家85人次，服务时长达到1000小时。

【跨区域应急联动机制建立】 2021年，江门市应急管理局加强与周边地市应急管理合作，与珠海、佛山、中山、肇庆、云浮等市签订跨区域的森林火灾扑救应急联动合作协议，建立完善的跨区域应急救援工作机制；12月3日在中山举行2021年珠中江森林火灾应急处置联合演练，这是自2019年珠海、中山、江门三市签订《珠中江森林火灾扑救应急联动合作协议》以来的第二次联合演练。通过联合演练，行动有效推动磨合"统一指挥、反应灵敏、组织有序、处置有力、平战结合"的应急指挥处置体制，切实强化各级政府、有关部门和单位应对突发事件的快速反应能力，检验提升区域联动统筹协调能力，锻炼提高各应急救援队伍的实战水平，真正达到以演促训、以练促战的效果。2021年跨区域增援"7.15援"珠海兴业快线（南段）项目石景山隧道施工段透水事故抢险救援工作、"海兴业快线珠海金海大桥箱梁垮塌事故处置工作、茂名信宜洪冠镇大埇顶村森林大火扑救工作等。

【应急演练】 2021年，江门市应急管理局按照市政府关于抓好预案和手册的实操情况，确保预案、手册能用、好用、会用的工作要求，开展做好应急预案演练，应急救援管理工作的基础。多次组织防灾综合应急演练和危化品、三防等各类专项演练。全市应急救援队伍对照"全灾种、大应急"要求，强化备勤训练，严格装备物资维护保养，成功应对各种急难险情。2021年，全市举办"三防"应急演练300场、森林防火应急演练200场、地震地灾应急演练130场，易燃易爆物品危险化学品应急演练250场、工矿商贸类应急演练400场。通过演练，检验各类预案的可操作性，测试应急救援机制的有效性，提升各级应对突发事件的处置能力。其中，比较典型的演练：4月27日江门海上安全应急综合演练、5月12日江门市减灾综合应急救援演练等综合性应急演练、12月7日新会区2021年安全度汛水上搜救、安全生产综合演练暨消防技能竞赛、12月10日江门中国侨都健康驿站应急处置联合演练。通过现场实操与录播演练相结合的方式，锻炼队伍，提升应对自然灾害的快速反应和应急救助能力。

【应急值班值守】 2021年，江门市应急管理局对照《广东省应急管理部门值班值守工作指引》及市委、市政府有关规定，制定严格落实《江门市应急管理局应急值班工作制度》，明确值班岗位及职责，规范突发事件信息报送，提高应急管理系统值班值守和突发事件信息报告工作水平；在"汛期""响应"等特殊期间强化值班值守要求，执行24小时领导在岗带班、专人值班制度，做到人员到位、工作到位、报送到位，确保突发事件信息得到及时、准确上报和妥善处置；结合实际不断修订和完善应急值班工作制度。全年共接报各领域突发事件98宗，编报突发事件信息132期。

【安全生产培训与宣传教育】 2021年，江门市应急管理局组织参加广东省应急管理大讲堂学习10期，自主举办应急管理大讲堂4期；采取"线上"上"线下"全方位多渠道方式开展宣传教育活动，以"防灾减灾日""安全生产月""安全生产法宣传周"等为契机，线上线下相结合，深入开展习近平总书记关于安全生产重要论述宣传贯彻、重点行业领域专题宣传、安全宣传咨询日、应急宣传"五进"、应急普法等活动，公众参与度高，2021年5—6月，在"江门应急管理"微信公众号上开展"防灾减灾日"和"安全生产月"系列活动，超140万人次参与；利用报刊、电视、应急广播、部门网站、政务新媒体、短信等，矩阵式动态普及应急管理、安全生产、防灾减灾等知识；将安全文化宣传渗透融入公共场所和公共设施，依托文化广场、主题公园、文化长廊、电梯、候车亭等公共场所全年投放公益广告，推动安全文化紧贴生活，深入人心；应急宣传效果明显，"江门应急管理"微信公众号获全市"十佳特色政务新媒体"，南方号获年度"政务公开奖"，9个科普作品在广东省第一届应急管理优秀宣传作品展播活动中获奖，江门市应急管理局获优秀组织奖。

生态环境
SHENGTAI HUANJING

环境质量

【大气环境质量】2021年，国家直管监测站点二氧化硫年均浓度7微克/立方米，与上年持平；二氧化氮年均浓度30微克/立方米，比上年上升15.4%；可吸入颗粒物（PM10）年均浓度45微克/立方米，比上年上升9.8%；细颗粒物（PM2.5）年均浓度23微克/立方米，比上年上升9.5%；一氧化碳日均值第95百分位数浓度（CO-95per）1.0毫克/立方米，比上年下降9.1%；臭氧日最大8小时平均第90百分位数浓度（O3-8h-90per）163微克/立方米，比上年下降5.8%。空气质量优良天数比例87.4%，比上年下降0.6个百分点，全年无重度污染及严重污染天气。降水pH年平均值5.13，酸雨频率33.2%，比上年下降13.5个百分点。降尘年均值为4.14吨/平方千米·月，符合广东省推荐标准限值，比上年略有上升。

【水环境质量】2021年，江门市区两个城市集中式饮用水水源地水质优良，保持稳定，水质达标率100%。8个县级以上集中式饮用水水源地（包括台山的北峰山水库群，开平的大沙河水库、龙山水库，鹤山的西江坡山，恩平的锦江水库、江南干渠等）水质优良，达标率100%。西江干流、西海水道水质优良，符合Ⅱ—Ⅲ类水质标准；江门河水质优良至轻度污染，水质类别为Ⅱ—Ⅳ类，符合水环境功能区要求；潭江干流上游水质优良，中游及下游银洲湖段水质优良至轻度污染，潭江入海口水质优良。国家和省考核的11个地表水断面（包括西江的下东、布洲、虎跳门水道梅阁渡口、西炮台，潭江干流的恩城水厂、义兴、新美、牛湾、苍山渡口，江门河上浅口以及台城河公义）年度水质优良率为100%，无劣Ⅴ类水质断面。西江干流下东、磨刀门水道六沙和布洲等三个跨地级市河流交接断面水质优良，其中下东、布洲断面水质优，六沙断面水质优良。潭江苍山渡口、大隆洞河广发大桥、海宴河花田平台、那扶河镇海湾大桥等四个入海河流监测断面年度水质均达到相应水质目标要求。

【声环境质量】2021年，江门市区昼间区域环境噪声等效声级平均值57.5分贝，优于国家声环境功能区2类区（居住、商业、工业混杂）昼间标准；道路交通干线两侧昼间噪声质量处于较好水平，等效声级为69.1分贝，符合国家声环境功能区4类区昼间标准（城市交通干线两侧区域）。

2021年江门市区环境噪声统计表
单位：分贝

年份	区域环境噪声均值	交通干线噪声均值
2021	57.5（昼间）	69.1（昼间）

【辐射质量】全市辐射环境质量总体良好，核设施周围环境电离辐射水平总体未见异常，电磁辐射环境水平总体保持稳定。西海水道篁边饮用水源地水质放射性水平未见异常，处于本底水平。

环境综合整治

【水环境综合整治】2021年，江门市11个地表水国考、省考断面水质稳定达标，优良比例保持100%，县级以上集中式饮用水水源地水质达标率稳定保持100%，4条入海河流水质达标率100%。

印发实施《江门市 2021 年水污染防治工作方案》，紧抓潭江恩城水厂、牛湾国考断面水质达标攻坚，围绕保源水、增好水、治差水，突出精准、科学、依法治污，强化源头治理，严格落实治水责任，统筹推进水污染防治工作开展，全市水生态环境质量改善。推动工业污水集中处理，全市新建 4 座集中式工业污水处理厂，新增处理能力约 4.65 万吨/日。提高城镇生活污水处理设施减排效益，新增城市污水管网 195.68 千米、镇级污水管网 154.24 千米、改造城镇污水管网 55.5 千米，完成雨污合流管、污水管网检测 1248.11 千米，新增污水处理能力 2 万吨/日。落实农业农村污染治理，新增 860 个自然村完成生活污水治理，治理覆盖率 82.42%，5 条纳入国家和省清单的农村黑臭水治理工作全部完成，绿色养殖水平得到提升。完成入河排污口登记 1866 个，完成问题排污口整治 289 个。推进重点支流综合治理，14 条跨县重点支流完成年度投资 5.52 亿元。

【**大气环境综合整治**】 2021 年，江门市坚持以空气质量改善为核心，以臭氧和 PM2.5 协同控制为重点，巩固并扩大蓝天保卫战成果。推进挥发性有机物综合治理，推动工业企业实施低 VOCs 含量原辅材料替代，12 家企业完成深度治理，完成 300 套 VOCs 全过程监控设施安装，源头替代、过程监控、末端治理的全链条防控体系不断完善。实施涉 VOCs 排放企业分级和清单化管控，全面完成 VOCs 年排放量 3 吨及以上企业排查，确定 294 家 VOCs 重点企业的绩效等级，推动 43 家汽油年销量 5000 吨以上的加油站完成油气回收自动监控设备安装，推广 VOCs 排放企业环保管家服务，企业环境管理水平显著提升。深入开展工业锅（窑）炉综合整治，92 家涉工业炉窑企业达到 B 级或以上要求，重点区域 23 台生物质锅炉完成清洁能源改造。强化移动源治理监管，利用遥感监测系统检查柴油车 108.4 万辆，完成 54 家营运柴油车用车大户全覆盖检查、5094 台非道路移动机械完成非道路移动机械编码登记。出台江门市第十部地方性法规《江门市扬尘污染防治条例》，强化面源管控，建成 35 套露天焚烧视频监控系统，精细化管理水平全面提升。强化污染天气应对，全力开展秋冬季大气污染防治百日攻坚，取得明显成效。2021 年，江门市空气质量改善，PM2.5 连续两年优于世界卫生组织第二阶段标准，O3 浓度改善幅度全省第一，全年 AQI 达标率全省排名比上年上升 2 位。

【**土壤污染防治**】 2021 年，江门市人民政府办公室印发实施《江门市 2021 年土壤污染防治工作方案》，全市重点建设用地安全利用和受污染耕地安全利用工作推进，土壤环境质量总体保持稳定。建设用地准入，建立完善土壤污染状况调查名录，涉及地块 123 个，是年新增 64 个。印发《关于进一步加强建设用地土壤环境联动监管的通知》，建设用地准入管理体系日趋完善，累计完成 83 个拟开发利用地块土壤环境质量调查评估和报告评审，保障群众住得安心。实施重点监管单位名录制度，公布 34 家重点监管企业，是年新增 7 家，督促相关企业落实自行监测、隐患排查等法定义务。开展市级土壤污染防治工作培训，提高土壤和地下水环境保护业务人员能力水平，强化依法行政。初步完成市级土壤污染防治"十四五"规划的编制，推进治理体系和治理能力现代化，促进土壤与地下水资源可持续利用。

2021 年江门市区空气主要指标监测表

年份	达到二级标准的天数占全年有效天数的比例					
	二氧化硫	二氧化氮	可吸入颗粒物	一氧化碳	臭氧最大 8 小时平均值	细颗粒物
2021	100%	97.5%	100%	100%	89.6%	99.2%

2021 年环境空气质量情况表

年份	达到二级标准天数	全年有效天数	比例
2021	319	365	87.4%

【固体废物与危险废物安全监督】2021年，江门市按照打赢污染防治攻坚战的部署和"摸底数、补缺口、查漏洞、压责任、严监管、强能力"的总体思路，全力推进"约谈整改工作"和中央环境保护督察"回头看"及固体废物环境问题专项督察反馈意见的整改落实，着力强化固体废物环境监管能力、利用处置能力和风险防范能力。全面启动江门市"无废城市"建设试点工作，以"无废城市"建设试点为抓手，制订建设指标清单、建设任务清单，明确建设时间表和责任单位，强化固体废物管理制度建设，健全固体废物污染环境防治长效机制。推进危险废物专项整治三年行动，制定《江门市危险废物环境重点监管单位清单（2021版）》，根据行业特点，开展废矿物油、铝灰渣等重点行业企业危险废物专项整治工作。2021年，江门市检查危废产生企业3614次，责改52家，行政处罚32宗，处罚金额329万元。108家铝灰渣产生企业全部纳入广东省固体废物环境监管信息平台管理；开展铝灰渣应急处置，全市共转移处置库存铝灰渣约3.26万吨，及时降低环境安全风险。强化智慧互联监管，加强省、市信息管理平台数据汇总、分析和研判，筛查企业申报数据异常，及时发现和防范苗头性风险。是年，全市6877个危废产生单位、3473个一般工业固废产生单位完成2020年工业固体废物申报登记工作，运行76 149张危险废物电子转移联单。推进固体废物管理平台二期建设，对江门市涉危险废物企业按照风险程度进行分级分类监管，接入149家高风险企业监控视频，实现不见面（远程）执法等功能。加强企业服务，强化警示教育和宣传引导，组织举办18场共1200余家企业参与的实验室危险废物、新固废法和国家危险废物名录（2021版）、铝灰渣污染防治政策宣讲会，强化企业的责任意识和守法意识。严格落实疫情医疗废物安全处置工作，建立新型冠状病毒感染的肺炎疫情医疗废物协同应急处置环境管理机制。2021年收集处置医疗废物4166.29吨，其中包括标注新型冠状病毒的感染性医疗废物143.05吨，均按技术要求进行无害化处置，处置率达100%，全市未发生一起因医疗废物流失造成二次污染或感染的事件。

【农村生活污水治理】2021年，开展农村生活水治理，自然村生活污水处理设施覆盖率为74.4%。

【声环境综合整治】2021年，江门市强化城市环境噪声管理和治理，推进噪声污染防治工作，推动声环境质量改善。加强建筑施工噪声环境监管，夜间施工审批，督促施工单位优化施工工艺，结合文明城市创建工作，加强夜间巡查执法，督促在建工地文明施工，执行《建筑施工场界环境噪声排放标准》；推进工业企业厂界噪声污染防治，项目环境噪声"三同时"验收管理。强化部门协作联动，推进社会生活噪声污染防治，及时受理群众信访举报，加大违法行为的查处力度，社会生活噪声投诉按时办结率100%。2021年，江门市昼间区域环境噪声等效声级平均值57.5分贝，优于国家声环境功能区2类区（居住、商业、工业混杂）昼间标准；道路交通干线两侧昼间噪声质量处于较好水平，等效声级为69.1分贝，符合国家声环境功能区4类区昼间标准（城市交通干线两侧区域）。

【核与辐射环境管理】2021年，江门市全面加强放射源、射线装置以及电磁发射设施的辐射环境管理工作，完善核应急管理体系，加强值班备勤，全力保障江门市核与辐射安全。开展辐射安全隐患排查工作，全市出动执法人员209人次，现场检查涉辐射单位79家次，发现18个单位存在辐射安全管理问题，均已按要求完成整改。加强核与辐射安全行政审批服务，全市各级生态环境部门办理辐射安全许可审批73宗，核与辐射环评审批6项，完成22枚放射源的转让或废旧放射源的收贮。加强电磁辐射环境管理。结合"我为群众办实事"活动，组织开展对全市人口密集区域及被多次投诉的70个通信基站和10个输变电工程开展电磁辐射监督性监测，消除公众疑虑，促进江门市基础设施建设健康发展。组织、高质量完成2021年阳江核电厂核事故场外应急演习。强化核应急日常监管和值班备勤，及时解核电厂和核应急设施设备运行情况，加强对核电厂核技术利用项目辐射安全监管，在重要时间节点实行24小时核应急值班和"零报告"制度。

环境执法监管

【建设项目环境管理】 2021年，江门市实行网上备案登记管理，统一启用全国建设项目环评统一申报和审批系统，开展建设项目环评申报、受理和审批工作，统一标准再造流程，优化服务提高效率。将环评审批时限由法定时限大幅度压缩到报告书和报告表均1个工作日内办结（不含技术评估、公示等法定程序），环评审批再次提速增效。是年，全市生态环境系统共审批建设项目环评文件990个，实施环评告知承诺制审批建设项目76个，豁免办理环评手续项目超700个，简化环评编写内容项目19个。江门市794个项目通过网上备案系统完成登记表备案手续。2021年5月，江门市生态环境局发布《江门市生态环境局2021年度重大项目专班服务清单》，继续采取提前介入指导、定期跟踪进度、主动指导服务、开辟绿色通道等措施，加快推进重大项目环评审批，做好"六稳""六保"工作，服务经济社会发展。2021年，有20个重大项目完成环评手续，环评审批服务效能提升成效显著。

【环境法治建设】 2021年，江门市生态环境局印发实施《江门市生态环境局2021年度法治政府建设工作要点》，开展两次全市生态环境系统法治政府建设调研以及评查工作，及时查漏补缺、固强补弱，全面提升生态环境法治建设水平。完成《江门市扬尘污染防治管理条例》初稿编制、征求意见、专题论证、配合审查审议等工作，此条例于2021年12月9日颁布，于2022年1月1日起施行，成为江门市颁布实施的第十部地方性法规。出台《江门市生态环境依法不予行政处罚的轻微环境违法行为清单》，对涉及建设项目管理、水污染防治、大气污染防治等11大类生态环境领域共40项轻微违法行为作出免罚规定，并于2022年2月1日起实施。落实重大行政执法决定法制审核及环境违法案件集体审理制度，江门市生态环境部门做出行政处罚决定542宗，实施查封扣押案件25宗，限产停产案件5宗，移送公安行政拘留案件17宗，移送涉嫌环境污染犯罪案件21宗，皆做到主体正确，事实清楚，证据充分，适用法律恰当，执法程序合法，文书完整规范。深化生态环境损害赔偿制度改革工作，将生态环境损害赔偿制度改革工作纳入市委全面深化改革领导小组2021年改革工作任务，组织召开市2021年生态文明体制改革和生态环境损害赔偿改革工作会议。制定实施《江门市推进生态环境损害赔偿制度改革工作实施方案》，明确单位职责分工，规范生态环境损害赔偿案件办理程序。与市人民检察院联合制定印发《关于加强公益诉讼检察与生态环境损害赔偿制度衔接的意见》，促进江门市生态环境损害赔偿制度和检察公益诉讼制度相互支持补充。完成开平市金鸡镇固体废物非法倾倒案件、新会区会城西甲工业区刘某模具加工厂案件、鹤山市双合镇合成村委会俄尾村铝灰案件等生态环境损害赔偿案件的磋商程序。完成第二批279条生态环境损害案件线索筛查工作。深入推进"谁执法谁普法"，联合崖门新财富电镀产业园，举办"美丽中国·我是行动者——与法同行·共筑和谐"生态环境普法活动，参与"12.4宪法宣传周"法治文化广场现场活动，与江门市外商投资企业协会举行普法座谈会，派发生态环境法律宣传及科普资料约500余份，接待群众法律咨询超过500人次。

【第二轮中央生态环境保护督察】 2021年8月27日至9月27日，中央第四生态环境保护督察组进驻广东开展第二轮督察工作。9月13—17日，中央督察组第三小组下沉江门市开展督察，共现场督察点位25个，对9个相关部门开展问询谈话，调阅资料9批109份文件资料。9月23—24日，中央督察组组长李家祥同志一行对江门市进行现场督察，重点督察城市建成区黑臭水体整治、农村人居环境整治以及恩平地热国家地质公园保护等工作情况，督察组与市委书记陈岸明同志开展个别谈话。江门市委、市政府成立中央生态环境保护督察江门市协调联络组，下设综合协调组、资料文件组、信访案件组、宣传舆情组、配合现场督察组、后勤保障组、安保维稳组等7个专项工作组，负责协调保障工作。市委书记陈岸明同志对有关督察整改工作做出批示14次，3次深入实地督导，推动边督边改、立行立改。市长吴晓晖对督察整改工作做出批示12次，2次现场督导信访案件、重点问题等整改落实。市协调联络组共编发32期工作简报、28期信访案件处理情况工作专报，向省协调联络组报送31期工作信息，完成调阅20批299份文件资料。江门市政府网站、江门市生态环境局部门频道发布相关督察信息180条，省、市主流媒体报道江门市督察工作动态新闻115篇次。第二轮中央生态环境保护督察交办江门市群众信访举报案件226件，是年，办结215件，阶段性办结11件。全市责令整改企业141家、立案处罚企业44家，罚款金额604.61万元，立案侦查3宗，刑事拘留3人。

【生态环境执法】2021年，江门市生态系环境局深入开展重点环境问题专项核查行动，"夏雷"专项执法行动，涉铝灰渣企业专项执法行动，危险废物环境违法犯罪和重点排污单位自动监测数据弄虚作假违法犯罪专项行动，"两高"（高耗能高排放产品或工序）项目及企业生态环境监管执法专项行动，对潭江国考断面水质达标攻坚、垃圾填埋场（含垃圾焚烧厂）、排污许可开展专项执法检查。是年，全市生态环境系统出动执法人员37 179人次，检查企业16 080家次，其中责令整改企业1358次，立案查处环境违法案件540宗，处罚款7782.52万元，立案查处数和处罚金额数与2020年同期相比，分别上升55.62%、85.10%；用足用好四个配套办法，实施查封扣押案件25宗，限产停产案件3宗，移送公安行政拘留案件17宗，移送涉嫌环境污染犯罪案件21宗。

节能减排

【概况】2021年，江门市能耗强度和能耗总量均超额完成省下达的任务（省下达目标任务：能耗强度为下降17.6%，能耗总量新增为143万吨标准煤，江门市能耗强度为下降17.62%，能耗总量新增为114.69万吨标准煤），考核结果为超额完成等级，受到省政府通报表扬。对各县（市、区）政府开展"十三五"规划节能目标责任评价考核，各县（市、区）政府以"完成等级"通过考核，对全市87家重点用能单位开展节能目标责任考核，推动全市能耗强度下降。

【节能宣传】2021年，江门市坚持开展节能宣传周活动，围绕"节能降碳，绿色发展"活动主题，组织动员社会各界参与，灵活采用线上线下相结合方式，开展形式多样的节能降碳宣传活动，大力倡导绿色低碳生产生活方式，在全市营造良好的节能降碳氛围。采用线上方式启动全市节能宣传周活动，通过网上开设宣传专栏、组织线上节能降碳知识竞赛、报刊报道等方式开展节能降碳知识科普，展示江门市"十三五"节能工作成效，倡导全社会参与节能降碳，提升全民节能降碳意识和能力。江门市各县（市、区）、各部门结合辖区实际，开展各具特色的节能降碳宣传活动。新会区联合中集建筑制造有限公司通过线上讲解的方式向广大居民广泛宣传建筑节能、绿色建筑和节能技术应用知识，推广建筑节能技术成果的产品。江门市交通运输部门在客运站场、港口码头、公共交通站场及公交车、客运车辆等场所，利用电子显示屏循环播放节能降碳宣传视频和标语。江门市教育部门、市团委利用"公益课堂进校园"等活动，开展校园节能降碳教育，并通过"小手拉大手"将节能低碳宣传延伸到每一个家庭。

【绿色低碳建设】2021年，江门市72条在用的建筑陶瓷生产线全部通气使用，12台轮胎式起重机（RTG）完成"油改电"。加强天然气基础设施建设，除广海湾工业园区外省级工业园区全部完成天然气管道铺设，铺设天然气管道1701千米。推广新能源汽车，全市308辆新增和更新的巡游出租汽车、网络预约出租汽车全部使用清洁能源。内河港口岸电设施建设加快推进，完成100台内河港口岸电设施建设。

2021年3月联合市工信局印发《关于发布2021年清洁生产审核企业名单的通知》。2021年7月，举办第1、2期清洁生产审核专题培训班，宣传清洁生产法律法规、政策规范和典型案例，提高政府管理人员、企业经营管理者和社会公众的清洁生产意识。2021年，对有关实施清洁生产审核的企业开展评估验收工作，26家企业通过评估验收。

【环境宣传与教育】2021年，江门市生态环境

▲ 河道治理后的鹤山古劳水乡。

(鹤山市地方志办 供)

局紧扣全市生态文明建设及污染防治攻坚战中心工作大力开展生态环境新闻宣传和环境宣传教育活动,营造良好的舆论氛围和社会环境。重点依托江门日报和江门电视台等市级主流媒体,加大省级以上媒体宣传力度,围绕各项重点任务和"十四五"规划开局、中国共产党成立100周年等重大节点在国家、省、市媒体全面开展宣传工作,全年在各级各类媒体刊发新闻360余篇(条)。打造政务新媒体宣传品牌,策划推出"我为群众办实事""党史学习教育""党员故事""百日攻坚""环境教育基地巡礼"等多个系列新媒体专题,全年共发布推送920条,阅读量超过37.3万次,粉丝量超过2万。深入开展"美丽中国,我是行动者"主题宣传实践活动,与珠海、中山、阳江三市联合举办第十二届"珠中江阳"中学生环保活动(文艺大赛),以中国水周、国际生物多样性日、六五环境日、全国低碳日等环保纪念日为契机,紧扣"人与自然和谐共生""低碳生活·绿建未来"等宣传主题,在全市范围内开展各项系列宣传活动,2021年全市举办12场线上活动和26场线下主题活动,参与公众超过9万人次。江门市生态环境局创新环保设施向公众开放活动的思路,指导各个设施单位通过线上VR全景展示,依托主题活动进社区、进学校等方式,以公众喜闻乐见的方式形式摸索出环保设施开放的"江门样本"。2021年,全市5家环保设施开放单位共开展2场线上开放活动,20场线下开放活动,参与人数765人。

县（市、区）
XIAN（SHI\QU）

蓬江区

【概况】 江门市蓬江区位于江门市东北部，2021年辖3个街道3个镇，村民委员会55个、社区居民委员会77个。全区土地面积324.3平方千米，耕地面积0.22万公顷，粮食播种面积0.04万公顷，林地面积0.77万公顷。年末户籍人口53.33万人，常住人口86.57万人。至年底，全区有43个民族；其中少数民族42个2.59万人，少数民族户籍人口5342人，流动人口20 558人，人数较多的依次为壮族、土家族、苗族、瑶族、彝族、侗族、布依族、满族、回族、蒙古族。港澳台同胞17.15万人，其中香港同胞14万人、澳门同胞3万人、台湾同胞1500人。蓬江区籍华侨华人8万人，华侨主要分布在亚洲的马来西亚、新加坡、泰国、印度尼西亚、越南等国家，北美洲的美国和加拿大，大洋洲的澳大利亚和新西兰，欧洲和非洲等34个国家和地区。

辖区有较丰富的石矿和石英砂，石矿多产于西部，石英砂储藏于东北侧的西江河床，含泥量较高。资源丰富，有蕨类、裸子植物和被子植物3大类，108科、413种，主要品种有南洋杉、银杏、竹柏、阴香、紫薇、乌梅、垂盘草、宝巾等。野生动物主要有斑鸠、白头翁、钓鱼郎、猫头鹰、麻雀、黄灵等。江河常见鲫、鲤、鳙、鳟、鲶、生鱼、塘虱、泥鳅、鳖、龟等。是全国高质量发展百强区、全国第二批深化小型水库管理体制改革样板县、第三批广东省公共文化服务体系示范区、"诗词中国"创作基地、广东省群众文艺作品（舞蹈）创排基地、戴爱莲舞蹈传承基地、广东诗词之乡、中华诗词之乡。

【经济发展】 2021年，蓬江区实现地区生产总值831.73亿元，同比增长9.1%。规模以上工业增加值256.99亿元，同比增长20.6%。分经济类型看，国有及国有控股企业增长9.5%；外商及我国港澳台商投资企业增长19.5%。分企业规模看，大、中、小型企业工业增加值分别增长25.1%、20.6%、14.9%。全区工业用电量增长5.5%。完成固定资产投资增长5.6%，其中，国有投资下降5.3%；民间投资增长19.5%。分产业看，第二产业下降2.3%，其中制造业下降4.6%；第三产业增长7.5%。社会消费品零售总额260.72亿元，同比增长9.2%。全区批发业商品销售额增长11.9%；零售业商品销售额增长18.9%；住宿业营业额增长3.4%；餐饮业营业额增长19.7%。外贸进出口总额500.6亿元，同比增长26.2%，其中出口额430.4亿元，同比增长27.9%；进口额70.1亿元，同比增长16.7%。地方财政一般预算收入31.4亿元，同比增长3.4%；地方财政一般预算支出42.61亿元，同比下降3.7%。全体居民人均可支配收入53 591元，增长7.3%。全年引进27个项目，计划总投资额209.85亿元，京东江门智能电商产业园、高盛智谷、德信智慧家电、兴艺智慧印刷产业园等项目相继落户。全区列入市重点项目实现投资217.72亿元，完成年度投资计划128%。

农业 2021年，蓬江区实现农林牧渔业总产值13.2亿元，同比增长18.4%。其中种植业产值3.7亿元，同比增长13.7%；林业产值0.14亿元，同比下降5%；牧业产值0.8亿元，同比下降31.9%；渔业产值6.4亿元，同比增长48.7%；农林牧渔服务业产值1.9亿元，同比增长3%。粮食产量2301吨，同比增长17.8%。投入资金6亿元打造4段具有蓬江特色的碧道。其中有西江碧道蓬江段21.5千米、天沙河碧道15.17千米、江门河北岸碧道9.55千米、环人才岛公园碧道15.83

千米，均已建成示范段并对外开放使用，成为蓬江区宜居宜业宜游的活力纽带。抓好农村人居环境提升，全面推进农房管控和乡村风貌提升工作，高标准建设4个美丽乡村示范片，新增打造6个乡村振兴示范村。培育建设"一村一品"专业村，以杜阮凉瓜、沃柑为主导产业，打造核心产业示范基地，完成建设棠下镇良溪村、杜阮镇上巷村"一村一品"专业村2个，其中杜阮镇上巷村获评省级"一村一品"示范村。打造棠下镇五洞村20公顷连片鳗鱼养殖示范基地，创建粤港澳大湾区优质菜篮子供应基地6家，新增省、市级示范家庭农场6家。壮大新型职业农民队伍，完成培育高素质农民80名，认定乡土专家26名。12月9日，蓬江区成功创建全国第二批深化小型水库管理体制改革样板县。

工业 2021年，蓬江区完成规模以上工业增加值256.99亿元，同比增长20.6%。规模以上摩托车制造业增加值37.59亿元，同比增长18.2%，占全区比重14.6%。规模以上电气机械和器材制造业增加值27.98亿元，同比增长17.7%，占全区比重10.9%。规模以上计算机、通信和其他电子设备制造业增加值43.06亿元，同比增长71.3%，占全区比重16.8%。规模以上金属制品业增加值20.35亿元，同比增长15.2%，占全区比重7.9%。规模以上食品制造增加值11.15亿元，同比增长0.2%，占全区比重4.3%。规模以上橡胶和塑料制品业增加值11.63亿元，同比下降5.8%，占全区比重4.5%。规模以上化学原料和化学制品制造业增加值13.92亿元，同比增长8.1%，占全区比重5.4%。规模以上造纸和纸制品业增加值7.67亿元，同比增长39.1%，占全区比重3.0%。规模以上通用设备制造增加值6.71亿元，同比增长18.6%，占全区比重2.6%。全区累计有7家企业被认定为市总部企业，是年新增1家企业市总部企业。

第三产业 2021年，蓬江区批发和零售业增加值64.62亿元，比上年增长9.1%；住宿和餐饮业增加值16.97亿元，增长12.8%；金融业增加值122.42亿元，增长3.5%；房地产业增加值51.56亿元，增长2.9%；交通运输、仓储和邮政业增加值27.53亿元，增长11.3%；营利性服务业增加值108.59亿元，增长6.7%；非营利性服务业增加值111.07亿元，增长6.8%。限上批发和零售业零售额106.08亿元，增长11.4%；限上住宿和餐饮业零售额9.42亿元，增长16.4%。在限额以上批发和零售业商品零售额中，粮油、食品、饮料、烟酒类比上年增长8.2%，服装、鞋帽、针纺织品类下降2.8%，化妆品类增长11.2%，金银珠宝类增长52.1%，日用品类下降14.5%，体育、娱乐用品类下降26.2%，电子出版物及音像制品类增长86.1%，书报杂志类增长400.9%，家用电器和音像器材类下降11.7%，中西药品类增长4.5%，文化办公用品类下降7.2%，通信器材类增长16.8%，石油及制品类增长35.7%，家具类下降5.5%，汽车类增长7.4%，建筑及装潢材料类增长38.6%。全区体育彩票销量1.84亿元，人均体育彩票消费支出215.7元，全区体育彩票代销点117个。全区旅游收入25.76亿元，外汇旅游收入612.7万美元。全区有国家AAA级景区2家，民宿3家，旅行社总社39家、分社10家、网点49家。全年地方财政科学技术支出0.97亿元，比上年减少46.4%。全区省级重点实验室1家、省工程技术研究中心75家、省级新型研发机构1家、市级工程技术研究

2021年江门市蓬江区国民经济主要指标情况表

指标	计量单位	绝对值	比上年增长（%）
地区生产总值	亿元	831.73	9.1
第一产业增加值	亿元	6.4	9.9
第二产业增加值	亿元	321.48	13.8
第三产业增加值	亿元	503.85	6.3
农业总产值	亿元	13.2	18.4
人均地区生产总值	元	96 657	3.2
规模以上工业增加值	亿元	233.04	20.6
固定资产投资	亿元	—	5.6
社会消费品零售总额	亿元	260.72	9.2
外贸进口总额	亿元	70.1	16.7
外贸出口总额	亿元	430.4	27.9
实际利用外资直接投资	亿元	2.98	-52.3
地方一般公共预算收入	亿元	31.4	3.4
地方一般公共预算支出	亿元	42.61	-3.7
常住居民人均可支配收入	元	53 591	7.3

中心 326 家、院士工作站 3 家、省级科技特派员工作站 2 家、市级科技特派员工作站 28 家。组织企业申报省级科技项目 21 项、申报市级科技项目 73 项。年末有效发明专利拥有量 1026 件、专利授权量 4655 件，其中发明专利 200 件。

【社会事业】

社会保障 2021 年，蓬江区社会保险基金收入 77.99 亿元（其中征缴收入 47.98 亿元），其中企业养老保险 56.77 亿元（其中征缴收入 30.36 亿元），基本医疗保险 13.80 亿元（其中征缴收入 13.68 亿元）。城镇职工基本养老保险参保人数 31.16 万人、城乡居民基本医疗保险参保人数 21.17 万人、基本医疗保险参保人数 46.44 万人、失业保险参保人数 28.66 万人、工伤保险参保人数 30.03 万人、生育保险参保人数 33.09 万人。年末领取养老金的离休、退休人数 8.85 万人，养老、失业、医疗、工伤、生育保险基金支出 80.99 亿元。全年全区享受低保待遇对象有 508 户 752 人，发放低保资金 833.57 万元，比上年增长 133.49 万元，增幅 19.08%。开展住院、门诊救助 9395 人次，救助金额 308.13 万元。全区特困供养人数 205 人，比上年增加 6 人，全年落实供养经费 356.68 万元，增长 7.5%。发放帮扶对象就业创业补贴 190.51 万元，惠及扶贫对象 988 人次。全年城镇新增就业 10 776 人，城镇登记失业率 2.24%，有效控制在市下达的 3% 预期目标内；高质量实施"粤菜师傅""广东技工""南粤家政"三大工程，培训"粤菜师傅"303 人次，培训各类技能人才 1.5 万人次，培训家政服务从业人员 1619 人次。

教育 2021 年，蓬江区有中小学 77 所（公办中小学 68 所，民办学校 9 所），其中普通高级中学 1 所、完全中学 1 所、十二年一贯制学校 1 所、职业技术学校 2 所、初级中学 14 所、九年一贯制学校 8 所、小学 49 所、特殊教育学校 1 所。幼儿园 107 所。在校中小学生 95 500 人（公办学校 80 870 人，民办学校 14 630 人），其中高中 4912 人、职中 139 人、初中 25 264 人、小学 65 228 人、特殊教育学生 53 人。全区幼儿园在园幼儿 24 391 人。中小学专任教师 7518 人，其中特殊教育学校 22 人、职业学校 65 人、高中 390 人、初中 1897 人、小学 3405 人，幼儿园专任教师 1739 人。高考本科上线 894 人（棠下中学 795 人，广德实验学校 99 人），本科上线人数同比增加 104 人，本科率 70.0%，同比上升 4.8 个百分点。是年，蓬江区教育局分别获江门市高中阶段教育质量先进集体一等奖和市初中阶段协同教育质量先进单位一等奖。

全区教育总投入 167 788 万元，其中国家财政性教育经费投入 117 944 万元。一般公共预算教育经费 109 564 万元，比上年增长 2.44%，占一般公共预算支出 25.69%。是年，全区有 7 名教师、校长入选省级中小学名教师、名校（园）长、名班主任。全区获得各级各类荣誉称号的教师 803 人，其中，国家级 8 人、省级 64 人、市级 111 人、区级 620 人。各级各类名师工作室 49 个，其中省级工作室 7 个、市级工作室 10 个、区级工作室 32 个。全年建立 15 个教研片区并配备 200 名片区教研员，建立星级教研员评审制度，壮大教研体系和力量。

文化 2021 年，蓬江区有国家一级文化馆 1 间，国家一级图书馆 1 间，区博物馆 1 间，陈垣书屋自助图书馆 15 间，陈垣励耘书（吧）屋 17 间及

2020—2021年江门市蓬江区社会事业主要指标情况表

指标	计量单位	2020 年	2021 年
普通高校	所	0	0
普通高校在校学生	人	0	0
中等职业学校和技工学校	所	2	2
中等职业学校和技工学校在校学生	人	212	139
普通中学	所	24	25
普通中学在校学生	人	28 322	30 176
小学	所	47	49
小学在校学生	人	63 918	65 228
幼儿园	所	103	107
在园幼儿	人	22 633	24 391
医院、卫生院	家	2	5
医院、卫生院床位	张	2660	2184
公共图书馆	个	1	1
博物馆	个	1	1
国家档案馆	个	1	1
体育馆	个	2	2

粤书吧3间；下辖6个镇（街）已设立综合文化站，全区132个行政村（社区）均建成综合性文化服务中心。蓬江区文化中心通过公开竞标选定规划方案，项目建设地块已完成现场清场和围蔽工作；江门市档案中心（蓬江区图书馆、博物馆）完成主体结构建设。依托基层文化活动阵地，开展"文化下基层""遇见最美蓬江""老年人钢琴大赛""欢乐大篷车"等系列品牌惠民活动近30场次，受惠观众达32万人次（含直播、线上浏览量）。文艺精品屡获佳绩，原创戏剧《拆墙》获得江门市群众艺术花会金奖，广东省群众艺术花会金奖；原创舞蹈《狗狗爱骨头》参加"小荷风采"全国少儿舞蹈展演广东省选拔赛获得银奖。是年，全区有文物保护单位41个（其中国家级重点文物保护单位1个、省级文物保护单位10个、市级文物保护单位30个），各级非物质文化遗产项目26个（其中国家级1个、省级3个、市级7个、区级15个），各级非物质文化遗产项目传承人22个；开展非遗文创集市51场次。是年，蓬江区成功创建第三批广东省公共文化服务体系示范区；"珠玑巷人南迁传说（珠玑巷移民落籍良溪传说）"成功入选第八批省级非物质文化遗产项目。

卫生 2021年，蓬江区有医疗机构224所，其中，综合性医院1所，为江门市第二人民医院（二级甲等综合医院）；中西医结合医院1所，为白石正骨医院（二级骨科专科医院），镇街卫生院3所，社区卫生服务中心6所，村卫生站29所，社区卫生服务站1所，其他医疗单位183所。主城区形成3~10万人1个社区卫生服务中心的格局，社区卫生服务覆盖率达100%。医疗卫生机构实有床位2184张，其中医院床位1421张。全区卫生技术人员2557人，其中执业医师840人、执业助理医师168人、执业护士1077人、药剂人员165人、检验人员70人、其他人员196人。全区医疗机构总诊疗人次3 540 008人次，总收入65 239.02万元，同比增加11 239.40万元，同比增长20.81%。抓好常态化疫情防控。组建采样人员1200多人，有PCR实验室2个，最高检测量达6200份/日；组建专业流调队伍60人，全区医疗卫生机构储备防护类、采样检测类物资储备量均超过60天满负荷用量，一般物资超过60天满负荷用量；隔离酒店4家，储备集中隔离场所5家，在用酒店及储备酒店可供旅客使用房间1965间。是年，全区3岁以上人群接种疫苗165.84万剂次，全人群全程接种覆盖率94.79%。是年，蓬江区荷塘镇顺利通过"国家卫生镇"复审。

体育 2021年，蓬江区有体育社会组织7个，区、镇（街）两级社会体育指导员服务站7个。各级社会体育指导员年培训人数近100人，辖区内体育健身指导服务质量不断提升。体育场地面积225.3万平方米，人均体育场地面积2.64平方米/人。全区有公共体育场2个，公共体育场馆2个，全民健身广场7个，足球场地65个，篮球场566个，乒乓球场506个，全民健身路径425条，羽毛球场295个，游泳池67个，体育馆11个，社区健身中心11个。全年共举办5次省级以上的各类大型体育赛事活动和组织开展3项有特色的大型群众体育比赛与展演活动，参与人数超25万人次。

【**城乡建设**】 2021年，蓬江区持续推进城市品质提升项目共28项，全年计划投资10.02亿元，实际完成投资9.9亿元。完成江门市蓬江区蓬江区公共停车场建设项目、丰乐路新建人行道庭院灯工程、江侨路（潮连大桥—建设路）路灯品质提升项目工程、蓬江区日常摆花服务、2021年春节和国庆节日气氛营造、蓬江区户外广告整治、江门市蓬江区老旧社区改造项目、园山湖公园提升（喷泉广场段至书吧段）、蓬江区城区高大乔木修剪及乔灌木补种、改种服务项目、江门人行铁桥拆除项目、推进蓬江区"两违"整治、蓬江区城市管理一张图综合平台项目、蓬江区公园提质项目、天沙河碧道建设工程等14个项目并投入使用。持续推进碧道建设工程，总投资约3.7亿元完成天沙河（华安路—胜利桥）碧道主线建设和江门河北岸碧道建设工作（民国老街段除外），并全面向市民开放。加快推进老旧社区改造，完成迦南、羊桥、江华和岭梅等老旧小区改造，完成总投资额5000万元，直接惠及2.11万户6.83万人。同时，蓬江区在老旧小区改造基础设施提升和业态打造方面的工作成效得到广东省住房和城乡建设厅充分肯定。加快污水管网系统改造升级和排水信息化建设，全年建成5条黑臭水体实现"长制久清"，全区348个自然村污水处理设施全覆盖、全收集、全处理；新建污水管网284.15千米，污水提升泵站63座；荷塘镇污水处理厂三期工程竣工并投产，处理城市生活污水约9335.89万吨；新建冲板、乐溪、弓湾围、南山等4座排涝泵站并投入使用，全区38座排涝泵房均实现智能化管理。是年9月，蓬江区排水信息化与管理系统获广东省市政行业协会技术开发类一等奖。

【生态环境建设】 2021年，蓬江区空气质量达标天数比例为86.8%，空气质量综合指数3.41，同比改善0.6%。二氧化硫、二氧化氮、PM10、一氧化碳、PM2.5五项污染物浓度均达到《环境空气质量标准》（GB3095—2012）二级标准要求。西江篁边集中式饮用水源地水质达标率100%，省控断面上浅口水质优，达到Ⅱ类水质，四个地表水市控断面均达到目标要求。提高土壤环境治理能力，污染地块安全利用率、受污染耕地安全利用率均达到90%以上。强化危险废物"物联网"管理，在广东省固废平台完成危废年度申报登记企业数1485家，同比增长126家。全面启用环评统建系统，加快审批速度，环评项目100%使用系统提交、受理、审批，全年共审批项目252个。开展入河排污口排查整治专项行动，共排查出入河排污口1173个，全部完成快检以及系统上报，并编制入河排污口排查总结报告。开展农村黑臭水体排查治理，完成荷塘镇禾岗村内支沟整治主体工程，共埋设管道2968米。是年，蓬江区在全市生态环境"一岗双责"责任制考核结果中名列第一。

江海区

【概况】 江海区位于江门市东南部，与江门高新区合署办公。2021年，下辖外海、礼乐和江南3个街道，设有社区居民委员会26个、村民委员会36个，土地面积109.16平方千米。全区常住人口37.47万人，比上年末增加0.81万人，其中城镇常住人口37.47万人，常住人口城镇化率100%。全区年末户籍总人口18.54万人。全年人口出生率10.4‰，死亡率6.1‰，自然增长率4.3‰。全区旅居海外华侨、华人、港澳台同胞8.8万人。华侨、华人主要分布在美国、加拿大等31个国家和地区。有港澳社团4个，无海外社团。江海区地方特产有外海面、外海花生饼、礼乐腊味等，主要旅游景点有白水带风景名胜区、陈少白故居、外海陈氏五大祠、釜山公园等。拥有珠三角（江门）国家自主创新示范区核心区、全国小微企业创业创新基地示范城市核心区、国家创新型特色园区、中国（江门）"侨梦苑"华侨华人创新产业聚集区、全国博士后创新（江门）示范中心、国家知识产权保护试点园区6个国家级产业创新发展平台。

▲2021年2月6日，江海区下沙公园对外开放。
（司徒俊杰 摄）

▲2021年11月18日，"两中心两基地一平台"——国家政法智能化技术创新中心江门市域社会治理孵化中心、江门市市域社会智慧治理技术创新中心、江门市市域社会智慧治理应用示范基地、江门市安全应急产业园、广东应急管理学院（筹）揭牌暨"粤平安"群众信访诉求矛盾纠纷化解综合服务应用江门市域启动仪式在江门高新创智城举行。
（江海区地方志办 供）

【经济发展】 2021年，江海区实现地区生产总值285.32亿元，比上年增长9.9%。其中，第一产业增加值6.25亿元，增长10.6%；第二产业增加值

170.86亿元，增长13.0%；第三产业增加值108.22亿元，增长5.5%。三次产业结构为2.2∶59.9∶37.9。人均地区生产总值76 978元，增长6.1%。全年地方一般公共预算收入15.75亿元，比上年增长3.0%，其中，税收收入12.85亿元，与上年持平。地方一般公共预算支出23.10亿元，增长7.5%，其中，教育支出4.50亿元，增长15.6%；卫生健康支出2.10亿元，增长23.0%；社会保障和就业支出3.15亿元，下降0.1%。全年社会消费品零售总额63.34亿元，比上年增长11.5%。全年货物进出口总额311.2亿元，比上年增长26.9%。其中，进口总额68.7亿元，增长17.6%；出口总额242.5亿元，增长29.8%。全年实际利用外资9.47亿元，比上年下降46.5%；合同利用外资9.81亿元，增长399.5%。

农业 2021年，江海区农林牧渔业总产值10.8亿元，比上年增长13.2%。全年粮食作物播种面积82公顷，比上年增长39.3%。甘蔗种植面积559.26公顷，增长2.1%。蔬菜种植面积2169.2公顷，增长2.1%。全年粮食产量422吨，比上年增长42.1%。果蔬产量41 413吨，下降9.8%。蔬菜产量50 274吨，增长9.7%。水果产量7786吨，下降0.7%。全年肉类总产量52吨，比上年下降86.4%。全年水产品产量28 593吨，增长2.9%。

工业和建筑业 2021年，江海区规模以上工业增加值比上年增长18.6%。分行业看，计算机、通信和其他电子设备制造业、电气机械及器材制造业、非金属矿物制品业、化学原料和化学制品制造业、金属制品业等增加值排列前五位的行业分别比上年增长33.2%、17.5%、3.5%、5.3%、19.4%。规模以上高技术产业增加值比上年增长27.4%，占规模以上工业增加值的比重为40.5%。规模以上先进制造业增加值比上年增长19.4%，占规模以上工业增加值的比重为70.5%。全年具有资质等级的总承包和专业承包建筑企业27个，比上年增加10个；实现建筑业总产值7.41亿元，增长66.5%；实现利润总额0.25亿元，增长108.3%。全年商品房施工面积499.78万平方米，比上年下降4.3%；商品房竣工面积93.24万平方米，增长240.3%；商品房销售面积70.95万平方米，增长3.9%；商品房销售额66.22亿元，增长2.4%。

服务业 2021年，江海区批发和零售业增加值15.45亿元，比上年增长9.5%；住宿和餐饮业增加值4.20亿元，增长14.9%；金融业增加值9.81亿元，增长3.6%；房地产增加值19.03亿元，增长3.6%；交通运输、仓储和邮政业增加值6.37亿元，增长6.4%；营利性服务业增加值28.06亿元，增长5.2%；非营利性服务业增加值25.21亿元，增长4.0%。全年规模以上服务业企业实现营业收入13.63亿元，比上年增长24.9%；利润总额0.37亿元，下降52.9%。营业收入分行业看，交通运输、仓储和邮政业增长1.2%；信息传输、软件和信息技术服务业增长29.3%；租赁和商务服务业增长37.0%；科学研究和技术服务业增长51.1%；水利、环境和公共设施管理业下降5.1%；文化、体育和娱乐业增长6.8%。

【社会事业】

社会保障 2021年，江海区居民人均可支配收入49 526元，比上年增长9.6%。全年社会保险基金收入31.66亿元，其中企业养老保险22.97亿元、城镇职工基本医疗保险（含生育）5.66亿元、城乡居民基本医疗保险0.72亿元。年末参加城镇职工基本养老保险（含离退休）17.59万人，比上年增长8.5%。参加城镇职工基本医疗保险

2021年江海区国民经济主要指标情况表

指标	计量单位	绝对值	增长（%）
地区生产总值	亿元	285.32	9.9
第一产业增加值	亿元	6.25	10.6
第二产业增加值	亿元	170.86	13.0
第三产业增加值	亿元	108.22	5.5
人均生产总值	元	76 978	6.1
社会消费品零售总额	亿元	63.34	11.5
外贸进口总额	亿元	68.7	17.6
外贸出口总额	亿元	242.5	29.8
实际利用外资	亿元	9.47	-46.5
地方一般公共预算收入	亿元	15.75	3.0
地方一般公共预算支出	亿元	23.10	7.5
常住居民人均可支配收入	元	49 526	9.6

2020—2021年江海区社会事业主要指标情况表

指标	单位	2020年	2021年
普通中学	所	15	15
普通中学在校学生	人	15 795	17 025
小学	所	20	19
小学在校学生	人	28 867	29 903
幼儿园	所	51	54
在园幼儿	人	10 327	10 948
医院、卫生院	家	3	3
医院、卫生院床位	张	485	525
公共图书馆	个	1	1
博物馆	个	1	1
国家档案馆	个	1	1

20.10万人，增长22.7%。参加工伤保险12.99万人，增长10.3%。参加生育保险14.24万人，增长23.0%。参加失业保险12.41万人，增长10.7%。参加城乡居民社会养老保险4.15万人，下降1.2%。参加城乡居民基本医疗保险7.56万人，增长0.5%。年末拥有社会福利院1间，床位800张，收寄养人数644人；儿童福利院1间，床位500张，收养人数73人。养老院3间，床位520张，收寄养人数266人。社区服务中心覆盖率100%，社区服务设施66个。全年共发行销售福利彩票0.65亿元，筹集福利彩票公益金0.07亿元。年末每万人拥有社会组织数量为5.6个。注册志愿者人数3.23万人，注册志愿者人均参与志愿服务时数累计14.96小时。年末城镇最低生活保障户数135户，人数182人，全年城镇最低生活保障金支出204.41万元；农村最低生活保障户数211户，人数323人，全年农村最低生活保障金支出374.25万元。

教育 2021年江海区地方一般公共预算教育支出4.50亿元，比上年增长15.6%。全区拥有幼儿园54所，小学19所，中学15所。普通高中招生2648人，在校生7240人，毕业生2297人。初中招生3664人，在校生9785人，毕业生2676人。小学招生5430人，在校生29 903人，毕业生3929人。幼儿园入园儿童3568人，在园幼儿10 948人。小学学龄儿童入学率达100%，初中适龄少年入学率100%，初中升学率99.5%，高中升学率100%。全年高等教育（含成人高等教育）招生22 779人，在校学生41 314人，毕业生8833人。中等职业技术学校招生46人，在校学生1746人，毕业生1016人。

卫生 江海区各类卫生机构103个，其中医院3个。各类卫生技术人员1163人，床位525张。医院卫生技术人员519人，其中执业（含助理）医师172人，床位485张。

文化 江海区有基层综合性文体服务中心62个、街道文体服务中心3个、文化馆1个、文化分馆3个、村居社区文化服务站点9个、图书馆1个、图书馆分馆3个、图书馆服务点9个、24小时自助图书馆4个、图书总藏量34.5万册。2021年，江海区文化馆通过第五次全国文化馆评估定级复评，评为国家一级馆。江海区龙溪湖阅读中心获评2021年江门市人文社会科学普及基地。区文化馆曲艺表演唱《满满菜篮欢笑的脸》获2021年广东省群众艺术花会（戏剧曲艺）曲艺类银奖、江门市群众艺术花会曲艺类金奖。外海生恭鲤鱼手工艺品成功入选江门市人民政府正式公布第八批市级非物质文化遗产代表性项目名录；《刘氏铜木镶嵌传统制作技艺》《礼乐腊味制作技艺》《外海花生饼手工制作技艺》和《外海麻二佛家拳》等4个项目列入江门市江海区第五批非物质文化遗产代表性项目名录。礼乐街道英南村获评第二批广东省文化和旅游特色村。

体育 江海区有19个体育公园，66个文体广场，其中全民健身广场13个，文体小广场53个。公共体育场所总面积为120.12万平方米。

【**城乡建设**】2021年，江海区牵头开展江门市2021年城市品质提升行动工作任务清单59项，完成投资38.45亿，投资完成率101.74%。配合市交通大会战，加快广中江高速公路、五邑路、会港大道等道路建设，确保顺利建成通车；南山路、金星路、乐祥路等一批城市主次干道新建、升级、改造。全年投资3500万元建设"四好农村路"5.588千米。完成新英线建设，改善英南村通行质量，打造"七彩南堡"人文乡村风景区。推动江海四路人行天桥建设完工。开展老旧小区外立面墙面翻新、三线下地、下水管道疏通、道路修复提升、化粪池更换、燃气入户、规划停车位等多项改造工作，彻底改善老旧小区人居环境，惠及居民群众约1.3万户。推进公共停车设施规划建设，修建设置拥有204个停车位，总面积达8540平方米的礼乐大桥停车场。

【环境保护】2021年，江海区污水处理厂3座，污水管网220千米，污水处理能力34吨/日，城镇生活污水处理率98.5%。镇级生活垃圾转运站43座，城镇生活垃圾无害化处理率100%。全年规模以上工业综合能源消费量60.05万吨标准煤，比上年增长26.1%。全年全社会用电量37.31亿千瓦时，增长16.7%。分产业看，第一产业用电量0.63亿千瓦时，增长22.4%；第二产业用电量28.74亿千瓦时，增长14.5%，其中工业用电量28.03亿千瓦时，增长14.2%；第三产业用电量4.18亿千瓦时，增长40.3%。城乡居民用电量3.76亿千瓦时，增长12.1%。全区大气环境质量良好，空气质量达标天数占比为87.4%。饮用水源水质达标率为100%。城市昼间区域环境噪声平均值为57.5分贝，优于国家区域环境噪声2类区昼间标准；道路交通干线两侧昼间噪声质量处于较好水平，等效声级为69.1分贝，符合国家4类区昼间标准。

【下沙公园启用】2021年2月6日，江海区举行下沙公园启用仪式。下沙公园改造总投资约2.9亿元，其中征地拆迁费2.3亿元、建设费约0.6亿元。公园内建设慢行系统，实现"四道"不间断、无障碍贯通，同时打造分级亲水平台、榕荫广场、咸水歌广场、观浪桥、下沙人行天桥、下沙文化展示活动中心、儿童防疫中心、儿童乐园等。

【江门高新港投入运营】2021年4月23日，江门高新港投入运营。江门高新港建有3个3000吨级的多用途泊位，岸线长度430米，年集装箱运载吞吐能力达120万标准箱，运营后使全市外贸船运吞吐量增长1倍。江门高新港于2014年2月立项，2020年12月30日竣工落成。江门高新港不仅是广东规模最大的智慧型内外贸内河码头，也是粤港澳大湾区国际化物流运输大网络的重要支点和大湾区西翼物流枢纽平台。

【"两中心两基地一平台"揭牌启动】2021年11月18日，国家政法智能化技术创新中心江门市域社会治理孵化中心、江门市市域社会智慧治理技术创新中心、江门市市域社会智慧治理应用示范基地、江门市安全应急产业园、广东应急管理学院（筹）揭牌暨"粤平安"群众信访诉求矛盾纠纷化解综合服务应用江门市域启动仪式在江门高新创智城举行。"两中心两基地一平台"的揭牌启动，是推动市域社会治理"产、学、研、用"融合发展的重要举措，是江门市提升治理体系和治理能力现代化水平的具体实践。江门市安全应急产业园以江海区为核心区，规划建设国家级应急产业综合示范基地，形成"应急产业园区、应急管理学院、应急科普体验中心、大湾区应急物资储备中心、国家级重点实验室"五维一体应急产业发展布局。

新会区

【概况】新会区位于江门市东南部。2021年辖镇10个和街道办事处1个、派出机构4个，代管江门市银湖湾滨海新区管理委员会；9月，新设立会城街道同庆社区居民委员会、司前镇前锋社区居民委员会、银湖湾滨海新区中兴社区居民委员会，目前辖社区和行政村共236个（社区37个、行政村199个）；全区土地面积1354.71平方千米，其中耕地2.97万公顷。2021年，全区户籍人口76.62万人，常住人口91.5万人；出生人口8055人，死亡人口6548人；人口出生率1.1%，自然增长率0.2%。全区以汉族为主，有壮族、瑶族、土家族、苗族、蒙古族等35个少数民族。各镇均有少数民族人口，境内无少数民族人口相对聚居点。全区华侨华人、港澳台同胞约70万人。其中，华侨、华人约29万人，港澳台同胞约41万人。华侨、华人主要分布在世界70个国家和地区。

新会区耕地面积2.97万公顷，粮食播种面积2.93万公顷，粮食产量13.12万吨。林地面积4.08万公顷，森林覆盖率29.54%，活立木总蓄积量198.7万立方米。重要矿产资源有锡、钨、独居石、褐钇铌矿等有色金属和稀土金属、玻璃砂、建筑用岗岩、泥炭、铸型用砂、高岭土（陶瓷土）等非金属矿产；海洋资源有海域面积94.5平方千米，大陆海岸线长87.56千米，海岛2个。主要土特产有新会陈皮、崖门镇甜水萝卜、大鳌茨菇、罗坑芒果、大泽脐橙、古井甘蔗、三江玉米、司前马蹄等。主要旅游景点有圭峰山风景名胜区、梁启超故居纪念馆、宋元崖门海战文化旅游区、小鸟天堂、古兜温泉小镇、新会古典家具城、宝骏小冈香业城、石板沙疍家风情岛、新会陈皮村等；主要红色资源有纪念周恩来总理视察新会图片展、周恩来总理视察大泽五和二社社委会旧址、大泽田金红色教育基地、松山炮楼、桃荫别墅、林锵云故居及故居展览室等等。是国家外贸转型升级基地（五金不锈钢）、中国（新会）不锈钢制品生产基地、中国（新会）船舶拆解基地、国家火炬计划江门纺织化纤产业基地、中国化纤产业名城、全国农产品质量安全县、中国特色农产品优势区、中国食品工业生产基地、中国古典家具之都、中国香业产业基地、中国陈皮之乡、中国和药文化示范基地、中国陈皮道地药材产业之乡、中国曲艺之乡、中国楹联文化之乡。2021年，成功通过"中国传统古典家具生产基地"考评。

▲2021年7月17日，新会区枢纽新城体育公园对外开放。

（新会区地方志办 供）

【经济发展】 新会区实现地区生产总值896.14亿元，比上年增长8.9%；规模以上工业增加值358.69亿元，同比增长13.8%；固定资产投资同比增长5.5%；社会消费品零售总额294.32亿元，同比增长9.4%；进出口总额364.6亿元，同比增长13.0%，其中出口同比增长24.0%。全区规上工业出口交货值突破200亿元大关，同比增长29.7%，处于近年最好水平。全区地方一般公共预算收入完成58.56亿元，比上年增长3.0%。全区地方一般公共预算收入完成58.56亿元，增长3.02%，其中，区级地方一般公共预算收入27.14亿元，下降3.23%，镇级地方一般公共预算收入31.43亿元，增长9.1%；全区地方一般公共预算支出97.73亿元（含上年结转、上级补助支出），增长3.87%，全区地方一般公共财政预算实现收支平衡，略有结余。城乡环境持续优化，社会事业均衡发展，经济总量保持全市第一，跃居全国综合实力百强区第45位。组织税费收入179.98亿元，同比增收22.99亿元，增长14.64%，其中，海关代征收入8.92亿元，下降0.32%；税务部门组织的国内税收收入122.4亿元，增长8.43%；组织费金收入48.66亿元，下降38.39%；全年办理出口退税20.74亿元，增长34.33%。2021年，全区银行类金融机构21家，存款余额1185亿元，增长5.58%，贷款余额863亿元，增长5.95%，存贷比72.8%。广发证券、华林证券、光大证券、中信证券、安信证券、方正证券6家证券公司总交易成交额3102亿元；中国人寿、中国人保、平安财险、太平洋保险、阳光农业保险、国寿财险6家保险公司保费收入10.64亿元。小额贷款公司2家，贷款余额5.39亿元；融资性担保公司2家，在保余额2.97亿元。农村住房保险续保参保农户13.13万户，覆盖率为100%；政策性水稻保险早造承包面积4340公顷，晚造承包面积4220公顷。全区完成投资457.27亿元，比上年增长6.6%；第二产业完成投资158.84亿元，增长2.9%，其中装备制造业完成投资42.77亿元，增长1.2%；第三产业完成投资298.11亿元，增长9.8%。2021年，全区共有市场主体305 602户，其中个体工商户285 720户，增长17.07%；私营企业19 882户，增长17.13%。全区建筑业总产值32.3亿元，同比增速约为59.6%，增速为全市第一位，新增建筑业企业22间（包括施工、监理），新增节能面积467.83万平方米，新增绿色建筑面积205.84万平方米。

农业 全区实现农林牧渔业产值107.04亿元

▲2021年3月30日，新会区举办"交房即发证"服务试点工作启动仪式，首批15名业主享受交房和领证零时差服务。

（新会区地方志办 供）

（含农林牧渔服务业），增长13.6%。其中，农业实现产值30.62亿元，增长9.5%；牧业实现产值21.42亿元，增长13.8%；渔业产值48.28亿元，增长13%；林业和农林牧渔服务业分别实现产值1.11亿元和5.61亿元，增长104.7%和73.5%。生猪上市量21.93万头，存栏量15.41万头。家禽上市量2159.48万羽，存栏量457.46万羽。农业机械化水平不断提高，农业机械总动力30.37万千瓦，农作物耕种收综合机械化水平66.37%。水稻耕种收综合机械化水平88.5%，其中水稻机耕率99%，机插率64%，机收率99%。农业品牌建设取得成效，新会区入选广东省特色农产品优势区（新会陈皮、新会柑茶），新会区陈皮全产业链入选全国农业全产业链，典型县建设名单新会陈皮国家现代农业产业园入选广东现代农业产业园十大科技创新示范园，新会陈皮炮制技艺（中药炮制技艺）入选传统医药国家级非物质文化遗产代表性项目名录，新会大鳌莲藕入选2021年第一批全国名特优新农产品名录，丽宫新会陈皮产业园、丽宫石涧生态小镇、广东基达新会陈皮产业小镇有限公司、江门市江会水果批发市场有限公司入选全国农村创业园区（基地）目录（2021），新会柑茶入围2021年广东十大茗茶名单，广东丝苗米江门市新会区金箩品牌示范基地入选2021年广东丝苗米品牌示范基地名单。

工业 新会区坚持"工业立区，制造强区"，是年，全区规模以上工业企业588家，实现规模以上工业总产值1341.72亿元，增长14.45%，实现规模以上工业增加值322.79亿元，增长13.8%%。其中产值超亿元的企业158家，超10亿元的企业24家。2021年1—12月，工业投资完成194.73亿元，同比增长22.1%，累计技改投资完成66.03亿元，同比增长18.7%

第三产业 新会区社会消费品零售总额294.32

2021年新会区国民经济主要指标情况表

指标	计量单位	绝对值	比上年增长（%）
地区生产总值	亿元	896.14	8.9
第一产业增加值	亿元	57.23	9.4
第二产业增加值	亿元	461.82	12.3
工业增加值	亿元	424.42	12.4
第三产业增加值	亿元	377.09	4.9
人均地区生产总值	元	98 191	7.7
农林牧渔业总产值	亿元	107.04	13.6
规模以上工业总产值	亿元	1341.72	14.5
固定资产投资	亿元	482.25	5.5
社会消费品零售总额	亿元	294.32	9.4
外贸进口总额	亿元	93.0	−10.4
外贸出口总额	亿元	271.6	24.0
实际利用外资	亿元	22 423	−84.3
地方一般公共预算收入	亿元	58.56	3.0
地方一般公共预算支出	亿元	97.70	3.8
城乡居民人均可支配收入	元	39 867	10.8

亿元，比上年增长9.4%。其中，限额以上社会消费品零售总额115.75亿元，比上年增长13.9%；实现限额以上商品销售总额309.25亿元，增长8.9%，其中批发业增长5.5%，零售业增长25.0%，住宿业增长6.9%，餐饮业增12.2%。2021年，新会区接待游客318.07万人次，同比增长38.26%，旅游收入总收放32.58亿元，同比增长30.63%。举办"新心相会"——2021年新会区文化旅游嘉年华系列活动20余场，开发新会全域旅游智慧系统、"一部手机游新会"微信小程序，印制新会全域旅游全景图、红色文旅手绘地图等，策划"弘扬启超家风，厚植家国情怀"体验行、"寻找总理足迹，重温红色记忆"红色之旅等旅游线路；打造古井烧鹅街、大鳌夜市等网红点，结合省级非遗文化古井烧鹅美食，新建新会（东部）游客集散中心（古井镇游客服务中心），打造天成街烧鹅文化特色街；推动特色民宿建设，石涧故事民宿、柑璞居被评为广东省乡村民宿示范点，当下民宿、隐沙小筑等特色民宿陆续投入运营；小鸟天堂、梁启超故居纪念馆获评国家3A旅游景区；古兜温泉度假区获评省级旅游度假区，古兜温泉月泉湖居酒店获评金鼎级文化主题旅游饭店，古井镇霞路村被评为第三批广东省文化和旅游特色，新会南宋古韵乡村美食休闲游被评为第三批广东省乡村旅游精品线路，大泽镇、同和村创建成为2021年江门市乡村旅游示范镇（村）。外贸出口高速增长，进出口总额364.6亿元，同比增长13.0%。其中，出口271.6亿元，同比增长24%；进口92.9亿元，同比下降10.4%。组织企业参加第129、130届广交会和中国（深圳）跨境电商展览会、第三届广州日用百货商品博览会等国内外展会。协助企业开展中央财政2021年外经贸发展专项资金、江门市2021年促进经济高质量发展省专项资金、2021年江门市外贸高质量创新发展资金等各级资金奖励申报，共办理资金兑付超3900万元。全区邮政业务（含邮政企业、邮储银行和速递物流）总收入2.03亿元，邮政业务量（含邮政企业、速递物流）分别为函件41.99万件、包件206.28万件、特快专递78件。邮政营业网点22个，一星级投递部6个、四星级投递部1个。邮路（含寄递事业部）总长度7585千米，乡村通邮率100%，其中农村投递道段46条4090千米、城市投递道段65条3495千米。设有福农站6个、村邮站37个。全区新建光缆皮长1143千米，累计3.34万千米；新增光纤接入用户4.97万户，累计37.32万户。新建公众移动通信基站947座（其中5G公众移动通信基站669座），固定电话用户11.84万户。

【**工业园（区）建设**】2021年，新会区工业园区管委会完成固定资产投资63.12亿，工业投资38.74亿，道氏、东洋油墨、四方威凯等27个项目建成投（试）产；引进项目36个（含上市公司项目5个），计划总投资超250亿元（超50亿元项目1个，超20亿元项目4个，超10亿元项目2个），包括计划总投资超50亿元的巴德富、超33亿元的大泽创新谷、超20亿元的福斯特等，通过2021年区招商引资联席会议审议项目16个，新增挂牌出让工业用地89.8公顷。新会智造产业园、珠西新材料集聚区、粤澳（江门）产业合作示范区建设加快推进。大泽园区大圣线全线通车，东片区路网建设基本完成，西片区路网施工图设计完成并开展建设，污水处理厂已完成主体结构施工和设备安装调试运行，园区水利工程和河滨公园完成施工；司前园区西片区路网基本完成，东片区路网已完成初步设计，江彩甲线、江彩乙线和水石线三条220kV高压线已全部完成迁改，污水处理厂完成主体建设和设备安装，已通水；凤山湖公园首期工程南区基本完成，北区完成80%；生活配套区地下室已完成，主体楼层施工至5层。珠西新材料集聚区EPC一标工程建设完成，官冲一路、二路和中路中段通车，芳源东侧电塔完成迁改；污水处理厂完成主体建设和设备安装，已使用；5G+智慧园区已基本完成并进入试运行阶段。粤澳（江门）产业合作示范区完成澳葡青创园北部约18.3公顷地块平整及110kV崖苍线线行改造工程。

【**重点建设项目**】2021年，新会区162个重点项目完成投资344亿元，完成年度投资计划130%，省、市、区各级重点项目均超额完成年度投资计划，四方威凯、东洋油墨等36个项目竣工（试投产）。珠肇高铁江门至珠三角枢纽机场段（新会段）启动建设，广佛江快速通道江门段（三江至南门大桥）工程右幅主线已贯通，巴德富环保新材料项目参加广东省第二季度集中开工江门分会场活动，广州华立学院江门校区首期项目首批新生入学。

【社会事业】

社会保障 2021年，新会区民生支出68.4亿元，占一般公共预算支出七成。就业形势持续向好，全年发放各项就业创业补贴1346.69万元，发放创业担保贷款4148万元；推进三项工程，培训"粤菜师傅"478人次、"南粤家政"1357人次；城镇登记失业率2.0%，新增城镇就业8705人，城镇失业人员再就业5323人。社会保障体系不断加强，退休人员基本养老金持续增长，人均达2365.1元/月。城乡居民养老保险基础养老金最低标准提高至每人每月200元。新建村级长者食堂2家，新增养老床位640张，区养老中心获评省首批医养结合示范机构，26家长者食堂、146家居家养老服务站（农村幸福院）覆盖所有镇（街）。摇珠分配公租房97套，住房困难家庭实现"住有所居"。低保、特困人员、孤儿、残疾人保障水平逐步提升。

社会保险 2021年，新会区城镇职工基本养老保险参保人数（含离退休）33.25万人，城乡居民社会养老保险参保人数27.69万人。城（乡）镇基本医疗保险参保人数79.48万人，其中城镇职工医疗保险参保人数37.13万人，城乡居民医疗保险参保人数42.35万人。工伤保险参保人数22.02万人，生育保险参保人数23.02万人，失业保险参保人数20.80万人。全年社保基金总收入73.41亿元，总支出75.73亿元，历年累计结余21.48亿元。

教育 2021年，新会区有全日制中小学校109所（含特殊教育学校1所），在校学生131 217人，教职工8783人。其中小学64所，在校学生70 292人；初级中学（含九年一贯制学校）30所，在校学生30 387人；普通高中（含高级中学和完全中学）12所，在校学生20 557人；中职学校（含技校）2所，在校学生9872人；特殊教育学校1所，在校学生109人。幼儿园141所，在园幼儿26 298人，教职工3618人。开放大学、老干部大学各1所。全区各级各类学校（幼儿园）专任教师9957人，其中，小学3683人、初级中学2420人、普通高中1530

2020—2021年新会区社会事业主要指标情况表

指标	计量单位	2020年	2021年
普通高校	所	0	1
普通高校在校学生	万人	0	0.0546
中等职业学校和技工学校	所	2	2
中等职业学校和技工学校在校学生	万人	0.91	0.9872
普通中学	所	42	42
普通中学在校学生	万人	4.89	5.0944
小学	所	64	64
小学在校学生	万人	6.95	7.0292
幼儿园	所	143	141
在园幼儿	万人	2.53	2.63
医疗机构	所	308	308
医疗机构床位	张	5279	5279
公共图书馆	个	12	12
博物馆	个	1	1
国家档案馆	个	1	1

人、中职学校（含技校）481人、幼儿园1815人、特殊教育学校28人。高考再创佳绩，全区本科上线3626人；高优（特殊）上线974人。其中，全省前500名有9人，单科满分16人，历史类考生位列全市总分第一名。历史类、物理类全市前10名，我区各占5席。2名考生被北京大学录取。"启超家风代代传"获评国家级"终身学习品牌项目"。新增2所"全国中小学中华优秀传统文化传承学校"、14所"全国青少年校园足球特色学校（幼儿园）"、4所省级特色学校、35所省"绿色学校"。其中大泽镇莲塘幼儿园被认定为全国足球特色幼儿园示范园试点幼儿园。

科技 新会区举办第七届新会区创新创业大赛，获全国科普先进示范县创建单位。江门"双碳"实验室成立，中集智库三期投入使用。建成省级科技企业孵化器1个，省级众创空间1家，新增省级工程中心2家。高企存量增至470家，科技型中小企业增至497家。技术合同成交22项，合同成交金额2.8亿元。无限极再获国家科技进步奖二等奖。

卫生 2021年，新会区医疗卫生机构308家，医疗卫生从业人员5977人，床位5279张。

常住人口862 847人，共办理一孩、二孩、三孩生育登记9678例，出生人数6210人，政策生育率为93.61%，政策外多孩率为5.12%，性别比为108.6，人口出生率为7.14‰，自然增长率为1.05‰，死亡人数为5298人，死亡率为6.09‰。90周岁以上老龄人免费医疗继续实施，全年享受高龄免费医疗结算75 335人次，减免医疗费1634.86多万元。医疗卫生基础设施逐步完善，区妇幼保健院新院工程已进入装修、设备采购安装和建筑智能信息化等工程建设阶段，预计2022年9月竣工验收；紧密型县域医共体稳步推进，区医共体人民医院总院与6个分院，中医院总院与4个分院挂牌运作；区医管会正式任命两个总院院长和理事会成员；新会区卫生健康信息平台已试运行，区消毒供应中心建设项目启动，两大医共体医学影像中心、心电诊断中心已挂牌运作，联合病房联合门诊启动，进一步推动总院优质资源下沉。二级以上医疗机构门诊预约诊疗服务有效优化，二级医疗机构门诊预约诊疗率达60%，三级医疗机构门诊预约诊疗率达80%。全科医生规范化培训积极推进，全区注册全科医生及助理全科医生353人，每万常住人口达3.88名以上全科医生。公共卫生服务质量持续提升，新会区创建广东省慢性病综合防治示范区；全面铺开全国社会心理服务体系建设试点工作；获评广东省严重精神障碍管理治疗工作优秀区。疾病预防控制水平逐步提高，全区25个镇级以上传染病诊疗机构直报网络正常运作率为100%，法定传染病报告率100%。全区设置16个新冠疫苗接种点105个接种单元；设有新会体育馆和中医院葵湖分院两个大型临时接种点；7月22日，启用我区首辆标准化新冠疫苗移动接种车，大大便利边远乡村、老年人、特殊人群疫苗接种。截止2022年1月1日，全区新冠疫苗累计接种第一剂次90.85万人，累计接种第二剂次87.87万人，累计接种加强针21万人。人群第一剂接种覆盖率为99.92%，全程接种覆盖率为96.64%。12~59岁人群全程接种率已经超过100%，3~11岁和60岁以上人群全程接种率均位于全市第一。

文化 2021年，新会区推进省级公共文化服务体系示范区建设，有区级文化场所4个，镇级省特级文化站7个（新增3个）、省一级文化站4个，村级综合性文化服务中心233个（新增7个）；崖门镇京梅村、睦洲镇石板沙村两处建成"粤书吧"；会城华侨中学建成24小时自助图书馆；司前镇三间祠堂升级建设为文化祠堂；我区逐渐形成了城区"十分钟文化圈"和乡镇"十里文化带"的格局。2021年开展各类文艺培训、展览、表演活动超120场。其中成功举办"奋斗百年路·启航新征程"新会区庆祝中国共产党成立100周年系列活动、百年辉煌——新会区庆祝中国共产党成立100周年图片展、"葵乡领航启新程·祖国无疆颂党恩"2021年新会区国庆文艺晚会等大型群众性文艺活动共8场；"中国曲艺之乡"戏曲下基层系列活动30场。文化遗产保护力度加大。新会书院修缮工程（第二期）6月底竣工并对外开放；康王庙、田金革命烈士纪念碑、沙坪黄家祠3处成功申报为江门市文物保护单位；白沙讲学亭、宋忠尚书徐公祠、林国祥墓等7处新增为新会区不可移动文物；承办2021年"文化和自然遗产日"非遗宣传展示广东主会场（江门）暨新会陈皮文化周活动；深入推进红色文化资源的保护开发。完成中共新鹤县工委、周达尚故居、群乐园等的修葺和开发，完成桃荫别墅的升级改造和新会工运展馆、李冠南纪念馆的打造等，田金村红色教育基地、旺冲村红色教育基地、中共双水镇委党校等6处申报为江门市中共党史教育基地。新会陈皮炮制技艺成功入选国家级非物质文化遗产代表性项目；李锦记蚝油制作技艺、明式圈椅制作技艺入选第八批江门市级非物质文化遗产代表性项目；新增第四批区级非物质文化遗产代表性项目代表性传承人6人。创作"百年谱新篇，翰墨写江山"——新会区庆祝建党100周年百米国画长卷；肖绍静、韩东辰的原创音乐《因为有你》《你的生日》入选中国音乐家协会主办的"百年百首"全国优秀新创歌曲。新会入选为首批"广东摄影目的地"。56件作品获评新会区文学艺术奖。至2021年12月，有区级文艺家1489人，其中国家级文艺家52人、省级文艺家362人。

体育 2021年，新会区推进体育强区建设，枢纽新城体育运动公园7月全面建成并对外开放。江门市新会区基达龙舟俱乐部被国家体育总局评为"2017—2020年度全国群众体育先进单位"，江门市新会区现代五项运动协会戴兰香、广东珠超俱乐部有限公司黄达昌等2人被国家体育总局评为"2017—2020年度全国群众体育先进个人"；黄焯钦、何健彬、钟秀婷、郑铭利、郭家贺等5名新会籍运动员代表广东省参加中华人民共和国第十四届全国运动会马术、游泳、现代五项等3个项目的比赛，3人进入前八名，获得1金1银的好成绩；新会区组队参加市青少年锦标赛，金牌总数、团体总分位居江门市之首。举办"第五届"中国体育彩票"足球超级联赛、"中国体育彩票杯"中小学生篮球赛等群众喜闻乐见的体育赛事13项，持续提高人民健康水平。

【城乡建设】 2021年，新会区落实40项提质项目，深化城市更新，续建完成兰苑新村一期示范区改造，启动明翠新村一期、深源里、华苑花园、龙兴花园等10个老旧小区改造，完成10个口袋公园；完成加装电梯38台，同比增加11.6倍。畅通交通路网，建成吉祥南路、梅江南路、今华路、厚德路等8条市政道路。完善民生配套，完成梅江农业生态园（一期）、枢纽新城体育公园、实验幼儿园（枢纽分园）。深入推进历史文化保护，完成新会书院二期修缮工程，完成35处历史建筑和2处历史文化街区挂牌保护工作。2021年3月，新会学宫历史文化街区、大新路—仁寿路历史文化街区经广东省人民政府公布被认定为省级历史文化街区。农村人居环境明显改善。打造"葵乡美丽廊道"250千米，建设"四好农村路"90千米，新（改）建农村公厕360座。面向199个行政村全面开展农村房屋安全隐患排查整治，排查农村房屋安全隐患25.88万间，排查鉴定需整治房屋35栋，已整治完成9栋；完成93栋农房抗震改造，发放中央、市级专项补助资金143.22万元；完成1处18户农村削坡建房风险点隐患整治。78%的村（社区）达到美丽宜居村标准。双水镇、古井镇、崖门镇入选"2021年全国千强镇"名单；大鳌镇入选2021年农业产业强镇创建名单；大鳌莲藕跻身全国名特优新农产品名录；古井镇霞路村获评2021年度中国十大最美乡村。

【交通运输】 2021年，新会区公路通车里程1543.79千米，公路密度每百平方千米114千米，其中高速公路57.25千米、一级公路235.90千米、二级公路131.27千米、三级公路547.02千米、四级公路572.35千米；公路桥梁314座27 616.23延米，其中大桥及以上33座21 454.95延米；航运通航里程354.6千米，经营性码头泊位124个，其中万吨级泊位4个。全年交通行业公路运输完成客运量1702.6万人次，旅客周转量2.90亿人千米，分别增加9.57%和2.97%。公路、水路货物运输量3602万吨，货物周转量27.41亿吨千米，分别增长20.43%和9.68%。港口货物吞吐量6874万吨，增长2.08%；集装箱吞吐量67.9万TEU，增长15.42%。客运班车线路29条，其中省际线路8条、市际线路20条、县际线路1条。公共汽车291辆，公交线路93条，日均客流量4.18万人次；有水路运输企业20家，营运船舶162艘，总功率6.24万千瓦，载货量21.17万吨；乡镇渡口25道（其中公路渡口3道），渡船32艘，车渡驳（拖）船8组；新装新会区渡口智能人数自动识别统计装置3套；全年交通基础设施完成投资55.7亿元（不含江门站），高速公路建设完成投资31亿元，地方公路建设完成投资15.5亿元，中开高速新会段工程双水互通至凤山互通段建成通车，江门大道南（东）线主道贯通，省道S269线高沙独联至沙角段路面改造工程建成通车，崖门出海航道二期工程全年完成投资5.36亿元；全年投入1158万元完成133.70公里管养公路的日常养护和公路大中小修养护工程，其中县道100.94千米，江门大道新会段、银鹭大道、新中公路32.76千米，年末好路率达90%以上；投入420万元给予乡村道（760千米）的养护补助，乡村道年末好路率达83%以上。全区农村公路实行"路长制"组织管理体系，形成权责清晰的农村公路管理机制，并创建"四好农村路"省级示范县。

【生态环境保护】 2021年，新会区空气质量优良天数325天。新会区主要河流6个省考以上断面年度水质优良率100%。虎跳门水道水质优良，符合Ⅱ~Ⅲ类水质标准；江门河水质为Ⅱ~Ⅳ类，达到水环境功能区要求；潭江干流水质为Ⅱ~Ⅳ类。城市集中式饮用水源地水质保持优良。完成23家

VOCs 重点企业实施分级和清单化管控，2 家企业完成 VOCs 深度治理任务，大泽镇红木家具行业"共性工厂"示范点已完成建设，58 家 C 级工业炉窑企业全部完成向 B 级企业转型，9 条建筑陶瓷生产线实现通气，10 台生物质成型燃料锅炉完成清洁能源改造。落实环境监管执法职能，保持环境监管高压态势，推进新会区环境质量改善。2021 年出动执法人员 5468 人次，检查企业 2187 家次，发出责改通知书 374 份，做出行政处罚 97 宗，向区公安部门移送涉嫌污染环境犯罪案件 3 宗，移送适用行政拘留环境违法案件 2 宗，有效震慑环境违法行为。

【**新会区居世界、亚洲、全国、全省、全市之最**】2021 年，新会区位居全国城市市辖区高质量发展百强区第 45 位，比上年晋升 2 位；新会区推广电动车禁入电梯车阻系统，成为全省第一个明确将加装车阻系统纳入住宅专项维修资金支付范围的地区；2021 年 1 月，2020 中国区域农业品牌影响力指数发布，新会陈皮以 96.34 的影响力指数，位居区域农业产业品牌——中药材产业榜第一。3 月，新会区地理标志服务管理平台上线，标志着全市首个地理标志产品专用标志核准使用的电子受理平台正式建立；3 月，江门市新会区大营盘富硒农牧科技发展有限公司被授予广东省首个天然富硒农业产业示范基地；5 月，国家税务总局江门市新会区税务局推出江门首个"税无忧"驿站；7 月，广东芳源环保股份有限公司科创板首次公开发行股票注册，芳源环保将成为科创板江门"第一股"；7 月，新会区政协实现全区专委会、联络组委员工作室全覆盖，成为全市率先实现区、镇两级委员工作室全覆盖的市（区）；8 月，国家税务总局江门市新会区税务局推出首个"微税厅"，在全市率先实现纳税人缴费人金融服务和税收业务一站式办理；8 月，新会区在 2020 年度广东省推进乡村振兴战略实绩考核中取得粤西片区的县（市、区）的第一名，被给予通报表扬。9 月，全省首个建在高铁站的退役军人服务站——珠西综合交通枢纽江门站退役军人服务站正式揭牌。9 月，江门市新会陈皮国家现代农业产业园被确定为省委党校 17 个现场教学点之一，是江门市 2021 年唯一获评的现场教学点；11 月，新会区大鳌镇夜市党支部揭牌成立，是江门市首个夜市党支部；我区组队参加市青少年锦标赛，金牌总数、团体总分位居江门市之首。

【**广州华立学院（江门校区）开学典礼**】2021 年 9 月 16 日，广州华立学院（江门校区）举行 2021 级新生开学典礼暨军训动员大会，标志着江门校区顺利开学并迎来首批新生，开启"一校两区"的办学模式。

【**"潮起湾区，扬帆新会"新会招商推介大会**】2021 年 10 月在深圳成功举办"潮起湾区，扬帆新会"新会招商推介大会，共签约 20 个项目，与 12 家招商合作机构达成合作，为全方位对接深圳都市圈产业资源溢出发出新会名片。

【**江门"双碳"实验室揭牌**】2021 年 12 月 7 日，江门"双碳"实验室揭牌暨项目签约仪式在新会举行，标志着江门"双碳"实验室启动成立。实验室是江门市政府和香港科技大学（广州）发起共建，实验室将聚焦国家战略目标和省市重大需求，围绕"双碳"战略路径实现、能源结构升级、碳"负排放"技术等关键领域开展前沿及关键技术研究，配套建设江门新能源汽车"双碳"产业园和广海湾能源"双碳"产业园两大园区。

【**新会文化旅游嘉年华活动**】2021 年 5 月 1 日—12 月 31 日，区文化广电旅游体育局牵头主办，举办"新心相会"——2021 年新会文化旅游嘉年华系列活动。推出新会小鸟天堂第六届全国爱鸟周活动、双水镇特色美食评选活动、第九届新会崖门古兜水蟹节、"五一"新会特色美食周、滨海新区葡萄文化旅游节、古兜首届赶海节、古井镇乡村文化旅游节暨古井烧鹅美食节、红木文化旅游展览会等 20 余场系列活动，展示新区丰富的旅游资源。

台山市

【**概况**】台山市位于广东省珠江三角洲西南部，

东经112°18′—113°03′，北纬21°34′—22°27′之间，南濒南海，北靠潭江，东北与江门市的新会区相连，西北与江门市的开平市为邻，西南部与阳江市、江门市的恩平市毗邻，东南面的大襟岛与珠海市隔海相望。2021年，辖街道1个、镇16个，有行政村（社区）313个。全市土地面积32.88万公顷，其中耕地面积5.67万公顷。户籍人口96.27万人；少数民族32个，人口最多的少数民族是壮族，有9787人，其次是瑶族1118人，土家族311人。台山市籍旅外华侨、华人110多万人，港澳台同胞50多万人，有侨团组织249个，纳入台山市侨界发展顾问团6人。

台山市重要矿产资源有金属矿和非金属矿。重要海洋资源有滨海砂矿资源、旅游资源和潮汐能、波浪能、风能等海洋再生资源。土特产有台山大米、台山鸡爪芋、台山黑（乌）豆、台山黑皮冬瓜、台山（椰）菜花、台山萝卜、台山莲藕、台山茨菰、台山芥兰、台山西洋菜、台山白云茶、台山荔枝、台山鳗鱼、台山青蟹、台山蚝（牡蛎）、台山咸鱼、台山虾糕（酱）、台山紫菜等。主要旅游景点有川山群岛旅游区、那琴半岛、浪琴湾、黑沙湾、海角城、海豚湾、月亮湾、康桥温泉、颐和温泉、喜运来温泉、神灶温泉、富丽湾温泉、台山中国农业公园、美国芦荟庄园、上川岛省级猕猴保护区、北峰山国家森林公园、大隆洞千岛湖湿地公园、镇海湾红树林湿地公园、浮月村、浮石村、海口埠、梅家大院（汀江圩华侨建筑群）、台城历史文化街区、公益埠、海侨东南亚风情村、"海丝"申遗遗产点、"南海Ⅰ号"沉船点（台山川岛水域）、广海卫城遗址等。是全国第一侨乡、排球之乡、中国曲艺之乡、飘色艺术之乡、全国粮食生产先进县、全国农技推广示范县、国家万亩水稻示范区、中国电能源产业基地、国家全域旅游示范区、国家级农村职业教育和成人教育示范县、中国优质丝苗米之乡。

【经济发展】 2021年，台山市实现地区生产总值（GDP）为503.23亿元，比上年增长8.5%；其中，第一产业增加值108.74亿元，增长11.0%；第二产业增加值201.71亿元，增长11.0%；第三产业增加值192.78亿元，增长4.7%；地方一般公共预算收入35.67亿元，增长9.5%；社会消费品零售总额225.22亿元，增长10.9%；外贸进口总额39.4亿元，增长29.7%；外贸出口总额110.1亿元，增长30.5%。

全年引进1亿元以上项目34个，投资金额347.72亿元，主要有台山滨海文旅项目首期投资134.26亿元、新达金属新材料科技项目总投资105亿元、高端铝材部件产业园项目总投资20亿元等。

农业 全年农林牧渔业总产值191.2亿元，比上年增长10.15%。粮食作物播种面积7.36万公顷，比上年增长0.65%；蔬菜种植面积2.35万公顷，比上年下降3.5%；粮食产量40.27万吨，比上年增长0.16%；蔬菜产量56.12万吨，比上年增长8.8%；水果产量8.24万吨，比上年下降7.2%；肉类总产量5.82万吨，比上年增长28.6%；水产品产量41.46万吨，比上年增长2.8%。成为全省唯一"农业特区"试点。入选省级家庭农场示范县名单。鳗鱼省级现代农业产业园通过省专家组验收。麻黄鸡产业园上榜省级现代农业产业园建设名单。台山蚝成为全国名特优新农产品。台山大米、台山鳗鱼特优区获评省特色农产品优势区。建成

2021年台山市国民经济主要指标情况表

指标	计量单位	绝对值	比上年增长（%）
地区生产总值	亿元	503.23	8.5
第一产业增加值	亿元	108.74	11.0
第二产业增加值	亿元	201.71	11.0
规模以上工业增加值	亿元	179.97	14.6
第三产业增加值	亿元	192.78	4.7
人均地区生产总值	元	—	—
规模以上工业总产值	亿元	—	—
固定资产投资	亿元		0.5
社会消费品零售总额	亿元	225.22	10.9
外贸进口总额	亿元	39.4	32.6
外贸出口总额	亿元	110.1	29.7
实际利用外资	万美元	1706	-62.4
地方一般公共预算收入	亿元	35.67	9.5
地方一般公共预算支出	亿元	77.19	7.0
常住居民人均可支配收入	元	27 142	9.1

粤港澳大湾区"菜篮子"生产基地4家。培育市级以上重点农业龙头企业25家、家庭农场45家。新增"三品一标"认证3个。

工业 全年完成规模以上工业总产值698.22亿元，增长8%。实施培育发展四大新兴产业集群行动，六条重点产业链实现工业增加值149亿元。产值超10亿元企业增至12家。广东富华重工制造有限公司获评国家制造业单项冠军示范企业，成为江门唯一上榜企业。新增国家专精特新"小巨人"企业1家、省专精特新中小企业3家。推动32家企业"上云上平台"。广东绿岛风空气系统股份有限公司成功上市。

第三产业 全年接待游客人次、旅游综合收入分别增长33.67%、39.92%。入选全国县域旅游发展潜力百强县市名单。川岛旅游度假区获评省级旅游度假区，川岛镇入选省级旅游风情小镇。台山侨圩商埠游径入选省粤港澳大湾区文化遗产游径。端芬海口埠成为省文化和旅游特色村。投资超300亿元的融远滨海文旅项目动工建设。新增国家AAA级景区2个。创建省级乡村民宿示范点4个。

【社会事业】

社会保障 2021年，台山市民生领域财政支出64.13亿元，增长10.8%，占一般公共预算支出的83.08%。十件民生实事、380项"我为群众办实事"事项和"民生微实事"全面完成。"粤菜师傅""广东技工""南粤家政"三项工程培训3712人次，城镇新增就业5310人，城镇失业人员再就业3123人。建成市"粤菜师傅"侨乡特色菜研发中心。基础养老金最低标准提高至每人每月200元，向四类人群发放生活保障金1.82亿元，惠及31.48万人次。建成囊括17个镇级社工服务站、32个村级社工服务点的社工服务体系，实现全市镇（街）退役军人服务站星级示范创建全覆盖。

教育 台山市新（扩）建公办幼儿园3所、中小学4所，引进民办学校1所，新增公办幼儿园学位900个、中小学学位985个。严格落实"双减"政策，65所义务教育阶段学校100%提供校内课后服务。

文化 2021年，台山市成为全国文明城市提名城市。大江镇被确定为第八批"中国华侨国际文化交流基地"。五丰村建成全国首家归侨博物馆。

卫生 2021年11月22日，台山市妇幼保健院新院正式启用。新院总建筑面积7.9万平方米，规划床位500张，预计年平均门诊量可达60万人次，住院量2.5万人次。全市18家乡镇卫生院和1家社区卫生服务中心服务能力达到国家基本标准。养老更舒心，新建区域性养老服务中心1间、居家养老服务示范站点2间、长者食堂4家，端芬镇卫生院入选省第一批医养结合示范机构名单。

体育 台山市体育场地面积239.145万平方米，人均体育场地面积2.51平方米。支持乡镇新建成镇级体育公园2个。承办广东省高级排球教练员和裁判员培训班。与广东省排球协会签约共建广东省排球台山训练基地。是年，台山组队获2021年广东省"中国体育彩票"青少年排球锦标赛男甲和男乙双第一名，团体总分第一名。包揽江门市青少年中小学生排球锦标赛各级别前三名。

【城乡建设】 2021年，台山市9.2亿元，完成城市品质提升项目21个。建成星衢路、南环路（碧桂园至沙岗湖路段），新建公交车停靠站29个，新设智慧停车泊位496个。完成9条旧街改造，

2020—2021年台山市社会事业主要指标情况表

指标	计量单位	2020年	2021年
中等职业学校和技工学校	所	3	3
中等职业学校和技工学校在校学生	人	7659	8275
普通中学	所	37	37
普通中学在校学生	人	38 756	39 561
小学	所	54	56
小学在校学生	人	53 868	54 151
幼儿园	所	84	86
在园幼儿	人	24 202	26 204
医院、卫生院	家	441	456
医院、卫生院床位	张	4412	4902
公共图书馆	个	1	1
博物馆	个	2	2
国家档案馆	个	1	1

实现台城历史文化街区主要街道活化提质全覆盖。开展3个城镇老旧小区改造，启动旧楼加装电梯20台，已投入使用5台。修复改造污水管网11.65千米，新建污水管网7.25千米。建成下豆坑生活垃圾填埋场一期第二分区。建设社区垃圾分类示范点11个，实现餐厨垃圾统一收运处置。完成"四好农村路"建设23千米、危桥改造11座，升级改造县乡道16千米。完成20万栋农房安全隐患排查。建成镇村污水处理设施791个，村庄生活污水治理率达到91.4%。新增集中供水自然村53个，实现农村集中供水全覆盖。建成"四小园"1928个。建设22个乡村风貌提升示范片，42.1千米的"多彩台山·魅力侨乡"乡村振兴示范带启动首期工程建设。创建全国乡村治理示范村2个。

【生态环境建设】 2021年，台山市投入2.4亿元，建成碧道34.2千米，国考牛湾断面、省考公义断面平均水质达Ⅲ类考核目标，江门市考5个断面平均水质全部达标。县级以上集中式饮用水水源地水质优良率100%。全年空气质量优良天数比例97%，空气质量综合指数2.78。森林城市建设稳步推进，完成13 160公顷生态绿化建设，森林覆盖率45.71%。

【台山市获评2017—2020年度"平安中国建设示范县"】 台山市自2017年以来排查化解各类风险隐患3928宗。累计破获涉恶案件105宗，打掉涉黑社会性质组织1个、涉恶犯罪团伙95个、涉恶犯罪集团9个，全市警情三年分别同比下降16.02%、3.8%、26.5%，南门派出所凤凰社区警务工作站获评"岭南标杆警务室"，广海派出所获评2021年广东省"枫桥式公安派出所"。12月15日，台山市获评2017—2020年度"平安中国建设示范县"，成为广东省获此称号的六县区之一，也是江门市唯一获此称号的县（市）。

【中开高速公路台山白沙到新会罗坑段通车】 2021年1月19日，中开高速公路台山白沙到新会罗坑段顺利通车。该段是广东省高速公路网珠江西岸中东西向主要轴线之一，深中通道的规划建设将使项目直接对接深圳及珠江东岸地区。将构建起深圳市、中山市连接江门市及粤西地区的第二通道，是深中通道在中山市和江门市南部地区的延伸线。项目起点位于磨刀门水道东岸，顺接中开高速公路中山段，经新会区、台山市、开平市，终点位于恩平市沙湖镇六乡村，接高恩高速和开阳高速。台山段经大江镇、水步镇、台城街道、白沙镇4个镇（街），长约24.341千米。

【全国首支侨批保护志愿服务队】 2021年1月5日，"家书回家"——2021年台山市"侨批"保护志愿服务"双循环"项目在端芬镇海口埠银信纪念广场启动，并宣布成立台山市首支侨批保护志愿服务队，也是全国首支侨批保护志愿服务队。启动"侨批"保护志愿服务"双循环"项目，加强台山"侨批"研究及保护，讲好"侨"批记载的家风故事、爱国故事、民族故事，宣传推广"侨批"文化，传承台山人精神，促进全社会诚信建设。

【全国首家归侨文化博物馆】 2021年4月12日，台山市南洋归侨文化博物馆成功申办，是全国首家归侨文化博物馆。该馆位于海宴镇五丰村，总面积564平方米，是一个村级公益性博物馆，是江门市首家，也是唯一一家非国有博物馆。馆藏品主要是归侨的生活用品、收藏品、照片和书籍等1300多件/套。

开平市

【概况】 开平市位于广东省中南部、珠江三角洲西南部，地跨东经112°13′—112°48′，北纬21°56′—22°39′；东北连新会，正北靠鹤山，东南近台山，西南接恩平，西北邻新兴。开平市辖2个街道13个镇42个社区226个行政村。开平全市土地面积1658.6平方千米。是年，开平市户籍人口68.55万人，其中，男性34.29万人、女性34.27万人。非农业人口25.98万人，占总人口的37.9%。全年出生人口0.53万人，出生率为7.8‰。死亡人口0.50万人，死亡率7.3‰。人口自然增长率0.4‰，比上年下降2.1个千分点。

民族以汉族为主，占开平全市总人口

95.55%（2020年人口普查数据），其余为壮族、土家族、苗族、瑶族、布依族、侗族、彝族、仫佬族、水族、回族、毛南族、黎族、满族、蒙古族、藏族等。

开平市境内南北西部多低山丘陵，东、中部多丘陵平原，潭江自西向东横贯市腹，地势自南北两面向潭江河谷地带倾斜，海拔50米以下的平原面积占全市面积的69%，丘陵面积占29%，山地面积占2%。开平市境内河流众多，当支流均单独统计时，开平全市河流43条，总长570.67千米，其中跨县河流16条，总长300.5千米；跨镇河流4条，总长85.05千米；镇内河流23条，总长185.12千米。主要干流是潭江，发源于阳江市牛围岭山，潭江干流全长229千米，平均坡降0.45‰，流域总面积6026平方千米，潭江干流流经开平市百合、蚬冈、赤坎、长沙、三埠、水口等镇，最后在崖门入南海，在开平市境内河长56千米，集雨面积1580平方千米。

【经济发展】 2021年，开平市实现地区生产总值438.45亿元（当年价），比上年增长8.3%。其中，第一产业增加值52.26亿元，增长10.3%；第二产业增加值205.21亿元，增长10.3%；第三产业增加值180.98亿元，增长5.6%。第一、二、三产业增加值的比重为11.9∶46.8∶41.3。人均地区生产总值58 448元，增长7.8%。固定资产投资比上年增长6.3%。社会消费品零售总额182.22亿元，比上年增长9.9%。外贸出口总值148.1亿元，比上年增长28.0%；实际吸收外商金额3543万元，比上年下降93.3%。全年地方一般公共财政预算收入31.65亿元，比上年增长9.2%。城镇居民人均可支配收入34 886元，比上年增长10.6%；农村居民人均可支配收入23 001元，比上年增长10.9%。

农业 2021年，开平市全年粮食播种面积4.37万公顷，同比增长500公顷，其中水稻4万公顷，增长200公顷。粮食总产23.29万吨，同比增长0.21万吨，其中稻谷总产21.29万吨，增长0.32万吨。畜牧业肉类总产量11.48万吨，同比增加17.14%；生猪出栏量50.4万头，同比减少10.04%；家禽出栏量5241.1万只，同比增长20.4%；禽蛋全年总产量1.74万吨，同比增加0.56万吨；淡水渔业养殖面积5525.56公顷，水产品总产量5.69万吨，同比增长约2.9%。是年，开平市新增国家级农业龙头企业1家、广东省级农业龙头企业3家、江门市级农业龙头企业12家；2021年底新型农民专业合作社（组织）江门市级以上共24个，其中国家级3个、省级9个、江门市级12个；2021年底江门市级以上家庭农场共26家，其中含省级家庭农场12家。

工业 2021年，开平市规模以上工业企业353家，规模以上工业增加值121.60亿元，比上年增长17.1%。规模以上工业总产值同比增长14.6%。工业总产值中，按轻重工分：轻工业增长14.7%，重工业增长14.5%；按企业经济类型分：外商及港澳台商投资企业增长7.7%；股份制企业增长23.4%；其他经济类型增长2.8%。

旅游业 2021年，开平市接待海内外游客约613.14万人次，旅游收入约36.78亿元。是年，塘口镇塘口圩碉民部落民宿入选首批广东省乡村民宿示范点；塘口镇入选第九批中国华侨国际文化交流基地；广东开平仓东遗产教育基地获全球世界遗产教育创新优秀推荐案例；百合镇马降龙村入选第三批广东省文化和旅游特色村名单；赤水镇获评江门市乡村旅游示范镇，蚬冈镇东和村获评江门市乡村旅游示范村；开平世遗文化经典游线路成为江门首条全国乡村旅游学习体验线路。

【社会事业】

社会保险 2021年，开平市城镇职工基本养老保险、城乡（镇）失业保险、工伤保险、城乡居民养老保险参保人数分别为19.01万人、11.27万人、11.95万人、30.12万人。各项社保待遇均依时足额发放，开平市离退休人员54 831人，享受城乡居保待遇108 596人，享受失业保险待遇12 045人次，享受工伤保险待遇663人。开平市支付各项社保待遇21.26亿元，其中养老保险金207 424.18万元（含城乡居保养老金27 232.81万元）、工伤保险待遇3226.14万元、失业保险待遇1918.52万元。同年，开平市4项社会保险基金总收入为282 483.71万元，总支出282 825.52万元（企业职工基本养老保险基金总收入238 973.51

万元，基金总支出247 992.33万元；城乡居民基本养老保险基金总收入35 779.12万元，基金总支出27 235.16万元；工伤保险基金总收入5160.26万元，基金总支出5111.64万元；失业保险基金收入2570.82万元，基金总支出2486.39万元）。

教育 2021年，开平市有幼儿园103所，在园幼儿27 688人；中小学校91所，在校生98 905人；高等院校（开平开放大学）1所；特殊教育学校1所，在校生150人。有公办教职工6216人。2021年开平全市中小学学历达标率99.9%，普通高中高一级学历达标率为13.8%。探索教育集团化办学的管理模式，在开平全市组建第一批10个教育集团，充分发挥优质教育资源的辐射、示范和引领作用，逐步缩小基础教育的城乡差距和校际差距。继续推进"三名"人才建设培养工程。对培养周期届满的开平市第二批名校长、名教师和名班主任进行结业考核。启动第三批培养计划，拟在开平全市遴选并培养名校长15人、名教师135人、名班主任50人。招聘研究生、优秀本科教师64人，外市调入优秀教师8人，考察聘用"三支一扶"支教教师5人。

科技 2021年省科技创新战略专项资金（"大专项+任务清单"），国家级高新区、省级高新区、重点园区创新能力提升专项，由开平市翠山湖产业转移工业园管理委员会获项目立项；江门中微子科技馆规划方案专项，由开平中微子研究中心获项目立项。64家企业认定为国家高新技术企业，5家企业认定为"广东省工程技术研究中心"。开平市省级以上创新平台数量达55家，江门市工程技术研发中心190家。在2021年度"无限创新"江门科学技术奖评选中，海鸿电气有限公司"110KV电压等级立体卷铁心油浸式变压器"项目、开平市中心医院的"基层医院改善慢性肾脏病预后相关临床研究"获一等奖，开平市齐裕胶粘制品科技有限公司的"免衬纸环保型水性胶粘冷裱膜"获二等奖。

文化 2021年，开平市举办文艺活动近130场次，其中送戏下乡活动40场次，培训、讲座、传习活动13场次，戏曲进校园8场次，增设6个开平市乡土文化人才培养示范点，成立5个"非遗"名家工作室。开平市被命名为2021—2023年度广东省民间文化艺术之乡（开平民歌）。微信公众号平台的信息发布量700多条，总阅读量近180 000人次。举办"非遗"进校园8场次，举办"非遗"传习活动6场次，开平市非遗项目名录45项，其中国家级1项、广东省级4项、江门市级15项，开平市县级25项。《非遗进校园——"乡村最美音"开平民歌大家唱》分别获得"2021广东文化馆年会优秀案例""2021年度广东省'非遗进校园'优秀案例奖"。收集各门类艺术创作55件次。获江门级以上奖项30件次。如获2020年度江门市群众文艺作品评选一、二、三等奖，2021年江门市群众艺术花会曲艺专场银奖、戏剧专场铜奖、优秀组织奖，江门市"侨乡最美之歌"，2021广东文化馆年会优秀案例，广东省青少年曲艺"明日之星"选拔赛三等奖，风雅颂第六届广东省朗诵大赛（总决赛）银奖，曲艺作品《和谐村庄播新风》入选第六届"岳池杯"中国曲艺之乡曲艺展演等。是年，完成周文雍故居、谭国标故居、红线女故居、邓荫南故居及梁嘉梁寒光故居的建筑修缮工程；完成周文雍故居、红线女故居、梁嘉梁寒光故居陈列布展，并对外开放参观；开平学宫保护修缮工程第一期工程已基本完成；参加"侨乡碉楼保护"检察听证会，听取相关部门、专家学者关于碉楼保护的意见建议，发布"五邑侨乡碉楼保护共同宣言"；完成世界遗产"开平碉楼与村落"第三轮定期报告（6年一次）填报工作并上报国家文物局；完成开平碉楼与村落世界文化遗产周期性监测和评估；开平市博物馆举办专题陈列展览5个、图片展8个、VR虚拟展览3个、巡展32场，以及交流展2个；与梁金山小学、世界谭氏中学等签订共建单位，让博物馆成为学生的第二个课堂；全年接待观众人数8.5万人次；征集文物30件（套），接受社会捐赠资料30件（套）；开平市博物馆获"开平市文明单位"称号、《赤诚之心——林登峰教授捐赠文物（物品）展》入选"2021年广东省弘扬社会主义核心价值观主题展览"、开平市"青年文明号"称号、江门市人文社会科学普及基地；完成开平碉楼智慧导览项目，实现1833座碉楼"一楼一码"，通过扫描二维码获取碉楼的信息简介和智慧导览服务。《开平碉楼背后故事》专题展到佛山南海博物馆和江苏太仓博物馆交流展出。

卫生 2021年，开平市各类医疗卫生健康机构292间（个），其中政府举办的医疗卫生机构25间，民营医疗机构62间，村级卫生站195间、医疗室（卫生所）10间。全市各医疗卫生机构有执业医师1437人（其中全科医生280人），注册护士2270人，医生与护士的比例为1∶1.58，每千人口拥有医生数为1.92人、拥有护士数3.03人；开平全市开放病床3097张，每千人口拥有病床4.14张，其中民营医院开放病床418张，占开平全市总数13.5%。开平全市已设置公建村卫生站211间，农村群众卫生服务可及性及覆盖率达100%。开平市"15分钟医疗圈"基本形成，县域医共体内基层住院人次占比7.83%，县域医共体内基层医疗卫生机构门急诊人次占比43.14%，县域内就诊率达到90.99%以上。是年，开平市减轻群众医药费用负担约5988.52万元（规财），完成6间医疗卫生机构的污水处理设施建设；启动开平市第三人民医院新建住院综合大楼及配套项目和开平市妇幼保健院整体升级建设项目前期工作。开平市完成17间发热诊室和6间PCR实验室规范化建设，单日核酸应急检测最大量达7200人次。开平全市共设20个新冠疫苗接种点。开平全市接种第一剂次人数667 753人，覆盖率为89.18%；完成全程接种人数636 182人，覆盖率为84.96%；加强接种人数125 800人，完成率42.36%。是年，开平市人均基本公共卫生服务经费达到79元，开平全市建立居民健康电子档案684 722份，建档率95.41%，健康档案使用率80%。全年无甲类传染病病例，乙类病例发病人数2168例，丙类传染病发病1787例（以发病日期统计），计划免疫"九苗"接种率达到99%以上。如期完成国家和省下达的农村妇女"两癌"免费筛查工作任务。严重精神障碍患者报告患病率和管理率稳步提升。在开展H7N9人感染禽流感、登革热、寨卡病毒病防控的同时，加强对重点人群进行艾滋病预防干预和监测工作。

体育 2021年开展群众性体育活动50多次，实现"季季有主题，月月有活动"。开展国民体质监测活动，免费开展三场科学健身与健康知识讲座。开平市运动员彭健烽、周月明、李焯新等3名运动员参加全国第十四届运动会，彭健烽获得男子跳水团体赛第一名，男子单人3米跳板第三名，周月明获得三人制篮球项目女子成人组第三名，李焯新获得男子沙滩排球第一名；10月，开平市

2021年开平市国民经济发展情况表1

项目	单位	2021年	同比增长（%）
户籍人口	人	685 546	-0.2
土地面积	平方千米	1656.94	0.0
地区生产总值	亿元	438.45	8.3
人均国内生产总值	万元	5.84	15.3
规模以上工业总产值	亿元	502.58	14.6
农业总产值	亿元	102.16	12.4
全社会固定资产投资	亿元	295.29	6.3
外贸出口总额	亿元	162.4	23.4
实际吸收外资	万元	3543	-93.3
地方财政一般预算收入	万元	316 450	9.2
社会消费品零售总额	亿元	182.22	9.9
本外币境内住户存款余额	亿元	574.24	10.0

2021年开平市国民经济发展情况表2

指标	单位	绝对值	比上年增长（%）
地区生产总值	亿元	438.45	8.3
第一产业增加值	亿元	52.26	10.3
第二产业增加值	亿元	205.21	10.3
工业增加值	亿元	142.73	13.8
第三产业增加值	亿元	180.98	5.6
人均地区生产总值	元	58 448	7.8
农林牧渔业总产值	亿元	55.10	10.2
固定资产投资	亿元	295.29	6.3
社会消费品零售总额	亿元	182.22	9.9
外贸进口总额	亿元	148.1	28.0
外贸出口总额	亿元	14.3	-10.0
实际吸收外商直接投资	亿元	0.35	-93.3
地方一般公共预算收入	亿元	31.65	9.2
地方一般公共预算支出	亿元	51.94	0.0
全体居民人均可支配收入	元	29 825	10.8
城镇常住居民人均可支配收入	元	34 886	10.6
农村常住居民人均可支配收入	元	23 001	10.9

运动员黄永康参加2021年全国男子排球锦标赛获得第三名；刘辅梁在全国第十一届残运会暨第八届特奥会取得男子跳远T47级第二名，男子三级跳远T47级第一名。开平市派出339名运动员参加2021年江门市青少年锦标赛，涵盖蹦床、柔道、体操、篮球、足球、乒乓球等18个项目，获得56金73银46铜的成绩。

【城乡建设】 2021年，开平全市纳入整治范围的76%自然村达到美丽宜居村标准，比2020年提高11%，480条自然村开展"四小园"建设。每年本级财政安排1248万元用于农村人居环境卫生保洁工作，印发农村人居环境整治通报27期。开平市本级投入2000万元新建改造农村公厕183座，共印发"厕所革命"通报21期。1—12月，开平全市农村生活垃圾运输量达13.19万吨，覆盖率100%。新建80个农村生活垃圾分类试点。完成江门市碧道开平段24.8千米建设任务。实施农村生活污水治理攻坚行动，2021年完成投资1.02亿元，建设覆盖300个自然村的农村生活污水处理设施，其中70个自然村纳入资源利用。2021年，开平市城市品质提升行动任务清单共17小项，覆盖市政道路、环境卫生、污水处理、城市管理和教育等方面，投资12.5亿元。其中，已完成开平市三江片区新建道路工程（新侨路、儒林路）、百润花园——金色家园道路提升改造工程、科技路（G325国道—S274省道）新建道路工程等。三埠街道办事处祥龙学校改造工程、长沙街道办事处侨园路小学新建综合楼及运动场工程、庆扬初级中学运动场工程已全面完成建设。城区污水设施完善PPP项目和城镇（楼冈和四个镇）污水处理设施PPP项目均已完成16千米支管建设。梁金山公园广场改造工程项目已完成入口广场、空中栈桥、停车场、公园办公室和公共厕所建设，老百姓生活休闲活动空间优化。加快推进开平市城区生活污水处理设施完善PPP项目，已完成厂区"三通一平"、项目立项、厂区和管网施工图设计等工作，项目已进场施工，铺设管道约5千米。推进开平市城区楼冈及月山、水口、苍城、大沙四个镇级污水处理设施PPP项目，已完成招标、立项、厂区"三通一平"工作，项目已进场施工，完成12千米管道建设。拆除违法建设90 612平方米，整治及拆除户外广告牌72个。

【生态文明建设】 2021年，开平市完成约17 733.3公顷省级生态公益林界定。广东开平孔雀湖国家湿地公园试点建设通过省级验收，完成湿地公园工程、室内科普宣教展厅和户外科普宣教系统等项目建设。开展2021年潭江新美省考断面水质达标攻坚工作，潭江流域水质全面改善，2021年国家考核牛湾断面和省考核新美断面平均水质均为Ⅲ类，水质优良。第二方面，深入推进蓝天保卫战。持续推进锅炉整治、VOCs排放行业企业清单化管控、加油站油气回收监管等任务，全年空气综合指数达标率为97.5%，排江门市第二位，比上年高4.3个百分点。另一方面，积极建设"绿水青山就是金山银山"实践创新基地。制定《开平市"绿水青山就是金山银山"实践创新基地建设分工方案（2021—2023年）》，针对"两山"20项建设目标指标，提出51项具体工程项目。

【侨胞善举】 2021年，开平市接受侨胞捐赠折合港币6094.99万元，用于兴办教育、卫生、慈善、文化和福利等公益事业。兴办教育捐资近440万元，其中"开平市奖教金"等奖教奖学助学金200多万元。

【打好脱贫攻坚战】 2021年如期完成脱贫攻坚目标任务，建档立卡贫困户790户2647人全部达到"八有"标准，农村贫困户人均可支配收入19 727元，城镇贫困户人均可支配收入24 198元，分别是帮扶前的3.92倍和3.15倍。2021年将开平全市脱贫不稳定的原建档立卡贫困户103户403人纳入防止返贫监测对象，继续落实政策帮扶。开平市驻镇帮镇扶村工作队108人，2021年，开平市委获得省乡村振兴先进集体。2021年，通过多种有效措施提升薄弱村经营性收入，实现开平全市48条经济薄弱村经营性收入达到10万元及以上。

【农业金融模式】 2021年，开平市引入金融机构助力农村"三资"管理。开平全市通过产权平台交易823宗，总金额达30 047.59万元，比拟定交易总价27 435.84万元增加2611.75万元，增值9.52%。完成开平市三资管理办法修订工作，并提交开平市政府审定。推进农业"政银保"合作贷款，其中第四轮开平市农业"政银保"合作贷款项目已经实施完毕，共发放贷款42笔，贷款金额达7421万元，带动社会资金投入超过30亿元，助力乡村产业振兴。通过政银保创新推广"公司+基地+农户"等运营模式，为农民提供稳定收入渠道。构建各级农业产业园与农民建立利益联结机制，通过与农户签订订单合同等方式，为农户提供种苗、农资、防疫等"保姆式"金融服务，让农户享受"零风险"订单生产。目前开平市各级产业园联农带农2500多户，人均可支配收入超2.5万元。

【农业保险】2021年，开平市发放耕地地力保护补贴资金2979.34万元。政策性水稻保险实现全覆盖，2021年完成水稻参保面积2.72万公顷，财政保费补贴总额1631万元，其中镇级51万元、县级397万元，免收农户负担保费326.4万元，为开平市水稻生产提供4.08亿元灾害风险保障。

【全国"平安农机"示范县】2021年，开平市获评全国"平安农机"示范县，创建全国主要农作物生产全程机械化示范县，农机总动力41.7万千瓦。拖拉机拥有量9117台，其中大中型拖拉机201台，手扶拖拉机、微耕机等8916台，联合收割机拥有量817台。插秧机拥有量701台。开平全市拥有23家烘干中心，共129台烘干机，烘干能力2900吨。2021年水稻机耕面积39 915.1公顷，机耕率99.9%；水稻机收面积39 539公顷，机收率99.61%；水稻机插面积26 054.7公顷，机插率65.21%；2021年，水稻机耕、机收基本实现全覆盖，水稻综合机械化水平89.41%，农作物综合机械化水平69.2%，走在全省前列。

【省级现代农业产业园】2021年，开平市家禽省级现代农业产业园，涵盖马冈镇、长沙街道，金鸡镇、苍城镇、月山镇5个镇（街道），区域国土总面积约405平方千米。园区有"三品一标"认证产品18个、省级名牌产品6个，著名特产马冈鹅获得国家农产品地理标志认证；圣迪乐村公司的"圣迪乐村"商标被国家工商总局认定为"中国驰名商标"，旭日蛋品公司咸蛋产品获评"广东省名牌产品"及"广东十大名蛋"称号；"参皇戒指鸡"先后获得"江门市名特优新农产品""广东省无公害农产品""国家无公害农产品"等荣誉称号，绿皇农牧"绿皇肉鸡""活肉鸡"获评"广东省名牌产品""开平马冈鹅""开平皮蛋"入选首批广东省特色农产品优势区名单，"开平马冈鹅"被国家农产品质量安全中心认证为"全国名特优新农产品"。

【"四好农村路"示范建设】2021年，开平市"四好农村路"示范路成为第三届全国美丽农村路建设示范案例。22千米邑美侨路塘口示范路，入选第二届"全国美丽乡村路"，成为广东省唯一入选的农村公路。省道S295线洞口桥、乡道Y835线狮山桥、春社线二桥危桥改造工程以及乡道Y974线龙胜圩段改造工程、长沙平原村道改造工程等项目已完成；山仔桥、黄烈桥及省打包实施的七座危桥改造工程（含夹水桥、西头咀桥、千安桥、沃江桥、南门桥、长潭桥、镇安屯桥）加快推进前期工作及施工。完成"四好农村路"示范县安全防护标准化工程、绿化标准化工程、路面病害修复标准化工程、桥梁整治标准化工程、特色产业园路面硬底化标准化工程、谢创故居红色基地路面整改标准化工程、红色引领党建路示范性标准化工程及交四线路面大修标准化工程（二期）。完成新水线（县道X552线）与新径路平交路面修复工程。

【翠山湖工业园建设】2021年，翠山湖工业园实现地方一般公共预算收入11 182万元，首次突破1亿元，比增21.14%；实现规模以上工业产值77.04亿元，比增37.8%；实现全社会固定资产投资51.14亿元，比增22.3%；实现工业投资44.5亿元，比增26.3%。引进项目17个，投资总额41.64亿元。其中20亿元、5亿元项目各1个，项目全部实现落地。2021年，引入的总投资20亿元的世昌新材料项目，在签约90天内动工。是年，在建项目31个，完成14个，其余项目按进度推进。

2021年开平市基本情况表			
项目		单位	2021年
基本建设	公路通车里程	千米	1645.013
	高速公路里程	千米	82.763
	港口泊位	个	—
	航运通航里程	千米	104
	发电装机容量	万千瓦	—
	年末固定电话用户	万户	9.75
教育	中等专业学校	所	2
	在校学生	人	3849
	普通中学学校	所	32
	在校学生	人	39 408
	小学学校	所	57
	在校学生	人	55 498
	在园幼儿	人	27 688
	小学学龄儿童入学率	%	100
医疗	医院	所	6
	县级医院	所	25
	等级医院	所	4
	卫生机构医院床位数	张	3128
	平均每千人拥有床位	张	4.14
文化	影剧院	座	6
体育	体育馆	座	1

科技创新 园区敞开电气公司入选全国第三批专精特新"小巨人"企业；敞开电气公司、亿展阀芯公司获批"2021年广东省专精特新中小企业"。海鸿电气公司"110kV及以上电压等级立体卷铁心变压器及其绕制工艺"荣获广东专利银奖。2021年，园区高企34家，规上企业47家，科技型中小企业30家，科技型小微企业50家。

园区开发 以翠山湖核心区为中心，按"就近入园"原则，整合月山、水口、沙塘、苍城等镇资源，形成总体规划面积189平方千米的大园区；谋划建设生物医药产业专业园；启动"5G+智慧园区"建设，推进园区重点领域信息基础设施建设，通过信息化整体解决方案，支撑园区数字化转型，不断提升智能化管理与服务水平。

管理服务 出台《江门翠山湖高新区高质量发展扶持奖励实施办法》。狠抓人才引育工作，举办人才政策发布会、网络招聘会、校企供需见面会，开平市职业教育公共实训中心新增毕业生200余人，为园区企业提供良好的人力资源。创新"放、管、服"，落实行政审批服务改革，推动项目加快建设；打造翠山湖行政服务中心并于6月启用，全年办理事项3448件。

【江门中微子实验站】江门中微子实验站是中国科学院高能物理研究所在开平市金鸡镇投资建设的基础物理研究项目，也是由中国主持的第二个大型中微子实验，用以测定中微子质量顺序、精确测量中微子混合参数、进行其他多项重大前沿研究等，2015年1月10日启动建设。江门中微子实验站配套基建工程，包括地下洞室及隧道、地面建筑、场地道路及其他临时工程等已基本完成，计划2022年进行地下配电系统、排水系统、暖通系统等设备安装工作，同步开始中心探测器等实验设备安装，2023年开始运行取数。

【重大庆典活动】9月23日上午，江门市庆祝2021年"中国农民丰收节"活动在开平市塘口镇天下粮仓举办，以"庆丰收、感党恩"为主题，活动为江深食用农产品标准试点单位、2021年新增广东省特色农产品优势区、2020年国家农民合作社示范社以及2020年广东省农民合作社示范社授牌，为广东省农业科学院江门分院揭牌。

【2021年开平省级以上的获奖成绩】
1. 邑美侨路塘口示范路成为广东唯一获评全国美丽乡村路。
2. 广东省柔道协会与开平市共建全国首个"柔道之城"，并在开平市揭牌成立广东省柔道训练基地。
3. 开平世遗文化经典游线路成为江门首条全国乡村旅游学习体验线路。
4. 百合镇茅冈村是江门市唯一被列为中组部、财政部开展推动红色村组织振兴建设红色美丽乡村试点。
5. 海鸿电气获江门首个广东专利银奖。

鹤山市

【概况】鹤山市位于广东省中南部，珠江三角洲西翼，东北与佛山市南海区隔西江相望，东南毗邻江门市蓬江区、新会区，西南与开平市交界，西北接新兴县，北邻佛山市高明区。水陆交通便捷，国道G325线、江鹤高速公路、佛开高速公路、江罗高速公路和江肇高速公路纵横贯穿全市，广珠铁路穿境而过，南沙港铁路与广珠铁路鹤山段接轨；国家一类口岸鹤山港客货船经西江水路可达香港、澳门。鹤山市总面积1082.73平方千米。

【气候·河流】 鹤山市地处北回归线以南，属南亚热带季风区，具有海洋气候特征。夏长冬暖，雨热同季，雨量充沛，光照充足。夏秋多台风暴雨，冬春有冷空气侵袭和偶有奇寒，无霜期长。全年总降雨量1529.2mm，最大日降雨量132mm（3月5日）；年平均气温23.5℃，最高气温37.4℃（7月24日），最低气温2.9℃（1月13日）；年日照时数1961.4小时。鹤山紧靠西江，境内河流众多，主要有西江干流、沙坪河、雅瑶河、宅梧河、址山河、双合河、莱苏河和民族河等8条，总长200.8千米，除沙坪河属西江支流外，其余均属潭江水系。

【建置沿革】 清雍正十年（1732年）从新会划出古劳、新化、遵名三个都及开平的双桥都和古博都的部分地方新置鹤山县。因县治城北有山似鹤而命名为鹤山，隶属肇庆府。中华人民共和国成立初期，鹤山县属粤中专区。1952年5月，与高明合署办公。1954年6月，两县恢复建制。1956年2月，鹤山县属佛山专区。1958年11月，鹤山县与高明县合并，称高鹤县，属佛山专区。1959年属江门专区，1961年10月属肇庆专区。1963年6月属佛山专区。1981年12月恢复鹤山、高明两县建制，鹤山属佛山地区。1983年6月实行市管县，鹤山县隶属江门市。1993年11月8日，经国务院批准，同意撤销鹤山县，设立鹤山市（县级市）。

【行政区划】 鹤山市辖沙坪街道和雅瑶、龙口、古劳、桃源、共和、址山、鹤城、宅梧、双合9个镇，26个社区居民委员会，112个村民委员会，10个三峡库区移民村。市人民政府驻沙坪街道。

【人口·民族·语言】 鹤山市常住人口53.84万人，城镇人口比重为63.48%。公安户籍人口总户数12.22万户，年末户籍总人口39.16万人；全年出生人口3281人，出生率8.4‰，死亡人口2840人，死亡率7.3‰；自然增长人口441人，人口自然增长率1.1‰。全市人口以汉族为主，有壮族、瑶族、苗族等少数民族27个，人口3.33万人。全市使用最广的语言有广州话、沙坪话、普通话。其中，沙坪话属广府话语系，主要流行于市区、沙坪、龙口、桃源及古劳、雅瑶等地。市内部分地区讲客家话、址山话、宅梧话等方言。

【华侨华人·港澳台同胞】 鹤山市是全国著名侨乡之一，有旅居海外的华侨、华人及港澳台同胞36.5万人，分布于51个国家和地区。

【社会经济发展状况】 2021年，鹤山市统筹推进常态化疫情防控和经济社会发展，全力推动国家级中欧（江门）合作区建设，全面建设湾区现代化创业之城，经济发展速度与质量实现合理增长和稳步提升，社会事业全面进步，较好地完成全年各项目标任务和十件民生实事，实现"十四五"规划良好开局。全年地区生产总值440.7亿元，规模以上工业总产值803.36亿元，农林牧渔业总产值60.75亿元，社会消费品零售总额155.8亿元，外贸进出口总额268.1亿元，地方一般公共预算收入36.5亿元。

【工业】 坚持工业强市发展战略，推动制造业高质量发展。全年引进投资超亿元项目48个，总投资240亿元，其中投资超20亿元项目4个，产业链招商项目占引入项目71.4%。出让工业用地近2800亩，新开工项目126个，新投产项目44个，新上规模以上企业79家。工业投资同比增长14.2%，占固定资产投资总额比重近5成，为江门最高。工业占GDP比重达45.1%，规模以上工业增加值增速超过地区生产总值增速，成为经济增长重要支撑。其中，新一代信息技术、高端装备制造、新材料三大集聚产业工业增加值占全市规模以上工业比重不断提升，印刷、厨电等优势传统产业增长势头明显。中创材料谷、日丰股份、嘉纳仕摩托车整车、创维光电、联东二期、正豪摩托车等重大项目实现"当年洽谈、当年签约、当年供地、当年动工",康特金属、宏普欣电子、恒隆通电子、溢茂电子等一批优质配套商落户,促进全市产业集群"建链""强链""补链"。雅图仕、雅图高新获"江门市总部企业"称号。联东U谷、万洋众创城引进19家优质企业进驻。加快推进"工改工"项目12个。2021年,全市规模以上工业企业452家,其中亿元产值企业155家,比上年增加27家,年产值超过10亿元企业13家,年产值超过20亿元企业7家。年产值突破40亿元企业2家。规模以上工业总产值803.36亿元,同比增长34.8%;规模以上工业实现利润总额28.23亿元,同比增长1.1%;规模以上工业增加值180.1亿元,同比增长21.2%,其中,外商及港澳台商投资企业同比增长12.1%(其中欧资企业同比增长19.4%),股份制企业同比增长28.2%,装备制造业增加值同比增长37.7%,高技术产业增加值同比增长50.7%。

【农业】 加快现代农业发展步伐,打造特色农业产业品牌,全市农村经济保持平稳增长。鹤山市省级茶叶现代农业产业园通过自评自验,"瑞庆隆红茶""喜双逢柑茶""喜双逢桂花红茶"首次入选广东十大茗茶,盛农种养专业合作社获第三批广东生态茶园认定。推进现代农业产业项目建设,天润万禾蔬菜专业合作社被评为国家农民合作社示范社。双合镇双桥都村创建江门市级农村承包地经营权流转示范片。实施完成"一村一品、一镇一业"农业特色产业项目5个。培育江门市级以上的2家农业龙头企业被确定为省农民合作社高质量发展整县推进项目实施单位。2021年,全市农林牧渔业总产值60.75亿元,同比增长8.2%。推进高标准农田建设,粮食播种面积和总产量保持稳定,分别为17.2万亩和6.37万吨。蔬菜播种面积20.03万亩。花生播种面积1.71万亩,总产量0.28万吨。水果总产量2.23万吨。生猪饲养量62.32万头,猪肉产量2.5万吨。家禽饲养量2027.18万羽。水产品总产量6.82万吨。

【财政】 加强税收征管,依法依规组织各项收入。深化预算管理改革,推进实施预算绩效管理,提升财政资金使用效能。2021年,财政收入呈恢复性增长的平稳态势,全市地方一般公共预算收入36.51亿元,同比增长8.02%,高于江门市平均水平(6.0%),其中镇(街)财政收入20.93亿元,同比增长7.8%,占全市一般预算收入的比重为57.3%。优化财政支出结构,保障财政重点支出,巩固"保"的底线,切实保障基本民生。全年一般公共预算支出49.49亿元,同比增长11.6%,其中教育支出10.07亿元,同比增长25.2%;卫生健康支出5.68亿元,同比增长13.1%;社会保障和就业支出9.43亿元,同比增长10.1%;民生类支出38.60亿元,占一般公共预算支出的78%。做好疫情防控,本级财政预算安排防疫资金6094万元。支持文明城市创建,安排创文专项经费1.21亿元。

【税务】 强化土地增值税征管,力促地方级收入持续实现正增长。落实"交房即办证",挖掘增量房契税税源。加强房地产业预缴环节税收管理,夯实地方级收入增长基础。提高税收预测数据精准度,为税源管理及组织收入提供保障。开展增值税专用发票电子化试点检查和督导,提高税收风险防控能力。改善税收营商环境,为工业园"工改工"项目、上市企业发行和转让可转债、拟上市企业前期审计开展涉税辅导;为小微企业、民营企业中的3A级纳税人颁发企业服务卡,激励纳税人依法纳税。落实减税降费政策,依法给予市场主体最大限度税务支持。优化"便民办税"普惠服务,落实"全程网上办"和"非接触式"办税,推广V-Tax远程可视化自主办税系统。落实"乡村振兴"惠农政策,推广税务产业链智联平台,助力本土优质农产品提高销量。2021年,组织税费收入95.28亿元,同比增长20.44%,其中,组织国内税收收入65.15亿元,费金收入28.76亿元。办理出口退(免)税27.34亿元,同比增长24.03%。

【金融】 2021年,全市金融机构本外币存款余额574.35亿元,同比增长11.4%,其中,人民币存款565.27亿元。金融机构本外币贷款余额542.11亿元,同比增长10.9%,其中人民币贷款537.30亿元。

【固定资产投资】 2021年，全年固定资产投资增长6.2%，其中，基础设施同比增长10.4%，房地产开发投资同比下降3.2%，其他投资同比增长11.5%。按产业分，第二产业投资同比增长14.2%，其中，工业投资同比增长14.2%、装备制造业投资同比下降22.2%、工业技改投资同比增长10.5%；第三产业投资同比下降1.6%。

【市场主体】 2021年末，全市市场主体48 016家，同比增长10.27%，其中企业1 1971家、个体户35 788家，其他257家。工业9333家，其中企业4328家，个体户5005家。民办非企业136家，社会团体114家。新登记市场主体7822户，同比增长6.76%。

【建筑业·房地产】 2021年末，全市资质等级以上建筑企业24家，实现建筑业产值24.56亿元，同比增长15.5%。商品房施工面积768.65万平方米，同比下降10.7%；商品房竣工面积113.06万平方米，同比下降24.8%；商品房销售面积136.96万平方米，同比增长0.2%；商品房销售额92.21亿元，同比下降10.1%；商品房待售面积77.31万平方米，同比增长13.1%。

【商业】 在省内首批推出消费券活动，刺激带动消费超亿元。全市138家商超、餐饮企业(含华侨城)参与"留鹤过年"消费券活动，核销消费券9.99万张，直接带动餐饮和购物消费1653.68万元。2021年，全年社会消费品零售总额155.79亿元，同比增长9.8%。批发业商品销售额281.19亿元，同比增长30.7%；零售业商品销售额97.87亿元，增同比长17.0%；住宿业营业额1.65亿元，同比增长14.3%；餐饮业营业额31.23亿元，同比增长16.0%。

【旅游】 全力推进全域旅游发展，编制《鹤山市全域旅游发展规划纲要（2021—2025）》和鹤山美食地图，着力打造沿古崖公路、沿滨江路生态文旅产业带，推动华侨城古劳水乡、香草地、凤山溪谷、来苏山水人家等重点文旅项目建设，推进粤港澳大湾区文化旅游合作。大雁山风景区通过国家AAAA级旅游景区复评，华侨城古劳水乡（一期）对外开放，启动鹤山市文化中心AAA级景区创建工作。宅梧镇被评为第二批省旅游风情小镇、古劳镇上升村被评为第二批省文化和旅游特色村、双合镇双好茶韵农耕研学实践教育基地、宅梧镇香草地获评广东省休闲农业与乡村旅游示范点。打造乡村特色旅游新亮点，共和镇来苏村和安里和双合镇心源社等民宿项目打造新晋"网红打卡点"，其中来苏村泊瑞·和安里民宿被评为广东省乡村民宿示范点。全市接待旅游者127.96万人次。星级饭店2家，星级饭店客房总数344间。等级旅游景区3个，其中4A、3A和2A旅游景区各1个。

【对外经济贸易】 稳步推进中欧合作，对接中国中小企业中心（德国），研究中欧合作区核心区主导产业规划，重点分析欧洲产业外溢、国内欧洲企业布局和中欧园区先进管理经验等。加强交流推介，在第十七届中国国际中小企业博览会中外中小企业合作区展示推介中欧（江门）中小企业合作区；举办2021"中欧携手 筑梦湾区"中欧（江门）中小企业国际合作区投资环境推介会，邀请60余家企业及中国欧盟商会、中国中小企业中心（德国）等机构参会。加强市场开拓，组织企业参加2021国际跨境电商产业博览会、粤贸全球线上展、第四届进博会和130届广交会等20多个展会；组织华鳌合金、厚积机械两家"专精特新"企业参加中博会。2021年，外贸进出口总值268.1亿元，同比增长43.5%，其中，出口235.0亿元，同比增长50.5%；进口33.1亿元，同比增长7.7%。实际利用外资金额8977万美元，同比下降16.8%。按行业分，其中，制造业4149.99万美元、房地产业464.35万美元、批发和零售业177.64万美元；按地区分，其中，我国香港5609.05万美元、欧洲713.05万美元。

【台港澳·侨务】 2021年，加强海外乡亲和社团沟通联络，组织参加澳门鹤山同乡会春茗、澳门鹤山同乡会新一届理监事宣誓就职仪式，拜访澳门江门青年会等社团和重点乡亲。做好海外乡亲和社团的接待和拜访工作，组织澳门江门青年会、澳门鹤山青年会与鹤山青年举办足球友谊赛，加强两地青年体育文化交流。鹤山市领导分别与重点侨团侨领通电话，表达市委市政府的关心。完成澳门、香港专项工作任务。组织鹤山市港澳台同胞接种新冠疫苗2085剂次。凝聚侨心，发挥侨力传播中国优秀文化，向中国华侨历史博物馆敬赠鹤山醒狮和木人桩，向全世界展示鹤派狮艺和咏春拳的文化与技艺。推动"美丽侨村"评选工作，古劳上升村、龙口霄南村当选"江门市十大美丽侨村"，成功申请共80万元建设资金补助，助力乡村振兴工作。打造为侨服务"办实事"品牌，开展"学党史、学侨史，我为侨界群众办实事"实践活动，处理侨众来访业务49人次，办理华侨回国定居申请17份，开具"三侨生"身份证明14份。关怀慰问困难归侨侨眷，协助海外乡亲办理因疫情影响的机动车驾驶证到期延期业务和农村房地一体确权登记工作等一系列侨界群众的"急难愁盼"问题。成立市侨联法律顾问委员会，维护侨界群众合法权益，服务归侨侨眷和海外侨胞。成立鹤山市留学生协会，为留学人员创业、联谊交流搭建平台，助力中欧中小企业国际合作区发展。办好《鹤山乡讯》杂志，开通《鹤山乡讯》微信公众号，及时传递家乡消息。《鹤山乡讯》13篇文章被《学习强国》平台采用。

【交通】 大力推动综合交通基础设施建设，全年完成交通基础设施建设投资11.6亿元。南沙港铁路客运站破土动工，新增客运功能与货运枢纽升级成为客货双驱。珠肇高铁江门至珠三角枢纽机场段动工建设。广佛江珠城际铁路鹤山段完成现场补充补测。分步推进"三横两纵"高速路网和"四横三纵"市域快速路建设，省道S270线鹤城小官田至共和宝丰新城段扩建工程半幅贯通，省道S270线鹤山赤岗村至霄南村（龙古路）动工建设。加快推进银洲湖高速、江鹤高速改扩建、国道G325线鹤山址山至开平塘口段改扩建和顺鹤高快速通道（新平路）等重点项目前期工作，促进外部交通循环通畅。普洛斯物流园道路、新环路、前进南路建成通车，改善市内交通路网体系。2021年，全年新建、改建、扩建地方公路15.61千米，新建、改建市政道路3.8千米。公路通车里程1313.9千米，其中，高速公路109.10千米，一级公路190.48千米，二级公路184.53千米，三级公路60.87千米，四级公路768.92千米，每百平方千米公路密度为120千米。公路运输客运量557.38万人，旅客周转量1 4315.92万人公里；货运量255.43万吨，货物周转量15 325.60万吨公里；水路运输货运量102.8万吨，货物周转量6934.93万吨公里。拥有公共汽车营运车116辆，公共汽车客运量293.1万人次。拥有客船20艘，载客量380客位；货船12艘，净载重量35 605吨位。船舶进出港15 101艘次，其中国内航线14 171艘次，国际航线（含港澳台航线）930艘次。

【邮政·通讯】 2021年，改善邮政网点软硬件设施，提高邮政服务质量，获江门邮政服务质量评价及质效考核全区第二名。以"广东邮政线上营业厅"为平台，为群众提供线上及线下金融服务。利用邮乐网平台、"邮掌柜"系统和邮乐站点85家，开发农村果蔬进城业务，推动开展惠农项目，使邮政金融及寄递业务服务到农村一线。加开4个直达县中心和鹤城等重点乡镇的市趟邮路，提升时限水平。举办鹤山市第十七届书信文化节活动，参赛学生达5万人。全年实现邮政业务总量9411.62万元。全市固定电话8.85万户，移动电话用户67.26万户，固定网络用户20.43万户。

【教育】 2021年，坚持教育优先优质发展战略，加快教育设施建设，提升办学环境和教学质量。鹤山工业城一小建设完成，暨南大学教育学院江门分院挂牌成立，华南师范大学附属鹤山市方圆实验学校建成启用，全年新加优质公办学前教育、中小学、民办学位共3000多个。鹤山市特殊教育资源中心成立，全市"三残"少年儿童入学率达100%。加快推进沙坪六小教学楼建设，鹤山市职教园区完成投资超75%，职校搬迁前期工作有序开展。改（扩）建桃源第二幼儿园、雅瑶中心幼儿园，完成时代倾城花园和共和春树里小区配套幼儿园移交。完成25所中小学体育运动馆、音乐专用教室和美术专用教室建设，优质均衡关键指标在江门地区领先，连续6年获江门市高中阶段教育和初中阶段协同教育质量管理一等奖，被推荐为江门地区首个"创建全国义务教育优质均衡发展市"。实施"名师"工程，11位教师被评为广东省"百千万人才工程"培养对象、"广东省特级教师""南粤优秀教师""江门市名教师工作室主持人"。全市8个镇（街）通过"广东省教育强镇"第三轮复评验收，8所幼儿园通过江门市规范化幼儿园评估。推动"双减"政策落地，21所校外学科类培训机构全部压减，实现校内课后服务"两个"全覆盖。

【科技】 2021年，加大科技资金投向力度，以科技创新驱动经济社会高质量发展。全年技改资金投入同比增长10.5%。推动与广东省科学院江门产业技术研究院深度合作，建立"广深研发+鹤山转化"产业协作新模式，实施"一个产业对接一个科研院所"，加快推动雅图仕、鸿兴印刷、世安电子、狮特龙实业等一批技改项目建设。新增7家省级重大创新平台，新增数居江门首位。鹤山市广东省级农业科技园区"节粮高产型"种鸡配套系获国家新品种1项。全市2家企业获评"广东省知识产权示范企业"，鹤山市新的生物制品有限公司获"中国专利优秀奖"。全市有高新技术企业262家，省级企业工程技术研究中心55家，科技型中小企业入库231家，高级专业技术人员1298人。有效发明专利581件，获得3C产品认证的企业79家。专利授权量2713件，其中发明专利77件。《专利合作条约》PCT国际专利申请量6件。

【文化】 2021年，完善公共文化服务设施建设，满足群众日益增长的精神文化需求。完成市文化馆非遗传习厅及数字馆建设项目、市图书馆瀑布流借阅系统项目和市博物馆馆藏文物数据库项目，提升数字化服务能力。完善桃源镇、龙口镇新文化站功能配套并投入使用，建成古劳水乡乡野时光书吧和大雁山有氧书吧。开展文化惠民活动，举办10场戏曲进乡村活动、6场戏曲进校园活动及18场红色主题展览。市图书馆创新开展"助力阅读梦想·鹤图为你购书"活动，举办10多场红色专题阅读活动。市文化馆利用暑期举办公益"艺术课堂"50多堂，主导拍摄的快闪《在灿烂的阳光下》线上展播，点播量近30万人次。全年文艺创作精品280多件，其中获省级奖项3件、地市级奖项19件。加强文化遗产保护，新增3处文物保护单位和6项非遗项目。开发以陈山火龙、铁夫故里、古建筑、古村落、古民居为文化内核的岭南特色历史文化游径。推动龙口镇中共鹤山西北区工委旧址红色文化教育阵地建设和古劳镇上升村李氏宗祠修缮工作。做好共青团鹤山县特别支部旧址和大凹关帝庙申报第十批广东省重点文物保护单位工作。制定《鹤山市扶持重点文物建筑开放管理试点工作方案》，设立专项资金扶持10处重点文物建筑常态化免费开放。

【卫生】 强化医疗卫生保障，建设平安健康鹤山。全力抓好常态化疫情防控，市财政投入防疫资金6094万元，全面筑牢"外防输入"严密防线，加强重点人群排查和健康管理工作，严格落实集中隔离场所和院感防控管理措施，完成两次全市大规模核酸检测，新冠病毒疫苗累计接种超120万剂次，全人群全程接种覆盖率达98.4%，各年龄段接种任务完成率均排名江门前列，疫情防控成效明显，全年无本土疫情。基本完成市人民医院新院区主体工程和市第三人民医院主体框架工程建设，市中医院完成升级改造。全面推进"医共体"实质性运行，继续加强与中山大学孙逸仙纪念医院、南方医科大学珠江医院和中西医结合医院等省三甲医院合作，13项重点医疗新技术实现"零"突破。成为全省首个在公共场所大批量投放AED机的县级市。深化医药卫生体制改革，市内三家公立医院取消药品耗材补偿率均超100%，公立医院采购品种数和使用金额占比均达到国家要求。实现全市医疗机构药品采购全流程动态监测，药品和医用耗材集中带量采购均价降幅超50%，节省采购资金5300多万元。不断完善中医药服务体系，启动临床（中医）重点专科建设。开展国家基本公共卫生服务，持续深化爱国卫生运动，做好妇幼健康和老龄工作，完善社会心理服务体系建设，提供全周期健康服务。2021年，全市医疗卫生机构246个，其中医院6个、社区卫生服务站1个、乡镇卫生院10个、疾病预防控制中心1个、妇幼保健机构1个、专科疾病防治机构1个、卫生监督所1个。

【体育】 2021年，开展全民健身运动，推进健康城市建设，全年健身人数10.5万人次。完善体育设施建设，投入486万元完成鹤山体育中心运动场改造工程，打造高标准灯光足球场，改善体育中心健身活动环境。投入38万元采购一批健身器材支持镇（街）40多个村居健身场地建设。举办篮球、羽毛球、网球等群众性体育活动，开展宅梧镇第五届凤鸣谷环湖乐跑（线上）活动，带动疫情形势下全民健身活动新模式。推进鹤山咏春、鹤山狮艺传统特色体育项目的传承与推广，全市37所中小学校共8000多名学生参与咏春拳展评活动，城区6所中小学校开展狮艺交流展演活动。完善国民体质测定与运动健身指导站建设，对2200人开展体质监测与运动健身指导。全市有市级体育协会（俱乐部）25家。全年举办各类运动会共13次，参加人员共计1.3万人次。40名鹤山籍运动员代表江门参加2021年广东省青少年锦标赛，共获得银牌4面、铜牌12面。

【城乡建设】 2021年，全力推进区域城镇建设，全面提升城市功能品质，投入15.4亿元推进25个城市品质提升项目，完成创建全国文明城市首年目标任务。加快高铁新区建设，推动与谷埠新区联动连接，实现与中心城区空间连片、功能连接、服务联动；推进中心城区产城融合示范区建设，以城促产、以产聚城的良性融合发展效应显现。完成江门北站枢纽TOD综合规划、珠西物流枢纽综合交通规划等一批国土空间规划。引进铜锣湾商业中心项目，亚洲厨卫城欧洲风情街和大昌超市开业。启动第三水厂建设，改造一批城镇老旧污水管网、供水管网，推进全域自然村集中供水工程，双合凤凰水厂建成运营。有效治理水浸黑点，完成城区主要易涝点治理、水东围泵站储水塘覆盖工程、江沙公路蚬江河整治。改造和平小区（和平二巷）、东华邨、恒昌花园、园外苑、美景花园、水围新村、东升邨、南门苑、义学小区（中心路）、围仔苑、恒辉花园等11个老旧小区；启用首期2000多个智慧停车泊位和434个错时共享车位，新建68个小区新设电动自行车充电设施和6座充电站，推动新能源汽车应用，实现巡游出租汽车100%电动化。稳步推进县域节水型社会达标建设，持续推进河长制，农村生活污水处理设施三期、自然村雨污分流管网及农村生活污水处理设施建设、碧道项目、潭江流域重点支流综合治理等重大民生水利工程进展顺利，沙坪河综合整治工程（第二期）EPCO项目正式运营，与新会区大泽镇、开平市水口镇实现跨市供水互通。全面推进乡村振兴，拓展脱贫攻坚成果，投入专项资金提升脱贫攻坚成果和帮扶8条经营性收入薄弱村，推进实施14个革命老区村帮扶项目。推进美丽乡村连点成线、扩线成面，全市84%行政村达到美丽宜居村。共和镇来苏、平汉、大凹村入选广东省村庄规划优化提升重点服务村。开展"四好农村路"省级示范县创建，完成单改双公路2.46千米，改造危桥3座，建成"四小园"3267个。深入开展农村人居环境整治，建成农村生活垃圾分类收集点457个，厨余垃圾收运体系逐步建立。开展"大棚房"问题专项清理整治行动"回头看"，56个畜禽粪污资源化利用项目完工，农村生活污水治理完成率达到80%。农村无害化卫生户厕普及率达到100%。强化乡村社会治理，龙口镇青文村成功创建第二批全国乡村治理示范村，古劳镇上升村、龙口镇霄南村被评为江门市"美丽侨村"。

【环境保护】 开展重点行业领域减污降碳行动，淘汰全部13台生物质锅炉，完成10台工业炉窑综合整治。落实移动源污染防治，建立非法成品油（燃料油）整治联防联控机制，5个车用汽油年销售量5000吨以上的加油站完成油气回收在线监控安装及联网。开展用车大户入户检查和联合路检执法行动，处罚超标车辆46辆。开展多轮次大气污染防治专项行动，全面禁止露天焚烧，加强工地扬尘污染精准防控，检查工程1055项次。全力做好第二轮中央生态环境保护督察迎检、整改工作，全部办结督察组交办的30个信访案件。全面推行"双随机"检查执法，抽查155家污染源。推进无废城市试点建设，开展危废规范化考核暨环境安全专项行动，重点监管企业完成年度申报。加大生态环境监察执法力度，检查企业2838家，做出行政处罚决定104家，查封违法排污企业8家。全市有污水处理厂10座，污水处理能力11.31万吨/天。城区生活污水排放量2754.68万吨，城区生活污水处理率97%。2021年，全市空气质量优良天数比例为87.1%。主要河流水质情况良好，西江干流水质达到Ⅱ类标准，市区饮用水源水质达标率为100%。市区昼间区域环境噪声等效声级和道路交通干线两侧昼间噪声优于国家城市区域环境噪声相应标准。全市森林面积56 822.16公顷，森林覆盖率52.46%。绿化覆盖面积1747.19公顷，公园绿化覆盖面积437.69公顷，公园9个，建成区绿化覆盖率48.2%。

【人民生活】 增进民生福祉，提高人民生活品质，全年重点民生领域支出38.6亿元，占一般公共预算支出78%。完成"我为群众办实事"事项和"民生微实事"1001项。实施"粤菜师傅""广东技工""南粤家政"三项民生工程成效明显，共培训3851人次。推进用工保障服务，就业形式总体稳定，城镇新增就业人数5830人，城镇登记失业率2.37%。为符合条件的高校毕业生、就业困难人员、退伍军人等重点群体开展精细化、精准化就业创业帮扶。构建社会化双拥工作格局，实施退役军人就业计划。2021年，全市居民年人均可支配收入32 090元，同比增长5.6%。按常住地分，城镇居民年人均可支配收入37 179元，同比增长2.7%；农村居民年人均可支配收入23 424元，同比增长14.7%。

【社会保障】 强化社会保障，五项底线民生提标，全市基本医疗保险参保人数超43万，覆盖率保持在99%以上。"邑康保"政府资助参保人数达1952人。医保门诊特定病种范围增加至55种以上，城乡居民基层定点医疗机构报销比例提高至70%。职工医保参保人年度内累计最高支付限额提高至80万元，大病保险报销比例最高可达90%。升级养老服务中心3家，居家养老助残"平安通"项目实现镇街全覆盖。通过省未成年人救助保护机构能力建设试点验收。持续推动住房保障体系建设，着力解决新市民、青年人等群体住房困难。开展经营性收入薄弱村、革命老旧村帮扶工作。市残工委被评为全国残疾人工作先进单位，雅图仕职业技术学校成为江门唯一国家级残疾人职业培训基地。2021年，全市参加城镇职工基本养老保险190 772人，其中，失业保险138 473人，基本医疗保险职工206 002人，工伤保险职工145 933人，生育保险职工156 204人。城乡居民基本养老保险150 185人。城乡居民基本医疗保险233 846人。年末拥有社会福利院1家，救助站1家，合计供养人员102人，床位161张；敬老院10家，养老院4家，合计养老人数710人，床位1652张。城乡居民最低生活保障932元/月，年末低保户数1754户3000人，特困供养人数864人，社区服务设施228个。

【园区建设】

鹤山工业城 省级高新技术产业开发区、中欧（江门）中小企业国际合作区。位于鹤山市中部工业区，园区地理交通优越，国道G325线、佛开高速公路、江鹤高速公路、江肇高速公路、双和公路、江罗高速公路、广珠铁路纵横交错，融入广佛深珠港澳1.5小时生活圈。园区附近30~40千米内有鹤山港、江门高沙港、新会深水港3个国家级一类港口，距离白云机场、珠海机场100千米。园区内交通四通八达，道路宽敞平坦。园区规划为工业发展区、商业服务区、科研教育区、员工生活区、公共活动区、高尔夫俱乐部等6项功能区，是高起点规划、高标准建设的科技型、低碳型、生态型、效益型现代化产业基地。创维集团、富华集团、万洋集团、联东集团、荣阳铝业、江晟铝业、智诚科技、得润电子、隆鑫机车、运城新材料、瑞星新能源、丰江锂电池、世运电路、世逸电子、信义玻璃、联东U谷、万洋众创城、中创材料谷等知名龙口企业和项目相继落户鹤山工业城。园区内土地实现"七通一平"，污水厂、小微双创基地、全国博士后分中心、新材料产业研究院、创业创新服务平台等一应俱全，优质教育资源、高尔夫球场、星级酒店等高档生活休闲配套完善。2021年，园区坚持高水平规划、高标准建设、高质量发展，全力打造中欧合作区和鹤山副中心，主要经济指标均位居鹤山市前列，成为拉动鹤山经济高质量发展的重要引擎。加强对欧招商合作，重点推动先进装备制造、电子信息、新材料等三大主导产业发展，利用得润、创维收购欧洲企业契机，探索"欧洲技术鹤山转化""欧洲企业鹤山落地"中欧合作模式。建立鹤山创新中心,实行"创新—孵化—培育"创新模式,为中小企业及创新团队提供研发、试制、经营、生产场地和配套设施;探索"欧洲总部+鹤山基地""欧洲研发+鹤山转化"等产业协作新模式。加强鹤山职教园区与德国职业技术学校合作,探索引进德国"双元制"职业教育模式和职业资格培训体系。推动中德人工智能研究院落地,开展与广东省科学院江门产业技术研究院深度合作,推动"一个产业对接一个科研院所",吸引科技成果项目落户。全面推进园区市政基础设施建设,完成和顺南路、鹤鸣路、顺和路等和龙湾园区污水管网工程、龙湾园康址线改迁工程建设。加快实施教育配套工程项目,完成共和中学实验楼、艺术楼工程建设,稳步推进鹤山职教园区和工业城第一小学项目建设。全年园区引进超亿元项目20个,总投资100.4亿元,电子信息产业率先突破百亿产值规模。规模以上工业总产值240.45亿元,同比增长61.4%;规模以上工业增加值59亿元,同比增长37.9%;固定资产投资68.2亿元,外贸进出口115亿元,同比增长99.3%;限额以上零售、住宿、餐饮业4434万元,同比增长13%。

珠西国际物流中心 珠江三角洲物流中转站。地处鹤山市沙坪街道、龙口镇、桃源镇三镇交界,位于"广佛肇""珠中江"两大经济圈交汇处和粤港澳大湾区西翼核心,承东启西、联动两翼,串联沿海、辐射西南,汇集"海陆空铁"立体交通网络,将港口、铁路、公路、机场、水运码头等交通基础设施汇集联通并发挥功能。以一中心(珠西物流中心)联三港口(深圳盐田港、广州南沙港、珠海高栏港)通五机场(广州白云国际机场、深圳宝安机场、珠海金湾机场、香港国际机场、澳门国际机场)跨四地(深圳、广州、珠海、江门)合作,在畅通湾区"双循环"节点,开拓服务"双区""双核"城市群市场发挥重要作用。发展定位及功能是打造"卖全球、买全球"大型通道体系、服务大湾区物流枢纽平台、连接珠西粤西面向大西南的通道和深化"深圳——江门"合作的窗口,以粤港澳大湾区高端生活物资配送中心和"三港共一区"珠西国际陆港为目标,构建"一中心连通三港口

2021年鹤山市国民经济发展情况表

项 目	单 位	2021年	比上年增长(%)
户籍人口	万人	39.16	1.29
土地面积	平方千米	1082.73	0
地区生产总值	亿元	440.69	9.7
人均地区生产总值	万元	8.24	8.4
规模以上工业总产值	亿元	803.36	34.8
农林牧渔业总产值	亿元	60.75	8.2
全社会固定资产投资	亿元	—	6.2
外贸出口总额	亿元	235.0	50.5
实际利用外资	万美元	8977	−16.8
地方财政一般预算收入	亿元	36.51	8.0
社会消费品零售总额	亿元	155.79	9.8

2021年鹤山市基本情况表

	项 目	单 位	2021年
基本建设	高速公路营业里程	千米	109.10
	公路通车里程	千米	1313.9
	港口泊位	个	12
	全社会用电量	亿千瓦时	46.87
	全年供水总量	万立方米	7580.78
	年末电话用户(固定\移动)	万户	8.85/67.26
	固定网络用户	万户	20.43
教育	职业中学	所	1
	在校学生	人	3074
	普通中学	所	18
	在校学生	人	26 149
	小学学校	所	47
	在校学生	人	43 014
	幼儿园	所	88
	在园幼儿	人	21 278
	小学学龄儿童入学率	%	100
	初中适龄少年入学率	%	100
	普通高中升学率	%	98.6
医疗	医院	所	6
	卫生院	所	10
	卫生机构医院床位数	张	1919
	平均每千人拥有床位	张	3.6
文化体育	电影院	间	5
	体育馆	座	1

跨四地合作"发展大格局。核心区引入普洛斯物流园项目（占地338亩，总投资1亿美元）、维龙（鹤山）珠西智慧物流产业园项目（总用地221亩，投资1.2亿美元）、嘉民江门鹤山现代物流园项目（占地180亩，投资10.5亿元）和熙麦大湾区时尚供应链枢纽项目（占地180亩，投资10.8亿元），启动珠西国际陆港一期和物流产业新城PPP项目建设。通过广珠铁路、南沙港铁路两大铁路交汇发展多式联运，打造成为盐田港、南沙港、高栏港"三港共一区"组合港建设。2021年，普洛斯物流园建成12.6万平方米仓库，一期176亩主要承接天猫超市在粤西9个城市的生活用品配送；二期162亩基本完成招商，主要客户为菜鸟和时捷物流。维龙（鹤山）珠西智慧物流产业园竣工投入运营，与希音项目（女装跨国电商企业）签订交场协议，全部租赁21万平方米仓库。嘉民江门鹤山现代物流园和熙麦大湾区时尚供应链枢纽动工建设。推进物流产业新城基础设施建设，总投资57.1亿元的珠西物流产业新城PPP项目首期首批工程——新建广州南沙港铁路江门北站客运化改造工程站前广场基础设施配套（一期）工程完成83%。投资4.73亿元的珠西国际陆港项目动工建设，完成工程量60%。加强对接深圳盐田港，提升海铁联运业务，累计运送约1.9万个标箱。推动中欧班列开通，启动中欧班列试运行。

【信息化】 推进数字新基建，蔚海智谷项目完成安装机柜3000个，部分用户成功进驻。加快工业互联网应用，华鳌合金、能邦机械、华美金属、隔朗五金等20家企业实施25个工业互联网"上云上平台"项目，共获省级工业互联网"上云上平台"服务券377.9万元。标达钢塑、康达五金、镇怡实业等3家企业申报江门市工业互联网"上云上平台"应用项目扶持。推动5G智慧园区建设，鹤山工业城实施5G智慧园区项目（一期），成为广东省首个5G+智慧工业园区落地项目，为园区企业产业升级提供5G网络基础；搭建集中运营管理平台，提供合计232个视频监控点、智能路灯、水质检测点，解决照明控制、安防治理、道路监控、排污检测等管理问题，助力工业城管委会实现可视化指挥调度，力争打造成为广东智慧园区标杆。逐步建立电子信息全产业链，引进生产高端手机通信电缆、高频数据线等产品的日丰电缆项目，推动全市新一代电子信息产业链延链。2021年，全市光纤宽带用户19.52万户，其中百兆带宽用户数17.87万户。光纤宽带覆盖率达100%。全市移动通讯用户数70.47万户。4G网络信号覆盖鹤山市98%以上地方，全市行政村覆盖率达100%，自然村一级达97%以上。全市开通5G基站1077个，5G信息号基本实现沙坪城区连续覆盖，各镇（街）中心区域实现5G网络"镇镇通"。

【重点建设项目】 全力推动世运电子、华鳌合金、创维光电等产业龙头项目建设，加强推进81个省市重点项目建设，新开工项目开工率为100%，为全市投资增长发挥重要支撑作用。加大重点项目土地障力度，保障工业城、珠西物流新城、雅瑶新兴产业园、中欧新材料创新基地等重大项目扩园和东古、华侨城、恒尚、中创材料谷、甘牛等32个重点项目用地规模需求。连续四个季度举办重大项目集中动工（投产）仪式，项目73个，（计划）总投资306.27亿元。2021年，鹤山市81个项目列入江门市重点建设项目计划，总投资663.55亿元，年度计划投资100.79亿元，1—12月累计完成投资129.15亿元，占年度投资计划的128.14%，落实资金129.93亿元。其中13个项目列入广东省重点建设项目全部开工，总投资254.25亿元，年度计划投资25.1亿元，1—12月份累计完成投资35.83亿元，占年度投资计划的142.75%。53个项目列入鹤山市本级重点建设项目计划，总投资171.28亿元，1—12月累计完成投资23.42亿元。

【庆典活动】

暨南大学教育学院江门分院落成庆典 2021年1月13日，暨南大学教育学院江门分院挂牌成立暨校门广场落成仪式在鹤山古劳水乡隆重举行。暨南大学校董梁仲景、副校长王兵，暨南大学教育学院院长李世云、党委书记陈斌，江门市教育局副局长何迪川，鹤山市副市长潘蕊、政协副主席黄建华、古劳镇委书记谢文清，翰苑教育集团

2021年获江门市以上表彰的先进集体

单位	荣誉称号	表彰部门	表彰时间
鹤山市信访局	全国"三无"县	国家信访局	2021.3
鹤山市武术运动管理中心	2017-2020年度全国群众体育先进单位	国家体育总局	2021.9
龙口镇青文村委会	全国乡村治理示范村	中央农村工作领导小组办公室农业农村部、中央宣传部民政部、司法部、国家乡村振兴局	2021.10
鹤山市鹤山工业城商会	2019—2020年度全国"四好"商会	中华全国工商业联合会	2021.1
农工党鹤山市总支部委员会	农工党脱贫攻坚工作先进集体	中国农工民主党中央委员会	2021.6
中国农工民主党广东省鹤山市总支部委员会	"农工党脱贫攻坚工作先进集体"	中国农工民主党中央委员会	2021.6
鹤山市个体劳动者协会	全国个私协会系统"小个专"党建工作突出单位	中国个体劳动者协会	2021.6
鹤山市人民政府残疾人工作委员会	全国残疾人工作先进单位	国务院残疾人工作委员会	2021.7
鹤山市委宣传部	轻工业产业集群管理服务先进单位	中国轻工业联合会	2021.9
鹤山工业城企业工会联合会	全国工会职工书屋示范点	中华全国总工会	2021.11
民革江门市鹤山支部党员之家	优秀民革党员之家	中国国民党革命委员会中央委员会	2021.12
江门市鹤山雅图仕印刷有限公司	全国民族团结进步示范企业	中华人民共和国国家民族事务委员会	2021.12
鹤山市工商业联合会	2020—2021年度全国"五好"县级工商联	中华全国工商业联合会	2021.12

2021年鹤山市全国先进个人

姓名	工作单位、职务	荣誉称号	表彰单位	表彰时间
陈文霞（女）	国家税务总局鹤山市税务局	国家税务总局鹤山市税务局	国家税务总局	2021.1
杨海泉	鹤山市副市长 广西龙州县县委常委、副县长（挂任）	鹤山市副市长、广西龙州县县委常委、副县长（挂任）	中共中央、国务院	2021.2
李柏文	雅图高新材料股份有限公司水性颜色项目组项目主管	雅图高新材料股份有限公司水性颜色项目组项目主管	中华全国总工会	2021.4
邝伟文	址山镇人民政府党委副书记、镇长	址山镇人民政府党委副书记、镇长	中华人民共和国水利部	2021.5
林贤进	鹤山市市委书记	鹤山市市委书记	国家体育总局	2021.9
王秋	鹤山市司法局共和司法所所长	鹤山市司法局共和司法所所长	司法部	2021.10
张定文	鹤山市应急管理局党委委员、副局长	鹤山市应急管理局党委委员、副局长	中华人民共和国人力资源和社会保障部、中华人民共和国应急管理部	2021.11
张定文	鹤山市应急管理局党委委员、副局长	全国应急管理系统先进工作者	中华人民共和国人力资源和社会保障部、中华人民共和国应急管理部	2021.11

董事长钟奕敏等出席典礼。利奥集团鹤山雅图仕印刷有限公司董事长冯广源代表联合办学各方致辞，王兵副校长代表暨南大学致辞。暨南大学教育学院江门分院是由暨南大学、鹤山雅图仕印刷有限公司和广东翰苑教育集团联合举办，位于鹤山市雅图仕印刷有限公司园区内，面向粤港澳大湾区培养应用型综合人才的分院。分院由暨南大学延伸管理，纳入暨南大学统一办学规划，是暨南大学百年侨校＋江门千年侨乡＋雅图仕公司著名侨企——"三侨"联合办学的积极探索，可供约6000名学生学习。

西江大堤加固工程通车庆典 2021年2月2日，鹤山市西江大堤加固及环境整治工程通车仪式在鹤山市西江大堤望江亭段举行，鹤山市委书记林贤进、市人大常委会主任冯细就、市政协主席冯伟华等出席通车仪式。西江大堤全长16.35千米，加固和环境整治工程于2019年6月动工，总投资6.12亿元，按照50年一遇的防洪标准设计。工程主要包括干堤加宽培厚，铺设路面、环境整治等配套设施，其中干堤加固6.53千米，道路路面参照城市次干路标准建设，路基宽度21~30米，双向4车道，高级沥青路面，设计车速30~40千米/小时，以及完善绿道、景观等环境整治项目。该项工程建成通车与滨江路进行串联，进一步提高西江堤围的防洪能力和交通能力，改善沿岸旅游环境，对鹤山市东部新区扩容提质发展具有重要意义。

恩平市

【**概况**】 恩平市地处广东省西南部，地跨北纬21°54′31″，东经111°31′23″。市境周界265.5千米，东至江门市辖属开平市、台山市，南邻阳江市，西接阳江市辖属阳春市，北与云浮市辖属新兴县接壤，全市土地面积1693.92平方千米，其中耕地面积2.03万公顷。恩平市辖恩城街道、恩平产业转移工业园及沙湖、牛江、君堂、圣堂、良西、东成、大田、横陂、大槐、那吉等10个镇，共174个行政村（社区）、1598条自然村。2021年，恩平市户籍人口503 818人，常住人口520 171人，市民以汉族为主体，占99.35%；少数民族24个，人口最多的少数民族是壮族，有2491人，其次瑶族267人，苗族118人。2021年恩平市籍华侨、华人及港澳台同胞有48.4万人，分布在全球60多个国家和地区，其中旅居委内瑞拉的华侨华人18.1万人，占全市旅外侨胞总数37.40%；港澳台同胞有11.2万人，占23.14%。有侨团组织76个，纳入恩平市"侨智库"重点侨领133人。

【**经济发展**】 2021年，恩平市实现地区生产总值（GDP）205.72亿元，按可比价格计算，比上年增长7.1%。其中，第一产业增加值32.11亿元，增长10.8%；第二产业增加值56.82亿元，增长1.9%；第三产业增加值116.79亿元，增长8.5%。人均地区生产总值约42 491元，增长7.0%。固定资产投资139.81亿元，下降19.4%。社会消费品零售总额96.49亿元，增长10.8%。外贸出口额27.8亿元，增长5.4%；实际利用外商直接投资9851万元，下降67.2%。地方一般公共预算收入13.89亿元，增长9.5%。全体居民人均可支配收入24 761元，名义增长11.0%。

农业 2021年，恩平市实现农林牧渔业总产值57.12亿元，比上年增长12.9%。其中，农业（种植业）产值23.63亿元，下降1.2%；林业产值2.06亿元，增长11.10%；畜牧业产值20.59亿元，增长33.6%；渔业产值10.17亿元，增长8.9%。全市农作物播种总面积5.23万公顷，包括粮食作物2.82万公顷、蔬菜0.8万公顷、经济作物0.96万公顷、水果0.45万公顷、其他作物0.05万公顷；其中水稻种植面积2.67万公顷，产量13.93万吨，机械化综合水平为85.3%，其中机耕100%，机播55%，机收96%；春收马铃薯面积0.11万公顷，产量0.44万吨。全年共实施造林作业面积6861公顷，其中人工更新1200公顷，退化林分修复685公顷，完成森林抚育4500公顷；容器育苗30公顷；完成义务植树86万株。全年肉类总产量5.34万吨，比上年增长35.61%。其中猪肉产量4万吨，增长49.28%；禽肉产量1.25万吨，增长6.8%。年内全市淡水渔业养殖面积0.31万公顷，水产品总产量5.26万吨，比上年增长2.5%。

工业 2021年，恩平市规模以上工业企业实现增加值38.89亿元，比上年增长10.3%。规模以上工业实现总产值192.47亿元,比上年增长15.8%。按轻、重工业分类,轻工业产值41.87亿元,增长10%;重工业产值150.6亿元,增长17.5%。按经济类型分类,国有企业产值0.09亿元,下降53.8%;股份制企业产值157.52亿元,增长17.8%;外商及港澳台商投资企业产值32.64亿元,增长5.3%;其他经济类型企业产值2.22亿元,增长68.9%。全市现有规模以上工业企业139家,其中亿元产值企业39家。

旅游业 2021年,恩平市全域旅游总收入14.9亿元,全年接待游客150.1万人次,分别较上年增长10.37%、10.51%。其中接待过夜游客108万人次,增长38.89%。现有旅游景区(点)7个,其中AAAA级旅游景区4个(其中金山温泉停业)。有旅行社4家、旅行分社1家、旅行社网点13家。2021年,恩平市创建广东省全域旅游示范区工作进展顺利。重点工程建设方面,恩平旅游集散中心、恩平旅游咨询服务点、旅游交通指示牌等工程项目已接近完成。申报资料编制方面,创建广东省全域旅游示范区申报材料已编制完成并申报。2021年5月泉林黄金小镇被评为"国家4A级旅游景区",2021年12月歇马举人村被评为"国家3A级景区"。佳源帝都温泉升级改造项目进展顺利。

【社会事业】

社会保障 2021年,恩平市低保标准提高至不低于932元/人·月,为3163户6862人发放低保金4750.81万元;特困人员基本生活标准提高至不低于最低生活保障标准的1.6倍,为1430名特困供养人员发放供养金2556.99万元;实现集中供养、分散供养孤儿基本生活最低养育标准不低于2373元/人·月,为59名孤儿发放基本生活费182.72万元;实现困难残疾人生活补贴200元/人·月,重度残疾人护理补贴250元/人·月,为5454名重残人员发放补贴1619.13万元,2208名困残人员发放补贴503.76万元。门诊特定病种数扩大至57种,申领手续权限下放到定点医疗机构,参保人可以直接在医院完成确认和医疗待遇享受。基层定点医疗机构报销比例提高到70%。实施兜底民生服务社会工作"双百工程",建立"双百工程"社会工作服务站11个,社会工作服务点26个,89名"双百"社工均驻各镇(街)站(点)开展服务工作。

教育 2021年,恩平市有全日制中小学校63所(含特殊教育学校1所),在校学生66 340人,教职工3906人。其中,小学38所,在校学生40 259人;初中(含九年一贯制学校)16所,在校学生15 316人;普通高中(含高级中学和完全中学)6所,在校学生8528人;中职学校(含技校)2所,在校学生2145人;特殊教育学校1所,在校学生92人。幼儿园50所,在园幼儿15 156人。高等院校(恩平开放大学)1所,在校学生948人。

2021年,恩平市成功创建省级党建示范校1所、省级先进基层党组织1个,创建省级中华优秀传统文化传承学校、艺术教育特色学校、劳动教育特色学校、文明校园先进学校共7所。推进"双减"工作,实现义务教育阶段校内课后服务两个"全覆盖"。累计投入1.5亿元,完成第一幼儿园东安分园、平东中学改扩建工程、东安中学改扩建工程等项目建设,增加优质学位3200个。

▲2021年9月1日,恩城中学新校区举行揭牌启用仪式。

(恩平市地方志办 供)

科技 2021年,恩平市地方财政科学技术支出8155.99万元。新认定国家高新技术企业35家(含重新认定),年末存量111家。科技型中小企业入库登记数102家。新增江门市科技型小微企业备案20家,累计252家。建有广东省重点实验室1家,广东省工程技术研究中心14家,广东省企业技术中心3家。2021年恩平市高新技术企业继续保持快速增长，全市高新技术企业总量比上年增加20.65%；近三年高新技术企业存量年平均增速达28.76%，居江门市前列。2021年广东道氏技术股份有限公司建设的"广东省建筑陶瓷数码装饰材料及应用企业重点实验室"获广东省重点实验室认定，这是恩平市首家，江门市第4家获认定的省级重点实验室。

文化　2021年，恩平市完成新图书馆与博物馆工程建设，并实现试运营。完成1个基层综合性文化服务中心与旅游服务中心融合发展试点和3个"粤书吧"建设。成立恩平市侨乡童声合唱团。实施文化惠民工程，通过线上线下相结合的方式组织开展各类主题文化活动320场次。扎实推进文化遗产保护工作。完成冯如故居升级改造工程，完成朗底抗日解放军司令部驻地旧址文物修缮工程，完成镬盖山六壮士公园的基础建设。完成恩平市第三批非遗项目（簕菜茶制作）代表性传承人的推荐与认定工作。成功承办庆祝中国共产党成立100周年文艺晚会。文艺晚会以网上直播的形式在"直播江门"APP以及"江门日报""江门日报恩平记者站""恩平广播电视台"腾讯视频号等进行同步直播，多个直播平台吸引42 000多名观众观看，收到观众点赞喝彩数超过10万次。恩平市图书馆获由广东省文化和旅游厅颁发的"探索阅读新领域——2021年世界阅读日粤港澳创作比赛"优秀组织奖。

卫生　2021年，恩平市有医疗卫生机构243个，其中医院18个、社区卫生服务站3个、诊所（医务室）70个、村卫生室148个、疾病预防控制中心1个、妇幼保健机构1个、专科疾病防治机构1个、卫生监督所1个。医疗卫生机构床位1955张，其中医院1205张。有卫生技术人员2683人，其中执业（助理）医师980人、注册护士1176人、药师（士）203人、技师（士）147人，其他卫生技术人员177人。2021年，恩平市常态化抓好新冠肺炎疫情防控，通过扎实开展新冠病毒疫苗接种、中高风险地区来恩返恩人员健康管理、集中隔离医学观察场所管理、大规模核酸采样检测实战演练、院感防控，组建核酸采样队、疫苗接种队和专业流行病学调查队支援外市疫情防控等工作，实现全年"零本土疫情"。其中，开展大规模核酸采样检测实战演练8次，组织医疗机构感染专项检查22次，派员支援外市疫情防控工作9次，新冠病毒疫苗接种全人群全程接种覆盖率为79.76%。

体育　2021年，恩平市有各类体育场馆9个，体育场地1868个，其中足球场29个，篮球场1067个，乒乓球场272个，全民健身路径239条，羽毛球场76个。体育场地总面积1 205 951平方米，人均体育场地面积2.49平方米/人。2021年，恩平市举办2021恩平簕菜美食文化周暨广东丛林越野挑战赛、2021年恩平市第二届博通芯片杯羽毛球公开赛、恩平市中小学生篮球赛、珠江啤酒·2021年第七届广东省男子篮球联赛（江门赛区）及总决赛、"全民健身日"系列活动、第三届粤港澳大湾区乒乓球赛（江门恩平赛区）、江门青少年篮球、乒乓球锦标赛、粤港澳大湾区青年自行车联赛等活动，参与人数3万多人次，全市经常参加体育活动人口逐步提高。

【**城乡建设**】2021年，恩平市完成项目投资2.15亿元、建成项目5个，城市品质提升效果显著。飞马大桥及沿江路改建PPP项目提前10个月竣工通车，西门大桥建设、南堤路改造工程比原计划提前5个月完工通车。恩平中心城区六大市场全面完成改造升级。完成260条农村生活污水治理，农村生活污水治理率达到66.13%，超额完成上级任务。完成170条自然村集中供水，受益人口约3.1万人。新建1座生活垃圾转运站，完成9个垃圾中转站点压缩设备安装。是年，恩平市新建光缆长度1605千米，新增光纤接入用户5.6万万户，光纤用户46万户。新建公众移动通信基站860个（其中5G公众移动通信基站493个），新建基站站址173个（其中5G基站站址173个），公共区域WIFI连接点400个。

【**生态环境建设**】2021年，恩平市推动辖区内26家C级工业炉窑企业（主要集中在陶瓷、砖厂以及水泥等行业）转型升级并已完成改造。在产的57条陶瓷生产线已全面完成"煤改气"工作，并已通气使用。全面完成摩托车排气检验机构联网工作。落实扬尘、露天焚烧防控工作。严查道路遗撒和乱倾乱倒行为，加强楼盘工地等施工项目的扬尘专项治理宣传工作。2021年，恩平市空气质量优良天数比例为98.6%，在江门各县（市、区）排名第一，空气质量综合指数比上年改善幅度排名第一。恩平市4个"千吨万人"水源地均已完成规范化建设，取水口周边和一级保护区已落实隔离防护建设。开展老旧污水管网修复改造。恩平市已完成雨污合流管网QV检测100千米，完成率为100%；已完成修复改造污水管2.11千米，完成率为105.5%。

【特色乡村】2021年恩平市牛江镇获第二届《乡村振兴大擂台》"江门市美丽乡村风貌片五强镇（街）"称号；农业产业化加快发展，恩平市生猪产业园入选2021年省级特色产业现代农业产业园建设名单，良西镇获评为省"一村一品、一镇一业"特色薯类专业镇，沙湖镇关村等6个村获省"一村一品、一镇一业"专业村称号，成功认定2021年省级示范家庭农场1家（恩平市三号农场）；认定2021年广东省乡村治理"百镇千村"示范镇1个，示范村7个；新增恩平簕菜、恩平大米、恩平马铃薯3个广东省特色农产品优势区和3个江深食用农产品标准试点单位，省级水产健康养殖示范区1个（江门市一力渔业发展有限公司），粤港澳大湾区"菜篮子"生产基地1家，"粤字号"4个，有机产品2个、绿色食品2个、GAP认证6个；成功申报第一批"全国农作物病虫疫情监测分中心（广东）田间监测点"；创建1个广东省县级农技推广服务驿站，2个农业科技示范展示基地。

【工业园区】2021年，恩平工业园共引进项目193个，总投资额204.2亿元。其中，升泰昌·粤海（恩平）智造加速器成为恩平市首个投资超20亿元工业项目。智能装备制造产业实现规上工业总产值15.85亿元，首次跃升为园区第一产业。广东艾普升智能装备有限公司、博泰智能装备（广东）有限公司被评为2021年广东省专精特新中小企业。

【歇马举人村被评为国家AAA级旅游景区】12月，歇马举人村被评为国家AAA级旅游景区。歇马举人村位于江门恩平市圣堂镇，始建于元朝至正年间，至今已有700多年历史，是中国历史文化名村、全国特色景观旅游名村；是远近闻名的功名之乡"中国第一举人村"。

【创新特色旅游模式】11月27日，2021"中国避寒宜居地"恩平温泉嘉年华暨粤港澳大湾区青年自行车联赛（恩平站）开幕在泉林黄金小镇开幕。粤港澳大湾区青年自行车联赛是大湾区一项举办规格高、影响辐射广的专业性重要体育盛事，联赛延续"骑行+旅游+交流"新型体育旅游模式，突显"一站一特色"的特点。以"全域旅游·泉民同乐"为主题，充分展现新时代恩平全域旅游全民共建、发展成果全民共享、旅游盛事全民同乐。

【航空文化主题活动】9月16日，由中共恩平市委、恩平市人民政府主办，中共恩平市委宣传部、市教育局、市文广旅体局、市融媒体中心承办的恩平市"冯如·腾飞"航空文化主题活动在冯如广场开幕，纪念冯如首次试飞成功112周年。开幕式上举行"冯如故里·恩平文旅"战略合作协议签订仪式以及航空模型捐赠仪式、电影《航父冯如》启动仪式和恩平市"冯如·腾飞"航空文化主题活动启动仪式。"冯如·腾飞"航空文化主题活动启动，有力地促进恩平市航空文化的发展。

▲2021年3月11日，恩平市春耕生产现场会在市沙湖镇那梨村丰穗米业有限公司生产基地举办。图为现场展示先进的无人机施肥技术。

（恩平市地方志办 供）

附 录
FULU

领导机构党派团体负责人名单
（2021年1月1日至12月31日）

【中国共产党江门市委员会】
书　记：林应武（任至7月）　陈岸明（7月任职）
副书记：刘　毅（任至1月）　胡　钛（任至1月）
　　　　吴晓晖（1月任职）　陈志清（10月任职）
常　委：林应武（任至7月）　陈岸明（7月任职）
　　　　刘　毅（任至1月）　吴晓晖（1月任职）
　　　　胡　钛（任至1月）　陈志清（10月任职）
　　　　张元醒（任至10月）　邝元章（10月任职）
　　　　蔡德威（12月任职）　程大欣
　　　　凌传茂（10月任职）　刘　杰（12月任职）
　　　　陈　冀（9月任职）　林国华（10月任职）
　　　　李惠文（12月任职）　冯立坚
　　　　项天保（任至10月）　利为民
　　　　许晓雄（任至6月）

组织部部长：张元醒（任至10月）　凌传茂（10月任职）
宣传部部长：陈　冀
统一战线工作部部长：利为民
政法委员会书记：冯立坚
常务副书记：陈学敏（任至10月）
　　　　　　谢焱冰（10月任职）
政策研究室主任：郑丹辉（任至2月）
　　　　　　　　陈新明（12月任职）
直属机关工作委员会书记：梁明建（1月任职）
外事工作委员会办公室主任：赵剑雄（任至11月）
　　　　　　　　　　　　　赵晓斌（11月任职）
机构编制委员会办公室主任：黄慧明
老干部局局长：谢思敏
市人才工作局局长：李　曦
市台港澳办（市台港澳事务局）主任（局长）：李欣立
市委党校常务副校长：李　纯（任至11月）
　　　　　　　　　　张学东（11月任职）
市委党史研究室主任：陈　弢（任至10月）

市档案馆馆长：漆建伟（6月任职）

【江门市人民代表大会常务委员会】
主　任：林应武（任至8月）
　　　　陈岸明（8月任职）
副主任：易中强　　钟　军
　　　　吴国杰　　郭建红（任至2月）
　　　　甄仁旺　　顾达华　　陈　霞（3月任职）
秘书长：凌伟中
副秘书长：卢国壮　　罗职安　　傅昭君（任至11月）
　　　　　赵莉华（12月任职）　谈达威（5月任职）
选联任工委主任：杨健平（任至12月）
　　　　　　　　庞正华（12月任职）
法制工委主任：曹　利（任至9月）
　　　　　　　侯明飞（9月任职）
监察司法工委主任：侯明飞（任至9月）
　　　　　　　　　罗锦达（9月任职）
财经工委主任：梁炎浓
教科文卫工委主任：齐丁民（任至11月）
　　　　　　　　　唐加立（12月任职）
农村农业工委主任：王　义（任至1月）
　　　　　　　　　梁君明（1月任职，任至11月）
　　　　　　　　　胡亦邦（12月任职）
华侨外事工委主任：黄凤屏（任至11月）
　　　　　　　　　朱运梅（11月任职）
城建环保工委主任：陈　旻

【江门市人民政府】
市　长：刘　毅（任至1月）
　　　　吴晓晖（3月任职，1-3月任代理市长）
常务副市长：许晓雄（任至6月）　刘　杰（7月任职）
副市长：蔡德威　　赖燕芬　　郑晓毅
　　　　乔　雷　　周佩珊（11月任职）

秘书长：温伟文（任至4月）　　汤惠红（4月任职）
江门市发展和改革局党组书记、局长：胡其波
江门市教育局党组书记、局长：张　璐
江门市科学技术局党组书记、局长：冯一宁（任至12月）
江门市工业和信息化局党组书记、局长：余中华（任至8月）
　　　　　　　　李健中（12月任职党组书记）
江门市公安局党委书记、局长：乔　雷
江门市民政局党组书记、局长：谢鸿猷
江门市司法局党组书记、局长：苟晓彤
江门市财政局党组书记、局长：李文聪
江门市人力资和社会保障局党组书记：钱杰润（任至10月）
　　　　　　　　文　丽（10月任职）
局　　长：钱杰润（任至11月）　　文　丽（11月任职）
江门市自然资源局党组书记：胡亦邦（任至12月）
　　　　　　　　杨海泉（12月任职）
局　　长：刘建新
江门市生态环境局党组书记、局长：廖辉文
江门市住房和城乡建设局党组书记、局长：林健生
江门市交通运输局党组书记：许春绵（任至8月）
局　　长：许春绵（任至9月）

江门市水利局党组书记：陈树歆（1月任职）
局　　长：王作青（2月任职）
江门市农业农村局党组书记、局长：郑少强
江门市商务局党组书记、局长：赵瑞思
江门市文化广电旅游体育局党组书记、局长：邝积康

江门市卫生健康局党组书记、局长：刘学文
江门市退役军人事务局党组书记、局长：李广义
江门市应急管理局党委书记、局长：刘志方
江门市审计局党组书记、局长：陈新汉
江门市人民政府国有资产监督管理委员会党委书记、主任：
　　　　　　林锡波（任至1月）　　赵崇景（1月任职）
江门市市场监督管理局党组书记、局长：谢少谋
江门市统计局党组书记、局长：黄俊伟
江门市医疗保障局党组书记：叶仕钦（任至8月）
文　丽（8月任职，任至10月）　　简锦聪（12月任职）
局　　长：张慧琳
江门市金融工作局党组书记：汤惠红（任至4月）
　　　　　　　　何　渝（6月任职）
局　　长：汤惠红（任至4月）　　何　渝（7月任职）
江门市城市管理和综合执法局党组书记、局长：
　　　　　　　　赖惠镇（任至9月）
党组书记：周志东（11月任职）
局　　长：周志东（12月任职）
江门市政务服务数据管理局党组书记、局长：元小文
江门市社会保险基金管理局局长：蒋　茜
江门市供销合作社联合社党组书记、主任：陈林基

江门市公路事务中心党组书记、主任：简锦聪

【中国人民政治协商会议江门市委员会】
党组书记：周伟万（任至3月）
　　　　　蔡家华（3月任职，任至11月）
　　　　　张元醒（11月任职）
主　　席：周伟万（任至3月）
　　　　　蔡家华（3月任职，任至12月）
党组副书记、副主席：赵翠玲
副主席：蓝　华　　马跃敏　　胡念芳　　任安良
　　　　周津明　　费伟东　　伍培进
秘书长：马克烈（任至9月）
提案委员会副主任：丁成玉（任至10月）
　　　　　　　　赵群笑（12月任职）
农业和农村委员会主任：陈壁光
经济和人口资源环境委员会主任：周　文（任至11月）
　　　　　　　　　　　　　　　文　彦（12月任职）
社会和法制委员会主任：陈　靖（9月任职）
教科卫体委员会主任：杨少景（任至10月）
　　　　　　　　　　张　璐（12月任职）
港澳台侨联络和外事委员会主任：赵洁英（任至10月）
　　　　　　　　　　　　　　　陈耀华（12月任职）
文化和文史资料委员会主任：陈健威
联络工作委员会主任：区海熔

【中国共产党江门市纪律检查委员会、江门市监察委员会】
纪委书记、监委主任：项天保（任至10月）
　　　　　　　　　　邝元章（10月任职）
纪委副书记、市监委副主任：陈允均（任至11月）
　　　　莫健文　　李云龙　　程　飞（11月任职）
纪委常委、市监委委员：王文波

【江门市中级人民法院】
党组书记：陈明辉（任至8月）　　施　适（8月任职）
院　　长：陈明辉（任至7月）　　施　适（8月任职）

【江门市人民检察院】
江门市人民检察院党组书记：郭　玉（任至9月）
　　　　　　　　　　　　　钟东晖（9月任职）
检察长：郭　玉（任至9月）

【民主党派】
中国国民党革命委员会江门委员会主委：任安良
中国民主同盟江门市委员会主委：赖燕芬
中国民主建国会江门市委员会主委：王建生
中国民主促进会江门市委员会主委：费伟东
中国致公党江门市委员会主委：胡念芳
九三学社江门市委员会主委：陈瑞香（任至12月）
　　　　　　　　　　　　　李　芳（12月任职）

【社会团体】

江门市总工会党组副书记、常务副主席：蔡汉文
中国共产主义青年团江门市委员会书记：林沛华
江门市妇女联合会党组书记、主席：林露华
江门市科学技术协会主席：吴　森
江门市文学艺术界联合会党组书记、主席：
　　　　　　　　　招文娟（任至6月）
　　　　　　　　　梁培招（6月任职）

江门市社会科学界联合会党组书记、主席：
　　　陆黛云（任至11月）　杨林贵（11月任职）
江门市工商业联合会党组书记、常务副主席：曾锦俊
江门市残疾人联合会党组书记：
　　　梁培招（任至8月）　叶芳华（8月任职）
理事长：梁培招（任至8月）　叶芳华（9月任职）
江门市归国华侨联合会党组书记、主席：林春晖
江门市红十字会会长：赖燕芬（10月任职）
常务副会长：黄集文（10月任职）

【院校、新闻单位】

五邑大学党委书记：张　焜
校　长：张运华
江门职业技术学院党委书记：张忠林
校　长：刘智勇（任至1月）　彭志平（5月任职）
江门开放大学党委书记：吴　军
校　长：任忠红
广东江门中医药职业学院党委书记：蒋业洲
院　长：程文海
广东南方职业学院校长：徐　刚
江门日报社党委书记、社长：张永源
江门市广播电视台党委书记、台长：何志斌
江门市幼儿师范高等专科学校党委书记、校长：黄锦棠

【中央、省垂直部门及驻江门有关单位】

江门海关党委书记、关长：詹少彤
江门市税务局党委书记、局长：曾玉勤（任至9月）
　　　　　　　　　　　　　马咏华（9月任职）
江门海事局党委书记、局长：邵　国
江门航道事务中心党组书记：陶文飞
主　任：李水新
江门市烟草专卖局局长：李程坚

江门银保监分局党委书记、局长：毛炳盛
江门供电局党委书记、副总经理：马超然（任至11月）
江门市气象局党组书记、局长：张晓东（任至3月）
　　　　　　　　　　　　　张晨辉（3月任职）
江门出入境边防检查站党委书记、站长：马健富
江门市消防救援支队队长：王学强（4月任职）
江门市邮政管理局党组书记、局长：邓海强

江门市企业资产经营有限公司党委书记、董事长：
　　　　　　　　　　　　　邓　勇（任至2月）
总经理：陈伟雄（3月起，主持大局）

【区（市）党政名单】

蓬江区

区委书记：伍培进（任至1月）　文　丽（任至8月）
　　　　　劳茂昌（8月任职）
副书记：劳茂昌（2月任职，任至8月）
　　　　文　丽（任至1月）　马品高（9月任职）
　　　　王心北（任至11月）　关志钒（11月任职）
常　委：伍培进（任至1月）　文　丽（任至8月）
　　　　劳茂昌　　　　　　马品高（9月任职）
　　　　王心北（任至11月）　关志钒
　　　　林建中（任至4月）　张文新（任至8月）
　　　　黎国新（任至8月）　黄明亮（2月任职）
　　　　莫兆汉（8月任职）　刘少龙
　　　　梁海标（8月任职）　梁凤琼
　　　　冯永源（11月任职）　杨丛雄（3月任职）
　　　　谢树浓（4月任职）　刘　辛（挂职，5月任职）
　　　　何　流（挂职，12月任职）

区人大常委会主任：赵　全（任至11月）
　　　　　　　　　李达成（11月任职）
副主任：黄锡炎（任至11月）　张长齐（任至11月）
　　　　何瑞鹏（任至11月）　张沃芬（任至11月）
　　　　黄月嫦（11月任职）　林贤光
　　　　黎国新（11月任职）　谢强伟（2月任职）
　　　　卢永生（11月任职）　林晖（11月任职）

区　长：文　丽（任至2月）
　　　　劳茂昌（2月任职，任至11月）
　　　　马品高（11月任职）
副区长：张文新（任至8月）　李达成（任至8月）
　　　　罗　军（任至8月）　李泗玲（任至8月）
　　　　谢树浓（任至4月，8月任职）
　　　　农元夯（挂任，任至11月）　林春裕（8月任职）
　　　　吴健明（8月任职）　区林杰
　　　　何锡基（5月任职）　梁雁仙（8月任职）
政协主席：杜振飞（任至8月）　何　腾（11月任职）
副主席：赵洪辉（任至11月）　谢雁平（任至11月）
　　　　黄月嫦（11月任职）　廖炳华（11月任职）
　　　　黄锡炎（11月任职）　黄文坚（11月任职）
　　　　吕琼峰（11月任职）　林永康
　　　　王远胜（11月任职）　李茂槐（11月任职）

江门高新技术产业开发区

管理委员会主任：彭章瑞

常务副主任：劳茂昌
副主任：陈焕溪　　　　　　　岑明俸（4月任职）
　　　　庞晋山（6月任职）

江海区委员会
区委书记：彭章瑞
副书记：劳茂昌　朱辉荣
常　委：余启超（任至12月）　　赵晓斌
　　　　邹德昌　　　　　　　陈　诚
　　　　李　丹　　　　　　　刘　刚（12月任职）
　　　　李国和　　　　　　　肖咏延
　　　　农建敏（11月任职）　张连军

区人大常委会主任：余志坚
副主任：胡影儿　　　　　　　黄卫明
　　　　陆润球　　　　　　　张成富
　　　　郑仕进　　　　　　　伍国胜

区　长：劳茂昌
副区长：陈　诚　　　　　　　王作青
　　　　梁中杰　　　　　　　丑继明
　　　　区　用　　　　　　　曾国华
　　　　庞晋山（任至6月）

区政协主席：何　腾
副主席：吴　刚　　　　　　　周　明（任至9月）
　　　　黄伟权　　　　　　　吴　旭（任至7月）
　　　　黄少芳　　　　　　　袁美兰（1月任职）

新会区
区委书记：文　彦
副书记：梁明建　　　　　　　陈树歆
常　委：文　彦　　　　　　　梁明建
　　　　陈树歆　　　　　　　张　华
　　　　黄明亮　　　　　　　郑立森（10月任职）
　　　　陆锦健　　　　　　　张华景
　　　　梁海标　　　　　　　易思保
　　　　郑祖材　　　　　　　宋　岩（任至10月）

区人大常委会主任：梁远球
副主任：张莲友　　　　　　　钟景贤
　　　　吴捷雄　　　　　　　陈华操
　　　　李俊杰　　　　　　　马　坚

区　长：梁明建
副区长：张华景　　　　　　　李福达
　　　　胡悦玲　　　　　　　谭炎明
　　　　刘国培（11月任职）　谭圣钳（12月任职）
　　　　邓继贤（挂职）（12月任职）
　　　　凌华威（任至9月）　　黄来兴（任至12月）

　　　　史朝阳（挂职）（任至8月）
区政协主席：林社攸
副主席：谢惠雯　　　　　　　邹达明
　　　　邓佩兰　　　　　　　黄寿根
　　　　陈维盛　　　　　　　张赞天

台山市
市委书记：李惠文
副书记：谢少谋（任至1月）　　郑劲龙（1月任职）
　　　　赵建涛
市委常委：李惠文　　　　　　谢少谋（任至1月）
　　　　郑劲龙（1月任职）　　赵建涛
　　　　罗海华（任至4月）　　刘行元（4月任职）
　　　　李白云　　　　　　　邝世铭
　　　　陈英辉（2月任职）　　方健康
　　　　刘子奕　　　　　　　李华林（3月任职）

市人大常委会主任：彭大荣（2月任职）
副主任：黄淑质　　　　　　　蔡红珍
　　　　郑大有（任至8月）　　黄沃旋（任至8月）
　　　　吴东文　　　　　　　陈逎章
　　　　朱健培（11月任职）　李石凑（11月任职）

市　长：谢少谋（任至1月）　　郑劲龙（2月任职）
副市长：邝世铭　　　　　　　关耀东（任至4月）
　　　　赵智健　　　　　　　灵　君
　　　　温家林　　　　　　　黄旭晖
　　　　杜学刚（任至11月）　李志刚（8月任职）
　　　　于　津（4月任职）

市政协主席：陈瑞琪（2月任职）
副主席：黄国忠　　　　　　　陈翠芹
　　　　赵春燕（5月任职）　　方豪尔（2月任职）
　　　　伍岸明　　　　　　　蔡柏滋（11月任职）

开平市
市委书记：庞正华（任至8月）　余中华（8月任职）
副书记：马品高（任至9月）　　陈小曼（9月任职）
　　　　陈军凯（任至11月）
常　委：庞正华（任至8月）　　余中华（8月任职）
　　　　马品高（任至9月）　　陈小曼（9月任职）
　　　　陈军凯（任至11月）　陈　全
　　　　陈杰文　　　　　　　谈润林（3月任职）
　　　　余文锋　　　　　　　伍德斌
　　　　边科教（3月任职）　　黄惠红（8月任职）
　　　　周宝珠（8月任职）　　林国宁（任至8月）
　　　　颜海娜（任至8月）　　陈伟成（任至1月）

市人大常委会主任：李宝贞（2月任职）
副主任：吉　喆　　　　　　　陈伟成（2月任职）

　　　　　谢常荣　　　　　　　　冯健楚
　　　　　刘威龙（11月任职）　　张海滨（11月任职）
　　　　　陈百浓（任至8月）　　　邝业礼（任至8月）
市　　长：马品高（任至9月）
陈小曼（9月任职代理市长，任至11月；11月任职市长）
副市长：余文锋（8月任职）　　　梁健芬
　　　　　张伟业　　　　　　　　许永锋
　　　　　谭晓华（3月任职）　　　陈永强（8月任职）
　　　　　林国宁（任至8月）　　　何光骏（任至3月）
　　　　　吴健明（任至8月）

政协主席：梁民跃（任至6月）
　　　　　林国宁（11月任职）
副主席：黄婉慈　　　　　　　　邝业礼（11月任职）
　　　　　何俊贤　　　　　　　　刘剑锋（11月任职）
　　　　　梁荣华（11月任职）　　关思勇（11月任职）
　　　　　余荣深（任至8月）　　　黄旭征（任至8月）
　　　　　郑永钦（任至8月）　　　刘　宁（任至8月）

鹤山市

市委书记：林贤进
副书记：聂加伟　　　　　　　施国亨
常　委：李健中　　　　　　　张镇就
　　　　　刘德贤　　　　　　　　邓志华
　　　　　林锡波（任至4月）　　　胡国伟（8月任职）
　　　　　钟海军（任至9月）　　　谭良发（9月任职）
　　　　　赵群笑（任至10月）　　陈志美（10月任职）
　　　　　黄华基（11月任职）　　朱发理（任至12月）

人大常委会主任：冯细就
副主任：邓祺伟　　　　　　　林慧梅
　　　　　温伟强（任至4月）　　　冯宝能
　　　　　叶志强　　　　　　　　李活文
　　　　　任　文（6月任职）

市　　长：聂加伟
副市长：李健中　　　　　　　　杨海泉
　　　　　朱立辉　　　　　　　　陈　文
　　　　　潘　蕊　　　　　　　　胡国伟（任至9月）
　　　　　陆　芳（挂职，任至9月）

　　　　　李海权（12月任职）
政协主席：冯伟华
副主席：梁暖勋　　　　　　　　黄建华
　　　　　吴秋红　　　　　　　　叶永雄
　　　　　黄国豪（10月任职）

恩平市

市委书记：黎沛荣
副书记：赖惠镇（9月任职）　　吴彩堂（9月任职）
　　　　　刘　兵（任至9月）　　　何焕仍（任至8月）
常　委：黎沛荣　　　　　　　赖惠镇
　　　　　吴彩堂　　　　　　　　黄建辉
　　　　　劳沈川（8月任职）　　　黄海见
　　　　　刘迪雄　　　　　　　　李金元（8月任职）
　　　　　邓永信（8月任职）　　　何坚培（9月任职）
　　　　　许坚武（9月任职）　　　吴永芳（任至8月）
　　　　　关凯宁（任至8月）　　　郑成博（任至8月）
　　　　　禤活源（任至8月）

市人大常委会主任：禤活源（11月任职）　　李健忠
副主任：梁新庭　　　　　　　　张红艺（11月任职）
　　　　　侯光裔　　　　　　　　王开裕（11月任职）
　　　　　戚艳芬（11月任职）
　　　　　谢妙慈（11月任职）　　叶婵娟
　　　　　吴月波　　　　　　　　徐兆赞

市　　长：赖惠镇（11月任职）　　刘　兵
常务副市长：劳沈川（8月任职）　　郑成博（任至8月）
副市长：劳沈川　　　　　　　　岑安林
　　　　　董德顺（8月任职）　　　白建斌（8月任职）
　　　　　赵超儿（9月任职）　　　张红艺（任至8月）
　　　　　王文忠　　　　　　　　黄艳芬（任至8月）

政协主席：吴永芳（11月任职）　　禤缵灵（任至8月）
副主席：郑将统　　　　　　　　叶婵娟（11月任职）
　　　　　余超群　　　　　　　　梁朝贺（11月任职）
　　　　　吴学筠（11月任职）　　张　帆（11月任职）
　　　　　董德顺（2月任职，任至8月）
　　　　　吴雅静（任至8月）　　　冯文锋（任至8月）
　　　　　吕琼锋（任至8月）

文献专载

在江门市第十六届人民代表大会第一次会议上的报告

（2022年1月11日）
江门市市长　吴晓晖

各位代表：

现在，我代表市人民政府，向大会报告工作，请予审议，并请各位政协委员和列席人员提出意见。

一、过去五年和2021年工作回顾

过去五年，面对复杂多变的国内外形势和艰巨繁重的改革发展稳定任务，市政府坚持以习近平新时代中国特色社会主义思想为指导，全面贯彻落实党的十九大和十九届历次全会精神，深入贯彻习近平总书记对广东系列重要讲话和重要指示批示精神，在省委、省政府和市委的坚强领导下，在市人大、市政协的监督支持下，奋发有为、攻坚克难，顺利完成各项目标任务，经济社会高质量发展迈出坚实步伐。预计地区生产总值突破3500亿元，年均增长6.1%；规模以上工业增加值达1250亿元、年均增长7.3%，社会消费品零售总额达1273亿元、年均增长6.7%，外贸进出口总额达1789亿元、年均增长7.2%，地方一般公共预算收入达279.8亿元、年均增长7%；固定资产投资年均增长8.6%，五年累计完成9360亿元。

（一）抢抓"双区"建设重大机遇，发展环境愈发优越

一批重大平台加快打造，总面积1395平方公里的江门大型产业集聚区获省批复，华侨华人文化交流合作重要平台、粤港澳大湾区（江门）高质量农业合作发展平台、银湖湾滨海新区、人才岛加快建设。一批"硬联通"项目投入使用，完成交通投资990亿元，是上一个五年的2.5倍，全省第四大铁路枢纽——珠西综合交通枢纽江门站投入使用，江湛铁路、南沙港铁路建成通车，轨道交通总里程翻倍、达220千米；广中江高速、高恩高速、开春高速、江门大道三江以北段等一批高快速路建成通车，高速公路通车总里程达593千米，交通建设实现历史性跨越。一批"软联通"事项取得新突破，全省率先实现商事登记、外资备案登记、智能办税在港澳离岸远程办理，与澳门金融合作业务量突破2000亿元。办好第三届世界广府人恳亲大会，世界江门青年大会、"少年中国说"等特色活动品牌进一步擦亮。

（二）推动工业立市制造强市，现代产业体系加快构建

规模以上工业总产值突破5000亿元，工业投资累计超3500亿元，高技术制造业、先进制造业增加值占规模以上工业增加值比重分别提升至12.5%、41%。招商引资成效显著，累计引进投资超亿元工业项目774个，投资总额达3625亿元，其中新投产项目266个。实际利用外资累计达33.7亿美元。质量工作省考核连续两年获评A级。科技创新能力提升，江门国家高新区排名跃升至第59位，新增2个省级高新区，高新技术企业数量增长5倍，省级工程技术研究中心数量增长2.5倍，省级企业技术中心数量翻一番。金融支撑作用不断增强，全市金融业增加值占GDP比重达8.1%，本外币贷款余额近5000亿元、实现翻一番。

（三）推进重点领域改革攻坚，发展活力更加强劲

商事制度改革、河长制湖长制工作获国务院督查激励。"多证合一""证照分离"改革成为全国首批法治政府建设示范项目，连续三年法治广东建设考评获优秀等次。市场主体总量翻一番、突破60万户。金融改革稳步推进，境内外上市公司达23家，全省率先完成农合机构改制任务，成立4家地方农商银行，总资产突破2000亿元。投资项目承诺制、委托制、清单制改革成效明显。圆满完成"数字政府"和乡村振兴省级综合改革试点任务。

（四）统筹城市提质与乡村振兴，城乡面貌焕发新颜

打造城央绿廊等城心轴线，建成27千米滨水岸线景观带、214个大中小型公园，蓬江启明里、台山台城旧街区、开平塘口等历史街区和建筑有效活化利用。乡村振兴、扶贫开发、粮食安全、"菜篮子"市长负责制等工作连续多年获省考核优秀，新增1个国家级、10个省级现代农业产业园，成功创建国家农产品质量安全市，"四好农村路"工作成为全国示范。空气质量明显改善，地表水国考、省考断面水质优良率达100%，荣获"国家森林城市"。开平碉楼文化旅游区获评国家5A级旅游景区，台山成为首批国家全域旅游示范区，江门体育中心、珠西会展中心等建成使用，市图书馆、城市规划展览馆等一批公共文化设施完成升级改造。通过"全国文明城市"复检，第六次荣获"全国双拥模范城"。

（五）持续提升民生保障水平，全面小康圆满收官

全市财政民生总投入超1400亿元，年均增长10%。坚持人民至上、生命至上，毫不放松抓好疫情防控，实现收治病人"零死亡"、工作人员"零感染"、境外输入"零扩散"。如期打赢脱贫攻坚战。城镇新增就业累计超23万人，"粤菜师傅""广东技工""南粤家政"三项工程扎实开展。新建义务教育学校29所，新增学位超5万个，高校数量从3所增至7所。基层卫生综合改革、强基项目建设走在全省前列，医联体网格化布局全覆盖，投入28亿元建设卫生重点项目。大力推进国家医养结合试点单位建设，全市养老机构医养结合覆盖率100%，人均预期寿命增至80.5岁。低保、孤儿供养等四类人群补贴标准提高50%以上。平安江门深入推进，扫黑除恶专项斗争成效显著，成为全国首批市域社会治理现代化试点城市。

过去五年，我们持续深入学习贯彻习近平新时代中国特色社会主义思想，认真开展"两学一做"学习教育、"不忘初心、牢记使命"主题教育和党史学习教育，严格落实省委、市委坚决落实"两个维护"十项制度机制，不断增强"四个意识"、坚定"四个自信"、做到"两个维护"。自觉接受人大和政协的监督，办理人大代表建议和政协提案满意率均达100%。压实全面从严治党主体责任，认真落实中央八项规定及其实施细则精神，深入纠治"四风"，推进审计监督全覆盖，廉洁政府建设不断加强。

2021年是党和国家历史上具有里程碑意义的一年。我们成功举办庆祝中国共产党成立100周年系列活动，全面贯彻党中央、国务院重大决策部署和省委、省政府工作部署，认真落实市委十三届十六次全会提出的"六大工程"，积极完成市十五届人大七次会议确定的目标任务，统筹疫情防控和经济社会发展取得新成效，实现"十四五"良好开局。预计地区生产总值增长8%以上，规模以上工业增加值增长14%，固定资产投资增长2%，社会消费品零售总额增长9.5%，外贸进出口总额增长25.2%，地方一般公共预算收入增长6%，城镇登记失业率2.15%，市人大代表票决的十件民生实事全面完成。主要抓了以下工作：

这一年，我们把握新机遇，全力融入"双区"和支持横琴、前海两个合作区建设。强化规划引领，制定实施"十四五"规划纲要和先进制造业、科技、交通、能源等"十四五"重点专项规划，对接深圳综合改革试点授权事项清单，迈出"十四五"开局的坚实一步。加快平台打造，江门大型产业集聚区规划建设方案编制完成，谋划打造北、东、南三大组团，是全省新一轮布局面积最大、可连片大规模开发的产业集聚区。深化机制对接，便利华侨华人投资制度专项改革成为省级试点。全国首创港澳跨境通办政务服务综合专区，港澳同胞不出关即可办理超400项江门政务服务。促进科技合作，主动融入大湾区国际科技创新中心建设，中科院（江门）中微子实验站、华南生物医药大动物模型研究院（江门）基建工程基本完成，与香港科技大学共建江门"双碳"实验室，与澳门科学技术发展基金合作设立江澳科技创新联合资助项目。

这一年，我们推行"链长制"，加快打造战略性产业集群。重点围绕14条制造业产业链、六大特色优势农业产业和建筑业，建立市领导定向联系负责产业链工作制度，出台政策助力稳链补

链强链控链。产业规模不断壮大，工业增加值占GDP比重达38.5%、提高2个百分点，高技术制造业和先进制造业增加值分别增长35%、18%，新能源电池、金属制品、新一代信息技术、船舶与海工装备等产业链产值增幅超30%；农林牧渔业总产值超550亿元，增长13%，六大特色优势农业产业实现全链条总产值418亿元、增长25.5%，新增1家国家级、15家省级重点农业龙头企业、3个省级现代农业产业园；建筑业总产值384亿元、增长15%，6家本地建筑业企业获总承包一级资质，新增4家一级总承包企业和1家甲级设计院落户。产业创新能力持续提升，新增高新技术企业305家、省级科创平台26家，发明专利授权量达885件、增长57%；培育23个省级工业互联网标杆示范项目，推动204家企业"上云上平台"；富华重工成为国家"单项冠军"企业，新增6家国家专精特新"小巨人"企业、28家省专精特新中小企业；成立总规模40亿元的新兴产业投资基金；奇德新材、芳源股份、绿岛风3家企业成功上市。

这一年，我们聚焦抓项目，努力夯实经济发展"压舱石"。争取地方政府新增债券额度123.1亿元，是2020年的2倍。全年供应工业用地面积9126亩，占年度供应土地面积近一半，为近5年来最高。实施重点项目挂图作战和"百日攻坚行动"，每季度举行重大项目集中动工（投产）活动，市重点项目完成投资超1200亿元、增长31%。工业投资增长14.9%，占固定资产投资比重达36.5%、提高4个百分点，投资超50亿元的巴德富以及芯联电、日丰5G电缆等一批大项目动工建设，富华商用车底盘智造、恒粤家具等一批大项目投产。技改投资增长17.8%，推动富华重工、亚太森博、世运电路、崇达电路、依利安达等超500家企业开展技术改造。加大招商力度，出台重点工业项目评审办法，引进投资超10亿元工业项目34个、增长62%，计划投资额707亿元、增长67%。新建5G基站超2500个，累计超6500个。交通投资完成235亿元，南沙港铁路货运工程、五邑路扩建工程建成，江鹤高速扩建、国道G240线新会和台山段改扩建项目动工，珠肇高铁江门至珠三角枢纽机场段、黄茅海跨海通道、中开高速、银洲湖高速、中江高速扩建、崖门出海航道二期工程加快建设。

这一年，我们致力简流程，持续优化营商环境。出台打造湾区一流营商环境系列措施，推动审批、服务效率效能不断提升。商事登记由"市内通办""湾区通办"拓展至"全国通办"，全面推进"证照分离"全覆盖改革，办理时间压减65%。实施分阶段核发施工许可证，全省首推工程建设"验收即发证"，招投标"评定分离"改革全面铺开。市级和蓬江、台山行政服务中心分别获评省首届市县级政务服务标杆大厅。进口整体通关效率排名全国前列。成功举办全国首个地级市高价值专利培育布局大赛。新增市场主体14.7万户，增长42.6%。为企业减税降费超43亿元，缓缴税费近10亿元，有力帮助企业纾困解难。

这一年，我们匠心提品质，着力打造宜居之城。城市品质持续提升，完成迎宾西路延长线、双龙大道、南山路等道路改扩建，建成枢纽新城体育公园、纸厂河滨公园等公共活动空间。实现天然气"县县通"，完成"瓶改管"1.5万户。推进132个城镇老旧小区升级改造，惠及居民8万户，获上级补助资金超3.1亿元。启动旧楼加装电梯402台、累计达701台，投入使用101台、累计达205台。出台生活垃圾分类管理办法，建成西部餐厨垃圾处理厂，实现厨余垃圾收运处置市域城区全覆盖。农村生产生活设施更加完善，新建高标准农田9.97万亩，完成近97万栋农房安全隐患排查，提前完成478个自然村8万多人集中供水攻坚任务，实现自然村集中供水全覆盖。文旅事业加快发展，成功举办江门五邑银信（侨批）专题展、首届江门艺术季，承办全国女子排球锦标赛等6项国家、省级体育赛事，恩平泉林黄金小镇获评国家4A级旅游景区，古劳水乡开放运营，江门甘化厂成功入选国家工业遗产，侨博馆改扩建工程完成，市档案馆新馆启用。生态环境稳步向好，臭氧指标改善幅度全省第一，潭江流域重点支流考核断面全面消除劣Ⅴ类。农村生活污水治理新增完成860个自然村，累计完成8985个自然村、覆盖率达82.4%。完成1378千米河段、34个大中型水库入河排污口排查。新建碧道193千米，鹤山成为全省唯一的国家水系连通及水美乡村建设试点县。

这一年，我们坚持惠民生，扎实办好各项社

会事业。各级财政民生投入338.4亿元，占一般公共预算支出的七成。4646项"我为群众办实事"和"民生微实事"事项全面完成。慎终如始抓好常态化疫情防控，全年无本土疫情，疫苗接种覆盖率超90%，市集中隔离观察点投入使用，全市ICU、传染病床数大幅增加。就业形势保持稳定，城镇新增就业4.7万人，城镇失业人员再就业2.9万人。教育教学持续提质，新增公办和普惠性民办幼儿园学位近万个、优质中小学学位1.5万个，高中教学质量稳步提高。严格落实"双减"政策，校内课后服务全面开展。医疗卫生水平逐步提升，市中心医院入选省高水平医院，市妇幼保健院获评三甲医院，重大疾病防控和公共卫生综合评价、基本公共卫生考核居全省前列，11个重点医疗卫生项目加快建设，全国首创医养结合"邑康保"项目，惠及80多万市民。社会保障能力日益增强，基本医疗保险门诊特定病种扩大至57种。基础养老金最低标准提高至每人每月200元，向四类人群发放生活保障金6亿元，惠及9.4万人。社会工作服务站镇（街）全覆盖。全省率先实现房屋交易"全流程线上办"、推出青年安居公寓、上线"公租房APP"，公积金"线上办"和"手机办"业务数量均居全省第一。平安江门建设深入推进，生产安全事故起数下降45.7%，道路交通事故起数下降20.5%，成功创建省食品安全示范城市。"两中心两基地一平台"正式运营，台山获"平安中国建设示范县"，恩平禁毒重点整治通过省验收。

此外，国防动员、双拥共建、侨务、外事、台港澳、审计、统计、民族、宗教、人防、海防、打私、地方志、妇女儿童、残疾人、红十字会等工作进一步加强。

各位代表，这些成绩的取得，根本在于以习近平同志为核心的党中央坚强领导，根本在于习近平新时代中国特色社会主义思想的科学指引，一级是全市人民在省委、省政府和市委带领下凝心聚力、拼搏奋进的结果。在此，我代表市人民政府，向全市人民，向各位人大代表和政协委员，向各民主党派、各人民团体、各界人士，向驻江中直省直单位和人民解放军、武警官兵、消防救援队伍指战员和奋战在抗疫一线的广大工作人员，以及港澳台同胞、海外侨胞、国际友人，表示衷心的感谢！

在肯定成绩的同时，我们也要清醒看到，江门的经济社会发展还面临一些困难和挑战：工业发展质量不高，主导产业不够突出，科技引领能力有待加强，园区建设质量和产城融合程度有待提升；区位空间优势尚未充分发挥，交通网络仍需完善，东西部发展不够协调，合力发展意识亟须增强，城市知名度有待提升；聚侨引侨惠侨的力度仍需加大，优质教育、养老托幼服务离群众期盼还有差距，统筹发展和安全任务艰巨。对此，我们要高度重视，全体干部要进一步提振实干担当、敢闯敢试的精气神，采取有力措施加以解决。

二、今后五年的目标任务

当前，我国经济发展面临需求收缩、供给冲击、预期转弱三重压力，但我国经济韧性强，长期向好的基本面不会改变。广东处在畅通国内大循环和联通国内国际双循环的战略枢纽位置，拥有"双区"、两个合作区建设等多重战略机遇叠加利好。今天的江门发展基础更加扎实，区位优势愈发明显，发展前景十分广阔，我们要抢抓机遇、激发潜力，脚踏实地办好自己的事，努力在全面建设社会主义现代化国家新征程上展现江门担当、贡献江门力量。

今后五年政府工作的总体要求是：以习近平新时代中国特色社会主义思想为指导，深入贯彻习近平总书记对广东系列重要讲话和重要指示批示精神，按照省委、省政府"1+1+9"工作部署，立足新发展阶段，贯彻新发展理念，构建新发展格局，统筹发展和安全，抢抓"双区"和两个合作区建设重大机遇，认真落实市第十四次党代会精神，深入推进"六大工程"，持续增进民生福祉，奋力构建新时代侨都高质量发展新格局。

今后五年我市经济社会发展主要目标是：经济总量、质量同步提升，工业增加值占GDP比重超过45%，先进制造业增加值占规模以上工业增加值超过50%，人均GDP高于全国平均水平，地区生产总值朝着5000亿元关口奋进，成为珠江西岸重要增长极。科技创新能力明显跃升，全社会研发经费投入强度达到全省平均水平，科技进步对经济增长贡献率大幅提升。新时代侨都享誉海内外，便利华侨华人投资制度专项改革取得重大成果，侨都"文化交流、经贸合作、维护权益、侨务智库"功能充分彰显，建成新时代华侨华人经济文化合作示范区。区域平衡成为全省示范，城乡居民收入、东西部人均GDP差距明显缩小。社会治理走在全省前列，成为全省最安全稳定、最公平公正、法治环境最好的示范区。人民生活品质显著改善，就业更加充分，教育医疗更加优质，社会保障更加完善，物质生活更加富足，精神文化更加丰富，生态环境更加优美，让群众获得感更足、幸福感更强。

做好未来五年工作，关键在于弘扬伟大建党精神，认真贯彻落实新时代党的建设总要求，坚持以党的建设为统领，紧密围绕市第十四次党代会提出的目标任务，牢记使命担当，感恩自强奋进，做到"五个必须"。

（一）必须坚持高质量发展，在提升经济综合实力上彰显更大担当

坚持创新驱动发展，深入推进"科技引领"工程，全力创建国家创新型城市。坚持工业立市制造强市，深入推进"工业振兴"工程，推动战略性产业集群加速崛起，勇当全省制造业高质量发展主力军，擦亮"中国建筑之乡"品牌，加快现代农业建设步伐，打造具有江门特色的现代产业体系。坚持产城深度融合，深入推进"园区再造"工程，加快建设江门大型产业集聚区，打造大湾区制造业高质量发展主战场。坚持人才第一资源，深入推进"人才倍增"工程，建设成为集聚华侨华人创新创业的国家重要人才战略支点城市。

（二）必须坚持改革开放，在增强地区竞争力上创造更多优势

坚持服务港澳初心，深入推进"港澳融合"工程，推动与港澳合作再上新台阶。坚持发挥华侨华人资源优势，深入推进"侨都赋能"工程，打造国内国际双循环重要交汇点。持续深化"放管服"、国资国企、投融资体制、要素市场化配置改革，对标最优最好，建设市场化法治化国际化一流营商环境，激发各类市场主体活力。

（三）必须坚持协调发展，在推动城乡建设上取得更好成绩

坚持区域协调发展，打造区域平衡发展综合试验区，建立系统的平衡发展政策体系，充分释放西部发展潜力，持续推进东西部共同富裕。坚持人与自然和谐共生，统筹推进宜居城乡建设，建设更有颜值的大美江门、更有品位的宜居江门、更加低碳的生态江门，打造高品质生活的幸福家园。

（四）必须坚持执政为民，在增进民生福祉上实现更大进步

持续加大民生投入，推动城乡公共服务优质均衡，努力推进幼有善育、学有优教、劳有厚得、病有良医、老有颐养、住有宜居、弱有众扶，提高优生优育服务水平，推动基础教育优质均衡发展，强化就业优先导向，推进健康江门建设，构建高水平养老服务格局，建立更加完善的住房市场体系和保障体系，提高社会保障待遇，提升侨都现代文明程度，建设更加温暖的幸福江门。

（五）必须坚持统筹发展和安全，在推动治理体系和治理能力现代化建设上迈开更稳步伐

全面贯彻总体国家安全观，坚持底线思维，抓好常态化疫情防控，着力防范化解重大风险，坚决维护人民群众生命财产安全。深入推进法治江门建设，努力建设一流法治政府。加强和创新社会治理，建设更高水平平安江门，打造国家市域社会治理现代化标杆城市。

三、2022年工作安排

2022年是新一届政府承前启后的开局之年。我们要全面贯彻落实党的十九大和十九届历次全会及中央经济工作会议精神，认真落实省委十二

届十五次全会和市第十四次党代会精神，坚持稳中求进工作总基调，完整、准确、全面贯彻新发展理念，以更大力度融入"双区"建设，加强与"两个合作区"的对接合作，统筹疫情防控和经济社会发展，统筹发展和安全，落实市委"1+6+3"工作安排，深入推进"六大工程"，继续做好"六稳"、"六保"工作，持续改善民生，保持经济运行在合理区间，保持社会大局稳定，以优异成绩迎接党的二十大胜利召开。

今年经济社会发展坚持稳字当头、稳中求进，主要预期目标是：地区生产总值增长8%左右，规模以上工业增加值增长10%，固定资产投资增长6%，社会消费品零售总额增长6.5%，外贸进出口总额增长5%，地方一般公共预算收入增长5%；居民人均可支配收入增速与经济增长基本同步，居民消费价格涨幅3%左右；城镇新增就业4万人以上，城镇登记失业率控制在3%以内；粮食产量95万吨以上；全市空气质量优良率完成省下达任务。重点抓好以下七个方面：

（一）持续增强科技创新能力，厚植创新发展新动能

强化企业创新主体地位。深入实施科技"双百工程"，高新技术企业突破2300家。实施产业集群科技强链工程，推动创新链与产业链深度融合，支持企业建设国家和省企业技术中心、省重点实验室，夯实行业领军地位；支持龙头企业牵头组建技术创新联盟和技术创新中心，带动产业链上下游、大中小企业融通创新。鼓励企业加大研发和技改投入，全社会研发经费占地区生产总值比重达到2.7%以上，力争完成技改投资330亿元。围绕"双碳"、先进装备制造等领域以"揭榜挂帅"方式开展关键技术攻关，办好江门"科技杯"创新创业大赛和高价值专利培育布局大赛。创建国家知识产权示范城市，争取设立国家级知识产权快速维权中心。

推进科创平台建设。积极引进院士科研团队，推动江门"双碳"实验室纳入省实验室体系，加快筹建江门市应急管理重点实验室，省级以上科创平台超530家。加快中科院（江门）中微子实验站设备安装。深化与清华大学、中科院等著名高校院所产学研合作，支持五邑大学引进人工智能、高端装备制造、新材料、生物医药等国际一流科研团队，发挥数字光芯片联合实验室、中德（江门）人工智能研究院、华南生物医药大动物模型研究院（江门）的科创服务作用。支持省科学院江门产研院等新型研发机构和珠西创谷、人才岛科创中心、中科健康创新生物产业园、中欧创新中心等载体建设，强化产学研攻关和成果转化。

提升人才引育水平。实施"侨都英才"计划，加强与深圳人才集团合作，大力引进战略科技人才、领军人才、青年科技人才和高水平创新团队。实施"百名博士引进工程"，新建20个博士博士后创新平台。实施高校毕业生"引留"行动，与高校合作新建8个以上人才供给基地。实施"产业工程师集聚计划"，引育一批"青苗"和"大师"。建设公共技能培训服务平台，全面推行"园区技校"项目，加快建设鹤山双元制教育中心，提升技能人才培训、供给水平。开展"侨都工匠"评选，支持重点企业开展职业技能等级认定。发挥江门人才发展集团作用，提供市场化、专业化人才服务。建设人才"一站式"服务窗口，为各类产业人才提供"全链条"服务。深入实施青年中长期发展规划，建设青年发展型城市。加强科普宣传教育，筹建科普集团、中微子科普馆、江门科技馆，提高全民科学素养。

（二）聚力建设大平台培育大产业，打造产业集群发展新高地

抓好战略性产业集群建设。深入实施"链长制"。大力推进14条产业链稳链补链强链控链，支持海信空调、富华重工、中车广东、李锦记、亚太纸业、维达纸业、大长江等链主企业，以及建滔电子、世运电路、德昌电机、中集、美达锦纶、优美科、芳源等骨干企业做强做优，巩固食品、新一代信息技术、金属制品3条产值超500亿产业链，推动智能家电、石化新材料2条产业链产值超500亿，做大做强新能源电池产业链。通过以链促群，巩固先进材料、现代轻工纺织、现代农业与食品3大产值超千亿产业集群，加快培育高端装备制造、生物医药与健康、安全应急与环保3个产业集群。促进建筑业高质量发展，支持建筑企业资质升级，补强交通、水利行业资质，壮大国资建筑企业，力争建筑业总产值达450亿元。打造优质企业梯队。实施骨干企业培育计划，力争超10亿元企业达75家、超50亿元企业达10家。实施企业"倍增计划"，推动20家规模以上企业主营业务收入实现倍增。实施"专精特新"企业培育行动，引导企业深耕细分领域，力争新增2家国家"单项冠军"企业、10家国家专精特新"小巨人"企业。实施"小升规""个转企"培育行动，扶持250家以上小微企业上规模，推动600家以上个体工商户转型升级为企业。加快制造业数字化改造。发挥工业互联网创新中心等产业公共服务平台作用，加快造纸、家电、五金不锈钢等传统产业数字化改造，扶持100家企业"上云上平台"，打造6个工业互联网标杆示范。大力推动绿色低碳转型。稳步推进碳达峰碳中和工作，促进能源结构优化调整，提高绿色电力占比，推进国能台电煤炭清洁高效利用，大力实施工业节能技术改造，发展内河清洁航运，探索开展碳排放交易，完成省能耗双控和碳排放强度下降目标。

加快大型产业集聚区规划建设。加强规划统筹。把握省建设大型产业集聚区的重大机遇，完成集聚区发展总体规划及产业、交通、环保、能源等专项规划编制，力争北、东、南每个组团完成征地和平整土地5000亩。建立市级管委会，成立国资开发公司，引入国内外一流园区开发机构，构建"投融还"良性循环机制，拓宽园区建设融资渠道。加快建设专业园区。推动智能家电（蓬江、鹤山）、新一代电子信息（蓬江、新会）、水暖卫浴（开平）、生物医药（开平）等园区建设，力争落地一批优质项目。谋划新能源电池（新会）、安全应急（江海）、电力装备（台山）、生物医药（台山）、盾构机（鹤山）等园区，力促尽快动工见效。提升广东轨道交通产业园、珠西新材料集聚区、中欧新材料创新基地、蓬江和开平健康食品产业园、恩平智能装备产业园建设水平，提高主导产业集聚度。促进园区提质增效。按"九通一平"高标准规划建设基础配套和公共服务设施，建设国际化标准化工业厂房，便利企业轻资产、高效率入驻。推动共性技术研发、中试、检测等公共技术服务平台建设。加强光伏、新型储能、绿色建筑、无害化处理、5G、人工智能等新技术推广应用。优化园区衣食住行环境，打造一体化"邻里中心"。畅通蓬江产业园（杜阮、棠下）、鹤山工业城（共和、址山）、新会智造产业园（大泽、司前）、开平翠山湖科技产业园（月山、水等园区之间的交通连接，促进连片发展。推动江门国家高新区争先进位，与新会三江、睦洲联动发展，支持台山、蓬江、新会、恩平创建省级高新区，加快开平、鹤山高新区提质升级。盘活村镇工业园、旧厂房，促进村镇工业园升级改造。

全力推动产业招商攻坚突破。着力构建"大招商"工作格局。完善市政府投资促进管理机制，组建专职招商队伍，用好社会化招商服务。搭建"市级统筹、各县（市、区）为主体"的驻外招商架构，在北上广深莞等城市设立驻点招商联络处，实现招商线索信息共享。精准开展产业链招商。持续优化产业链招商图谱，绘制产业招商地图，强化产业分析研究能力，立足"招大商、招好商"，紧盯重点领域的头部企业、关键配套企业，精准对接、定向招商、以商引商，着力引入一批产业链长、带动力强、产出效益好的优质大项目，力争在引进投资超100亿元制造业项目上有突破，大力支持现有优质企业增资扩产。提升招商质量与效益。完善招商项目"招、落、投、服"全链条管理，落实重点工业项目评审办法，建立健全项目评价机制，加强合同履约监管，强化以"质量、数量、转化达效"为导向的招商考核。

加大金融扶持实体经济力度。推动珠江西岸产业金融综合改革示范区、人才岛金融集聚区建设，加强与国家开发银行等政策性银行的合作，吸引银行、保险、证券、基金等金融机构落户。争创中央财政支持普惠金融发展示范区，推广"信易贷"、广东中小融、"邑科贷"，实施科技企业首贷风险补偿，开展金融支持中小微企业等专项行动。推动知识产权质押融资和证券化，鼓励企业用好绿色债券等创新金融工具。深化金舱机制，发挥新兴产业基金的引导作用，鼓励投早投小投科技。深入落实"金种子"三年行动方案，谋划北交所在江门设立服务基地，力争4家企业上市。

（三）多措并举扩内需稳外贸，激发经济增长新活力

精准扩大有效投资。持续加大工业投资，工业用地占总建设用地规模不低于30%，确保完成投资850亿元。跟踪服务好重点项目，加快巴德富、福斯特、芯联电、盈通纸业、信义玻璃、富华装载机等项目建设，争取荣阳实业、世茂电子、摩尔科技、芳源等项目投产。抓紧基础设施项目建设和谋划储备，力争完成投资500亿元，为未来发展积蓄后劲、赢得先机。加快深江铁路、珠肇高铁、黄茅海跨海通道、银洲湖高速、中江和江鹤高速扩建、国道G325线和G240线改扩建、崖门出海航道二期、台山鱼塘港码头等建设；开通南沙港铁路客运功能，实现中开高速江门段、江门大道南东线全线通车；争取广佛江珠城际广州芳村至江门段、南新高速、广台高速开平至台山段等动工；推动台山机场、台开至珠三角枢纽机场高速、深南高速斗门至恩平段、广佛江珠银洲湖支线等前期工作。推动新会双水和开平翠山湖热电联产、台山工业新城综合能源站等项目投产运营；推进一批110千伏及以上重点电网项目，加快珠中江天然气主干管网、台山和恩平管道燃气工程、恩平接收门站等项目建设；开展广海湾LNG接收站和台山、鹤山抽水蓄能、海上风电等项目前期工作。加快推进碧道、西江潭江流域跨县重点支流综合治理等项目，配合做好珠三角水资源配置工程和珠中江供水一体化前期工作。加快建设新型智慧城市项目，力争新增5G基站超2000座，优化充电桩布局、扩大规模。促进房地产业良性循环和健康发展，坚持"房住不炒"定位，合理确定年度住宅用地供应规模，科学调节供地节奏，稳定市场预期，更好满足购房者合理住房需求。强化资源要素保障，用地、能耗、环保等指标及岸线、码头资源优先向省、市重点项目和优质制造业项目倾斜；充分调动民间投资积极性，共享城市发展机遇；坚持"资金跟着项目走"，发挥专项债等促投资作用，加强项目绩效专责审核，压减无效低效投资，增强财政统筹和重大战略资金保障能力。

加大力度激发消费潜力。积极建设国家文化和旅游消费试点城市。各县（市、区）要合力推动文旅资源串珠成链，积极"引客入江""留客在江"。加快开平赤坎古镇开放运营，打造文旅产业新引擎。建设古劳水乡二期、台山川岛浪漫海岸等重点项目，推动小鸟天堂·梁启超故居等创建国家4A级旅游景区，促进恩平温泉度假体验区提质，扩大开平塘口空间、台山草坪里口）等乡村旅游打卡点影响力。大力发展红色旅游，推进"最美侨路"建设，打造一批精品酒店、精品民宿，提升旅游接待能力。促进商业载体提档升级，积极申报省级示范特色步行街（商圈）。扩大汽车、家电等大宗消费，培育电商直播、夜间经济等消费新业态。加快县镇村三级物流体系和乡村物流服务站点建设，支持引导本地大宗农产品、特色农产品开展网上销售。举办省第四届茶叶产业大会和江门农博会、江门艺术季、"五邑家宴"美食季等活动，打造"江门茶饮"消费品牌，促进餐饮、住宿等消费稳步回升。

加快推进外经贸高质量发展。鼓励技术和设计创新，提升"江门制造"的品质品牌，巩固欧美传统市场，扩大对"一带一路"沿线国家和地区、RCEP成员国进出口规模。加快建设珠西国际物流中心，推动开通中欧班列和东南亚货运班列。盘活港口岸线资源，提高利用效率，加强和航运企业对接，有效缓解海运资源紧张问题。优化出口信保承保和理赔条件，提升外贸企业应对汇率风险能力。支持企业纳入货物贸易便利化试点，推动贸易融资跨境资产转让业务发展。建设口岸大宗商品监管中心，扩大木材等大宗商品进口。加快物流通关一体化改革，持续推广"单一窗口"标准版系统应用。建设中国（江门）跨境电商综合试验区，打造跨境电商示范园区。申报广东自贸区联动发展区和西部保税物流中心（B型），谋划建设综合保税区。

（四）用好用足侨资源优势，拓展开放合作新空间

深入开展便利华侨华人投资制度专项改革试点工作。强化经贸合作功能，发挥港澳台同胞和海外侨胞连接世界先进生产力的优势，引

进科技、人才、产业资源，把侨乡产品、服务、技术、品牌推出去。搭建对接载体。出台江门"侨梦苑"发展规划，加快建设中国侨都华侨华人总部，建成全球华侨华人服务中心，建立侨资企业数据库，定期发布面向华侨华人投资机会清单。加强对接合作。推动香港生产力促进局在江门设立分支机构。力争与澳门银行机构就信用评级互认达成试点协议。拓展"跨境理财通"业务，推动我市企业赴港澳发行境外债券，协同港澳开展不动产跨境抵押登记合作。优化对接服务。设立华侨华人综合服务窗口，实现侨胞、外国人在江门工作、就学、居留、定居等政务服务"一窗受理、一并发证"。拓展港澳跨境通办政务服务专区功能，承接泛珠三角区域跨境通办事项。积极维护华侨华人合法权益，建设涉侨法律服务工作站、离岸公共法律服务中心、域外法律查明机构，提供优质法律服务。落实粤港澳执业资格和行业标准互认政策，便利港澳专业人士在江门执业。

加快华侨华人文化交流合作重要平台建设。推动《江门市华侨华人文化交流合作促进条例》出台，创建国家级侨乡文化（江门）生态保护实验区。办好第二届华侨华人粤港澳大湾区大会和"少年中国说"、世界青年大会等活动，携手澳门共同举办世界文化遗产嘉年华系列活动，打造一程多站的粤港澳大湾区文化游径。建设一批面向华侨华人新生代、港澳青少年的国情教育、研学基地，支持中小学结对姊妹学校，拓展港澳青年来江门实习计划。深化与暨南大学合作，提升五邑大学华侨华人文化研究院等侨务智库功能。完成华侨华人名人数据库建设，开展侨捐侨赠项目分类调查核实登记。开展"五邑侨胞耀中华"网络短视频宣传，提升《中国侨都》杂志影响力，组建海外华文媒体联盟。

加快重点领域关键环节改革。深化营商环境改革。大力弘扬企业家精神，构建亲清政商关系。发挥好"首席服务官"作用，持续深入做好"暖企安商"工作。推动各级各类政策、资金"直达"到企到民，落实对个体工商户和小微企业减税降费、减免利息等减负措施。实施"邑企圆梦"产业工人招聘计划，保障企业用工需求。实施质量强市战略，加快培育建设5个企业质量提升创新中心。建设信用强市，深入推进行业信用分级分类监管，推广信用承诺制度。加强与深圳国际仲裁院合作，设立国际仲裁合作平台。提升政务服务效能。推行"证照分离""一照通行"，推动照后减证和简化审批。完善"双随机、一公开"监管标准体系。深化工程建设项目审批分类改革，推广"验收即发证"。深入推进招投标"评定分离"改革。推行"标准地""交地即动工"等供地新模式，加快处置批而未供和闲置土地。创建全省府市域社会治理"一网统管"示范区，建设"粤商通"江门专区，拓展公共资源交易全程"电子化""不见面"办理，开发金融服务、营商环境领域的数据资产凭证应用，持续实施政府侧流程再造。深化农村综合改革。开展省发展新型农村集体经济专项改革，支持台山做好省级"农业特区"试点工作，深化农村土地流转、城乡融合发展、公共型农业社会化服务体系等省级改革任务。深化国资国企改革。完成市属国企改革重组，全面推行经营班子职业经理人制度，常态化选聘企业经营管理人才，建立市场化考核激励机制。做强做优城市发展、交通建设和公用事业三大平台，推动国资向园区建设、产业投资、民生服务等关键领域布局。

（五）推动区域城乡协调发展，展现宜居城乡新面貌

强化现代农业发展优势。着力调结构、扩规模、抓龙头、创品牌，做强陈皮、大米等六大特色优势农业产业，实现总产值530亿元。新增高标准农田8.6万亩，水稻生产综合机械化水平达92%，确保粮食播种面积和产量只增不减。以"种业长廊"为核心，谋划建设广东（江门）现代种业产业园。打造镇海湾高端水产品品牌，争取新增创建1个国家现代农业产业园、培育超5家省级以上农业龙头企业。积极推进"海洋牧场"，完成2万亩池塘改造升级。新增培育100个大湾区优质农产品供应基地，完成省农产品冷链物流产业园建设验收，规划建设现代化"中央大厨房"产业园，打造名特优新农产品线上平台。

支持西部加快发展。全面铺开县域经济比学赶超勇争先工作。立足西部资源禀赋，推动特色农业、海洋渔业、文化旅游、能源等优势产业做优做强，培育壮大汽车零配件、水暖卫浴、演艺装备、食品饮料等优势制造业，支持开平做大做强建筑产业。推动锦江水库等优质水资源综合利用，谋划建设大湾区水资源特色产业园。设立区域平衡发展基金，重点支持西部园区建设、教育医疗、人才引进等领域。开展师资队伍双向挂职锻炼，帮扶西部30所学校。全面推进县域医共体建设，帮扶7家县级公立医院，推动省远程医疗协作网在台开恩全覆盖。抓紧完善和落实监测帮扶机制，深化驻镇帮镇扶村工作，加强低收入人口常态化帮扶，拓展对口广西崇左市东西部协作工作。

优化城市功能品质。拓展城市发展架构。提升主城区区域影响力，加快滨江新区建设，完成"十路一湖"等项目；推动枢纽新城开发，加快江门站周边路网建设；提升高新区产城融合发展水平，加快连海路、南山路等路网建设；加强互联互通，完成会港大道等工程，启动南北大道等快速路建设，谋划甘棠路接通发展大道东延线，着力打造城市高质量发展的中央活力区。加快副中心发展，推动中欧合作区核心区（鹤山）建设，谋划建设中欧国际交流中心，启动顺鹤高快速通道前期工作；推动银湖湾滨海新区开发，加快市政基础设施建设；推进台开同城片区建设，实现台开快速路全线贯通，支持台山在黄茅海西岸赤溪半岛规划发展产城融合示范区，开发建设恩城北部片区。提升城市设计文化内涵。鼓励城市设计传承创新，注重将江门传统元素融入城市规划建设，健全市规委会审议及专家咨询机制，加强枢纽新城、滨江新区等景观设计管理。强化重要交通廊道及滨水界面重要节点的风貌管控，建设蓬江龙舟山森林公园、江海油湾公园、新会梅江生态园二期和滨海新区四大观景平台、开平梁金山公园、恩平体育公园等高品质公共空间。实施城市更新行动。开展城市体检评估，加快改造40个以上城镇老旧小区，创建60个绿色社区。充分利用现有场地资源，增加城区停车位。增强城市防洪排涝能力，开展13个城市内涝点整治，申报国家海绵城市试点，推进韧性城市建设。新增燃气管道150千米，"瓶改管"2万户。加强历史文化保护利用。进一步活化提升长堤历史风貌街区、台城历史文化街区、海口埠，打造有代表性的城市文化标识，做好甘化厂等工业遗迹保护再利用，保护好、活化利用好古村落、古民居、古建筑、古树名木等宝贵资源，让城市留住更多侨乡历史记忆。

建设生态宜居美丽乡村。深化乡村建设行动，持续加强农村人居环境整治，提升农村卫生厕所质量，实现80%以上行政村污水得到处理，70%以上的行政村达到美丽宜居村标准。提升乡村特色风貌，高标准打造7条乡村振兴示范带，串联数字政100个美丽乡村示范片，每个县（市、区）完成3000套农房微改造。开展美丽圩镇建设攻坚行动，实现所有圩镇达到"宜居圩镇标准"。完成鹤山全国水系连通及水美乡村建设试点县建设。持续完善村庄基础设施，实现自然村村内干路路面全面硬底化，推进"四好农村路"提档升级和新一轮农村电网改造升级，加快城乡供水一体化，推动乡村建设提速更提质。

（六）用心用情保障和改善民生，推动全民共享发展新成果

今年各级财政安排民生支出358.7亿元，增长6%。扎实办好省、市十件民生实事和民生"微实事"，把群众急难愁盼问题一个个解决好，让改革发展成果更多更公平惠及父老乡亲。

强化就业优先导向。支持中小微企业发挥就业主渠道作用，深入实施高校毕业生就业创业十项行动，加大对大龄劳动者、长期失业人员等困难群体的就业帮扶，扶持退役军人技能培训、就业创业。深入实施"粤菜师傅""广东技工""南粤家政"三项工程，持续开展"乐业五邑"创业创新大赛等双创活动。构建服务就业群体终身学习的培训体系，提高从业人员能力素质。保障农民工工资及时发放，多渠道促进城乡居民增收，努力让群众的"钱袋子"鼓起来。

办好人民满意的教育。实施基础教育高质量发展行动，提高公办学校各学段生均公用经费补助标准，开展教师全员培训，提升校长、教师、教研员能力素质，涉中小学校及教师督导评比检

查考核事项压减一半。巩固提升学前教育"5080"工程,新(改、扩)建义务教育公办中小学校10所,新增公办优质学位1.5万个。开展30所优质示范性初中学校的培育工作,每个县(市、区)培育1所以上优质高中。加快棠下中学改造和江海区特殊教育学校建设,在中心城区启动建设1所新国家示范高中和1所艺术特色高中,不断加大优质教育资源供给。深入推进"双减"工作,提升校内课后服务水平,发挥好市青少年宫校外素质教育阵地作用。规范民办学校管理,促进民办教育、校外培训机构健康有序发展。支持五邑大学建设高水平理工科大学,积极筹建广东应急管理学院。大力发展职业教育,支持江门职业技术学院、广东江门中医药职业学院创建省高水平高职院校,建成广东邮电职业技术学院、华立技师学院、华商职业学院江门校区以及南方职业学院睦洲校区,推进市技师学院荷塘校区、台山市技工学校新校区等建设,让职业教育从"能就业"走向"好就业"。

提高医疗卫生服务水平。促进公立医院高质量发展,加快高水平专科建设,支持市中心医院建设高水平医院。推进市新三甲医院(市公共卫生临床中心)、市中心医院新院区等重点医疗卫生项目。建设市职工工伤康复医院。完善县域胸痛、卒中等危急重症救治网络,加快建设传染病救治能力项目,筑牢公共卫生防护网。支持港澳医疗卫生主体在江门设置医疗机构。促进中医药传承创新发展。推动实现群众就医"一码通行",检验结果和健康档案互通共享。深化"三医"联动改革,推进按病种分值付费试点,全面落实医疗服务价格调整。统筹解决"一老一小"问题,推广"两院一体"医养结合,落实三孩生育政策及配套措施,开展婴幼儿照护服务示范创建。推进爱国卫生运动,巩固国家卫生城市成果。加强社会心理服务体系建设,打造群众家门口的"心灵港湾"。

健全多层次社会保障体系。落实基本养老保险全国统筹,稳步提高社会保险待遇水平。加强基本医保分类保障政策优化集成,巩固医疗救助市级统筹,鼓励医疗互助和商业健康保险有序发展,推广"邑康保"。提高四类人群底线民生保障水平,实现社会工作服务站和困难群众、特殊群体社会工作服务100%覆盖。加强退役军人服务保障体系建设。完善住房保障体系,加快筹建2000套保障性租赁住房,让新市民、青年人租得起、住得好。

加强生态环境保护治理。深入打好污染防治攻坚战,让江门的天更蓝、山更绿、水更清、环境更优美。抓好中央生态环保督察问题整改。聚焦臭氧和细颗粒物协同控制,强化工业源深度治理和移动源污染治理减排,加快建设工业喷涂"共性工厂",增加空气质量优良天数。深化河长制湖长制,实施潭江分段治理,实现潭江流域超三分之二重点一级支流考核断面水质达到Ⅲ类及以上。新增城镇污水管网80千米以上、城镇污水处理能力4.5万吨/日。建立全过程危险废物监管体系,推进"无废城市"建设试点工作。深化城市生活垃圾分类,加快生活垃圾焚烧处理项目建设、市区餐厨垃圾处理项目扩容。推动开平"绿水青山就是金山银山"实践创新基地成果转化。全面推行林长制,科学开展国土绿化。开展海域综合治理攻坚行动,加强入海排污口分类管控,守护好"水清滩净、岸绿湾美"的美丽海湾。

繁荣文化体育事业。挖掘中华优秀传统文化、侨乡文化、岭南文化、海丝文化、红色文化等文化资源,凸显城市人文魅力。开展文脉传承行动,讲好陈白沙、梁启超、陈垣等历史文化名人故事,活化利用五邑银信(侨批),精心筹划梁启超先生诞辰150周年纪念活动。加强革命文物保护利用,开展烈士纪念设施提质改造。持续打响"中国舞蹈之城""中国曲艺之乡""中国摄影之乡"等文化品牌,支持诗词示范县(市、区)创建工作,办好粤港澳写生摄影文化节、"戴爱莲杯"人人跳全国舞蹈展演等活动,打造一批文艺精品。推进开平市文旅创业孵化基地建设,加快文创产业发展,积极开发特色文创产品。发挥文旅资源特色,推动江门成为珠三角重要的优质影视作品取景拍摄地。巩固提升全国文明城市建设成果。健全公共文化服务体系,加快建设市非遗综合展示馆,推动公共文化、体育场馆免费低收费开放,完善社区体育设施。做好第十六届省运会备战工作,积极承办排球、跳水等全国性比赛,打造马拉松等赛事品牌,营造全民健身氛围,建设活力之城。

（七）坚持统筹发展和安全，开创平安江门建设新局面

扎实抓好常态化疫情防控。坚持"外防输入、内防反弹"总策略和"动态清零"总方针，严格落实全链条防控责任，进一步扎牢外防输入关口，加强重点环节、场所、单位及人群疫情防控措施落实落地，持续推进疫苗接种工作，巩固来之不易的疫情防控成果。

着力防范化解重大风险。切实防范金融、房地产等领域风险，全力保障产业链供应链安全。严格落实地方政府债务限额管理和预算管理，坚决遏制新增隐性债务。做实做细"三保"监管，兜牢兜稳"三保"底线。加强粮食和应急物资储备。做好有序用电、用气工作，保障能源供应稳定安全。推进安全生产专项整治三年行动，扎实开展城镇燃气安全排查整治，推进城市消防救援站建设，创建国家安全发展示范城市。

深入推进平安江门建设。坚持总体国家安全观，坚定维护国家政权、制度、意识形态安全，做好迎接党的二十大安保维稳工作，营造国泰民安的社会环境。持续完善社会治安防控体系，加快智感安防区、"粤居码"、反恐训练基地等建设。常态化推进扫黑除恶斗争，严厉打击整治突出违法犯罪，深化"全民反诈"专项行动，争创全国禁毒示范城市。加快推进"两中心两基地一平台"建设，搭建"粤治慧"江门分平台。坚持和发展新时代"枫桥经验"，完善多元预防调处化解综合机制，构建"信访超市+外送服务"网络化工作体系。加强食品药品安全专项治理，创建国家食品安全示范城市，守护百姓"舌尖上的安全"。

此外，还要继续做好国防动员、双拥共建、侨务、外事、台港澳、审计、统计、民族、宗教、人防、海防、打私、地方志、妇女儿童、红十字会等工作。

各位代表，奋勇争先，实现高质量发展，是新时代江门的主旋律。这是全市人民的热切期盼，更是新一届政府的职责所在。我们必须不负众望，从自身建设抓起，始终坚持和加强党对政府工作的全面领导，始终坚持以人民为中心的发展思想，努力建设人民满意的法治政府、廉洁政府、服务型政府。我们要始终强化政治建设。旗帜鲜明讲政治，持续学懂弄通做实习近平新时代中国特色社会主义思想，深刻领悟"两个确立"的决定性意义，巩固深化党史学习教育成果，牢记初心使命、坚守理想信念，树立正确的政绩观，不断提高政治判断力、政治领悟力、政治执行力，把增强"四个意识"、坚定"四个自信"、做到"两个维护"贯穿政府工作各领域全过程。我们要始终强化法治建设。严格遵守宪法和法律，将政府工作全面纳入法治轨道。健全依法行政制度体系、重大政策事前评估和事后评价制度，推进省市县乡四级行政执法协调监督工作体系建设。自觉接受人大依法监督、政协民主监督以及国家监察、司法监督，主动接受社会和舆论监督，加强审计监督和政务公开，让权力在阳光下运行。我们要始终强化党风廉政建设。坚决贯彻全面从严治党要求，认真落实中央八项规定及其实施细则精神，持之以恒纠治"四风"，深化整治形式主义、官僚主义，持续推进为基层松绑减负。突出重点领域、重要部门、关键岗位廉政风险防控。强化预算约束和绩效管理，以政府的"紧日子"换取百姓的"好日子"。我们要始终强化队伍建设。加强各级干部思想淬炼、政治历练、实践锻炼、专业训练，练就担当作为的硬脊梁、铁肩膀、真本事，锻造敢闯敢试、善作善成的政府系统干部队伍"铁军"，勇当高质量发展的开路先锋。

九万里风鹏正举，新征程砥砺前行。各位代表！未来五年是江门抢抓机遇、奋力推动高质量发展的关键五年，任务光荣而艰巨。新一届政府将坚决响应总书记、党中央伟大号召，在省委、省政府和市委的坚强领导下，大力弘扬伟大建党精神，不忘初心、牢记使命，踔厉奋发、笃行不怠，凝聚各方力量把江门发展好、建设好，加快打造珠江西岸新增长极和沿海经济带上的江海门户，奋力构建新时代侨都高质量发展新格局，努力为广东在新征程中走在全国前列、创造新的辉煌贡献江门力量，以优异的成绩迎接党的二十大胜利召开！

2021 年江门市国民经济和社会发展统计公报

江门市统计局 国家统计局江门调查队

2022 年 3 月 28 日

2021 年，是党和国家历史上具有里程碑意义的一年，也是江门改革发展历史上具有重要意义的一年。江门始终坚持以习近平新时代中国特色社会主义思想为指导，认真贯彻习近平总书记对广东系列重要讲话重要指示批示精神和党中央决策部署，完整、准确、全面贯彻新发展理念，深入落实省委、省政府"1+1+9"工作部署和市委"1+6+3"工作安排，统筹疫情防控和经济社会发展，抢抓"双区"建设重大历史机遇，坚定不移推动高质量发展，经济社会发展再上新台阶，实现了"十四五"良好开局。

【综合】2021 年末，全市常住人口 483.51 万人，比上年末增加 3.1 万人，其中城镇常住人口 328.01 万人，占常住人口比重（常住人口城镇化率）67.84%，比上年末提高 0.21 个百分点。年末公安户籍人口 402.87 万人。全年出生人口 3.43 万人，出生率 8.54‰；死亡人口 2.93 万人，死亡率 7.29‰；自然增长人口 5012 人，自然增长率 1.25‰。

表1 2021 年全市及各县（市、区）人口数		
区域	常住人口（万人）	户籍人口（万人）
全市	483.51	402.87
蓬江	86.57	53.33
江海	37.47	18.54
新会	91.50	76.62
台山	90.61	96.27
开平	75.07	68.55
鹤山	53.84	39.16
恩平	48.45	50.38

经广东省统计局统一核算，2021 年江门实现地区生产总值（初步核算数）3601.28 亿元，比上年增长 8.4%。其中，第一产业增加值 294.89 亿元，增长 9.8%；第二产业增加值 1640.66 亿元，增长 11.1%；第三产业增加值 1665.73 亿元，增长 5.7%。三次产业结构比重为 8.2：45.6：46.2，第二产业比重提高 1.9 个百分点。人均地区生产总值 74 722 元（按年平均汇率折算为 11 583 美元），增长 7.5%。

图1 2017-2021年地区生产总值及其增长速度

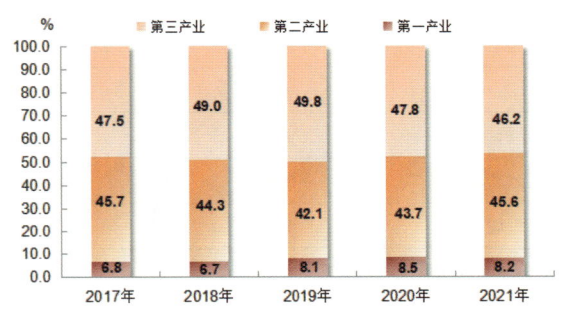

图2 2017-2021年三次产业结构

分区域看，东、西部地区生产总值分别占全市比重 68.1%、31.9%。

表2 2021 年分区域地区生产总值及增长速度		
区域	总量（亿元）	增速（%）
东部	2453.88	9.2
西部	1147.40	8.2

全年居民消费价格比上年上涨 1.2%。分类别看，食品烟酒类价格下降 0.1%，衣着类价格与上年持平，居住类价格上涨 1.3%，生活用品及服务类价格上涨 0.7%，交通通信类价格上涨 4.5%，教育文化娱乐类价格上涨 1.8%，医疗保健类价格上涨 0.8%，其他用品及服务类价格下降 2.0%。工业生产者出厂价格上涨 3.7%，其中轻工业上涨 2.1%，重工业上涨 5.1%。商品零售价格上涨 2.4%。

全年城镇新增就业 47 585 人，失业人员再就业 29 667 人，就业困难人员实现就业 2182 人。城

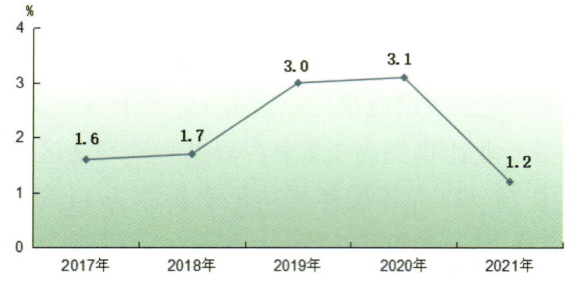

图3 2017—2021年居民消费价格涨跌幅度

表3 2021年居民消费价格指数

指标名称	价格指数（上年=100）	涨跌幅度（%）
居民消费价格	101.2	1.2
一、食品烟酒类	99.9	-0.1
#粮 食	102.1	2.1
鲜 菜	103.2	3.2
畜 肉	83.6	-16.4
水产品	106.2	6.2
蛋 类	109.7	9.7
鲜 果	101.4	1.4
二、衣着类	100.0	z0
三、居住类	101.3	1.3
四、生活用品及服务类	100.7	0.7
五、交通通信类	104.5	4.5
六、教育文化娱乐类	101.8	1.8
七、医疗保健类	100.8	0.8
八、其他用品及服务类	98.0	-2.0

镇登记失业率2.15%，比上年末下降0.21个百分点。促进创业人数5119人。

全市年末实有私营企业8.84万户，注册资金3010.34亿元，分别比上年增长13.0%、21.5%；个体工商户53.82万户，注册资金310.08亿元，分别比上年增长12.0%、16.2%。

全年税收总收入510.32亿元，比上年增长5.4%。其中，工业收入248.82亿元，增长6.6%；房地产业收入90.15亿元，下降5.0%；批发零售业收入40.26亿元，增长17.2%；金融业收入30.07亿元，增长10.6%；租赁和商务服务业收入12.41亿元，增长22.3%。

全年地方一般公共预算收入279.84亿元，比上年增长6.0%。其中，税收收入176.85亿元，增长4.8%。全年地方一般公共预算支出460.70亿元，比上年增长3.9%。其中，教育支出89.71亿元，增长2.7%；社会保障和就业支出81.99亿元，增长11.3%；卫生健康支出52.17亿元，增长2.2%。

【农业】全年农林牧渔业总产值542.24亿元，比上年增长12.2%。分行业看，农业（种植业）增长6.2%，林业增长15.5%，牧业增长19.6%，渔业增长13.7%，农林牧渔专业及辅助活动增长19.3%。

全年粮食作物播种面积279.2万亩，比上年增长0.4%；糖蔗种植面积1.2万亩，下降15.0%；油料种植面积19.0万亩，增长0.6%；蔬菜种植面积112.3万亩，下降0.8%。

全年粮食产量98.7万吨，比上年增长0.8%。糖蔗产量8.0万吨，下降18.1%；油料产量3.3万吨，增长1.5%；蔬菜产量181.2万吨，增长6.2%；水果产量40.1万吨，下降1.7%。

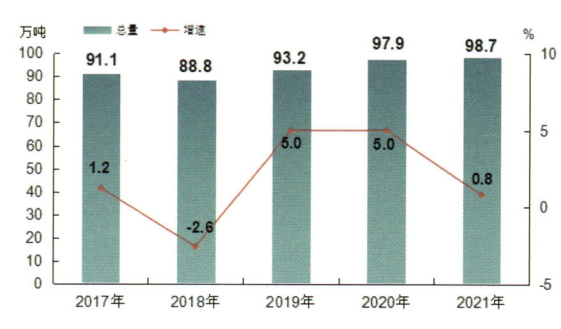

图4 2017—2021年粮食产量及其增长速度

全年肉类总产量32.1万吨，增长13.7%。其中，猪肉产量16.5万吨，增长36.9%；禽肉产量15.4万吨，下降3.6%。全年水产品产量91.4万吨，增长13.1%。

年末农业机械总动力183.83万千瓦，比上年增长1.3%。

【工业和建筑业】全年全部工业增加值比上年增长12.9%。规模以上工业增加值增长14.7%，其中，国有及国有控股企业增长12.4%，外商及港澳台投资企业增长7.2%，股份制企业增长21.6%。分轻重工业看，轻工业增长7.7%，重工业增长20.3%。分企业规模看，大型企业增长10.5%，中型企业增长19.2%，小微型企业增长14.9%。

规模以上先进制造业增加值比上年增长16.8%，占规模以上工业增加值的比重为40.8%，比上年提高1.4个百分点。其中，高端电子信息制

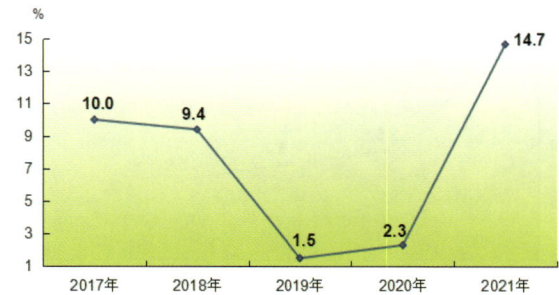

图5 2017-2021年规模以上工业增加值增长速度

造业增长37.1%，先进装备制造业增长10.2%，石油化工产业增长6.5%，先进轻纺制造业增长3.9%，新材料制造业增长22.4%，生物医药及高性能医疗器械增长10.2%。

规模以上高技术制造业增加值比上年增长32.0%，占规模以上工业增加值的比重为12.7%，比上年提高0.9个百分点。其中，电子及通信设备制造业增长35.4%，计算机及办公设备制造业增长5.5%，医药制造业增长11.9%，医疗仪器设备及仪器仪表制造业增长3.5%。

规模以上优势传统产业增加值比上年增长10.8%。其中，纺织服装业下降3.6%，食品饮料业增长9.0%，家具制造业增长16.1%，建筑材料业增长7.3%，金属制品业增长28.8%，家用电力器具制造业下降3.2%。

六大高耗能行业增加值比上年增长13.0%。其中，电力、热力生产和供应业增长13.5%，石油、煤炭及其他燃料加工业下降16.9%，化学原料和化学制品制造业增长6.5%，有色金属冶炼及压延加工业增长30.2%，黑色金属冶炼及压延加工业增长41.6%，非金属矿物制品业增长4.9%。

规模以上工业企业资产负债率58.65%，流动资产周转率1.94次，成本费用利润率4.52%，产品销售率97.38%，全员劳动生产率25.96万元/人。实现利润总额230.36亿元，同比增长3.2%。企业亏损额40.7亿元，比上年增长64.6%。企业亏损面20.3%，比上年上升1.0个百分点。分经济类型看，国有控股企业利润下降106.2%，股份制企业增长12.6%；外商及港澳台商投资企业下降2.9%。分行业看，采矿业利润增长96.4%；制造业增长9.1%；电力、热力、燃气及水生产和供应业下降106.0%。全年规模以上工业企业每百元营业收入中的营业成本为85.37元，比上年上升2.26元。

表4 2021年主要工业产品产量情况

产品名称	计量单位	产量	增长（%）
饲料	万吨	431.43	11.9
布	万米	13 832.20	-30.1
服装	万件	7176.60	11.0
家具	万件	1575.78	31.2
机制纸及纸板	万吨	250.33	5.2
涂料	万吨	76.68	17.9
化学纤维	万吨	16.06	33.6
塑料制品	万吨	70.01	-4.7
水泥	万吨	602.08	1.2
平板玻璃	万重量箱	3154.57	28.7
铝材	万吨	16.15	139.8
金属集装箱	万立方米	1275.00	131.8
日用不锈钢制品	万吨	16.68	45.7
摩托车	万辆	431.19	29.0
原电池及原电池组	万只	71 776.00	14.1
房间空气调节器	万台	536.45	8.3
家用电风扇	万台	2846.52	6.4
家用洗衣机	万台	205.38	12.6
打印机	万台	338.56	21.6
印制电路板	万平方米	1054.42	19.6
灯具及照明装置	万只	25 653.95	25.3

全市年末具有资质等级的总承包和专业承包建筑企业286个，比上年增加17个；实现建筑业总产值367.51亿元，比上年增长9.8%。

【服务业】全年批发和零售业增加值197.45亿元，比上年增长9.0%；住宿和餐饮业增加值58.03亿元，增长10.6%；金融业增加值260.82亿元，增长3.2%；房地产业增加值230.97亿元，增长0.4%；交通运输、仓储和邮政业增加值98.27亿元，增长8.4%；营利性服务业增加值385.65亿元，增长6.1%；非营利性服务业增加值425.12亿元，增长7.1%。现代服务业增加值1020.80亿元，增长4.8%，占服务业增加值比重61.3%。

全年规模以上服务业企业实现营业收入228.14亿元，比上年增长15.3%；利润总额25.22亿元，增长13.9%。分行业看，信息传输、软件和信息技术服务业营业收入增长15.4%，水利、环境和公共设施管理业下降13.6%，科学研究和技术服务业增长3.6%，卫生和社会工作增长19.9%，租赁和商务服务业增长20.2%，居民服务、修理和其他服务业增长8.9%。

全年水陆货运量18 568万吨，比上年增长3.6%；货运周转量157.17亿吨公里，下降0.6%。水陆客运量1360万人，下降73.5%；客运周转量9.88亿人公里，下降70.2%。港口货物吞吐量10 510万吨，下降1.8%。全年邮政业务总量24.52亿元（2020年不变价），可比增长30.7%；电信业务总量56.87亿元（2020年不变价），可比增长26.1%。年末电话总用户639.3万户，其中，移动电话用户547.6万户，固定电话用户91.7万户。年末（固定）互联网宽带用户175.2万户。年末移动基站3.7万个，其中，5G基站0.53万个，4G基站2.2万个。

年末公路通车里程9828千米，其中，高速公路593千米，一级公路956千米。公路密度103千米/百平方千米。年末铁路运营里程220千米。年末民用汽车保有量104.64万辆，增长8.7%，其中私人汽车95.30万辆，增长8.7%。年末新能源汽车保有量1.47万辆，增长61.3%。摩托车保有量143.37万辆，增长0.7%。挂车7653辆，增长11.7%。年末拥有民用运输机动船340艘。

【固定资产投资】全年固定资产投资比上年增长1.4%。分投资主体看，国有投资下降11.2%，民间投资增长7.9%，港澳台及外商投资增长6.5%。分产业看，第一产业投资增长7.7%；第二产业投资增长14.9%，其中工业投资增长14.9%，技改投资增长15.6%；第三产业投资下降5.3%。民间投资占固定资产投资的比重为66.1%。基础设施投资下降6.2%，水利、环境和公共设施管理投资下降4.3%，交通运输类项目投资下降12.5%，信息传输（电信）类项目投资下降5.6%。高技术产业投资增长3.7%，占固定资产投资的比重为4.6%。

全年房地产开发投资比上年下降10.3%。商品房施工面积4664.31万平方米，增长0.2%；竣工面积626.46万平方米，增长29.5%；销售面积724.79万平方米，下降3.2%，其中住宅销售面积619.49万平方米，下降7.1%；销售额578.10亿元，下降2.7%。

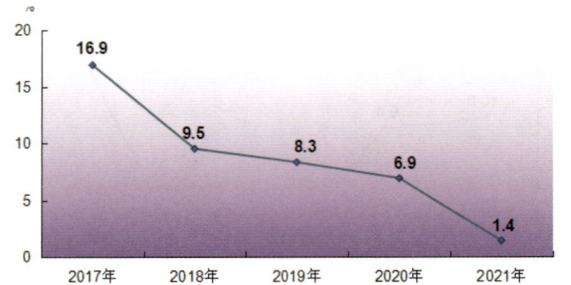

图6 2017—2021年固定资产投资额增长速度

表5 2021年分行业固定资产投资增长速度

行业名称	比上年增长（%）
固定资产投资	1.4
农、林、牧、渔业	31.3
采矿业	248.1
制造业	16.1
电力、燃气及水的生产和供应业	1.3
建筑业	—
批发和零售业	42.4
交通运输、仓储和邮政业	−12.5
住宿和餐饮业	−38.1
信息传输、软件和信息技术服务业	−5.6
金融业	—
房地产业	−10.1
租赁和商务服务业	63.9
科学研究和技术服务业	29.8
水利、环境和公共设施管理业	−4.3
居民服务、修理和其他服务业	61.5
教育	106.9
卫生和社会工作	−6.5
文化、体育和娱乐业	16.4
公共管理、社会保障和社会组织	−39.3
国际组织	—

【国内贸易】全年社会消费品零售总额1278.10亿元，比上年增长9.9%。按经营地统计，城镇消费品零售额994.49亿元，增长11.8%；乡村消费品零售额283.60亿元，增长3.8%。从消费形态看，商品零售1161.80亿元，增长10.9%；餐饮收入116.30亿元，增长1.0%。

在限额以上批发和零售业商品零售额中，粮油、食品、饮料、烟酒类比上年增长30.4%，服装、鞋帽、针纺织品类下降12.9%，化妆品类增长161.4%，金银珠宝类增长45.9%，日用品类下降2.7%，体育、娱乐用品类下降18.7%，电子出版物及音像制品类增长64.7%，书报杂志类增长45.4%，家用电器和音像器材类增长12.2%，中西药品类增长0.3%，文化办公用品类下降10.5%，通信器材类增长15.2%，石油及制品类增长32.4%，汽车类增长5.7%，建筑及装潢材料类增长40.9%。全年全市限额以上单位通过公共网络实现的商品零售额增长29.9%，占全市限额以上单位商品零售额的11.3%。

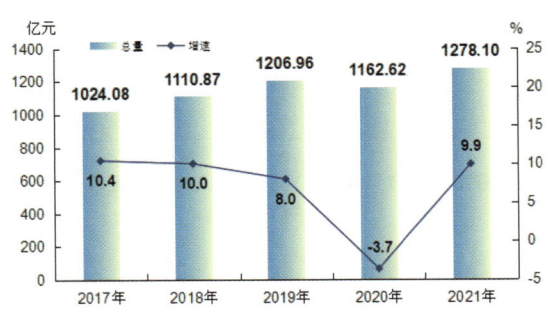

图7　2017-2021年社会消费品零售总额及其增长速度

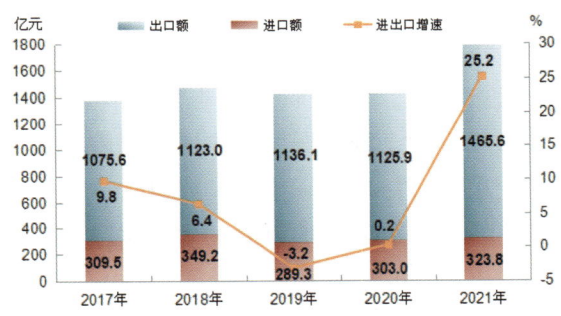

图8　2017-2021年外贸进出口情况

【对外经济】全年货物进出口总额1789.5亿元，比上年增长25.2%。其中，进口323.8亿元，增长6.7%；出口1465.6亿元，增长30.2%。对"一带一路"沿线国家进出口416.0亿元，增长29.5%。对RCEP贸易伙伴进出口372.0亿元，增长16.8%。

全年新设立外商直接投资项目432个，比上年增加78个。合同利用外资62.26亿元，实际利用外资22.98亿元。在实际利用外资的主要行业中，制造业11.67亿元，批发和零售业3.97亿元，信息传输、软件和信息技术服务业3.28亿元；在实际利用外资的主要来源地中，亚洲19.96亿元，其中中国香港15.05亿元，新加坡3.37亿元，中国澳门1.48亿元；欧洲2.30亿元。

表6　2021年货物进出口总额及增长速度

指标	金额（亿元）	比上年增长（%）
货物进出口总额	1789.5	25.2
货物出口额	1465.6	30.2
其中：一般贸易	1126.5	34.2
加工贸易	336.2	18.3
保税物流	2.6	32.4
其中："一带一路"沿线国家	316.5	35.5
RCEP贸易伙伴	268.9	19.8
中东欧国家	48.9	77.5
货物进口额	323.8	6.7
其中：一般贸易	218.7	7.2
加工贸易	88.3	8.7
保税物流	7.6	-4.1
其中："一带一路"沿线国家	99.5	13.6
RCEP贸易伙伴	103.1	9.5
中东欧国家	2.2	15.1

表7　2021年主要商品出口金额及增长速度

商品名称	金额（亿元）	比上年增长（%）
家用电器	205.7	15.5
摩托车	84.3	35.9
印刷电路	75.4	36.6
集装箱	70.5	277.8
纺织纱线、织物及其制品	57.1	-13.4
塑料制品	55.0	25.1
家具及其零件	50.9	33.8
服装及衣着附件	50.0	48.8
阀门及类似装置	42.5	45.2
不锈钢制餐桌、厨房或其他家用器具及其零件	41.3	28.9

【金融】年末中外资金融机构本外币存款余额5864.34亿元，比上年末增长7.1%，其中，境内存款余额5625.57亿元，增长7.1%，境内存款中住户存款3757.84亿元，增长10.7%；境外存款余额238.76亿元，增长6.3%。年末中外资金融机构本外币贷款余额4970.31亿元，增长13.2%，其中，

表8　2021年对主要贸易伙伴进出口总额及增长速度

国家和地区	金额（亿元）	比上年增长（%）
美国	316.1	26.7
欧盟	275.0	31.9
东盟	192.7	23.2
拉丁美洲	146.0	49.2
非洲	111.7	30.6

图9　2017—2021年城镇居民人均可支配收入及其增长速度

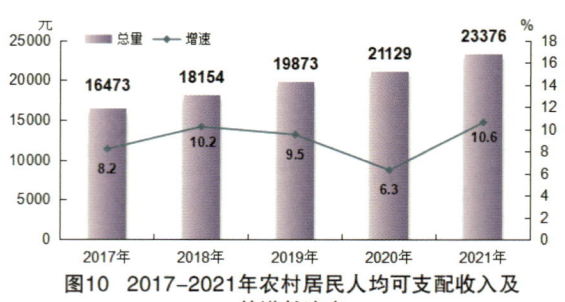

图10　2017—2021年农村居民人均可支配收入及其增长速度

境内贷款余额4931.21亿元，增长13.3%，境内贷款中住户贷款2105.53亿元，增长16.7%；境外贷款余额39.10亿元，增长4.4%。

年末全市证券市场共有沪深交易所上市公司15家，市价总值1445.24亿元。全年上市公司通过资本市场累计筹资31.00亿元。全国股转系统新三板挂牌企业16家。证券公司分支机构47家，期货公司分支机构3家；全市证券公司营业部总交易额2.08万亿元，增长19.0%。

年末各类保险公司62家，保险中介机构56家。全年保费收入166.76亿元，比上年增长3.2%，其中，人寿保险业务收入126.88亿元，增长3.0%；财产保险业务收入39.89亿元，增长3.7%。共支付各项赔款39.47亿元，增长0.7%，其中，人寿保险业务赔款18.20亿元，下降8.8%；财产保险业务赔款21.27亿元，增长10.5%。

【人民生活和社会保障】全年居民人均可支配收入37 068元，比上年增长10.1%，扣除价格因素实际增长8.8%。

全年城镇居民人均可支配收入43 622元，比上年增长9.3%。其中，工资性收入30 742元，占全部可支配收入的70.5%。

全年农村居民人均可支配收入23 376元，比上年增长10.6%。其中，工资性收入17 207元，占全部可支配收入的73.6%。

全年居民人均消费支出24 193元，比上年增长10.5%。分城乡看，城镇居民人均消费支出27 912元，增长9.6%；农村居民人均消费支出16 422元，增长11.5%。全市居民恩格尔系数为37.4%，比上年下降0.5个百分点；其中城镇36.6%，农村40.3%。

全年社会保险基金收入273.96亿元，其中企业养老保险212.91亿元，城镇职工基本医疗保险（含生育）53.04亿元，城乡居民基本医疗保险24.21亿元。城镇职工基本养老保险参保人数163.56万人，城乡居民基本养老保险参保人数151.33万人，城镇职工基本医疗保险参保人数174.19万人，城乡居民基本医疗保险参保人数246.15万人，失业保险参保人数102.92万人，工伤保险参保人数109.28万人，生育保险参保人数117.54万人。年末领取养老金的离休、退休人数42.01万人，养老、失业、医疗、工伤、生育保险基金支出280.74亿元。

年末拥有社会福利院6间，福利院床位2875张，收寄养人数1437人；敬老院60间，敬老院床位5502张，供养人数1428人。拥有社区服务设施2298个，社区服务中心覆盖率100%。全年共销售福利彩票5.92亿元，筹集福利彩票公益金6480万元。年末每万人拥有社会组织数量为6.5个，注册志愿者6.07万人，人均参与志愿服务10.8个小时。

2021年全市居民最低生活保障标准932元/人·月，比上年提高32元/人·月。年末最低生活保障对象户数16 320户，人数30 444人。全年共发放低保救济金2.50亿元，比上年增长3.3%。年末特困供养人数9406人，全年落实供养经费1.86亿元，增长10.3%。全年门诊和住院费用医疗救助支出8412.01万元，救助26.87万人次；医疗救助资助参保支出1433.78万元，资助参保56 365人。

【教育和科学技术】 全年高等教育（含成人高等教育）招生4.31万人，在校学生10.41万人，毕业生2.39万人。中等职业技术学校招生1.20万人，在校学生3.25万人，毕业生1.01万人。普通高中招生2.94万人，在校学生8.49万人，毕业生2.71万人。初中招生5.40万人，在校学生15.20万人，毕业生4.78万人。小学招生6.02万人，在校学生36.01万人，毕业生5.64万人。幼儿园入园儿童5.47万人，在园幼儿15.82万人。小学学龄儿童入学率100%，小学升学率100%，初中适龄少年入学率100%，初中升学率99.17%，高中升学率96.30%。

全年地方财政科学技术支出17.52亿元，比上年增长4.7%。全市高新技术企业2194家，省级以上创新平台510家，省级工程技术研究中心406家，市（县）属科学研究开发机构15家。年末有效发明专利拥有量5096件；专利授权量21 272件，其中，发明专利964件，实用新型12 827件，外观设计7481件。全市拥有各类专业技术人数22.26万人，比上年增加8326人，其中中级职称以上9.18万人，增加4750人。

【文化·旅游·体育·卫生】 全年地方财政文化旅游体育与传媒支出12.10亿元，比上年增长4.0%。年末全市拥有群众文化艺术馆8间，文化站73个。拥有公共图书馆8间，公共图书馆藏书量415.65万册，图书馆全年流通185.62万人次，图书外借140.69万册次，图书馆阅览室座席4625个。拥有博物馆10个，博物馆藏品7.58万件，其中一级藏品6件。拥有广播电视台6个，广播电台节目7套。广播人口综合覆盖率100%，电视人口综合覆盖率100%。

全年旅游总收入124.83亿元，比上年增长20.8%。全年接待游客1410.34万人次，增长42.47%。其中，接待一日游游客633.37万人次，增长125.21%；接待过夜游客776.97万人次，增长30.27%。年末全市拥有体育场馆24个，市级体育协会（俱乐部）47家，现有国家级社会体育指导员27名，一级社会体育指导员352名，二级社会体育指导员2028名，三级社会体育指导员15 124名。全市体育彩票销售额5.97亿元。江门籍体育健儿在国内赛事中，获得2项冠军，1项亚军，2项季军；在省级赛事中，获得21项冠军，37项亚军，50项季军。

年末全市有医疗卫生机构（含各类门诊，下同）1737个，其中医院55个。医疗卫生机构实有床位25 789张，其中医院19 271张。医疗卫生机构在岗职工40 637人，其中卫生技术人员34 284人。卫生技术人员中执业（助理）医师11 799人，注册护士16 220人，药师（士）2158人，技师（士）1801人，其他卫生技术人员2306人。

【资源、环境和安全生产】 年末全市领海基线以内海域面积2886平方公里，大陆海岸线414.8千米，拥有大小海岛352个（含赤鼻岛），其中有居民海岛6个、无居民海岛346个，海岛面积251.85平方千米。

全年规模以上工业综合能源消费量954.18万吨标准煤，比上年增长21.0%。全年全社会用电量350.85亿千瓦时，比上年增长13.5%。分产业看，第一产业用电量17.44亿千瓦时，增长18.0%；第二产业用电量235.58亿千瓦时，增长11.5%，其中工业用电量增长11.6%；第三产业用电量52.42亿千瓦时，增长25.9%。城镇居民生活用电量27.96亿千瓦时，增长8.9%；乡村居民生活用电量17.46亿千瓦时，增长11.8%。

全年水资源总量94.39亿立方米。年平均气温23.7摄氏度，比上年上升0.2摄氏度；年降雨量1723.2毫米，比上年增加91.5毫米；年日照量1931.7小时，比上年增加217.5小时。

全市大气环境质量良好，空气质量优良天数占比为87.4%。二氧化硫（SO_2）、二氧化氮（NO_2）、可吸入颗粒物（PM_{10}）、细颗粒物（$PM_{2.5}$）、臭氧（O_3日最大8小时均值第90百分位数）、一氧化碳（CO日均值第95百分位数）年平均浓度分别为7微克/立方米、30微克/立方米、45微克/立方米、23微克/立方米、163微克/立方米、1毫克/立方米，$PM_{2.5}$连续两年优于世界卫生组织第二阶段标准，O_3浓度改善幅度全省第一，SO_2、NO_2、PM_{10}、CO均达到国家环境空气质量二级标准。

市区和县级集中式饮用水源地水质优良,水质达标率100%。西江干流、西海水道水质优良,符合Ⅱ~Ⅲ类水质标准。江门河水质优良至轻度污染,水质类别为Ⅱ~Ⅳ类,达到水环境功能区要求;潭江干流上游水质优良至轻度污染,水质类别为Ⅱ~Ⅳ类,中游及下游银洲湖段水质优良至轻度污染,潭江入海口水质优良。6个国考断面和5个省考断面年度水质优良率100%。年末拥有城市(县城)污水处理设施16座,处理能力111.3万吨;城市生活垃圾无害化处理率100%。城市昼间区域环境噪声平均值为57.5分贝,优于国家区域环境噪声2类区昼间标准。道路交通干线两侧昼间噪声质量处于较好水平,等效声级为69.1分贝,符合国家4类区昼间标准。

全年农作物受灾面积57.03公顷。自然灾害受灾0.629万人次,自然灾害直接经济损失886.57万元。全市共发生生产安全事故58起,死亡57人,受伤32人,直接经济损失3679.22万元,事故起数、死亡人数和受伤人数分别比上年下降45.8%、26.9%和55.6%,直接经济损失上升38.2%。事故起数分行业看,制造业11起,建筑业6起,交通运输和仓储业36起,其他行业3起。道路交通万车死亡率为1.27人,比上年增加0.09人。

注:

1. 本公报中2021年数据为初步统计数,统计图中2017—2020年数据为年报数。按照我国地区生产总值统一核算和数据发布制度规定,地区生产总值核算包括初步核算和最终核实两个步骤。根据国民经济核算制度,广东省统计局对江门2020年地区生产总值进行了最终核实,2020年江门地区生产总值现价总量为3202.97亿元。

2. 地区生产总值、三次产业及相关行业增加值、人均地区生产总值绝对数按现价计算,增长速度按可比价计算;地方一般公共预算收入增长速度按可比口径计算。

3. 东部地区指蓬江区、江海区、新会区和鹤山市,西部地区指台山市、开平市、恩平市。

4. 规模以上工业统计口径为年主营业务收入2000万元及以上的工业企业。

5. 固定资产投资项目统计起点由计划总投资50万元提高到500万元,增速为可比口径。

6. 限额以上批发和零售业统计标准为:批发业年主营业务收入2000万元及以上;零售业年主营业务收入500万元及以上。

7. 规模以上服务业范围是:①年营业收入2000万元及以上服务业法人单位。包括:交通运输、仓储和邮政业,信息传输、软件和信息技术服务业,水利、环境和公共设施管理业三个门类和卫生行业大类;②年营业收入1000万元及以上服务业法人单位。包括:租赁和商务服务业,科学研究和技术服务业,教育三个门类,以及物业管理、房地产中介服务、房地产租赁经营和其他房地产业四个行业小类;③年营业收入500万元及以上服务业法人单位。包括居民服务、修理和其他服务业,文化、体育和娱乐业两个门类,以及社会工作行业大类。

8. 2015年起,"地方公共财政预算收入"更名为"地方一般公共预算收入";各项金融机构存款余额中,"单位存款"更名为"非金融企业存款""储蓄存款"更名为"住户存款"。

9. 先进制造业包括高端电子信息制造业、先进装备制造业、石油化工产业、先进轻纺制造业、新材料制造业、生物医药及高性能医疗器械。装备制造业包括金属制品业,通用设备制造业,专用设备制造业,汽车制造业,铁路、船舶、航空航天和其他运输设备制造业,电气机械和器材制造业,计算机、通信和其他电子设备制造业,仪器仪表制造业。

10. 高技术制造业包括医药制造业,航空、航天器及设备制造业,电子及通信设备制造业,计算机及办公设备制造业,医疗仪器设备及仪器仪表制造业,信息化学品制造业。六大高耗能行业包括石油、煤炭及其他燃料加工业,化学原料及化学制品制造业,非金属矿物制品业,黑色金属冶炼及压延加工业,有色金属冶炼及压延加工业,电力热力的生产和供应业。

11. 基础设施投资包括电力、热力、燃气及水生产和供应业,交通运输、邮政业,电信、广播电视和卫星传输服务业,互联网和相关服务业,水利、环境和公共设施管理业投资。

12. 软件和信息技术服务业包括软件开发、集成电路设计、信息系统集成和物联网技术服务、运行维护服务、信息处理和存储支持服务、信息技术咨询服务、数字内容服务和其他信息技术服务等行业。

13. 从2019年开始，已实现合并的广播电台、电视台纳入"广播电视台"指标统计，"广播电视台"包括市、县（市、区）广播电视台。

14. 2020年起，全国文旅系统对旅游数据实行新的统计口径。

15. 志愿者统计数据口径为正式志愿者，正式志愿者是指完成一次志愿服务活动和一次志愿服务培训，均相应获得志愿服务时数，且转正后获得志愿者编号的志愿者。

资料来源：

本公报中户籍人口、机动车拥有量、道路交通事故数据来自市公安局；城镇就业和失业、专业技术人员、社会保障数据来自市人力资源社会保障局和市医疗保障局；专利、私营企业和个体工商户数据来自市市场监督管理局；税收数据来自市税务局；财政数据来自市财政局；农机总动力数据、水产品产量数据来自市农业农村局；海域和海岛面积、大陆海岸线数据来自市自然资源局；货物进出口数据来自江门海关；利用外商直接投资数据来自市商务局；公路里程和密度、民用运输船舶、公路和水路运输、港口货物吞吐量数据来自市交通运输局；铁路里程数据来自市发展改革局；邮政业务总量数据来自市邮政管理局；通信业务总量、电话用户、（固定）互联网宽带用户数据由省反馈；移动基站数据来自市工业和信息化局；货币金融数据来自人民银行江门市中心支行；上市公司数据来自市金融工作局；保险数据来自江门银保监分局；高新技术企业、科技计划项目数据来自市科学技术局；高等教育数据来自五邑大学、江门职业技术学院、江门开放大学、广东南方职业学院、江门中医药职业学院和江门幼儿师范高等专科学校，其他教育数据来自市教育局；广播电视、公共图书馆、文化馆（站）、博物馆、旅游、体育数据来自市文化广电旅游体育局；卫生数据来自市卫生健康局；社会福利机构、福利彩票、社会组织、低保特困数据来自市民政局；志愿者数据来自共青团江门市委员会；气象数据来自市气象局；环境监测数据来自市生态环境局；水资源数据来自市水利局；农作物受灾面积、自然灾害受灾面积及直接经济损失和安全事故数据来自市应急管理局；其他数据来自市统计局和国家统计局江门调查队。

2021年江门市经济社会发展主要指标

指标名称	单位	绝对值	增速（%）
地区生产总值	亿元	3601.28	8.4
其中：第一产业增加值	亿元	294.89	9.8
第二产业增加值	亿元	1640.66	11.1
第三产业增加值	亿元	1665.73	5.7
农林牧渔业总产值	亿元	542.24	12.2
粮食产量	万吨	98.7	0.8
规模以上工业增加值	亿元	1280.68	14.7
固定资产投资	亿元	—	1.4
其中：工业投资	亿元	—	14.9
基础设施投资	亿元	—	-6.2
房地产开发投资	亿元	—	-10.3
社会消费品零售总额	亿元	1278.10	9.9
进出口总额	亿元	1789.5	25.2
其中：出口总额	亿元	1465.6	30.2
进口总额	亿元	323.8	6.7
实际利用外商直接投资额	亿元	22.98	-59.4
地方一般公共预算收入	亿元	279.84	6.0
其中：税收收入	亿元	176.85	4.8
地方一般公共预算支出	亿元	460.70	3.9
税收总收入	亿元	510.32	5.4
金融机构本外币存款余额	亿元	5864.34	7.1
其中：住户存款	亿元	3757.84	10.7
金融机构本外币贷款余额	亿元	4970.31	13.2
其中：住户贷款	亿元	2105.53	16.7
旅游收入	亿元	124.83	20.8
居民人均可支配收入	元	37 068	10.1
城镇居民人均可支配收入	元	43 622	9.3
农村居民人均可支配收入	元	23 376	10.6
居民消费价格指数	%	101.2	1.2
工业生产者出厂价格指数	%	103.7	3.7
全社会用电量	亿度	350.85	13.5
其中：工业用电量	亿度	234.18	11.6

江门市非遗项目一览表

	国家级（8项）	省级（26项）	市级（92项）	县（市、区）级（103项）
市直	1项 2008年第二批新增项目（1项） ·白沙茅龙笔制作技艺 （传统技艺）		1项 2022年第九批（1项） ·粤剧（传统戏剧）	
蓬江区	1项 2008年第二批扩展项目（1项） ·龙舞 （荷塘纱龙） （传统舞蹈）	4项 2012年第四批（1项） ·宫灯制作技艺 （江门东艺宫灯制作技艺） （传统技艺） 2015年第六批（1项） ·罗氏柑普茶制作技艺 （传统技艺） 2018年第七批（1项） ·庙会 （洪圣庙会） （民俗） 2022年第八批扩展项目（1项） ·珠玑巷人南迁传说 （珠玑巷移民落籍良溪传说） （民间文学）	8项 2013年第四批（1项） ·周家拳 （传统体育、游艺与杂技） 2015年第五批（1项） ·潮连芝山纱龙 （传统舞蹈） 2017年第六批（2项） ·棠下白眉拳 （传统体育、游艺与杂技） ·卢艺鹿角椅制作技艺 （传统技艺） 2021年第八批（2项） ·江门蛋雕制作技艺 （传统技艺） ·蔡李佛拳 （蓬江雄胜蔡李佛拳） （传统体育、游艺与杂技） 2022年第九批（2项） ·南派佛家拳 （传统体育、游艺与杂技） ·岭南蜂疗 （传统医药）	22项 2009年第一批（1项） ·抢花炮 （传统技艺） 2017年第四批（2项） ·潮连铜虾制作技艺 （传统技艺） ·潮连酿鳝制作技艺 （传统技艺） 2019年第五批（4项） ·潮连民间传说 （民间文学） ·梁家拳 （传统体育、游艺与杂技） ·杜阮凉瓜外婆茶 （传统技艺） ·荷塘煎鱼饼 （传统技艺） 2020年第六批（2项） ·余氏针刺三法 （传统医药） ·荷塘霞村天后庙会 （民俗） 2021年第七批（4项） ·潮连火龙 （传统舞蹈） ·广式散打 （传统体育、游艺与杂技） ·赵传杨氏太极拳（江门） （传统体育、游艺与杂技） ·荷塘冲菜制作技艺 （传统技艺） 2022年第八批（9项） ·白沙古琴艺术 （传统音乐） ·大理石画制作技艺 （传统技艺） ·手冲姜撞奶制作技艺 （传统技艺） ·米团糍制作技艺 （传统技艺） ·山黄皮果酒 （传统技艺） ·白沙铜艺制作技艺 （传统技艺） ·尖尾芋头茶制作技艺 （传统技艺） ·岭南膏方 （传统医药） ·荷塘镇为民村乞巧节 （民俗）

江门市非遗项目一览表

续上表

	国家级（8项）	省级（26项）	市级（92项）	县（市、区）级（103项）
江海区		1项 2007年第二批（1项） ·赛龙舟 （礼乐龙舟） （民俗）	8项 2007年第一批（1项） ·外海面制作工艺 （传统技艺） 2009年第二批（1项） ·外海太虚拳 （传统体育、游艺与杂技） 2019年第七批（1项） ·礼乐梁氏传统木雕制作技艺 （传统技艺） 2021年第八批（2项） ·外海生恭鲤鱼手工艺品 （传统技艺） ·台山玉石雕刻技艺（江海） （传统技艺） 2022年第九批（3项） ·狮舞（江海佛装狮艺） （传统体育、游艺与杂技） ·刘氏铜木镶嵌传统制作技艺 （传统技艺） ·麻二佛家拳 （传统体育、游艺与杂技）	6项 2009年第一批（2项） ·龙溪诗词 （民间文学） ·礼乐民谚 （民俗） 2018年第三批（1项） ·礼乐脱脂鱼干制作技艺 （传统技艺） 2020年第四批（1项） ·传统大头佛表演套路 （传统舞蹈） 2021年第四批（2项） ·礼乐腊味制作技艺 （传统技艺） ·外海花生饼手工制作技艺 （传统技艺）
新会区	3项 2008年第二批新增项目（1项） ·蔡李佛拳 （传统体育、游艺与杂技） 2008年第二批新增项目（1项） ·新会葵艺 （传统美术） 2021年第五批（1项） ·中药炮制技艺 （新会陈皮炮制技艺） （传统医药）	6项 2009年第三批（2项） ·崖门海战流传故事 （民间文学） ·广式硬木家具制作技艺 （新会古典家具制作技艺） （传统美术） 2012年第四批（1项） ·陈梦吉故事 （民间文学） 2013年第五批（1项） ·小冈香制作技艺 （传统技艺） 2022年第八批（2项） ·蚝油制作技艺 （传统技艺） ·烧腊制作技艺 （新会古井烧鹅制作技艺） （传统技艺）	16项 2007年第一批（4项） ·大鳌咸水歌 （传统音乐） ·新会鱼灯 （传统技艺） ·双水山地风筝 （传统技艺） ·双水蕉树龙 （民俗） 2009年第二批（2项） ·三江龙乡游龙 （传统舞蹈） ·司前金龙 （传统舞蹈） 2013年第四批（1项） ·大有凉果制作技艺 （传统技艺） 2015年第五批（1项） ·冈州古琴艺术 （传统音乐） 2019年第七批（1项） ·司前龙舟习俗 （民俗） 2021年第八批（1项） ·明式圈椅制作技艺 （传统技艺） 2022年第九批（6项） ·赛龙舟 （大泽龙舟）（民俗） ·蔡李佛医药 （传统医药） ·冈州古琴斫制技艺 （传统技艺） ·大泽糍仔制作技艺 （传统技艺） ·临潮米酒配制技艺 （传统技艺） ·石板沙黄沙蚬烹饪技艺 （传统技艺）	22项 2009年第一批（1项） ·司前木版年画 （传统美术） 2011年第二批（4项） ·沙堆狮艺 （传统舞蹈） ·沙堆八音锣鼓 （传统音乐） ·会城粤曲 （曲艺） ·重阳圭峰登高习俗 （民俗） 2017年第五批（6项） ·舞熊罴 （传统舞蹈） ·清式屏风制作技艺 （传统技艺） ·镶理石五围屏宝座制作技艺 （传统技艺） ·云龙宝座制作技艺 （传统技艺） ·南官帽椅制作技艺 （传统技艺） ·五足内卷圆香几制作技艺 （传统技艺） 2020年第六批（1项） ·新会柑茶制作技艺 （传统技艺） 2022年第七批（10项） ·苟记腊味制作技艺 （传统技艺） ·陈皮龟苓膏配制技艺 （传统技艺） ·田心腊鸭制作技艺 （传统技艺） ·司前温蛋卤制作技艺 （传统技艺） ·司前油艇凸制作技艺 （传统技艺） ·三江牛耳壳制作技艺 （传统技艺） ·茅龙笔书法 （传统美术） ·新会木版神祃 （传统美术） ·同和客家闹元宵 （民俗） ·大鳌水上迎亲 （民俗）

江门市非遗项目一览表

续上表

	国家级（8项）	省级（26项）	市级（92项）	县（市、区）级（103项）
台山市	2项 2006年第一批新增项目（1项） ·广东音乐 （传统音乐） 2008年第二批新增项目（1项） ·抬阁 （芯子、铁枝、飘色） （台山浮石飘色）（民俗）	3项 2009年第三批（1项） ·广式硬木家具制作技艺 （台山大江传统家具制作技艺） （传统技艺） 2018年第七批（1项） ·海宴冬蓉制作技艺 （传统技艺） 2022年第八批（1项） ·台山九人排球 （传统体育、游艺与杂技）	19项 2007年第一批（2项） ·跳禾楼 （民俗） ·广海打龙船 （民俗） 2009年第二批（2项） ·台山冲蒌编织 （传统技艺） ·台山汶村庙会 （民俗） 2011年第三批（1项） ·台山民歌 （传统音乐） 2017年第六批（1项） ·佛家拳 （传统体育、游艺与杂技） 2019年第七批（3项） ·台山黄鳝饭制作技艺 （传统技艺） ·赤溪客家擂糖糊 （传统技艺） ·马氏中医推拿按摩 （传统医药） 2021年第八批（4项） ·广海咸鱼制作技艺 （传统技艺） ·传统铸剑技艺 （传统技艺） ·台山米酒酿制技艺 （传统技艺） ·台山玉石雕刻技艺 （传统技艺） 2022年第九批（6项） ·汶村五味鹅制作技艺 （传统技艺） ·川岛虾酱制作技艺 （传统技艺） ·台山蚝油制作技艺 （传统技艺） ·深井柴火豆沙制作技艺 （传统技艺） ·黄氏传统锻刀技艺 （传统技艺） ·台山宝塔腊味加工技艺 （传统技艺）	12项 2008年第一批（5项） ·台山曲艺 （传统音乐） ·水步山口圩牛肉节 （民俗） ·海侨东南亚风情舞 （传统舞蹈） ·海宴汶村书画 （传统美术） ·赤溪客家山歌 （传统音乐） 2017年第二批（2项） ·传统中式手绘仿古墙纸技艺 （传统技艺） ·舞狮 （传统体育、游艺与杂技） 2020年第四批（1项） ·台山红毛泥雕艺 （传统技艺） 2021年第五批（4项） ·雷仁生飞龙虎棍 （传统体育、游艺与杂技） ·洪拳 （传统体育、游艺与杂技） ·台山白云茶制作技艺 （传统技艺） ·舞草龙 （民俗）

江门市非遗项目一览表

续上表

	国家级（8项）	省级（26项）	市级（92项）	县（市、区）级（103项）
开平市	1项 2008年第二批新增项目（1项） ·灯会 （泮村灯会）（民俗）	4项 2009年第三批（1项） ·金声狮鼓制作技艺 （传统技艺） 2012年第四批（1项） ·腐乳酿造技艺 （广合腐乳酿造技艺） （传统技艺） 2013年第五批（1项） ·开平民歌 （传统音乐） 2015年第六批（1项） ·灰塑 （开平灰塑） （传统美术）	23项 2007年第一批（1项） ·开平卖鸡调 （曲艺） 2009年第二批（1项） ·司徒浩毛笔 （传统技艺） 2011年第三批（1项） ·马冈鹅繁育 （传统技艺） 2017年第六批（1项） ·镇濠泥鸡制作技艺 （传统技艺） 2019年第七批（3项） ·马冈牛皮制作技艺 （传统技艺） ·玉石花盆景传统制作 （传统美术） ·张桥庙会 （民俗） 2021年第八批（8项） ·开平民间杂技 （传统体育、游艺与杂技） ·塘口家糍制作技艺 （传统技艺） ·马冈竹器 （传统技艺） ·金漆彩石镶嵌传统制作技艺 （传统技艺） ·开平疍家菜制作技艺 （传统技艺） ·开平疍家双晒鲮鱼干制作技艺 （传统技艺） ·护龙村舞火龙传统活动 （民俗） ·楼冈网墟 （民俗） 2022年第九批（8项） ·赛龙舟 （水口龙舟）（民俗） ·赤坎煲仔饭烹饪技艺 （传统技艺） ·马冈凉粉制作技艺 （传统技艺） ·马冈烧味制作技艺 （传统技艺） ·张桥豆豉制作技艺 （传统技艺） ·洪玄堂龟苓膏制作技艺 （传统技艺） ·大沙茶制作技艺 （传统技艺） ·圣母游巷 （民俗）	17项 2007年第一批（1项） ·开平壁画 （传统美术） 2008年第二批（10项） ·梅花百咏 （民间文学） ·水井民歌 （传统音乐） ·赤坎豆腐角 （传统技艺） ·马山的传说 （民间文学） ·谭碧冬瓜 （传统技艺） ·状元山的来由 （民间文学） ·舞草龙 （民俗） ·马冈濑粉 （传统技艺） ·赤坎大梧火龙 （民俗） ·杜冈冲澄龙舟 （传统体育、游艺与杂技） 2020年第四批（1项） ·三埠石海烧塔 （民俗） 2021年第五批（5项） ·开平邓氏正筋手法 （传统技艺） ·禾草灰咸鸭蛋传统制作技艺 （传统技艺） ·开平火蒜鸡仔饼制作技艺 （传统技艺） ·开平木雕 （传统技艺） ·塘口糍花制作技艺 （传统技艺）

江门市非遗项目一览表 （续上表）

	国家级（8项）	省级（26项）	市级（92项）	县（市、区）级（103项）
鹤山市		**6项** 2007年第二批（2项） ·狮舞 （狮艺）（传统舞蹈） ·咏春拳 （传统体育、游艺与杂技） 2012年第四批（1项） ·东古牌系列酱料制作技艺 （传统技艺） 2013年第五批（1项） ·陈山香火龙习俗 （民俗） 2015年第六批（1项） ·端午节 （古劳三夹腾龙）（民俗） 2022年第八批（1项） ·鹤城客家花炮会 （民俗）	**11项** 2009年第二批（1项） ·玉桥民间传统艺术节 （民俗） 2021年第八批（3项） ·址山龙湾龙舟 （传统体育、游艺与杂技） ·古劳鱼皮角 （传统技艺） ·黄洞米点 （传统技艺） 2022年第九批（7项） ·竹朗金龙 （洪圣打醮）习俗（民俗） ·鹤山狮头制作技艺 （传统技艺） ·龙口牛肉制作技艺 （传统技艺） ·鹤山红茶制作技艺 （传统技艺） ·紫丹苏陶制作工艺 （传统技艺） ·鹤城客家花生加工技艺 （传统技艺） ·古劳麦水敕力诞习俗 （民俗）	**10项** 2007年第一批（4项） ·钱塘彩龙 （传统舞蹈） ·桃源社日 （传统舞蹈） ·鹤城腐竹 （传统技艺） ·鹤城客家黄酒 （传统技艺） 2017年第二批（5项） ·鹤城客家上灯习俗 （民俗） ·黄洞香火龙习俗 （民俗） ·圣堂香火龙习俗 （民俗） ·客家山歌 （传统音乐） ·靖村竹编技艺 （传统技艺） 2021年第三批（1项） ·源广和盒仔茶 （甘和茶）（传统技艺）
恩平市		**2项** 2012年第四批（1项） ·恩平民歌 （传统音乐） 2013年第五批（1项） ·茶坑石雕刻技艺 （传统技艺）	**6项** 2007年第一批（1项） ·恩平木鱼 （曲艺） 2009年第二批（1项） ·恩平歇马励学制 （民俗） 2019年第七批（2项） ·恩平烧饼 （传统技艺） ·恩平濑粉 （传统技艺） 2021年第八批（1项） ·勒菜茶制作 （传统技艺） 2022年第九批（1项） ·恩平裹粽 （传统技艺）	**14项** 2008年第一批（6项） ·地仙孔武德 （民间文学） ·偷青 （民俗） ·小儿百日 （民俗） ·"光标"庆灯 （民俗） ·石屋建造技艺 （传统技艺） ·七月田了节 （民俗） 2013年第三批（4项） ·二月二节 （民俗） ·三月三节 （民俗） ·新居入伙仪式 （民俗） ·工程兴工仪式 （民俗） 2021年第五批（4项） ·婚庆礼饼 （民俗） ·七星狮鼓 （民俗） ·舞草龙 （民俗） ·土法黑豆沙制作技艺 （传统技艺）
合计	2006年第一批（1项） 2008年第二批（6项） 2021年第五批（1项）	2007年第二批（3项） 2009年第三批（4项） 2012年第四批（5项） 2013年第五批（4项） 2015年第六批（3项） 2018年第七批（2项） 2022年第八批（5项）	2007年第一批（9项） 2009年第二批（8项） 2011年第三批（2项） 2013年第四批（2项） 2015年第五批（2项） 2017年第六批（4项） 2019年第七批（10项） 2021年第八批（21项） 2022年第九批（34项）	

主题索引

说明

1. 本索引采用主题分析方法,按主题词汉语拼音顺序排列。

2. 所有的主题词后面的数字表示内容所在页码,数学后面的拉丁字母(a,b)表示该页自左至右的栏别。

数字

1月	1a
"1+6"园区	163b
10月	14a
11月	16a
12月	18a
12345 政务服务便民热线	199a
2月	2b
2021 江门市"精彩·夜侨都"消费节	201a
2021 江门市首届茶饮节	201a
2022年工作安排	321b
2021年江门市国民经济和社会发展统计公报	329a
2021年开平省级以上获奖的成绩	297b
3月	3b
4月	5a
5月	7a
5G应用发展	194b
6月	8b
7月	9b
8月	11b
9月	12b

A

爱国卫生运动	244b
爱国主义教育广泛开展	26b
安全风险管理	262b
安全生产概况	260b
安全生产监督管理	260b
安全生产培训与宣传教育	267b
安全生产责任落实	260b
安全生产执法监察	262a
安全生产专项整治	261a
安置帮教	112a
案件执行	110b

B

办文办会	55a
帮扶困难妇女儿童	240a
褒扬纪念	117b
保险产品创新	154b
保险监管	154b
保险业	154b
报纸出版	236a
北组团	163b
标准体系建设	134a
殡葬	260a
殡葬殡仪服务	260a
殡葬服务设施建设	260a
殡葬领域问题专项整治	260b
兵员征集任务	114a
玻璃制造业	180b
博物馆	232b
不动产登记	122a

C

财政	139b,299a
财政保障民生	141a
财政保障重点项目建设	140b
财政管理改革	141b
财政监督	142a
财政审计	126a
财政·税务	139b
财政运行	140a
财政支持加强党的领导和建设	141b
财政支持实体经济转型升级	141a
参与乡村振兴	74a
参政议政	66a,67b,68b,70a,71a,71b,72a,74b,85b
残疾人福利	258a
残疾人就业及职业培训工作	89b
残疾人康复工作	88a
残疾人社区和居家服务	89a
残疾人特殊教育	88b

残疾人维权工作	90b
残疾人宣传文体工作	91a
残疾人组联工作	90a
残联组织概况	87b
测绘与地理信息管理	123b
产品安全监督	131a
产学研结合	225b
产业工人队伍建设改革	75b
产业结构优化调整	179b
"潮起湾区，扬帆新会"新会招商推介大会	288b
成人教育	223a
城市道路桥梁建设	157a
城市管理体制改革	158a
城市轨道交通建设	191b
城市建设	156b
城市排水	159b
城乡供电	160a
城乡供水	159a
城乡供气	160b
城乡规划编制	123a
城乡规划管理	123a
城乡建设	156a,277b,280b,287a,290b,295a,303a,310b
城乡居民基本养老保险	253b
城乡居民最低生活保障	256b
城乡融合发展	156a
城镇老旧小区改造	156a
城镇职工基本养老保险	253b
出版物市场管理	236b
出版·印刷	236a
出入境边防检查	166a
出入境管理	106b
船舶监督	188b
船舶与海洋工程装备业	181a
船员管理	189a
创建全国基层中医药工作先进单位	247b
创新特色旅游模式	311b
创新推广方式	207a
创业创新巾帼行动	80b
创业孵化基地建设	252b
慈善活动	259b
慈善事业	259b
翠山湖工业园建设	296b
村镇建设	160b

D

搭桥联谊	85a
打好脱贫攻坚战	295b
打击走私工作	107b
大气环境质量	268a
大气环境综合整治	269a
党管武装和双拥共建	114b
党史工作	46a
党史教育基地和革命遗址保护利用	46b
党史学习教育	61a
党史征编研究成果	46a
党史资政工作	46a
党校	44b
党章党规党纪教育培训班	64a
档案安全建设	234b
档案工作	233b
档案接收	234b
档案利用与服务	234b
档案培训	234a
档案宣传	234a
档案业务指导	233b
档案执法监督检查	233b
档案资源建设	235a
道路交通管理	105b
道路运输	187a
道路运政执法	185b
德育工作	211a
低保和特困人员供养标准提高	256a
地方党史宣教维度拓展	46a
地方金融服务	147a
地方立法	104a
地方志工作	235a
地方志信息化建设	236a
地方志资源开发利用	236a
地理	21a
地理位置	21a

地情宣传推介	235b
地下综合管廊建设	157a
地形地貌	21a
地质与海洋防灾	123b
第二轮中央生态环境保护督察	271b
第七次全国人口普查	128a
电视节目创新	237b
电网建设	160a
电子工业	180a
电子商务	201a
电子商务发展措施	201a
电子信息制造业	180a
调研视察	61b
东组团	163b
动物检疫监督	173a
动物资源	23a
督查督办	55a
对台宣传与涉台教育	99b
对外交流与合作	96a
对外经济	333a
对外经济贸易	300b
对外贸易扶持	162b
对外文化交流	232a
多党合作事业	37b

E

恩平工业园	164b
恩平海关	139b
恩平口岸	166a
恩平市	308a,316b
儿童福利	257b

F

发展规划管理	118a
法规工作	113b
法律服务	74a
法律援助	113a
法院	110a
法院司法改革	111a
法院司法公开	111a
法院司法为民	110b
法治	100b
法治监督	102b
法治宣传	111b
法治政府建设	103a
法治资政	103b
反不正当竞争执法	132a
反腐倡廉	65a
方志馆库建设	235a
防空警报试鸣举行	114a
防灾减灾救灾能力建设	266a
防灾减灾救灾体系机制建设	265a
房地产管理信息系统	183a
房地产市场监督	182b
房地产业	182b
"房地一体"农村不动产登记发证	122b
房屋租赁管理	183b
非法采砂整治	178a
非公有制经济领域统战	38b
非物质文化遗产	232a
孵化育成体系建设	226a
伏季休渔管理	175a
扶困助学	63a,208b
服务经济建设	73b
服务经济社会发展	143a
服务业	331b
福利彩票	258a
辐射质量	268b
妇女·儿童	240a
妇女儿童发展规划实施	240a
妇女儿童权益维护	81a
妇幼健康服务	243a

G

概况 26a,37b,43b,46a,55b,56b,73a,75a,77a,80a,
82a,84a,93b,97a,98a,99b,100b,101a,104b,108a,
110a,111a,114b,115b,118a,119b,121a,125b,128a,
135a,139b,142b,144a,147a,147b,154b,156b,159a,
160a,160b,161b,162a,163a,164b,166b,167a,169b,

170b,173a,174a,175b,179a,180a,180b,181b,182b,
183b,187b,188a,190b,192a,194a,194b,199a,200b,
201a,201b,202b,205a,205b,206b,207a,212b,224a,
228a,230a,233b,235a,238b,240b,242a,246a,247a,
251b,253b,256a,257a,259a,259b,260a,262b,264b,
272a,274a,278a,281b,288b,291b,297b,308a
概述 47a,94b,129a,254b
干部队伍建设 33b
干部培训 44b
港澳事务 98a
港口安全监管 187b
港口管理 187b
港口物流业 187b
高标准农田建设 168a
高等教育 220b
高沙海关 139b
高沙货运口岸 165a
个体私营经济 167a
个转企 167a
耕地保护 121b
工会改革创新 76b
工会基层组织建设 76a
工业 179a,298b
工业和建筑业 330b
工业互联网 180a
工业企业技术改造 179b
工业园区 311a
工业园（区）建设 284b
公安 104b
公安法制建设 107b
公安监所管理 106b
公房管理 258b
公共法律服务 113a
公共交通管理 187a
公共就业和人才服务建设 249b
公共数据管理应用 197b
公共图书馆 233a
公共卫生 244a
公共文化 230b
公共资源"阳光交易" 198b
公路建设 189b
公路路政执法 186a
公路新改建工程 189b
公路养护 189b
公平竞争审查和价格监督 131b
公益慈善 63a
公益诉讼 109b
公证管理 112a
公租房信息化管理 258b
供电服务 160b
供水服务 159a
供水建设 159a
供销合作联社经营发展 203b
供销合作联社新型乡村助农服务示范体系建设 ... 203b
供销合作联社助力精准扶贫和消费扶贫 ... 204a
供销合作联社助推农业污染控制 204a
供销合作联社综合改革 203b
供销合作社业 202b
巩固拓展脱贫攻坚成果同乡村振兴有效衔接 .. 140b
共青团参与基层社会治理 79b
共青团江门市委员会 77a
共青团助力禁毒 80a
共青团自身建设 77b
固定资产投资 300a,332a
固定资产投资审计 126b
固体废物与危险废物安全监督 270a
管网建设 160b
广播·电视 237b
广播节目创新 237b
广东江门幼儿师范高等专科学校 218a
广东江门中医药职业学院 214b
广东南方职业学院 217a
"广东世界遗产探寻之旅"江门站活动 100b
广发银行江门分行 150b
广交会 162b
广州华立学院（江门校区）开学典礼 288b
规范性文件管理 104a
规划编制 239a
国家传统村落、省传统村落打造 161a
国家机关工作人员人事任免 50b
国家森林城市建设 172b
国家统一法律职业资格考试 112b

条目	页码
国民经济动员	26a
国内贸易	332b
国土空间规划	122b
国有林场改革	172b
国有企业供给侧结构性改革	120a
国有企业经营	119b
国有资产监督管理	119b
国有资产监管	120a

H

条目	页码
海关	137a
海绵城市建设	157b
海上防污染管理	188b
海上搜寻救助	189a
海事服务重大项目建设	189b
海事管理	188a
海外侨情变化	24a
海域海岛管理	124b
海域资源	23b
航道管理	190b
航道建设	190b
航道养护	191a
航海安全保障	189b
航空文化主题活动	311b
合作开放扩大	118b
合作培训	45b
河湖管理	177a
核与辐射环境管理	270b
鹤山工业城	164a
鹤山海关	139b
鹤山口岸	165b
鹤山市	297b,316a
恩平市	308a,316b
红树林湿地管护	172a
"互联网+"工会建设	76a
户政管理	106a
花卉产业	170b
华侨华人·港澳台同胞	298b
化工产业	180a
化学纤维制造业	180b
化学原料及化学制品制造业	180b
环境保护	281a,303b
环境法治建设	271a
环境宣传与教育	272b
环境执法监管	271a
环境质量	268a
环境综合整治	268b
会港大道工程建设	190a
婚姻登记	260a
活动赛事	239b
货币信贷管理	144b

J

条目	页码
机构编制	38b
机构编制工作概况	38b
机构编制管理	40a
机构编制监督检查	40a
机构编制资源优化配置	39b
机关党建	40b
机关党建创新考核机制	41a
机关党建宣传	41b
机关党务干部教育培训	41b
机关党务管理	41a
机关党员志愿服务	43a
机关党组织概况	40b
机关反腐倡廉	43a
机关群团工作	42b
机关主题教育	41b
机关作风建设与管理创新	43b
基本市情	21a
基层党组织建设	34a
基层法律服务	113a
基层侨务	97a
基层卫生健康	242b
基层组织	83b
基层组织建设	80a
基础教育	209b
基础设施建设	210a
疾病预防控制	244a
计划生育概况	248a

计划生育和老龄服务	248a
计划生育奖扶	248b
纪检监察	63b
纪检监察队伍自身建设	64b
纪检监察责任担当	64b
纪检监察组织概况	63b
技术转移体系建设	225b
家具制造业	181a
家庭文明创建	81b
价格成本调查	128b
价格改革	128b
价格监测	128a
监督、倡廉	64b
检察	108a
检察机关服务社会	109b
建材产业	180b
建设工程造价管理	182a
建设项目环境管理	271a
建置沿革	22a,298a
建筑工程质量	181b
建筑施工安全	181b
建筑业	181b
建筑业·房地产	300a
江澳金融合作	147a
江海区	278a
江门滨江新城	164a
江门第一侨乡	23b
江门港	164b
江门高新港	164b
江门高新港投入运营	281a
江门高新技术产业开发区	314b
江门公用水务环境股份有限公司	159b
江门国家高新区	163b
江门海关服务地方特色农产品出口	138b
江门海关巩固压缩整体通关时间成效优化口岸营商环境	138a
江门海关推进智慧海关建设	139a
江门海关支持地方高水平开放新平台建设	138b
江门海关筑牢国门安全防线	137a
江门金融支农联盟	147b
江门军分区	114a
江门开放大学	223a
江门农商银行	151b
江门侨青会概况	86b
江门日报社	236b
江门市2021江澳"开新局·展新貌"对接会活动	99a
江门市残疾人联合会	87b
江门市档案新馆建设	234a
江门市方志展馆建设	235a
江门市妇女联合会	80a
江门市工商联合会	73a
江门市归国华侨联合会	84a
江门市红十字会	94b
江门市交通建设投资集团有限公司	120a
江门市科学技术协会	82a
江门市冷链食品新冠病毒核酸阳性事件应急演练	134b
江门市企业资产经营有限公司	120b
江门市人民代表大会	48a
江门市人民代表大会常务委员会	312b
江门市人民检察院	313b
江门市人民政府	54a,312b
江门市商业协会	200b
江门市社会科学界联合会	91b
江门市文学艺术界联合会	93b
江门市新三甲医院（江门市公共卫生临床中心）项目开工建设	243b
江门市印尼归侨联谊会	87b
江门市职业技术学院	213a
江门市中级人民法院	313b
江门市总工会	75a
江门市"最美退役军人"先进事迹宣传	117b
江门"双碳"实验室揭牌	288b
江门一中	211b
江门与港澳合作发展	98b
江门与港澳青少年交流合作	99a
江门在全省地级市中率先上线试运行"信访超市"应用系统	56a
江门中微子实验站	297b
江台交流交往	100a
江台经贸合作	100a
交通	301a
交通规划编制	184b

交通市场监管	184a
交通运输	287a
交通运输行业安全生产	184b
交通运输业·邮政业	183b
交通运输执法	185b
交通重点项目建设	185a
教师继续教育	210a
教学布局	45a
教学管理	45b
教育	208a,301b
教育和科学技术	335a
教育培训	73b
教育信息化	208a
节能减排	272a
节能宣传	272b
节约用水	176b
金融	144a,299b,333b
金融服务乡村振兴	148a
金融服务与创新	144b
金融监管与稳定	145b
金融消费者权益保护	145b
金融业竞赛活动	146b
金融支持实体经济发展	146a
金融助力乡村振兴	147a
禁毒工作	107a
经济发展	274a,278b,282a,289a,292a,308b
经济发展概况	24a
经济犯罪侦查	106a
经济监督管理	118a
经济与社会建设	24a
经济责任审计	126a
经济仲裁	113b
精神文明建设	26a,35b
精神文明建设制度化和法治化水平提升	29a
警务督察	107a
竞技体育	239b
九三学社江门市委员会	72a
就业创业服务平台建设	252a
就业促进	251b
就业失业监测	253a
聚焦练兵备战	115a

决策咨询服务	44b
军队转业干部安置	116a
军民融合发展	114a
军事	114a
军休服务	117a

K

开发区建设	163a
开放型经济 对外贸易	162a
开平翠山湖科技产业园	164a
开平海关	139b
开平口岸	165b
开平市	291b,315b
科技	302a
科技成果与应用	227b
科技创新创业环境	224b
科技创新平台建设	226b
科技服务乡村振兴战略	227a
科技培训	227a
科技企业融资环境	224b
科技人才队伍建设	227b
科技项目申报与管理	225a
科技执法	186b
科普行动	83a
科学技术	224a
科研咨政	45b
口岸	164b
跨境电子商务综合试验区建设	201b
跨区域应急联动机制建立	267a
快递市场执法检查	192b
快递业安全生产监管	192a
矿产资源	23a
矿产资源管理	123a
困难群体就业	252b
困难职工帮扶	76a
扩大住房保障范围	258a

L

劳动保障监察	253a
劳动工资	252b
劳动关系	252b
劳动关系协调	253a
劳动力技能培训教育	250b

劳动领域政治安全	75b	旅游信息化建设	205a
劳动人事争议仲裁	253a	旅游宣传营销	206b
老干部大学	48a	旅游业	205a
老干部待遇落实	47a	旅游质量监管	207b
老干部党建工作	47b	旅游重点项目建设	205b
老干部工作	47a	律师管理	111b
老干部活动	47b	绿色低碳建设	272b
老干部思想政治建设	47b	绿色建设和装配式建筑发展	182a
老龄工作	248b	绿色社区创建	157a
老年人福利	257b		
理论宣传	45b		

M

历史沿革	22a		
立法工作	51b	美丽圩镇建设	161a
立法管理工作	51b	美术馆	233a
利用外资	163a	民办教育	209b
联谊交流	99b	民商事审判	110b
粮食安全监督	202a	民生交通工程建设	185b
粮食产销合作	202a	民生审计	126b
粮食流通基础设施建设	202b	民事行政诉讼监督	109a
粮食生产	169b	民营经济	166b
粮食应急管理体系建设	202a	民营医院建设	242a
粮油产业	201b	民主党派	313b
粮油业	201b	民主党派概况	65a
粮资储备管理	202b	民主党派和工商联	65a
"两中心两基地一平台"揭牌启动	281b	民主监督	62a
林业	170b	民族事务	241a
林业有害生物检疫与防治	171a	民族宗教事务	240b
林业种苗与科技	171b	名录库建设	127a
临时救助	256b		

N

零售业	200b		
领导机构党派团体负责人名单	312a	南沙港铁路货运工程	192a
流浪乞讨人员救助	256b	南药生产	170b
留学归国人员创新创业项目评审	250b	南组团	163b
落实税收优惠政策	142b	内部审计	127a
旅游	300a	农产品价值和安全水平提升	167b
旅游安全管理	207b	农村低保专项治理	256a
旅游标准化建设	207b	农村供水工程建设	178b
旅游规划编制与实施	206a	农村经济发展	24b
旅游行业管理	207a	农村生活污水治理	270b
旅游开发建设	205b	农村危房改造	161a
旅游区域合作	207a	农贸市场升级改造	200b
旅游人才培训	207b	农田水利工程建设	178a
旅游市场开拓	206b		

农业	299a,330b
农业保险	168b,296a
农业产品质量管理	169a
农业创新能力增强	168a
农业机械化	169a
农业金融模式	295b
农业绿色发展	168a
农业社会化任务	168b
农业·水利	167a
农业综述	167a
暖侨活动开展	87a

P

拍卖业	201b
蓬江区	274a,314b
平安财险江门中心支公司	155a
平安江门建设	102a
平安人寿江门中心支公司	155b
普惠金融	146a
普通高中教育	209b

Q

期刊出版	236a
企业审计	126b
企业职工养老保险	254a
启动"粤平安"群众信访诉求矛盾纠纷化解综合服务应用江门市域项目	56b
气候	21b
气候·河流	298a
气象服务	229a
气象事业	228a
气象特征	228a
气象重点项目建设	229b
汽车制造业	181b
强化政治引领	115a
强基固本	82b
强制隔离戒毒管理	112b
侨胞善举	295b
侨界参政议政意识增强	87a
侨界创业平台搭建	87a
侨界抗疫	86b
侨界助力创文抗疫	84b
侨青会经贸助力	86b
侨务	97a
侨务调研	97b
侨务服务	97a
侨务外宣	97b
侨乡侨情	23b
青年安居公寓打造	258b
青年思想引领	77a
轻工业	181a
庆典活动	306b
庆祝中国共产党成立100周年宣传活动	34b
区（市）党政名单	314b
区乡人大工作和建设	53b
全国"平安农机"示范县	296a
全国首家归侨文化博物馆	291b
全国首支侨批保护志愿服务队	291b
全媒体建设	238a
全民创业带动就业	252a
全民健身日活动	239b
全域旅游开发	206a
群众体育	239a
群众文化	230a
群众信访诉求矛盾调解综合服务"信访超市"应用系统上线工作培训班	56a

R

人保财险江门分公司	155a
人才队伍建设	34b
人才引进	249a
人才招聘	250b
人大代表工作	52b
人大代表选举工作	52b
人大代表议案建议办理	52b
人大机构概况	48a
人大监督	52a
人大监督工作	52a
人大立法	100b
人道救助	95a
人口	23b
人口·民族·语言	298b
人口·语言	23b

人力资源管理	249a
人力资源·劳动就业	249a
人民防空体系建设	114a
人民生活	304a
人民生活和社会保障	334a
人民调解	112a
人民团体	75a
人事考试	250b
人事·人才	249a
融资担保公司	147a
肉菜流通追溯体系建设	200b

S

"三防"隐患排查治理	265b
"三献"工作	95b
"三支一扶"工作	250a
扫黑除恶	101b
扫黑除恶斗争	108a
森林保险	172b
森林防灭火	266a
森林资源	23a
森林资源管理	170b
商会建设	74b
商贸服务业	200b
商业	300a
社会办医	247b
社会保险	253b
社会保障	253b,304a
社会道德风尚向上向善	27b
社会服务	68a,69a,70b,71a,71b,72b
社会福利	257a
社会经济发展状况	298b
社会救助	256a
社会民生科技攻关	226a
社会事业	276a,279b,285a,290a,292b,309a
社会事业发展	25b
社会团体	314a
社会治安防控体系建设	107b
社会治安管理	105a
社会治理	102a
社科规划	93b
社科课题研讨	92b
社科理论研讨交流	92a
社科联组织概况	91b
社科普及	92b
社科社团管理	93a
社情民意	62b
社区矫正	112a
涉港澳疫情防控	98a
涉航管理服务	191a
涉侨政务	97a
涉台事务	99b
涉台疫情防控	99b
深化税收征管改革	143a
审计	125b
审计项目和组织方式"两统筹"工作	127a
审计信息化建设	127a
生态公益林建设与管理	171b
生态环境保护	287b
生态环境建设	278a,291a,310b
生态环境执法	272a
生态文明建设	295b
生猪屠宰管理	173b
声环境质量	268b
声环境综合整治	270b
省级现代农业产业园	296a
失业保险	254b
石油销售	204a
实施"链长制"	161b
实施名中医传承工程	247b
实施"三项工程"	251b
实体经济	24b
食品安全监督	130b
食品药品及环境领域犯罪打击	105a
食品制造业	181a
市场监督"放管服"改革	129b
市场监督管理	129a
市场监管法治建设	133b
市场行政执法	133a
市场主体	300a

市法学会工作	102b
示范性中医馆建设	248a
市纪委十三届六次全会	63b
市纪委十三届七次全会	64a
市纪委十四届一次全会	64a
"世界海洋日暨全国海洋宣传日"主会场活动	125b
市领导包案解决信访突出问题	56b
市人大常委会会议	49a
市人大其他重要会议	49b
市人民代表大会会议	48b
市容环境卫生建设	157b
市容市政行政执法	158a
市容市政园林管理	157b
市委常委会会议	31b
市委机构概况	30a
市委书记调研鹤山市群众信访诉求综合服务中心	56a
市域社会治理"一网统管"	196b
市长接访群众	56a
市政府常务会议	54a
市政府行政复议及行政应诉案件办理	104a
市政建设与管理	158b
市政协常委会会议	57b
市政协十三届第五次会议	57a
市政协主席会议	58b
事业单位登记管理	40b
事业单位改革	39b
事业单位人事管理	249b
收费管理	129a
收养登记	256b
守牢党史意识形态主阵地	46b
蔬菜产业	170b
数字化农业	169a
数字"抗疫"	198a
数字政府建设	194b
"双随机一公开"监督	130a
双拥工作	117a
水产品质量安全监督	174b
水产养殖污染防治情况	175b
水果产业	170b
水旱灾害防御	265a
水旱灾害防御工作	177a
水环境质量	268a
水环境综合整治	268b
水库移民后期扶持	178b
水利	175b
水利安全生产	176b
水利工作保障	176b
水路运输	188a
水路运政执法	186b
水泥制造业	180b
水生动物防疫检疫	174b
水文	22a
水资源	23a
水资源保护和管理	176a
水资源配置工程建设	176a
税务	142b,299b
司法鉴定	112b
司法求助案	110a
司法行政	111a
思想建设	65b,67a,68a,69b,71b,72a
"四好农村路"示范建设	296b
饲料生产管理	173b

T

台港澳·侨务	300b
台山工业新城	164a
台山海关	139b
台山口岸	165a
台山市	288b,315b
开平市	291b,315b
台山市获评2017—2020年度"平安中国建设示范县"	291a
台商台胞台属合法权益维护	100a
太平人寿江门中心支公司	156a
太平洋财险江门中心支公司	155b
特困供养人员照料护理	256b
特色乡村	311a
特殊教育	209b
特种设备安全监督	131b
体卫艺教育	211a
体育	238b,303a

体育产业	239b
体制机制改革方案制定	44a
铁路运输	191b
通航管理	188a
通信业	199a
统计	127a
统计法治建设	127b
统计业务培训	128a
统一战线	37b
统战联谊	63b
涂料工业	180b
土地资源	23a
土壤污染防治	269b
推进招商体制机制改革	162a
退役军人服务保障体系建设	115b
退役军人权益维护	117b
退役军人事务	115b
退役士兵（官）安置	116b
退役士兵就业创业	116b
拓展传播平台，传承中华文化	86a

W

外国人管理	96b
外海海关	139b
外贸发展政策	162b
外事	95b
外事接待	95b
外事·侨务·港澳台事务	95b
网络安全管理	106b
网络交易和广告监管	132a
网络宣传管理	36b
网上共青团建设	79b
危桥改造及加固	189b
"微实事"代表建议工作	53b
维护侨益	85a
委员工作室	61b
委员议事厅	61a
委员约见市政府领导座谈会	60b
卫生	302b
卫生健康	242a

卫生健康宣传	245b
卫生健康综合监督	245a
卫生信息化建设	243a
卫生应急	244a
未成年人检察	109b
文博事业	232a
文化	302a
文化产业	231a
文化高地建设	36a
文化公益	63a
文化馆	233a
文化交流	99a
文化旅游体育融合发展	205b
文化·旅游·体育·卫生	335a
文化市场管理	231a
文化遗产新增与保护	232a
文化艺术	230a
文化艺术比赛	232a
文旅品牌打造	206a
文明城市"四级联创"	28a
文物保护	232a
文献专载	317a
文艺队伍建设	94b
文艺精品创作生产	36a
文艺品牌建设	94a
问题楼盘化解	183a
"我为群众办实事"实践活动	76b
无偿献血	242a
五邑大学	220b
武警江门支队	114b
武装工作基础	114b
物价管理	128a
物业管理	183b

X

习近平新时代中国特色社会主义思想学习宣传贯彻	26b
习近平新时代中国特色社会主义思想学习研究宣传	34b
系统防范化解道路交通安全风险工作	190a

下沙公园启用	281a	行政执法监督、协调、指导	104b
现代产业发展	118a	畜牧产业化发展	173b
现代农业与食品产业集群推进	168a	畜牧业	173a
乡村振兴巾帼行动	81a	宣传	34b
乡风文明建设和文化振兴	28b	宣传干部人才队伍建设	36b
消防队伍建设	264a	宣传教育活动	82a
消防管理	262b	学前教育	209b
消防管理体制改革	263a	学生素质教育	210b
消防基础设施建设	263a	学术论坛	82b
消防宣传	263b	学校少先队工作	78a
消防隐患整治	263b	寻亲服务机制	257a
消防制度建设	263b	循环经济发展	179b
消费者权益保护	132b		
校园安全教育	211b	**Y**	
歇马举人村被评为国家AAA级旅游景区	311a		
协商议政	62a	烟草专卖	204b
《新会陈皮影像志》拍摄	236a	药品安全监督	131a
新会海关	139b	医保基金监管	256a
新会口岸	165a	医保综合能力建设	255b
新会区	281b、315a	医疗保障	254b
新会区居世界、亚洲、全国、全省、全市之最	288a	医疗保障体系建设	255a
新会文化旅游嘉年华活动	288b	医疗服务可及性	247a
新会银洲湖	164a	医疗服务质量	247a
新疆高中、西藏幼师班开办	209a	医疗卫生对口支援	247a
新闻出版	236a	医疗资源配置优化	246b
新闻宣传和舆论引导	35a	医药卫生体制改革	243b
新型经营主体培育	168a	医药重点领域改革	255b
信访工作	55b	医政管理	246a
信访矛盾化解攻坚	56b	依法讨论重大事项	50a
信息产业发展	194b	依法行政考评	103a
信息化	306a	依法治市	103a
信息基础设施建设	194b	义务教育	209b
信息业	194a	义务植树和群众性绿化活动	171b
信用风险监管	130a	艺术创作	231b
刑事犯罪侦查	106a	疫情防控医疗保障	255a
刑事检察	108a	因公赴港澳通行证办理	99a
刑事审判	110a	银行不良贷款	147b
刑事诉讼监督	108b	银行存款	147b
行政区划	23a,298a	银行贷款	147b
行政审判	110b	银行监管	148b
行政审批和政务服务	54b	银行业	147b

银行业服务实体经济	148a	造林绿化	170b
引资激励制度	161b	造纸和印刷业	181a
引资引智服务经济	84b	战略性支柱产业	179b
印发《江门市"十四五"住房保障规划》	258b	招聘就业	252a
印刷业	236b	招商引资	161b
营商环境建设	25b	招投标和建筑市场管理	181b
应急管理	260b	镇级生活污水管网建设	161a
应急救护	95a	正风肃纪	65a
应急救援力量优化	266b	正规化建设与管理	114b
应急演练	267a	政策修订	97a
应急值班值守	267b	政策研究	43b
应战应急准备	114a	政法队伍教育整顿	101a
优抚保障	117b	政法委与综治工作	101a
优化营商环境	144a	政府机构概况	54a
邮政	192a	政府职能转变改革	55b
邮政服务合法权益保护	192b	政区管辖	23a
邮政行业安全监督	192a	政务服务标准化建设	195a
邮政普遍服务监督检查	192b	政务服务"跨境通办"	195b
邮政普遍服务质量提升	193a	政务服务适老化服务改造	196a
邮政·通讯	301b	政务服务"指尖办""掌上办"	196a
邮政投递网建设	193b	政务公开	55b
邮政助力乡村振兴	193b	政务网络安全建设	197a
油料生产	170b	政务云平台建设	197a
友城友协	96a	政协事务	60b
渔业	174a	政协提案	62b
渔业安全生产监管	174b	政协文史	62b
渔业监督执法	174b	政治巡视巡察	64b
渔业生产	174a	知识产权保护	135b
渔业增殖放流	175a	值班值守	55a
语言	23b	职工工伤保险	254a
园林绿化建设与管理	158b	职工工伤权益保障	253a
园区建设	304b	职工思想政治引领	75a
院校、新闻单位	314a	职业技能鉴定	251a
粤港澳大湾区文化圈建设	36b	职业技能竞赛	212b
粤港澳社会保障服务建设	254b	职业健康管理	242b
运输市场管理	187a	职业教育	212b
		职业教育交流合作	213a
		志鉴扩面提质	235b

Z

在江门市第十六届人民代表大会第一次会议上的报告	317a	志愿服务	95b
在线学习	45a	质量基础建设	134b
		质量提升行动	133b
		致隽学堂	61b

主题索引

智慧团建	79b
智慧新警务建设	107a
中共江门地方组织概况及市委全会	30a
中国工商银行江门分行	149a
中国共产党江门市纪律检查委员会、江门市监察委员会	313b
中国共产党江门市委员会	30a,312a
中国国民党革命委员会江门市委员会	65b
中国建设银行江门市分行	150a
中国联通江门分公司	200a
中国民主促进会江门市委员会	69b
中国民主建国会江门市委员会	68a
中国民主同盟江门市委员会	67a
中国农工民主党江门市委员会	70b
中国农业发展银行江门市分行	148b
中国农业银行江门分行	149b
中国人民银行江门市中心支行	152a
中国人民政治协商会议江门市委员会	56b,313b
中国人寿江门分公司	155b
中国移动江门分公司	199b
中国银行江门分行	150a
中国邮政储蓄银行江门市分行	151a
中国邮政集团公司江门分公司发展	193b
中国致公党江门市委员会	71a
中华白海豚保护	125b
中开高速公路台山白沙到新会罗坑段通车	291a
中小企业发展	167a
中央省垂直部门及驻江门有关单位	314a
中医药事业	247a
中医药适宜技术培训	247b
中职招生	212b
种质资源保护利用	168a
仲裁	113b
重大动物疫病防控	173a
重大庆典活动	297b
重大项目就业服务	251b
重大政策措施贯彻落实跟踪审计	126a
重点骨干工业企业	179a
重点建设项目	284b,306b
重点课题研究	44a
重点林业生态工程建设	172a
重点领域改革深化	119a
重点领域专项改革	39a
重点项目建设	25a
重要农产品有效供给	167b
种植业	169b
珠肇高铁江机段开工建设	192a
主题文艺创作	93b
主要气候事件	228a
助残解困	89a
住房保障	258a
住房保障管理	258a
住房公积金	259a
住房公积金服务效能提升	259b
住房公积金管理	259a
住房公积金管理系统更新改造	259a
住房公积金使用政策规范	259a
住房公积金政策普惠	259a
住宅专项维修资金	183b
注重综合保障	115a
专利与知识产权	135a
专项贸易	204a
专业技术人才管理	250a
专业技术人员职称评定和继续教育管理	249b
装备制造业	181a
资源	23a
资源、环境和安全生产	335b
自然灾害和减灾救灾	264b
自然资源调查监测	124a
自然资源法规宣传教育	121b
自然资源管理	121a
自然资源权益与利用	122a
自然资源统一确权登记	122b
自然资源执法监察	122b
宗教事务	241a
综合	329a
综合课题研究	44a
综合协调服务	55a
综述	30a,48a,54a,56b,63b,65a,144a,156a,166b,179a,183b,194a,205a,208a,224a,242a
组织概况	33b,65b,67a,68a,69b,70b,71a,72a
组织建设	65b,67b,68b,69b,70b,71b,72a,84a
组织税费收入	142b
祖统工作和社会服务	66b